STATISTICS CLAS~

ENIGINEERING STATISTICS

工程统计学

（第**5**版）

道格拉斯·C·蒙哥马利（Douglas C. Montgomery）

乔治·C·朗格尔(George C. Runger)　著

诺尔马·法里斯·于贝尔(Norma Faris Hubele)

张　波　金婷婷　李　玥　译

中国人民大学出版社

·北京·

译者序

近年来，随着统计学的快速发展，特别是统计学应用领域日益广泛、深入，《工程统计学》这本经典教材又再版两次。十年前我们翻译出版了道格拉斯·C·蒙哥马利等三位学者合著的《工程统计学》（第3版），应广大读者的要求，现将《工程统计学》（第5版）翻译成中文出版。正如作者在其前言中所介绍的，第5版进行了大规模的修订，增加了一些新的例子和许多新的问题。修订过程中，把重点放在根据教学经验或者反馈了解到的对于学生理解比较困难的主题上。

本书由张波、金婷婷和李玥翻译。在翻译过程中，我们对第3版中存在的部分错误进行了修改，但是鉴于水平有限，译文中有不妥之处，敬请读者不吝指正。

张　波

前　言

■ 读者对象_____

工程师在现代社会里起了重要的作用。他们负责设计研制绝大多数我们生活中要用的产品和制造这些产品的生产过程。工程师也参与工业企业和商业服务组织的许多管理工作。对问题阐述、分析和解决中工程研究能力的基本训练在很大范围内非常有价值。

解决许多类型的工程问题都需要能正确看待变异性和了解一些处理变异性的描述和分析工具。统计是应用数学的一个分支，它关心的是变异性及其他对决策制定的影响。本书是一本工程统计学的入门教材。虽然我们介绍的主题是统计在其他学科的基本应用，但是会把重点放在满足工程师的需求上，让他们把精力集中于统计在他们学科的应用上。因此，我们的例子和练习都是有工程背景的，几乎在所有的案例里，都使用了实际问题、已出版的资料或者来自于我们自己咨询经历里的数据。

各学科里的工程师都应该至少选一门统计课程。确实，美国工程技术鉴定局（Accreditation Board on Engineering and Technology）要求工程师把统计当做他们正规的大学学习的一部分，学会如何高效地使用统计方法。由于其他程序要求，绝大多数工科学生只学习一学期统计课程，本书旨在作为所有工科学生一学期统计课程的教材。

第 5 版进行了大规模的修订，增加了一些新的例子和许多新的问题。修订过程中，我们把重点放在改写那些学生理解起来比较难的主题上，它们是从我们自己的教学经验或者别人的反馈中了解到的。

■ 本书结构_____

本书基于一本更全面的书（Montgomery，D. C. ，and Runger，G. C. ，*Applied Statistics and Probability for Engineers*，Fifth Edition，Hoboken，NJ：John Wiley & Sons，2011），此书被教师在一个或者两个学期的课程中使用。我们把这本书中适合一学期课程的关键主题作为本书的基础。作为浓缩和修正的结果，本书的数学水平更加适当。学习了一学期微积分的工科学生在阅读本书时应当没有什么困难。我们的意图是让学生理解统计方法，知道怎么把它们应用到工程问题的解决上，而不是知道统计的数学原理。

第 1 章介绍了统计和概率在解决工程问题时所起的作用。说明了统计思想和相关的方法，并和其他工程建模方法相比较。用简单的例子讨论了统计方法的重要价值，也介绍了简单的统计汇总。

第 2 章举例说明了由简单汇总和图形方法给出的有用信息。给出了大的数据集的分析过程。阐明了像直方图、茎叶图和频数分布图这些数据分析方法。重点在用这些方法来洞察数据特征或者潜在的系统。

第3章介绍了随机变量的概念和描述随机变量特征的概率分布。我们集中介绍了正态分布，因为它在那些经常应用于工程的统计工具中起了根本的作用。我们设法避免采用复杂的数学方法和事件样本空间定位方法这类传统的向工科学生提供资料的方法。进一步理解概率对于理解怎样用统计高效地解决工程问题不是必需的。这一章的其他主题包括期望值、方差、概率图和中心极限定理。

第4章和第5章给出了基本的统计推断工具：点估计、置信水平和假设检验。单样本的方法在第4章，两样本的推断方法在第5章。我们的介绍显然是以应用为导向的，强调了这些过程的简单比较实验性质。我们希望工科学生能对怎样使用这些方法解决实际问题产生兴趣，能了解一些概念背后的东西，这样他们就能明白怎么把它们应用到其他地方。我们合理、有启发地推导了方法，而不是使用严格的数学证明。

第6章介绍了如何构造经验模型，给出了简单和多元线性回归模型，也讨论了把这些模型作为机械模型的近似。我们让学生明白如何求出回归系数的最小二乘估计，进行标准的假设检验和求出置信区间，以及用模型残差评价模型的充分性。纵观全章，强调了计算机在拟合和分析回归模型中的使用。

第7章正式介绍了工程实验设计，尽管第4章和第5章的许多部分都是这个主题的基础。我们强调了因子设计，特别是所有的实验因子都是两个水平的。我们的实践经验指出了，如果工程师知道如何在所有因子都有两个水平的情况下建立析因实验，能正确地做实验和正确地分析得到的数据，他们就能成功地处理在实际中碰到的大多数工程实验。因此，本章的目的就在于实现这些目标。我们同时也介绍了部分因子设计和对应的浅显方法。

统计质量控制在第8章中介绍。强调了休哈特控制图的重要主题。给出了 $\bar{X}$ 和 R 图，以及个体和计数数据的一些简单的控制图方法。我们也讨论了估计过程能力的一些方面。

我们鼓励学生通过练习来掌握关键的东西。本书提供了大量的不同难度的练习题。每一节后面的练习题旨在加强那一节介绍的概念和方法。这些题目比每一章后面的补充练习更加有结构性，而补充练习一般要求更多的公式或概念思考。补充练习是用来强化对概念的理解而不是分析方法的整合性问题。团队互动考查了学生把本章的方法和概念应用到需要收集数据的问题上。正如下面提到的，统计软件在解决问题时的使用是本课程的一部分。

内容更新

- 每章新的引例演示了本章的统计学主题与工程的关系。
- 在第3章中，通过新的例子演示了使用 Excel 计算概率。
- 例子中的实践解释更好地将本例中的统计学结论与实际工程决策联系起来。
- 修订后的实验设计内容和增加的资料有助于学生更好地理解与 ANOVA 有关的计算机软件。
- 增加了大量新的练习。

使用本书

我们相信，对工科学生开设的统计导论课程，首要的应该是应用性课程。重点应当放在数据描述、推断（置信区间和检验）、模型建立、工程实验设计和统计质量控制上，因为这些方法是工程实践必须知道的。讲授这些课程有一种倾向，即在概率和随机变量上花费大量的时间（事实上，一些工程师，比如工业和电子工程师，与其他学科的学生相比不需要知道太多）和强调数学推导，这就把工程统计课程变成了"婴儿数学状态"课程。老师教授这种类型的课程时会觉得很容易，因为教原理总是比讲应用容易得多，但这不能为学生准备职业经验。

　　我们在亚利桑那州立大学讲授的课程里，学生每周上两次课，一次在大教室，一次在小的计算机实验室。学生要做阅读作业、个人课后作业和小组项目。课堂的小组项目包括设计实验、产生数据和做分析。本书中的补充练习和团队互动是小组项目较好的材料，目的在于用有挑战性的问题创造积极的学习环境，以此来培养分析和总结能力。

▩ 使用计算机

　　在实践中，工程师在计算机上应用统计方法来解决问题。因此，我们强烈推荐将计算机使用结合到课程中。纵观本书，我们给出了 Minitab 的输出结果。在讲课过程中，我们也使用了 Statgraphics，Minitab，Excel 和一些其他的统计软件包与电子数据表。我们没有在本书中汇集其他不同软件包的例子，因为怎样把软件结合到课程里要比用哪一个软件包重要得多。

　　在大课的时候，我们引入计算机软件。当讨论到某一方法，我们就给学生示范怎样用软件实现。我们推荐这种教学形式。许多受欢迎的软件包都有价格较低的学生版本，在许多学院的局域网上也有统计软件，所以学生找到软件不成问题。

目　录

第 1 章

统计在工程中的作用

学习目标

1. 认识到统计在工程问题解决过程中扮演的角色。
2. 论述变异性对做决策时收集和使用数据的影响。
3. 论述工程师收集数据的方法。
4. 阐明随机样本的重要性。
5. 认识到数据采集中设计实验的好处。
6. 阐明机械模型和经验模型的区别。
7. 阐明计数型研究和分析型研究的区别。

搭建桥梁

工程搭建了问题和解决方案之间的桥梁，这一过程需要的途径叫**科学方法**（scientific method）。

2009年，弗吉尼亚理工大学土木工程专业的本科生艾琳·霍夫曼（Eileen Huffman）把科学方法应用到了一座古老桥梁的研究上。Ironto 路边人行天桥建于1878年，是弗吉尼亚州历史最为悠久的金属桥。尽管现在它已经被改建成了人行天桥，在之前的时间里，这座桥每天要承载重达3吨或以上的物资。霍夫曼对这座桥进行了历史调查，发现从来没有对这座桥做过承重分析。她的难题是对这座桥进行历史上首次承重分析。

收集了可得的结构性数据之后，她在这座桥的典型负载基础上建立了一个计算机模型的应力分析。分析结果之后，她在桥上进行了检测来验证模型。她在每个桁架的中心放置了千分表，然后让一辆3.5吨重的卡车驶过这座桥，这是桥通常能够承载的重量。

这次测试的结果将有助于马萨诸塞州阿姆赫斯特大学的自适应大桥使用项目，该项目由国家科学基金支持。她的结果和结论将有助于大桥的维修，并帮助他人重建和研究古迹桥梁。她的导师克里斯·摩恩（Cris Moen）指出，她的计算机模型可以用来建立结构性模型用以检测其他桥梁。

霍夫曼的研究反映出了科学方法在工程项目中的创造性应用。这也是使用样本数据验证工程模型的绝佳例子。

1.1 工程方法和统计思想

工程师能高效地运用科学原理来解决社会所关心的问题。**工程学**（engineering）或**科学方法**（scientific method）就是明确表述和解决这些问题的方法。工程学方法中的步骤如下：

1. 清晰准确地描述问题。
2. 识别出那些影响问题的重要因素或者可能在解决问题中起作用的因素。
3. 运用已有的科学或工程学知识对问题建立模型，陈述模型的限制和假设条件。
4. 做一些恰当的实验，并收集数据，以此来检验或者证明第2和第3步中假设的模型或结论。
5. 根据观察到的数据修改模型。
6. 用模型来解决问题。
7. 设计适当的实验来证明问题的解是有效的。
8. 根据问题的解做出总结或建议。

工程学方法中的这些步骤可以用图1—1表示。我们注意到工程方法有一个显著特征，即问题间有很强的相互影响：因素可能会影响解决办法，现象的模型、证明模型充分性的实验和提出的问题解决办法，都会相互影响。把图1—1中的第2～4步放在一个大的方框里表明，为了得到最终的解答，必须对这些步骤做一些循环和反复。因此，工程师必须知道如何高效地设计实验、收集数据、分析和解释数据，也必须理解观察到的数据与针对问题所提出的模型是怎样关联的。

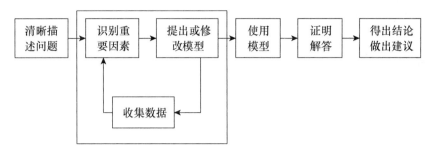

图 1—1　工程学问题解决方法

统计学（statistics）这一领域涉及数据收集、数据描述、数据分析和利用数据来做出决策和解决问题。

> 统计是数据的科学。

由于工程实践中有许多方面需要使用数据来进行，显然，工程师懂得一些统计知识是非常必要的。统计方法是一个强有力的工具，对于设计新的产品和系统，改进已有的设计，以及设计、开发和改进生产过程都有好处。

统计方法能帮助我们描述和理解**变异性**（variability）。变异性指的是连续观察一个系统或现象并不能得出完全相同的结果。在日常生活中，经常会碰到变异性，**统计思想**（statistical thinking）提供了有用的方法将变异性结合到决策过程中。例如，考虑汽车每英里的油耗。每一箱燃料总能行驶完全相同的英里数吗？当然不是，事实上，有时行驶的英里数有相当大的差异。在每英里的油耗中观察到的变异取决于许多因素，比如行驶的环境（市区道路还是郊区公路）、经过一段时间后车辆状况的改变（包括的因素有轮胎充气情况、发动机压缩，或阀门磨损）、汽油的品牌或汽油中辛烷的含量，甚至可能是天气状况。这些因素代表了系统中潜在的**变异性来源**（sources of variability）。统计学给出了描述这种变异性的框架以及如何认识哪一种变异来源是最重要的和影响最大的。

在绝大多数不同类型的工程问题中都会碰到变异性。例如，假设一个工程师在研制用于制造闭合环的橡胶复合物。这种闭合环在半导体工业中被用作乳胶蚀刻工具的密封条，所以它们的抗酸性和其他防腐蚀性非常重要。工程师用标准的橡胶复合物在实验室里制造了 8 个闭合环，并把每一个样品在 30 度的硝酸溶液中浸泡 25 分钟后测量它们的抗张强度。（参见美国材料实验协会（ASTM）的 D1414 标准，以及测试橡胶闭合环很多有趣的相关标准。）8 个闭合环的抗张强度（单位：千帕）分别为 7 100，7 136，7 032，7 232，7 088，7 074，7 025 和 6 964。和我们预想的一样，不是所有的闭合环样品都有相同的抗张强度。在抗张强度测量中存在着变异性。由于测量值有变异性，我们把抗张强度称为**随机变量**（random variable）。考虑随机变量的一个简单方法就是用 X 代表测量值，用下面的**模型**（model）

$$X = \mu + \varepsilon$$

来表示它。式中，μ 是常数项；ε 是随机扰动项或"噪声"项。常数项将保持不变，但是环境状况和测试设备的细微变异、每一样品的区别和许多潜在的其他因素改变了 ε 的值。如果不存在这些扰动项，则 ε 的值为 0，X 的值就总是等于 μ。但这在工程实践中是不可能实现的，所以观察到的测量值有变异性。我们经常需要描述变异、量化变异和最终减少变异（因为变异对最终目标不利）。

图 1—2 是闭合环抗张强度数据的**点图**（dot diagram）。点图是表现少量数据（最

多 20 个）非常有用的图形。从这张图中可以看出数据的两个重要特征：中心位置或中位数，**分散程度**（scatter）或变异性。虽然点图能很方便地观察数据的特征，如**离群值**（outliers）（显著区别于数据的主体部分的观察值）和**聚类**（clusters）（紧密集中的组），但是当观察到的数据量比较小时，通常很难看出任何变异的具体形式。

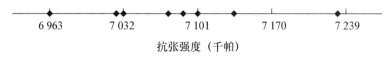

图 1—2　闭合环抗张强度点图，原来的复合物

　　在解决工程问题时经常需要统计思想。考虑上面工程师研制的橡胶闭合环材料。通过检验原来的样品，他得出了平均样品强度为 7 081.6 千帕。然而，他认为这和想要的应用水平相比太低了，所以他决定考虑含有聚四氟乙烯添加剂的改良配方橡胶材料。用这种改良的橡胶复合物制造了 8 个闭合环样品，再同前面所说的一样用硝酸溶液检验。得到的抗张强度结果为 7 150，7 219，7 350，7 226，7 302，7 398，7 377 和 7 170。

　　两组闭合环的抗张强度测试数据见图 1—3。很明显的，往橡胶复合物里加入聚四氟乙烯增强了抗张强度。但是，还有一些显而易见的问题。比如，我们怎么知道另一组样品不会给出不同的结果？一个有 8 个闭合环的样本足以给出可信的结果吗？如果我们用此检验结果就得出往橡胶复合物里加入聚四氟乙烯能增大硝酸溶液浸泡后的抗张强度，这种结论有什么风险吗？比如，是否有这种可能，观察到的抗张强度明显增加仅仅是因为系统内在的变异，而增加的成分（会加大成本和制造的复杂性）事实上对抗张强度没有影响？统计思想和方法有助于解决这些问题。

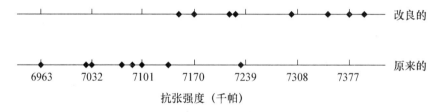

图 1—3　原来的和改良的橡胶复合物的闭合环抗张强度点图

　　通常，物理定律（如欧姆定律和理想气体状态方程）被用于设计产品和过程。我们非常熟悉从一般定理到实际例子的推理。但是，从一个具体的测量集合推导出更多的一般情况来回答前面的问题也同样重要。这种推理是从样本（如这 8 个橡皮闭合环）到总体（比如会被出售的闭合环），称为**统计推断**（statistical inference）。见图 1—4，显然，根据一部分对象的测量值推理和根据所有对象的测量值推理会产生误差（称为样本误差）。但是，如果样本选得比较合适，这些风险就能量化，也能定出适当的样本量。

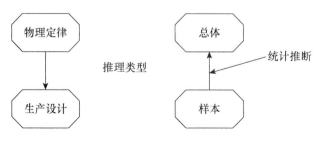

图 1—4　统计推断是一种推理

工程师和统计学家都很喜欢比较两种不同的条件来看是否每个条件都会对我们的观察响应产生重大的影响。这些条件有时称为"处理"。橡胶闭合环的抗张强度就说明了这种情况；两种不同的处理就是两种橡胶复合物的配方，响应就是抗张强度的测量值。研究的目的是确定改变配方是否有显著效果——增大抗张强度。我们可以把每一个由 8 个闭合环组成的样本看作一个随机变量，所有零件的代表性样本最终都会生产出来。检验闭合环的顺序也是随机的。这是**完全随机化设计实验**（completely randomized designed experiment）的例子。

当在随机化实验中观察到统计显著性时，实验者能确信得出这样的结论：不同的处理导致了不同的响应。也就是说，我们能确信已经找到了因果关系。

有时，在比较中使用的对象并不是根据处理随机分配的。例如，1992 年 9 月发行的期刊 *Circulation*（由美国心脏协会发行的医学杂志）报告了一项研究称，身体中的铁含量高会增加心脏病发作的可能性。这项在芬兰进行的研究，对 1 931 个男子做了 5 年的跟踪调查，发现增加铁含量将显著影响心脏病发作的频率。这项研究并不是随机选择样本来比较的，而是指定了一些"低铁含量水平"的处理和一些"高铁含量水平"的处理。研究者只对这些对象一直跟踪调查。这种类型的研究称为**观察研究**（observational study）。在下一节中将会详细讨论设计实验和观察研究。

要辨别出观察研究中的因果关系是比较难的，因为观察到的两组响应的统计显著差异也许是因为其他的潜在因素（或多个因素），它们不是随机均等的，也不是处理引起的。比如说，心脏病发作风险的不同可能是因为铁含量不同，也可能是因为其他的潜在因素，这也能成为对观察结果的合理解释——比如胆固醇水平或者高血压。

1.2　收集工程数据

在前一节中，我们已经介绍了一些汇总和表现数据的简单方法。在工程背景中，数据几乎都是从一些**总体**（population）中选取的一个**样本**（sample）。

> 总体是收集的数据对象或结果的全体。
> 样本是包含全部观察对象或结果的总体的子集。

总的来说，工程数据是从以下三方面收集的：

- 基于历史数据的**回顾研究**（retrospective study）
- **观察研究**（observational study）
- **设计实验**（designed experiment）

好的数据收集过程一般能简化分析，也有助于保证结果是可信的和可用的。如果不注重数据收集过程，则在统计分析和实际解释结果时都会出现严重问题。

Montgomery，Peck and Vining（2000）描述了一个丙酮丁醇分裂蒸馏塔。这个二进位塔的示意图见图 1—5。下面用这个分裂蒸馏塔来说明上面所说的收集工程数据的三种方法。有三种因素可能会影响丙酮在蒸馏液流（输出产品）中的浓度情况，它们是再沸点（由气流控制）、冷凝温度（由冷冻剂控制）和逆流速度。生产人员维护分裂蒸馏塔并得到下面的记录：

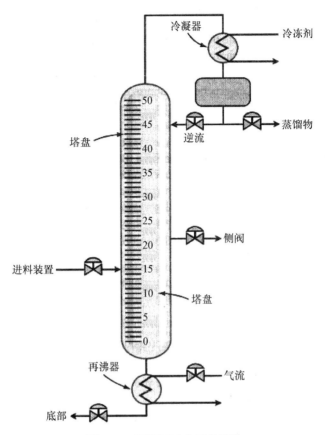

图 1—5 丙酮丁醇分裂蒸馏塔

- 每隔一小时从生成的液流中取一个检验样本，观察丙酮的浓度
- 再沸点控制器日志，这是相对于时间的再沸点记录
- 冷凝控制器温度日志
- 每小时规定的逆流速度

过程规格要求整个过程中规定的逆流速度保持恒定，生产人员几乎不能改变它的速度。

□ 1.2.1 回顾研究

回顾研究所用的数据，要么是一段时间内所有的**历史**（historical）数据，要么是从中抽取的样本的数据。研究的目的是确定两种温度和逆流速度与输出的液流中丙酮浓度之间的关系。在绝大多数研究中，工程师关心的是用数据建立**模型**来表示所关心的变量之间的关系。比如，在这个例子中，模型可能涉及丙酮浓度（因变量）和三个自变量——再沸点、冷凝温度和逆流速度。这种模型称为**经验模型**（empirical models），在 1.3 节中将会详细说明。

回顾研究利用了搜集的历史数据。它的优点就是使搜集数据的成本达到最低。但也存在几个潜在的问题：

1. 我们几乎不能分离出逆流速度对浓度的影响，因为它们在历史时期几乎没有什么不同。

2. 历史数据中，两种温度和浓度并不直接相关。构建近似的相关关系可能需要一些假设，需要花费一定的工夫，而且也许不可能实现。

3. 操作时，用自动控制器使两个温度尽可能达到指定的目标值。因为这两个温度在一段时间变异不大，所以要看出它们对浓度的影响非常困难。

4. 在很小的变动范围内，冷凝温度往往随着再沸点的增加而增加。由于两个温度同时变异，很难分离它们各自对浓度的影响。

尽管回顾研究搜集工程过程数据最快最简单，但对控制和分析过程提供的有用**信息**（information）很有限。总的来说，其主要缺点如下：

1. 一些重要过程的数据缺失。

2. 数据的可信度和有效性经常被质疑。

3. 数据本身不适合用于处理我们手上的问题。

4. 工程师经常希望采用一些从没被用过的方法来使用过程数据。

5. 日志、笔记和记忆都不可能解释那些被数据分析识别出的有趣现象。

使用历史数据一般存在这样的风险——不管怎样，总有一些重要数据没有搜集到，或缺失，或被不正确地转录或记录。因此，历史数据经常会碰到数据质量的问题。这些误差也使得历史数据倾向于产生离群值。

仅仅因为搜集数据方便并不意味着这些数据是有用的。往往有一些数据，在常规的过程监控中不被认为是至关重要的，也比较难搜集到，但这些数据对过程有显著影响。如果一些重要变量的信息没有搜集到，那么历史数据就不能提供这些信息。比如说，周围的温度可能会影响分裂蒸馏塔的热量损失。在天气比较冷的时候分裂蒸馏塔损失的热量要比天气暖和时损失的多。丙酮丁醇塔的生产日志并没有按常规记录周围的温度。同样，输入液流中丙酮的浓度也会影响输出液流中丙酮的浓度。然而，这一变量用常规方法并不容易测量，所以也没有记录。因此，历史数据并不能让工程师在分析时把这些因素也考虑进去，尽管它们潜在地很重要。

分析工程数据的目的就是从关注的现象中分离那些根本的原因。在历史数据中，所关心的现象在几个月、几星期，甚至几年前发生。日志和笔记往往没有对这些根本原因提供重要的洞察，员工的记忆也在一段时间后消退了。基于历史数据的分析经常不能解释现象。

最后，回顾研究经常涉及很大的（甚至庞大的）数据集。要想分析成功，工程师必须牢固掌握统计原理。

□ 1.2.2　观察研究

对于上述问题，我们同样可以用观察研究来搜集数据。同样地，观察研究只是简单地观察一段常规操作中的过程或总体。通常，工程师尽可能地影响或干扰过程只是为了得到系统中的数据；如果一些非常规记录的变量数据很有用，他们也经常会花工夫去搜集。有了适当的计划，观察研究能保证数据精确、完整和可靠。另一方面，这些研究仍然只能提供有限的关于系统中变量具体关系的信息。

在分裂蒸馏塔的例子里，工程师将设计一个数据搜集表格，让生产人员记录具体时间点上与产品液流中观察到的丙酮浓度相关的两个温度和实际逆流速度。也能在数据搜集表上增加注释来记录发生的其他有趣现象，比如周围温度的变化。也可以在相对短期的研究中，安排测量输入原料流中丙酮的浓度和其他变量。用这种方式执行的观察研究有助于保证搜集到的数据是精确可信的，也能照顾到回顾研究的问题 2 以及问题 1 的一些方面。这种方式也能使与误差有关的离群值产生的可能性最小。遗憾的是，观察研究不能处理问题 3 和问题 4，它也会涉及巨大的数据集。

□ 1.2.3 设计实验

收集工程数据的第三种方式是设计实验。在设计实验中，工程师故意或有目的地改变系统中的控制变量（称为**因子**（factor）），观察得到的系统输出结果，然后对哪些变量引起了他在产出结果中观察到的变异做出结论或推断。设计实验与观察研究或回顾研究的重要区别在于感兴趣因素的不同组合在实验单元集合里随机使用。这允许确立因果关系，而在观察研究或回顾研究中做不到。

闭合环的例子就是设计实验的简单说明。也就是说，故意改变橡胶复合物的配方，目的是为了发现是否能增加抗张强度。这是单因子的实验。我们可以把两组闭合环看作两种配方随机应用于每组的单个闭合环。这就确定了想要找的因果关系。工程师就能通过比较原配方和改良配方的平均抗张强度值来处理抗张强度问题。这种比较在统计方法中称为**假设检验**（hypothesis testing）和**置信区间**（confidence intervals）。第4和第5章会具体地介绍和说明这些统计方法。

实验设计也能用于分裂蒸馏塔问题。假设我们有三个因子：两个温度和逆流速度。实验设计必须保证能分离出三个因子对**响应变量**（response variable）的影响，也就是对输出产品液流中丙酮浓度的影响。在设计实验里，每一因子常常会有两三个水平。假设温度和逆流速度都有两个水平，用符号表示就是 ± 1（或低、高）水平。如果有几个感兴趣的因子，则最好的实验策略就是做**析因实验**（factorial experiment）。在析因实验里，因子在检验所有因子水平的可能组合的范围内一起变异。

图1—6描述了分裂蒸馏塔的析因实验。因为三个因子都有两种水平，就有八种因子水平的组合，用几何表示就是一个立方体的八个角，见图1—6（a）。图1—6（b）的表格表现形式表明了析因实验的检验矩阵；表的列表示三个因子的一个，行对应于八类中的一个。每一行的一和＋表示试验中因子的低和高水平。实际的实验以**随机序**（random order）进行，这样就确定了实验单元中因子水平的随机排列，这是设计实验的主要原理。进行两次试验或者**反复**（replicates）（以随机顺序），得到了16个结果（也称为观察）。

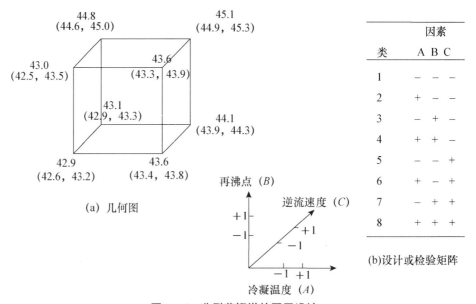

	因素		
类	A	B	C
1	−	−	−
2	+	−	−
3	−	+	−
4	+	+	−
5	−	−	+
6	+	−	+
7	−	+	+
8	+	+	+

(a) 几何图

(b) 设计或检验矩阵

图1—6 分裂蒸馏塔的因子设计

从这个例子里可以得出很多有趣的试探性结论。首先，比较冷凝温度高的 8 次试验的平均丙酮浓度和冷凝温度低的 8 次试验的平均丙酮浓度（图 1—6（a）中立方体的左侧面和右侧面 8 次试验的平均值），即 44.1－43.45＝0.65。这样，把冷凝温度从低水平增加到高水平能使平均浓度增加 0.65g/l。其次，测量增加逆流速度的效应，比较立方体后侧的 8 次试验平均和前侧 8 次试验的平均，即 44.275－43.275＝1。把逆流速度从低水平增加到高水平使得平均浓度增加了 1g/l。也就是说，逆流速度明显比冷凝温度起的作用要大。再沸点的效应也能通过比较立方体上底面 8 次试验平均和下底面的 8 次试验平均来估量，即 44.125－43.425＝0.7。增加再沸点的效应就是使平均浓度增加 0.7g/l。因此，如果工程师的目标是增加丙酮的浓度，显然有几种通过调整三个过程变量来实现的方法。

考察图 1—7 可以看到逆流速度和再沸点间的有趣联系。这张图是通过计算逆流速度和再沸点四种不同组合下的平均浓度建立的，绘出对应于逆流速度的平均值，然后把这些表示两种温度水平的点用直线连起来。这些直线的斜率表示逆流速度对浓度的影响。注意到两条直线的斜率看起来不一样，这表明在两个再沸点温度下，逆流速度的效应不同。这就是两因子**交互作用**（interaction）的例子。这种交互作用的解释很直接；如果逆流速度是低水平的（－1），则再沸点的效应很小，但如果逆流速度是高水平的（＋1），则增加再沸点能大大地影响输出液流中丙酮的平均浓度。交互作用经常发生在物理或化学系统中，析因实验是调查它们作用的唯一方式。事实上，如果存在交互作用，但并没有使用析因实验，则可能会得到不正确的或误导的结果。

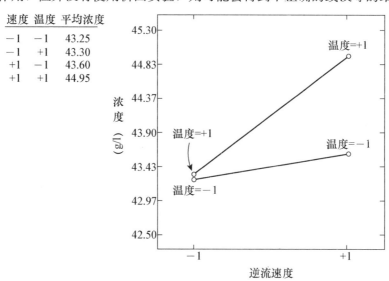

图 1—7　逆流速度和再沸点的交互作用

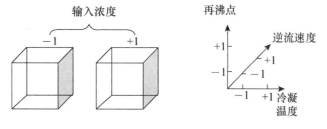

图 1—8　分裂蒸馏塔的四因子析因实验

我们可以很容易地把这种析因策略扩展到更多的因子。假设工程师希望考虑第四个因子，即把输入原料流中的丙酮浓度也考虑进去。图 1—8 说明了在析因设计中怎样研究四个因子。因为四个因子仍然都是两种水平，实验设计仍然能用立方体来几何表示（实际上是高维立方体）。注意到在任何析因设计里，四因子的所有可能组合都要检验。整个实验需要 16 次试验。如果图 1—8 的每个因子水平组合做一次试验，则得到的总的次数和图 1—6 的三因子重复试验得到的次数相同。

一般而言，如果有 k 个因子，每个因子有两种水平，析因实验就需要 2^k 次试验。例如，当 $k=4$ 时，图 1—8 中 2^4 次设计就要求 16 次测试。显然，随着因子的增加，析因实验中需要增加的试验次数就迅速增加；譬如，有两种水平的八因子就要求 256 次试验。从时间和其他资源的观点来看，这种检验数量就变得不可行了。幸运的是，当有四种或五种以上的因子时，通常不必要检验所有因子水平的可能组合。**部分析因实验**（fractional factorial experiment）是基本析因分析的变体，它只要检验因子组合的一个子集。图 1—9 表现了四因子分裂蒸馏塔实验的部分析因实验设计。图中用圆圈标出来的组合才是需要检验的组合。该实验设计需要 8 次试验而不是原来的 16 次；因此它也被称为**二分之一部分**（one-half fraction）。这是一个非常好的试验设计，它研究了四个因子。它能为四个因子各自的效应提供很好的信息，也能为这些因子之间是怎样交互的提供一些信息。

在工业研究和开发——设计和开发新技术、新产品和新过程以及改进现有的产品和过程中，析因实验和部分析因实验已被工程师和科学家广泛使用，由于太多的工程工作需要检验和实验，所有工程师都能懂得如何高效安排实验的基本原理是至关重要的。第 7 章将重点介绍这些原理，特别是这里介绍的析因实验和部分析因实验。

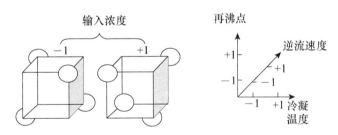

图 1—9　分裂蒸馏塔的部分析因实验

1.2.4　随机样本

正如前三小节所阐述的，几乎所有的统计分析都是在从某一总体中选择出的样本数据基础上进行的。目标是利用样本数据作出决策或得到总体信息。回忆一下，总体是所有对象的全部汇总，样本从中选择，就是总体中对象的一个子集。

例如，假设我们正在生产半导体晶片，并且想要知道特定批号晶片的电阻系数。这里，批号就是总体。要想获得晶片电阻系数的信息，可以使用的方法是选择三个晶片作为样本，然后测量这些特定晶片的电阻系数。这是**自然总体**（physical population）的一个例子；自然总体由定义明确、通常有限的对象组成，在样本选择时，所有对象都是可得的。

数据往往都是作为工程实验的结果收集的。例如，回忆一下 1.1 节中描述的闭合环实验。最初生产了 8 个闭合环并浸泡在了硝酸溶液中，接着测量每一个闭合环的抗张强度。这里，8 个闭合环的抗张强度是包含所有可能观测到的抗张强度测量的总体中的一个样本。这类总体称为**概念总体**（conceptual population）。很多工程问题都包含概念总体。闭合环实验是一个简单但很典型的例子。1.2.3 节中用来研究分裂蒸馏塔中浓度的析因实验同样可以从概念总体中得到样本数据。

选择样本的方法同样很重要。例如，你想要研究亚利桑那州立大学（ASU）本科生的数学能力。这里就包含了一个自然总体。假定我们从所有正在选修工程统计学课程的学生中选择样本，这很可能不是好主意，因为这个群体中学生的数学能力很可能不同于总体中的大部分人。通常，那些因为方便，或者通过包含工程师判断的过程选择出的样本不太可能产生正确的结果。例如，工程统计学学生这一样本很可能导致一个有偏差的关于总体学生数学能力的结论。这种情况通常伴随着判断样本或方便样本而产生。

为了得到可以正确使用并产生有效结果的统计方法，必须使用**随机样本**（random samples）。最基本的随机抽样的方法是**简单随机抽样**（simple random sampling）。为了阐述简单随机抽样，考虑之前讨论的数学能力问题。分配给总体（亚利桑那州立大学的所有本科生）中的每一位学生一个整数。这些数字从 1 到 N。假定我们想要选择一个样本量为 100 的简单随机样本。我们可以利用电脑生成 100 个 1 到 N 中的随机整数，每一个整数都有同等的机会被选择。选择这些数字对应的学生就可以得到一个简单随机样本。注意总体中的每一个学生都有同等的机会被选入样本。另一种说法是所有可能的样本量为 100 的样本都有同等的机会被选中。

> **定义**　样本量为 n 的简单随机样本就是从总体中按如下规则选择样本——每一个样本量为 n 的样本都有相等的机会被选择。

例 1—1

电流测量

一个电子工程师测量了几次通过一个简单电路的电流，他观察到每次的电流测量值都是不同的。我们可以把这些测量值看成一个简单随机样本吗？总体是什么呢？

解答：如果每一次测量时电路都是相同的，并且安培表的性能没有改变，那我们就可以把这些电流测量值看成是一个简单随机样本。这个总体是概念上的——包含这个电路中该安培表的所有测量值。

例 1—2

分裂蒸馏塔测量

考虑 1.2 节中描述的分裂蒸馏塔。假定工程师连续不断地进行了 24 小时的实验，并且在每一小时结束的时候记录了丙酮浓度。这是一个随机样本吗？

解答：这同样是一个包含概念总体的例子——所有每小时得到的浓度观测值。只有当你非常确定这些读数是在完全相同和不变的条件下得到的，并且不太可能不同于这一过程中未来的观测值时，将这些数据看成随机样本才是合理的。我们已经连续观测了 24 小时的读数，很可能这些浓度读数和未来的读数是不同的，因为化学过程（其他过程也是一样）经常趋向于随着时间"漂移"，并且随着原料来源、环境因子的变化，或者工程师通过经验而导致的操作条件的变化，这些读数在不同时间段可能表现得不一样。

在第 3 章 3.13 节，我们会提供一个更数学化的简单随机样本的定义，并且讨论它的一些性质。

得到一个随机样本并不总是很简单。例如，考虑同一批号的半导体晶片。如果晶片是包装在容器中的，那么从容器的底部、中间或者边缘取样可能是一件困难的事。从容器顶部取三片晶片作为样本就是很诱人的选择。这就是方便样本的一个例子，它很可能无法产生令人满意的结果，因为晶片可能是按照生产的时间顺序包装的，顶部的三片晶片可能是最近生产的，这时候过程中可能发生了一些不寻常的事。

回顾研究产生的数据并不总是可以看成随机样本。通常，回顾数据是方便数据，它们可能无法反映当下的过程表现。观察研究得到的数据更可能反映随机抽样，因为这时通常都会进行一个特定的研究来收集数据。如果实验中的独立观测是按随机顺序进行的，设计实验得到的数据通常可以看成来自于随机样本的数据。实验中将进行的顺序完全随机化可以帮助我们消除未知因子的影响，这些因子可能随着实验的进行而变化，同时，顺序完全随机化保证了数据可以看成一个随机样本。

回顾性地收集一个过程的数据，或者通过观察研究、设计实验，几乎总是需要从概念总体中抽样。我们在这些研究中的目标是得出结论——正在研究的系统或过程在未来会有怎样的表现。在研究或实验中得到和**未来总体**（future population）有关的结论，这样的研究是**分析型研究**（analytic study）。例如，在分裂蒸馏塔实验中，我们想要得到未来出售给消费者的丙酮浓度的结论。这是一个包含并不存在的概念总体的分析型研究。显然，除了随机抽样外，必须有额外的关于随着时间变化的过程的**稳定性**（stability）假设。例如，可以假设现在生产过程中的变异性来源和未来生产中是一样的。在第 8 章，我们会介绍控制图，这是评估一个过程或系统稳定性的重要统计工具。

从同一批号晶片中抽样来判断总体电阻系数的问题称为**计数型研究**（enumerative study）。样本是用来得出有关总体的结论的。判断亚利桑那州立大学本科生数学能力的研究也是一个计数型研究。要注意，计数型研究和分析型研究都需要随机样本，但分析研究需要稳定性的额外假设。图 1—10 给出了说明。

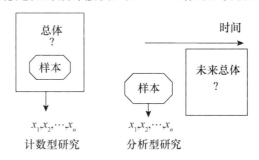

图 1—10　计数型研究和分析型研究

1.3　机械和经验模型

几乎在所有工程分析中，模型都起了非常重要的作用。许多工程师需要学习相关领域的模型以及用这些模型进行问题设计与解决的方法。举一个简单例子，假设要测量一根细铜丝中的电流，这一现象的模型就应该是欧姆定律：

电流＝电压/电阻

或

$$I = E/R \qquad (1—1)$$

我们把这一类模型称为**机械模型**（mechanistic model），因为它是基于我们已有的与这些变量相关的基本物理原理构造的。然而，如果我们测量不止一次，也许在不同的时间甚至不同的日期，观察到的电流都有细微的变化，这是因为有些因素的变化不是完全能控制的，比如周围温度的变化、测量表性能的波动、铜丝的不同位置存在小杂质、电压的偏离。因此，观察到的电流更理想的模型为：

$$I = E/R + \varepsilon \qquad (1—2)$$

这里，增加 ε 这一项是为了表示观察到的电流值不是完全遵循机械模型。可以把 ε 看作影响系统的所有不包括在模型中的变异性来源的效应。

有时，工程师要面临这样的问题：没有简单现成的机械模型能够解释现象。比如，假设我们关心的是一个聚合体的平均分子质量（M_n）。已知 M_n 与物质的黏性（V）有关，也取决于制造这材料时的催化剂（C）和温度（T）。M_n 和这些相关变量之间的关系为：

$$M_n = f(V, C, T) \qquad (1—3)$$

其中函数 f 的形式是未知的。实际模型也许能用一阶泰勒级数展开式表示，具体形式如下：

$$M_n = \beta_0 + \beta_1 V + \beta_2 C + \beta_3 T \qquad (1—4)$$

式中，β 是未知参数。与欧姆定律一样，模型不能准确描述现象，所以应当在模型中加一个随机扰动项来表示其他可能影响分子质量的变化原因，因此

$$M_n = \beta_0 + \beta_1 V + \beta_2 C + \beta_3 T + \varepsilon \qquad (1—5)$$

就是用来表示分子质量和其他三个变量关系的模型。这种类型的模型称为**经验模型**（empirical model）；也就是说，它用到了现象的工程学和科学知识，但这并不是从我们的理论或者对潜在机械模型的第一理解而直接得到。估计式（1—5）中的 β 需要一些数据。这些数据可以来自回顾研究或观察研究，也能在设计实验中生成。

下面用一个具体例子来说明这些思想，考虑表 1—1 中的数据。这张表包含了三个变量的数据，是通过对一个半导体生产车间进行观察研究收集到的。车间里，完工的半导体用金属丝结合成一定的结构。报告的三个变量是拉拔强度（打破结合体需要的力量的测度）、金属丝的长度和模子闭合高度。我们要找到一个表现三者关系的模型。但是，这里没有可以简单运用的物理机理，所以机械建模方法似乎不能成功。

表 1—1　　　　　　　　　　　　　　　　线状结合体数据

观察编号	拉拔强度 y	金属丝长度 x_1	模子高度 x_2	观察编号	拉拔强度 y	金属丝长度 x_1	模子高度 x_2
1	9.95	2	50	14	11.66	2	360
2	24.45	8	110	15	21.65	4	205
3	31.75	11	120	16	17.89	4	400
4	35.00	10	550	17	69.00	20	600
5	25.02	8	295	18	10.30	1	585

续前表

观察编号	拉拔强度 y	金属丝长度 x_1	模子高度 x_2	观察编号	拉拔强度 y	金属丝长度 x_1	模子高度 x_2
6	16.86	4	200	19	34.93	10	540
7	14.38	2	375	20	46.59	15	250
8	9.60	2	52	21	44.88	15	290
9	24.35	9	100	22	54.12	16	510
10	27.50	8	300	23	56.63	17	590
11	17.08	4	412	24	22.13	6	100
12	37.00	11	400	25	21.15	5	400
13	41.95	12	500				

图 1—11（a）是表 1—1 中拉拔强度对金属丝长度的**散点图**（scatter diagram）。图形通过简单标出表 1—1 的两列配对观察（y_i，x_{1i}）（$i=1$，2，…，25）而绘出。我们使用 Minitab 软件包建立这张图。Minitab 有一个选项能在散点图的右部和顶部画出点图，这样，我们就很容易看出每一个变量的分布。所以从某种意义上来说，散点图是点图的二维版本。

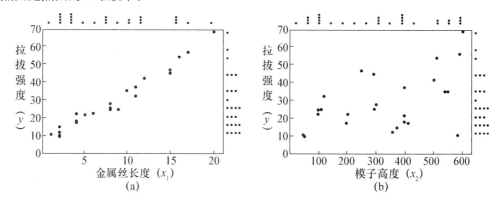

图 1—11 表 1—1 中拉拔强度数据的散点图

图 1—11（a）中的散点图表明，随着金属丝长度的增加，拉拔强度也会增加。拉拔强度 y 和模子高度 x_2 的散点图也表达了相似的信息，见图 1—11（b）。图 1—12 是拉拔强度、金属丝长度和模子高度的**三维散点图**（three dimensional scatter diagram）。在这些图的基础上，将模型

$$拉拔强度 = \beta_0 + \beta_1（线的长度） + \beta_2（模子高度） + \varepsilon$$

看成适合这一关系的经验模型是合理的。一般地，这类模型称为**回归模型**（regression model）。第 6 章将介绍怎样构造模型和检验它作为近似函数的充分性。第 6 章提供了估计回归模型中参数的方法，称为最小二乘法，是由卡尔斯·高斯（Kals Gauss）首先提出的。这种选择经验模型中参数（β）的方法，本质上就是让数据点和模型方程表示的平面之间距离的平方和达到最小。对表 1—1 中的数据运用这种方法可以得到：

$$\widehat{拉拔强度} = 2.26 + 2.74（线的长度） + 0.012\,5（模子高度） \tag{1—6}$$

其中拉拔强度上面的"帽子"，或者说符号，表示它是一个估计量。

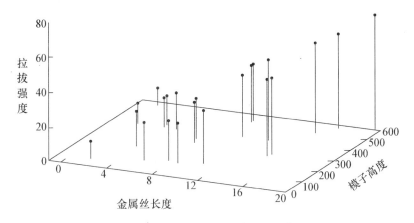

图 1—12 拉拔强度数据的三维散点图

图 1—13 是从式 (1—6) 得出的拉拔强度预测值对金属丝长度和模子高度的图形。注意到预测值位于金属丝长度—模子高度空间中的一个平面上。可以用式 (1—6) 的经验模型来预测感兴趣的各种金属丝长度和模子高度组合下的拉拔强度值。从本质上来说,工程师能像使用机械模型一样来使用经验模型。

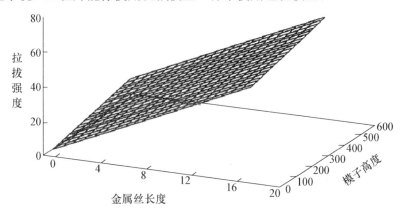

图 1—13 用式 (1—6) 中的经验模型得出的拉拔强度估计值图

1.4 按时间顺序观察过程

在很多实际情况中,我们经常按照时间顺序来收集数据。与这最类似的是商业和经济数据,像每日的股价、利率、月失业率、通货膨胀率和产品的季销售量。报纸和商业刊物,如《华尔街日报》(*The Wall Street Journal*),常用表格或图表示这些数据。在很多工程研究中,数据也按照时间顺序来收集。以时间顺序展示出来的数据,使得影响系统或流程的现象变得容易发现,也能更好地调整系统的稳定性。譬如,**控制图**(control chart)就是按时间顺序表现数据的一种工具,它能让工程师评定流程的稳定性。

图 1—14 是 1.2 节中丙酮浓度的点图,这些数据是每隔一小时在分裂蒸馏塔里测量而来的。点图中点的巨大变化表明了可能存在问题,但是点图并不能解释变化的原因。因为这些数据是按照时间顺序搜集的,所以称为**时间序列**(time series)。如图 1—15 所示的数据对时间的图称为**时间序列图**(time series plot)。过程平均浓度的可能下移在图中是可见的,并且下移的时间估计是可以得到的。

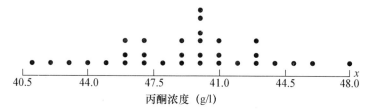

图 1—14　点图说明了变动但没有识别问题

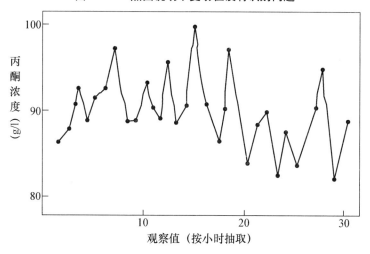

图 1—15　丙酮浓度的时间序列图比直方图提供了更多的信息

　　著名的质量权威 W·爱德华·戴明（W. Edwards Deming）强调，了解过程按照时间变化的本质是非常重要的。他做了这样一个实验，试图把弹球尽可能地扔到靠近桌上目标的地方。他把一个漏斗放在立着的环的上方，让球落入漏斗里。见图 1—16。漏斗尽可能地和目标的中心在一条直线上。然后戴明用了两种不同的策略来操作这个过程：（1）绝不移动漏斗，只是一颗接一颗扔出弹球，并记录下落地点与目标的距离。（2）先把第一个弹球扔出，记下与目标的距离。然后为了弥补误差，把漏斗往相反方向移动相同的距离。扔出每个球后都做这样的调整。

　　两种方式都完成后，戴明注意到第 2 种策略偏离目标的距离几乎是第 1 种策略的两倍。调整漏斗反而增加了与目标的偏离。解释就是，一个弹球的误差（弹球落点与目标的偏离）并不能提供关于下一个弹球的任何信息。因此，调整漏斗并没有减少未来的误差。相反，往往会让漏斗与目标离得更远。

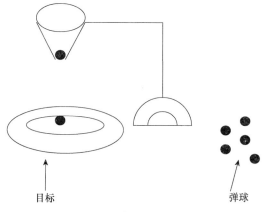

图 1—16　戴明的漏斗实验

　　这个有趣的实验指出基于随机扰动项调整过程会增大过程的变化。这称为**过度控制**（overcontrol）或**干预**（tampering）。只有当使用的调整是为了弥补过程中的非随机变化时调整才有帮助。可以用计算机模拟来表现这个漏斗实验。图1—17表示了对某过程的100次测量（记作y）的时间图，过程中只存在随机扰动。过程的目标值是10个单位。图中既显示了调整的数据，也显示了未调整的数据，应用于过程均值的调整是为了产生离目标更近的数据。每一次调整都和前一次测量结果的偏离距离相同、方向相反。比如说，当测量值为11（比目标高一个单位）时，下一次的均值就减少一个单位。过度控制反而增加了测量值与目标的偏离。

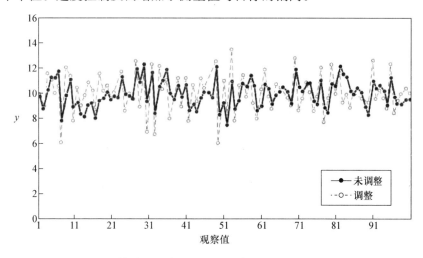

图1—17　调整随机扰动过度控制了过程，增加了与目标的偏离

　　图1—18表现了没有调整的数据，只是在50个观察后增加了两个单位来模拟改变过程均值以后的效果。当过程均值真的存在改变时，调整就变得很有用了。图1—18也表现出了当消除了均值改变（57个观察）再做调整（减少两个单位）后的数据。可以看到这种调整减少了与目标的偏离。

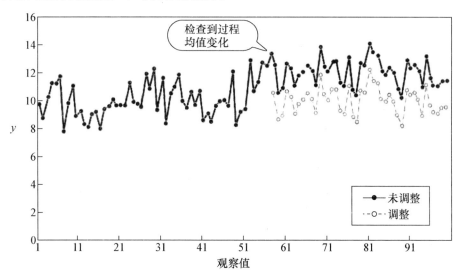

图1—18　检查到57个观察有均值变化，调整（减小两个单位）减少了与目标的偏离

何时运用调整（以及调整多少）的问题应该从了解影响过程的变化类型开始着手。**控制图**（control chart）是检验时间序列可变性非常有用的方法。图 1—19 表现了图 1—14 中浓度数据的控制图。控制图的**中心线**（center line）是过程稳定时的前 20 个样本的平均值（$\bar{x} = 51.5$ g/l）。**上控制限**（upper control limit）和**下控制限**（lower control limit）是用统计方法得到的反映过程内在或自然变化的界限。这些界限位于中心线的上下浓度三倍标准差处。如果过程是按照它应有的程序操作的，系统中没有任何外界变化原因，则浓度的测量值应该围绕中心线上下随机波动，并且几乎所有的测量值都落在控制限之间。

在图 1—19 的控制图中，从中心线和控制限表现出来的结构可以看出，这个过程在第 20 个样本处已经受到了扰动，因为接下来的观察值都位于中心线之下，甚至有两个已经位于下控制限的下面。这是过程中需要矫正措施的很强的信号。如果我们能找到并消除扰动的根本原因，就能大大地改进过程。

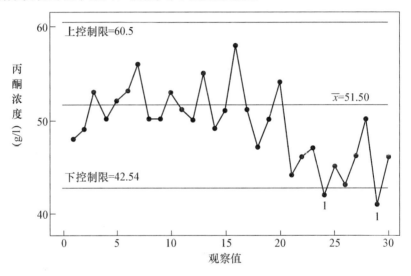

图 1—19　化工过程中浓度数据的控制图

控制图对于工程分析很重要，有以下几个原因。在一些案例中，样本的数据是从感兴趣的总体中抽取的。样本是总体的一个子集。例如，一个有三片晶片的样本也许是从半导体厂的晶片的一个产品批号中抽取出来的。基于该样本的数据，我们想推断该批号晶片的一些性质。譬如，测出的样本平均电阻系数可能不是恰好等于该批号的总体平均电阻系数。然而，如果样本的均值比较高，我们就可以认为总体均值也是高的。

在其他的许多情况中，我们会用当前的数据预测过程未来的绩效。例如，我们不仅对度量二元分裂蒸馏塔中的丙酮浓度感兴趣，也想知道未来出售给消费者的丙酮的产品浓度。未来产品的总体还不存在。显然，这是一个分析型研究，并且要求一些表征稳定性的概念作为额外的假设。控制图就是评估过程稳定性的基本工具。

对于监测、控制和改进过程来说，控制图是一个重要的统计应用。使用控制图的**统计分支**称为**统计过程控制**（statistical process control，SPC）。我们将在第 8 章讨论 SPC 和控制图。

练　习

1—1　一所重点大学的工业工程系想要建立一个经验模型来预测本科生取得学位的成功率。

（a）在这个研究中你会使用什么作为响应变量或结果变量？

（b）你推荐使用什么预测变量？

（c）讨论你会如何收集数据来建立模型。这是回顾研究还是观察研究？

1—2　一座城市有 30 条街道。城市税收评估师应该如何选择一个独栋房的随机样本并以此建立预测房屋评估价值的经验模型？

（a）你认为被税收评估师选择进入模型的房屋应该具有什么特征？

（b）这是计数型研究还是分析型研究？

1—3　练习 1—1 和 1—2 中的总体是概念总体还是自然总体？

1—4　从你扔棒球的所有可能距离中，怎样获得一个样本量为 25 的样本？抽样的总体是概念总体还是自然总体？

1—5　200 个牙科病人被随机分成两组。一组（治疗组）两年内每月接受补充氟化物治疗，另一组（对照组）接受标准的半年牙科护理。在两年研究期结束时，检查每个病人的蛀牙并将两组进行对比。

（a）这个研究包含的是概念总体还是自然总体？

（b）将病人随机分成两组的目的是什么？

（c）如果病人可以自己选择属于哪一组，你认为结果还有效吗？

（d）为什么需要两组？难道把所有 200 个病人放到治疗组不能得到有效结果吗？

1—6　分别举出两个概念总体和自然总体的例子。对每一个总体，描述一个可以通过抽样来回答的问题。描述如何获得一个随机样本。

1—7　一个工程师想要获得一个数码相机生产线上产品的随机样本。她在不同的三天抽样，每天在下午 3 点到 4 点之间随机选择生产线上的五个相机。这是一个随机样本吗？

1—8　列举三个工程学习中使用过的机械模型。

1—9　一个总体有四个元素，a，b，c 和 d。

（a）从这个总体中可以得到多少个样本量为 2 的不同样本？假定样本必须包含两个不同的对象。

（b）从这个总体中如何得到一个样本量为 2 的随机样本？

1—10　一家汽车公司通过分析经销网络报告的保修索赔数据来判断汽车的潜在设计问题。

（a）保修数据可以看成是失败的随机样本吗？

（b）这是计数型研究还是分析型研究？

（c）这是观察研究还是回顾研究？

1—11　一个工程师从一次大型生产中得到了一个由 60 个轴承组成的简单随机样本，她测量了这些轴承的内径。她发现其中有三个超出了直径规格。由于 8% 的样本不合格，她向生产经理反映，所有产品中正好有 8% 不合格。从这些数据中得到的这个结论正确吗？

1—12　一个质量控制监测员被要求每小时去一次生产线并选择最近生产的三个软饮瓶，通过这种方式得到一个瓶装过程的样本。这是软饮瓶的一个简单随机样本吗？

1—13　一个质量控制方法实验课的学生用千分尺测量了几次螺栓的长度。什么时候把这些测量看成随机样本是合理的？总体是什么？

1—14　一个新的生产线连续六个早上运行，产量和其他绩效数据被记录了下来。当这一过程全规模运行时，将会一天 24 个小时连续不断地运行。将六个早上运行的产量和绩效数据看成一个简单随机样本是合理的吗？

本章重要术语和概念

分析型研究	analytic study
控制图	control chart
设计实验	designed experiment
点图	dot diagram
经验模型	empirical model

工程学或科学方法	engineering or scientific method
计数型研究	enumerative study
析因实验	factorial experiment
机械模型	mechanistic model
观察研究	observational study
回顾研究	retrospective study
散点图	scatter diagram
变异性来源	source of variability
统计思想	statistical thinking
变异性	variability

后面各章将讨论的重要术语和概念

置信区间	confidence interval
控制图	control chart
设计实验	designed experiment
经验模型	empirical model
析因实验	factorial experiment
部分析因实验	fractional factorial experiment
假设检验	hypothesis testing
交互效应	interaction
机械模型	mechanistic model
模型	model
随机变量	random variable
重复	replication
响应变量	response variable
样本	sample
散点图	scatter diagram
变异性	variability

第 **2** 章

数据汇总与表示

学习目标

1. 计算和说明样本均值、样本方差、样本标准差、样本中位数和样本极差。

2. 解释样本均值、样本方差、总体均值和总体方差的概念。

3. 构造和解释可视化数据表示，包括茎叶图、直方图和箱线图，并且理解这些图形工具在数据发现和汇总模式中是多么有用。

4. 解释如何使用箱线图和其他数据表示可视地比较两个或更多数据样本。

5. 知道如何运用简单时间序列图可视地展示时间导向数据的重要特征。

6. 构造散点图，并且计算、说明样本相关系数。

全球温度

我们将会看到汇总数据的数值方法和许多有力的图形工具，其中图形工具尤其重要。任何好的数据统计分析通常都应该从**绘制数据**（plotting the data）开始。

詹姆斯·瓦特（James Watt）在 19 世纪早期发明了蒸汽机，19 世纪 20 年代，矿物燃料开始为工业和交通提供动力。工业革命正在全力进行。从那时起，正如图 2—1 表示的那样，二氧化碳以从未有过的数量排放到大气中。这张图同样表明，伴随着这种温室气体浓度的增加，全球温度很明显地同步上升。图中展示的数据有助于让公众、政治和商业领袖、企业家相信，存在的问题很严重。控制二氧化碳排放应该成为接下来一年的主要目标，要积极开发新技术来利用不排放温室气体的可再生能源，这已经成为了全球共识。但各方面的领导人都需要看到连贯、清晰和令人信服的数据展示来获得资金支持。为了能吸引新投资者，需要更广泛和新颖的数据展示。

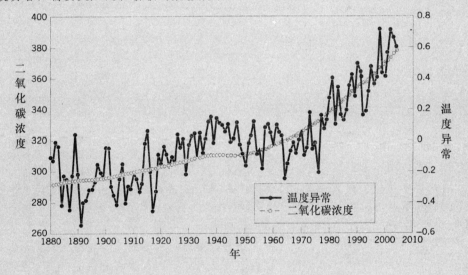

图 2—1　全球气温异常与二氧化碳浓度（1880—2004 年）

一如既往地，工程师将会并且正在建立思维和行动的桥梁。太阳能和风能是两种很有潜力的几乎零排放的可再生能源。工程革新对这两种清洁能源的开发是至关重要的。这其中的每一步，工程师们会交换看法和数据，然后向没有工程学背景的决策者做展示。数据展示的质量和清晰度将会在这一过程中扮演重要角色。

▌ 2.1　数据汇总与展示

　　精心构造的图形和数据汇总对良好的统计思想至关重要，因为它们能让工程师把注意力集中到数据的重要特征上。它们帮助工程师理解数据，并且对可能的解决问题的方法或要用到的模型类型提供参考。

　　计算机已经成为数据表示和分析重要工具。尽管许多统计方法只要掌上计算器就可以了，但这种方式需要花费很多的时间和精力，使用计算机效率就高多了。绝大多数的统计分析可以使用已经编好的统计软件包。操作者只要输入数据、选择分析的类型，就可以得到想要的输出结果。大型主机和个人计算机都能安装统计软件包。最受欢迎并被广泛使用的有：主要用于服务器和个人计算机（PCs）的 SAS（统计分析系统），主要用于个人计算机的 Minitab。在本书中，我们将列举一些用 Minitab 得到结果的例子。但不会介绍它的使用方式，包括怎样输入、编辑数据和使用命令。你能在你的单位找到 Minitab 或其他相似的软件及使用它的本地专家。

我们可以**数值地**（numberically）来表示数据特征。例如，可以用普通的算术平均数或均值来表示数据的位置或中心趋势。由于我们总是把数据看作一个样本，所以把算术平均数称为**样本均值**（sample mean）。

样本均值

如果样本的 n 个观察值记作 x_1，x_2，$\cdots$，x_n，样本均值就为：

$$\bar{x} = \frac{x_1 + x_2 + \cdots + x_n}{n} = \frac{\sum_{i=1}^{n} x_i}{n} \tag{2—1}$$

例 2—1

闭合环强度：样本均值

继续考虑第 1 章介绍的闭合环抗张强度实验。数据来自改良的橡胶复合物，见图 2—2 的**点图**（dot diagram）。8 个观察的样本平均强度（千帕）为：

$$\bar{x} = \frac{x_1 + x_2 + \cdots + x_n}{n} = \frac{\sum_{i=1}^{8} x_i}{8}$$

$$= \frac{7\ 150 + 7\ 219 + \cdots + 7\ 170}{8} = \frac{58\ 192}{8} = 7\ 274（千帕）$$

作为一个位置参数，样本均值的物理意义见图 2—2。注意到样本均值 $\bar{x} = 7\ 274$ 可以看作"平衡点"。也就是说，如果每个观察代表放在 x 轴上的 1 千克重量，把一个支点放在 $\bar{x}$ 的位置时，整个重量系统恰好平衡。

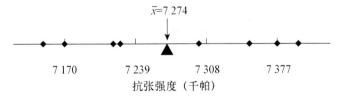

图 2—2　闭合环抗张强度的点图。样本均值是质量系统的平衡点

样本均值是数据集里所有观察的平均值。通常，这些数据是从某些更大的观察值**总体**（population）中抽取的一个**样本**（sample）。这里，总体就是将提供给消费者的所有闭合环。有时存在真正的自然总体，例如半导体厂里的一批晶片。我们也能考虑计算总体中所有观察的平均值。这个平均值称为**总体均值**（population mean），用希腊字母 μ 表示。

当总体中的观察数有限时（比如说 N），总体均值为：

$$\mu = \frac{\sum\limits_{i=1}^{N} x_i}{N} \qquad (2\text{—}2)$$

样本均值 $\overline{x}$ 是总体均值 μ 的一个合理估计。因此，工程师调查改良橡胶复合物的闭合环可以做出结论，根据这些数据，平均抗张强度的估计值为 7 274 千帕。

尽管样本均值很有用，但它并没有覆盖样本数据的所有信息。数据的变异性和发散程度要用**样本方差**（sample variance）或**样本标准差**（sample standard deviation）来刻画。

样本方差和样本标准差

如果一个样本的 n 个观察值记作 x_1，x_2，$\cdots$，x_n，样本方差就为：

$$s^2 = \frac{\sum\limits_{i=1}^{n}(x_i - \overline{x})^2}{n-1} \qquad (2\text{—}3)$$

样本标准差 s 就是样本方差的正平方根。

样本方差的单位是变量原来单位的平方。因此，如果 x 的单位为千帕，则样本方差的单位就是千帕^2。而样本标准差用变量原来的单位测度了变异性。

样本方差怎样测度变异性？

为了看出样本方差是怎样测度变异性或散布程度的，参见图 2—3，它表示出了闭合环抗张强度数据的偏差 $x_i - \overline{x}$。闭合环抗张强度数据的变异性越大，则偏差 $x_i - \overline{x}$ 的绝对值越大。因为偏差 $x_i - \overline{x}$ 总和为 0，所以必须使用变异性的一个测度把负的偏差变成正值。对偏差取平方是样本方差用的方法。因此，如果 s^2 很小，数据的变异性就相对比较小，反之，如果 s^2 很大，变异性就相对很大。

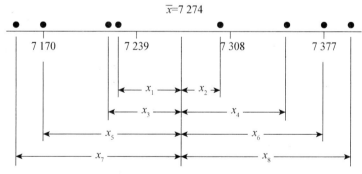

图 2—3 样本方差如何通过偏差 $x_i - \overline{x}$ 测度变异性

例 2—2

表 2—1 列出了用于计算闭合环抗张强度的样本方差和样本标准差的数据。这些数据也可见图 2—3。s^2 的数值为：

$$\sum_{i=1}^{8}(x_i - \overline{x})^2 = 9\,294$$

所以，样本方差为：

$$s^2 = \frac{9\,294}{8-1} = \frac{9\,294}{7} = 1\,327.71\,(\text{千帕}^2)$$

样本标准差为：

$$s = \sqrt{1\,327.71} = 36.44\,(\text{千帕})$$

s^2 的计算需要 $\bar{x}$ 的计算、n 次减法、n 次平方和加法运算。如果原来的观察和偏差 $x_i - \bar{x}$ 不是整数，处理 $x_i - \bar{x}$ 就很烦琐，为了保证精确度必须用几个小数位。样本方差的简便计算公式如下：

$$s^2 = \frac{\sum_{i=1}^{n}(x_i - \bar{x})^2}{n-1} = \frac{\sum_{i=1}^{n}(x_i^2 + \bar{x}^2 - 2\bar{x}x_i)}{n-1} = \frac{\sum_{i=1}^{n}x_i^2 + n\bar{x}^2 - 2\bar{x}\sum_{i=1}^{n}x_i}{n-1}$$

因为 $\bar{x} = \dfrac{1}{n}\sum_{i=1}^{n}x_i$，可以简化成

$$s^2 = \frac{\sum_{i=1}^{n}x_i^2 - \dfrac{\left(\sum_{i=1}^{n}x_i\right)^2}{n}}{n-1} \tag{2—4}$$

式（2—4）需要把每个 x_i 平方，然后把 x_i 的和平方，再从 $\sum x_i^2$ 中减去 $\left(\sum x_i\right)^2/n$，最后除以 $n-1$。有时，这个计算公式称为计算 s^2（或 s）的简便方法。

表 2—1　　　　　　　　　　样本方差和样本标准差的计算项

i	x_i	$x_i - \bar{x}$	$(x_i - \bar{x})^2$
1	7 226	−48	2 304
2	7 301	27	729
3	7 219	−55	3 025
4	7 350	76	5 776
5	7 170	−104	10 816
6	7 377	103	10 816
7	7 150	−124	15 376
8	7 398	124	15 376
	5 8191	0	58 442

例 2—3

闭合环强度：另一种方差计算方法

下面用简便方法式（2—4），计算闭合环抗张强度的样本方差和标准差，公式为：

$$s^2 = \frac{\sum_{i=1}^{n}x_i^2 - \dfrac{\left(\sum_{i=1}^{n}x_i\right)^2}{n}}{n-1} = \frac{423\,338\,071 - \dfrac{58\,191^2}{8}}{7} = \frac{64\,010}{7} = 9\,144\,(\text{千帕}^2)$$

和

$$s = \sqrt{9\,144} = 95.6\,(\text{千帕})$$

这些结果和刚才得到的完全一致。

　　和样本方差类似，对总体变异性的测度称为**总体方差**（population variance）。用希腊字母 σ^2 来标记总体方差。σ^2 的正平方根，即 σ，就表示**总体标准差**（population standard deviation）。当总体有限，有 N 个值时，可以定义总体方差为：

$$\sigma^2 = \frac{\sum_{i=1}^{N}(x_i - \mu)^2}{N} \tag{2—5}$$

　　样本方差 σ^2 更一般的定义将在下面给出。前面提到样本均值能作为总体均值的估计，类似地，样本方差是总体方差的估计。

　　样本方差的分母是样本量减去 1，即 $(n-1)$，而总体方差的分母是总体大小 N。如果已知总体均值 μ，总体方差就是样本观察与 μ 的偏差取平方的均值。在实际中 μ 几乎是不可能知道的，所以必须用样本均值 $\bar{x}$ 来替代。然而，往往观察值 x_i 和它们的均值 $\bar{x}$ 的距离，比它和总体均值 μ 的距离要小。因此，为了弥补这一点，用 $n-1$ 来代替 n。如果用 n 作为样本方差的分母，得到的变异性的测度一向都比总体方差 σ^2 要小。

　　另一种思考方式就是样本方差 s^2 的**自由度**（degrees of freedom）为 $n-1$。自由度这一术语源自这一事实，n 个偏差 $x_1 - \bar{x}$，$x_2 - \bar{x}$，…，$x_n - \bar{x}$ 的总和恒为 0，所以，知道其中任意 $n-1$ 个的值，剩下一个的值就已经确定了。这一点在表 2—1 中已经说明了。因此，n 个偏差 $x_i - \bar{x}$，只有 $n-1$ 个是自由决定的。

练 习

　　2—1　水的一项重要质量指标就是悬浮固体物质的浓度（mg/l）。某一湖中的悬浮固体的 12 次测量值如下：42.4，65.7，29.8，58.7，52.1，55.8，57.0，68.7，67.3，67.3，54.3，54.0。计算样本均值和样本标准差。画出数据的点图。

　　2—2　在 *Applied Life Data Analysis*（Wiley, 1982）中，韦恩·纳尔逊（Wayne Nelson）提出在 34kV 的电极下，绝缘流体被击穿的时间（以分为单位）分别为 0.19，0.78，0.96，1.31，2.78，3.16，4.15，4.67，4.85，6.50，7.35，8.01，8.27，12.06，31.75，32.52，33.91，36.71 和 72.89。计算样本均值和样本标准差。画出数据的点图。

　　2—3　为了评估半导体生产厂的流程，测量了晶片的氧化层共 10 次，得到的数据为：1 264，1 280，1 301，1 300，1 292，1 307，1 276，1 284，1 304 和 1 275。计算样本均值和样本标准差。画出数据的点图。

　　2—4　*Journal of Structural Engineering*（Vol. 115, 1989）中的一篇文章描述了这样一个实验，检验末端焊有帽子的圆形管的强度。数据为（单位：kN）：96，96，102，102，102，104，104，108，126，126，128，128，140，156，160，160，164 和 170。计算样本均值和样本标准差。画出数据的点图。

　　2—5　*Human Factors*（June 1986）中的一篇文章提出了识别高分辨率的 CRT 屏幕上具体图像的视力适应性调节（眼睛运动的一种功能）的数据。这些数据如下：36.45，67.90，38.77，42.18，26.72，50.77，39.30 和 49.71。计算样本均值和样本标准差。画出数据的点图。

　　2—6　防止飞机结构的疲劳断裂是飞机安全的重要因素。一项工程研究调查了 11 个循环加载的机翼箱的疲劳断裂，得到下面的断裂长度（单位：mm）：2.13，2.96，3.02，1.82，1.15，1.37，2.04，2.47，2.56，1.26 和 2.60。计算样本均值和样本标准差。画出数据的点图。

　　2—7　下面的数据是西班牙南部某处不同日子直接太阳能强度的测量值（单位：watts/m^2）：562，869，708，775，775，704，809，856，655，806，878，909，918，558，768，870，918，940，946，661，820，898，935，952，957，693，835，905，939，955，960，498，653，730 和 753。计算样本均值和样本标准差。画出数据的点图。指出点图中样本均值的位置。给出样本均值的实际解释。

　　2—8　*Nature Genetics*（Vol. 34 (1), 2003, pp. 85-90）中的一篇文章 Treatment-specific changes in gene expression discriminate in vivo drug response in human leukemia cells 报道了基因表达作为治疗白血病方法的研究。一组病人接受高剂量的药物，而对照组不接受治疗。从每组基因中得到的表达数据集（基因活跃度的测量值）如下表所示（所有的治疗对象和一些控制组的对象）。分别计算每组的样本均值和样本标准差。分别画出每组的点图。解释两组的区别。

高剂量	对照组
16.1	297.1
134.9	491.8
52.7	1 332.9
14.4	1 172.0
124.3	1 482.7
99.0	335.4
24.3	528.9
16.3	24.1
15.2	545.2
47.7	92.9
12.9	337.1
72.7	102.3
126.7	255.1
46.4	100.5
60.3	159.9
23.5	168.0

续前表

高剂量	对照组
43.6	95.2
79.4	132.5
38.0	442.6
58.2	15.8
26.5	175.6
25.1	131.1

2—9　针对练习 2—1 至 2—8，讨论这些数据是从观察研究中还是从设计实验中得到的。

2—10　假定公司中每个人的月薪都增加了 30 美元。这会如何影响该公司的平均月薪？这会如何影响月薪的标准差？

2—11　样本均值总是等于样本中某个值吗？举例说明你的答案。

2—12　一组测量结果如下（单位：厘米）：20.1，20.5，20.3，20.5，20.6，20.1，20.2，20.2，20.5，20.3 和 20.4。计算样本均值和样本标准差。现在假定这些测量值转化成以英寸为单位（1 英寸＝2.54 厘米）。这个变化对样本均值和样本标准差有什么影响？

2—13　假定公司的每个人的年薪都增加了 5%。这对该公司的平均年薪有什么影响？这对年薪的标准差有什么影响？

2.2　茎叶图

点图能有效地表现那些不超过 20 个观察的小样本数据。然而，当观察的数量比较多时，其他的图像表现形式就更有用了。

例如，考虑表 2—2 中的数据。它们是新型铝锂合金的 80 个样品的压力强度数据，单位是磅/平方英寸（psi），该检验是为了评估它是否适合作为飞机结构元件的材料。这些数据是按照检验顺序记录下来的，在表格中它们并不能传达有关压力强度的许多性质。一些问题并不容易回答，比如在 120psi 以下的样品比例为多少？由于有很多观察，画出这些数据的点图相对没有什么效果，对于大的数据集，有更加可行的办法。

表 2—2　　　　　　　　　　　80 个铝锂合金的样品的压力强度（psi）

105	221	183	186	121	181	180	143
97	154	153	174	120	168	167	141
245	228	174	199	181	158	176	110
163	131	154	115	160	208	158	133
207	180	190	193	194	133	156	123
134	178	76	167	184	135	229	146
218	157	101	171	165	172	158	169
199	151	142	163	145	171	148	158
160	175	149	87	160	237	150	135
196	201	200	176	150	170	118	149

当观察值 x_i 的数字至少两位时，**茎叶图**（stem-and-leaf diagram）就是表现数据集 x_1，x_2，$\cdots$，x_n 信息的好的方式。构造茎叶图遵循下面的步骤：

> **构造茎叶图的步骤**
>
> 1. 把每一个 x_i 的数字分成两部分：茎，包含一位或一位以上的主要数字，叶，包含余下位的数。
> 2. 在垂直方向上列出茎的值。
> 3. 在茎的旁边记录下每个观察的叶。
> 4. 在图上写出茎和叶的单位。

举例来说，如果数据包含 0～100 之间的半导体晶片缺陷的百分数信息，我们能把 76 分为茎 7 和叶 6。一般而言，我们选择的茎的数量要比观察个数相对少一点。通常，最好选择 5 到 20 个茎。茎一旦被选定，就列在图表左边的空白处。在每一个茎的旁边，按照在数据集里出现的顺序列出相应的叶。

例 2—4

压力强度

为了说明茎叶图的画法，考虑表 2—2 中合金的压力强度。选出茎的值为 7，8，9，$\cdots$，24。得到的茎叶图见图 2—3。图的最后一列是每个茎对应的叶的频数。

实践解释：检查茎叶图马上可以知道，绝大多数的压力强度在 110～200psi 之间，中心值在 150～160psi 之间。而且，压力强度近乎对称地散布在中心值两边。茎叶图能让我们很快地看出数据的一些重要特征，而这些在原来的表中是看不出来的。

茎	叶	频数
7	6	1
8	7	1
9	7	1
10	5 1	2
11	5 8 0	3
12	1 0 3	3
13	4 1 3 5 3 5	6
14	2 9 5 8 3 1 6 9	8
15	4 7 1 3 4 0 8 8 6 8 0 8	12
16	3 0 7 3 0 5 0 8 7 9	10
17	8 5 4 4 1 6 2 1 0 6	10
18	0 3 6 1 4 1 0	7
19	9 6 0 9 3 4	6
20	7 1 0 8	4
21	8	1
22	1 8 9	3
23	7	1
24	5	1

图 2—4 表 2—2 中压力强度数据的茎叶图

在一些数据集里，可能需要提供更多的类或茎。一种方法就是按照下面的办法修改原来的茎：把茎 5 分成两个新的茎，5L 和 5U。茎 5L 的水平是 0，1，2，3 和 4，茎 5U 的水平是 5，6，7，8，和 9。这样把茎扩大到了原来的两倍。也能把原来的茎扩大 4 倍，这时 5 个新的茎是：5z，水平是 0 和 1；5t，水平是 2 和 3；5f，水平是 4 和 5；5s，水平是 6 和 7；5e，水平是 8 和 9。

例 2—5

批量生产

图 2—5 说明了一个化学流程中 25 个观察的茎叶图。图 2—5（a）用 6，7，8 和 9 作为茎，由于茎太少，茎叶图就没有提供足够多的有关数据的信息。图 2—5（b）中，把每一个茎分为两部分，这就更充分地表现了数据。图 2—5（c）说明了把每个茎分成 5 类的茎叶图。在这个图中茎太多了，以至于并不能告诉我们多少有关数据形态的信息。

茎	叶
6	1 3 4 5 5 6
7	0 1 1 3 5 7 8 8 9
8	1 3 4 4 7 8 8
9	2 3 5

（a）

茎	叶
6L	1 3 4
6U	5 5 6
7L	0 1 1 3
7U	5 7 8 8 9
8L	1 3 4 4
8U	7 8 8
9L	2 3
9U	5

（b）

茎	叶
6z	1
6t	3
6f	4 5 5
6s	6
6e	
7z	0 1 1
7t	3
7f	5
7s	7
7e	8 8 9
8z	1
8t	3
8f	4 4
8s	7
8e	8 8
9z	
9t	2 3
9f	5
9s	
9e	

（c）

图 2—5 例 2—5 的茎叶图

图 2—6 给出了用 Minitab 求出的表 2—2 中压力强度数据的茎叶图。软件用的茎和图 2—4 中用的一样。可以看到计算机把叶从最小排列到最大。这种图通常称为**有序茎叶图**（ordered stem-and-leaf diagram）。手工绘制茎叶图时通常不排序，因为这太耗时了。计算机在茎的左边加上一列，这列的上半部分表示每一个茎的旁边和它上面的观察数量，下半部分表示每一个茎的旁边和它下面的观察数量。在中间茎 16 处，它左边的数字就表示这个茎上的观察数量。

特征茎叶图

强度的茎叶图 $N=80$

叶的单位＝1.0

1	7	6
2	8	7
3	9	7
5	10	1 5
8	11	0 5 8
11	12	0 1 3
17	13	1 3 3 4 5 5
25	14	1 2 3 5 6 8 9 9
37	15	0 0 1 3 4 4 6 7 8 8 8 8
(10)	16	0 0 0 3 3 5 7 7 8 9
33	17	0 1 1 2 4 4 5 6 6 8
23	18	0 0 1 1 3 4 6
16	19	0 3 4 6 9 9
10	20	0 1 7 8
6	21	8
5	22	1 8 9
2	23	7
1	24	5

图 2—6 从 Minitab 得到的茎叶图

在有序茎叶图上比较容易找出数据特征，像百分点、四分位数、中位数。**中位数**（median）是中心趋势的测度，它把数据分成相等的两部分，一半在中位数下面，一半在上面。如果观察的个数是偶数，中位数就是两个中心值的中间值。在图 2—6 中，第 40 和 41 个强度值为 160 和 163，所以中位数为 $(160+163)/2=161.5$。如果观察的个数是奇数，中位数就是中间的值。**极差**（range）是变异性的测度，在有序茎叶图里很容易就可以计算出来。它是最大值减去最小值。图 2—6 中，极差为 $245-76=169$。

我们也能把数据分成多于两个部分。当把数据集分成四等分时，分位点称为**四分位数**（quartiles）。第一个四分位数或下四分位数 q_1，大约有 25％的观察在它下面，有 75％的观察在它上面。第二个分位数 q_2，大约有 50％的观察在它下面。第二个四分位数正好等于中位数。第三个四分位数或上四分位数 q_3，大约有 75％的观察比它小。和中位数的情况一样，四分位数可能不唯一。图 2—6 中的压力强度数据包含了 $n=80$ 个观察。Minitab 软件把第 $(n+1)/4$ 和 $3(n+1)/4$ 个有序观察作为第一和第三个四分位数，并且有时根据需要插入数值。例如， $(80+1)/4=20.25$ 和 $3(80+1)/4=60.75$。因此，Minitab 在第 20 和 21 个有序观察之间进行插值得到 $q_1=143.50$，在第 60 和 61 个观察之间得到 $q_3=181.00$。**四分位数极差**（interquartile range，IQR）是上四分位数和下四分位数之间的差，有时也把它作为变异性的测度。

一般而言，$100k$ **百分位数**就有 $100k$％的观察在它下面，而有 $100(1-k)$％的观察在它上面。比如，为了找到样本数据的 95％分位数，用公式 $0.95(80+1)=76.95$ 可知要在第 76 和 77 个观察，即 221 和 228 之间进行插值。因此，大约有 95％的数据在

227.65 下面，而大约有 5％的数据在它上面。应当注意到，当百分位点在两个样本数据之间时，实际中常用这两个观察的中点作为百分位点（和 Minitab 中的插值方法不同）。对该样本数据用简化方法，可以分别得到第一和第三个四分位数以及 95％分位点为 144，181 和 224.5。在本书中，用的是 Minitab 的插值过程。

许多统计软件提供包括这些量的数据汇总。用 Minitab 得到的表 2—2 压力数据的输出结果见表 2—3。可以看出得到的中位数和四分位数和前面给出的值是一致的。均值标准误差的缩写，将在下一章中讨论。

表 2—3 从 Minitab 得到的压力强度的统计汇总

变量	N	均值	中位数	标准差	均值标准误差
	80	162.66	161.50	33.77	3.78
	Min	Max	Q1	Q2	
	76.00	245.00	143.50	181.00	

练 习

2—14 钛合金的 90 个焊点的修剪强度如下。用焊点强度的数据构造茎叶图，并解释你观察到的重要特征。

5 408	5 431	5 475	5 442	5 376	5 388	5 459	5 422	5 416	5 435
5 420	5 429	5 401	5 446	5 487	5 416	5 382	5 357	5 388	5 457
5 407	5 469	5 416	5 377	5 454	5 375	5 409	5 459	5 445	5 429
5 463	5 408	5 481	5 453	5 422	5 354	5 421	5 406	5 444	5 466
5 399	5 391	5 477	5 447	5 329	5 473	5 423	5 441	5 412	5 384
5 445	5 436	5 454	5 453	5 428	5 418	5 465	5 427	5 421	5 396
5 381	5 425	5 388	5 388	5 378	5 481	5 387	5 440	5 482	5 406
5 401	5 411	5 399	5 431	5 440	5 413	5 406	5 342	5 452	5 420
5 458	5 485	5 431	5 416	5 431	5 390	5 399	5 435	5 387	5 462

2—15 下面的数据是对铝试样重复施加 21 000 kPa、每秒 18 周的交变应力使其失灵的循环数：

1 115	1 567	1 223	1 782	1 055
1 310	1 883	375	1 522	1 764
1 540	1 203	2 265	1 792	1 330
1 502	1 270	1 910	1 000	1 608
1 258	1 015	1 018	1 820	1 535
1 315	845	1 452	1 940	1 781
1 085	1 674	1 890	1 120	1 750
798	1 016	2 100	910	1 501
1 020	1 102	1 594	1 730	1 238

865	1 605	2 023	1 102	990
2 130	706	1 315	1 578	1 468
1 421	2 215	1 269	758	1 512
1 109	785	1 260	1 416	1 750
1481	885	1 888	1 560	1 642

（a）构造这些数据的茎叶图。

（b）试样在 2 000 次循环后还能"生存"吗？说明你的理由。

2—16 水的一个重要质量性质是悬浮固体物质的浓度。下面的数据是对某一湖中悬浮固体的 70 次测量。构造这些数据的茎叶图，并解释观察到的重要性质。

42.4	65.7	29.8	58.7	52.1	55.8	57.0	68.7	67.3	67.3
54.3	54.0	73.1	81.3	59.9	56.9	62.2	69.9	66.9	59.0
56.3	43.3	57.4	45.3	80.1	49.7	42.8	42.4	59.6	65.8
61.4	64.0	64.2	72.6	72.5	46.1	53.1	56.1	67.2	70.7
42.6	77.4	54.7	57.1	77.3	39.3	76.4	59.3	51.1	73.8
61.4	73.1	77.3	48.5	89.8	50.7	52.0	59.6	66.1	31.6
65.7	57.0	42.4	54.0	43.3	46.1	81.3	67.2	80.1	69.9

2—17 下面的数据表示 90 批连续的陶瓷层的产量，这些陶瓷层是用水蒸气分解工艺使其包上一层金属。画出这些数据的茎叶图。

94.1	87.3	94.1	92.4	84.6	85.4
93.2	84.1	92.1	90.6	83.6	86.6
90.6	90.1	96.4	89.1	85.4	91.7
91.4	95.2	88.2	88.8	89.7	87.5
88.2	86.1	86.4	86.4	87.6	84.2
86.1	94.3	85.0	85.1	85.1	85.1
95.1	93.2	84.9	84.0	89.6	90.5
90.0	86.7	78.3	93.7	90.0	95.6
92.4	83.0	89.6	87.7	90.1	88.3
87.3	95.3	90.3	90.6	94.3	84.1
86.6	94.1	93.1	89.4	97.3	83.7
91.2	97.8	94.6	88.6	96.8	82.9
86.1	93.1	96.3	84.1	94.4	87.3
90.4	86.4	94.7	82.6	96.1	86.4
89.1	87.6	91.1	83.1	98.0	84.5

2—18 分别画出练习 2—8 中每组基因表达数据集的茎叶图，并解释区别。

2—19 画出练习 2—7 中太阳能强度数据的茎叶图，并解释形状。

2—20 找出练习 2—14 中焊点强度数据的中位数、四分位数、5％和 95％分位点。

2—21 找出练习 2—15 中失灵数据的中位数、四分位数、5％和 95％分位点。

2—22 找出练习 2—16 中水质数据的中位数和样本平均数。解释这两个不同的位置测度是怎样表现数据的不同特征的。

2—23 找出练习 2—17 中产量数据的中值、四分位数、5％和 95％分位点。

2—24 在什么情况下样本中位数正好等于样本的某个值？

2—25 如下 6 个观测值：20.25，21.38，22.75，20.89，23.56 和 25.50。假设最后一个观测值被错记为 255.0。这个数据记录错误对样本均值和样本标准差有什么影响？对样本中位数有什么影响？

2.3 直方图

直方图（histogram）是比茎叶图更加简洁的数据描述方法。画连续数据的直方图时，必须把数据的极差分成一些区间，这些区间通常称为**分类间隔**（class intervals）、**组距**（cells）或**箱距**（bins）。如果可能，这些箱距应当等宽度，以保证直方图的直观信息。为了做出合理的图，选择组数时要做一些调整。组数取决于观察的数量和数据的发散程度。用了过多或过少组数的直方图都不能很好地提供信息。通常，5～20 组是比较令人满意的，组数应当随着观察数 n 的增加而增加。在实际中，让组数大约等于观察数的平方根通常很好用。①

组数一旦确定，每一组的上下界就确定了，把数据分到相应的组中，每个组的观

---

① 怎样选择直方图的组数没有统一的意见。一些基础统计学的书上建议使用 Sturges 公式，让组数 $h=1+\log_2 n$，这里 n 是样本量。Sturges 公式有许多变形。计算机软件包用了许多不同的运算法则来决定组数和组距，其中有一些可能并不依据 Sturges 公式。

察个数就可以算出来了。构造直方图时，横轴表示数据的测量等级，纵轴刻度表示个数或**频数**（frequencies）。有时，将每一组的频数除以观察的总数（n），然后得到的纵轴刻度代表**频率**（relative frequencies）。在每一组上画矩形，每一个矩形的高度和频数（或频率）成比例。绝大多数统计软件包都能构造直方图。

例 2—6

高尔夫球击球距离

美国高尔夫球协会要检测高尔夫球是否遵循高尔夫规则。他们检测了球的质量、直径、完整性和是否遵循全程标准。全程检验如下：用一个叫 Iron Byron 的机械装置打击球驱动它旋转，这个装置是仿效传奇的伟大球手拜伦·尼尔森（Byron Nelson）的摆动做的。表 2—4 给出了一次全程检验中打击 100 个某一牌子的高尔夫球测出的距离（单位：码）。由于这个数据集包含 100 个观察，而 $\sqrt{100}=10$，可以猜想，组数为 10 就可以画出满意的直方图了，所以我们在 Minitab 选项中选定组数。用 Minitab 画出的高尔夫球距离的直方图见图 2—7。注意到，第一组的组中值是 250 码，直方图只有九组的频率非 0。和茎叶图一样，直方图直观地给出了测量的分布形态，也给出了数据内在变动的信息。可以看到高尔夫球的击球距离数据有对称性和很好的分布形态。

表 2—4				高尔夫球距离数据					单位：码
291.5	274.4	290.2	276.4	272.0	268.7	281.6	281.6	276.3	285.9
269.6	266.6	283.6	269.6	277.8	287.8	267.6	292.6	273.4	284.4
270.7	274.0	285.2	275.5	272.1	261.3	274.0	279.3	281.0	293.1
277.5	278.0	272.5	271.7	280.8	265.6	260.1	272.5	281.3	263.0
279.0	267.3	283.5	271.2	268.5	277.1	266.2	266.4	271.5	280.3
267.8	272.1	269.7	278.5	277.3	280.5	270.4	267.7	255.1	276.4
283.7	281.7	282.2	274.1	264.5	281.0	273.2	274.4	281.6	273.7
271.0	271.5	289.7	271.1	256.9	274.5	286.2	273.2	268.5	262.6
261.9	258.9	293.2	267.1	255.0	269.7	281.9	269.6	279.8	269.9
282.6	270.0	265.2	277.7	275.5	272.2	270.0	271.0	284.3	268.4

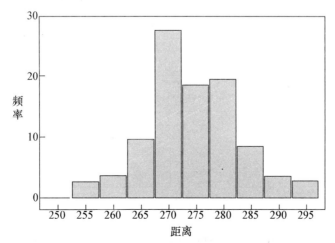

图 2—7 表 2—4 中高尔夫球距离数据的 Minitab 直方图

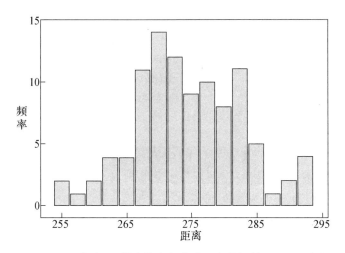

图 2—8　用组数为 16 做出的高尔夫球距离数据的 Minitab 直方图

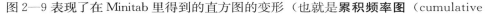

在绝大多数的统计软件包中，组数都有默认设置。图 2—8 是用默认设置在 Minitab 中得到的直方图，有 16 个组。直方图对组距和组数的选择相对很敏感。对于小的数据集，如果组数或组距改变了，直方图的外观就会大大地改变。由于这个原因，可以认为直方图是适合有 75～100 个或 100 个以上观察的**大数据集**（larger data sets）的统计方法。因为高尔夫球击球距离数据的观察个数适中（$n=100$），组数的选择就不是特别重要。图 2—7 和图 2—8 的直方图表现出了非常相似的信息。

把原来的数据或茎叶图转换成直方图肯定要损失一些信息，因为原来的观察并不能保留在图上。但是，与直方图能简洁方便地解释信息相比，这种信息的损失通常很小，尤其是在大样本的时候。

如果是等组距的直方图，解释信息就比较容易。如果不是等组距的，通常那些矩形的面积（而不是高度）和每一组的观察个数成正比。

图 2—9 表现了在 Minitab 里得到的直方图的变形（也就是**累积频率图**（cumulative

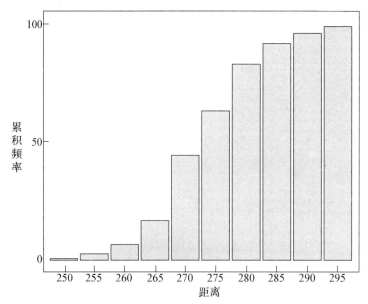

图 2—9　用 Minitab 得到的高尔夫球距离数据的累积频率图

frequency plot））。在这个图中，每一条形的高度代表观察的数量，这些观察小于等于每一组的上限。累积频率图在数据解释时非常有用。比如说，从图 2—9 可以看出，在 100 个被检验的球中大约有 15 个能飞得超过 280 码。

频率分布和直方图也能用于定性、分类和离散数据。在一些应用中分类有自然的顺序（如大一、大二、大三和大四），而其他的顺序是任意的（如男性和女性）。处理分类数据时，组距要相等。

构造离散数据的直方图时，首先要确定每一个 x 值的频数（或频率）。每一个 x 的值对应于一个箱柜。画直方图时，在横轴和纵轴上分别标出 x 的值和相应的频数（或频率）。在每一个 x 值上面画一个小矩形，它的高度正好等于这个值对应的频数（或频率）。

例 2—7

兰迪·约翰逊

在 2002 年的棒球赛季中，亚利桑那响尾蛇队（Arizona Diamondback）的兰迪·约翰逊（Randy Johnson）获得了国家杯"三连冠"棒球投手的称号，他总共赢了 24 场比赛，击出了 334 次三振，平均得分为 2.32。表 2—5 给出了他参加的 35 场比赛的情况。图 2—10 是约翰逊三振的直方图。显然，三振的次数是离散变量。从直方图或表中的数据，均可得出下面的结果：

$$三振至少有 10 次的比赛所占比例 = \frac{15}{35} = 0.428\ 6$$

和

$$三振次数在 8\sim14 次之间的比赛所占的比例 = \frac{23}{35} = 0.657\ 1$$

这些比例就是频率的例子。

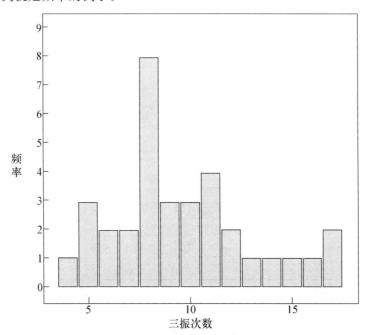

图 2—10　2002 赛季兰迪·约翰逊三振次数的直方图

表 2—5   **2002 赛季兰迪·约翰逊的投掷表现**

日期	对手	得分	IP	H	R	ER	HR	BB	SO
4/1	San Diego	W，2－0（C）	9.0	6	0	0	0	1	8
4/6	@Milwaukee	W，6－3	7.0	5	1	1	1	3	12
4/11	@Colorado	W，8－4	7.0	3	2	2	0	2	9
4/16	St. Louis	W，5－3	7.0	8	3	3	1	1	5
4/21	Colorado	W，7－1（C）	9.0	2	1	0	0	1	17
4/26	@Florida	W，5－3	7.0	4	1	1	0	3	10
5/6	Pittsburgh	L，2－3	7.0	7	3	2	1	0	8
5/11	@Philadelphia	ND，6－5（10）	7.0	8	4	4	2	2	8
5/16	Philadelphia	W，4－2	7.0	6	1	1	1	4	8
5/21	San Francisco	W，9－4	7.0	6	3	3	0	3	10
5/26	Los Angeles	ND，10－9（10）	5.0	8	7	7	3	2	5
5/31	@Los Angeles	W，6－3	8.0	6	3	0	1	1	4
6/5	Houston	ND，5－4（13）	8.0	6	3	3	1	0	11
6/10	@N. Y. Yankees	L，5－7	7.2	7	5	5	2	3	8
6/15	Detroit	W，3－1	7.0	7	1	0	0	2	13
6/20	Baltimore	W，5－1	7.0	5	1	1	1	2	11
6/26	@Houston	W，9－1	8.0	3	0	0	0	3	8
7/1	Los Angeles	L，0－4	7.0	9	4	3	0	0	6
7/6	San Francisco	ND，2－3	7.0	7	2	2	1	2	10
7/11	@Los Angeles	ND，4－3	6.0	6	3	3	2	2	5
7/16	@San Francisco	W，5－3	7.0	5	3	3	2	3	7
7/21	@San Diego	L，9－11	5.0	8	8	8	1	6	9
7/26	San Diego	W，12－0	7.0	4	0	0	0	1	8
7/31	@Montreal	W，5－1（C）	9.0	8	1	1	0	3	15
8/5	@New York	W，2－0（C）	9.0	2	0	0	0	2	11
8/10	Florida	W，9－2	8.0	5	2	2	1	2	14
8/15	@Cincinnati	W，7－2	8.0	2	2	1	1	2	11
8/20	Cincinnati	ND，5－3	7.0	5	2	2	1	3	12
8/25	Chicago	W，7－0（C）	9.0	6	0	0	0	2	16
8/30	San Francisco	L，6－7	5.1	9	7	6	0	3	6
9/4	Los Angeles	W，7－1（C）	9.0	3	1	1	1	0	8
9/9	San Diego	W，5－2	7.0	8	1	1	1	3	7
9/14	Milwaukee	W，5－0（0）	9.0	3	0	0	0	2	17
9/19	@San Diego	W，3－1	7.0	4	1	1	1	0	9
9/26	Colorado	W，4－2（C）	9.0	6	2	0	0	2	8
赛季汇总		24－5，2.32	260.0	197	78	67	26	71	334

说明：W＝赢，L＝输，ND＝平局，C＝完成比赛，IP＝投球局数，H＝安打，R＝得分，ER＝投失分，HR＝全垒打，BB＝四坏球上垒，SO＝三振。

直方图的一个重要变形就是**帕累托图**（Pareto chart）。它在质量控制研究中广泛使用，在这里，数据通常表示不同类型的缺陷、失效方式和其他感兴趣的分类。这些分类是有顺序的，所以频率大的类在左边，接下来是频率第二大的，依此类推。这些图是以意大利的经济学家 V. 帕累托（V. Pareto）的名字命名的，通常它们表现出了**帕累托定理**（Pareto's law）；也就是说，绝大多数的缺陷通常来自于少数分类。

例 2—8

飞机事故

表 2—6 给出的是关于飞机事故率的数据，来自《华尔街日报》（*Wall Street Journal*）的一篇文章《喷气式飞机的混乱历史给 FFA 和制造商提出了问题》（Jet's Troubled History Raises Issues for FFA and the Manufacturer，2000-09-19）。这张表给出了 1959—1999 年间 22 类飞机总的失事次数，包括外壳损伤，这里外壳损伤率表示为每百万次飞行外壳损伤的次数。图 2—11 是每百万次飞行外壳损伤的帕累托图。显然，前三种飞机在每百万次飞行损伤中占了很大的百分比。关于前三类飞机的一个有趣的事实是：707/720 和 DC-8 都是 20 世纪 50 年代中期设计的，现在绝大多数地方都不把它们用于民航业务；而 MD-11 是在 1990 年引进到民航业务的，在 1990—1999 年间，全球 198 架 MD-11 飞机有 5 架撞毁，这就导致了它的高事故率（在《华尔街日报》的文章里详细地讨论了这些事故的根源）。大多数帕累托图旨在帮助分析者把缺陷或事件的来源分离出来。帕累托图有许多变形，Montgomery（2009a）中可以看到更多的例子。

表 2—6　　　　　　　　　　　　　　　**飞机事故数据**

飞机类型	实际外壳损伤数	损伤数/每百万次飞行
MD-11	5	6.54
707/720	115	6.46
DC-8	71	5.84
F-28	32	3.94
BAC1-11	22	2.64
DC-10	20	2.57
747-Early	21	1.90
A310	4	1.40
A300-600	3	1.34
DC-9	75	1.29
A300-Early	7	1.29
737-1&2	62	1.23
727	70	0.97
A310/319/321	7	0.96
F100	3	0.80
L-1011	4	0.77
BAe146	3	0.59
747-400	1	0.49
757	4	0.46
MD-80/90	10	0.43
767	3	0.41
737-3，4&5	12	0.39

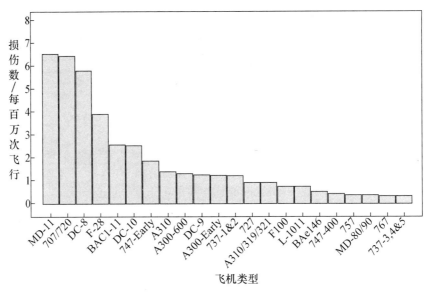

图 2—11　飞机失事数据的帕累托图

练　习

2—26　画出练习 2—14 中焊点强度数据的累积频率图和直方图。

（a）使用 8 个组。

（b）使用 16 个组并和（a）进行比较。

2—27　画出练习 2—15 中失灵数据的累积频率图和直方图。

2—28　画出练习 2—16 中水质数据的累积频率图和直方图。

2—29　画出练习 2—17 中产量数据的累计频率图和直方图。

2—30　分别画出练习 2　8 中每组基因表达数据集的累计频率图和直方图。解释区别。

2—31　用 6 个组画出练习 2—7 中太阳能强度数据的累积频率图和直方图。

2—32　下面给出的信息是汽车车门的结构缺陷：凹痕，5；小坑，3；不规则的部分，5；不整齐的部分，23；漏掉的洞/槽，7；不润滑的地方，6；超出轮廓的部分，32；没有清理毛刺的部分，3。画出帕累托图并给出解释。

2.4　箱线图

　　茎叶图和直方图提供了数据集的一般形象信息，而 $\bar{x}$ 或 s 的数值只能提供数据的一个特征。**箱线图**（box plot）就能同时描述数据集几个重要特征，比如中心、范围、对称性的偏离和识别出偏离大多数数据的观察（这些数据被称为"离群点"）。

　　箱线图在一个横排或竖排的矩形箱上画出了三个四分位数。箱上包括四分位数极差（IQR），左边（或下边）是第一个四分位数 q_1，右边（或上边）是第三个四分位数 q_3。在箱上的第二个四分位数（第 50 个百分点或中位数）处画一条线。在箱体的每一端都画上一条直线或**触须**（whisker）。下面的触须是从第一个四分位数到最小数据的直线，它在离第一个四分位数 1.5 倍四分位数极差的范围内。上面的触须是从第三个四分位数到最大数据的直线，它在离第三个四分位数 1.5 倍四分位数极差的范围内。距离箱体比触须还要远的点称为个别点。比触须还要远但在三倍的四分位数极差之内的点称为**离群点**（outlier）。比三倍的四分位数极差还要远的点称为**极端离群点**（extreme outlier）。见图 2—12。有时，用不同的符号，如空心或实心的圆圈，来表示两种离群点。有些箱线图称为盒须图。离群值通常需要特别关注。在一些情况下，它们是由于数据记录或报告的错误。有时，它们仅仅是异常点。在一些情况下，对离群值的研究可以得到有用的发现。

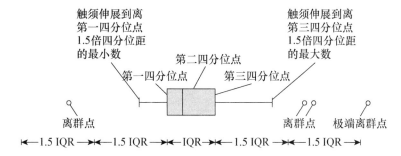

图 2—12 箱线图的描述

图 2—13 给出了用 Minitab 得到的表 2—2 里合金压力强度数据的箱线图。这个箱线图表明，压力强度的分布围绕中心值相当对称，因为左右触须、中位数左边和右边的箱体分别相等。当然在两边都存在着离群点。

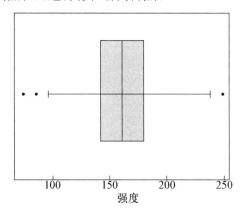

图 2—13 表 2—2 压力强度数据的箱线图

由于箱线图有很强的视觉效果，比较容易理解，所以它在数据集的图形比较中非常有用。例如，图 2—14 给出了 3 个车间生产的半导体装置质量指数的对比箱线图。检查图形可以知道第 2 家工厂的变动性太大，第 2 和第 3 家工厂需要提高质量。

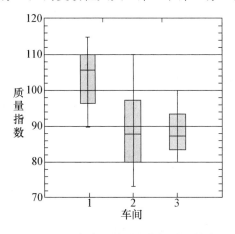

图 2—14 三个车间的质量指数对比箱线图

练 习

2—33 下面的数据是每次发动宇宙火箭的发动机时闭合环的共同温度（℃）（来自 *Presidential Commission on the Space Shuttle Challenger Accident*，Vol.1，pp. 129 - 131）：84，49，61，40，83，67，45，66，70，69，80，58，68，60，67，72，73，70，57，63，70，78，52，67，53，67，75，61，70，81，76，79，75，76，58，31。

(a) 计算样本均值和样本标准差。

(b) 找出温度的上下四分位数。

(c) 找出中位数。

(d) 剔除最小温度（31℃），重新计算（a）、(b) 和（c）中的量，并解释结果。除去了最小值，其他的温度有什么不同？

(e) 画出数据的箱线图，并指出可能存在的离群点。

2—34 *Transactions of the Institution of Chemical Engineers*（Vol.34，1956，pp. 280-293）中有一篇文章报告的数据来自一个研究影响萘氧化物蒸发因素的实验。由萘转化成马来醛的百分比如下：4.2，4.7，4.7，5.0，3.8，3.6，3.0，5.1，3.1，3.8，4.8，4.0，5.2，4.3，2.8，2.0，2.8，3.3，4.8，5.0。

(a) 计算样本均值。

(b) 计算样本方差和样本标准差。

(c) 画出数据的箱线图。

2—35 一个汽油制造商调查了汽车发动机的冷启动点燃时间。下面的时间（单位：秒）是在一次检验中获得的：1.75，1.92，2.62，2.35，3.09，3.15，2.53，1.91。

(a) 计算样本均值和样本标准差。

(b) 画出数据的箱线图。

2—36 下面的10个测量值记录的是半导体生产过程中连续几炉的熔点（单位:℃）：511，510，509，513，510，509，514，512，513，508。

(a) 计算样本均值、样本方差和样本标准差。

(b) 找出中位数。不改变中位数的值，最高温度能增加多少？

(c) 画出数据的箱线图。

2—37 *Journal of Aircraft*（1988）中的一篇文章描述了 NASA 0012 机翼阻力系数的计算。在 $M_a = 0.7$ 时，不同的计算方法得到下面的结果（阻力系数是阻力计数的单位，也就是 1 计数等于阻力系数为 0.000 1）：79，100，74，83，81，85，82，80和84。

(a) 计算样本均值、样本方差和样本标准差。

(b) 找出阻力系数的上下四分位数。

(c) 画出数据的箱线图。

(d) 剔除最大观测值（100），重新计算（a）、(b) 和（c），并给出解释。

2—38 下面的数据是连续几天污水处理设备排水的温度：

43	47	51	48	52	50	46	49
45	52	46	51	44	49	46	51
49	45	44	50	48	50	49	50

(a) 计算样本均值和中位数。

(b) 计算样本方差和样本标准差。

(c) 画出数据的箱线图，并解释。

(d) 找出温度的 5% 和 95% 分位点。

2—39 测量了组装计算机时的 50 个轻微裂痕的内径（单位：英寸），并把它们排序，得到如下数据：

0.039 5	0.044 3	0.045 0	0.045 9	0.047 0
0.048 5	0.048 6	0.048 7	0.048 9	0.049 6
0.049 9	0.050 0	0.050 3	0.050 4	0.050 4
0.051 6	0.052 9	0.054 2	0.055 0	0.057 1

(a) 计算样本均值和样本方差。

(b) 找出上下四分位数。

(c) 画出数据的箱线图。

(d) 找出内径的 5% 和 95% 分位点。

2—40 对化学支出系统的 18 次测量得到如下支出率（单位：cm³/sec）：

6.50 6.77 6.91 7.38 7.64 7.74 7.90 7.91 8.21
8.26 8.30 8.31 8.42 8.53 8.55 9.04 9.33 9.36

(a) 计算样本均值和样本方差。

(b) 找出上下四分位数。

(c) 找出样本的中位数。

(d) 画出数据的箱线图。

(e) 找出 5％和 95％分位点。

2—41 电子起搏器有助于人的心脏按常规跳动。必要时，激活率对刺激心脏很重要。在一个新的设备里搜集了 20 个激活率数据（单位：秒）：

0.670	0.697	0.699	0.707	0.732	0.733	0.737
0.747	0.751	0.774	0.777	0.804	0.819	0.827
0.680	0.780	0.816	0.715	0.778	0.802	

(a) 计算样本均值和样本方差。

(b) 找出上下四分位数。

(c) 找出样本的中位数。

(d) 画出数据的箱线图。

(e) 找出 5％和 95％分位点。

2—42 考虑练习 2—7 中的太阳能强度数据。

(a) 计算样本均值、样本方差和样本标准差。

(b) 找出上下四分位数。

(c) 找出样本的中位数。

(d) 画出数据的箱线图。

(e) 找出 5％和 95％分位点。

2—43 考虑练习 2—8 中的基因表达数据。分别对每组计算下列数值，并解释组间的区别。

(a) 计算样本均值、样本方差和样本标准差。

(b) 找出上下四分位数。

(c) 找出样本的中位数。

(d) 画出数据的箱线图。

(e) 找出 5％和 95％分位点。

2.5 时间序列图

图形是有效的表现数据变异性的形象方法，比如我们已经介绍过的直方图、茎叶图和箱线图。但是，在第 1 章中我们已经指出了时间是导致数据变异的重要因素，那些图形方法就不能把这一点考虑在内。**时间序列**（time series）是按照观察发生的顺序记录下来的数据集。**时间序列图**（time series plot）的纵轴表示变量（如 x）的观察值，横轴表示时间（可以是分、日、年等）。当观察值以时间序列画出来时，就能看出数据的趋势、周期和其他的主要特征，否则是不能看到的。

举个例子来说，考虑图 2—15 (a)，这是某公司近十年来的年销售额的时间序列图。该图给人的总体印象就是销售额呈现出上升**趋势**（trend）。这个趋势又包含一些变动，有些年的销售额比上一年增加，有些年的减少。图 2—15 (b) 是最近三年的季销售额。该图明显表现出年销售额存在季节性**循环**（cyclic）波动，每年第一、第二季度的销售额普遍大于第三、第四季度。

有时，把时间序列图和我们前面讨论的图形结合起来是很有帮助的。J. Stuart Hunter（*The American Statistician*，Vol. 42，1988，p. 54）曾经提出把茎叶图和时间序列图结合成**数点图**（digidot plot）。

假设观察是按照发生的顺序记录下来的，图 2—16 给出了表 2—2 中压力强度观察的数点图。这张图像有效地表现出了压力强度数据的总体变动，同时，这些测量随着时间而变化。总体印象就是压力强度在均值 162.67 周围变动，随时间的变动没有明显的模式。

数点图 2—17 说明了不同的现象。这张图汇总了某一化学过程中产出品浓度的 30 次观察，这些观察是每隔一小时记录下来的。该图表明，在操作过程的前 20 个小时里，产生的浓度普遍超过了 85g/l，但在 20 个观察以后，操作过程可能发生了变化，导致了浓度降低。如果能够减少产出品浓度中的这些变异，就能改进过程操作。这种数据的控制图——一种特殊的时间序列图，见第 1 章的图 1—19。

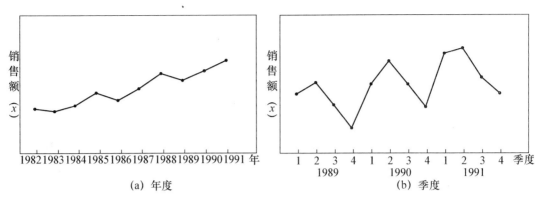

图 2—15　公司的年度和季度销售额

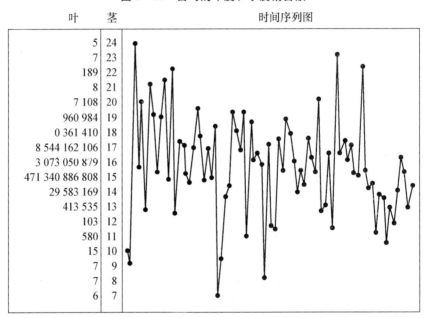

图 2—16　表 2—2 中压力强度数据的数点图

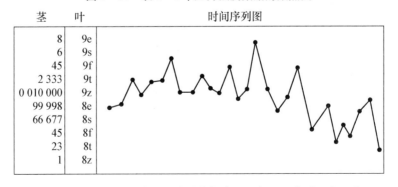

图 2—17　化学过程浓度观察值的数点图，每隔一小时观察一次

Minitab 或其他广泛使用的软件不支持数点图。然而，在 Minitab 中可以用边际图得到一种非常类似的图。这种图按照时间顺序或观察的顺序呈现数据，同时也会在边缘画出 y 轴变量（或 x 轴，或 x 轴和 y 轴两者同时）的直方图、箱线图或点图。图 2—18 是由 Minitab 得到的和图 2—16 对应的边际图。

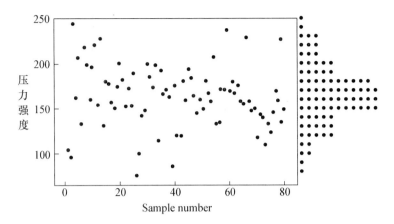

图 2—18　表 2—2 中压力强度数据的边际图（来自 Minitab）

练　习

2—44　考虑亚利桑那州立大学的一个服务器。按序记录下该服务器连续 20 个作业的响应时间（从上往下，再从左到右）。

5.3	5.0	9.5	10.1	5.8	6.2	5.9
7.2	10.0	12.2	8.5	4.7	11.2	7.3
6.4	12.4	3.9	8.1	9.2	10.5	

画出这些数据的时间序列图，并做出解释。

2—45　下面的数据是某一化学产品的黏性测量，每隔一小时观察一次（从上往下，再从左到右）。

47.9	47.9	48.6	48.0	48.4	48.1	48.0	48.6
48.8	48.1	48.3	47.2	48.9	48.6	48.0	47.5
48.6	48.0	47.9	48.3	48.5	48.1	48.0	48.3
43.2	43.0	43.5	43.1	43.0	42.9	43.6	43.3
43.0	42.8	43.1	43.2	43.6	43.2	43.5	43.0

（a）画出数点图（或边际图）、茎叶图和时间序列图，并给出解释。

（b）产品黏性的规格为 48±2。关于这个生产过程你能得出什么结论？

2—46　在一次实验里，测量了一个连接器的拉力。样本的 32 次检验数据如下（从上到下，再从左到右）。

241	258	237	210	194	225	248	203
195	249	220	194	245	209	201	195
255	245	235	220	249	251	238	210
185	187	218	190	175	178	175	190

（a）画出数据的时间序列图。

（b）画出数据的数点图（或边际图）或茎叶图和时间序列图，并给出解释。

2—47　G. E. P. Box 和 G. M. Jenkins 在他们的著作 *Time Series Analysis，Forecasting，and Control*（Holden-Day，1976）中，给出了每隔两小时测量得到的化学反应浓度。下面是其中的部分数据（从上到下，再从左到右）。

17.0	16.6	16.3	16.1	17.1	16.9	16.8	17.4
17.1	17.0	16.7	17.4	17.2	17.4	17.4	17.0
17.3	17.2	17.4	16.8	17.1	17.4	17.4	17.5
17.4	17.6	17.4	17.3	17.0	17.8	17.5	18.1
17.5	17.4	17.4	17.1	17.6	17.7	17.4	17.8
17.6	17.5	16.5	17.8	17.3	17.3	17.1	17.4
16.9	17.3						

画出数据的数点图或茎叶图和时间序列图。

2—48　从 1770—1869 年间的年太阳黑子数据见表 2—7。（这些数据的相关分析和解释见练习 2—47 中提到的 Box 和 Jenkins 的著作。那些分析需要一些高等统计知识和统计模型。）

表 2—7　　　　　太阳黑子年度数据

1770	101	1795	21	1820	16	1845	40
1771	82	1796	16	1821	7	1846	62
1772	66	1797	6	1822	4	1847	98
1773	35	1798	4	1823	2	1848	124
1774	31	1799	7	1824	8	1849	96
1775	7	1800	14	1825	17	1850	66
1776	20	1801	34	1826	36	1851	64
1777	92	1802	45	1827	50	1852	54
1778	154	1803	43	1828	62	1853	39
1779	125	1804	48	1829	67	1854	21
1780	85	1805	42	1830	71	1855	7
1781	68	1806	28	1831	48	1856	4
1782	38	1807	10	1832	28	1857	23
1783	23	1808	8	1833	8	1858	55
1784	10	1809	2	1834	13	1859	94
1785	24	1810	0	1835	57	1860	96
1786	83	1811	1	1836	122	1861	77
1787	132	1812	5	1837	138	1862	59
1788	131	1813	12	1838	103	1863	44
1789	118	1814	14	1839	86	1864	47
1790	90	1815	35	1840	63	1865	30
1791	67	1816	46	1841	37	1866	16
1792	60	1817	41	1842	24	1867	7
1793	47	1818	30	1843	11	1868	37
1794	41	1819	24	1844	15	1869	74

（a）画出这些数据的时间序列图。

（b）画出这些数据的数点图（或边际图）或茎叶图和时间序列图。

2—49　D. C. Montgomery，L. A. Jo-hnson 和 J. S. Gardiner 在他们的著作 *Forecasting and Time Series Analysis*，2nd ed.（McGraw-Hill，1990）中分析了表 2—8 的数据，它们是 1964—1970 年间英国所有乘客每月的飞行里程（单位：百万英里）。

表 2—8　　　　　英国的飞行里程

	1964	1965	1966	1967	1968	1969	1970
1 月	7.269	8.350	8.186	8.334	8.639	9.491	10.840
2 月	6.775	7.829	7.444	7.899	8.772	8.919	10.436
3 月	7.819	8.829	8.484	9.994	10.894	11.607	13.589
4 月	8.371	9.948	9.864	10.078	10.455	8.852	13.402
5 月	9.069	10.638	10.252	10.801	11.179	12.537	13.103
6 月	10.248	11.253	12.282	12.953	10.588	14.759	14.933
7 月	11.030	11.424	11.637	12.222	10.794	13.667	14.147
8 月	10.882	11.391	11.577	12.246	12.770	13.731	14.057
9 月	10.333	10.665	12.417	13.281	13.812	15.110	16.234
10 月	9.109	9.396	9.637	10.366	10.857	12.185	12.389
11 月	7.685	7.775	8.094	8.730	9.290	10.645	11.594
12 月	7.682	7.933	9.280	9.614	10.925	12.161	12.772

（a）画出这些数据的时间序列图。

（b）画出这些数据的数点图（或边际图）或茎叶图和时间序列图。

2—50　下表展示了美国 1973 年以来的石油进口、进口总额的百分比和波斯湾进口的百分比（来源：美国能源部网站 http://www.eia.doe.gov/）。画出每一列数据的数点图（或边际图）或茎叶图和时间序列图，并解释。

年份	石油进口（千桶/每天）	石油进口占石油供应的百分比（%）	波斯湾进口占总石油进口的百分比（%）
1973	6 256	36.1	13.5
1974	6 112	36.7	17.0
1975	6 055	37.1	19.2
1976	7 313	41.8	25.1
1977	8 807	47.7	27.8
1978	8 363	44.3	26.5
1979	8 456	45.6	24.4
1980	6 909	40.5	21.9

续前表

年份	石油进口 (千桶/每天)	石油进口占石油供应的百分比 (%)	波斯湾进口占总石油进口的百分比 (%)
1981	5 996	37.3	20.3
1982	5 113	33.4	13.6
1983	5 051	33.1	8.7
1984	5 437	34.5	9.3
1985	5 067	32.2	6.1
1986	6 224	38.2	14.6
1987	6 678	40.0	16.1
1988	7 402	42.8	20.8
1989	8 061	46.5	23.0
1990	8 018	47.1	24.5
1991	7 627	45.6	24.1
1992	7 888	46.3	22.5
1993	8 620	50.0	20.6
1994	8 996	50.7	19.2
1995	8 835	49.8	17.8
1996	9 478	51.7	16.9
1997	10 162	54.5	17.2
1998	10 708	56.6	19.9
1999	10 852	55.5	22.7
2000	11 459	58.1	21.7
2001	11 871	60.4	23.2
2002	11 530	58.3	19.6
2003	12 264	61.2	20.3
2004	13 145	63.4	18.9
2005	13 714	65.9	17.0
2006	13 707	66.3	16.1
2007	13 468	65.1	16.1
2008	12 915	66.2	18.4

2.6 多变量数据

点图、茎叶图、直方图和箱线图描述的是**单变量数据**（univariate data）；也就是说，它们表现的是单个变量的描述信息。许多工程问题涉及收集和分析**多变量数据**（multivariate data），即有几个不同变量的数据。1.2 节中讨论的丙酮丁醇分裂蒸馏塔和 1.3 节中的金属丝结合体的拉拔强度都是多变量工程研究的典型例子。方便起见，表 2—9 重新给出金属丝结合体的拉拔强度数据。在多变量的工程研究中，目标往往是确定变量间的关系，或者构造 1.3 节中讨论的经验模型。

表 2—9 金属丝结合体数据

观察编号	拉拔强度 y	金属丝长度 x_1	模子高度 x_2	观察编号	拉拔强度 y	金属丝长度 x_1	模子高度 x_2
1	9.95	2	50	14	11.66	2	360
2	24.45	8	110	15	21.65	4	205
3	31.75	11	120	16	17.89	4	400
4	35.00	10	550	17	69.00	20	600
5	25.02	8	295	18	10.30	1	585
6	16.86	4	200	19	34.93	10	540
7	14.38	2	375	20	46.59	15	250
8	9.60	2	52	21	44.88	15	290
9	24.35	9	100	22	54.12	16	510
10	27.50	8	300	23	56.63	17	590
11	17.08	4	412	24	22.13	6	100
12	37.00	11	400	25	21.15	5	400
13	41.95	12	500				

1.3 节中介绍的散点图是多变量数据的一个简单描述工具。它在检验多变量数据集变量间的两两（同·时点的两个变量）关系时非常有用。表 2—9 中金属丝拉拔强度数据的散点图见图 2—19。这些图是用 Minitab 画出的，并选择了在图的边上画出每一个变量的箱线图。和之前在 1.3 节中观察到的一样，两张散点图都表现出，结合体的强度和线的长度以及结合体强度和模子高度都存在近似的线性关系。拉拔强度和金属丝长度的关系好像要比拉拔强度和模子高度的关系要强一点。

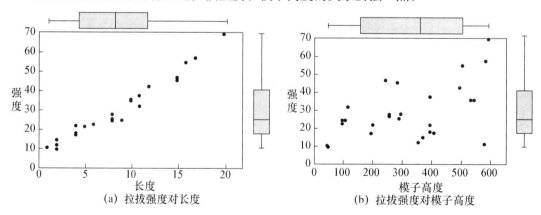

图 2—19 表 2—9 中金属丝结合体拉拔强度数据的散点图和箱线图

两个变量（y 和 x）之间线性关系的强度可以用**样本相关系数**（sample correlation coefficient）r 来刻画。假设有 n 对两变量的观察 (y_1, x_1)，(y_2, x_2)，…，(y_n, x_n)。如果 y 取得大的值 x 就取得大的值，并且 y 取得小的值时 x 就取得小的值，则称 y 和 x 有正的相关关系就是合理的。类似地，负相关就是当 y 取大的值时 x 取得小的值，当 y 取得小的值时 x 就取得大的值。给出的交叉乘积项的修正和

$$S_{xy} = \sum_{i=1}^{n}(x_i - \bar{x})(y_i - \bar{y}) = \sum_{i=1}^{n} x_i y_i - \left(\sum_{i=1}^{n} x_i\right)\left(\sum_{i=1}^{n} y_i\right)/n$$

就能反映这些类型的关系。为了看出为什么会是这样的，假设 y 和 x 之间有很

强的正相关，就像图 2—19（a）中拉拔强度和金属丝长度的例子一样。在这种情况下，x_i 比均值 $\bar{x}$ 大往往和 y_i 比均值 $\bar{y}$ 大同时发生，所以交叉乘积项（$x_i - \bar{x}$）（$y_i - \bar{y}$）就会为正。x_i 和 y_i 比各自的均值小也会同时发生。因此，y 和 x 的正相关暗示了 S_{xy} 为正。相似的论述可以得出，当负相关时绝大多数交叉乘积项（$x_i - \bar{x}$）（$y_i - \bar{y}$）为负，所以 S_{xy} 为负。S_{xy} 的单位是 x 的单位乘上 y 的单位，所以把 S_{xy} 作为相关关系强度的测度很难解释，因为 x 和 y 单位的变化都会影响 S_{xy} 的大小。样本相关系数 r 把 S_{xy} 简化成无量纲的量。

样本相关系数

有 n 对数据（y_1，x_1），（y_2，x_2），…，（y_n，x_n），样本相关系数就定义为

$$r = \frac{S_{xy}}{\sqrt{\left(\sum\limits_{i=1}^{n}(x_i - \bar{x})^2\right)\left(\sum\limits_{i=1}^{n}(y_i - \bar{y})^2\right)}} = \frac{S_{xy}}{\sqrt{S_{xx}S_{yy}}} \qquad (2-6)$$

$$-1 \leqslant r \leqslant 1$$

只有当所有的观察恰好在斜率为正的一条直线上时，才能取到值 $r = +1$。类似地，当所有的观察恰好在斜率为负的一条直线上时，$r = -1$。因此，r 测度了 x 和 y 之间的线性关系强度。当 r 的值接近于 0 时，可以暗示出变量之间没有相关关系或不存在线性关系。参见图 2—20。

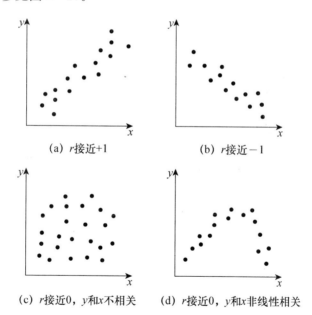

(a) r接近+1　　　　(b) r接近-1

(c) r接近0，y和x不相关　　　(d) r接近0，y和x非线性相关

图 2—20　不同的样本相关系数 r 值的散点图

为说明起见，考虑计算拉拔强度和金属丝长度之间的样本相关系数。从表 2—9 的数据中，我们可以得到：

$$\sum_{i=1}^{25} x_i^2 = 2\,396 \quad \sum_{i=1}^{25} x = 206 \quad \sum_{i=1}^{25} y_i^2 = 27\,179 \quad \sum_{i=1}^{25} y_i = 725.82 \quad \sum_{i=1}^{25} x_i y_i = 8\,008.5$$

$$S_{xx} = \sum_{i=1}^{n} x_i^2 - \frac{\left(\sum\limits_{i=1}^{n} x_i\right)^2}{n} = 2\,396 - \frac{(206)^2}{25} = 698.56$$

$$S_{yy} = \sum_{i=1}^{n} y_i^2 - \frac{\left(\sum_{i=1}^{n} y_i\right)^2}{n} = 27\ 179 - \frac{(725.82)^2}{25} = 6\ 106.41$$

$$S_x = \sum_{i=1}^{n} x_i y_i - \frac{\left(\sum_{i=1}^{n} x_i\right)\left(\sum_{i=1}^{n} y_i\right)}{n} = 8\ 008.5 - \frac{(206)(725.82)}{25} = 2\ 027.74$$

金属丝结合体的拉拔强度和金属丝长度的样本相关系数为：

$$r = \frac{S_{xy}}{\sqrt{S_x S_y}} = \frac{2\ 027.74}{\sqrt{(698.56)(6\ 106.91)}} = 0.982$$

相似的计算可以得出金属丝结合体拉拔强度和闭合高度的样本相关系数为 $r = 0.493$。

一般而言，当 $0.8 \leqslant r \leqslant 1$ 时，认为两个变量之间强相关，当 $0 \leqslant r \leqslant 0.5$ 时，两个变量弱相关，其他为适度相关。因此，金属丝结合体拉拔强度和金属丝长度之间存在强相关，而拉拔强度和闭合高度之间存在相对适度的弱相关。

例 2—9

全球温度

表 2—10 给出了从 1880—2004 年的全球平均空气温度异常和全球二氧化碳浓度的数据。这些数据第一次是以图 2—1 中的时间序列图呈现的。图 2—21 是全球平均空气温度异常和全球二氧化碳浓度的散点图。该图表明两个变量间存在正相关关系。利用公式 2—6，我们可以得到样本相关系数为 $r = 0.852$，是适度强相关关系。要注意不要过度解读这个正相关，相关并不意味着**因果关系**（causality）。有很多变量强相关但变量间并不存在因果关系。在设计实验中，一个变量的值是故意改变的，然后可以观察另一个变量的改变，这是建立因果关系的必要条件。

表 2—10　　　**全球平均空气温度异常和全球二氧化碳浓度（1880—2004 年）**

年份	异常	二氧化碳浓度	年份	异常	二氧化碳浓度	年份	异常	二氧化碳浓度
1880	−0.11	290.7	1922	−0.09	303.8	1964	−0.25	319.2
1881	−0.13	291.2	1923	−0.16	304.1	1965	−0.15	320.0
1882	−0.01	291.7	1924	−0.11	304.5	1966	−0.07	321.1
1883	−0.04	292.1	1925	−0.15	305.0	1967	−0.02	322.0
1884	−0.42	292.6	1926	0.04	305.4	1968	−0.09	322.9
1885	−0.23	293.0	1927	−0.05	305.8	1969	0.00	324.2
1886	−0.25	293.3	1928	0.01	306.3	1970	0.04	325.2
1887	−0.45	293.6	1929	−0.22	306.8	1971	−0.10	326.1
1888	−0.23	293.8	1930	−0.03	307.2	1972	−0.05	327.2
1889	0.04	294.0	1931	0.03	307.7	1973	0.18	328.8
1890	−0.22	294.2	1932	0.04	308.2	1974	−0.06	329.7
1891	−0.55	294.3	1933	−0.11	308.6	1975	−0.02	330.7
1892	−0.40	294.5	1934	0.05	309.0	1976	−0.21	331.8

续前表

年份	异常	二氧化碳浓度	年份	异常	二氧化碳浓度	年份	异常	二氧化碳浓度
1893	−0.39	294.6	1935	−0.08	309.4	1977	0.16	333.3
1894	−0.42	294.7	1936	0.01	309.8	1978	0.07	334.6
1895	−0.32	294.8	1937	0.12	310.0	1979	0.13	336.9
1896	−0.27	294.9	1938	0.15	310.2	1980	0.27	338.7
1897	−0.15	295.0	1939	−0.02	310.3	1981	0.40	339.9
1898	−0.21	295.2	1940	0.14	310.4	1982	0.10	341.1
1899	−0.25	295.5	1941	0.11	310.4	1983	0.34	342.8
1900	−0.05	295.8	1942	0.10	310.3	1984	0.16	344.4
1901	−0.05	296.1	1943	0.06	310.2	1985	0.13	345.9
1902	−0.30	296.5	1944	0.10	310.1	1986	0.19	347.2
1903	−0.35	296.8	1945	−0.01	310.1	1987	0.35	348.9
1904	−0.42	297.2	1946	0.01	310.1	1988	0.42	351.5
1905	−0.25	297.6	1947	0.12	310.2	1989	0.28	352.9
1906	−0.15	298.1	1948	−0.03	310.3	1990	0.49	354.2
1907	−0.41	298.5	1949	−0.09	310.5	1991	0.44	355.6
1908	−0.30	298.9	1950	−0.17	310.7	1992	0.16	356.4
1909	−0.31	299.3	1951	−0.02	311.1	1993	0.18	357.0
1910	−0.21	299.7	1952	0.03	311.5	1994	0.31	358.9
1911	−0.25	300.1	1953	0.12	311.9	1995	0.47	360.9
1912	−0.33	300.4	1954	−0.09	312.4	1996	0.36	362.6
1913	−0.28	300.8	1955	−0.09	313.0	1997	0.40	363.8
1914	−0.02	301.1	1956	−0.18	313.6	1998	0.71	366.6
1915	0.06	301.4	1957	0.08	314.2	1999	0.43	368.3
1916	−0.20	301.7	1958	0.10	314.9	2000	0.41	369.5
1917	−0.46	302.1	1959	0.05	315.8	2001	0.56	371.0
1918	−0.33	302.4	1960	−0.02	316.6	2002	0.70	373.1
1919	−0.09	302.7	1961	0.10	317.3	2003	0.66	375.6
1920	−0.15	303.0	1962	0.05	318.1	2004	0.60	377.4
1921	−0.04	303.4	1963	0.03	318.7			

　　表现多变量数据也有几种有用的图示方法。为了说明怎样使用这些方法，考虑表 2—11 的洗发水的数据。这些数据是从一位科学家做的感官评估实验中搜集到的。以 10 分为尺度来评估泡沫、香味、颜色和残留（清洁能力的测度）这些描述性质的变量。质量是洗发水总需求的测度，它是实验者关心的名义响应变量。地区是一个定性变量，它判定洗发水是从东部工厂（1）还是西部工厂（2）生产的。

表 2—11   洗发水的数据

泡沫	香味	颜色	残留	地区	质量
6.3	5.3	4.8	3.1	1	91
4.4	4.9	3.5	3.9	1	87
3.9	5.3	4.8	4.7	1	82
5.1	4.2	3.1	3.6	1	83
5.6	5.1	5.5	5.1	1	83
4.6	4.7	5.1	4.1	1	84
4.8	4.8	4.8	3.3	1	90
6.5	4.5	4.3	5.2	1	84
8.7	4.3	3.9	2.9	1	97
8.3	3.9	4.7	3.9	1	93
5.1	4.3	4.5	3.6	1	82
3.3	5.4	4.3	3.6	1	84
5.9	5.7	7.2	4.1	2	87
7.7	6.6	6.7	5.6	2	80
7.1	4.4	5.8	4.1	2	84
5.5	5.6	5.6	4.4	2	84
6.3	5.4	4.8	4.6	2	82
4.3	5.5	5.5	4.1	2	79
4.6	4.1	4.3	3.1	2	81
3.4	5.0	3.4	3.4	2	83
6.4	5.4	6.6	4.8	2	81
5.5	5.3	5.3	3.8	2	84
4.7	4.1	5.0	3.7	2	83
4.1	4.0	4.1	4.0	2	80

图 2—21 是用 Minitab 做出的洗发水数据的**散点图矩阵**（matrix of scatter plots）。该图揭示了表 2—11 中所有变量的两两关系。矩阵中单个的散点图可以看出，洗发水的质量和泡沫之间有正相关，质量和香味之间有负相关，质量和表示产地的变量地区之间也有负相关。一些性质变量之间也有相关关系，如颜色和残留。Minitab 也可以计算这些变量的所有两两相关关系。结果如下：

	泡沫	香味	颜色	残留	地区
香味	0.002				
颜色	0.328	0.599			
残渣	0.193	0.500	0.524		
地区	−0.032	0.278	0.458	0.165	
质量	0.505	−0.240	−0.195	−0.487	−0.507

可以看出，没有一个相关程度是强的。

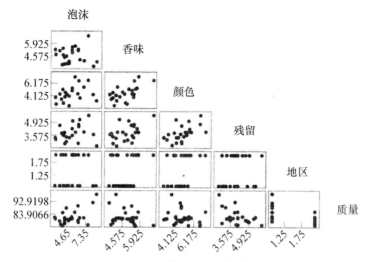

图 2—21　表 2—11 中洗发水数据的散点图矩阵

　　图 2—22 是洗发水质量对泡沫的散点图。在这个散点图中，我们用两种不同的图形符号来表示从两个不同地区得到的观察，因此能在二维图形上表现三个变量的信息。图 2—22 表明两个地区的洗发水质量和泡沫的相关关系是不同的。另一种说法就是泡沫和地区之间存在**交互作用**（interaction）（可以再次阅读 1.2.3 中的交互作用）。显然，定义几种另外的图形符号，这种方法就可以扩展到三个变量以上。

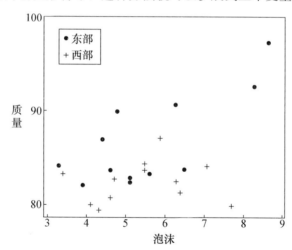

图 2—22　洗发水质量对泡沫的散点图

　　当第三个变量是**离散变量**（discrete）或**分类变量**（categorical）时，如图 2—22 一样的散点图的变形就能很好的起作用。当第三个变量是连续的时候，**协同图**（co-plot）就非常有用了。洗发水质量的协同图见图 2—23。在这个图形中，以洗发水质量对应泡沫画图，和图 2—22 一样，不同的图形符号来识别两个产地。表 2—11 中的描述变量残留并不是洗发水的必要特征，在表 2—11 中，残留程度比较高的等级在 4～4.5 之间，甚至更大。图 2—23（a）用了表 2—11 中残留小于等于 4.6 的所有观察，图 2—23（b）用了残留大于等于 4 的所有观察。可以看到在协同图中残留的值存在着重叠，这完全是可以接受的。在一些问题中用两个以上的分类变量会非常有用。协同图显示出，当残留水平比较低时，洗发水质量和泡沫之间的正相关要强很多，这可能暗示着有太多的残留通常不是好的洗发水。

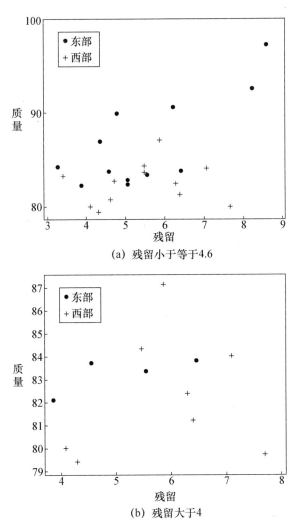

(a) 残留小于等于4.6

(b) 残留大于4

图 2—23　洗发水质量的协同图

练　习

2—51　某半导体公司的工程师想要建立模型表示设备 HFE（y）和三个参数：发射器-RS（x_1）、基极-RS（x_2）和发射器-基极-RS（x_3）之间的关系。数据如下表所示。

（a）画出每个 x 和 y 的散点图，并解释关系。

（b）计算并解释每个 x 和 y 的样本相关系数。

发射器-RS x_1	基极-RS x_2	发射器-基极-RS x_3	HFE-1M-5V y
14.620	226.00	7.000	128.40
15.630	220.00	3.375	52.62
14.620	217.40	6.375	113.90
15.000	220.00	6.000	98.01

续前表

发射器-RS x_1	基极-RS x_2	发射器-基极-RS x_3	HFE-1M-5V y
14.500	226.50	7.625	139.90
15.250	224.10	6.000	102.60
16.120	220.50	3.375	48.14
15.130	223.50	6.125	109.60
15.500	217.60	5.000	82.68
15.130	228.50	6.625	112.60
15.500	230.20	5.750	97.52
16.120	226.50	3.750	59.06
15.130	226.60	6.125	111.80

续前表

发射器-RS x_1	基极-RS x_2	发射器-基极-RS x_3	HFE-1M-5V y
15.630	225.60	5.375	89.09
15.380	229.70	5.875	101.00
14.380	234.00	8.875	171.90
15.500	230.00	4.000	66.80
14.250	224.30	8.000	157.10
14.500	240.50	10.870	208.40
14.620	223.70	7.375	133.40

2—52　在速食食品包装工业中，确定材料的性质是判断它是否适合替代可降解材料的重要问题。考虑下面发表在 *Materials Research and Innovation*（1999，pp. 2-8）上的关于产品密度（g/cm³）和导热性（W/mK）的数据。

导热性 y	产品密度 x
0.048 0	0.175 0
0.052 5	0.220 0
0.054 0	0.225 0
0.053 5	0.226 0
0.057 0	0.250 0
0.061 0	0.276 5

（a）画出数据的散点图。你预计样本相关系数的符号是什么？

（b）计算样本相关系数，并给出解释。

2—53　研究了轴承磨损 y 与油的黏性 x_1 和负荷 x_2 的关系。得到如下数据。

y	x_1	x_2
193	1.6	851
230	15.5	816
172	22.0	1 058
91	43.0	1 201
113	33.0	1 357
125	40.0	1 115

（a）画出数据的两张散点图。你预计样本相关系数的符号将是什么？

（b）计算样本的两个相关系数并给出解释。

2—54　为了研究燃料的效率，收集了如下数据。

每加仑油行驶的英里数 y	质量 x_1	马力 x_2	每加仑油行驶的英里数 y	质量 x_1	马力 x_2
29.25	2 464	130	17.00	4 024	394
21.00	3 942	235	17.00	3 495	294
32.00	2 604	110	18.50	4 300	362
21.25	3 241	260	16.00	4 455	389
26.50	3 283	200	10.50	3 726	485
23.00	2 809	240	12.50	3 522	550

（a）画出数据的两张散点图。你预计样本相关系数的符号将是什么？

（b）计算样本的两个相关系数并给出解释。

2—55　随机抽取 26 个年龄在 25～30 之间的男性，测量他们的体重和心脏收缩血压。数据如下。

个体	体重	心脏收缩压	个体	体重	心脏收缩压
1	165	130	14	172	153
2	167	133	15	159	128
3	180	150	16	168	132
4	155	128	17	174	149
5	212	151	18	183	158
6	175	146	19	215	150
7	190	150	20	195	163
8	210	140	21	180	156
9	200	148	22	143	124
10	149	125	23	240	170
11	158	133	24	235	165
12	169	135	25	192	160
13	170	150	26	187	159

（a）画出数据的散点图。你预计样本相关系数的符号是什么？

（b）计算样本相关系数，并给出解释。

补充练习

2—56　一个操作员用同一个工具测量了某溶液的 pH 值 8 次，得到了如下的数据：8.15，8.20，8.18，8.19，8.21，8.20，8.16 和 8.18。

（a）计算样本均值。假设该溶液合意的 pH 值为 8.20。你认为计算出来的样本均值和溶液的目标值足够接近吗？给出你的理由。

（b）计算样本方差和样本标准差。这个实验里主要的变动是什么？这次测量为什么能得出小的方差？

2—57 有 6 个电阻组成的一个样本产生了如下的电阻（单位：欧姆）：

$x_1 = 55$，$x_2 = 48$，$x_3 = 57$，$x_4 = 51$，$x_5 = 45$，$x_6 = 53$。

（a）用式（2—4）的方法计算样本方差和样本标准差。

（b）用式（2—3）的定义计算样本方差和样本标准差。解释为什么两种方法得到的结果是相同的。

（c）把每一个电阻的值减去 45，然后再计算样本方差和样本标准差。和（a）、（b）中得到的结果相比较，并解释你的发现。

（d）如果电阻是 450，380，470，410，350 和 430 欧姆，你能用前面的结果找出样本方差和样本标准差吗？你将怎么做？

2—58 练习 2—34 中由萘转换成马来醛的百分比如下：5.1，2.8，4.7，4.7，3.8，3.8，3.0，5.1，3.1，4.0，4.8，4.0，5.2，4.3，3.0，2.0，5.0，3.3，4.8，5.0。

（a）计算样本的全距、方差和标准差。

（b）把每一个观察减去 1.0，然后再次计算样本的全距、方差和标准差。比较两次的结果。常数 1.0 有什么"特殊"之处吗？或者说，选择任意值能产生相同的结果吗？

2—59 假设有一个样本 x_1，x_2，$\cdots$，x_n，已经计算出了样本的 $\bar{x}_n$ 和 s_n^2。现在又得到了第 $(n+1)$ 个观察。令 $\bar{x}_{n+1}$ 和 s_{n+1}^2 表示用 $n+1$ 个观察的样本方差和样本标准差。

（a）用 $\bar{x}_n$ 和 x_{n+1} 怎样计算出 $\bar{x}_{n+1}$？

（b）证明 $ns_{n+1}^2 = (n-1) s_n^2 + \dfrac{n}{n-1}(x_{n+1} - \bar{x}_n)^2$。

（c）用（a）和（b）的结果计算练习 2—35 中数据的新的样本均值和样本标准差，新增加的观察为 $x_7 = 46$。

2—60 **截尾均值**（the trimmed mean）。假设数据是以递增的顺序排列的，在两头都削去 T% 的观察，计算剩余观察的样本均值，得到的这个均值称为截尾均值。一般来说，截尾均值位于样本均值 $\bar{x}$ 和中位数之间。为什么？

（a）计算练习 2—17 中产量数据的 10% 的截尾均值。

（b）计算练习 2—17 中产量数据的 20% 的截尾均值，和（a）中得到的数值相比较。

（c）把（a）、（b）中计算出来的值与练习 2—17 的样本均值和中位数相比较。这些数量有很大的差别吗？为什么？

（d）假设样本量为 n，但 $nT/100$ 不是整数。给出计算这种情况的截尾均值的步骤。

2—61 考虑下面的两个样本：

样本 1：20，19，18，17，18，16，20，16

样本 2：20，16，20，16，18，20，18，16

（a）计算两个样本的全距。两个样本表现出相同的变动吗？为什么？

（b）计算两个样本的样本标准差。这些数量表明两个样本有相同的变动吗？为什么？

（c）简单评述样本全距和样本标准差作为变动性测度的区别。

2—62 *Quality Engineering*（Vol. 4，1992，pp. 487—495）给出了一个化学流程中的黏性数据。这些数据的一个样本如下（从上到下，从左到右）。

13.3	14.9	15.8	16.0	14.3	15.2	14.2	14.0
14.5	13.7	13.7	14.9	16.1	15.2	16.9	14.4
15.3	15.2	15.1	13.6	13.1	15.9	14.9	13.7
15.3	14.5	13.4	15.3	15.5	16.5	15.2	13.8
14.3	15.3	14.1	14.3	12.6	14.8	14.4	15.6
14.8	15.6	14.8	15.6	14.6	15.1	15.2	14.5
15.2	15.8	14.3	14.3	14.3	17.0	14.6	12.8
14.5	13.3	14.3	13.9	15.4	14.9	16.4	16.1
14.6	14.1	16.4	15.2	15.2	14.8	14.2	16.6
14.1	15.4	16.9	14.4	16.8	14.0	15.7	15.6

（a）画出所有数据的时间序列图，并评述图形揭示的数据特征。

（b）假如前 40 个数据来自某一个化学过程，而后 40 个数据来自另一个过程。图形能说明两个过程的结果是相似的吗？

（c）计算前 40 个观察的样本均值和样本方差，然后计算后 40 个观察的这些值。这些数量表示两个过程产生相同的样本均值和样本方差水平吗？为什么？

2—63 一个螺旋弹簧的制造厂希望执行一个质

量控制系统来监测它的生产过程。作为质量系统的一部分，该厂准备记录下以 50 个为一批的弹簧中不合格品的数量。抽出了 40 批产品，得到了如下的数据（从上到下，从左到右）。

9	13	9	8	7	7	10	9	17	17
10	4	8	9	9	6	11	12	19
9	11	10	4	8	10	8	4	16	16
9	8	9	7	11	6	8	13	15

（a）画出这些数据的茎叶图。

（b）找出样本平均数和样本标准差。

（c）画出这些数据的时间序列图。有证据说这 40 批弹簧的平均不合格数是增加或减少的吗？为什么？

2—64　通过记录流量为 1 000 比特的一个数据流中的错误数来检测通信电路。30 个这样的数据流的错误数如下（从左到右，从上到下）。

3	2	4	1	3	1	3	1	0	1
3	2	0	2	0	1	1	1	2	3
2	1	3	0	1	1	0	2	3	4

（a）画出这些数据的茎叶图。

（b）找出样本均值和样本标准差。

（c）画出数据的时间序列图。能证明流中的错误是增加或减少吗？为什么？

2—65　样本中会有一半观测值正好小于均值吗？举例说明。

2—66　对任一组样本数据，有可能样本标准差比样本均值大吗？给出例子。

2—67　D. C. Montgomery，C. L. Jennings 和 M. Kulahci 在他们的著作 *Introduction to Forecasting and Time Series Analysis* 中分析了 1970—2004 年亚利桑那州每 100 000 个 1～4 岁儿童溺水的概率。数据如下：19.9，16.1，19.5，19.8，21.3，15.0，15.5，16.4，18.2，15.3，15.6，19.5，14.0，13.1，10.5，11.5，12.9，8.4，9.2，11.9，5.8，8.5，7.1，7.9，8.0，9.9，8.5，9.1，9.7，6.2，7.2，8.7，5.8，5.7，5.2。

（a）进行合适的数据图形分析。

（b）计算和解释合适的数值汇总。

（c）注意到溺水率从大约 1990 年开始显著下降。讨论导致这一现象的潜在原因。

（d）如果从 1990 年开始溺水率真的改变了，这

对（b）中计算的汇总统计有什么影响？

2—68　1879 年，A. A. Michelson 测量得到了 100 个空气中的光速，使用的方法是法国物理学家傅科（Foucault）提出方法的改良。他把测量值分成了五组，每组 20 个测量值。观测值（单位：千米/秒）如下。每个值都减去了 299 000。

第 1 组

850	900	930	950	980
1 000	930	760	1 000	960
740	1 070	850	980	880
980	650	810	1 000	960

第 2 组

960	960	880	850	900
830	810	880	800	760
940	940	800	880	840
790	880	830	790	880

第 3 组

880	880	720	620	970
880	850	840	850	840
880	860	720	860	950
910	870	840	840	840

第 4 组

890	810	800	760	750
910	890	880	840	850
810	820	770	740	760
920	860	720	850	780

第 5 组

890	780	760	790	820
870	810	810	950	810
840	810	810	810	850
870	740	940	800	870

现在被认可的真空中的光速"真值"是 299 792.5 千米/秒。Stigler（1977，*The Annals of Statistics*）报告对这些测量值来说，"真值"是 734.5。建立这些测量值的可比箱线图。所有五组数据和测量值的变异性保持一致吗？五组数据以相同的值为中心吗？Michelson 进行的实验中存在"启动"效应吗？测量设备存在偏差吗？

团队互动

2—69 在工程研究中，经常会碰到数据（例如，工程或科学实验课程）。选择你感兴趣的数据集，用适当的数值或图形方法描述这些数据。

2—70 选择一个时间序列数据集。用适当的数值或图形方法描述这些数据。讨论数据中潜在的变异性。

2—71 考虑 Albuquerque 的 Levi-Strauss 布厂的 5 个供应厂的周浪费量（百分数）。这些数据在网页 http://lib. stat. cmu. edu/DASL/Stories/waster-unup. html 上。画出这 5 个供应厂的箱线图。

2—72 旧金山北部的一个石油加工厂连续 31 天观测一氧化碳。这些数据见网页 http://lib. stat. cmu. edu/DASL/Datafiles/Refinery. html。画出这些数据的时间序列图，并解释其特征。

2—73 考虑一个记载古老传说中间歇泉喷发时间的数据集，数据见 http://lib. stat. cmu. edu/DASL/Datafiles/differencetestdat. html。这在 A. Azzalini 和 A. W. Bowman 的文章（A Look at Some Data on the Old Faithful Geyser，*Applied Statistics*，1990，pp. 357–365）中被提到过。

（a）画出所有数据的时间序列图。

（b）把数据分成两个各有 100 个观察的数据集。分别画出两个子集的茎叶图。有理由相信两个子集是不同的吗？

本章重要术语和概念

箱线图	box plot
自由度	degree of freedom
数点图	digidot plot
点图	dot diagram
频数	frequency
直方图	histogram
四分位数极差	interquartile range，IQR
散点图矩阵	matrix of scatter plots
中位数	median
多变量数据	multivariate data
帕累托图	pareto chart
有序茎叶图	ordered stem-and-leaf diagram
百分位点	percentile
总体均值，μ	population mean，μ
总体标准差，σ	population standard deviation，σ
总体方差 σ^2	population variance，σ^2
四分位数	quartiles
极差	range
频率	relative frequency
样本相关系数	sample correlation coefficient
样本标准差	sample standard deviation，s
样本均值	sample mean，$\bar{x}$
样本方差	sample variance，s^2
散点图	scatter diagram

茎叶图	stem-and-leaf diagram
时间序列	time sequence
时间序列图	time series plot
单变量数据	univariate data

第3章

随机变量和概率分布

学习目标

1. 通过概率质量函数确定离散随机变量的概率，通过概率密度函数确定连续随机变量的概率，在这两种情况中使用累积分布函数得到。
2. 计算离散和连续随机变量的均值和方差。
3. 理解介绍的每一种概率分布的假设。
4. 在特定应用中选择合适的概率分布来计算概率。
5. 使用标准正态分布的累积分布函数表（或软件）来计算概率。
6. 近似计算二项分布和泊松分布的概率。
7. 解释和计算随机变量的协方差和相关系数。
8. 计算随机变量线性组合的均值和方差。
9. 近似计算几个随机变量一般函数的均值和方差。
10. 理解统计学和中心极限定理。

首次得分

在曲棍球或足球这两种得分率低的比赛中，首先得分的球队是否更有机会获得胜利，体育评论员经常争论这一问题。加拿大皇家军事学院（Royal Military College of Canada）的两位研究者发现了一种方法可以从统计学上来研究这一问题（Can Mathematicians Spot the winning Team Better Than Sports Commentators? http://www.sciencedaily.com/releases/2009/06/090602112301.htm）。

在曲棍球季后赛中，比赛的两队比常规赛中更加势均力敌，所以研究者假设每支队伍都有相同的获胜机会。但是他们发现，如果某支球队在比赛早期得分，比如开赛5分钟内，则该队获胜的机会就会增加到70%。在下半场比赛只剩25分钟，得到全场第一分的队伍，获胜的机会增加到80%。

研究者发现，总得分数服从**泊松**（poisson）分布，并且因为季后赛队伍实力不相上下的，积极性很高，所以每支球队在第一分后有相同的得分机会。研究者也考虑了其他的因素，比如赛季表现和联赛地位。他们的调查需要理解许多统计学知识，包括指数分布、泊松分布和二项分布。

工程师在事件模型以及连续测量值的模型中遇到相似的问题，本章的概率概念提供了重要工具。

在本书的前面章节，用了数值和图形汇总方法来汇总数据。把数据转变成有用的信息通常需要汇总。此外，有关数据产生过程的结论常常很重要。也就是说，我们可能需要通过相对小的样本数据对长期过程绩效作出结论。因为只用数据的一个样本，我们的结论就会存在不确定性。但是，对数据指定了概率模型后，不确定性的程度就能被量化，也能通过选择或修正样本量来得到不确定性的容许水平。本章的目的在于描述这些模型，并给出一些重要例子。

■ 3.1　概　述

测量一根细铜丝中的电流就是一个**实验**（experiment）的例子。但是，日复一日的测量结果可能有细小的差别，因为变量的细微变化在我们的实验中不能控制，像周围温度的改变、测量器的轻微变化、选择不同位置的铜丝中化学成分的杂质不同，以及电源不稳定等。因此，这个实验（其他许多实验也是这样）就能被认为有**随机**（random）成分。在一些例子中，随机变异相对于我们的实验目的非常小，以至于能被忽略掉。但是，随机变异总是存在的，它有时很大，能使实验的重要结论不明显。在这样的例子中，本书介绍的建模和分析实验结果的方法相当有价值。

即使每次都用相同的方式，如果一个实验总能产生不同的结果，就称为**随机实验**（random experiment）。我们可以选择一个零件，并且精确测量它的大小。尽管我们希望总能生产出相同的零件，但现实中，实际测出的长度总有小的变异，这是由许多因素造成的，如振动、温度波动、操作员不同、设备和测量器的刻度、切割工具的磨损、轴承磨损和原材料的改变。甚至测量过程也能导致最后结果的变异。

不管实验设计和执行如何仔细，变异总会发生。我们的目标在于理解、量化碰到的变异，并对它们建立模型。当把变异结合到思考和分析中时，我们就能从由于变异而无效的结果中做出有见识的判断。

包含了变异的模型和分析，与工程和科学领域中使用的其他模型是相同的。图3—1表示出了模型和它代表的物理系统的关系。一个物理系统的数学模型不必是完全的抽象。例如，牛顿定律并不是对我们自然界的完全描述。但它们仍然是能研究和分析的有用模型，能用于量化广泛的工程生产行为。假如一个数学抽象是对一个系统的正确度量，我们就能用这个模型来理解、描述和量化物理系统的重要方面，并能预测系统的反应。

纵贯本书，我们讨论的模型都是允许系统输出变化的，尽管我们控制的变异在研究中并不是故意改变的。图3—2描述了把不能控制的变量（噪声）结合到控制变量中来产生系统输出结果的模型。由于存在噪声，同样的控制变量设置并不能得到相同的系统输出。

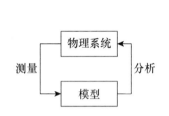

图 3—1　模型和物理系统之间的
连续迭代

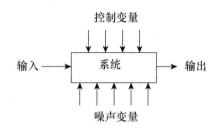

图 3—2　影响输入到输出转变的
噪声变量

对于测量铜丝中电流的例子，这个系统的模型只不过是欧姆定律。

电流＝电压/电阻

和前面所说的一样，测出的电流是有变化的。欧姆定律只是一个适当的近似。但是，如果变异相对于研究中的工具过分大，我们就需要扩充模型让它包括变异。见图3—3。如果没有经验测量值，一般很难推测出变异的大小。但是，如果有了充分的测量，就能近似估计出变异的大小，也能考虑它对其他工具的绩效，比如电路中的放大器。因此，我们认为图3—2中的模型是更有用的测量电流描述。

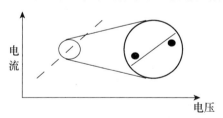

图 3—3　检查系统发现的模型偏离

考虑另一个例子，在通信系统设计中，比如计算机网络和电话通信网，用网络获取信息的能力是设计中需要考虑的重要因素。对于电话通信网，需要购买足够多的外部线路来满足商业需要。假如一根线路只能传输单个通话，需要购买多少线路呢？如果购买的线路太少，电话就会延迟或丢失；如果购买的太多就会增加成本。设计和产品开发日益要求用最有竞争力的成本来满足顾客的需要。

在电话网系统的设计中，需要通话数量和通话间隔的模型。即使知道了通话平均每隔5分钟发生一次并持续5分钟，这也是不够的。如果电话确切是每隔5分钟到来并持续5分钟，那么一根电话线就足够了。但是，电话数量和持续时间的细微变化就会导致一些电话被其他的打断。见图3—4。设计时没有考虑变异的系统在实际应用中将是不够的。

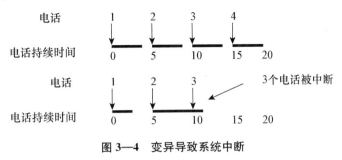

图 3—4　变异导致系统中断

3.2　随机变量

实验中测量值通常用一个变量来表示，如 X。在随机实验里，测量值常常改变（从实验的一次重复到另一次重复）的变量称为**随机变量**（random variable）。例如，X 可以表示铜丝实验中的电流测量值。在实验中，随机变量和其他变量在概念上没有什么区别。我们用术语"随机"是为了表示噪声扰动能改变测量值。通常，用一个大写字母来标记随机变量。

> **随机变量**
> 随机变量是一个数值变量，它的测量值在重复的实验过程中是变化的。

实验完成以后，用小写字母来表示随机变量的测量值，比如 $x = 70$ 毫安。我们经常用随机变量的测量值来汇总实验。

该模型能和下面的数据联系起来。数据是从重复的随机实验中得到的随机变量的测量值。例如，第一次重复试验得到 $x_1 = 70.1$，第二次得到 $x_2 = 71.2$，第三次得到 $x_3 = 71.1$，等等。这些数据能用第 2 章中讨论的描述方法来汇总。

通常，假设感兴趣的测量为一个实数，如铜丝实验里的电流、机制零件的长度。测量中的任意精度都是可能的。当然，在实际中，我们经常四舍五入到最近的十分位或百分位。代表测量值的随机变量可以称为**连续随机变量**（continuous random variable）。

在其他实验中，我们可能记录到一些个数，比如错误收到的发射比特数量。这时，测量值就限定在整数。或者，我们可能记录到一个比例数，如 10 000 个发射比特中错误接收的比例为 0.004 2。这时，测量值就是分数，但仍然是实数轴上的离散点。当测量值是实数轴上的离散点时，随机变量就被称为**离散随机变量**（discrete random variable）。

> **离散和连续随机变量**
> 离散随机变量的取值范围是一组有限（或可数无限）的实数。
> 连续随机变量的取值范围是一个实数区间（可以是有限也可以是无限）。

在一些例子中，随机变量实际上是离散的，但是因为可能值的极差太大了，把它当作连续的随机变量来分析就简单多了。例如，假设用一个电子工具测得的电流值最左侧的为 0.01 毫安。由于可能的测量值是有限的，所以随机变量是离散的。但是，近似地假设电流值是一个连续的随机变量，处理起来就会方便很多。

> **随机变量的例子**
>
> 连续随机变量的例子：
>
> 电流，长度，压力，温度，时间，电压，质量
>
> 离散随机变量的例子：
>
> 表面的刮痕数，检验的 1 000 个零件中有缺陷的比例，错误接收的发射比特数

练 习

判断下面的变量适合用离散变量模型还是连续变量模型？

3—1 移植至人体的生物医学设备的寿命。

3—2 计算机存储器中的晶体管在一次操作中改变状态的次数。

3—3 混凝土样本的强度。

3—4 汽车购买者的选择数字。

3—5 一块电路板中焊接处有缺陷的比例。

3—6 一个注射模型制品的重量。

3—7 一个气体样本中的分子数。

3—8 一个反应产生的能量。

3—9 一个水样本中有机固体的浓度。

3.3 概 率

用随机变量来表示测量。概率被用来量化一个测量值落入某一些取值集合中的可能性或机会。"零件的长度 X，在 10.8 到 11.2 之间的机会是 25%"，就是一个量化我们感知的零件长度可能性的陈述。概率陈述表示了特定值发生的可能性。用一个在区间 $[0，1]$ 之间的数（或 0 到 100%的百分数）来表示可能取到的值的可能性大小。数值越高，表示这些取值的集合越可能发生。

某一结果的概率能被认为是对结果发生的主观概率或者**相信程度**（degree of belief）。毫无疑问，不同的个人对同一事件指派的概率不同。根据重复进行的随机实验能做出概率的另一种解释。一个结果的概率可以解释为在重复进行的随机实验中某一结果发生次数的比例。比如说，我们认为零件的长度在 10.8 到 11.2 毫米之间的概率为 0.25，我们可以按照下面的说法解释它。如果重复测量零件的长度（对一个随机实验重复操作有限次），其中有 25%的结果会落在这个区间内。这个实验提供了概率的**频率**（relative frequency）解释。结果落入该区间的重复试验次数的比例或频率为 0.25。注意到这个解释用了一个长期比例，是无限次重复实验的比例。如果重复实验的次数比较少，长度落入该区间的比例可能就不是 0.25。

进一步讲，如果零件的长度总是落入该区间，频率以及该区间的概率就为 1。如果没有一个零件的长度落入这个区间，频率以及该区间的概率就为 0。因为概率总是严格地限定在区间 $[0，1]$ 之间，它们就能被解释为频率。

概率通常被认为是一个随机变量术语。在零件的例子里，X 表示零件长度，概率就可以用下面两种形式表示：

$$P(X \in [10.8, 11.2]) = 0.25 \quad 或 \quad P(10.8 \leqslant X \leqslant 11.2) = 0.25$$

这两个等式都说明随机变量 X 的值在 $[10.8，11.2]$ 之间的概率为 0.25。

随机变量的概率通常由描述随机变量的模型决定。下面的章节将考虑几个模型。在这之前，先陈述几个概率的一般性质，这些从概率的频率解释方面就可以理解。这些性质不能决定概率，概率是基于我们对所研究系统的知识分配的。但是，这些性质可以让我们轻易地通过其他知识计算概率。

下面的术语将被使用。考虑一个集合 E，E 的补集就是不在 E 中的元素组成的集合。**补集**（complement）记作为 E'。实数集记为 R。如果集合 E_1，E_2，$\cdots$，E_k 的任意两两交集都是空的，则称它们是**互不相容**（mutually exclusive）的。也就是说，每个元素在且只在 E_1，E_2，$\cdots$，E_k 中的一个里。

概率性质

1. $P(X \in R) = 1$，这里 R 是实数集。
2. 对任意 E，$0 \leqslant P(X \in E) \leqslant 1$。 　　　　　　　　　　　(3—1)
3. 如果 E_1，E_2，$\cdots$，E_k 互不相容，则
$$P(X \in E_1 \bigcup E_2 \bigcup \cdots \bigcup E_k) = P(X \in E_1) + \cdots + P(X \in E_k)$$

性质 1 表明概率的最大值为 1。性质 2 表明概率是非负的。性质 3 说明了，当集合互不相容时，测度落入 $E_1 \bigcup E_2 \bigcup \cdots \bigcup E_k$ 的比例等于测度落入 E_1，E_2，$\cdots$，E_k 的比例之和。例如：

$$P(X \leqslant 10) = P(X \leqslant 0) + P(0 < X \leqslant 5) + P(5 < X \leqslant 10)$$

性质 3 也可以用来联系集合 E 和它的补集 E' 的概率。因为 E 和 E' 是互不相容的，而且 $E \cup E' = R$，所以 $1 = P(X \in R) = P(X \in E \cup E') = P(X \in E) + P(X \in E')$。因此

$$P(X \in E') = 1 - P(X \in E)$$

例如，$P(X \leqslant 2) = 1 - P(X > 2)$。一般来说，对任意固定的数 x，有

$$P(X \leqslant x) = 1 - P(X > x)$$

令 $\varnothing$ 表示空集。因为 R 的补集是 $\varnothing$，所以 $P(X \in \varnothing) = 0$。

假设随机变量 X 表示标准荧光管的使用寿命（单位：小时），它的概率为：

$$P(X \leqslant 5\,000) = 0.1, P(5\,000 < X \leqslant 6\,000) = 0.3, P(X > 8\,000) = 0.4$$

从概率的性质可以得到如下结果。用图形表示这些集合会有助于理解。

根据性质 3，可以得到使用寿命小于等于 6 000 小时的概率为：

$$P(X \leqslant 6\,000) = P(X \leqslant 5\,000) + P(5\,000 < X \leqslant 6\,000) = 0.1 + 0.3 = 0.4$$

使用寿命超过 6 000 小时的概率为：

$$P(X > 6\,000) = 1 - P(X \leqslant 6\,000) = 1 - 0.4 = 0.6$$

使用寿命大于 6 000 并且小于等于 8 000 小时的概率由这个区间和其他三个区间各自的概率之和为 1 决定。也就是说，其他三个区间的集合是集合 $\{x \mid 6\,000 < x \leqslant 8\,000\}$ 的补集。因此

$$P(6\,000 < X \leqslant 8\,000) = 1 - (0.1 + 0.3 + 0.4) = 0.2。$$

使用寿命小于等于 5 500 小时的概率不能被严格确定。能做的最好说明就是

$$P(X \leqslant 5\,500) \leqslant P(X \leqslant 6\,000) = 0.4 \quad 和 \quad 0.1 = P(X \leqslant 5\,000) \leqslant P(X \leqslant 5\,500)$$

如果还已知 $P(5\,500 < X \leqslant 6\,000) = 0.15$，我们就能得出

$$P(X \leqslant 5\,500) = P(X \leqslant 5\,000) + P(5\,000 < X \leqslant 6\,000) - P(5\,500 < X \leqslant 6\,000)$$
$$= 0.1 + 0.3 - 0.15 = 0.25$$

结果和事件

在实验中并不是总能得到测量值的。有时，结果只是分类了（分成了几种可能的

类）。例如，电流值可能只是记为弱、中等或高；制造出来的电子元件可能只是分成次品、非次品；数字通信管发射出的比特只是分为错误接收或非错误接收。可能的分类通常称为**结果**（outcomes），一个或多个结果的集合称为**事件**（event）。概率这一概念能应用到事件上，这里频率解释仍然是适合的。

如果数字通信管发射出的比特有 1‰ 被错误接收，错误的概率就为 0.01。如果令 E 表示比特被错误接收这一事件，就可以写出

$$P(E)=0.01$$

事件的概率也满足与式（3—1）类似的性质，所以它们能解释成频率。集合 Ω 表示实验中所有的可能结果。则

1. $P(\Omega)=1$。
2. 对任意事件 E，有 $0 \leqslant P(E) \leqslant 1$。
3. 如果 E_1，E_2，$\cdots$，E_k 是互不相容的事件，则

$$P(E_1 \bigcup E_2 \bigcup \cdots \bigcup E_k)=P(E_1)+P(E_2)+\cdots+P(E_k)$$

当事件 E_1，E_2，$\cdots$，E_k 中任意两个的交集都为空时，就称为是互不相容的。举一个互不相容的例子，假设低、中等和高三个结果各自可能的概率为 0.1，0.7 和 0.2。如果中等和高的概率记为 P（中等或高），则

$$P（中等或高）=P（中等）+P（高）=0.7+0.2=0.9$$

例 3—1

医院急诊

下面的表汇总了亚利桑那州四家医院的急诊数。人们可能没有见医师就离开了，这些人被记为 LWBS。其他的看诊在急诊部进行，病人可能被允许也可能不被允许留在医院。

	医院				总计
	1	**2**	**3**	**4**	
总计	5 292	6 991	5 640	4 329	22 252
LWBS	195	270	246	242	953
允许留院	1 277	1 558	666	984	4 485
不允许留院	3 820	5 163	4 728	3 103	16 814

令 A 表示到医院 1 看诊这一事件，B 表示看诊结果是 LWBS 这一事件。计算 $A \bigcap B$，A' 和 $A \bigcup B$ 中的结果数。

事件 $A \bigcap B$ 包含了 195 个到医院 1 并且结果为 LWBS 的看诊。事件 A' 由到医院 2，3，4 的看诊组成，包含 6 991+5 640+4 329=16 690 个看诊。事件 $A \bigcup B$ 包含了到医院 1 的看诊，或者结果为 LWBS 的看诊，或者两者同时发生，有 5 292+270+246+242=6 050 个看诊。注意到，最后一个结果同样可以这样得到：A 中的看诊数加 B 中的看诊数减去 $A \bigcap B$ 中的看诊数（否则将被计算两次）=5 292+953-195=6 050。

假定表中的 22 252 个结果都是等可能的。那么这些事件的结果数可以用来计算概率。例如，$P(A \bigcap B)=195/22\ 252=0.008\ 8$

和　　　　$P(A')=16\ 690/22\ 252=0.750\ 0$

以及　　　$P(A \bigcup B)=6\ 050/22\ 252=0.271\ 9$

实践解释：医院追踪结果为 LWBS 的看诊来了解资源需求，改进服务。

练　习

3—10　写出下面集合的余集：

(a) 参加全日制工作少于 36 个月的工程师。

(b) 压力强度小于 7 000 千克/平方厘米的水泥砖。

(c) 不符合工程规格的铸造活塞的直径测量值。

(d) 测得的大于 180 且小于 220 的胆固醇水平。

3—11　如果 $P(X \in A) = 0.4$，$P(X \in B) = 0.6$，集合 A 和 B 的交集为空。

(a) 集合 A 和 B 互不相容吗？

(b) 算出 $P(X \in A')$。

(c) 算出 $P(X \in B')$。

(d) 算出 $P(X \in A \cup B)$。

3—12　如果 $P(X \in A) = 0.3$，$P(X \in B) = 0.25$，$P(X \in C) = 0.60$，$P(X \in A \cup B) = 0.55$，$P(X \in B \cup C) = 0.70$。确定下面的概率。

(a) $P(X \in A')$

(b) $P(X \in B')$

(c) $P(X \in C')$

(d) A 和 B 互不相容吗？

(e) B 和 C 互不相容吗？

3—13　令 $P(X \leqslant 15) = 0.3$，$P(15 < X \leqslant 24) = 0.6$，$P(X > 20) = 0.5$。

(a) 找出 $P(X > 15)$。

(b) 找出 $P(X \leqslant 24)$。

(c) 找出 $P(15 < X \leqslant 20)$。

(d) 如果 $P(18 < X \leqslant 24) = 0.4$，找出 $P(X \leqslant 18)$。

3—14　假设墨水被分为溢出、中等装满和没有装满，它们各自的概率为 0.45，0.50 和 0.20。

(a) 墨水不是没有装满的概率是多少？

(b) 墨水溢出和没有装满的概率是多少？

3—15　令 X 表示半导体激光束的使用寿命（单位：小时），相关概率如下：

$$P(X \leqslant 6\,000) = 0.05$$
$$P(X > 8\,000) = 0.45$$

(a) 使用寿命小于等于 8 000 小时的概率是多少？

(b) 使用寿命大于 6 000 小时的概率是多少？

(c) $P(6\,000 < X \leqslant 8\,000)$？

3—16　令 E_1 表示结构零件没有通过检验这一事件，E_2 表示结构零件有一些污点但通过了检验这一事件。假设 $P(E_1) = 0.15$，$P(E_2 = 0.30)$。

(a) 结构零件通过检验的概率为多少？

(b) 结构零件没有通过检验或有污点的概率为多少？

(c) 结构零件通过检验并且没有污点的概率为多少？

3—17　令 X 表示每当你在十字路口时，手机显示的酒吧服务的数量，概率如下：

x	0	1	2	3	4	5
$P(X=x)$	0.1	0.15	0.25	0.25	0.15	0.1

确定下面的概率：

(a) 两家或三家酒吧。

(b) 少于两家酒吧。

(c) 多于三家酒吧。

(d) 至少一家酒吧。

3—18　令 X 表示某家医院一层病房内每个月感染的病人数，概率如下：

x	0	1	2	3
$P(X=x)$	0.7	0.15	0.1	0.05

确定下面的概率：

(a) 少于一例感染。

(b) 多于三例感染。

(c) 至少一例感染。

(d) 没有感染。

3—19　令 X 表示一个月内访问某网站的访客数，概率如下：$P(0 \leqslant X \leqslant 9) = 0.4$，$P(0 \leqslant X \leqslant 19) = 0.7$，$P(0 \leqslant X \leqslant 29) = 0.8$，$P(0 \leqslant X \leqslant 39) = 0.9$，$P(0 \leqslant X \leqslant 49) = 1$。确定下面的概率：

(a) $P(X > 50)$。

(b) $P(10 \leqslant X \leqslant 19)$。

(c) $P(20 \leqslant X \leqslant 29)$。

(d) 多于 39 名访客。

3—20　考虑例 3—1 中的医院急诊室数据。令 A 表示到医院 4 急诊这一事件，B 表示结果为 LWBS 的看诊这一事件（任一医院）。确定下面的概率：

(a) $P(A \cap B)$

(b) $P(A')$　　　　　　　　　　　　　　(d) $P(A\bigcup B')$

(c) $P(A\bigcup B)$　　　　　　　　　　　(e) $P(A'\bigcap B')$

3.4 连续随机变量

　　正如 3.2 节中提到的，连续随机变量的取值范围是一个实数区间（可以有限也可以无限）。本书说明连续随机变量的重要性质。

3.4.1 概率密度函数

　　随机变量 X 的**概率分布**（probability distribution）或**分布**（distribution）是把概率的集合和 X 的可能取值联系起来的一种描述。一个随机变量的概率分布可以用多种方式来具体表现。

　　在工程中，通常用密度函数来描述物理系统。考虑一根细长横梁上载荷的密度，见图 3—5。对横梁上的任意一点 x，密度都能用一个函数值来表示（单位：克/厘米）。载荷大的区间相应的函数值就大。a, b 两点之间的载荷由密度函数在 a 到 b 的积分决定。积分是该区间在密度函数下面的面积，它能大致解释为这个区间上所有载荷的总和。

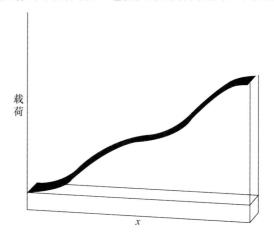

图 3—5　细长横梁上载荷的密度函数

　　类似地，**概率密度函数**（probability density function）$f(x)$ 可以用来描述连续随机变量 X 的概率分布。X 在 a 和 b 之间的概率由 $f(x)$ 从 a 到 b 的积分决定。见图 3—6。符号如下。

概率密度函数

连续随机变量的概率密度函数（pdf）$f(x)$ 是用来决定概率的，如下：

$$P(a<X<b)=\int_a^b f(x)\mathrm{d}x \tag{3—2}$$

pdf 的性质为：(1) $f(x)\geqslant 0$

　　　　　　　　(2) $\int_{-\infty}^{\infty} f(x)=1$

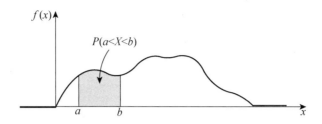

图 3—6　由 $f(x)$ 下面的面积确定的概率

直方图是概率密度函数的近似。见图 3—7。对于直方图的每一个区间，每一条的面积等于测量值在区间上的频数（或比例）。频数是测量值落入某一区间的概率估计。类似的，任意一个区间在 $f(x)$ 下面的面积等于测量值落入这个区间的真正概率。

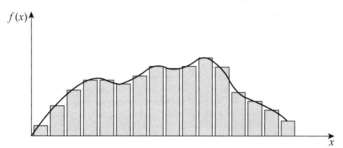

图 3—7　直方图近似表示概率密度函数。每一个块的面积
　　　　等于这个区间的频率。每一个区间上 $f(x)$ 下的
　　　　面积等于这个区间的概率

概率密度函数是把概率与随机变量联系起来的简单描述。只要 $f(x)$ 非负，和 $\int_{-\infty}^{\infty} f(x)=1$，$0 \leqslant P(a<X<b) \leqslant 1$，概率所以是完全有限的。$X$ 的值不发生，则概率密度函数为 0，在没有具体定义的地方，概率密度函数也假定为 0。

要点是，$f(x)$ 是用来计算表示概率的面积，这里 X 被假定为区间 $[a，b]$ 上的一个值。对于 3.1 节中的电流测量值，X 的结果在 ［14 毫安，15 毫安］ 之间的概率是 X 的概率密度函数 $f(x)$ 在这个区间上的积分。X 的结果在 ［14.5 毫安，14.6 毫安］ 之间的概率是相同的函数 $f(x)$ 在更小区间上的积分。适当地选择 $f(x)$ 的形式，我们就能把概率和任意随机变量联系起来。$f(x)$ 的形式决定了与 X 落入其他任何相等或不等长度的区间的概率相比，X 为 ［14.5 毫安，14.6 毫安］ 中一个值的概率是怎样的。

对于细长横梁的载荷，因为每一点的宽度都为 0，任意一点上决定载荷的积分都是 0。类似地，对于连续随机变量 X 和任意值 x，有

$$P(X=x)=0$$

根据这个结果，我们的模型好像对于连续随机变量是没有用的。但是，在实际中，当某一电流值被观测到时，比如是 14.47 毫安，这个结果就能解释为测出的电流值实际在 $14.465 \leqslant x \leqslant 14.475$ 这一范围内。因此，观察到 X 的值大约为 14.47 的概率就是 X 的值在区间 ［14.465，14.475］ 上的概率，并不是 0。相似地，对于连续随机变量，模型可以表示如下。

如果 X 是连续随机变量，对任意 x_1，x_2，有
$$P(x_1 \leqslant X \leqslant x_2)=P(x_1 \leqslant X \leqslant x_2)=P(x_1 \leqslant X \leqslant x_2)=P(x_1 \leqslant X \leqslant x_2)$$

为了确定一个随机变量的概率，使用下面的三个步骤是很用的：

1. 确定随机变量和随机变量的分布。
2. 根据随机变量写出概率陈述。
3. 利用概率陈述和分布计算概率。

本章一些例子的解决过程中会展示这三个步骤。在其他例子和练习中你可以自己使用这三个步骤。

例 3—2

电线中的电流

令随机变量 X 表示用毫安表在细铜丝中测出的电流值。假设 X 的范围为 $[0，20]$，且 X 的概率密度函数为 $f(x)=0.05$（$0\leqslant x\leqslant 20$）。电流的测量值小于 10 毫安的概率是多少？

概率密度函数见图 3—8。假定在没有具体定义的地方 $f(x)=0$。需要求解的概率由图 3—8 中的阴影表示。

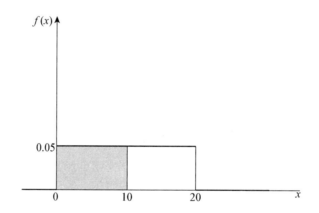

图 3—8 例 3—2 的概率密度函数

$$P(X < 10) = \int_0^{10} f(x)\mathrm{d}x = 0.5$$

另一个例子，有

$$P(5 < X < 10) = \int_5^{10} f(x)\mathrm{d}x = 0.25$$

例 3—3

磁盘上的裂缝

令随机变量 X 表示用千分尺测出的磁盘上磁道的起点到第一个裂缝的距离。历史数据表明，X 的分布可以用概率密度函数为 $f(x)=\dfrac{1}{2\,000}e^{-x/2\,000}$，$x\geqslant 0$ 的模型表示。到第一个裂缝处的距离大于 1 000 微米的磁盘比例是多少？

解答：密度函数和需要求解的概率见图 3—9。

$$P(X > 1\,000) = \int_{1\,000}^{\infty} f(x)\mathrm{d}x = \int_{10\,00}^{\infty} \frac{e^{-x/2\,000}}{2\,000}\mathrm{d}x = -\left. e^{-x/2\,000} \right|_{1\,000}^{\infty} = e^{-1/2} = 0.607$$

零件在 1 000 到 2 000 微米的比例是多少?

解答:

$$P(1\,000 < X < 2\,000) = \int_{1\,000}^{2\,000} f(x)\mathrm{d}x = -\left. e^{-x/2\,000} \right|_{1\,000}^{2\,000} = e^{-1/2} - e^{-1} = 0.239$$

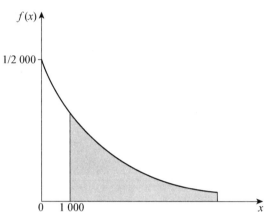

图 3—9　例 3—2 的概率密度函数

因为 $f(x)$ 下面的总面积等于 1,我们也能计算出

$$P(X < 1\,000) = 1 - P(X > 1\,000) = 1 - 0.607 = 0.393$$

□ 3.4.2 **累积分布函数**

随机变量的概率分布的另一种说法就是,它是实数 x 的一个函数,给出了 X 小于等于 x 的概率。

> ### 连续随机变量的累积分布函数
> 概率密度函数为 $f(x)$ 的连续随机变量 X 的累积分布函数(cdf)为:
> $$F(x) = P(X \leqslant x) = \int_{-\infty}^{\infty} f(u)\mathrm{d}u$$
> $$-\infty < x < \infty$$

对于连续随机变量 X,也可以定义为 $F(x) = P(X < x)$,因为 $P(X = x) = 0$。
累积分布函数 $F(x)$ 能和概率密度函数 $f(x)$ 联系起来,能用来求出概率,方法如下。

$$P(a < X < b) = \int_{a}^{b} f(x)\mathrm{d}x = \int_{-\infty}^{b} f(x)\mathrm{d}x - \int_{-\infty}^{a} f(x)\mathrm{d}x = F(b) - F(a)$$

而且,累积分布函数的图形有特定的性质。因为 $F(x)$ 给出了概率,它总是非负的。而且,随着 x 的增加,$F(x)$ 非降。最后,当 x 趋向于无穷时,$F(x) = P(X \leqslant x)$ 趋向于 1。同时,概率密度函数可以通过微积分基本定理从累积分布函数中导出。如下,

$$\frac{\mathrm{d}}{\mathrm{d}x}F(x) = \int_{-\infty}^{x} f(u)\mathrm{d}u = f(x)$$

例 3—4

磁盘上裂缝的分布函数

考虑例 3—3 中的到裂缝的距离，其概率密度函数为 $f(x) = \dfrac{1}{2\,000}e^{-x/2\,000}$，$x \geqslant 0$。

累积分布函数可以这样得到：

$$F(x) = \int_{0}^{x} \frac{1}{2\,000}\exp(-u/2\,000)\mathrm{d}u = 1 - \exp\left(-\frac{x}{2\,000}\right), \quad x > 0$$

可以验证 $\dfrac{\mathrm{d}}{\mathrm{d}x}F(x) = f(x)$。

$F(x)$ 的图形见图 3—10。可以看到 $F(x) = 0$，$x \leqslant 0$。同样，和前面所提到的一样，$F(x)$ 增加到 1。下面的概率应当和例 3—3 中的结果相比较。

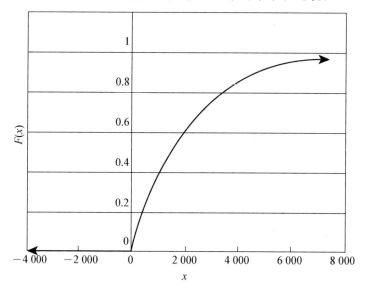

图 3—10 例 3—4 的累积分布函数

确定到第一个裂缝处的距离小于 1 000 微米的概率。

解答： 随机变量是到第一个裂缝处的距离，分布由 $F(x)$ 给出。要求的概率为：

$$P(X < 1\,000) = F(1\,000) = 1 - \exp\left(-\frac{1}{2}\right) = 0.393$$

确定到第一个裂缝处的距离超过 2 000 微米的概率。

解答： 现在我们用

$$P(2\,000 < X) = 1 - P(X \leqslant 2\,000) = 1 - F(2\,000)$$
$$= 1 - [1 - \exp(-1)] = \exp(-1) = 0.368$$

确定距离在 1 000 到 2 000 微米之间的概率。

解答： 要求的概率为：

$$P(1\,000 < X < 2\,000) = F(2\,000) - F(1\,000) = 1 - \exp(-1)$$
$$- [1 - \exp(-0.5)] = \exp(-0.5) - \exp(-1) = 0.239$$

3.4.3　均值和方差

正如用均值和方差总结样本数据很有用一样，也能用 X 的均值和方差来总结它的概率分布。对于样本数据 x_1，x_2，$\cdots$，x_n，样本均值可以写为：

$$\bar{x} = \frac{1}{n} x_1 + \frac{1}{n} x_2 + \cdots + \frac{1}{n} x_n$$

也就是说，$\bar{x}$ 用了相等的权重 $1/n$ 作为每一个测量值 x_i 的乘数。随机变量 X 的均值用概率模型来给 X 的可能取值赋上权重。X 的**均值**（mean）或**期望**（expected value），记为 μ 或 $E(X)$，为：

$$\mu = E(X) = \int_{-\infty}^{\infty} x f(x) \mathrm{d}x$$

$E(X)$ 中的积分和计算 $\bar{x}$ 中的求和类似。

回想前面介绍，$\bar{x}$ 是一个平衡点，在一根数轴上，在这一点的两侧放上相同质量的东西，数轴就会保持平衡。类似地，如果 $f(x)$ 是细长横梁上载荷的密度函数，$E(X)$ 就是这根横梁的平衡点，因此，$E(X)$ 用了与载荷平衡点相似的方式描述了 X 的分布的"中心"。

对于样本数据 x_1，x_2，$\cdots$，x_n，样本方差是数据离散程度的汇总。它为：

$$s^2 = \frac{1}{n-1}(x_1 - \bar{x})^2 + \frac{1}{n-1}(x_2 - \bar{x})^2 + \cdots + \frac{1}{n-1}(x_n - \bar{x})^2$$

也就是说，s^2 用了相等的权重 $1/(n-1)$ 作为偏离的平方 $(x_i - \bar{x})^2$ 的乘数。和前面提到的一样，用 $\bar{x}$ 计算得到的偏离要比用 μ 计算出来的偏离要小，为了弥补这一点，把权重从 $1/n$ 调整为 $1/(n-1)$。

随机变量 X 的方差是对 X 可能取值的离散程度的测度。X 的方差，记为 σ^2 或 $V(X)$，计算公式为：

$$\sigma^2 = V(X) = \int_{-\infty}^{\infty} (x - \mu)^2 f(x) \mathrm{d}x$$

$V(X)$ 用权重 $f(x)$ 作为每个可能的离差平方 $(x-\mu)^2$ 的乘数。$V(X)$ 中的积分相当于计算 s^2 时的求和。

用积分的性质和 μ 的定义能得到

$$V(X) = \int_{-\infty}^{\infty} (x - \mu)^2 f(x) \mathrm{d}x$$
$$= \int_{-\infty}^{\infty} x^2 f(x) \mathrm{d}x - 2\mu \int_{-\infty}^{\infty} x f(x) \mathrm{d}x + \int_{-\infty}^{\infty} \mu^2 f(x) \mathrm{d}x$$
$$= \int_{-\infty}^{\infty} x^2 f(x) \mathrm{d}x - 2\mu^2 + \mu^2 = \int_{-\infty}^{\infty} x^2 f(x) \mathrm{d}x - \mu^2$$

最后一项积分被记为 $E(X^2)$，则我们可以得到 $V(X) = E(X^2) - \mu^2$。

连续随机变量的均值和方差

假设 X 是连续随机变量，它的概率密度函数为 $f(x)$。X 的均值或期望，记为 μ 或 $E(X)$，为：

$$\mu = E(X) = \int_{-\infty}^{\infty} x f(x) \mathrm{d}x \tag{3—3}$$

X 的方差，记为 $V(X)$ 或 σ^2，为：

$$\sigma^2 = V(X) = \int_{-\infty}^{\infty} (x-\mu)^2 f(x)\mathrm{d}x = E(X^2) - \mu^2$$

X 的标准差为 σ。

例 3—5

电线中的电流：均值

对于例 3—2 中铜丝的电流值，X 的均值为：

$$E(x) = \int_{-\infty}^{\infty} x f(x)\mathrm{d}x = \int_{0}^{20} x\left(\frac{1}{20}\right)\mathrm{d}x = 0.05 x^2/2 \Big|_{0}^{20} = 10$$

X 的方差为：

$$V(x) = \int_{-\infty}^{\infty} (x-\mu)^2 f(x)\mathrm{d}x = \int_{0}^{20} (x-10)^2\left(\frac{1}{20}\right)\mathrm{d}x = 0.05\,(x-10)^3/3 \Big|_{0}^{20}$$
$$= 33.33$$

例 3—6

电线中的电流：方差

对于例 3—3 中的到裂缝处的距离，X 的均值为：

$$E(x) = \int_{-\infty}^{\infty} x f(x)\mathrm{d}x = \int_{0}^{\infty} x \frac{e^{-x/2\,000}}{2\,000}\mathrm{d}x$$

用分部积分公式可得：

$$E(x) = -x e^{-x/2\,000} \Big|_{0}^{\infty} + \int_{0}^{\infty} e^{-x/2\,000}\mathrm{d}x = 0 - 2\,000 e^{-x/2\,000} \Big|_{0}^{\infty} = 2\,000$$

X 的方差为：

$$V(x) = \int_{-\infty}^{\infty} (x-\mu)^2 f(x)\mathrm{d}x = \int_{0}^{\infty} (x-2\,000)^2 \frac{e^{-x/2\,000}}{2\,000}\mathrm{d}x$$

两次应用分部积分，可以得到

$$V(X) = 2\,000^2 = 4\,000\,000$$

练 习

3—21 证明下面的函数对于某一 k 值为概率密度函数，并确定 k。然后求出 X 的均值和方差。

(a) $f(x) = kx^2$，$0 < x < 4$。

(b) $f(x) = k(1+2x)$，$0 < x < 2$。

(c) $f(x)=ke^{-x}$，$0<x$。

(d) $f(x)=k$，这里 $k>0$，$100<x<100+k$。

3—22　对于练习 3—21 中的每一个密度函数，进行如下操作。

(a) 画出概率密度函数，并在图上标出均值的位置。

(b) 找出累积分布函数。

(c) 画出累积分布函数。

3—23　假设 $f(x)=e^{-(x-6)}$ $(6<x)$ 和 $f(x)=0$ $(x\leqslant6)$。确定下面的概率。

(a) $P(X>6)$。

(b) $P(6\leqslant X<8)$。

(c) $P(X<8)$。

(d) $P(X>8)$。

(e) 计算满足 $P(X<x)=0.95$ 的 x。

3—24　假设 $f(x)=1.5x^2$ $(-1<x<1)$ 和 $f(x)=0$（其他）。确定下面的概率。

(a) $P(0<X)$。

(b) $P(0.5<X)$。

(c) $P(-0.5\leqslant X\leqslant0.5)$。

(d) $P(X<-2)$。

(e) $P(X<0$ 或 $X>-0.5)$。

(f) 计算满足 $P(X<x)=0.05$ 的 x。

3—25　复印机中某一电子元件失效的时间（单位：小时）的概率密度函数为：

$$f(x)=\exp[(-x/4\,000)]/4\,000,$$
$$x>0 \quad 和 \quad f(x)=0, x\leqslant0$$

计算下面情况的概率。

(a) 失效前，电子元件已经被使用过了 1 000 小时。

(b) 电子元件在区间 1 000 到 2 000 小时之间失效。

(c) 电子元件在 4 000 小时前失效。

(d) 计算一个时间，到那时所有元件有 10% 已经失效了。

(e) 计算均值。

3—26　每袋化合物的净重（单位：盎司）的概率密度函数为 $f(x)=2.0$ $(19.75<x<20.25)$ 和 $f(x)=0$（其他）。

(a) 计算净重小于 20 盎司的概率。

(b) 假设包装说明要求每袋的净重在 19.8 到 20.0 盎司之间。随机抽取一袋，它的重量在这个区间内的概率为多少？

(c) 计算均值和方差。

(d) 求出累积分布函数，并画出它的图。

3—27　用电热偶测出的熔炉的温度根据下面的累积分布函数波动，

$$F(x)=\begin{cases}0, & x<900℃\\0.1x-80, & 900℃<x\leqslant910℃\\1, & x>910℃\end{cases}$$

计算下面的概率：

(a) $P(X<905)$。

(b) $P(900<X\leqslant905)$。

(c) $P(X>908)$。

(d) 如果流程的规格要求熔炉的温度在 902℃～908℃ 之间，熔炉温度不符合规格的概率为多少？

3—28　测出的塑料管壁的厚度（单位：毫米）根据下面的累积分布函数变动。

$$F(x)=\begin{cases}0, & x<2.005\,0\\200, & 2.005\,0\leqslant x\leqslant2.010\,0\\1, & x>2.010\,0\end{cases}$$

计算下面的概率。

(a) $P(X\leqslant2.008\,0)$。

(b) $P(X>2.005\,5)$。

(c) 如果管子的规格要求测出的厚度在 2.009 0 毫米～2.001 0 毫米之间，则单个测量符合规格的概率为多少？

3—29　假设污染物颗粒的大小（单位：微米）可以用下面的模型表示：

$$f(x)=2x^{-3}, x>1 \quad 和 \quad f(x)=0, x\leqslant1$$

(a) 证明 $f(x)$ 是概率密度函数。

(b) 求出累积分布函数。

(c) 计算均值。

(d) 随机颗粒的大小小于 5 微米的概率为多少？

(e) 一种探测污染物颗粒的装置已经上市了，它能探测大于 7 微米的颗粒。有多少比例的颗粒会被探测到？

3—30　（在这个练习里要用到分部积分公式）钻孔的直径（毫米）的概率密度函数为 $10e^{-10(x-5)}$ $(x>5)$ 和 0 $(x\leqslant5)$。尽管直径的目标值为 5 毫米，震动、工具磨损和其他因素都可能导致直径大于 5 毫米。

(a) 计算钻孔直径的均值和方差。

(b) 计算直径超过 5.1 毫米的概率。

3—31 假设计算机电缆的长度（单位：毫米）的累积分布函数为：

$$F(x)=\begin{cases}0, & x\leqslant1\,400 \\ 0.1x-140, & 1\,400<x\leqslant1\,410 \\ 1, & x>1\,410\end{cases}$$

（a）求出 $P(x<1\,408)$。

（b）如果长度规格为 $1\,395<x<1\,405$ 毫米，则随机抽取的计算机电缆满足规格的概率为多少？

3—32 导电涂层的厚度（单位：微米）的概率密度函数为：$600x^{-2}$（$100<x<120$）和 0（其他）。

（a）求出导电涂层的均值和方差。

（b）如果每个元件的涂层花费为 0.50 美元每微米，每一个元件的平均涂层花费为多少？

3—33 医用线性加速器能让电子加速产生高能量光束，这种光束能用来破坏癌细胞而对周围健康组织影响很小。光束的能量在 400 兆～410 兆电子伏之间波动。累积分布函数为：

$$F(x)=\begin{cases}0, & x<400 \\ 0.1x-40, & 400\leqslant x\leqslant410 \\ 1, & x>410\end{cases}$$

确定下列问题。

（a）$P(x<409)$。

（b）$P(400<x<408)$。

（c）$P(x>409)$。

（d）概率密度函数是什么？

（e）画出概率密度函数和累积分布函数的图形。

（f）求出光束能量的均值和方差。

3—34 顾客到达终点站的时间（单位：早上 8 点后的分钟数）的概率密度函数为 $f(x)=0.1e^{-x/10}$，$x>0$。确定下面的概率：

（a）顾客早上 9 点到达。

（b）顾客在早上 8:15 和 8:30 之间到达。

（c）确定一个时间使得早于该时间到达的概率为 0.5。

（d）确定累积分布函数，利用累积分布函数计算顾客在早上 8:15 和 8:30 之间到达的概率。

（e）确定顾客到达分钟数的均值和标准差。

3—35 某邮局递送包裹的重量的概率密度函数为 $f(x)=32/(31x^2)$，$1<x<32$（单位：千克）。

（a）包裹轻于 5 千克的概率是多少？

（b）计算包裹重量的均值和方差。

（c）如果运费是 3 美元/千克，一个包裹的平均运费是多少？

3—36 给定累积分布函数 $F(x)=0$（$x<0$），$1-\exp(-x/2)$（$x>0$），确定下面的值：

（a）$P(X<1)$。

（b）$P(X>2)$。

（c）$P(1\leqslant X<2)$。

（d）使得 $P(X<x)=0.95$ 的 x。

（e）概率密度函数。

3—37 某医院急诊部的等待时间（单位：小时）可以用如下模型来描述：概率密度函数 $f(x)=(1/9)x$（$0<x<3$），$f(x)=2/3-(1/9)x$（$3<x<6$）。确定下面的值：

（a）等待时间小于 4 小时的概率。

（b）等待时间大于 5 小时的概率。

（c）等待时间小于等于 30 分钟的概率。

（d）只有 10% 的病人超过的等待时间。

（e）平均等待时间。

◼ 3.5　重要的连续分布

☐ 3.5.1　正态分布

毫无疑问，使用最广泛的随机变量分布模型是**正态分布**（normal distribution）。第 2 章中的几个直方图表现出了近似对称性和钟形。我们已知的重要结论**中心极限定理**（central limit theorem）暗示直方图的形状经常有这种性质，至少大致是这样的。当随机实验重复进行时，随着实验次数变得很大，等于平均结果（或总结果）的随机变量往往是服从正态分布的。棣莫弗（De Moivre）在 1733 年给出了这个结果。遗憾的是，他的成果遗失了一段时间，大约 100 年以后，高斯（Gauss）独立发展了正态分布。尽管后来棣莫弗被认为是创始人，但正态分布也称为高斯分布。

什么时候得到平均（或总的）结果？几乎总能。在例 2—1 中，8 个张力强度测量值的平均值为 7 274 千帕。假设每一个测量结果都是随机实验的一次重复，就能用正态分布来做出有关这个平均值的大致结论。这些结论是本书下面章节的初步话题。

并且，有时中心极限定理不是很明显的。例如，假设机制零件的长度偏离（或误差）是大量很小的影响综合起来的，比如温度和湿度变化、震动、切割角度的变化、切割工具磨损、轴承磨损、转动速度变化、装备变动、无数原材料性质变化和污染物水平的变化。如果元件的误差是独立的，而且为正或为负的概率是等可能的，则总的误差可能服从渐近正态分布。而且，正态分布源自于许多基本的自然现象。例如，物理学家麦克斯韦（Maxwell）观察分子的速度从简单的假设出发发展了正态分布。

提到正态分布的理论基础是为了证明有点复杂的概率密度函数形式。我们现在的目标是计算正态随机变量的概率。在本章的后面将会更加详细地叙述中心极限定理。

我们可以选择中心值和曲线宽度适当的正态概率密度函数来对均值和方差都不相同的随机变量建模。数值 $E(X)=\mu$ 决定了概率的中心值，数值 $V(X)=\sigma^2$ 决定了宽度。图 3—11 说明了几个选定 μ 和 σ^2 值的正态概率密度函数。每一个都有对称性，是钟形曲线，但中心值和宽度不一样。下面的定义给出了正态概率密度函数的公式。

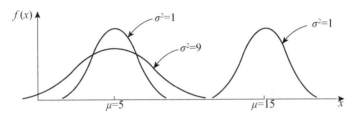

图 3—11　选定参数 μ 和 σ^2 的值的正态概率密度函数

正态分布

概率密度函数为

$$f(x)=\frac{1}{\sqrt{2\pi}\sigma}e^{\frac{-(x-\mu)^2}{2\sigma^2}}, -\infty<x<\infty \qquad (3—4)$$

的随机变量 X 服从参数为 μ 和 σ 的正态分布（X 称为正态随机变量），这里 $-\infty<\mu<\infty$，和 $\sigma>0$。而且

$$E(X)=\mu \quad 和 \quad V(X)=\sigma^2$$

正态分布的均值和方差将会在本节的后面求出。

符号 $N(\mu, \sigma^2)$ 经常用来表示均值为 μ 方差为 σ^2 的正态分布。

例 3—7

电线中的电流：正态分布

假设一个电线中的电流测量值服从均值为 10 毫安，方差为 4 毫安^2 的正态分布。测量值超过 13 毫安的概率为多少？

解答：令 X 表示电流（单位：毫安）。要求的概率能表示为 $P(X>13)$。这个概率见图 3—12 中正态概率密度函数下面的阴影部分。遗憾的是，正态概率密度函数的积分没有完整形式的表达式，基于正态分布的概率只能从表中查出（后面将会介绍）。

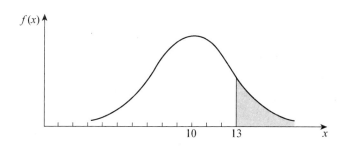

图 3—12　例 3—7 中正态随机变量 X>13 的概率

有关正态分布的一些有用结果汇总在图 3—13 中。对于任意正态随机变量，

$$P(\mu-\sigma<X<\mu+\sigma)=0.682\,7$$
$$P(\mu-2\sigma<X<\mu+2\sigma)=0.954\,5$$
$$p(\mu-3\sigma<X<\mu+3\sigma)=0.997\,3$$

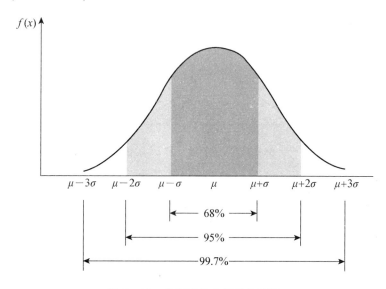

图 3—13　与正态分布相关的概率

根据 $f(x)$ 的对称性，$P(X>\mu)=P(X<\mu)=0.5$。因为对所有 x，$f(x)$ 总是为正的，这个模型给实轴上的每个区间都指派了一个概率。但是，概率密度函数随着 x 与 μ 的距离变远而减少。因此，测量值和 μ 偏离很远的概率很小，偏离 μ 一定距离的区间的概率可以大致认为是 0。正态概率密度函数下面超过 3σ 的面积相当小。用这个事实能很方便地快速画出大致的正态概率密度函数草图。这个草图有助于我们确定概率。因为正态分布的概率超过 0.997 3 的都在区间（$\mu-3\sigma$，$\mu+3\sigma$）内，所以 6σ 常常被称为正态分布的宽度。数值积分能用来证明从 $-\infty<x<\infty$ 在正态概率密度函数下的面积为 1。

一个重要的特例是 $\mu=0$，$\sigma^2=1$ 的正态分布。

标准正态随机变量

$\mu=0$，$\sigma^2=1$ 的正态随机变量称为标准正态随机变量。标准正态随机变量记为 Z。

附录 A 中的表 I 给出了标准正态随机变量的累积概率。下面用一个例子来说明表 I 的用法。

例 3—8

标准正态分布

假设 Z 是标准正态随机变量。附录 A 中表 I 给出了 $P(Z \leqslant z)$ 的概率。图 3—14 说明了用表 I 求出 $P(Z \leqslant 1.5)$。我们在 z 列从上往下找到 1.5 这一行。在相邻的一列，标注为 0.00，查到了 0.933 19。

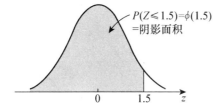

$P(Z \leqslant 1.5) = \phi(1.5)$ = 阴影面积

z	0.00	0.01	0.02	0.03
0	0.500 00	0.503 99	0.503 98	0.511 97
⋮		⋮		
1.5	0.933 19	0.934 48	0.935 74	0.936 99

图 3—14 标准正态概率密度函数

列标题是指 $P(Z \leqslant z)$ 中 z 的百分位的数字。例如，查 $P(Z \leqslant 1.53)$ 的值时可以在 z 列从上往下找到 1.5 这一行，然后在标注为 0.03 的那一列上查到概率为 0.936 99。

标准正态累积分布函数

函数

$$\phi(z) = P(Z \leqslant z)$$

用来表示附录 A 表 I 中的概率。它是标准正态随机变量的累积分布函数。因为不能用初等方法计算出概率，所以需要用到表（或计算机软件）。

其他随机变量的累积分布函数普遍能在计算机软件包中求出。这些随机变量也能用和 $\Phi(Z)$ 一样的方式得到。

形式不是 $P(Z \leqslant z)$ 的概率也能根据概率的基本规则、正态分布的对称性和附录 A 中的表 I 求出。下面用一个例子来说明这个方法。

例 3—9

正态分布概率

下面计算的图示见图 3—15。实际中，概率通常精确到小数点后面一或两位。

(1) $P(Z > 1.26) = 1 - P(Z \leqslant 1.26) = 1 - 0.896\ 16 = 0.103\ 84$

(2) $P(Z < -0.86) = 0.194\ 90$

(3) $P(Z > -1.37) = P(Z < 1.37) = 0.914\ 65$

(4) $P(-1.25 < Z < 0.37)$。这个概率能用两个面积的差求得，即为：

$$P(Z < 0.37) - P(Z < -1.25)$$

因为，

$$P(Z<0.37)=0.644\ 31 \text{ 和 } P(Z<-1.25)=0.105\ 65$$

因此，

$$P(-1.25<Z<0.37)=0.644\ 31-0.105\ 65=0.538\ 66$$

（5）$P(Z\leqslant-4.6)$ 不能从表 I 中确切找到。但是，表中最近的一行可以找出 $P(Z\leqslant-3.99)=0.000\ 03$。因为 $P(Z\leqslant-4.6)<P(Z\leqslant-3.99)$，所以 $P(Z\leqslant-4.6)$ 接近于 0。

（6）找出满足 $P(Z>z)=0.95$ 的 z 值。这个概率等式能写成 $P(Z\leqslant z)=0.95$。现在，反过来用表 I。我们查找表中与 0.95 对应的值。图 3—15（6）给出了解的说明。我们没有找到严格的 0.95；最接近的值是 0.950 53，对应的是 $z=1.65$。

（7）找出满足 $P(-z<Z<z)=0.99$ 的 z 值。因为正态分布的对称性，如果图 3—15（7）中的阴影部分的面积为 0.99，分布的每个尾部的面积都为 0.005。因此，在表 I 中这个 z 值对应于概率 0.995。表 I 中最接近的概率为 0.995 06，这时 $z=2.58$。

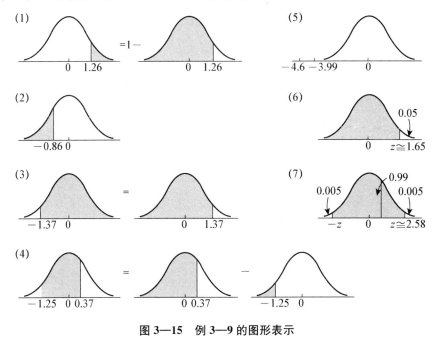

图 3—15　例 3—9 的图形表示

前面的例子说明了怎样计算标准正态分布的概率。用相同的方法计算任意的正态分布就需要对每个可能的 μ 和 σ 做一张独立的表。幸运的是，所有的正态分布是与整个代数域联系起来的，经过简单的变形就能用附录 A 中的表 I 计算出任意正态分布的概率。

> **标准正态变量**
>
> 如果 X 是 $E(X)=\mu$ 和 $V(X)=\sigma^2$ 的正态随机变量，则随机变量
>
> $$Z=\frac{(X-\mu)}{\sigma}$$
>
> 是 $E(Z)=0$ 和 $V(Z)=1$ 的标准正态随机变量。也就是说，Z 是一个标准正态随机变量。

按照这种变形产生新的随机变量称为**标准化**（standardizing）。随机变量 Z 表示按照标准差度量的 X 偏离均值的距离。它是计算任意正态随机变量的概率时的关键步骤。

> **例 3—10**

电线中的电流：正态分布概率

假设一根电线中电流的测量值服从均值为 10 毫安、方差为 4 毫安^2 的正态分布。测量值超过 13 毫安的概率为多少？

解答： 令 X 表示电流值（单位：毫安）。要求的概率可以表示为 $P(X>13)$。令 $Z=(X-10)/2$。X 的值与 Z 的值的关系见图 3—16。我们可以看到 $X>13$ 对应的是 $Z>1.5$。因此，从表 I，有

$$P(X>13)=P(Z>1.5)=1-P(Z\leqslant1.5)=1-0.933\ 19=0.066\ 81$$

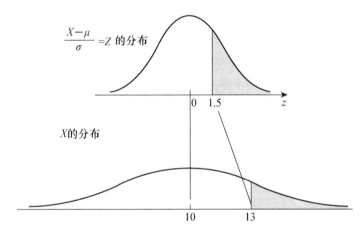

图 3—16　标准化正态随机变量

不根据图 3—16，根据不等式 $X>13$ 也能求出概率。即

$$P(X>13)=P\left(\frac{X-10}{2}>\frac{13-10}{2}\right)=P(Z>1.5)=0.066\ 81$$

在前面的例子中，通过标准化把值 13 变为 1.5，1.5 通常称为与概率有关的 **z-值**（z-value）。下面的方框总结了有关正态随机变量的概率计算方法。

> **标准化**
>
> 假设 X 是均值为 μ 和方差为 σ^2 的正态随机变量，则
>
> $$P(X\leqslant x)=P\left(\frac{X-\mu}{\sigma}\leqslant\frac{x-\mu}{\sigma}\right)=P(Z\leqslant z) \tag{3—5}$$
>
> 式中，Z 是标准正态随机变量；
> $z=(x-\mu)/\sigma$ 是标准化 x 得到的 z-值。
> 在附录 A 的表 I 中用 $z=(x-\mu)/\sigma$ 可以得到要求的概率。

例 3—11

电线中的电流：正态分布概率

继续前面的例子，电流值在 9 到 11 毫安之间的概率为多少？

解答：用前面的公式，我们可以得到

$$P(9<X<11)=P\left(\frac{9-10}{2}<\frac{X-10}{2}<\frac{11-10}{2}\right)=P(-0.5<Z<0.5)$$
$$=P(Z<0.5)-P(Z<-0.5)=0.691\,46-0.308\,54=0.382\,92$$

确定一个值，使得电流值比它小的概率为 0.98。

解答：图 3—17 表现出了要求的那个值。我们需要满足 $P(X<x)=0.98$ 的 x 值。通过标准化，这个概率能写成：

$$P(X<x)=P\left(\frac{X-10}{2}<\frac{x-10}{2}\right)=P\left(Z<\frac{x-10}{2}\right)=0.98$$

用附录 A 表 I 找出满足 $P(Z<z)=0.98$ 的 z 值。表 I 中最接近的概率为：

$$P(Z<2.05)=0.979\,82$$

因此，$(x-10)/2=2.05$，反过来用标准化公式得到的 x 值。结果为：

$$x=2(2.05)+10=14.1（毫安）$$

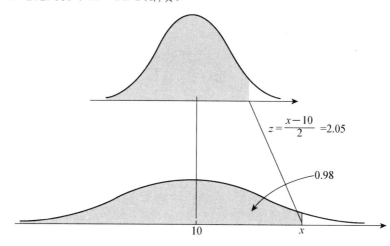

图 3—17　确定满足指定概率的 x 值，例 3—11

例 3—12

电压噪声

假设数字信号传输中的后台噪声服从均值为 0 伏、标准差为 0.45 伏的正态分布。如果系统认为当电压超过 0.9 时，数字 1 已经被传送，则检测到数字 1 被传送而实际没有传送的概率为多少？

解答：令随机变量 N 表示噪声的电压。要求的概率为：

$$P(N>0.9)=P\left(\frac{N}{0.45}>\frac{0.9}{0.45}\right)=P(Z>2)=1-0.977\,25=0.022\,75$$

这个概率称为错误检测的概率。

确定出以 0 为中心的对称界，噪声的电压有 99% 在这个范围内。

解答：这个问题要我们找出满足 $P(-x<N<x)=0.99$ 的 x 值。图形见图 3—18。因为，

$$P(-x<N<x)=P\left(\frac{-x}{0.45}<\frac{N}{0.45}<\frac{x}{0.45}\right)=P\left(\frac{-x}{0.45}<Z<\frac{x}{0.45}\right)=0.99$$

从表Ⅰ可得

$$P(-2.58<Z<2.58)=0.99$$

因此，

$$\frac{x}{0.45}=2.58$$

和

$$x=2.58(0.45)=1.16$$

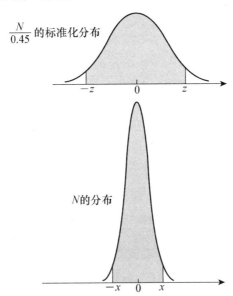

图 3—18　确定满足指定概率的 x 值，例 3—12

假设数字 1 表示噪声分布的均值转变成 1.8 伏。数字 1 没有被检测出来的概率为多少？令随机变量 S 表示数字 1 被传送时的电压。

解答：则，

$$P(S<0.9)=P\left(\frac{S-1.8}{0.45}<\frac{0.9-1.8}{0.45}\right)=P(Z<-2)=0.022\,75$$

这个概率被解释为错误信号的概率。

例 3—13

轴直径

一个光学存储装置的轴的直径服从均值为 0.250 8 英寸、标准差为 0.000 5 英寸的正态分布。轴的规格为 0.250 0±0.001 5 英寸。轴符合规格的概率为多少？

解答：令 X 表示轴的直径，单位为英寸。要求的概率见图 3—19，而且

$$P(0.248\,5<X<0.251\,5)=P\left(\frac{0.248\,5-0.250\,8}{0.000\,5}<Z<\frac{0.251\,5-0.250\,8}{0.000\,5}\right)$$
$$=P(-4.6<Z<1.4)=P(Z<1.4)-P(Z<-4.6)$$
$$=0.919\,24-0.000\,0=0.919\,24$$

不符合规格的轴绝大多数是因为太大，因为这个过程的均值离规格的上界特别近。如果过程是中心化的，即均值等于目标值 0.250 0，则

$$P(0.248\,5<X<0.251\,5)=P\left(\frac{0.248\,5-0.250\,0}{0.000\,5}<Z<\frac{0.251\,5-0.250\,0}{0.000\,5}\right)$$
$$=P(-3<Z<3)=P(Z<3)-P(Z<-3)$$
$$=0.998\,65-0.001\,35=0.997\,3$$

通过中心化过程，结果大约增加到 99.73%。

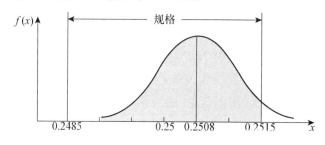

图 3—19　例 3—13 的分布

Minitab 这样的软件也可以用来计算概率。例如，想要得到例 3—10 中的概率，我们按下图设置均值、标准差和想得到概率的值：

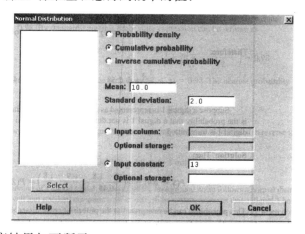

X<13 的概率结果如下所示：

Cumulative Distribution Function

Normal with mean=10 and standard deviation=2

x　P (X<=x)

13　0.933 193

同样的，例 3—11 中概率方程的解同样可以得到。Minitab 输入如下：

Minitab 的结果如下：

Inverse Cumulative Distribution Function

Normal with mean＝10 and standard deviation＝2

P (X＜＝x)　　　x

0.93　14.107 5

同样的结果页能用如下 Excel 中的函数得到。注意"％"只是为了显示函数而添加的。NORMDIST 函数中的参数 TRUE 表明需要得到一个概率（而不是概率密度函数 $f(x)$ 在 $x＝13$ 处的值）。

％＝NORMDIST (13, 10, 2, TRUE)	％＝NORMINV (0.98, 10, 2)
0.933 192 799	14.107 497 82

正态分布的均值和方差

假设正态分布的均值和方差分别为 μ 和 σ^2。x 的均值为：

$$E(X) = \int_{-\infty}^{\infty} x\, \frac{e^{-(x-\mu)^2/2\sigma^2}}{\sqrt{2\pi}\sigma}\mathrm{d}x$$

做变量变形，令 $y＝(x-\mu)/\sigma$，则积分变为：

$$E(X) = \mu\int_{-\infty}^{\infty} \frac{e^{-y^2/2}}{\sqrt{2\pi}}\mathrm{d}y + \sigma\int_{-\infty}^{\infty} y\, \frac{e^{-y^2/2}}{\sqrt{2\pi}}\mathrm{d}y$$

前面的表达式中，第一项的积分等于 1，因为 $\dfrac{e^{-y^2/2}}{\sqrt{2\pi}}$ 是标准正态分布的概率分布函数。第二项的积分为 0，这可以从变量变形 $u＝-y^2/2$ 得到，也可以由积分关于 $y＝0$ 对称得到。因此，$E(X)＝\mu$。

X 的方差为：

$$V(X) = \int_{-\infty}^{\infty} (x-\mu)^2\, \frac{e^{-(x-\mu)^2/2\sigma^2}}{\sqrt{2\pi}\sigma}\mathrm{d}x$$

做变量变形，令 $y=(x-\mu)/\sigma$，则积分变为：

$$V(X)=\sigma^2\int_{-\infty}^{\infty}y^2\frac{e^{-y^2/2}}{\sqrt{2\pi}}\mathrm{d}y$$

运用分部积分以及 $u=y$ 和 $\mathrm{d}v=y\dfrac{e^{-y^2/2}}{\sqrt{2\pi}}\mathrm{d}y$，可以得到 $V(X)$ 等于 σ^2。

☐ 3.5.2　对数正态分布

一个系统中的变量有时遵循指数关系，如 $x=\exp(w)$。如果指数为随机变量，比方说 W，则 $X=\exp(W)$ 也是随机变量，它的分布值得关注。一个重要的特殊例子就是 W 服从正态分布。那时，X 的分布称为**对数正态分布**（lognormal distribution）。该命名是源于变形 $\ln(X)=W$。也就是说，X 的自然对数服从正态分布。

求解有关 X 的概率可以把它变形到 W，但我们必须注意到 X 的范围为 $(0, \infty)$。假设 W 服从均值为 θ 方差为 ω^2 的正态分布，则 X 的累积分布函数为：

$$F(x)=P[X\leqslant x]=P[\exp(W)\leqslant x]=P[W\leqslant\ln(x)]$$

$$=P\left[Z\leqslant\frac{\ln(x)-\theta}{\omega}\right]=\Phi\left[\frac{\ln(x)-\theta}{\omega}\right],x>0$$

式中，Z 为一个标准正态随机变量。因此，附录 A 的表 I 就能用来计算概率。而且，

$$F(x)=0,x\leqslant 0$$

对 $F(x)$ 求导能求出对数正态的概率分布函数。这个导数是对 $F(x)$ 的表达式的最后一个等式求的，即对标准正态密度函数的积分求导。如果知道了概率密度函数，就能得到 X 的均值和方差。求解过程在此省略，结果的概述如下。

对数正态分布

令 W 服从均值为 θ 方差为 ω^2 的正态分布，则 $X=\exp(W)$ 对数正态随机变量，它的概率密度函数为：

$$f(x)=\frac{1}{x\omega\sqrt{2\pi}}\exp\left[-\frac{(\ln(x)-\theta)^2}{2\omega^2}\right],0<x<\infty \qquad (3-6)$$

X 的均值和方差为：

$$E(X)=e^{\theta+\omega^2/2} \text{ 和 } V(X)=e^{2\theta+\omega^2}(e^{\omega^2}-1) \qquad (3-7)$$

对数正态分布的参数为 θ 和 ω^2，必须注意它们是正态随机变量 W 的均值和方差。X 的均值和方差是这些参数的函数，见式（3—7）。图 3—20 给出了选定参数值的对数正态分布。

一个产品的寿命随着时间递减，通常用对数正态分布变量来建模。例如，对半导体激光的寿命来说这是一个普通的分布，其他类型的连续分布也能用到这一类型的应用中。但是，因为对数正态分布是从一个正态随机变量的指数函数得来的，就比较容易理解和求概率的值。

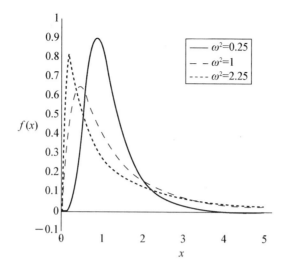

图 3—20　选定 ω^2 值且 $\theta=0$ 的对数正态密度函数

例 3—14

激光的寿命

半导体激光的寿命服从参数 $\theta=10$ 和 $\omega=1.5$ 小时的对数正态分布。寿命超过 10 000 小时的概率是多少?

解答: 从 X 的累积分布函数可得

$$P(X>10\ 000)=1-P[\exp(W)\leqslant 10\ 000]=1-P[W\leqslant \ln(10000)]$$
$$=\Phi\left(\frac{\ln(10\ 000)-10}{1.5}\right)=1-\Phi(-0.52)=1-0.30=0.70$$

99% 的激光能使用超过多少小时?

解答: 现在这个问题是确定满足 $P(X>x)=0.99$ 的 x 值。因此,

$$P(X>x)=P[\exp(W)>x]=P[W>\ln(x)]=1-\Phi\left(\frac{\ln(x)-10}{1.5}\right)=0.99$$

从附录表 I,当 $z=-2.33$ 时,$1-\Phi(z)=0.99$。因此,

$$\frac{\ln(x)-10}{1.5}=-2.33, x=\exp(6.505)=668.48(小时)$$

确定寿命的均值和方差。

解答: 因为,

$$E(X)=e^{\theta+\omega^2/2}=\exp(10+1.125)=67\ 846.3$$
$$V(X)=e^{2\theta+\omega^2}(e^{\omega^2}-1)=\exp(20+2.25)[\exp(2.25)-1]=39\ 070\ 059\ 886.6$$

所以 X 的标准差为 197 661.5 小时。可以看出寿命的标准差相对于均值很大。

3.5.3　伽玛分布

为了定义伽玛分布,我们先来了解一下阶乘函数。

伽玛函数

伽玛函数为：

$$\Gamma(r) = \int_0^\infty x^{r-1} e^{-x} \mathrm{d}x, r > 0 \qquad (3\text{—}8)$$

可以证明 $\Gamma(r)$ 中的积分是有限的。而且，利用分部积分可以证明

$$\Gamma(r) = (r-1)\Gamma(r-1)$$

这个结果留作练习。因此，如果 r 是整数，则 $\Gamma(r) = (r-1)!$。同样，$\Gamma(1) = 0! = 1$，还能证明 $\Gamma(1/2) = \pi^{1/2}$。所以，伽玛函数可以看成广义的阶乘函数，当 r 不是整数时同样可以计算。

下面陈述伽玛的概率密度函数。

伽玛分布

随机变量 X 的概率密度函数为：

$$f(x) = \frac{\lambda^r x^{r-1} e^{-\lambda x}}{\Gamma(r)}, x > 0 \qquad (3\text{—}9)$$

则它是参数为 $\lambda > 0$，$r > 0$ 的伽玛随机变量。它的均值和方差为：

$$\mu = E(X) = r/\lambda \text{ 和 } \sigma^2 = V(X) = r/\lambda^2 \qquad (3\text{—}10)$$

几个有具体 r，λ 值的伽玛分布的草图见图 3—21。

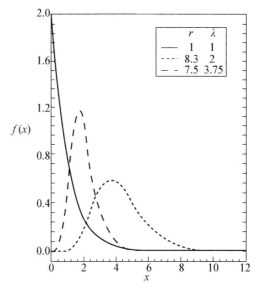

图 3—21　给定 r，λ 值的伽玛概率密度函数

伽玛分布对多种随机实验的建模都很有用。而且，**卡方分布**（chi-squared distribution）是伽玛分布的一个特例。这时，$\lambda = 1/2$，r 等于 $1/2$，1，$3/2$，2，…中的一个。这个分布在区间估计和假设检验里广泛使用，将在第 4 和 5 章详细讨论。当参数 r 是整数时，伽玛分布称为爱尔朗（Erlang）分布（以 A. K. 爱尔朗（A. K. Erlang）的名字命名，他最先在通信领越中使用这个分布）。

□ 3.5.4　Weibull 分布

Weibull 分布经常用来对物理系统到失灵经过的时间建模。分布中的参数对建模

提供了很大的灵活性，尤其适合那些随着时间推移失灵数增加（轴承磨损）、减少（一些半导体）或保持不变（失灵是因为系统外部的冲击）的系统。

Weibull 分布

如果随机变量 X 的概率密度函数为：

$$f(x)=\frac{\beta}{\delta}\left(\frac{x}{\delta}\right)^{\beta-1}\exp\left[-\left(\frac{x}{\delta}\right)^{\beta}\right],x>0 \tag{3—11}$$

则它是尺度参数为 $\delta>0$ 和形状参数 $\beta>0$ 的 Weibull 随机变量。

Weibull 分布的灵活性从图 3—22 表示的选定的概率密度函数的图就可以看出来。

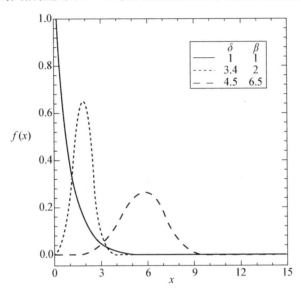

图 3—22　给定 δ 和 β 的 Weibull 概率密度函数

累积分布函数经常用于计算概率。我们可以得到下面的结果。

Weibull 累积分布函数

如果 X 是参数为 δ，β 的 Weibull 分布，则 X 的累积分布函数为：

$$F(x)=1-\exp\left[-\left(\frac{x}{\delta}\right)^{\beta}\right]$$

Weibull 分布的均值和方差如下。

如果 X 是参数为 δ，β 的 Weibull 分布，则

$$\mu=E(x)=\delta\Gamma\left(1+\frac{1}{\beta}\right)\text{和}\sigma^{2}=V(x)=\delta^{2}\Gamma\left(1+\frac{2}{\beta}\right)-\delta^{2}\left[\Gamma\left(1+\frac{1}{\beta}\right)\right]^{2} \tag{3—12}$$

例 3—15

轴承寿命

机械轴的一个轴承到失灵经过的时间服从参数为 δ，β 的 Weibull 分布，且 $\beta=1/2$，$\delta=5\,000$ 小时。确定到失灵时平均经过了多少时间。

解答： 从均值的表达式可以得到

$$E(X)=5\,000\Gamma[1+(1/0.5)]=5\,000\Gamma[3]=5\,000\times2!\ =10\,000(小时)$$

确定轴承至少持续了 6 000 小时的概率。

解答： 因为，

$$P(X>6\,000)=1-F(6\,000)=\exp\left[-\left(\frac{6\,000}{5\,000}\right)^{1/2}\right]=e^{-1.095}=0.334$$

因此，所有的轴承只有 33.4% 至少持续了 6 000 小时。

3.5.5　Beta 分布

灵活并且在有限范围内有界的连续分布，对概率模型来说是很有用的。某种材料吸收的太阳辐射比例和完成一项任务需要的（最大时间的）比例，这是区间 [0，1] 上连续随机变量的例子。

> 随机变量 **X** 的概率密度函数为：
>
> $$f(x)=\frac{\Gamma(\alpha+\beta)}{\Gamma(\alpha)\Gamma(\beta)}x^{\alpha-1}(1-x)^{\beta-1},x\in[0,1]$$
>
> 则它是一个参数为 $\alpha>0$，$\beta>0$ 的 Beta 随机变量。

形状参数 α，β 使得概率密度函数可以呈现许多不同的形状。图 3—23 提供了一些例子。如果 $\alpha=\beta$，则分布是关于 $x=0.5$ 对称的，如果 $\alpha=\beta=1$，则 Beta 分布和连续均匀分布等价。该图也说明其他的参数选择得到非对称的分布。

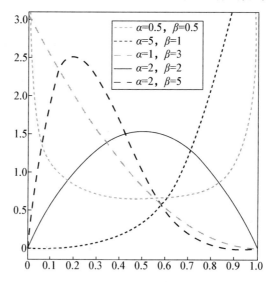

图 3—23　给定 α 和 β 的 Beta 概率密度函数

通常情况下，累积分布函数没有相似的表达形式，并且 Beta 随机变量的概率需要数值地计算。练习提供了一些概率密度函数比较容易处理的特殊情况。

例 3—16

任务的时间比例

考虑一个大型的商业发展计划。最大允许时间的比例是一个参数为 $\alpha=2.5$，$\beta=1$

的 Beta 随机变量。最大时间比例超过 0.7 的概率是多少？

假设 X 表示完成任务需要的最大时间的比例。概率为：

$$P(X > 0.7) = \int_0^1 \frac{\Gamma(\alpha + \beta)}{\Gamma(\alpha)\Gamma(\beta)} x^{\alpha-1} (1-x)^{\beta-1} = \int_{0.7}^1 \frac{\Gamma(3.5)}{\Gamma(2.5)\Gamma(1)} x^{1.5}$$

$$= \frac{2.5(1.5)(0.5)\sqrt{\pi}}{(1.5)(0.5)\sqrt{\pi}} \frac{1}{2.5} x^{2.5} \Big|_{0.7}^1 = 1 - 0.7^{2.5} = 0.59$$

如果 X 服从参数为 α，β 的 Beta 分布，则

$$\mu = E(X) = \frac{\alpha}{\alpha + \beta} \qquad \sigma^2 = V(X) = \frac{\alpha\beta}{(\alpha + \beta)^2 (\alpha + \beta + 1)}$$

例 3—17

任务时间比例的均值和方差

考虑之前例子中描述的完成任务需要的时间比例。计算该随机变量的均值和方差。从均值和方差的表达是可以得到：

$$\mu = \frac{2.5}{2.5 + 1} = 0.71 \qquad \sigma^2 = \frac{2.5}{3.5^2(4.5)} = 0.045$$

如果 $\alpha > 1$，$\beta > 1$，那么众数（密度的最高点）在 $[0, 1]$ 之间，并且等于

$$Mode = \frac{\alpha - 1}{\alpha + \beta - 2}$$

这个表达式可以把密度的最高点和参数联系起来。对于之前使用的完成任务时间比例的分布，$\alpha = 2.5$，$\beta = 1$，则该分布的众数为 $(2.5-1)/(3.5-2)=1$。另外，尽管 Beta 随机变量 X 是定义在区间 $[0, 1]$ 上的，定义在有限区间 $[a, b]$ 上的随机变量可以通过 $W = a + (b-a) X$ 导出。

练 习

3—38 用附录 A 的表 I 计算下面标准正态随机变量 Z 的概率。

(a) $P(-1 < Z < 1)$

(b) $P(-2 < Z < 2)$

(c) $P(-3 < Z < 3)$

(d) $P(Z < -3)$

(e) $P(0 < Z \leqslant 3)$

3—39 假设 Z 服从标准正态分布。用附录 A 的表 I 计算满足下面等式的 z 值。

(a) $P(Z < z) = 0.500\,00$

(b) $P(Z < z) = 0.001\,001$

(c) $P(Z > z) = 0.881\,000$

(d) $P(Z > z) = 0.866\,500$

(e) $P(-1.3 < Z < z) = 0.863\,140$

3—40 假设 Z 服从标准正态分布。用附录 A 的表 I 计算满足下面等式的 z 值。

(a) $P(-z < Z < z) = 0.90$

(b) $P(-z < Z < z) = 0.97$

(c) $P(-z < Z < z) = 0.61$

(d) $P(-z < Z < z) = 0.99$

3—41 假设 X 服从均值为 30、标准差为 2 的正态分布。计算下面的概率。

(a) $P(X < 34)$

(b) $P(X > 28)$

(c) $P(28 < X < 32)$

(d) $P(24 < X < 36)$

(e) $P(26<X<30)$

(f) $P(30<X<36)$

3—42 假设 X 服从均值为 20、标准差为 2 的正态分布。计算满足下面等式的 x 值。

(a) $P(X>x)=0.5$

(b) $P(X>x)=0.95$

(c) $P(x<X<20)=0.2$

3—43 假设 X 服从均值为 27、标准差为 2 的正态分布。计算下面的概率。

(a) $P(X<21)$

(b) $P(X>20)$

(c) $P(23<X<27)$

(d) $P(22<X<29)$

(e) $P(20<X<28)$

3—44 假设 X 服从均值为 6、标准差为 3 的正态分布。计算满足下面等式的 x 值。

(a) $P(X>x)=0.5$

(b) $P(X>x)=0.95$

(c) $P(x<X<9)=0.2$

(d) $P(3<X<x)=0.8$

3—45 水泥罐样本的压力强度服从正态分布，它的均值为 5 000 千克/平方厘米，标准差为 100 千克/平方厘米。

(a) 样本的强度小于 5 250 千克/平方厘米的概率为多少？

(b) 样本的强度在 4 800 到 4 900 千克/平方厘米的概率为多少？

(c) 95％的样本的强度会超过多少千克/平方厘米？

3—46 纸的张力强度服从正态分布，它的均值为 241kPa，标准差为 14kPa。

(a) 样本的强度小于 269kPa 的概率为多少？

(b) 如果规格要求张力强度超过 200kPa，则样本中有多少比例为废品？

3—47 一种用于半导体制造的工具的直线宽度服从均值为 0.5 微米、标准差为 0.05 微米的正态分布。

(a) 直线宽度大于 0.62 微米的概率为多少？

(b) 直线宽度在 0.47 和 0.63 微米之间的概率为多少？

(c) 90％的样本的直线宽度会低于多少微米？

3—48 用于灌装碳酸饮料的自动灌装机的灌装体积服从正态分布，它的均值为 367ml，标准差为 3ml。

(a) 灌装体积小于 355ml 的概率为多少？

(b) 如果容纳的液体体积小于 358 或大于 373ml，则这样的罐是废品，则废品的比例有多大？

(c) 计算一个对称的规格，能包括 99％的罐是正品。

3—49 继续练习 3—48。灌装操作的均值很容易被调整，但标准差保持 3ml 不变。

(a) 把均值确定为什么值，能保证 99.9％的罐能装超过 355ml 的饮料？

(b) 如果标准差能降低到 1.5ml，则把均值确定为什么值，能保证 99.9％的罐能装超过 355ml 的饮料？

3—50 驱动器到视觉模拟的反应时间服从均值为 0.4 秒、标准差为 0.05 秒的正态分布。

(a) 反应要超过 0.5 秒的概率为多少？

(b) 反应要在 0.4 秒到 0.5 秒之间的概率为多少？

(c) 90％的反应时间会超过多少秒？

3—51 装带子用的注射状塑料容器的长度服从均值为 90.2 毫米、标准差为 0.1 毫米的正态分布。

(a) 一个塑料容器的长度超过 90.3 毫米或小于 89.7 毫米的概率为多少？

(b) 均值设成多少能保证长度在 89.7 到 90.3 毫米之间的容器数最大？

(c) 如果长度不在 89.7 到 90.3 毫米的容器是废品，则采用（b）中的均值，整个过程的产量为多少？

3—52 医用线性加速器的操作者关心的是到第一个软件失效经过的时间估计。以前的经验表明到失效经过的时间服从均值为 1 000 小时、标准差为 60 小时的正态分布。

(a) 求出软件在操作了 1 140 小时之间不会失效的概率。

(b) 求出软件在操作了 900 小时就会失效的概率。

3—53 一个监测污染水平的装置能监测出空气中一氧化碳的数量。把它放置在一个特定的地方，已知那儿的一氧化碳数量服从均值为 6.23mg/l、方差为 4.26 (mg/l)² 的正态分布。

(a) 一氧化碳水平超过 9mg/l 的概率为多少？

(b) 一氧化碳水平为 5.5mg/l～8.5mg/l 的概率为多少？

(c) 如果一氧化碳的水平超过某一限度，警报器就会被激活。规定一个限度，使得它比均值大

3.75 个标准差。

3—54 在固定电源下，半导体激光的寿命服从均值为 7 000 小时、标准差为 600 小时的正态分布。

(a) 激光在 5 000 小时前失效的概率为多少?

(b) 95% 的激光的寿命超过多少小时?

3—55 打印机打出来的点的直径服从均值为 0.05mm、标准差为 0.01mm 的正态分布。

(a) 点的直径超过 0.066mm 的概率为多少?

(b) 点的直径为 0.036mm~0.066mm 的概率为多少?

(c) 直径的标准差为多少能使得 (b) 的概率为 0.995?

3—56 人体关节替代元件的重量服从均值为 59ml、标准差为 1.5ml 的正态分布。

(a) 元件的重量超过 62ml 的概率为多大?

(b) 元件重量的标准差为多少，能让公司声明他们的元件有 99.9% 轻于 62ml?

(c) 如果标准差保持 1.5ml 不变，则均值为多少能让公司声明他们的元件有 99.9% 轻于 62ml?

3—57 假设 X 服从对数正态分布，参数为 $\theta=5$，$\omega^2=9$。计算下面的概率。

(a) $P(X<13\,300)$

(b) 求出使得 $P(X<x)=0.95$ 的 x 值。

(c) X 的均值和方差。

3—58 假设 X 服从对数正态分布，参数为 $\theta=2$，$\omega^2=4$。计算下面的概率。

(a) $P(X<500)$

(b) $P(500<X<1\,000)$

(c) $P(1\,500<X<2\,000)$

(d) (a)，(b) 和 (c) 之间概率的差别意味着对数正态随机变量的概率有什么性质?

3—59 用户浏览网页上一个页面的时间长度 (单位：秒) 服从参数为 $\theta=0.5$，$\omega^2=1$ 的对数正态分布。

(a) 浏览一个页面超过 10 秒的概率为多少?

(b) 50% 的用户浏览一个页面需要的时间长度为多少秒?

(c) 用户浏览一个页面所需时间的均值和标准差为多少?

3—60 半导体激光的寿命服从对数正态分布。已知它的均值和标准差分别为 10 000 和 20 000 小时。

(a) 计算对数正态分布的参数。

(b) 计算寿命超过 10 000 小时的概率。

(c) 计算 90% 的激光的寿命会超过多少小时。

3—61 假设 X 服从 Weibull 分布，参数为 $\beta=0.2$，$\delta=100$ 小时。计算 X 的均值和方差。

3—62 假设 X 服从 Weibull 分布，参数为 $\beta=0.2$，$\delta=100$ 小时。计算下面的概率。

(a) $P(X<10000)$

(b) $P(X>5000)$

3—63 假设一个滚柱轴承的使用寿命服从参数为 $\beta=2$，$\delta=10\,000$ 小时的 Weibull 分布。

(a) 计算轴承使用超过 8 000 小时的概率。

(b) 计算轴承失灵时的平均使用时间。

(c) 如果有 10 个轴承同时在使用，各自的失灵是相互独立的，则所有的轴承使用超过 8 000 小时的概率为多少?

3—64 中央处理器 (CPU) 的寿命服从参数为 $\beta=3$，$\delta=900$ 小时的 Weibull 分布。

(a) 计算 CPU 的均值。

(b) 计算 CPU 的方差。

(c) CPU 在 500 小时之前就失灵的概率为多少?

3—65 *Journal of the Indian Geophysical Union* 中一篇名为 Weibull and Gamma Distributions for Wave Parameter Predictions (Vol. 9，2005，55—64) 的文章利用 Weibull 分布来建立海洋浪高的模型。假设观测站的浪高均值为 2.5 米，形状参数等于 2，确定浪高的标准差。

3—66 用分部积分公式证明 $\Gamma(r)=(r-1)\Gamma(r-1)$。

3—67 用伽玛函数的性质求下面的值。

(a) $\Gamma(6)$

(b) $\Gamma(5/2)$

(c) $\Gamma(9/2)$

3—68 假设 X 服从参数为 $\lambda=3$，$r=6$ 的伽玛分布，计算 X 的均值和方差。

3—69 假设 X 服从参数为 $\lambda=2.5$，$r=3.2$ 的伽玛分布，计算 X 的均值和方差。

3—70 假设 X 表示直径的测量值，它服从均值为 3 毫米，方差为 1.5 (毫米)^2 的伽玛分布。求出参数 λ 和 r。

3—71 假设 X 表示长度的测量值，它服从均值 11.4cm，方差为 40.32 (cm)^2 的伽玛分布。求出参数 λ 和 r。

3—72 假设 X 表示时间的测量值，它服从均值为 4 分，方差为 2 分^2 伽玛分布。求出参数 λ 和 r。

3—73 假设 X 服从参数为 $\alpha=2.5$, $\beta=1$ 的 Beta 分布，确定下面的值：

(a) $P(X<0.25)$

(b) $P(0.25<X<0.75)$

(c) 均值和方差

3—74 假设 X 服从参数为 $\alpha=1$, $\beta=4.2$ 的 Beta 分布，确定下面的值：

(a) $P(X<0.25)$

(b) $P(0.5<X)$

(c) 均值和方差

3—75 欧洲低排放玻璃窗标准值把 0.59 作为进入房间的太阳能比例。假设进入房间的太阳能比例是一个 Beta 随机变量。

(a) 计算 $\alpha=3$, $\beta=1.4$ 时分布的众数，均值和方差。

(b) 计算 $\alpha=10$, $\beta=6.25$ 时分布的众数，均值和方差。

(c) 根据前两题说明分布离差的区别。

3—76 在急诊部停留的时间长度是等待时间和服务时间的和。令 X 表示等待时间的比例，并假设它服从 $\alpha=10$, $\beta=1$ 的 Beta 分布。确定下面的值：

(a) $P(X>0.9)$

(b) $P(X<0.5)$

(c) 均值和方差

3—77 完成某个项目中的一项任务需要的最大时间是 2.5 天。把完成时间看成最大时间的比例，假设该比例是一个参数为 $\alpha=2$, $\beta=3$ 的 Beta 随机变量。任务需要两天以上时间完成的概率是多少？

3—78 假设 X 服从参数为 $\alpha=2.5$, $\beta=2.5$ 的 Beta 分布。画出概率密度函数的近似图像。密度是对称的吗？

3—79 *Air Quality*, *Atmosphere* & *Health* 中的一篇名为 Linking Particulate Matter（PM10）and Childhood Asthma in Central Phoenix 使用了在亚利桑那州凤凰城的传感器上每小时测量的 PM10（直径小于 $10\mu m$ 的颗粒物）空气质量数据。中心位置传感器上的 PM10 24 小时（一天）均值是 $50.9\mu g/m^3$，标准差是 25.0。假设 PM10 的日均值是正态分布的。

(a) PM10 日均值大于 $100\mu g/m^3$ 的概率是多少？

(b) PM10 日均值小于 $25\mu g/m^3$ 的概率是多少？

(c) PM10 日均值为多少时有 5% 的可能大于它？

3—80 2009 年，亚利桑那州凤凰城某个急诊部的患者停留时间均值为 4.6 小时，标准差为 2.9。假设停留时间服从正态分布。

(a) 停留时间大于 10 小时的概率是多少？

(b) 停留时间为多少时有 25% 的看诊超过这个时间？

(c) 根据正态分布模型，停留时间小于 0 小时的概率是多少？评论这个例子中的正态分布假设。

3.6 概率图

3.6.1 正态概率图

我们怎样来判断正态分布是否适合数据的模型呢？**概率图**（probability plotting）是根据主观视觉检查数据来确定样本数据是否遵循假设分布的图形方法。它的一般过程很简单，操作起来很快。概率图常使用被称为**概率纸**（probability paper）的特殊图纸，它是为假设的分布设计的。现在广泛使用的概率纸有正态分布、对数正态分布、Weibull 分布以及各种卡方和伽玛分布。在这一节中，我们将说明**正态概率图**（normal probabilityplot）。3.6.2 节将讨论其他连续分布的概率图。

为了画出概率图，首先把样本的观察值从小到大排列起来，也就是说，样本 x_1, x_2, …, x_n 排列成 $x_{(1)}$, $x_{(2)}$, …, $x_{(n)}$，这里 $x_{(1)}$ 是最小的观察，$x_{(2)}$ 是第二小的观察，等等，$x_{(n)}$ 是最大的观察。然后在恰当的概率纸上把次序观察值 $x_{(j)}$ 相对于它的累积频率 $(j-0.5)/n$ 描出。如果假设的分布很充分地说明了数据，画出的点就会大致落在一条直线上；如果画出的点显著地偏离直线，则假设的模型是不合适的。通常，确定数据的图是否是一条直线是主观的。下面的例子将说明这个过程。

例 3—18

电池的使用寿命

10 节手提个人计算机用的电池的使用寿命观察值为：176，191，214，220，205，192，201，190，183，185。假设电池的寿命服从正态分布。为了用概率图研究调查假设，首先把这些观察值按照升序排列，并计算它们的累积频率 $(j-0.5)/10$，如下表所示。

j	$x_{(j)}$	$(j-0.5)/10$
1	176	0.05
2	183	0.15
3	185	0.25
4	190	0.35
5	191	0.45
6	192	0.55
7	201	0.65
8	205	0.75
9	214	0.85
10	220	0.95

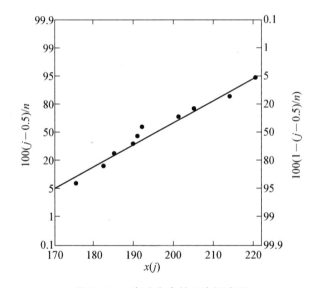

图 3—24　电池寿命的正态概率图

把每一对 $x_{(j)}$ 和 $(j-0.5)/10$ 画在正态概率纸上。这张图见图 3—24。绝大多数的正态概率纸图把 $100(j-0.5)/n$ 画在左边的纵轴上，把 $100[1-(j-0.5)/n]$ 画在右边的纵轴上，而把变量值画在横轴上。选择一条主观上最适合的直线拟合那些画出的点。画这条直线时，起更大作用的是中部的点而不是那些极值点。好的经验方法是大致在第 25 个到 75 个百分点之间画直线。这就是图 3—24 中直线的确定方法。在评估点和直线的系统偏差时，想象有一支粗的铅笔沿直线放着。如果所有的点都能被这支想象的铅笔覆盖，则正态分布就能充分说明数据。因为图 3—24 中的点能通过粗铅笔的检验，我们可以得出结论正态分布是合适的模型。

正态概率图也能通过在普通图纸上画出标准正态得分 z_j 和 $x_{(j)}$ 来构造，这里标准正态得分满足

$$\frac{j-0.5}{n}=P(Z\leqslant z_j)=\varPhi(z_j)$$

例如，如果 $(j-0.5)/n=0.05$，即 $\varPhi(z_j)=0.05$，意味着 $z_j=-1.64$。为了说明这一点，考虑前一个例子的数据。图 3—25 最后一列是标准正态得分。图 3—25 给出了 z_j 对应 $x_{(j)}$ 的图。正态概率图和图 3—24 中的相同。

正态概率图的一个有用应用，就是当统计推断需要正态假设时，用它证明这个假设。

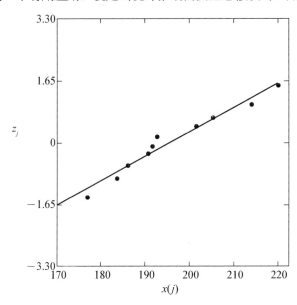

j	$x_{(j)}$	$(j-0.5)$ /10	z_j
1	176	0.05	-1.64
2	183	0.15	-1.04
3	185	0.25	-0.67
4	190	0.35	-0.39
5	191	0.45	-0.13
6	192	0.55	0.13
7	201	0.65	0.39
8	205	0.75	0.67
9	214	0.85	1.04
10	220	0.95	1.64

图 3—25　用标准正态得分得到的正态概率图

☐ 3.6.2　**其他概率图**

概率图特别有用，常常是确定哪个模型可能是数据的合理模型时的首选方法。使用概率图时，分布的选择通常是对数据的主观判断。更加正规的**拟合优度检验**（goodness-of-fit）方法能和概率图结合起来使用。在 4.10 节我们将会介绍一种非常简单的拟合优度检验。

为了说明概率图在确定数据的合适分布时是非常有用的，考虑表 3—1 给出的铝合金裂缝长度数据。图 3—26 是裂缝长度的正态概率图。注意到图中尾部的数据点是怎样弯曲转离直线的。这意味着正态分布并不是数据的好的模型。图 3—27 是用 Minitab 得出的裂缝长度数据的对数正态概率图。在这张图上，数据离直线要近得多了，特别是尾部的观察，这表明对裂缝长度数据而言，对数正态分布是比正态分布更合适的模型。

表 3—1 铝合金的裂缝长度 （mm）

81	98	291	101	98	118	158	197	139	249
249	135	223	205	80	177	82	64	137	149
117	149	127	115	198	342	83	34	342	185
227	225	185	240	161	197	98	65	144	151
134	59	181	151	240	146	104	100	215	200

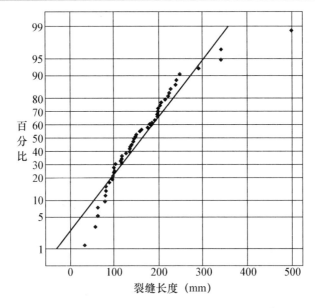

图 3—26 表 3—1 中裂缝长度数据的正态概率图

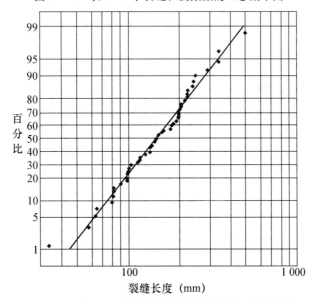

图 3—27 表 3—1 中裂缝长度数据的对数正态概率图

最后，图 3—28 是裂缝长度数据的 Weibull 概率图（也是在 Minitab 中画出的）。这张图中，低尾的观察离直线不是很近，这表明了 Weibull 分布不是这些数据的非常好的模型。因此，基于这些概率图，对数正态分布好像是这些裂缝长度数据最合适的模型。

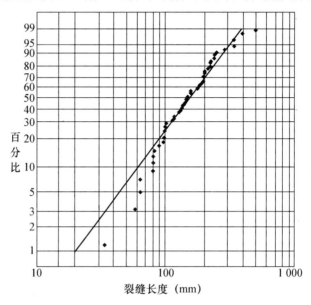

图 3—28 表 3—1 中裂缝长度数据的 Weibull 概率图

练 习

3—81 生产无酒精饮料包装瓶的工厂研究了容量为 1 升的玻璃瓶的内部压力强度。检验了由 16 个瓶组成的一个随机样本。得到了如下的压力强度数据。在正态概率纸上画出这些数据。认为压力强度服从正态分布是否合理？

236.16	218.15	221.14	231.31
212.20	205.45	213.62	214.55
229.54	203.71	198.12	212.21
203.73	210.81	234.39	211.63

3—82 从两台机器生产的零件中各抽取 20 个，测量了每一个零件的临界尺寸。数据如下。在正态概率纸上画出这些数据。这些尺寸数据看起来服从正态分布吗？关于这两台机器你能得出什么假设性的结论？

机器 1			
99.4	101.5	102.3	96.7
99.1	103.8	100.4	100.9
99.0	99.6	102.5	96.5
98.9	99.4	99.7	103.1
99.6	104.6	101.6	96.8

机器 2			
90.9	100.7	95.0	98.8
99.6	105.5	92.3	115.5
105.9	104.0	109.5	87.1
91.2	96.5	96.2	109.8
92.8	106.7	97.6	106.5

3—83 检验了练习 3—82 中两台机器的数据以后，过程控制工程师得出结论，机器 2 生产的零件间的变动性比较大。为了使变动性变小，她对机器做了一些校正。抽取了另外 20 个零件。它们的测量值如下。在正态概率纸上画出这些数据，并和练习 3—82 中机器 2 的数据作比较。正态分布是这些数据的合理模型吗？方差看起来变小了吗？

103.4	107.0	107.7	104.5
108.1	101.5	106.2	106.6
103.1	104.1	106.3	105.6
108.2	106.9	107.8	103.7
103.9	103.3	107.4	102.6

3—84 研究半导体厂的晶片中多晶硅的均匀性

时，Lu，Davis and Gyurcsik（Journal of the American Statistical Association，Vol. 93，1998）搜集了 22 个独立晶片的数据：464，823，1 060，1 028，487，852，702，1 113，578，560，910，890，887，551，708，702，720，1 175，1 164，1 191，1 179，678。用正态分布来给这些数据建模合理吗？

3—85 质量控制检测员感兴趣的是金属表面保持平面规格。搜集到了 30 个平面测量值（0.025mm）。正态、对数正态和 Weibull 分布，哪一个看起来更适合于拟合这些数据？

63.27	54.36	41.40
113.28	93.73	116.33
32.51	32.51	40.39
20.83	56.64	191.77
55.88	121.41	133.10
39.12	96.77	54.10
36.83	56.13	168.91
162.56	52.32	103.12
67.56	42.16	60.45
153.42	72.39	93.98

3—86 记录了 30 个顾客等待服务的时间（单位：秒）。正态、对数正态和 Weibull 分布，哪一个看起来更适合于拟合这些数据？

1.21	4.19	1.95	6.88	3.97
9.09	6.91	1.90	10.60	0.51
2.23	13.99	8.22	8.08	4.70
4.67	0.50	0.92	4.15	7.24
4.86	1.89	6.44	0.15	17.34
6.91	3.97	8.22	1.21	10.60

3—87 记录下了一些视察作业的时间（单位：分）。正态、对数正态和 Weibull 分布，哪一个看起来更适合于拟合这些数据？

5.15	0.30	6.66	3.76
4.29	9.54	4.38	0.60
7.06	4.34	0.80	5.12
3.69	5.94	3.18	4.47
4.65	8.93	4.70	1.04

3—88 记录了 30 个电子流水线上元件到失灵时经过的时间。正态、对数正态和 Weibull 分布，哪一个看起来更适合于拟合这些数据？

1.9	20.7
3.0	11.9
6.3	0.4
8.3	2.3
1.6	5.3
4.6	1.9
5.1	4.0
1.9	3.8
4.1	0.9
10.9	9.0
6.6	1.3
0.5	2.9
2.1	1.2
1.2	2.5
0.8	4.4

3—89 下面的数据是第 2 章中西班牙南部某处不同日子直接太阳能强度的测量值（watt/m²）：562，869，708，775，775，704，809，856，655，806，878，909，918，558，768，870，918，940，946，661，820，898，935，952，957，693，835，905，939，955，960，498，653，730 和 753。正态分布是这些数据的合理模型吗？为什么？

3—90 下面的数据是连续几天污水处理设备排水的温度：

43	47	51	48	52	50	46	49
45	52	46	51	44	49	46	51
49	45	44	50	48	50	49	50

确定哪个概率模型最适合用来拟合这些数据。

▊ 3.7 离散随机变量

正如 3.2 节中提到的，离散随机变量的取值范围是一组有限（或可数无限）的实数。本章的前面部分已经给出了一些例子，下面还将给出一些。这一节介绍离散随机变量的一些性质，它们和连续随机变量的性质相类似。

例 3—19

电话网络

一个商用电话通信网有 48 根外部线。在某一特定时间对系统进行观察并且一部分正在使用中。令随机变量 X 表示正在使用的线路数。则 X 能假设成 0 到 48 之间的任意整数。

例 3—20

半导体晶片污染

在分析半导体晶片的表面时记录了超过一定大小的污染物微粒数量。定义随机变量 X 等于污染物颗粒的数量。

X 的可能取值就是从 0 到某一个很大的值，这个值表示了在一块晶片上能找到的微粒数的最大值。如果这个最大值很大，假设 0 到 ∞ 之间的任意一个整数都是可能的。

3.7.1 概率质量函数

正如前面提到的，随机变量 X 的概率分布是与 X 的可能取值联系起来的概率的描述。对于离散随机变量，分布通常是具体列出每一个可能的取值和它对应的概率。在一些情况下，用公式来表示概率是很方便的。

例 3—21

比特发射错误

从数字发射管发射出的比特可能会被错误的接收到。令 X 表示连续发射的四个比特被错误接收的数量。X 的可能取值为 $\{0，1，2，3，4\}$。根据下面一节将给出的错误数的模型，可以确定下面的概率。假设这些概率为：

$$P(X=0)=0.656\ 1 \qquad P(X=1)=0.291\ 6 \qquad P(X=2)=0.048\ 6$$
$$P(X=3)=0.003\ 6 \qquad P(X=4)=0.000\ 1$$

X 的概率分布是把 X 的可能取值和相应的概率一一列出来。X 的概率分布的图形表示见图 3—29。

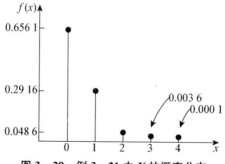

图 3—29　例 3—21 中 X 的概率分布

假设一根细长横梁上的载荷只是把质量放在一些离散点上。见图 3—30。载荷能用一个具体列出离散点上质量的函数表示出来。类似地，对于离散随机变量 X，它的分布也能用具体列出 X 的可能离散取值的概率的函数表示出来。

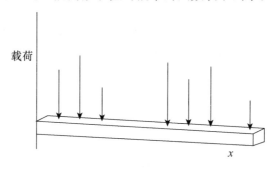

载荷

x

图 3—30 细长横梁上离散点的载荷

概率质量函数

对于可能取值为 x_1，x_2，$\cdots$，x_n 的离散随机变量 X，概率质量函数为：

$$f(x_i) = P(X = x_i) \tag{3—13}$$

因为 $f(x_i)$ 被定义为概率，所以对所有 x_i，都有 $f(x_i) \geqslant 0$，且

$$\sum_{i=1}^{n} f(x_i) = 1$$

读者可以检查前面例子的概率和是否等于 1。

3.4.1 节中描述的确定随机变量概率的步骤同样也适用于离散随机变量。步骤重复如下：

1. 确定随机变量和随机变量的分布。
2. 根据随机变量写出概率陈述。
3. 利用概率陈述和分布计算概率。

本章一些例子的解决过程中会展示这三个步骤。在其他例子和练习中你可以自己使用这三个步骤。

☐ 3.7.2 累积分布函数

累积分布函数也能用来表示离散随机变量的概率分布。累积分布函数在 x 的值是所有小于等于 x 的点的概率总和。

离散随机变量的累积分布函数

离散随机变量 X 的累积分布函数为：

$$F(x) = P(X \leqslant x) = \sum_{x_i \leqslant x} f(x_i)$$

例 3—22

比特发射错误

在前面的例子中，X 的概率密度函数为：

$$P(X=0)=0.656\ 1 \qquad P(X=1)=0.291\ 6 \qquad P(X=2)=0.048\ 6$$
$$P(X=3)=0.003\ 6 \qquad P(X=4)=0.000\ 1$$

因此，

$$F(0)=0.656\ 1 \quad F(1)=0.947\ 7 \quad F(2)=0.996\ 3 \quad F(3)=0.999\ 9 \quad F(4)=1$$

即使假设随机变量只能为整数，也能定义出非整数值的累积分布函数。例如，

$$F(1.5)=P(X\leqslant1.5)=P(X\leqslant1)=0.947\ 7$$

$F(x)$ 的图见图 3—31。可以看到图形在 X 的离散值点有不连续的跳跃。在 x 点跳跃的大小等于在 x 点的概率值。例如，考虑 $x=1$。这里，$F(1)=0.947\ 7$，但对 $0\leqslant x<1$，$F(x)=0.656\ 1$。两者的差为 $P(X=1)=0.291\ 6$。

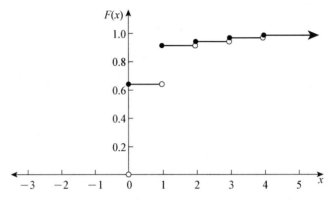

图 3—31 例 3—22 中 x 的累积分布函数

□ 3.7.3 均值和方差

离散随机变量的定义方法和连续随机变量的很相似。定义里求和代替了原来的积分。

离散随机变量的均值和方差

令随机变量 X 可能的取值为 x_1, x_2, …, x_n，它的概率密度函数为 $f(x_i)$，所以：

$$f(x_i)=P(X=x_i)$$

离散随机变量 X 的均值或期望分别记为 μ 或 $E(X)$，为：

$$\mu=E(X)=\sum_{i=1}^{n}x_if(x_i) \tag{3—14}$$

X 的方差记为 σ^2 或 $V(X)$，为：

$$\sigma^2=V(X)=E(X-\mu)^2=\sum_{i=1}^{n}(x_i-\mu)^2f(x_i)=\sum_{i=1}^{n}x_i^2f(x_i)-\mu^2$$

X 的标准差为 σ。

X 的均值能被理解成 X 的取值的质量中心。也就是说，如果在实轴上的每一个

x_i 点都放上等于 $f(x_i)$ 的质量，$E(X)$ 就是使实轴保持平衡的点。因此，"概率密度函数"这个术语能用类似的技巧解释。

例 3—23

比特发射错误：均值和方差

对于前面例子的随机变量，有

$$\mu = E(x) = 0f(0)+1f(1)+2f(2)+3f(3)+4f(4)$$
$$= 0(0.656\,1)+1(0.291\,6)+2(0.048\,6)+3(0.003\,6)+4(0.000\,1)=0.4$$

尽管 X 不可能取 0.4，但是可能取值的加权平均数为 0.4。

计算 $V(X)$ 时，下表能让计算简便。

x	$x-0.4$	$(x-0.4)^2$	$f(x)$	$f(x)\,(x-0.4)^2$
0	-0.4	0.16	0.656 1	0.104 976
1	0.6	0.36	0.291 6	0.104 976
2	1.6	2.56	0.048 6	0.124 416
3	2.6	6.76	0.003 6	0.024 336
4	3.6	12.96	0.000 1	0.001 296

$$V(X) = \sigma^2 = \sum_{i=1}^{5} f(x_i)\,(x_i-0.4)^2 = 0.36$$

例 3—24

产品收入

需要比较两种新产品设计的收入潜力。根据市场调查情况来看，设计 A 的收入能比较精确地预计有 300 万美元，而设计 B 的收入潜力比较难以评估。市场调查得出结论，有 0.3 的可能设计 B 的收入为 700 万美元，但有 0.7 的可能设计 B 的收入只是为 200 万美元。你会选择哪一种设计？

解答： 令 X 表示设计 A 的收入。因为设计 A 的收入没有不确定性，我们可以认为随机变量 X 的分布模型为 300 万美元，且概率为 1。因此，$E(X)=300$ 万美元。

令 Y 表示设计 B 的收入。Y 的期望为：

$$E(Y)\ E(Y)=7(0.3)+2(0.7)=3.5(百万美元)$$

因为 $E(Y)$ 超过 $E(X)$，所以我们可能选择设计 B。然而，设计 B 的变动性比较大。也就是说，

$$\sigma^2=(7-3.5)^2(0.3)+(2-3.5)^2(0.7)=5.25(百万美元^2)$$

和

$$\sigma=\sqrt{5.25}=2.29(百万美元)$$

练 习

证明练习 3—91 到 3—94 的函数为概率密度函数，并确定要求的值。

3—91

x	1	2	3	4	5	6	7
$f(x)$	0.328	0.067	0.016	0.246	0.142	0.136	0.025

(a) $P(X \leqslant 3)$

(b) $P(3 < X < 5.1)$

(c) $P(X > 4.5)$

(d) 均值和方差

(e) $F(x)$ 的图

3—92

x	0	1	2	3	4
$f(x)$	0.025	0.041	0.049	0.074	0.098
x	5	6	7	8	9
$f(x)$	0.205	0.262	0.123	0.074	0.049

(a) $P(X \leqslant 1)$

(b) $P(2 < X < 7.2)$

(c) $P(X \geqslant 6)$

(d) 均值和方差

(e) $F(x)$ 的图

3—93　$f(x) = (8/7)(1/2)^x$，$x = 1, 2, 3$

(a) $P(X \leqslant 1)$

(b) $P(X > 1)$

(c) 均值和方差

(d) $F(x)$ 的图

3—94　$f(x) = (1/2)(x/5)$，$x = 1, 2, 3, 4$

(a) $P(X = 2)$

(b) $P(X \leqslant 3)$

(c) $P(X > 2.5)$

(d) $P(X \geqslant 1)$

(e) 均值和方差

(f) $F(x)$ 的图

3—95　顾客购买一种特别制造的汽车有多种可选择的配件。选择的配件数量的概率密度函数为：

x	7	8	9	10	11	12	13
$f(x)$	0.045	0.145	0.170	0.265	0.280	0.070	0.025

(a) 顾客选择少于 9 件配件的概率为多少？

(b) 顾客选择了超过 11 件配件的概率为多少？

(c) 顾客选择的配件在 8 到 12 件之间的概率为多少？

(d) 选择的配件的期望数为多少？方差为多少？

3—96　市场调查评价一种用于土壤分析的新的工具的等级为：很成功、适度成功或不成功，它们各自的概率为 0.4，0.5 和 0.1。与很成功、适度成功和不成功对应的年收入分别为 1 000 万美元、500 万美元和 100 万美元。令随机变量 X 表示产品的年收入。

(a) 确定 X 的概率密度函数。

(b) 确定年收入的期望和标准差。

(c) 画出概率密度函数的图，并标出期望的位置。

(d) 画出 $F(x)$ 的图。

3—97　令 X 表示每当你在十字路口时，手机上的酒吧服务数量，概率如下：

x	0	1	2	3	4	5
$P(X = x)$	0.1	0.15	0.25	0.25	0.15	0.1

确定下面的结果：

(a) $F(x)$

(b) 均值和方差

(c) $P(X < 2)$

(d) $P(X \leqslant 3.5)$

3—98　令 X 表示某家医院一层病房内每个月感染的病人数，概率如下：

x	0	1	2	3
$P(X = x)$	0.60	0.25	0.1	0.05

确定下面的结果：

(a) $F(x)$

(b) 均值和方差

(c) $P(X > 1.5)$

(d) $P(X \leqslant 2.0)$

3—99　令 X 表示血液样本取样的时间（单位：分钟，四舍五入到最近的半分钟）。概率质量函数如下：

x	0	0.5	1	1.5	2	2.5
$f(x)$	0.1	0.2	0.3	0.2	0.1	0.1

确定下面的结果：

(a) $P(X<2.25)$

(b) $P(0.75<X\leqslant1.5)$

(c) $F(x)$

(d) $E(X)$

3—100　令 X 表示已大型数据库更新完成的等待时间（单位：秒，四舍五入到最近的十位数）。概率质量函数如下：

x	0.1	0.2	0.3	0.4	0.5	0.6
$f(x)$	0.1	0.1	0.3	0.2	0.2	0.1

确定下面的结果：

(a) $P(X<0.25)$

(b) $P(0.15<X\leqslant4.5)$

(c) $F(x)$

(d) $E(X)$

3.8　二项分布

本节将介绍一个广泛使用的离散随机变量。考虑下面的随机实验和随机变量。

1. 抛掷一枚均匀的硬币 10 次。令 X＝正面出现的次数。

2. 一台旧机器生产的零件有 1％为次品。令 X＝接下来生产的 25 个零件中的次品数。

3. 在水质量检验中测出有 10％的样本含有机固体的水平比较高。令 X＝接下来的 18 次检验中测出有机固体含量高的次数。

4. 数字通信管发射出的比特，有 10％被错误的接收。令 X＝接下来发射的四个比特中被错误接收的数量。

5. 在一个多项选择的测验中，有 10 个问题，每一个都有四个选项，每一题都是猜的。令 X＝回答正确的问题数。

6. 在某家医院接下来会有 20 个婴儿出生。令 X＝出生的女婴数。

7. 患有某一种疾病的所有病人经过特殊的医疗后，有 35％的病人病情能好转。接下来有 30 个病人用这种方式治疗，令 X＝病情好转的病人数。

这些例子说明了一类普遍的非常有用的概率模型，它包括了上面的这些特例。

每一个例子都能认为是由一系列重复的随机试验组成：在实验 1 中抛掷 10 次硬币，在实验 2 中生产 25 个零件，等等。每个例子中的随机变量都是满足某种特别标准的试验次数。每次试验结果都要么是满足标准，要么不满足。比如说，在多项选择实验里，对于每一个问题，只有选择是正确的，才被认为是成功的。从三个不正确的选项里选择一个都被认为试验失败。

术语"成功"和"失败"只是标签。我们也能用"A"和"B"或者"0"和"1"。遗憾的是，通常的标签有时会产生误导。在实验 2 中，因为 X 表示次品数，生产了次品称为成功。

只有两种可能结果的试验通常看成随机实验的构建基础频繁使用，称为**伯努利试验**（Bernoulli trail）。通常假设组成随机实验的试验是相互**独立**（independent）的。这表明一次试验的结果不会影响其他试验的结果。而且，**假设一次试验成功的概率是一个常数**（probability of a success on each trail is constant）常常是合理的。

在第 5 项，多项选择实验里，如果被测验人对测验材料一点都不了解，他只是去猜每一个问题，我们可以假设每一个问题得到正确答案的概率为 1/4。

为了分析 X，先回忆概率的频率解释。问题 1 的答案是正确的比例为 1/4；问题 2 的答案是正确的比例为 1/4。简单猜测一下，可以预计两个问题都回答正确的比例为：

$$(1/4)(1/4)=1/16$$

而且，如果只是猜答案，则问题 1 正确而问题 2 不正确的比例为：

$(1/4)(3/4)＝3/16$

类似地，如果只是猜答案，则问题 1 不正确而问题 2 正确的比例为：

$(3/4)(1/4)＝3/16$

最后，如果只是猜答案，则问题 1 和问题 2 都不正确的比例为：

$(3/4)(3/4)＝9/16$

对于这两个问题，我们已经列举了所有正确和不正确的组合，这四个概率的和加起来为 1。

$1/16＋3/16＋3/16＋9/16＝1$

用这种方法可以得到下面例子的二项分布。

例 3—25

比特发射错误

在例 3—21 中，假设从数字发射管中发射出来的一个比特被错误接收的概率为 0.1。同时假设发射试验是相互独立的。令 $X=$ 接下来发射的四个比特中被错误接收的数量。计算 $P(X=2)$。

解答：令字母 E 表示错误接收的比特，令字母 O 表示好的，即比特没有被错误接收。我们可以用表示比特是否被错误接收的字母来列出所有实验结果。例如，结果 OEOE 表示第 2 和第 4 个比特被错误接收，而其他两个是好的。相应的 x 值如下：

结果	x	结果	x
OOOO	0	EOOO	1
OOOE	1	EOOE	2
OOEO	1	EOEO	2
OOEE	2	EOEE	3
OEOO	1	EEOO	2
OEOE	2	EEOE	3
OEEO	2	EEEO	3
OEEE	3	EEEE	4

事件 $X=2$ 包括 6 个结果：

{EEOO, EOEO, EOOE, OEEO, OEOE, OOEE}

根据试验是相互独立的，则 {EEOO} 的概率为：

$P(\text{EEOO})=P(\text{E})P(\text{E})P(\text{O})P(\text{O})=(0.1)^2(0.9)^2=0.008\,1$

同时，得出 $X=2$ 的 6 个相互排斥的结果有相同的发生概率。因此，

$P(X=2)=6(0.008\,1)=0.048\,6$

在本例中，

$P(X=x)=（导致 x 个错误的结果数）\times(0.1)^x(0.9)^{4-x}$

写出一般的概率公式时（完成例 3—25），需要一个表示结果个数的表达式，这个结果在 n 次试验中正好包含 x 次成功。包含 x 次成功的结果可以通过从 n 次试验（比如试验 1，2，3 和 4）中选择包含成功的 x 次试验（比如试验 2 和 4）。其他的 $n-x$

次试验包含失败。从 n 中选择 x 个物体的选择方法有如下种：

$$\binom{n}{x}=\frac{n!}{x!\ (n-x)!}$$

这也是包含 x 次成功的可能结果数量。因此，在这个例子中

$$P(X=x)=\binom{4}{x}(0.1)^x (0.9)^{4-x}$$

注意到 $\binom{4}{2}=4!\ [2!\ 2!]=6$，和前面的结果一样。$X$ 的概率质量函数见图 3—29。

由前面的例子得到如下结果。

二项分布

包含 n 次重复试验的随机实验，如果满足下面的性质，则称为二项实验。

1. 试验是相互独立的。

2. 每一次试验只产生两种可能的结果，分别标记为"成功"和"失败"。

3. 每一次试验成功的概率保持不变，记为 p。

等于试验成功次数的随机变量 X 服从参数为 p 和 n 的二项分布，其中 $0<p<1$ 和 $n=\{1,2,3,\cdots\}$。X 的概率密度函数为：

$$f(x)=\binom{n}{x}p^x (1-p)^{n-x}, x=0,1,2,\cdots,n \tag{3—15}$$

和以前一样，$\binom{n}{x}$ 等于结果为 x 个成功和 $n-x$ 个失败的排列个数。结果为 x 个成功和 $n-x$ 个失败的排列个数乘上每个排列的概率就等于 $P(X=x)$。

可以证明（用二项展开式）二项随机变量的概率和为 1。而且，因为实验中的每次试验的结果可以分成两类：{成功，失败}，所以这个分布也称为二项分布。更一般的模型可以有多项结果（二项或更多），类似的就称为多项分布。多项分布在 Montgomery and Runger（2011）中涉及。

二项分布的例子见图 3—32。对于固定的 n，随着 p 从 0 增加到 0.5，或者 p 从 1 减小到 0.5，分布变得更加对称。对于固定的 p，随着 n 增大，分布变得更加对称。

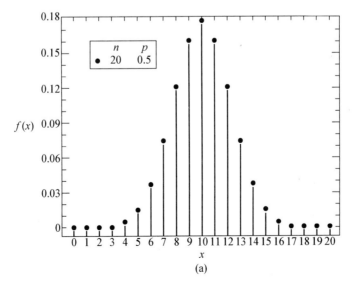

(a)

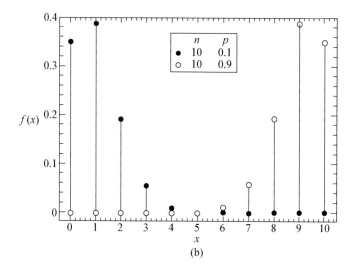

图 3—32　选定 n 和 p 值的二项分布

例 3—26

二项系数

下面的几个例子用到了二项系数 $\binom{n}{x}$ 。

$$\binom{10}{3}=10! \;/[3! \;7!]=(10 \cdot 9 \cdot 8)/(3 \cdot 2)=120$$

$$\binom{15}{10}=15! \;/[10! \;5!]=(15 \cdot 14 \cdot 13 \cdot 12 \cdot 11)/(5 \cdot 4 \cdot 3 \cdot 2)=3\,003$$

$$\binom{100}{4}=100! \;/[4! \;96!]=(100 \cdot 99 \cdot 98 \cdot 97)/(4 \cdot 3 \cdot 2)=3\,921\,225$$

例 3—27

有机固体

每一个水样中有机固体含量高的可能为 10%。假设样本中固体的存在是相互独立的。确定在接下来的 18 个样本中，有机固体含量高的样本有 2 个的概率。

解答： 令 $X=$ 接下来将分析的 18 个样本中有机固体含量高的样本个数，则 X 是参数为 $p=0.1$ 和 $n=18$ 的二项随机变量。因此，

$$P(X=2)=\binom{18}{2}(0.1)^2\,(0.9)^{16}$$

因为 $\binom{18}{2}=(18! \;/[2! \;16!])=18\,(17)/2=153$。因此，

$$P(X=2)=153\,(0.1)^2\,(0.9)^{16}=0.284$$

求出有机固体含量高的样本至少有 4 个的概率。

解答： 要求的概率为

$$P(X \geqslant 4) = \sum_{x=4}^{18} \binom{18}{x} (0.1)^x (0.9)^{18-x}$$

然而，如果用它的对立事件就会容易很多，

$$P(X \geqslant 4) = 1 - P(X < 4) = 1 - \sum_{x=0}^{3} \binom{18}{x} (0.1)^x (0.9)^{18-x}$$

$$= 1 - (0.150 + 0.300 + 0.284 + 0.168) = 0.098$$

确定 $3 \leqslant X < 7$ 的概率。

解答：

$$P(3 \leqslant X < 7) = \sum_{x=3}^{6} \binom{18}{x} (0.1)^x (0.9)^{18-x}$$

$$= 0.168 + 0.070 + 0.022 + 0.005 = 0.265$$

像 Minitab 这样的软件可以用来计算二项概率。例 3—27 中的 $P(X < 4)$ 可以用 Minitab 中的 $P(X \leqslant 3)$ 来计算，如下所示：

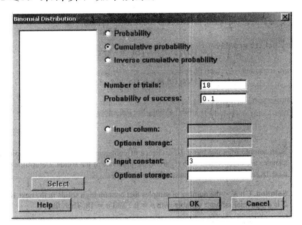

Cumulative Distribution Function

Binomial with n＝18 and p＝0.1

X　P (X<＝x)

3　0.901 803

例题中用 1 减去这个概率来得到 $P(X \geqslant 4)$。

同样的结果可以通过如下的 Excel 函数得到。注意加上符号"％"只是为了显示函数。参数 TRUE 表示要计算概率 $P(X \leqslant x)$。设置 FALSE 计算得到 $P(X = x)$。

％＝BIBOMDIST (3, 18, 0.1, TRUE)

0.901 803 159

二项随机变量的均值和方差只依赖与参数 p 和 n。可以证明出下面的结果。

如果 X 是参数为 p 和 n 的二项随机变量，则

$$\mu = E(X) = np \quad \text{和} \quad \sigma^2 = V(X) = np(1-p) \tag{3—16}$$

例 3—28

比特发射错误：二项均值和方差

对于例 3—21 中错误接收的比特数，$n=4$ 和 $p=0.1$，所以

$$E(X)=4(0.1)=0.4$$

错误接收的比特数的方差为：

$$V(X)=4(0.1)(0.9)=0.36$$

这个结果和用例 3—23 中得到的概率直接计算得到的结果相一致。

练 习

3—101 对下面每一个情景，判断二项分布是否是随机变量的合适模型，为什么？说出你的假设。

（a）一个生产过程生产出了几千个温度传感器。令 X 表示随机抽出的 30 个温度传感器样本中不符合规格的数量。

（b）从一批 50 个的温度传感器中不放回地抽取 30 个作为样本。令 X 表示样本中不符合规格的温度传感器的数量。

（c）四个相同的电子元件绕在一个控制器上。令 X 表示经过一段时间以后失灵的元件数量。

（d）令 X 表示在 24 小时之内接收到的快递邮件包裹数量。

（e）令 X 表示在一次多项选择考试中一个学生答对的问题数，有一部分问题，学生只能排除一些错误答案，其他的问题，他能排除全部错误答案。

（f）检验了随机抽取的 40 个半导体芯片。令 X 表示检验时至少发现一处污染微粒的芯片数量。

（g）令 X 表示在随机抽取的 40 个半导体芯片上发现的污染微粒的数量。

（h）灌装操作想按照广告所注明的重量灌装清洁剂包装袋。令 X 表示清洁剂包装袋没有装满的数量。

（i）数字通信管中发生错误会影响连续的几个比特。令 X 表示发射的 100 000 个比特中有错误的比特数。

（j）令 X 表示一大卷电镀钢铁表面的瑕疵数。

3—102 随机变量 X 服从参数为 $n=10$ 和 $p=0.5$ 的二项分布。

（a）画出 X 的概率密度图。

（b）画出累积分布函数的图。

（c）X 最可能的取值为多少？

（d）X 最不可能的取值为多少？

3—103 随机变量 X 服从参数为 $n=30$ 和 $p=0.5$ 的二项分布。确定下面的概率。

（a）$P(X=25)$

（b）$P(X\leqslant 22)$

（c）$P(X\geqslant 29)$

（d）$P(23\leqslant X<25)$

（e）画出累积分布函数的图。

3—104 假设 X 服从参数为 $n=20$ 和 $p=0.01$ 的二项分布。

（a）画出 X 的概率密度图。

（b）画出累积分布函数的图。

（c）X 最可能的取值为多少？

（d）X 最不可能的取值为多少？

3—105 随机变量 X 服从参数为 $n=20$ 和 $p=0.1$ 的二项分布。确定下面的概率。

（a）$P(X=15)$

（b）$P(X\leqslant 12)$

（c）$P(X\geqslant 19)$

（d）$P(13\leqslant X<15)$

3—106 一个电子产品有 40 个完整的电路。每个电路有缺陷的概率为 0.01，每个完整电路都是相互独立的。只有当所有电路都没有缺陷，产品才能运行。产品正常运行的概率为多少？

3—107 在实验室里检查了臂关节替代部件的强度。成功通过检验的概率为 0.85。随机独立的抽取了 10 个部件检验。十个部件中恰好有两个通过检

验的概率为多少？

3—108 定期航线预留系统中的一根电话线有 45% 的时间被占用。假设电话线被连续电话占用是相互独立的，假设有 8 个电话放在线路上。

(a) 线路恰好被两个电话占用的概率为多少？

(b) 线路至少被一个电话占用的概率为多少？

(c) 占用线路的电话的期望为多少？

3—109 检查了几批螺旋弹簧是否符合顾客的要求，每一批由 80 个组成，来自一个生产过程。每批中不符合顾客要求的弹簧的平均数为 8 个。假设每批中不符合要求的弹簧数 X 是二项随机变量。

(a) n 和 p 是多少？

(b) $P(X \leqslant 5)$？

(c) $P(X \geqslant 79)$？

3—110 统计过程控制图的例子。每隔一小时从金属打孔过程中抽取一个由 20 个零件组成的样本。一般，有 1% 的零件需要再加工。令 X 表示样本中需要再加工的零件个数。如果 X 比均值大了三个标准差以上就应该怀疑过程有问题。

(a) 如果需要再加工的零件比例保持 1% 不变，X 比均值大三个标准差以上的概率为多少？

(b) 如果需要再加工的比例增加到 4%，则 X 超过 1 的概率为多少？

(c) 如果需要再加工的比例增加到 4%，在接下来的 5 个小时抽取的样本中至少有一个超过 1 的概率为多少？

3—111 由于并不是所有的预订座位的乘客都会出现，在一次航班中，航空公司会订出 125 张票，但是只能载 120 名乘客。乘客订了机票但是没有出现的概率为 0.10，乘客的行为是相互独立的。

(a) 出现的乘客能乘上本次航班的概率为多少？

(b) 飞机起飞时没有空座位的概率为多少？

(c) 出现的乘客数的均值和标准差各为多少？

3—112 本练习说明了质量不好会影响计划和成本。一个工厂有 100 份顾客的订单要完成。每一份订单都需要从一个供应商那儿购买一个零件。但是，通常有 2% 的零件是次品，可以认为零件是相互独立的。

(a) 如果工厂储备了 100 个零件，100 份订单能顺利完成而不需要重新购买零件的概率为多少？

(b) 如果工厂储备了 102 个零件，100 份订单能顺利完成而不需要重新购买零件的概率为多少？

(c) 如果工厂储备了 105 个零件，100 份订单能顺利完成而不需要重新购买零件的概率为多少？

3—113 假设用飞行模拟器使飞机成功着陆的概率为 0.9。随机独立地抽取 11 个飞行学员，让他们用飞行模拟器飞行。

(a) 所有飞行学员用飞行模拟器成功着陆的概率为多少？

(b) 没有一个飞行学员用飞行模拟器成功着陆的概率为多少？

(c) 恰好有 10 个飞行学员用飞行模拟器成功着陆的概率为多少？

3—114 交通技师给 10 盏街灯装上了新的灯泡。灯泡在使用 40 000 小时之内坏了的概率为 0.25。假设每一个灯泡坏了是相互独立的。

(a) 在使用 40 000 小时之内坏了的灯泡小于 2 个的概率为多少？

(b) 在使用 40 000 小时之内没有灯泡需要更换的概率为多少？

(c) 在使用 40 000 小时之内多于 4 个灯泡需要更换的概率为多少？

3—115 *Information Security Technical Report* 中的一篇名为 Malicious Software—Past, Present and Future 的文章提供了如下关于 2002 年 10 大恶意软件实例的数据。2002 年注册发生率数字的绝对领先者是网络蠕虫 "Klez"，现在它依然是最广泛传播的威胁之一。2001 年 10 月 26 日，这种病毒首先被发现，在病毒历史上，它在恶意软件头把交椅的位置上停留了最长时间。

2002 年 10 款最广泛传播的恶意程序

排名	名字	实例中的百分比 (%)
1	网络蠕虫 Klez	61.22
2	网络蠕虫 Lentin	20.52
3	网络蠕虫 Tanatos	2.09
4	网络蠕虫 BadtransⅡ	1.31
5	Macro. Word97. Thus	1.19
6	网络蠕虫 Hybris	0.60
7	网络蠕虫 Bridex	0.32
8	网络蠕虫 Magistr	0.30
9	Win95. CIH	0.27
10	网络蠕虫 Sircam	0.24

数据来源：Kaspersky Labs.

假定报告了 20 个恶意软件实例。假设恶意源可以被看成是独立的。

（a）至少有一个实例是"Klez"的概率是多少？

（b）三个或三个以上实例是"Klez"的概率是多少？

（c）报告的20个实例中"Klez"数量的均值和标准差是多少？

3—116 心脏衰竭或者是因为自然发生（83%），或者是因为外在因素（17%）。外在因素与诱导物质或异物有关。自然发生是由动脉阻塞、疾病和感染引起的。假定有20个患有心脏衰竭的病人会到急诊室看诊。假设个体之间心脏衰竭的原因是独立的。

（a）三个病人的病因是外界因素的概率是多少？

（b）三个或三个以上病人的病因是外界因素的概率是多少？

（c）病因是外界因素的病人数，其均值和标准差是多少？

3—117 考虑例3—1中急诊部结果为未被接待便离去（LWBS）的看诊。假设有四个人独立地到达医院1。

（a）恰好有一个人的结果为LWBS的概率是多少？

（b）两个或两个以上结果为LWBS的概率是多少？

（c）至少一个人的结果为LWBS的概率是多少？

3—118 某网站主页的访问者访问该网站另一页面的概率为0.2。假设有20个访问者访问了主页，并且他们的行为是独立的。确定下面的值：

（a）恰好一位访问者浏览另一页面的概率。

（b）两位或两位以上访问者浏览了另一页面的概率。

（c）四位或少于四位访问者浏览另一页面的概率。

（d）浏览另一页面的访问者数量的期望值。

3.9　泊松分布

　　考虑到达某一网络邮件服务器的电子邮件数量。这是事件（如到达的邮件）在某一区间（如时间）随机发生的例子。在一段区间内事件的次数（如1小时之内到达的邮件数）是离散随机变量，常常用泊松分布来建模。事件之间的间隔长度经常用指数分布来建模。这些分布是有关联的，在同一实验里给不同的随机变量提供概率。图3—33给出了泊松过程的图形描述。

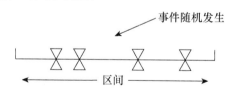

图3—33　在泊松过程中，事件在区间内随机发生

3.9.1　泊松分布

　　我们用一个例子来介绍泊松分布。

例3—29

比特错误的极限

　　考虑数字通信管道中 n 个比特的发射情况。令随机变量 X 等于错误接收的比特数。当比特错误接收的概率固定，且发射相互独立时，X 服从贝努里分布。令 p 表示比特错误接收的概率。则 $E(X) = np$。现在假设随着发射的比特数量增加，错误的

概率减小，使得 np 等于一个常数，如 λ。也就是说，n 增加和 p 减小是相对应的，并且满足 $E(X)$ 保持不变。则，

$$P(X=x)=\binom{n}{x}p^x(1-p)^{n-x}$$

$$=\frac{n(n-1)(n-2)\cdots(n-x+1)}{n^x x!}(np)^x(1-p)^n(1-p)^{-x}$$

$P(X=x)$ 记为四项的乘积，经过一些变形，可以得到这四项分别趋向于 $1/x!$，λ^x，$e^{-\lambda}$，1。因此，

$$\lim_{n\to\infty}P(X=x)=\frac{e^{-\lambda}\lambda^x}{x!}, x=0,1,2,\cdots$$

同时，因为发射的比特数趋于无穷，错误数可能等于任何一个非负整数。因此 X 的可能取值为 0 到无穷大之间的任意一个整数。

作为前面例子的极限得来的分布非常有用。下面的例子将说明它的广泛的适用性。

例 3—30

铜丝上的瑕疵

一些瑕疵在细铜丝上随机产生。令随机变量 X 表示长为 L 毫米的铜丝上的瑕疵数，并假设长为 L 毫米的铜丝上瑕疵的平均数为 λ。

用例 3—29 类似的方法推理能得到 X 的概率分布。把铜丝的长度分成 n 个小的长度子区间，比如说，一微米一段。如果子区间足够小，在每个子区间上有多于一个瑕疵可以忽略不计。而且我们可以这么解释假设，瑕疵的发生是随机的意味着每个子区间有一个瑕疵的概率是相同的，比如为 p。最后，如果假设每个子区间上有瑕疵和其他子区间是相互独立，我们可以把 X 当作大致的贝努里随机变量来建立分布。因为

$$E(X)=\lambda=np$$

我们得到

$$p=\lambda/n$$

也就是说，子区间有瑕疵的概率为 λ/n。当子区间足够小时，n 就非常大，p 就非常小。因此，和前面的例子一样，X 的分布是当子区间的长度趋于 0 时得到的。

显然，前面的例子能推广到大批的随机实验。被分成几个区间的是铜丝的长度，但是，相同的推理能用到任何区间上，包括时间区间、面积和体积。例如，（1）半导体制品的污染微粒的数量，（2）纺织品卷上的瑕疵数量，（3）到达电话交换机的电话数，（4）电的储运损耗量，（5）从一个样本发射出的原子数，这些都能成功地用下面定义的概率密度函数来建模。

通常，考虑长度为 T 的实数区间，它被分成长度为 Δt 的子区间，假设 Δt 趋于 0。

（1）在子区间上发生的事件数超过 1 的概率为 0。

（2）子区间上事件发生一次的概率趋于 $\lambda\Delta t/T$。

（3）每个子区间发生的事件和其他子区间是相互独立的。

满足这些性质的随机实验被称为**泊松过程**（poisson process）。

这些假设表明，子区间可以看成近似的独立伯努利试验，成功概率为 $p=\lambda\Delta t/T$，试验次数为 $n=T/\Delta t$。这里，$pn=\lambda$，并且随着 Δt 趋于 0，n 趋向于无穷，所以出现了例 3—30 中极限的相似。这引出了下面的定义。

泊松分布

若随机变量 X 等于泊松过程中的事件数，那么它就是一个泊松随机变量，参数 $\lambda>0$，并且 X 的概率密度函数为：

$$f(x)=\frac{e^{-\lambda}\lambda^x}{x!} \quad x=0,1,2,\cdots \tag{3—17}$$

X 的均值和方差分别为：

$$E(X)=\lambda \quad 和 \quad V(X)=\lambda \tag{3—18}$$

在历史上，术语"过程"曾被用来表示一段时间内对系统的观察。在铜丝的例子里，我们证明了泊松分布也能应用到诸如长度的区间里。图 3—34 给出了几个给定的泊松分布。

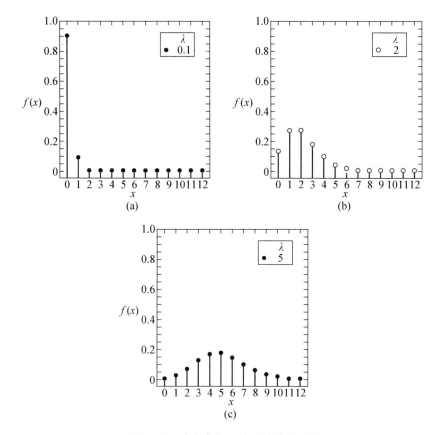

图 3—34　选定参数 λ 的值的泊松分布

在计算泊松随机变量的概率、均值和方差时，用统一的单位非常重要。下面的例子说明了单位转换。例如，如果：

每毫米铜丝上的平均瑕疵数为 3.4，则

每 10 毫米铜丝上的平均瑕疵数为 34，则每 100 毫米铜丝上的平均瑕疵数为 340。

如果泊松随机变量代表某一区间上的事件数，随机变量的均值就一定是同样长度区间上发生的事件个数的期望值。

例 3—31

铜丝上瑕疵的概率

对于细铜丝的例子，假设瑕疵数服从泊松分布，均值为 2.3 个瑕疵每毫米。确定 1 毫米的铜丝上恰有 2 个瑕疵的概率。

解答：令 X 表示 1 毫米铜丝上的瑕疵数。则 $E(X) = 2.3$ 个瑕疵，和

$$P(X=2) = \frac{e^{-2.3} 2.3^2}{2!} = 0.265$$

确定 5 毫米铜丝上有 10 个瑕疵的概率。

解答：令 X 表示 5 毫米铜丝上的瑕疵数。则 X 服从泊松分布，均值为：

$$E(X) = 5 \text{毫米} \times 2.3 \text{瑕疵/毫米} = 11.5 \text{个瑕疵}$$

因此，

$$P(X=10) = e^{-11.5} 11.5^{10} / 10! = 0.113$$

确定 2 毫米长的铜丝上至少有 1 个瑕疵的概率。

解答：令 X 表示 2 毫米长的铜丝上的瑕疵数。则 X 服从泊松分布，均值为：

$$E(X) = 2 \text{毫米} \times 2.3 \text{瑕疵/毫米} = 4.6 \text{个瑕疵}$$

因此，

$$P(X \geqslant 1) = 1 - P(X=0) = 1 - e^{-4.6} = 0.9899$$

下面的例子用了计算机程序来汇总泊松概率。

例 3—32

光学磁盘的污染

污染是制造光学存储磁盘时的一个问题。一个光学磁盘上的污染微粒数服从泊松分布，每平方厘米的表面有的平均微粒数为 0.1。被研究的磁盘面积为 100 平方厘米。求出这块磁盘表面上有 12 个微粒的概率。

解答：令 X 表示这张被研究的磁盘表面有的微粒数。因为微粒数的均值为 0.1 个微粒每平方厘米，

$$E(X) = 100 \text{平方厘米} \times 0.1 \text{个微粒/平方厘米} = 10 \text{个微粒}$$

因此，

$$P(X=2) = \frac{e^{-10} 10^{12}}{12!} = 0.095$$

同时注意，

$$V(X) = 10, \sigma = \sqrt{10}$$

求出这张被研究的磁盘表面没有一个微粒的概率。

解答：

$$P(X=0)=e^{-10}=4.54\times10^{-5}$$

求出这张被研究的磁盘表面有不多于 12 个微粒的概率。

解答：这个概率为：

$$P(X\leqslant 12)=P(X=0)+P(X=1)+\cdots+P(X=12)=\sum_{i=0}^{12}\frac{e^{-10}\,10^i}{i\,!}$$

由于很难计算这个总和，许多计算机程序都能计算累积泊松概率。由 Minitab，我们可以求出 $P(X\leqslant12)=0.7916$。

同样的结果可以通过如下的 Excel 函数得到。注意加上符号"％"只是为了显示函数。参数 TRUE 表示要计算概率 $P(X\leqslant x)$。设置 FALSE 计算得到 $P(X=x)$。

$$\%=POISSON(12,10,TRUE)$$
$$0.791556476$$

可以证明泊松随机变量的方差等于它的均值。例如，如果微粒数服从均值为 25 个微粒每平方厘米的泊松分布，微粒数的标准差就位 5 个每平方厘米。因此，变异性的信息很容易就能得到了。反之，如果数据的方差比它的均值要大很多，泊松分布就不是这批数据的好的模型。

☐ 3.9.2 指数分布

泊松分布的讨论把一段长度的铜丝上的瑕疵数定义为一个随机变量。瑕疵之间的距离是另一个经常被关注的随机变量。令随机变量 X 表示铜丝上任意一个起点到一个瑕疵的长度。

正如你可能预计的，X 的分布能从瑕疵数的分布推导出来。它们之间的关系最关键的是下面的概念：到第一个瑕疵的距离超过 3 毫米当且仅当 3 毫米长度内没有瑕疵，这很简单，但要分析 X 的分布已经足够了。

一般来说，令随机变量 N 表示 x 毫米长的铜丝上的瑕疵数。假设每毫米的平均瑕疵数为 λ，所以 N 服从均值为 λx 的泊松分布。因为

$$P(X>x)=P(N=0)=\frac{e^{-\lambda x}(\lambda x)^0}{0\,!}=e^{-\lambda x}$$

和

$$P(X\leqslant x)=1-e^{-\lambda x},x\geqslant0$$

如果 $f(x)$ 是 X 的概率密度函数，则累积分布函数为：

$$F(x)=P(X\leqslant x)=\int_{-\infty}^{x}f(u)\mathrm{d}u$$

根据微积分的基本定理，$F(x)$ 的导数（对 x 的）是 $f(x)$。因此，X 的概率密度函数为：

$$f(x)=\frac{\mathrm{d}}{\mathrm{d}x}(1-e^{-\lambda x})=\lambda e^{-\lambda x},x\geqslant0$$

X 的分布只是取决于铜丝上的瑕疵数服从泊松分布这一假设。同样，测量 X 的起始点在哪没什么关系，因为泊松过程中一段区间的瑕疵数只是取决于区间的长度，而不是位置。对于任何泊松过程，都可以用下面的一般结果。

指数分布

表示均值为 λ 的泊松过程中两个连续事件间距离的随机变量 X 服从参数为 λ 的指数分布。X 的概率密度函数为：

$$f(x)=\lambda e^{-\lambda x},0\leqslant x<\infty \tag{3—19}$$

X 的均值和方差为：

$$E(X)=\frac{1}{\lambda} \quad 和 \quad V(X)=\frac{1}{\lambda^2} \tag{3—20}$$

指数分布的命名是因为它的概率密度函数为指数函数。给定 λ 值的指数分布的图形见图 3—35。对任意 λ，指数分布的偏斜度都很大。用分部积分公式可以得到均值和方差。同时，可以看出指数分布是我们前面学习过的两个连续分布的特例。当 $\beta=1$ 时，Weibull 分布简化为指数分布；当 $r=1$ 时伽玛分布是指数分布。伽玛分布可以由 r 个独立的指数随机变量求和得来。

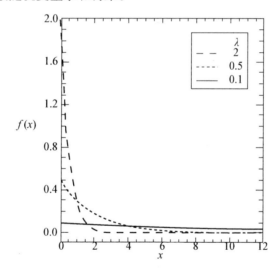

图 3—35　给定 λ 值的指数随机变量的概率密度函数

计算指数随机变量的概率、均值和方差时用统一的单位很重要。下面的例子将会说明单位转换。

例 3—33

网络注销

在大型公共网上，从系统注销的用户是一个泊松过程，均值为每小时 25 次注销。在 6 分钟内没有注销的概率是多少？

解答：令 X 表示从起点到第一次注销的小时数。则 X 服从参数为 $\lambda=25$ 次注销/小时的指数分布。我们关心的是 X 超过 6 分钟的概率。因为 λ 给出的单位是每小时的注销数，我们把所有的时间都表示成以小时为单位；6 分钟＝0.1 小时。要求的概

率见图 3—35 中概率密度函数下面阴影的面积。因此，

$$P(X > 0.1) = \int_{0.1}^{\infty} 25e^{-25x} \mathrm{d}x = e^{-25(0.1)} = 0.082$$

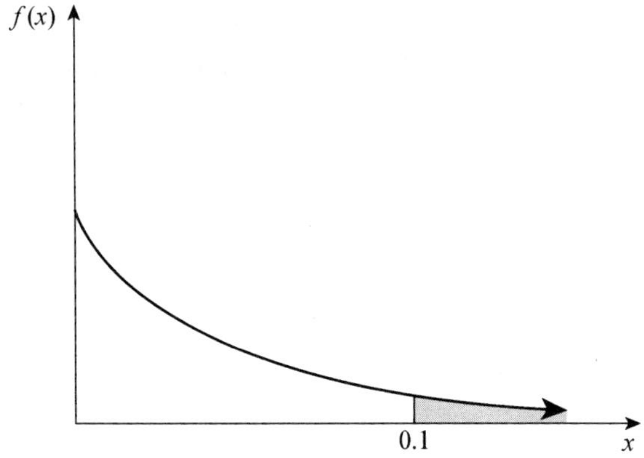

图 3—36   例 3—33 中指数分布的概率

把均值表示为每分钟有 0.417 次注销，然后计算到下一次注销的时间超过 6 分钟的概率，能得到相同的答案。自己尝试一下！

到下一次注销的时间在 2 到 3 分钟之间的概率是多少？

解答： 把所有的单位转换成小时，

$$P(0.033 < X < 0.05) = \int_{0.033}^{0.05} 25e^{-25x} \mathrm{d}x = -\left. e^{-25x} \right|_{0.033}^{0.05} = 0.152$$

确定在一个区间长度，使得在这个区间内注销不发生的概率为 0.90。

解答： 要求的问题是求满足 $P(X > x) = 0.90$ 的时间长度 x。在这一节的开始我们就确定 $P(X > x) = e^{-\lambda x}$。因为，

$$P(X > x) = e^{-25x} = 0.90$$

因此，对两边都求对数可得到，

$$x = 0.00421 \text{ 小时} = 0.25（分钟）$$

而且，到下一次注销经过的时间的均值为：

$$E(X) = 1/25 = 0.04 \text{ 小时} = 2.4（分钟）$$

到下一次注销经过的时间的标准差为：

$$\sigma_X = 1/25 \text{ 小时} = 2.4（分钟）$$

无记忆性

在前面的例子中，不管区间的起点时间在哪，在 6 分钟之内注销不发生的概率为 0.082。泊松过程假设在整个观察区间上，事件是均一地发生的；也就是说，没有事件的聚集。如果注销能用泊松过程很好地建模，事件在 12 点发生了再到下午 12:06 以后发生的概率和事件在下午 3:00 发生了再到下午 3:06 以后发生的概率是相同的。如果有人在下午 2:22 注销了，下一次注销在下午 2:28 以后发生的概率仍然为 0.082。

观察的起始点在哪儿没有什么关系。但是，如果一天中有高使用的时段，比如说恰好在上午 8:00，接下来是一个低使用时段，泊松过程就不是注销的很适当的模型了，这个分布不适合用来计算概率。对高使用时段和低使用时段分别用单独的泊松过

程建模可能会比较合理，在高使用时段用大的 λ 值，否则就用小的。与 λ 值相对应的指数分布就可以用来计算高时段和低时段的注销概率。

指数分布的一个更加有趣的性质为**无记忆性**（lack of memory property）。假设在 12:00 到 12:15 之间没有注销发生，则从 12:15 到 12:21 之间没有注销发生的概率仍然为 0.082。因为我们已经等了 15 分钟，我们感觉要"到期"了；也就是说，我们感觉在下一个 6 分钟发生注销的概率会比较大。但是，对于指数分布而言这是不正确的。当考虑到泊松过程的构造时，就不会对无记忆性感到惊奇了。在构造时，假设区间能分成许多独立的子区间。每一个子区间里事件存在与否是与构成贝努里过程的独立贝努里试验相似的。前面的结果不会影响未来子区间事件的概率。

在**可靠性研究**（reliability studies）中，指数分布经常被用作为设备失灵要经过的时间的模型。例如，半导体芯片的使用寿命可以用均值为 40 000 小时的指数分布来建模。指数分布的无记忆性暗示着设备不会用坏的。也就是说，不管设备使用了多久，在接下来的 1 000 小时失灵的概率是和上一个 1 000 小时失灵的概率是相同的。由于随机冲击而失灵的设备的使用寿命可以用合适的指数随机变量来建模。然而，设备的使用寿命会遭受缓慢的机械磨损，比如轴承磨损，所以最好用不具备无记忆性的模型来建模，比如 Weibull 分布（且 $\beta \neq 1$）。

练　习

3—119　假设 X 服从均值为 0.4 的泊松分布。确定下面的概率。

(a) $P(X=0)$

(b) $P(X \leqslant 2)$

(c) $P(X=4)$

(d) $P(X=8)$

3—120　假设 X 服从均值为 4 的泊松分布。确定下面的概率。

(a) $P(X=0)$

(b) $P(X \leqslant 2)$

(c) $P(X=4)$

(d) $P(X=8)$

3—121　假设在 1 小时内进入一家邮局的顾客数是一个泊松随机变量，且 $P(X=0)=0.05$。确定 X 的均值和方差。

3—122　假设每小时进入一家银行的顾客数是泊松随机变量，且 $P(X=0)=0.04$。确定 X 的均值和方差。

3—123　到达电话交换机的电话数经常被当作泊松随机变量来建模。假设平均每小时有 10 个电话。

(a) 1 小时之内恰有 8 个电话的概率是多少？

(b) 在 1 小时内电话数少于等于 3 的概率是多少？

(c) 2 小时内恰好有 15 个电话的概率是多少？

(d) 30 分钟内恰好有 5 个电话的概率是多少？

3—124　12 个月内的地震数好像服从均值为 6 的泊松分布。假设一个 12 个月内的地震数与下一个 12 个月内的地震数是相互独立的。

(a) 一年中有 10 次地震的概率是多少？

(b) 两年内有 18 次地震的概率是多少？

(c) 一个月内没有地震的概率是多少？

(d) 六个月内地震数大于 5 的概率是多少？

3—125　假设一段州际公路上明显需要修补的裂缝数服从泊松分布，均值为每英里 2 个裂缝。

(a) 8 英里的公路上没有一个裂缝需要修补的概率是多少？

(b) 0.8 英里的公路上至少有一个裂缝需要修补的概率是多少？

(c) 如果裂缝数是和公路上车辆的载荷相关的，一些路段的车辆载荷比较重，而另一些的比较轻。你认为假设所有路段上需要修补的裂缝数服从泊松分布合理吗？

3—126　汽车内部塑料滚轴表面的瑕疵数服从泊松分布，均值为每平方厘米 0.05 个瑕疵。假设汽车内部的塑料滚轴有 10 平方厘米。

(a) 汽车内部的塑料滚轴表面没有瑕疵的概率是多少？

(b) 如果有 10 辆汽车出售给了租赁公司，没有一辆汽车有表面瑕疵的概率是多少？

（c）如果有 10 辆汽车出售给了租赁公司，至多有一辆汽车有表面瑕疵的概率是多少？

3—127 由于产品上的污染微粒而使检验工具失灵的次数是泊松随机变量，均值为每小时 0.06 次失效。

（a）在 8 小时内工具没有失灵的概率是多少？

（b）在 24 小时内工具至少失灵三次的概率是多少？

3—128 当传送网络卡片时，比特偶尔会被破坏。工程师已经确定破坏的比特数服从泊松分布，均值为 3.2 比特/千比特。

（a）在发射的 1 000 个比特中有 5 个被破坏的概率是多少？

（b）在发射的 2 000 个比特中有 8 个被破坏的概率是多少？

（c）在发射的 3 000 个比特中没有一个被破坏的概率是多少？

3—129 设计的电讯站在每 1/2 秒内最多能接收 10 个电话。如果到达电话站的电话数服从泊松分布，均值为 9 个电话每 1/2 秒。到达的电话数超过设计能容纳的最多电话数的概率是多少？

3—130 聚酯薄膜材料上的瑕疵数服从均值为 0.01 个瑕疵每平方米的泊松分布。

（a）如果检查了 25 平方米的聚酯薄膜，没有瑕疵的概率是多少？

（b）随机选择的 1 平方米聚酯薄膜上没有瑕疵的概率是多少？

（c）假设一块聚酯薄膜材料被分成 10 块，每一块的面积为 1 平方米。没有瑕疵的块数大于等于 8 的概率是多少？

3—131 到达计算机服务器的信息数服从均值为 10 次/小时的泊松分布。

（a）1 小时内有 3 条信息到来的概率是多少？

（b）在 30 分钟内有 6 条信息到来的概率是多少？

3—132 来自 www.centralhudsonlab. com 的数据表明，225 克巧克力条中的昆虫碎片数量均值是 14.4，但是有三个品牌中的昆虫污染物比平均值的两倍还要多。可以参见美国食品药品管理局食品安全和应用营养食品缺陷行动水平中心。假设碎片（污染物）数量服从泊松分布。

（a）如果从处于平均污染物水平的品牌中购买一个 225 克的巧克力条，没有昆虫污染物的概率是多少？

（b）假设从处于平均污染物水平的品牌中购买一个五分之一大小（45 克）的巧克力条，没有昆虫污染物的概率是多少？

（c）如果从处于平均污染物水平的品牌中购买七条 28.35 克（一盎司）的巧克力条，购买的巧克力条中一条以上中有一片或更多的昆虫碎片的概率是多少？

（d）结果为均值 14.4 两倍以上的测试，它的概率是异常的吗？还是可以看成典型的变异？给出解释。

3—133 1898 年，L. J. Bortkiewicz 出版了一本名为《小数据法则》（*The Law of Small Numbers*）的书。他使用了超过 20 年的数据，结果表明普鲁士骑兵每个兵团中每年被马踢致死的士兵数量服从均值为 0.6 的泊松分布。

（a）一年中一个兵团有一位以上士兵死亡的概率是多少？

（b）五年中一个兵团没有死亡的概率是多少？

3—134 假设 X 服从参数 $\lambda = 2$ 的指数分布。确定下面的概率。

（a）$P(X \leqslant 0)$

（b）$P(X \geqslant 2)$

（c）$P(X \leqslant 1)$

（d）$P(1 < X < 2)$

（e）找出满足 $P(X < x) = 0.05$ 的 x 值

3—135 假设 X 服从均值为 10 的指数分布。确定下面的概率。

（a）$P(X > 10)$

（b）$P(X > 20)$

（c）$P(X < 30)$

（d）找出满足 $P(X < x) = 0.95$ 的 x 值

3—136 假设盖革计数管记录下来的个数服从泊松过程，平均每分钟有 3 个数。

（a）在 30 秒内没有记录到数的概率是多少？

（b）在少于 10 秒内就记录到第一个数的概率是多少？

（c）开始以后，在 1 到 2 分钟之内记录到第一个数的概率是多少？

（a）两个数之间的平均时间间隔是多少？

（b）两个数之间时间间隔的标准差是多少？

（c）确定 x 的值，使得在 x 分钟之前至少记录到 1 个数的概率为 0.95。

3—137 某一卫生保健供应商接到的电话之间的间隔服从均值为每分钟 12 个电话的指数分布。

（a）在 30 分钟内没有电话的概率是多少？

（b）在 10 分钟之内至少有一个电话到来的概率是多少？

（c）开通后，第一个电话在 5 到 10 分钟之间到来的概率是多少？

（d）确定一个区间长度，使得在这个区间里至少有一个电话的概率为 0.90。

3—138　远程控制的车辆以每小时 50 块的速度探测到沉船的残骸。探测到残骸的时间间隔可以用指数分布建模。

（a）探测到下一块残骸的时间少于 2 分钟的概率是多少？

（b）探测到下一块残骸的时间在 2.5 到 4.5 分钟之间的概率是多少？

（a）在 20 分钟内探测到的残骸的期望值是多少？

（b）在 20 分钟之内探测到 2 块残骸的概率是多少？

3—139　公路上两个大的裂缝之间的距离服从均值为 5 英里的指数分布。

（a）在 10 英里长的一段路程内没有大的裂缝的概率是多少？

（b）在 10 英里长的一段路程内有 2 个大的裂缝的概率是多少？

（c）大的裂缝之间距离的标准差是多少？

（d）从检查的起点开始，第一个大的裂缝在 12 到 15 英里之间的概率是多少？

（e）在两段长为 5 英里的分离的路段之间都没有大的裂缝的概率是多少？

（f）假设在检验的第一个 5 英里长的路段里没有大的裂缝，在接下来长为 10 英里的路段里没有大的裂缝的概率是多少？

3—140　某种类型的电子元件的失灵时间可以看成是服从均值为 4 年的指数分布。在保修期内，制造商免费更换元件。

（a）一年内失灵的元件百分比是多少？

（b）一个元件两年内失灵的概率是多少？

（c）一个元件四年内失灵的概率是多少？

（d）如果制造商想要最多更换 3% 的元件，制造商应该将该元件的保修期定为多久？

（e）通过重新设计，制造商可以延长使用寿命。如果仍然是最多更换 3% 的元件，到失灵经过的平均时间是多少，才能让生产商提供 1 年的保修期？

3—141　假设到达你计算机的电子邮件的时间间隔服从均值为 1 小时的指数分布。

（a）在 1 小时之内你没有收到电子邮件的概率是多少？

（b）如果你在最近的 2 小时内没有收到邮件，在接下来的 1 小时之内你没有收到邮件的概率是多少？

（c）你收到的第 5 和第 6 封邮件的期望间隔是多少？

3—142　到某公司办公室的电话之间的间隔服从均值为 10 分钟的指数分布。

（a）在半小时内有超过 3 个电话到来的概率是多少？

（b）在半小时内没有电话到来的概率是多少？

（c）确定一个 x 值，使得在 x 小时内没有电话到来的概率为 0.01。

（d）在 2 小时内没有电话到来的概率是多少？

（e）如果选择了四个不重复的半小时的区间，在这四个区间内没有一个有电话的概率是多少？

3—143　某医院严重感染的数量可以用均值为每月 3.5 例的泊松分布来建模。确定下面的值：

（a）一个月中恰好有 3 例感染的概率。

（b）一个月内没有感染的概率。

（c）一个月内至少有 3 例感染的概率。

（d）每年感染数量的期望值。

3—144　某网站访问者浏览主页的时间可以用均值为 20 秒的指数分布来建模。

（a）确定浏览主页时间超过 30 秒的概率。

（b）确定浏览主页的时间大于均值的概率。

（c）如果已经浏览了主页 1 分钟，确定还会浏览主页 30 秒的概率。

（d）浏览时间过长的访问对网页拥有者来说是有利的。确定浏览主页的时间大于均值加三倍标准差的概率。

▋ 3.10　二项和泊松分布的渐近正态分布＿＿＿＿＿＿＿＿＿＿＿

　　二项随机变量是对重复的独立试验成功次数的计数。中心极限定理（本章稍后讨论）说明了，当 n 很大时，这样的随机变量可以用正态随机变量来近似。因此，当 n 非常大时，用正态分布来近似二项模型就不足为奇了。二项模型通常是在 n 取极大值时近似的。在这些例子中，用二项分布很难计算概率。幸运的是，渐近正态分布在这些例子里很有效。图 3—37 给出了一个说明。图中的每一条有一单位宽度，所以值 x 上每一条的面积等于 x 的二项概率。在图上又添加了参数为 $\mu = np = 5$ 和 $\sigma^2 = np$ $(1-p) = 2.5$ 的正态分布。可以看到条形的面积（二项概率）能被正态曲线下的面积（从正态分布得到的概率）近似。

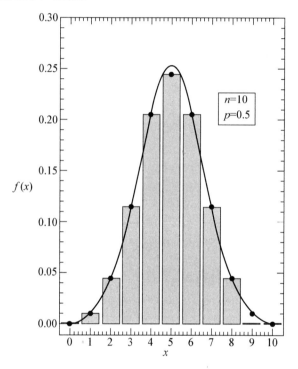

图 3—37 二项分布的正态近似

例 3—34

比特发射错误：大样本量

在数字通信管中，假设错误接收的比特数能用二项随机变量建模，并且假设一个比特被错误接收的概率为 1×10^{-5}。如果发射了 1 600 万比特，有大于 150 个错误发生的概率为多少？

解答：令随机变量 X 表示错误数。则 X 是二项随机变量，

$$P(X > 150) = 1 - P(X \leqslant 150)$$

$$= 1 - \sum_{x=0}^{150} \binom{16\,000\,000}{x} (10^{-5})^x (1 - 10^{-5})^{16\,000\,000-x}$$

显然，这个例子的概率很难求解。幸运的是，能用正态分布来很好的近似这个例子。

如果 X 是二项随机变量，

$$Z = \frac{X - np}{\sqrt{np(1-p)}} \qquad\qquad (3\text{—}21)$$

就是一个渐近的标准正态随机变量。因此，用 Z 计算出来的概率可以用来近似 X 的概率。

回忆二项随机变量 X，$E(X) = np$ 和 $V(X) = np(1-p)$。因此，正态分布只是标准化随机变量的公式。有关 X 的概率也能用标准正态随机变量近似。如果 n 相对于 p 足够大时，二项分布的渐近正态就相当好，特别是当 $np > 5$ 和 $n(1-p) > 5$ 时。

可以用校正因子（被称为**连续性校正**（continuity correction））来进一步改善渐近效果。图 3—37 中，代表二项概率，比如 $P(4 < X \leqslant 7) = P(X=5) + P(X=6) + P(X=7)$ 的条形面积很好地用 4.5 到 7.5 之间正态曲线下的面积来近似。同样可以注意到，$P(X=6)$ 可以用 6.5 到 7.5 之间正态曲线下的面积来很好地近似。好的近似的规则是利用 $\pm \frac{1}{2}$ 作为校正因子，这样可以增大需要近似的二项概率。

利用数字通信问题可以如下求解：

$$P(X > 150) = P(X \geqslant 151) \cong P\left(\frac{X-160}{\sqrt{160(1-10^{-5})}} > \frac{150.5-160}{\sqrt{160(1-10^{-5})}} \right)$$
$$= P(Z > -0.75) = P(Z < 0.75) = 0.773$$

注意，在二项概率被写成小于等于号的形式（比如 $P(X \geqslant 151)$）后，校正因子减去 $\frac{1}{2}$ 来增大概率。

例 3—35

比特发射错误：渐近正态

再一次考虑前面例子的比特发射。为了评价渐近正态的作用如何好，假设只有 $n = 50$ 比特要发射，错误的概率为 0.1。发生的错误小于等于 2 个的确切概率为：

$$P(X \leqslant 2) = \binom{50}{0} 0.9^{50} + \binom{50}{1} 0.1(0.9^{49}) + \binom{50}{2} 0.1^2(0.9^{48}) = 0.11$$

根据渐近正态，可得

$$P(X \leqslant 2) = P\left(\frac{X-5}{2.12} < \frac{2.5-5}{2.12} \right) = P(Z < -1.18) = 0.12$$

对于一个只有 50 比特的小样本，$np = 5$，渐近正态就是合理的。然而，如果 np 或 $n(1-p)$ 很小时，二项分布的偏斜很厉害，对称的正态分布就不是它的好的近似方法了。图 3—38 的两个例子说明了这一点。

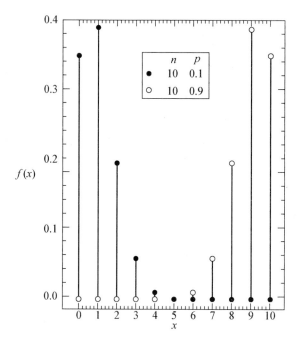

图 3—38　如果 p 接近 0 或 1，二项分布不是对称的

泊松分布渐近

可以回想起，泊松分布是试验次数趋于无穷的二项分布的极限。因此，正态分布也能用来近似泊松随机变量的概率。当 $\lambda > 5$ 时，近似效果比较好，并且同样也应用连续性校正。

如果 X 是泊松随机变量，均值和方差分别为 $E(X) = \lambda$ 和 $V(X) = \lambda$，

$$Z = \frac{X - \lambda}{\sqrt{\lambda}} \tag{3—22}$$

就是渐近标准正态变量。

例 3—36

水污染物

假设体积为 1 升的水样本里面污染微粒数服从均值为 1 000 的泊松分布。如果对样本进行分析，找到的微粒数少于 950 的概率为多少？

解答：这个概率能表示为：

$$P(X \leqslant 950) = \sum_{x=0}^{950} \frac{e^{-1\,000}\, 1\,000^x}{x!}$$

计算的困难显而易见。要求的概率能被近似为：

$$P(X \leqslant x) \cong P\left(Z \leqslant \frac{950.5 - 1\,000}{\sqrt{1\,000}}\right) = P(Z \leqslant -1.57) = 0.059$$

计算 20 毫升水中有超过 25 个微粒的概率近似值。

解答： 如果每升水中微粒数的均值是 1 000，那么每毫升的均值就是 1，每 20 毫升的均值是 20。令 X 表示 20 毫升水中的微粒数。则 X 服从均值为 20 的泊松分布，要求的概率为：

$$P(X>25)\cong P\left(Z>\frac{25.5-20}{\sqrt{20}}\right)=P(Z>1.22)=0.109$$

练　习

3—145　假设 X 服从参数为 $n=200$，$p=0.4$ 二项分布。求出下面的近似概率。

（a）求出 X 小于等于 70 的近似概率。

（b）求出 X 大于 70 小于 90 的近似概率。

（c）求出 $X=80$ 的近似概率。

3—146　假设 X 服从均值为 64 的泊松分布。求出下面的近似概率。

（a）$P(X>72)$

（b）$P(X<64)$

（c）$P(60<X\leqslant68)$

3—147　某一特定卖主以次品率为 8% 卖出零件。制造厂的检验员抽取了这个卖主递交的 100 个零件，如果发现了 8 个以上的次品就拒绝这批零件。

（a）计算检验员接受这批零件的概率。

（b）计算接收的近似概率，并和（a）的结果相比较。

3—148　一个大型的电子办公产品包含 3 000 个电子元件。假设每个元件在产品使用寿命期间工作而没有失灵的概率为 0.995，并假设元件失灵是相互独立的。求出原来的 3 000 个元件有大于等于 10 个在产品的使用寿命期间失灵的近似概率。

3—149　半导体芯片生产会产生 2% 有缺陷的芯片。假设芯片是独立的，一批有 1 000 个芯片。

（a）求出有缺陷的芯片数大于 25 的近似概率。

（b）求出有缺陷的芯片数在 20 到 30 之间的近似概率。

3—150　2000 年，居住在美国的人中有 4 970 万人患有某种长期疾病或残疾。这一数字代表了 5 岁及以上主要居民中的 19.5%（http://factfinder.census.gov）。选择一个由 1 000 人组成的样本，并且可以认为这些个体的残疾状态是独立的。

（a）求出样本中有超过 200 人残疾的近似概率。

（b）求出样本中有 180 到 300 人有残疾的近似

概率。

3—151　凤凰城通过超过 362 000 个账户向近 140 万人提供用水（http://phoenix.gov/WATER/wtrfacts.html）。所有的账户都按表支付，每月结账。账户一个月中出现一次错误的概率是 0.001，账户可以被认为是独立的。

（a）每月账户错误数的均值和标准差是多少？

（b）求出一个月内出现少于 350 个错误的近似概率。

（c）求出一个近似值，使得错误数大于这个值的概率为 0.05。

3—152　假设 1 平方厘米的灰尘样本中，石棉微粒数是均值为 1 000 的泊松随机变量。求出 10 平方厘米的灰尘里有超过 10 000 个微粒的近似概率。

3—153　每天收到的垃圾邮件数量服从均值为 40 的泊松分布。求出下面的近似概率。

（a）一天中收到超过 30 封少于 50 封垃圾邮件。

（b）一天中收到至少 30 封垃圾邮件。

（c）一天中收到少于 30 封垃圾邮件。

（d）求出一星期七天中垃圾邮件总数超过 270 封的近似概率。

3—154　某卫生保健商接到的电话数量服从均值为 36 每小时的泊松分布。求出下面的近似概率。

（a）一小时内超过 42 个电话。

（b）一小时内少于 30 个电话。

（c）一天 8 小时内超过 300 个电话。

3—155　某网站主页访问者浏览网站中的另一页面的概率是 0.2。假设有 200 个访问者到达了主页，并且他们的行为是独立的。求出下面事件的近似概率：

（a）超过 40 个访问者浏览了另一页面。

（b）至少 30 个访问者浏览了另一页面。

（c）少于 20 个访问者浏览了另一页面。

3.11 多个随机变量和独立性

3.11.1 联合分布

在许多实验里，测量出的变量不止一个。例如，假设测量了注射模盘的直径和厚度，分别记为 X 和 Y。这两个随机变量经常是相关的。如果模子里的压力增大，就可能增加模槽的容量，这导致了 X 和 Y 的值都变大。类似地，压力减小，就会导致 X 和 Y 都变小。假设把从许多零件测出的直径和厚度都画在 X—Y 平面上（散点图）。正如从图 3—39 所见，X 和 Y 的关系暗示着 X—Y 平面的一部分区域比其他区域更可能有测量值。这个概念在 2.6 节介绍样本相关系数时讨论过。

图 3—39　直径和厚度测量值的散点图

这个趋势能用 X—Y 平面的概率密度函数（记为 $f(x, y)$）来表示，见图 3—40。把概率密度函数叙述为一根细长横梁上的载荷可以类推到把二元概率密度函数叙述为一个大的扁平平面上的载荷。随机实验（零件生产）产生的测量值在 X—Y 平面的某一区域的概率，可以用某一地区上 $f(x, y)$ 的积分来确定，见图 3—41。这个积分等于这个区域上面被 $f(x, y)$ 包围的体积。因为 $f(x, y)$ 确定两个随机变量的概率，它被称为**联合概率密度函数**（joint probability density function）。从图 3—41 可见，生产的零件的测量值在某区域的概率为：

$$P(a < X < b, c < Y < d) = \int_a^b \int_c^d f(x, y) \mathrm{d}y \mathrm{d}x$$

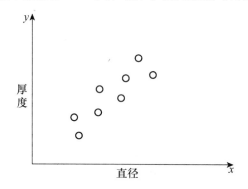

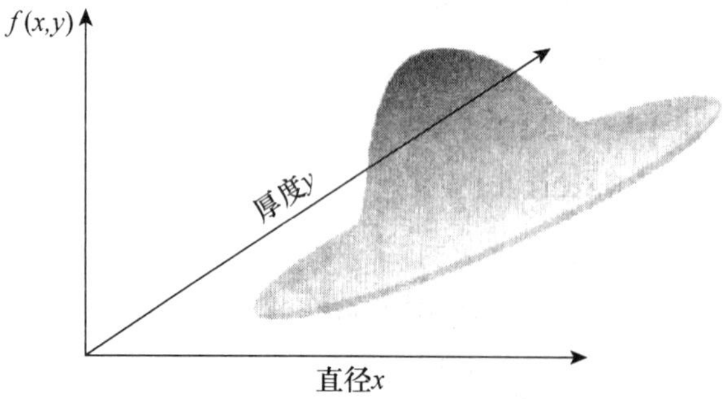

图 3—40　x 和 y 的联合概率密度函数

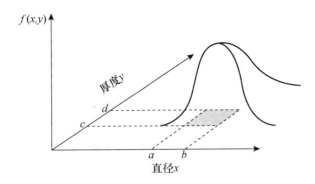

图 3—41　一个区域的概率是这个区域上被 $f(x, y)$ 包围的体积

对离散随机变量也能用相似的概念。例如，假设数字通信管接收到的每个比特的质量能分成四类：优秀，好，一般和差。分别记为 E，G，F 和 P。令随机变量 X，Y，W 和 Z 分别表示发射的 20 比特中质量为 E，G，F 和 P 的比特数。在这个例子里，我们关心的是四个随机变量的联合概率分布。为了简化，我们只是考虑 X 和 Y。X 和 Y 的联合概率分布可以用它的联合概率密度函数来具体表示，即 $f(x, y) = P(X=x, Y=y)$。因为 20 个比特中的每一个都被分成四类中的一个，$X+Y+W+Z=20$，所以在 X 和 Y **联合概率密度函数**（joint probability mass function）只能是像 $X+Y \leqslant 20$ 这样的整数才可能有正的概率。否则，概率密度函数为 0。对于联合分布的一般讨论，感兴趣的读者可以参考 Montgomery and Runger（2003）。这里，我们将把重心放在独立随机变量的重要特殊案例上。

3.11.2　独立性

如果我们对概率模型做一些假设，有多个随机变量的模型经常能简化。在例 3—13 中，确定了直径满足规格的概率为 0.919。对于 10 个这样的直径，我们能说什么呢？它们都满足规格的概率为多少？这是光驱客户所关心的一类话题。

这些问题导出了重要的概念和定义。为了适用于有多于两个随机变量 X 和 Y 的情况，用符号 X_1，X_2，$\cdots$，X_n 来表示 n 个随机变量。

> **独立性**
>
> 如果对于任何集合 E_1，E_2，$\cdots$，E_n，总有
> $$P(X_1 \in E_1, X_2 \in E_2, \cdots, X_n \in E_n) = P(X_1 \in E_1)P(X_2 \in E_2) \cdots P(X_n \in E_n)$$
> 则随机变量 X_1，X_2，$\cdots$，X_n 是独立的。

下面的例子将说明独立的重要性。

例 3—37

光驱直径

在例 3—13 中，已经确定了直径满足规格的概率为 0.919。当假设直径都是独立的时，10 个直径都满足规格的概率为多少？

把第一个轴的直径记为 X_1，第二个轴的直径记为 X_2，等等，所以第 10 个轴的直径记为 X_{10}。所有直径都满足规格的概率可以写为：

$$P(0.248\,5 < X_1 < 0.251\,5, 0.248\,5 < X_2 < 0.251\,5, \cdots, 0.248\,5 < X_{10} < 0.251\,5)$$

在这个例子中，唯一要关注的集合为：

$$E_1 = (0.248\ 5, 0.251\ 5)$$

根据独立性的定义中用的符号，有

$$E_1 = E_2 = \cdots = E_{10}$$

回忆概率的频率解释。预计轴 1 满足规格的次数比例为 0.919，预计轴 2 满足规格的次数比例为 0.919，等等。如果随机变量是独立的，我们测量的 10 个轴预计都满足规格的次数比例为：

$$P(0.248\ 5 < X_1 < 0.251\ 5, 0.248\ 5 < X_2 < 0.251\ 5, \cdots, 0.248\ 5 < X_{10} < 0.251\ 5)$$
$$= P(0.248\ 5 < X_2 < 0.251\ 5) \times P(0.248\ 5 < X_1 < 0.251\ 5) \times \cdots$$
$$\times P(0.248\ 5 < X_{10} < 0.251\ 5) = 0.919^{10} = 0.430$$

独立随机变量是本书余下部分分析的基本点。和前面的例子一样我们经常假设从随机实验的重复试验里记录下来的随机变量是独立的。实际中，我们假设模型 $X_i = \mu_i + \varepsilon_i$ 中的扰动项 ε_i（对 $i = 1, 2, \cdots, n$ 次重复试验）是独立的，因为它是产生随机性和与测量值有关的概率的扰动。

可以看到，独立性意味着任何集合 $E_1, E_2, \cdots, E_n$ 的概率都能相乘。因此，独立性的另一个等价的概念是几个随机变量的联合概率密度函数等于每个随机变量的概率密度函数的乘积，这是不足为奇的。这个定义在随机变量是离散的时候同样成立。

例 3—38

涂层厚度

假设 X_1，X_2，X_3 分别表示一种化学产品的感光层、活性层和涂层的厚度，单位为微米。假设 X_1，X_2，X_3 是相互独立的，并且都服从正态分布。它们的参数分别为 $\mu_1 = 10\ 000$，$\mu_2 = 1\ 000$，$\mu_3 = 80$，$\sigma_1 = 250$，$\sigma_2 = 20$，$\sigma_3 = 4$。感光底层、活性层和涂层的厚度规格分别为 $9\ 200 < x_1 < 10\ 800$，$950 < x_2 < 1\ 050$ 和 $75 < x_3 < 85$。化学产品满足所有规格的概率为多少？三个厚度哪一个满足规格的概率最小？

解答：要求的概率为 $P(9\ 200 < X_1 < 10\ 800, 950 < X_2 < 1\ 050, 75 < X_3 < 85)$。用独立性定义的符号，这个例子里，$E_1 = (9\ 200, 10\ 800)$，$E_2 = (950, 1\ 050)$ 和 $E_3 = (75, 85)$。因为随机变量是独立的，

$$P(9\ 200 < X_1 < 10\ 800, 950 < X_2 < 1\ 050, 75 < X_3 < 85)$$
$$= P(9\ 200 < X_1 < 10\ 800) P(950 < X_2 < 1\ 050) P(75 < X_3 < 85)$$

经过标准化以后，上式等于

$$P(-3.2 < Z < 3.2) P(-2.5 < Z < 2.5) P(-1.25 < Z < 1.25),$$

这里，Z 是标准正态随机变量。从标准正态分布表里可以查出，上式等于

$$(0.998\ 62)(0.987\ 58)(0.788\ 70) = 0.777\ 8$$

涂层的厚度符合规格的概率最小。因此，减少生产过程的变异性应该有优先顺序。

独立性这一概念也能用到对结果分类的实验里。我们用这个概念来得到二项分布。回忆如下例子，一个测验者只是从四个多重选项里猜一个，他猜对答案的概率为

1/4。如果假设一个问题的结果是对或错是独立于其他问题的，则 5 个问题全对的概率可以用乘法确定，也就是等于

$$(1/4)^5 = 0.000\,98$$

系统分析领域经常会用到独立性的额外应用。考虑一个由有用的和失灵的设备组成的系统。假设设备是独立的。

例 3—39

串联系统

只有当有用的元件能组成从左到右的路径时，这里给出的系统才能运作。每个元件运行的概率见下面的图表。假设运行和失灵是独立的。系统运作的概率为多少？

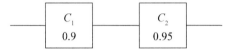

解答：令 C_1 和 C_2 分别表示元件 1 和 2 是有用的。系统如果能运作，必须是两个元件都是有用的。所以，系统运作的概率为：

$$P(C_1, C_2) = P(C_1)P(C_2) = (0.9)(0.95) = 0.855$$

可以看到系统运行的概率要比每个元件运行的概率要小。当任意一个元件失灵时，系统就失灵了。这种类型的系统称为**串联系统**（series system）。

例 3—40

并联系统

只有当有用的元件能组成从左到右的路径时，这里给出的系统才能运作。每个元件运行的概率见下图。假设运行和失灵是独立的。系统运作的概率为多少？

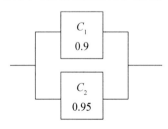

解答：令 C_1 和 C_2 分别表示元件 1 和 2 有用的。同时，令 C'_1 和 C'_2 分别表示元件 1 和 2 失灵，且相应的概率为 $P(C'_1) = 1 - 0.9 = 0.1$ 和 $P(C'_2) = 1 - 0.95 = 0.05$。任意一个元件有用，这个系统就能运作。系统运作的概率就是 1 减去系统失灵的概率，这在两个元件都失灵时才会发生。因此，要求的概率为：

$$P(C_1 \bigcup C_2) = 1 - P(C'_1, C'_2) = 1 - P(C'_1)P(C'_2) = 1 - (0.1)(0.05) = 0.995$$

可以看到系统运作的概率要比任何一个元件运作的概率大。这个有用的设计策略减少了系统失灵。只有当所有元件失灵时系统才会失灵。这种类型的系统称为**并联系统**（parallel system）。

还能得到更一般的结果。元件在它使用的那段时间内没有失灵的概率称为**可靠性**（reliability）。假设有一个系统有 k 个元件，r_i 表示系统中第 i 个元件，r 表示系统在使用的那段时间内没有失灵的概率。也就是说，r 能称为系统的可靠性。前面的例子能扩展到下面的情况。对于串联系统

$$r = r_1 r_2 \cdots r_k$$

对于并联系统

$$r = 1 - (1 - r_1)(1 - r_2) \cdots (1 - r_k)$$

分析复杂系统时能把它分成几个子系统来实现，有时称为块。

例 3—41

复杂系统

只有当有用的元件能组成从左到右的路径时，这里给出的系统才能运作。每个元件运行的概率见下图。假设运行和失灵是独立的。系统运作的概率为多少？

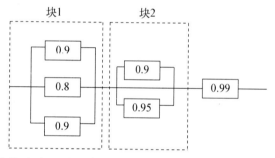

解答：这个系统能分成两块，每一块中都有专有的并联子系统。并联系统的结果能用到每一块中，每一块的结果能被串联系统的分析结合起来。对于块 1，从并联系统的结果得到它的可靠性为：

$$1 - (0.1)(0.2)(0.1) = 0.998$$

类似地，块 2 的可靠性为：

$$1 - (0.1)(0.05) = 0.995$$

从串联系统的结果确定出系统的可靠性为：

$$(0.998)(0.995)(0.99) = 0.983$$

练　习

3—156　某网站主页一天中的访问数可以用均值为 200 的泊松分布来建模。求出下面事件的近似概率：

（a）一天中的访问量超过 225。

（b）一天中的访问量少于 175。

（c）访问量大于 190 小于 210。

3—157　令 X 表示参数为 $\mu = 10$，$\sigma = 1.5$ 的正态随机变量，Y 表示参数为 $\mu = 2$，$\sigma = 0.25$ 的正态

随机变量。假设 X 和 Y 独立。求出下面的概率。

（a）$P(X < 9, Y < 2.5)$

（b）$P(X > 8, Y < 2.25)$

（c）$P(8.5 \leqslant X \leqslant 11.5, Y > 1.75)$

（d）$P(X < 13, 1.5 \leqslant Y \leqslant 1.8)$

3—158　令 X 表示参数为 $\mu = 18.0$，$\sigma = 4$ 的正态随机变量，Y 表示参数为 $\mu = 25$，$\sigma = 3$ 的正态随

机变量。假设 X 和 Y 独立。求出下面的概率。

(a) $P(X<15, Y<24)$

(b) $P(X>19, Y<23)$

(c) $P(17 \leqslant X<19, Y>27)$

(d) $P(14 \leqslant X \leqslant 25, 22.5 \leqslant Y \leqslant 26)$

3—159　令 X 表示参数为 $\lambda=2$ 的泊松随机变量，Y 表示参数为 $\lambda=4$ 的泊松随机变量。假设 X 和 Y 独立。求出下面的概率。

(a) $P(X<4, Y<4)$

(b) $P(X>2, Y<4)$

(c) $P(2 \leqslant X<4, Y \geqslant 3)$

(d) $P(X<5, 1 \leqslant Y \leqslant 4)$

3—160　令 X 表示均值为 5 的指数随机变量，Y 表示均值为 8 的指数随机变量。假设 X 和 Y 独立。求出下面的概率。

(a) $P(X \leqslant 5, Y \leqslant 8)$

(b) $P(X>5, Y \leqslant 6)$

(c) $P(3<X \leqslant 7, Y>7)$

(d) $P(X>7, 5<Y \leqslant 7)$

3—161　两个独立的卖主向公路建造者出售水泥。从前面的经验可知，水泥样本的压力强度可用正态分布建模，卖主 1 和 2 的参数分别为 $\mu_1=6\,000$ 千克/平方厘米和 $\sigma_1=100$ 千克/平方厘米，$\mu_2=5\,825$ 千克/平方厘米和 $\sigma_2=90$ 千克/平方厘米。两个卖主出售的水泥的压力强度数据都满足下面条件的概率为多少？

(a) 小于 6 100 千克/平方厘米？

(b) 在 5 800 到 6 050 之间？

(c) 超过 6 200？

3—162　电镀过程中遇到表面加工问题的时间间隔服从均值为 40 小时的指数分布。单个工厂有 3 条电镀线，假设它们是独立操作的。

(a) 在操作了 40 小时内，没有一条线上遇上表面加工问题的概率为多少？

(b) 在操作了 20 到 40 小时之间，三条流水线都遇到了一个表面加工问题的概率为多少？

3—163　用注入状模型制造的塑料盖的内径是一个重要的质量性质。模子有四个模槽。用模槽 i 生产出的盖子与用其他模槽生产出来的相独立，它有三个质量水平：一等、二等或三等（差）。符号 $P(F_i)$，$P(S_i)$，$P(T_i)$ 分别表示用模槽 i 生产出的盖子的为一等、二等或三等的概率。设 $P(F_1)=0.5$，$P(S_1)=0.4$，$P(F_2)=0.35$，$P(S_2)=0.4$，$P(F_3)=0.25$，$P(S_3)=0.35$，和 $P(F_4)=0.4$，$P(S_4)=0.25$。

(a) 列出每个模槽的第三个水平的概率。

(b) 一套产品的四个盖子都是一等品的概率为多少？

(c) 一套产品的四个盖子是一等品或二等品的概率为多少？

3—164　日产量（单位：千克）服从均值为 1 500 千克、方差为 10 000 平方千克的正态分布。假设不同日子的产量是独立的随机变量。

(a) 5 天中，每天的产量都超过 1 400 千克的概率为多少？

(b) 在接下来的 5 天中，没有一天的产量超过 1 400 千克的概率为多少？

3—165　考虑例 3—39 的串联系统。假设元件 C_1 运行的概率为 0.95，元件 C_2 运行的概率为 0.92。系统运行的概率为多少？

3—166　假设一个串联系统有三个元件 C_1，C_2 和 C_3，它们运行的概率分别为 0.90，0.99，0.95。系统运行的概率为多少？

3—167　考虑例 3—40 的并联系统。假设元件 C_1 运行的概率为 0.85，元件 C_2 运行的概率为 0.92。系统运行的概率为多少？

3—168　假设一个并联系统有三个元件 C_1，C_2 和 C_3，它们运行的概率分别为 0.90，0.99，0.95。系统运行的概率为多少？

3—169　当且仅当有用的元件能组成从左到右的路径，下面的线路可以运行。每个元件运行的概率如下所示。假设元件的运行和失灵是独立的。线路运作的概率为多少？

3—170　当且仅当有用的元件能组成从左到右的路径，下面的线路可以运行。每个元件运行的概率如下所示。假设元件的运行和失灵是独立的。线路运作的概率为多少？

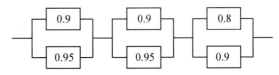

3—171　一间杂货铺追踪了每个顾客交易（通过一些四舍五入）中苹果和橘子数量的联合分布。令 X 和 Y 分别表示苹果和橘子的数量，并且假设如下的联合分布：

		x	
	0	6	12
0	0.5	0.05	0.1
y 6	0.05	0.1	0.05
12	0.1	0.05	0

确定下面的值：

(a) $P(X=6, Y=6)$

(b) $P(X\leqslant6, Y\leqslant6)$

(c) $P(X\geqslant6, Y\geqslant6)$

(d) $P(X=6)$

(e) $P(X\leqslant6)$

(f) X 和 Y 是否独立

3—172 假设 X 和 Y 的联合分布服从概率密度函数 $f(x, y)=0.25xy$ ($0<x<2$, $0<y<2$)。确定下面的值：

(a) $P(X<1, Y<1)$

(b) $P(X<1, Y>1)$

(c) $P(X>1, Y>1)$

(d) $P(X<1)$

(e) X 和 Y 是否独立

3.12 随机变量的函数

在许多实际问题中，一个随机变量被定义成一个或多个随机变量的函数。有一些方法可以确定一个或多个随机变量的函数的概率分布，还能找出一些重要性质，如均值和方差。Montgomery and Runger（2011）给出了这个主题的完整处理方法。在这一节中，我们将给出一些最有用的结果。

我们从一些简单性质开始。令 X 是均值为 μ，方差为 σ^2 的随机变量（可以是连续的也可以是离散的），令 c 为一个常数。定义新的随机变量 Y 为：

$$Y=X+c$$

从均值和方差的定义（见式（3—3）），可以得到下面的结果。

$$E(Y)=E(X)+c=\mu+c \tag{3—23}$$
$$V(Y)=V(X)+0=\sigma^2 \tag{3—24}$$

也就是说，给以个随机变量加上一个常数，使得均值增加了这个常数那么大，但是随机变量的方差不变。

现在假设随机变量乘上了一个常数，结果为：

$$Y=cX$$

Y 在这种情况下，有

$$E(Y)=E(cX)=cE(X)=c\mu \tag{3—25}$$
$$V(Y)=V(cX)=c^2V(X)=c^2\sigma^2 \tag{3—26}$$

所以乘上了一个常数的随机变量的均值等于这个常数乘上原来的随机变量的均值，但是乘上一个常数后的随机变量的方差等于常数的平方乘上原来随机变量的方差。现在考虑一些有几个随机变量的另外例子。式（3—25）和式（3—26）的结果会很有用。

3.12.1 独立随机变量的线性组合

许多情况是随机变量的线性组合。例如，假设随机变量 X_1 和 X_2 分别代表一个零件长度和宽度。对于 X_1，假设已知 $\mu_1 = 2$ 厘米和 $\sigma_1 = 0.1$ 厘米；对于 X_2，假设已知 $\mu_2 = 5$ 厘米和 $\sigma_2 = 0.2$ 厘米。同样，假设 X_1 和 X_2 是独立的。我们希望确定这个零件周长的均值和标准差。假设两边的宽度是相同的，从上到下的长度也是相等的，所以这个零件总是一个长方形。

因为零件的周长为：

$$Y = 2X_1 + 2X_2$$

我们需要求出 Y 的均值和标准差。这个问题是求**独立**（independent）随机变量的线性组合的均值和方差（或等价地，标准差）的特例。

令 c_1，c_2，$\cdots$，c_n 为常数，令 X_1，X_2，$\cdots$，X_n 表示独立的随机变量，且它们的均值为 $E(X_i) = \mu_i$，$i = 1, 2, \cdots, n$，方差为 $V(X_i) = \sigma_i^2$，$i = 1, 2, \cdots, n$。

线性组合的均值和方差：独立随机变量

独立随机变量的线性组合的均值和方差为：

$$Y = c_1 X_1 + c_2 X_2 + \cdots + c_n X_n$$
$$E(Y) = c_1 \mu_1 + c_2 \mu_2 + \cdots + c_n \mu_n \tag{3—27}$$

和

$$V(Y) = c_1^2 \sigma_1^2 + c_2^2 \sigma_2^2 + \cdots + c_n^2 \sigma_n^2 \tag{3—28}$$

例 3—42

零件周长

再次考虑上面说过的零件，这里随机变量 X_1 和 X_2 分别代表长度和宽度。对于长度已知 $\mu_1 = 2$ 厘米和 $\sigma_1 = 0.1$ 厘米，对于宽度 X_2，假设已知 $\mu_2 = 5$ 厘米和 $\sigma_2 = 0.2$ 厘米。零件的周长 $Y = 2X_1 + 2X_2$ 恰好是长度和宽度的线性组合。用式（3—27）和（3—28），可得到周长的均值为：

$$E(Y) = 2E(X_1) + 2E(X_2) = 2(2) + 2(5) = 14（厘米）$$

周长的方差为：

$$V(Y) = 2^2 (0.1^2) + 2^2 (0.2^2) = 0.2（平方厘米）$$

因此，这个零件周长的标准差为：

$$\sigma_Y = \sqrt{V(Y)} = \sqrt{0.2} = 0.447（厘米）$$

有一个重要的例子就是线性组合中的随机变量 X_1，X_2，$\cdots$，X_n 都是服从**独立正态分布**（independent and normally distributed）的。

独立正态随机变量的线性组合

令 X_1，X_2，$\cdots$，X_n 是独立的正态随机变量，均值为 $E(X_i) = \mu_i$，$i = 1$，2，$\cdots$，n，方差为 $V(X_i) = \sigma_i^2$，$i = 1, 2, \cdots, n$。则线性组合

$$Y = c_0 + c_1 X_1 + c_2 X_2 + \cdots + c_n X_n$$

是正态分布的，且均值为：

$$E(Y) = c_0 + c_1\mu_1 + c_2\mu_2 + \cdots + c_n\mu_n$$

方差为：

$$V(Y) = c_1^2\sigma_1^2 + c_2^2\sigma_2^2 + \cdots + c_n^2\sigma_n^2$$

例 3—43

零件周长：正态分布

再一次考虑前面说过的零件。现在假设长度 X_1 和宽度 X_2 服从独立的正态分布，均值和标准差分别为 $\mu_1 = 2$ 厘米和 $\sigma_1 = 0.1$ 厘米，$\mu_2 = 5$ 厘米和 $\sigma_2 = 0.2$ 厘米。在前面的例子里已经求出了零件的周长 $Y = 2X_1 + 2X_2$ 的均值 $E(Y) = 14$ 厘米，方差为 $V(Y) = 0.2$ 平方厘米。确定周长超过 14.5 厘米的概率。

解答： 从上面的结果可知，Y 同样是正态分布的随机变量，所以，可以用下面的方法计算这个概率。

$$P(Y > 14.5) = P\left(\frac{Y - \mu_Y}{\sigma_Y} > \frac{14.5 - 14}{0.447}\right) = P(Z > 1.12) = 0.13$$

因此，周长超过 14.5 厘米的概率为 0.13。

3.12.2 当随机变量不独立时的情况

阅读上一节以后，肯定会提出一个非常合乎逻辑的问题：如果线性组合中的随机变量不独立会是怎样的情况呢？独立性的假设非常重要。考虑一个非常简单的例子：

$$Y = X_1 + X_2$$

这里，两个随机变量 X_1 和 X_2 的均值为 μ_1 和 μ_2，方差为 σ_1^2 和 σ_2^2，但是 X_1 和 X_2 不独立。Y 的均值仍然为：

$$E(Y) = E(X_1 + X_2) = E(X_1) + E(X_2) = \mu_1 + \mu_2$$

也就是说，Y 的均值仍然只是两个随机变量 X_1 和 X_2 的和。用式（3—3），可以得到 Y 的方差为：

$$V(Y) = E(Y^2) - E(Y)^2 = E[(X_1 + X_2)^2] - [E(X_1 + X_2)]^2$$

因为 $E(X_1 + X_2) = \mu_1 + \mu_2$，所以最后一个等式变成：

$$
\begin{aligned}
V(Y) &= E(X_1^2 + X_2^2 + 2X_1X_2) - \mu_1^2 - \mu_2^2 - 2\mu_1\mu_2 \\
&= E(X_1^2) + E(X_2^2) + 2E(X_1X_2) - \mu_1^2 - \mu_2^2 - 2\mu_1\mu_2 \\
&= [E(X_1^2) - \mu_1^2] + [E(X_2^2) - \mu_2^2] + 2E(X_1X_2) - 2\mu_1\mu_2 \\
&= \sigma_1^2 + \sigma_2^2 + 2[E(X_1X_2) - \mu_1\mu_2]
\end{aligned}
$$

$E(X_1X_2) - \mu_1\mu_2$ 称为随机变量 X_1 和 X_2 的**协方差**（covariance）。当两个随机变量 X_1 和 X_2 独立时，协方差 $E(X_1X_2) - \mu_1\mu_2 = 0$，我们得到类似的结果，这是式（3—28）的特殊情况，也就是，$V(Y) = \sigma_1^2 + \sigma_2^2$。协方差是两个随机变量 X_1 和 X_2 之间线性关系的测度。当协方差不等于 0 时，随机变量 X_1 和 X_2 不独立。协方差和随机变量 X_1 和 X_2 之间的**相关性**（correlation）是紧密相关的。事实上，X_1 和 X_2 之间

的相关性是如下定义的。

> **相关性**
>
> 随机变量 X_1 和 X_2 之间的相关性为：
>
> $$\rho_{X_1 X_2} = \frac{E(X_1 X_2) - \mu_1 \mu_2}{\sqrt{\sigma_1^2 \sigma_2^2}} = \frac{Cov(X_1, X_2)}{\sqrt{\sigma_1^2 \sigma_2^2}} \qquad (3\text{—}29)$$
>
> 且 $-1 \leqslant \rho_{X_1 X_2} \leqslant 1$，$\rho_{X_1 X_2}$ 通常称为 **相关系数**（correlation coefficient）。

因为方差总是为正的，如果 X_1 和 X_2 之间的协方差为负的、0 或正的，则 X_1 和 X_2 之间的相关系数也分别为负的、0 或正的。但是，因为相关系数在区间 -1 到 $+1$ 之间，它比协方差更容易解释。而且，在 2.6 节中介绍过，**样本相关系数**（sample correlation coefficient）通常是用样本数据来估计相关系数的。重新阅读 2.6 节有助于理解对样本相关系数的讨论。

对于随机变量的线性组合，可以给出一个一般的结果。

> **线性组合的均值和方差：一般情况**
>
> 令 X_1，X_2，$\cdots$，X_n 是独立的随机变量，均值为 $E(X_i) = \mu_i$，$i = 1, 2, \cdots, n$，方差为 $V(X_i) = \sigma_i^2$，$i = 1, 2, \cdots, n$，协方差为 $Cov(X_1, X_2)$，$i, j = 1, 2, \cdots, n$，$i < j$。则线性组合
>
> $$Y = c_0 + c_1 X_1 + c_2 X_2 + \cdots + c_n X_n$$
>
> 的均值为：
>
> $$E(Y) = c_0 + c_1 \mu_1 + c_2 \mu_2 + \cdots + c_n \mu_n \qquad (3\text{—}30)$$
>
> 方差为：
>
> $$V(Y) = c_1^2 \sigma_1^2 + c_2^2 \sigma_2^2 + \cdots + c_n^2 \sigma_n^2 + 2 \sum_{i<j} \sum c_i c_j Cov(X_1, X_2) \qquad (3\text{—}31)$$

3.12.3 函数为非线性的情况

许多工程问题涉及随机变量的非线性函数。例如，电路中被电阻 R 消耗的功率 P 可以用下面的关系表示，

$$P = I^2 R$$

这里，I 是电流。如果电阻已知为一个常数，电流是随机变量，功率就是一个随机变量，是电流的非线性函数。另外一个例子，单摆的周期为：

$$T = 2\pi \sqrt{L/g}$$

这里，L 是单摆的长度，g 是重力加速度。如果 g 是一个常数，长度 L 是一个随机变量，单摆的周期就是一个随机变量。最后我们能做实验来测出重力加速度，只要落下一个球，测出球落下了已知距离 d 所花费的时间。它们的关系为：

$$G = 2d/T^2$$

因为这个实验里测得的时间 T 是有误差的，它是一个随机变量。因此，重力加速度是随机变量 T 的非线性函数。

一般来说，假设随机变量 Y 是随机变量 X 的一个函数，也就是说，

$$Y = h(X)$$

Y 的均值和方差的求解一般很难。这取决于函数 $h(X)$ 的复杂性。但是，如果能用 $h(X)$ 的线性近似，就能得到近似的解。

误差传播公式：单变量

如果 X 的均值为 μ_X，方差为 σ_X^2，Y 的近似均值和方差能用下面的结果计算：

$$E(Y) = \mu_Y \simeq h(\mu_X) \tag{3—32}$$

$$V(Y) = \sigma_Y^2 \simeq \left(\frac{dh}{dX}\right)^2 \sigma_X^2 \tag{3—33}$$

这里，微分 dh/dX 是在 μ_X 这一点的值。

工程师通常称式（3—33）为**误差传播**（transmission of error）或**误差传播公式**（propagation of error formula）。

例 3—44

电路中的功率

在电路中被电阻 R 消耗的功率 P 可以用 $P = I^2 R$ 表示，这里 I 是电流，是一个随机变量，它的均值为 $\mu_I = 20$ 安培，标准差为 $\sigma_I = 0.1$ 安培。电阻 $R = 80$ 欧姆是一个常数。我们希望求出功率的近似均值和标准差。在这个问题中，函数为 $h = I^2 R$，所以求微分 $dh/dI = 2IR = 2I(80)$，运用式（3—32）和式（3—33），可以求出功率的近似均值为：

$$E(P) = \mu_P \simeq h(\mu_I) = \mu_I^2 R = 20^2(80) = 32\,000(\text{瓦})$$

功率的近似方差为：

$$V(P) = \sigma_P^2 \simeq \left(\frac{dh}{dI}\right)^2 \sigma_I^2 = [2(20)(80)]^2\, 0.1^2 = 102\,400(\text{平方瓦})$$

所以功率的标准差为 $\sigma_P \simeq 320$ 瓦。记住微分 dh/dI 是在 $\mu_I = 20$ 时计算的。

式（3—32）和式（3—33）是把非线性函数 h 近似为线性函数得到的。线性近似的推导是用了泰勒级数展开式的第一项。假设 $h(X)$ 是可微分的，在 μ_X 用泰勒展开式的第一项近似 $Y = h(X)$，可得

$$Y \simeq h(\mu_X) + \frac{dh}{dX}(X - \mu_X) \tag{3—34}$$

因为 dh/dX 在 μ_X 的值为常数，$h(\mu_X)$ 为一个常数，$E(X) = \mu_X$，所以当对 Y 取期望时，式（3—35）的第二项为 0，因此

$$E(Y) \simeq h(\mu_X)$$

Y 的近似方差为：

$$V(Y) \simeq V[h(\mu_X)] + V\left[\frac{dh}{dX}(X - \mu_X)\right] = \left(\frac{dh}{dX}\right)^2 \sigma_X^2$$

这就是式（3—34）中的误差传播公式。求解 Y 的近似均值和方差时用的泰勒级数方法通常称为 **delta 方法**（delta methed）。

有时，变量 Y 是几个随机变量的非线性函数，也就是说，

$$Y = h(X_1, X_2, \cdots, X_n) \tag{3—35}$$

这里，假设 X_1，X_2，$\cdots$，X_n 是独立的随机变量，均值为 $E(X_i) = \mu_i$，$i = 1$，2，$\cdots$，n，方差为 $V(X_i) = \sigma_i^2$，$i = 1$，2，$\cdots$，n。Delta 方法能用来求出 Y 的近似均值和方差。式（3—35）用泰勒级数的第一项展开为：

$$Y \simeq h(\mu_1, \mu_2, \cdots, \mu_n) + \frac{\partial h}{\partial X_1}(X_1 - \mu_1) + \frac{\partial h}{\partial X_2}(X_2 - \mu_2) + \cdots + \frac{\partial h}{\partial X_n}(X_n - \mu_n)$$

$$= h(\mu_1, \mu_2, \cdots, \mu_n) + \sum_{i=1}^{n} \frac{\partial h}{\partial X_i}(X_i - \mu_i) \tag{3—36}$$

对式（3—36）求期望和方差（用式（3—27）和式（3—28）中的线性组合公式）产生下面的结果。

误差传播公式：多变量

令

$$Y = h(X_1, X_2, \cdots, X_n)$$

X_i 为独立随机变量，均值为 μ_i，方差为 σ_i^2，则 Y 的近似近似均值和方差为：

$$E(Y) = \mu_Y \simeq h(\mu_1, \mu_2, \cdots, \mu_n) \tag{3—37}$$

$$V(Y) = \sigma_Y^2 \simeq \sum_{i=1}^{n} \left(\frac{\partial h}{\partial X_i}\right)^2 \sigma_i^2 \tag{3—38}$$

这里偏微分 $\partial h / \partial X_i$ 是在 μ_1，μ_2，$\cdots$，μ_n 处计算的。

例 3—45

并联电阻

两个电阻是并联的。电阻 R_1 和 R_2 是随机变量，且 $E(R_1) = \mu_{R1} = 20$ 欧姆，$V(R_1) = \sigma_{R1}^2 = 0.5$ 平方欧姆和 $E(R_2) = \mu_{R_2} = 50$ 欧姆，$V(R_2) = \sigma_{R_2}^2 = 1$ 平方欧姆。我们想要求出总电阻的均值和标准差，这里总电阻为：

$$R = \frac{R_1 R_2}{R_1 + R_2}$$

R 的近似均值为：

$$E(R) = \mu_R \simeq \frac{20(50)}{20 + 50} = 14.29（欧姆）$$

在 R_1 和 R_2 计算偏微分：

$$\frac{\partial R}{\partial R_1} = \left(\frac{R_2}{R_1 + R_2}\right)^2 = \left(\frac{50}{20 + 50}\right)^2 = 0.510\,2$$

$$\frac{\partial R}{\partial R_2} = \left(\frac{R_1}{R_1 + R_2}\right)^2 = \left(\frac{20}{20 + 50}\right)^2 = 0.081\,6$$

从式（3—38），Y 的近似方差为：

$$V(R) = \sigma_R^2 \simeq \left(\frac{\partial R}{\partial R_1}\right)^2 \sigma_{R1}^2 + \left(\frac{\partial R}{\partial R_2}\right)^2 \sigma_{R2}^2$$

$$= (0.510\ 2)^2(0.5) + (0.081\ 2)^2(1)$$
$$= 0.136\ 7\ （平方欧姆）$$

R 的标准差为 $\sigma_R \simeq 0.369\ 8$ 欧姆。

练　习

3—173　如果 X_1 和 X_2 是独立的随机变量，且 $E(X_1)=3$，$E(X_2)=6$，$V(X_1)=3$，$V(X_2)=10$，以及 $Y=3X_1+5X_2$，确定下面的值。

（a）$E(Y)$

（b）$V(Y)$

3—174　如果 X_1，X_2 和 X_3 是独立的随机变量，且 $E(X_1)=4$，$E(X_2)=3$，$E(X_3)=2$，$V(X_1)=1$，$V(X_2)=5$ 和 $V(X_3)=2$，$Y=2X_1+X_2-3X_3$。确定下面的值。

（a）$E(Y)$

（b）$V(Y)$

3—175　如果 X_1 和 X_2 是独立的随机变量，且 $\mu_1=8$，$\mu_2=2$，$\sigma_1=3$，$\sigma_2=5$，和 $Y=4X_1-2X_2$，确定下面的值。

（a）$E(Y)$

（b）$V(Y)$

（c）$E(2Y)$

（d）$V(2Y)$

3—176　如果 X_1，X_2 和 X_3 是独立的随机变量，且 $\mu_1=1.2$，$\mu_2=0.8$，$\mu_3=0.5$，和 $\sigma_1=1$，$\sigma_2=0.25$，$\sigma_3=2.2$，$Y=2.5X_1-0.5X_2+1.5X_3$，确定下面的值。

（a）$E(Y)$

（b）$V(Y)$

（c）$E(-3Y)$

（d）$V(-3Y)$

3—177　考虑练习 3—173 中定义的变量。假设 X_1 和 X_2 是正态随机变量。计算下面的概率。

（a）$P(Y\leqslant 50)$

（b）$P(25\leqslant Y\leqslant 37)$

（c）$P(14.63\leqslant Y\leqslant 47.37)$

3—178　考虑练习 3—174 中定义的变量。假设 X_1，X_2 和 X_3 是正态随机变量。计算下面的概率。

（a）$P(Y>2.0)$

（b）$P(1.3\leqslant Y\leqslant 8.3)$

3—179　磁盘的塑料包装分成两半。每一半的厚度服从均值为 1.5 毫米、标准差为 0.1 毫米的正态分布，这两半是相互独立的。

（a）确定两半的总的厚度的均值和标准差。

（b）总厚度超过 3.3 毫米的概率为多少？

3—180　门包装的宽度服从均值为 61cm、标准差为 0.32cm 的正态分布。门的宽度服从均值为 60.64cm、标准差为 0.16cm 的正态分布。假设它们是独立的。

（a）确定门包装和门的宽度差的均值和标准差。

（b）门包装的宽度减去门的宽度超过 0.64 cm 的概率为多少？

（c）门不能装进包装里的概率为多少？

3—181　U 型组装部件由 A，B 和 C 三部分组成，如图 3—42 所示。A 的长度服从均值为 10 毫米、标准为 0.1 毫米的正态分布。B 和 C 的厚度服从均值为 2 毫米、标准差为 0.05 毫米的正态分布。假设所有尺寸都是独立的。

（a）确定缺口 D 的长度的均值和标准差。

（b）缺口 D 的长度小于等于 5.9 毫米的概率。

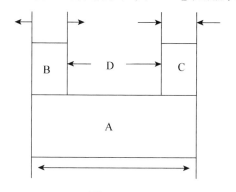

图 3—42

3—182　考虑练习 3—173 定义的随机变量。假设随机变量不独立的，协方差为 3，并且服从正态分布。确定下面的值。

（a）$V(Y)$

（b）$P(Y>10)$

3—183　考虑练习 3—172 中定义的随机变量。

假设随机变量不独立,

$\text{Cov}(X_1, X_2) = 1$, $\text{Cov}(X_1, X_3) = 1$, $\text{Cov}(X_2, X_3) = 2$,并且服从正态分布。计算下面的值。

(a) $V(Y)$

(b) $P(Y > 12)$

3—184 考虑练习 3—175 中定义的随机变量。假设随机变量不独立并且有 $\text{Cov}(X_1, X_2) = 6$。计算 Y 的均值和方差。

3—185 令 X 的均值为 20,方差为 9。定义 $Y = 2X^2$。计算 Y 的均值和方差。

3—186 令 X 的均值为 80 方差为 20。定义 $Y = X^2 + 2X + 1$。计算 Y 的均值和方差。

3—187 考虑例 3—44。令电流的均值为 50 安培,标准差为 0.5 安培。如果电路中的电阻为 120 欧姆,计算 P 的均值和方差。

3—188 考虑 3.12.3 中给出的单摆周期 T 的等式。假设长度 L 是一个随机变量,均值为 9 m,标准差为 0.006 m。计算 T 的均值和方差。

3—189 考虑 3.12.3 中给出的重力加速度 G 的等式。假设 $E(T) = 5.2$ 秒,$V(T) = 0.0004$ 平方秒。计算 G 的均值和方差。

3—190 考虑练习 3—173 给出的 X_1 和 X_2。定义 $Y = X_1 X_2$。计算 Y 的均值和方差。

3—191 考虑练习 3—174 给出的 X_1,X_2 和 X_3。定义 $Y = X_1 X_2 X_3$。计算 Y 的均值和方差。

3—192 立方体 V 的体积定义为是长 L,宽 W,高 H 的乘积。假设每个尺寸都是均值为 5 cm、标准差为 0.25cm 的随机变量。假设它们是独立的,计算 V 的均值和方差。

3—193 考虑练习 3—171 中的随机变量。确定下面的值:

(a) $E(2X + Y)$

(b) $\text{Cov}(X, Y)$

(c) $V(X + 3Y)$

(d) ρ_{XY}

3—194 考虑练习 3—172 中的随机变量。确定下面的值:

(a) $E(2X + Y)$

(b) $\text{Cov}(X, Y)$

(c) $V(X + 3Y)$

(d) ρ_{XY}

3.13 随机抽样,统计量和中心极限定理

在本章的前面提到了数据是从重复试验的随机实验得到的随机变量的观察值。令随机变量 X_1,X_2,$\cdots$,X_n 表示从 n 次重复试验得到的观察值。因为重复试验是相同的,每个随机变量有相同的分布。而且,经常假设随机变量是独立的。也就是,一次试验的结果不影响其他试验的结果。在本书剩余部分,共同的模型就是数据是相同分布的随机变量的观察。也就是说,数据是独立重复试验的随机实验的观察。这个模型的使用非常频繁,我们先给出它的定义。

> **随机样本**
> 独立同分布的随机变量 X_1,X_2,$\cdots$,X_n 称为 **随机样本**(random sample)。

术语"随机抽样"来自统计方法的历史应用。假设来自一个大总体的对象,随机抽取了 n 个对象。这里,随机的意思是每个样本量为 n 的子集是等概率被抽取的。如果总体中对象的个数远远大于 n,表示样本观察值的随机变量 X_1,X_2,$\cdots$,X_n 能被证明是近似的独立同分布的随机变量。因此,独立同分布的随机变量称为随机抽样。

例 3—46

闭合环强度

在第 2 章的例 2—1 中,8 个闭合环的平均张力强度为 7274kPa。两个明显的问题

如下：我们能得出有关未来闭合环平均张力强度的结论吗？如果我们得出闭合环未来总体的平均张力强度为 7274 会有什么错误？

在回答这些问题时，必须考虑下面两点。

1. 首先，因为需要对**未来总体**（future population）做结论，这是**分析研究**（analytic study）的例子。当然，我们需要假设当前的样本代表了未来将生产的闭合环。这与第 1 章讨论的分析研究的稳定性问题有关。通常的方法就是假设这些闭合环是未来总体的随机抽样。假设未来总体的均值为 μ。目标就是估计 μ。

2. 其次，即使假设了这些闭合环是未来总体的随机抽样。这 8 个对象的平均数可能不等于未来总体的均值。但是，它们之间的误差能被量化。

关键的概念如下：平均数是 8 个闭合环张力强度的函数。也就是说，平均数是随即样本的一个函数。因此，平均数是有分布的随机变量。回忆前文讲过的单个随机变量的分布能用来确定测量值比均值大一个、两个或三个标准差的概率。同样的方法，平均数的分布给出了平均数比 μ 大一定距离的概率。因此，如果我们估计 μ 为 7274kPa 时，误差由平均数的分布确定。我们将在本节的后面部分讨论平均数的分布。

例 3—46 说明了典型的数据汇总，比如平均数能被认为是随机样本的函数。许多其他的汇总也常被使用，这引出了一个重要的定义。

统计量

统计量是随机样本中随机变量的函数。

只要给出数据，我们始终在计算统计量。第 2 章中所有的数值汇总，比如样本均值 $\overline{X}$，样本方差 S^2，和样本标准差 S 都是统计量。尽管统计量的定义看起来过度复杂，这是因为我们通常并不考虑统计量的分布。但是，一旦我们问自己可能怎么错了，就被迫把统计量当作随机变量的一个函数来看。统计量的分布决定了它估计像 μ 这样的数量是好是坏。统计量的概率分布能从随机变量和样本量来确定。另一个定义比较好。

抽样分布

统计量的概率分布称为抽样分布。

考虑样本均值 $\overline{X}$ 的抽样分布。假设样本量为 n 的随机样本来自均值为 μ 方差为 σ^2 的正态分布。选择样本中每一个随机变量，也就是 X_1，X_2，$\cdots$，X_n 是均值为 μ 方差为 σ^2 的独立的相同正态分布的随机变量。从 3.12.1 节中独立的相同正态分布随机变量的线性组合的结果可以得出，样本均值

$$\overline{X} = \frac{X_1 + X_2 + \cdots X_n}{n}$$

服从正态分布，均值为：

$$E(\overline{X}) = \frac{\mu + \mu + \cdots + \mu}{n} = \mu$$

方差为：

$$V(\overline{X})=\frac{\sigma^2+\sigma^2+\cdots+\sigma^2}{n^2}=\frac{\sigma^2}{n}$$

$\overline{X}$ 的均值和方差也分别记为 $\mu_{\overline{X}}$ 和 $\sigma_{\overline{X}}^2$。

例 3—47

灌装容积

无酒精饮料能用自动灌装机灌装。平均灌装容积为 358ml，标准差为 1.5ml。假设饮料罐的灌装容积是独立的正态随机变量。从生产过程抽取的 10 个饮料罐平均容积少于 355ml 的概率为多少？

令 X_1，X_2，$\cdots$，X_{10} 表示 10 个饮料罐的容积。平均灌装容积（记为 $\overline{X}$）是正态随机变量，且均值为：

$$E(\overline{X})=358 \quad 和 \quad V(\overline{X})=\frac{1.5^2}{10}=0.225$$

因此，有

$$\sigma_{\overline{X}}^2=\sqrt{0.225}=0.474$$

和

$$P(\overline{X}<355)=P\left(\frac{\overline{X}-\mu_{\overline{X}}}{\sigma_{\overline{X}}}<\frac{355-358}{0.474}\right)=P(Z<-6.32)\approx 0$$

如果从未知概率分布的总体中抽样，样本均值的抽样分布仍然是均值为 μ 方差为 σ^2/n 的近似正态分布，这里样本量为 n。这是统计中最有用的一个定理，称为**中心极限定理**（central limit theorem）。它的陈述如下。

中心极限定理

如果 X_1，X_2，$\cdots$，X_n 是从均值为 μ 方差为 σ^2 的总体中抽取的样本量为 n 的随机样本。如果 $\overline{X}$ 是样本均值，当 $n \to \infty$ 时，

$$Z=\frac{\overline{X}-\mu}{\sigma/\sqrt{n}} \tag{3—39}$$

的分布的极限形式是标准正态分布。

$\overline{X}$ 的正态近似取决于样本量 n。图 3—43a 给出了掷一个六面的骰子得到的分布。所有能得到的值，1，2，3，4，5 或 6 是等概率发生的，都为 1/6。图 3—43（b）给出了掷 2 个骰子的平均得分的分布。图 3—43（c），3—43（d）和 3—43（e）给出了当掷 3，5，10 个骰子的平均得分的分布。可以看到，掷 1 个骰子的分布和正态分布差得很远。只要样本量有 5 那么大，平均数的分布就很接近正态分布了。（掷骰子得到的分布是离散的，而正态分布是连续的。）尽管在绝大多数情况，中心极限定理对小样本（$n=4$，5）也能得到好的效果，特别是当总体是连续、单峰和对称的，在其他情况就需要大样本，取决于总体的形状。在许多实际情况中，当 $n \geq 30$，不管总体分布的形态是怎样的，渐近正态分布总是成立的。当 $n \leq 14$ 时，如果总体分布不是严格非正态的，中心极限定理仍然起作用。

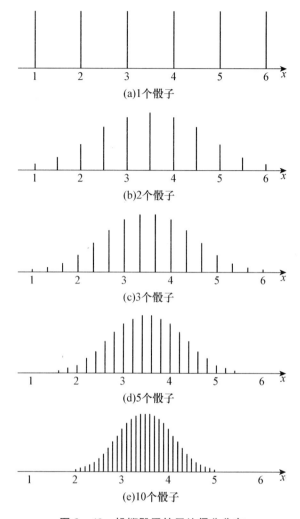

图 3—43　投掷骰子的平均得分分布

说明：经 Box，Hunter，Hunter（1978）的允许调整过。

例 3—48

平均电阻

某电子公司生产的电阻均值为 100 欧姆、标准差为 10 欧姆。考虑由 25 个电阻组成的随机样本，求出电阻的平均数小于 95 欧姆的概率。

注意到 $\overline{X}$ 的抽样分布时渐近正态的，且均值 $\mu_X = 100$ 欧姆，标准差为：

$$\sigma_X = \frac{\sigma}{\sqrt{n}} = \frac{10}{\sqrt{25}} = 2$$

因此，要求的概率和图 3—44 中的阴影部分面积相同。在图 3—44 中把点 $\overline{X} = 95$ 标准化，可以求出：

$$z = \frac{95 - 100}{2} = -2.5$$

因此，

$$P(\overline{X}<95)=P(Z<-2.5)=0.006\ 2$$

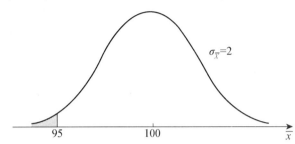

图 3—44 平均电阻的概率密度函数

练 习

3—195 假设 X 是正态分布的，均值为 200，标准差为 9，对 $n=16$ 计算下面的值。

(a) $\overline{X}$ 的均值和方差

(b) $P(\overline{X}\leqslant198)$

(c) $P(\overline{X}>203)$

(d) $P(196\leqslant\overline{X}\leqslant202)$

3—196 假设 X 是正态分布的，均值为 50，标准差为 4，对 $n=25$ 计算下面的值。

(a) $\overline{X}$ 的均值和方差

(b) $P(\overline{X}\leqslant49)$

(c) $P(\overline{X}>52)$

(d) $P(49\leqslant\overline{X}\leqslant51.5)$

3—197 假设有 40 个观察值的样本来自均值为 30，标准差为 2 的总体。计算下面的值。

(a) $\overline{X}$ 的均值和方差

(b) $P(\overline{X}\leqslant29)$

(c) $P(\overline{X}>32)$

(d) $P(29\leqslant\overline{X}\leqslant31.5)$

3—198 静脉注射液的包装能用自动灌装机灌装。假设包装袋的灌装容积是独立的正态随机变量，标准差为 2.5ml。

(a) 20 个袋子的平均灌装容积的标准差为多少？

(b) 如果机器的灌装容积均值为 182ml，20 袋的平均灌装容积低于 176ml 的概率为多少？

(c) 平均灌装容积为多少，能使得 20 袋的平均容积小于 177ml 的概率为 0.03？

3—199 考虑半导体生产中光阻材料的厚度，它的均值为 10 微米，标准差为 1 微米。假设厚度是正态分布的，不同晶片的厚度是相互独立的。

(a) 确定 10 个晶片的平均厚度比 11 微米大或比 9 微米小的概率。

(b) 确定需要测量多少个晶片，能使得平均厚度超过 11 微米的概率为 0.01。

3—200 生产过程中完成一个人工操作需要的时间是均值为 0.50 分钟，标准差为 0.05 分钟的正态分布随机变量。求出 49 次重复的人工操作所需的平均时间小于 0.465 分钟的概率。

3—201 用于地毯生产的合成纤维的张力强度服从均值为 520 kPa，标准差为 24kPa 的正态分布。抽取样本量为 $n=6$ 的一个随机样本，求出样本平均张力强度超过 522kPa 的概率。

3—202 水泥压力强度的均值为 2 500kPa，标准差为 50kPa。抽取样本量为 $n=5$ 的一个随机样本，求出样本平均强度在 2 490 到 2 510 kPa 的概率。

3—203 一个顾客在机场等候处等待的时间是均值为 8.2 分钟、标准差为 1.5 分钟的随机变量。假设观察了一个由 $n=49$ 位顾客组成的随机样本。求出这些顾客的平均等候时间满足下面条件的概率。

(a) 小于 8 分钟。

(b) 在 8 到 9 分钟之间。

(c) 小于 7.5 分钟。

3—204 假设 X 服从下面的离散分布，

$$f(x)=\begin{cases}\dfrac{1}{3}, & x=1,2,3 \\ 0, & 其他\end{cases}$$

从总体中随机抽取了样本量为 $n=36$ 的样本。求出样本均值大于 2.1 小于 2.5 的近似概率。

3—205 在某一个实验中能测出液体的黏性，

只要把一个小球滴落到装这种液体的标准试管中，观察表示球落下一定距离所花费的时间的随机变量 X。假设在某一类型的液体中，X 是正态分布的，均值为 20 秒，标准差为 0.5 秒。

（a）40 次实验平均花费时间的标准差为多少？

（b）40 次实验平均花费的时间超过 20.1 秒的概率为多少？

（c）假设重复实验了 20 次。X 的平均值超过 20.1 秒的概率为多少？

（d）在（b）中计算的概率大于还是小于（c）中计算的概率？解释为什么会出现不等。

3—206 随机抽取了 $n=9$ 的构件样本，检验它们的压力强度。已知真实的平均压力强度为 $\mu = 5\,500$kPa，标准差为 $\sigma = 100$kPa。求出样本平均张力强度超过 4 985 kPa 的概率。

3—207 假设医院中准备床铺的时间可以用均值为 20 分钟、方差为 16 分钟平方的随机变量来建模。求出下面事件的近似概率：

（a）准备 100 个床铺的平均时间小于 21 分钟。

（b）准备 100 个床铺的总时间小于 2 200 分钟。

3—208 手提电脑中电池寿命的均值和标准差分别为 3.5 和 1.0 小时。

（a）求出 25 个电池的平均寿命大于 3.25 小时的近似概率。

（b）求出 100 个电池的平均寿命大于 3.25 小时的近似概率。

（c）解释为什么（a）和（b）的答案不同。

补充练习

3—209 假设 $f(x) = e^{-x}$，$x > 0$ 和 $f(x) = 0$，$x < 0$。确定下面的概率。

（a）$P(X \leqslant 1.5)$

（b）$P(X < 1.5)$

（c）$P(1.5 < X < 3)$

（d）$P(X = 3)$

（e）$P(X > 3)$

3—210 假设 $f(x) = e^{-x/2}$，$x > 0$ 和 $f(x) = 0$，$x < 0$

（a）确定 x 的值，使得 $P(X > x) = 0.20$。

（b）确定 x 的值，使得 $P(X \leqslant x) = 0.75$。

3—211 随机变量 X 服从下面的概率分布。

X	2	3	5	8
概率	0.3	0.25	0.35	0.1

确定下面的值。

（a）$P(X \leqslant 3)$

（b）$P(X > 2.5)$

（c）$P(2.7 < X < 5.1)$

（d）$E(X)$

（e）$V(X)$

3—212 驱动轴平均经过了 30 000 小时会由于疲劳而失灵。如果已知在 26 000 小时以前的概率为 0.04，到失灵时经过的时间服从正态分布的。失灵时间分布的标准差为多少？

3—213 标准荧光灯管的使用寿命服从正态分布，均值为 7 000 小时，标准差为 1 000 小时。一个竞争者已经研制出了一种可以装入白炽灯的简洁荧光灯系统。他们宣称新的简洁灯管的使用寿命服从均值为 7 500 小时标准差为 1 200 小时的正态分布。哪一种灯管的使用寿命更可能超过 9 000 小时？证明你的答案。

3—214 某一类型的压缩机的平均寿命为 20 年，标准差为 2 年。制造商将在保修期内免费更换所有压缩机。生产商希望最多更换卖出的压缩机的 3%。保修卡上应该规定保修期为多少年？假设是正态分布的。

3—215 到达紧急求助线的电话在少于 15 秒的时间内被接听的概率为 0.85。假设所有的电话都是独立的。

（a）10 个电话中恰有 7 个在 15 秒之内被接听的概率为多少？

（b）20 个电话中至少有 16 个电话在 15 秒之内被接听的概率为多少？

（c）对于 50 个电话，在少于 15 秒内被接听的电话平均有多少个？

（d）求出（a）～（c）的正态近似概率。

3—216 发送到计算机电子公告牌的消息数服从均值为 10 条消息每小时的泊松分布。

（a）在 1 小时内接收到 10 条消息的概率为多少？

（b）在 1.5 小时内接收到 20 条消息的概率为多少？

（c）在 1 小时内接收到的消息少于 5 条的概率为多少？

3—217 继续练习 3—216。令随机变量 Y 表示到达电子公告牌的消息之间的时间间隔。

(a) Y 的分布是什么？Y 的均值为多少？

(b) 消息之间的时间间隔超过 15 分钟的概率为多少？

(c) 消息之间的时间间隔少于 5 分钟的概率为多少？

(d) 假设在过去的 10 分钟之内没有消息，在接下来的 10 分钟之内没有消息到来的概率为多少？

3—218 一本课本中的错误数服从泊松分布，均值为每页 0.01 个错误。

(a) 100 页内的错误小于等于 3 的概率为多少？

(b) 100 页内的错误大于等于 4 的概率为多少？

(c) 200 页内的错误小于等于 3 的概率为多少？

3—219 继续练习 3—218。令随机变量 Y 表示错误之间相隔的页数。

(a) Y 的分布是什么？Y 的均值为多少？

(b) 错误之间相隔的页数少于 100 页的概率为多少？

(c) 在连续的 200 页内没有出现错误的概率为多少？

(d) 假设在连续的 100 页内没有错误出现，在接下来的 50 页没有错误出现的概率为多少？

3—220 工业应用中，经常用电解质来分离油和水。分离过程取决于控制 pH 值。在操作中记录下 15 个污水的 pH 值。这些数据用正态分布建模合理吗？

6.2	6.5	7.6	7.7	7.1	7.1	7.9	8.4
7.0	7.3	6.8	7.6	8.0	7.1	7.0	

3—221 复印机中 6 个主要零件的独立的指数随机变量，均值分别为 8 000，10 000，10 000，20 000，20 000 和 25 000 小时。

(a) 所有零件的使用寿命超过 5 000 小时的概率为多少？

(b) 没有一个零件的使用寿命超过 5 000 小时的概率为多少？

(c) 所有零件的使用寿命小于 3 000 小时的概率为多少？

3—222 得到了有 46 个观察的随机样本。对于下面列出的每一个总体分布和总体参数，求出样本均值为 $57 < X < 63$ 的概率。

(a) 均值为 60、标准差为 12 的正态分布。

(b) 均值为 60 的指数分布。

(c) 均值为 60 的泊松分布。

(d) 比较 (a)~(c) 得到的概率，解释这些概率为什么会不同。

3—223 从合约规定和过去的检验可以知道压力强度测量值服从正态分布，均值为 $\mu = 5\,500\text{kPa}$ 和标准差为 $\sigma = 100\text{kPa}$。在顾客验收处检验了构件随机样本的压力强度数据。

(a) 如果 $n=9$，这个问题的样本均值的标准差为多少？

(b) 如果 $n=20$，这个问题的样本均值的标准差为多少？

(c) 比较 (a) 和 (b) 中的结果，解释为什么会相同或不同。

3—224 用于建筑的砖块的重量服从均值为 1.5 kg、标准差为 0.1 kg 的正态分布。假设这些砖块的重量是独立的，选择了 25 块砖块组成的随机样本。样本均值小于 1.33 kg 的概率为多少？

3—225 磁盘驱动装置在每一边都有一个硬盘和取间隔的装置，见图 3—45。上面的那个取间隔的装置，高为 W，服从均值为 120 毫米标准差为 0.5 毫米的正态分布。磁盘的高度为 X，服从均值为 20 毫米、标准差为 0.1 毫米的正态分布。下面取间隔的装置，高为 Y，服从均值为 100 毫米、标准差为 0.4 毫米的正态分布。

(a) 整个堆栈的高的分布、均值和方差分别为多少？

(b) 假设整个堆栈必须放进一个高为 242 毫米的空间中，堆栈高度超过空间高度的概率为多少？

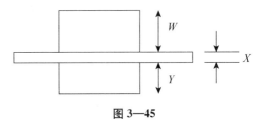

图 3—45

3—226 仓库里的自动系统放置一个元件所花费的时间服从均值为 45 秒、标准差为 30 秒的正态分布。假设对 10 个元件做出了独立性要求。

(a) 放置 10 个元件要花费的平均时间超过 60 秒的概率为多少？

(b) 放置 10 个元件所花费的总时间超过 600 秒的概率为多少？

3—227 用于汽车发动机的一个机械装置有 4

个主要的零件。4 个零件的重量是独立的，并且是服从下面均值和标准差的正态分布（单位：克）。

零件	均值	标准差
左箱	113	11
右箱	156	14
轴装置	283.5	5.6
栓装置	226.8	14

（a）整个装置的重量超过 836 克的概率为多少？

（b）8 个独立装置的平均重量超过 822 克的概率为多少？

3—228 一个轴承装置有 10 个轴承。假设轴承的直径是独立的，且服从均值为 1.5 毫米、标准差为 0.025 毫米的正态分布。装置中轴承的最大直径超过 1.6 毫米的概率为多少？

3—229 如果过程的均值与最近的规格相差至少有 6 个标准差，则被称为 6σ 质量。假设测量值服从正态分布。

（a）如果过程均值在上界和下界规格的中心处，且两边的距离都是 6 个标准差。产品不符合规格的概率为多少？根据 0.000 001 等于百万分之一这一结果，用百万分之几的形式表示出结果。

（b）因为很难得到样本均值是在规格中心的，产品不符合规格的概率通常在假设过程平移后计算的。如果（a）中的过程均值向上平移 1.5 个标准差，产品不符合规格的概率为多少？用百万分之几的形式表示出结果。

3—230 继续练习 3—81。可以回忆起已经确定了正态分布是适合内部压力强度数据的。假设样本均值为 206.04、标准差为 11.57，用这个分布来估计总体的参数。求出下面的概率。

（a）内部压力强度测量值在 210 到 220kPa 之间概率为多少？

（b）内部压力强度测量值大于 228kPa 的概率为多少？

（c）求出 x 的值，使得 $P(X \geq x) = 0.02$，这里 X 是内部压力强度随机变量。

3—231 继续练习 3—82。可以回想起已经确定了正态分布可以拟合两台机器生产的零件的尺寸测量值。用这个分布，并假设 $\bar{x}_1 = 100.27$，$s_1 = 2.28$，$\bar{x}_2 = 100.11$，$s_2 = 7.58$ 来估计总体参数。确定下面的概率。假设工程规格说明了可以接收的零件测量值在 96 到 104 之间。

（a）机器 1 生产的零件能被接受的概率为多少？

（b）机器 2 生产的零件能被接受的概率为多少？

（c）用（a）和（b）中的答案来确定哪一台机器比较好？

（d）练习 3—83 中给出的数据是对机器 2 做调整后得到的结果。用新的样本均值 105.39 和样本标准差 2.08 来估计总体参数。新调整的机器 2 产生的零件能被接受的概率为多少？

调整机器 2 改进了整个操作吗？

3—232 继续练习 2—1。

（a）在正态概率纸上画出数据的图。这些浓度数据看起来服从正态分布吗？

（b）假设已经确定了最大的观察为 68.7，被怀疑是一个离群点。因此，它应该从数据集里删去。这样做后，改进了正态分布对这些数据的拟合效果了吗？

3—233 继续练习 2—2。

（a）在正态概率纸上画出数据的图。这些浓度数据看起来服从正态分布吗？

（b）从数据集里删去最大观察值。这样做后，改进了正态分布对这些数据的拟合效果了吗？

3—234 考虑某一类型砖的重量，它的期望为 1.12 千克，方差为 0.000 9 平方千克。需要选择多少块砖才能使得它们平均重量的标准差不大于 0.005 千克？

3—235 用某一流程生产出的玻璃厚度服从均值为 $\mu = 3.00$ 毫米、标准差为 $\sigma = 0.12$ 毫米的正态分布。确定 c 的值，使得玻璃厚度在区间 $[3.00 - c, 3.00 + c]$ 之间的概率为 99%。

3—236 由机器灌装的袋重服从正态分布，标准差为 0.05 千克，均值可以由操作者设定。如果要求只有 1% 的袋重小于 10 千克，则均值应该设定在什么水平？

3—237 医学设备生产的研究与发展小组设计了新的诊断检验带来探测呼吸的酒精水平。制造这个设备要的材料和它们厚度的均值、标准差列在下面。

材料	随机变量	厚度的均值 (mm)	厚度的标准差 (mm)
保护层 1	W	10	2
吸收垫	X	50	10
反应层	Y	5	1
保护层 2	Z	8	1

这些材料是按照下图所示堆起来的。假设每一种材料的厚度是独立的，且服从正态分布。回答下面的问题。

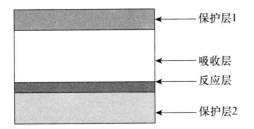

保护层1
吸收层
反应层
保护层2

（a）用随机变量 W，X，Y 和 Z 给出表示分层带子厚度的等式。

（b）带子厚度的均值为多少？

（c）带子厚度的方差为多少？

（d）带子厚度超过 75 毫米的概率为多少？

3—238　过热是微处理器操作的一个主要问题。经过许多检验后确定操作温度服从均值为 150 度、标准差为 7 度的正态分布。微处理器至少在 165 度才会失灵。

（a）失灵的概率为多少？

（b）考虑用新的风扇来冷却微处理器。使用新的风扇后，操作温度的均值为 144 度、标准差为 9 度。用了新的风扇后失灵的概率为多少？

（c）假设所以微处理器的售价为 1 200 美元。原来系统的成本为 1 000 美元，而安装了新的风扇后的成本为 1 050 美元。假设准备生产和销售 100 台。同时假设对所有失灵的系统有一个退款的保证。在这些假设下，哪一个系统产生的收入较高？

3—239　制造商需要确定每个医用线性加速器在运送到医院之间都能在正确参数下工作。已知在原来的检测中单个的机器失灵的概率为 0.10。检测了 8 个加速器。

（a）至多有两个失灵的概率为多少？

（b）没有一个失灵的概率为多少？

3—240　已知个人计算机的主板的平均使用寿命为 5 年。主板的使用寿命能用指数分布来建模。

（a）主板的使用寿命在 2 到 4 年之间的概率为多少？

（b）1 年后主板仍然能用的概率为多少？

（c）如果保修期定为 6 个月，在保修期内主板需要更换的概率为多少？

3—241　墨盒公司为某一印刷公司生产墨盒，既提供墨水又提供墨盒。下面的数据是在打印机的使用寿命内使用的墨盒数的概率密度函数。

x	5	6	7	8	9
$f(x)$	0.03	0.22	0.50	0.18	0.07

（a）使用的墨盒数的均值为多少？

（b）使用的墨盒数超过 6 个概率为多少？

（c）随机抽取了 10 台打印机，有 9 台使用的墨盒数超过 6 的概率为多少？

3—242　考虑下面由元件并联和串联组成的系统。每个元件运行的概率见图 3—46。

（a）系统运行的概率为多少？

（b）由于串联的元件系统失灵的概率为多少？假设并联元件没有失灵。

（c）由于串联的元件系统失灵的概率为多少？假设并联元件没有失灵。

（d）用下面的公式计算系统失灵的概率。

$$[1-P(C_1)P(C_4)] \cdot [1-P(C_2')P(C_4')]+P(C_1)P(C_4)P(C_2')P(C_3')+[1-P(C_1)P(C_4)]P(C_2')P(C_3')$$

（e）描述（d）的公式里面每一项的意思。

（f）用（a）的结果计算系统失灵的概率。

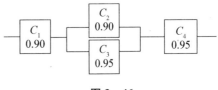

C_1 0.90　C_2 0.90　C_3 0.95　C_4 0.95

图 3—46

3—243　证明伽玛密度函数积分为 1。

3—244　为了说明对数变形的作用，考虑下面的数据，它们表示纱线生产失灵的周期：

675，3 650，175，1 150，290，2 000，100，375

（a）画出正态概率图，判断是否拟合效果。

（b）用对数把数据变形，也就是令 y^*（新值）＝ $\log y$（旧值）。对变形后的数据画出正态概率图，判断拟合效果。

（c）工程规定可以接受的纱线强度在失灵前应该超过 200 周。用（b）的结果估计可接受的比例。（提示：在计算比例前一定要把规定的最低限度 200 变形。假设在计算中要用到样本均值和样本标准差估计总体参数。）

3—245　考虑下面的数据，它们表示监视相机到失灵时已经操作的小时数。

246 785	183 424	1 060	22 310	921	35 659
127 015	10 649	13 859	53 731	10 763	1 456
189 880	2 414	21 414	411 884	29 644	1 473

（a）画出正态概率图，判断拟合的效果。

（b）用对数把数据变形，也就是令 y^*（新值）= $\log y$（旧值）。对变形后的数据画出正态概率图，判断拟合效果。

（c）照相机制造商关心的是定义一个保修期，使得需要更换的照相机不超过 2%。用（b）中的模型做出照相机失灵保修期的建议。（提示：一定要注意保修期原来的单位为小时。假设在计算中要用到样本均值和样本标准差估计总体参数。）

3—246 考虑下面的数据，它们是螺旋轴承的使用寿命（单位：小时）。

7 203	3 917	7 476	5 410	7 891	10 033
4 484	12 539	2 933	16 710	10 702	16 122
13 295	12 653	5 610	6 466	5 263	2 504
9 098	7 759				

（a）画出 Weibull 概率图，判断拟合效果。

（b）用估计的形状参数＝2.2 和估计的尺度参数 9 525 来估计轴承至少使用 7 500 小时的概率。

（c）如果使用了 5 个轴承，每个轴承失灵是独立的。5 个轴承的使用寿命都超过 7 500 小时的概率为多少？

3—247 考虑下面的数据，它们表示暴露在腐蚀气体中的磁碟片的使用寿命（单位：小时）。

4，86，335，746，80，1 510，195，562，137，1 574，7 600，4 394，4，98，1 196，15，934，11。

（a）画出 Weibull 概率图，判断拟合效果。

（b）用估计的形状参数＝0.53 和估计的尺度参数 604 来估计磁碟片在 150 小时前毁坏的概率。

（c）如果计划要保修的磁碟片不超过 10%，保修期应该设定在什么值？

3—248 概率模型的不唯一性。适合一个数据集的模型可能超过一个。考虑练习 3—247 中给出的使用寿命数据。

（a）用对数把数据变形，也就是令 y^*（新值）= $\log y$（旧值）。对变形后的数据画出正态概率图，判断拟合效果。

（b）用（a）中拟合的正态分布估计磁碟片在 150 小时前毁坏的概率。把它和练习 3—247 的（b）中得到的结果作比较。

3—249 胆固醇是一种脂肪物质，它是动物体内细胞外衬（膜）的重要部分。假设一群个体的均值和标准差分别为 180 mg/l 和 20 mg/l。样本是从 25 个个体中获得的，可以看成是独立的。

（a）25 个测量的平均值大于 185 mg/l 的概率是多少？

（b）确定 180 附近的对称限制使得样本平均在限制内的概率是 0.95。

3—250 当撕裂大于 25 毫米时，关节镜半月板修复有 70% 的可能成功（50 次手术中），当撕裂比较小时，有 76% 的可能性成功（100 次手术中）。

（a）描述在这些概率陈述中使用的随机变量。

（b）随机变量是连续的还是离散的？

（c）解释为什么这些概率的和不是 1。

3—251 振动测试中机械装备的使用寿命服从均值为 300 小时的指数分布。

（a）测试中的装备在小于 100 小时内失灵的概率是多少？

（b）装备在失灵前运行超过 400 小时的概率？

（c）如果装备已经测试了 300 小时没有失灵，接下来 100 小时失灵的概率是多少？

3—252 *Knee Surgery*，*Sports Traumatology*，*Arthroscopy* 中的一篇文章 Effect of Provider Volume on Resource Utilization for Surgical Procedures 显示，大容量医院（每年超过 300 个 ACL 手术）的 ACL 重建手术时间均值为 129 分钟，标准差为 14 分钟。

（a）大容量医院的一次 ACL 手术在小于 100 分钟的时间内结束的概率是多少？

（b）手术时间大于均值加两倍标准差的概率是多少？

（c）取时间为多少时，大容量医院的一次 ACL 手术在该时间内完成的概率为 0.95？

3—253 给定概率密度函数 $f(x)=\dfrac{1}{9}x^2$，$0 \leqslant x \leqslant 3$，确定下面的值：

（a）$P(X \leqslant 1)$

（b）$P(X \geqslant 2)$

（c）使得 $P(X < x)=0.95$ 的 x

（d）$E(X)$

（e）$V(X)$

3—254 给定概率密度函数 $f(x)=\exp(-x)$，$0 \leqslant x$，确定下面的值：

(a) $P(X<1)$

(b) $P(X>2)$

(c) $P(1\leqslant X<2)$

(d) 使得 $P(X<x)=0.95$ 的 x

3—255 令 X 表示一英里道路中的主要裂缝数量，概率如下：

$P(X=0)=0.4$, $P(X=1)=0.1$, $P(X=2)=0.1$, $P(X>2)=0.4$。确定下面的概率：

(a) $P(X\leqslant 1)$

(b) 至少一处裂缝

(c) 两处或以上裂缝

(d) 大于零处小于三处裂缝

3—256 假设医院中准备床铺的时间可以用 $\lambda=4$ 床铺/小时的指数分布来建模。确定下面的值：

(a) 一个床铺在小于 10 分钟的时间内准备好的概率。

(b) 准备一个床铺的时间大于 30 分钟的概率。

(c) 10 个病人每人的床铺都在小于 30 分钟的时间内准备好的概率。假设准备床铺的时间是独立的。

(d) 10 个病人中至少有 8 人的床铺在小于 30 分钟的时间内准备好的概率。假设准备床铺的时间是独立的。

团队互动

3—257 用第 2 章中搜集到的数据集，或者你感兴趣的另一个数据集回答下面的问题：

(a) 是连续模型还是离散模型更适合你的数据？为什么？

(b) 在本章中，你已经学习了正态分布、指数分布、泊松分布和贝努里分布。根据你在（a）中的判断，用至少一种模型拟合你的数据集。写出一个报告。

3—258 能用计算机软件来模拟正态分布的数据。用一个软件包，如 Minitab，来模拟练习 3—181 中零件 A，B，C 和 D 的大小。

(a) 用零件 A，B，C 和 D 的模拟数据来模拟 500 个装配，计算每一个缺口 D 的长度。

(b) 用直方图和相应的汇总统计量来汇总缺口 D 的数据。

(c) 提出一个能说明模拟是好的分析方法的问题。

3—259 考虑 Albuquerque 的 Levi-Strauss 布厂的 5 个供应商的周浪费百分比。数据见网页 http://lib.stat.cmu.edu/DASL/Stories/wasterunup.html。用正态概率图检验每个数据集是否服从正态概率模型。对那些没有通过正态性检验的模型，删除一些离群点（这些数据能用箱线图识别），然后重新画出图形。总结你的发现。

本章重要术语和概念

二项分布	binomial distribution
中心极限定理	central limit theorem
连续随机变量	continuous random variable
累积分布函数	cumulative distribution function
delta 方法	delta method
离散随机变量	discrete random variable
事件	events
指数分布	exponential distribution
独立	independence
伽玛分布	gamma distribution
联合概率分布	joint probability distribution
对数正态分布	lognormal distribution
随机变量的均值	mean of a random variable
二项分布和泊松分布的渐近正态分布	normal approximations to binomial and Poisson distribution

正态分布	normal distribution
正态概率图	normal probability plot
泊松过程	poisson process
概率	probability
概率密度函数	probability density function
概率分布	probability distribution
概率质量函数	probability mass function
概率图	probability plots
误差传播	propagation of error
随机实验	random experiment
随机抽样	random sample
随机变量	random variable
抽样分布	sampling distribution
随机变量的标准差	standard deviation of a random variable
标准正态分布	standard normal distribution
统计量	statistic
随机变量的方差	variance of a random variable
Weibull 分布	Weibull distribution

第 **4** 章

单样本决策

挑战者号航天飞机灾难

1986 年 1 月 28 日，由于未能按照基于一位工程师的假设提出的建议行动，导致了挑战者号灾难以及七位宇航员的悲剧死亡。固体火箭助推器的主要工程师——罗杰·博伊斯乔（Roger Boisjoly）紧急要求推迟发射。基于大量数据，他得出结论，在现有冻结温度下发射会导致固体火箭助推器的关键封口失效。NASA 管理部门对他的警告置之不理，这样做的后果就是验证了他的假设是正确的！挑战号发射升空，73 秒后解体坠入海洋；此次灾难没有幸存者。

为调查此次事故的原因，成立了调查委员会，其中包括理查德·费曼（Richard Feynman）——那个年代最重要的物理学家之一，并且是一个拥有无尽好奇心的人。这种好奇心催生了大量的和工程师的访谈以及一个假设。他做出了这样一个假设，设计作为封口以防止固体火箭助推器泄露的 O 环失效了。他提出，在那天航天飞机发射车周围的冻结温度下，O 环的材料没有足够的弹性。如果一个封口失效，热气会从固体燃料推进器中溢出。对发射影像的周密调查确实显示，就在解体前，一簇来自于助推器的火焰撞击了液体燃料罐。

在一个著名的记者招待会上，费曼博士在媒体前用 O 环进行了一个简单的实验，验证了他的假设。他把 O 环的样品放在一个 C 形夹里来模拟在助推器里的材料上的压力。然后他把样品放了一杯冰水中几秒钟。当他拿出来时，他证明了样品已经失去了弹性——这一对其使用目的很关键的属性。在一个经典的声明中，费曼说："我相信这对我们的问题有一定的意义。"

假设检验是工程和科学问题解决中的核心部分。

■ 4.1 统计推断

统计推断这一范畴包括那些用来对**总体**（population）做出决策或得出结论的方法。这些方法利用总体的**样本**（random sample）所包含的信息来做出结论。图 4—1 说明了总体和样本的关系。本章我们学习用于决策和推断的统计方法就从它开始。

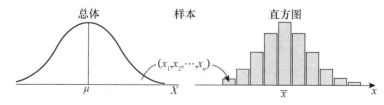

图 4—1 总体和样本之间的关系

统计推断能分成两个大的方面：**参数估计**（parameter estimation）和**假设检验**（hypothesis testing）。举一个参数估计问题的例子，假设结构工程师在分析用于汽车底盘的零件的张力强度。单个零件间张力强度的变异是自然存在的，这是因为原材料的区别、生产过程和测量步骤的细小变化（举例）导致的，工程师关心的是估计零件的平均张力强度。如果了解估计的统计抽样性质，就能保证工程师的估计是精确的。

现在考虑这样一种情况，在一个化工流程中可以使用两种不同的反应温度，比如说，t_1 和 t_2。工程师推测 t_1 下的产量要比 t_2 的高。统计的假设检验是解决这类问题的框架。在这个例子里，假设可以是：用温度 t_1 得到的平均产量要比用温度 t_2 得的高。可以看出重点没有放在产量估计上，而是在做出有关假设的结论上。

这一章将先讨论参数估计的方法，然后介绍假设检验的基本原理。给出这些统计基本原理后，再把它们应用于工程实践常出现的问题。它们包括总体均值、总体方差和总体比例的推断。

4.2　点估计

求出参数的**点估计**（point estimates），比如总体均值和总体方差，是统计的一个非常重要的应用。当讨论推断问题时，有一个表示参数的一般符号会带来很多方便。我们用希腊字母 θ 表示参数。点估计的目标就是根据样本数据选择一个 θ 最可能取的数值。样本统计量的数值将用作点估计。

例如，假设随机变量 X 服从正态分布，均值 μ 未知。样本均值就是未知总体均值 μ 的点估计；也就是说 $\hat{\mu} = \overline{X}$。抽取样本以后，数值 $\overline{x}$ 就是 μ 的点估计。因此，如果有 $x_1 = 25$，$x_2 = 30$，$x_3 = 29$，$x_4 = 31$，则 μ 的点估计为：

$$\overline{x} = \frac{25 + 30 + 29 + 31}{4} = 28.75$$

相似地，如果总体方差 σ^2 同样未知，σ^2 的点估计就是样本方差 S^2，用样本计算得到的 $s^2 = 6.9$ 就称为 σ^2 的点估计。

一般来说，如果 X 是分布为 $f(x)$ 的随机变量，位置参数为 θ；如果 X_1，X_2，…，X_n 是 $f(x)$ 的样本量为 n 的一个随机样本，统计量 $\hat{\Theta} = h(X_1, X_2, \cdots, X_n)$ 就是 θ 的**点估计量**。这里 h 是随机样本中观察的一个函数。可以看出 $\hat{\Theta}$ 是一个随机变量，因为它是随机变量的一个函数。抽取样本以后，$\hat{\Theta}$ 取到某一数值 $\hat{\theta}$，就称为是 θ 的**点估计**。

点估计

某一总体参数 θ 的点估计就是统计量 $\hat{\Theta}$ 的一个数值 $\hat{\theta}$。

在工程中经常出现的估计问题。我们经常需要估计：
- 单个总体的均值 μ；
- 单个总体的方差 σ^2（或标准差 σ）；
- 总体中我们感兴趣的类中某一项的比例 p；
- 两个总体均值的差 $\mu_1 - \mu_2$；
- 两个总体比例的差 $p_1 - p_2$。

这些参数合理的点估计如下：
- 对于 μ，估计为 $\hat{\mu} = \overline{x}$，样本均值；
- 对于 σ^2，估计为 $\hat{\sigma}^2 = s^2$，样本方差；
- 对于 p，估计为 $\hat{p} = x/n$，样本比例，这里，x 是样本量为 n 的随机样本中我们感兴趣的类中某一项的个数；
  - 对于 $\mu_1 - \mu_2$，估计为 $\hat{\mu}_1 - \hat{\mu}_2 = \overline{x}_1 - \overline{x}_2$，两个独立随机样本的样本均值的差；
  - 对于 $p_1 - p_2$，估计为 $\hat{p}_1 - \hat{p}_2$，用两个独立随机样本计算得到样本比例的差。

下面的表格总结了未知参数的关系和它们典型的相关统计量和点估计。

未知参数 θ	统计量 $\hat{\Theta}$	点估计 $\hat{\theta}$
μ	$\overline{X} = \dfrac{\sum X_i}{n}$	$\overline{x}$
σ^2	$S^2 = \dfrac{\sum (X_i - \overline{X})^2}{n-1}$	s^2
p	$\hat{p} = \dfrac{X}{n}$	$\hat{p}$
$\mu_1 - \mu_2$	$\overline{X}_1 - \overline{X}_2 = \dfrac{\sum X_{1i}}{n_1} - \dfrac{\sum X_{2i}}{n_2}$	$\overline{x}_1 - \overline{x}_2$
$p_1 - p_2$	$\hat{p}_1 - \hat{p}_2 = \dfrac{X_1}{n_1} - \dfrac{X_2}{n_2}$	$\hat{p}_1 - \hat{p}_2$

对于参数的点估计有几种不同的选择。例如，如果希望估计总体的均值，可以考虑把样本均值、样本中位数或者可能是样本中最小和最大观察的平均数作为点估计。为了确定对某一特定的参数哪个点估计是最好用的，我们需要检验它们的统计性质，也需要确立一些比较估计值的准则。

一个估计值应当"靠近"未知参数的真实值。如果 $\hat{\Theta}$ 的期望等于 θ 就说 $\hat{\Theta}$ 是 θ 的无偏估计。这与说 $\hat{\Theta}$ 的概率分布的均值（或 $\hat{\Theta}$ 的抽样分布的均值）等于 θ 是等价的。

无偏估计

点估计 $\hat{\Theta}$ 是参数 $\hat{\theta}$ 的**无偏估计**（unbiased estimator），如果满足

$$E(\hat{\Theta}) = \theta \tag{4—1}$$

如果估计不是无偏的，则差

$$E(\hat{\Theta}) - \theta \tag{4—2}$$

称为估计 $\hat{\Theta}$ 的偏差。

当估计无偏时，则 $E(\hat{\Theta}) - \theta = 0$；也就是说，偏差为 0。

例 4—1

无偏估计

假设 X 是均值为 μ 方差为 σ^2 的随机变量。令 X_1，X_2，$\cdots$，X_n 表示从由 X 代表的总体中抽取的样本量为 n 的随机样本。证明样本均值 $\overline{X}$ 和样本方差 S^2 分别是 μ 和 σ^2 的无偏估计。

首先考虑样本均值。在第 3 章里，我们已经指出 $E(\overline{X}) = \mu$。因此，样本均值 $\overline{X}$ 是总体均值 μ 的无偏估计。

现在考虑样本方差。有

$$E(S^2) = E\left[\frac{\sum\limits_{i=1}^{n} (X_i - \overline{X})^2}{n-1} \right] = \frac{1}{n-1} E \sum_{i=1}^{n} (X_i - \overline{X})^2$$

$$= \frac{1}{n-1} E \sum_{i=1}^{n} (X_i^2 + \overline{X}^2 - 2\overline{X}X_i) = \frac{1}{n-1} E \left(\sum_{i=1}^{n} X_i^2 - n\overline{X}^2 \right)$$

$$= \frac{1}{n-1} \left[\sum_{i=1}^{n} E(X_i^2) - nE(\overline{X}^2) \right]$$

最后一个等式来自式（3—28）。但是，因为 $E(X_i^2) = \mu^2 + \sigma^2$ 和 $E(\overline{X}^2) = \mu^2 + \sigma^2/n$，所以有

$$E(S^2) = \frac{1}{n-1} \left[\sum_{i=1}^{n} (\mu^2 + \sigma^2) - n \left(\mu^2 + \frac{\sigma^2}{n} \right) \right]$$

$$= \frac{1}{n-1} (n\mu^2 + n\sigma^2 - n\mu^2 - \sigma^2) = \sigma^2$$

因此，样本方差 S^2 是总体方差 σ^2 的一个无偏估计。但是，可以证明样本标准差 S 是总体标准差 σ 的有偏估计。对于大样本，这个偏差可以忽略。

有时，样本总体参数有几个无偏估计。例如，假设从正态总体中抽取样本量为 $n=10$ 的一个随机样本，得到如下的数据 $x_1 = 12.8$，$x_2 = 9.4$，$x_3 = 8.7$，$x_4 = 11.6$，$x_5 = 13.1$，$x_6 = 9.8$，$x_7 = 14.1$，$x_8 = 8.5$，$x_9 = 12.1$，$x_{10} = 10.3$。此时样本均值为：

$$\overline{x} = \frac{12.8 + 9.4 + 8.7 + 11.6 + 13.1 + 9.8 + 14.1 + 8.5 + 12.1 + 10.3}{10} = 11.04$$

样本中位数为：

$$\widetilde{x} = \frac{10.3 + 11.6}{2} = 10.95$$

以及正态总体中的某一个观察，比如说，$x_1 = 12.8$。

可以证明上面的这些值都是 μ 的无偏估计。因为无偏估计不唯一，我们不能仅仅根据无偏性来选择估计值。我们需要方法在无偏估计里选择估计值。

假设 $\hat{\Theta}_1$ 和 $\hat{\Theta}_2$ 是 θ 的无偏估计。这说明了每个估计的分布都是以 θ 的真实值为中心的。但是，这些分布的方差可能不同。图 4—2 说明了这种情况。因为 $\hat{\Theta}_1$ 的方差比 $\hat{\Theta}_2$ 的小，估计 $\hat{\Theta}_1$ 很可能得到离 θ 的真实值更接近的估计。当在几个估计里选择时，一个合理的原则就是选择方差最小的估计。

最小方差无偏估计

如果考虑 θ 的所有无偏估计，方差最小的那个称为最小方差无偏估计（MVUE）。

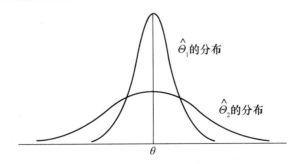

图 4—2　两个无偏估计 $\hat{\Theta}_1$ 和 $\hat{\Theta}_2$ 的抽样分布

无偏估计和最小方差无偏估计的概念特别重要。求一个概率分布的参数估计有几

种正式的方法。其中的一种方法就是**极大似然法**（method of maximum likelihood），用它求出的点估计几乎是无偏的，非常接近最小方差估计。极大似然法的更多信息可以见 Montgomery and Runger（2011）。

在实际中，经常会用到无偏估计（比如 S 对 σ）。在这些情况里，**均方误**（mean square error）就可能非常重要。估计 $\hat{\Theta}$ 的均方误是把 $\hat{\Theta}$ 与 θ 的差平方以后取期望值。

估计的均方误

参数 θ 的估计 $\hat{\Theta}$ 的均方误定义为：

$$MSE(\hat{\Theta})=E(\hat{\Theta}-\theta)^2 \tag{4—3}$$

均方误能改写为：

$$MSE(\hat{\Theta})=E[\hat{\Theta}-E(\hat{\Theta})]^2+[\theta-E(\hat{\Theta})]^2$$
$$=V(\hat{\Theta})+(bias)^2$$

也就是说，$\hat{\Theta}$ 的均方误等于估计的方差加上偏差的平方。如果 $\hat{\Theta}$ 是 θ 的无偏估计，则 $\hat{\Theta}$ 的均方误就等于 $\hat{\Theta}$ 的方差。

均方误是比较两个估计值的重要准则。令 $\hat{\Theta}_1$ 和 $\hat{\Theta}_2$ 是参数 θ 的两个无偏估计，$MSE(\hat{\Theta}_1)$ 和 $MSE(\hat{\Theta}_2)$ 是 $\hat{\Theta}_1$ 和 $\hat{\Theta}_2$ 的均方误。则 $\hat{\Theta}_2$ 对 $\hat{\Theta}_1$ 的**相对效**（relative efficiency）定义为：

$$\frac{MSE(\hat{\Theta}_1)}{MSE(\hat{\Theta}_2)} \tag{4—4}$$

如果相对效比 1 小，就可以得出结论，$\hat{\Theta}_1$ 是比 $\hat{\Theta}_2$ 有效的 θ 的估计，在这个意义上，它的均方误要比较小。

前面，我们已经推荐了 μ 的几个估计值：样本均值、样本中位数和单个的观察值。因为样本中位数的方差比较难求，我们只考虑样本均值 $\hat{\Theta}_1=\overline{X}$ 和 $\hat{\Theta}_2=X_i$。注意到 $\overline{X}$ 和 X_i 都是 μ 的无偏估计，因此，两个估计的均方误就都仅仅是方差。对于样本均值，从式（3—28）有 $MSE(\overline{X})=V(\overline{X})=\sigma^2/n$。因此，$\overline{X}$ 对 X_i 的相对效为：

$$\frac{MSE(\hat{\Theta}_1)}{MSE(\hat{\Theta}_2)}=\frac{\sigma^2/n}{\sigma^2}=\frac{1}{n}$$

由于当样本量 n 大于等于 2 时，$(1/n)<1$，我们可以得出结论，样本均值是比单个观察 X_i 好的 μ 的估计。这一点很重要，因为它说明了对于许多类型的统计问题，一般而言是大样本比小样本更可取。

估计的方差 $V(\hat{\Theta})$，能看作 $\hat{\Theta}$ 的抽样分布的方差。这个值的平方根，$\sqrt{V(\hat{\Theta})}$，称为估计的**标准误**（standard error）。

标准误

统计量的标准误是它的抽样分布的标准差。如果标准误涉及能估计的未知参数，把这些估计代入标准误就得到估计的标准误。

标准误给出了一些有关估计精确度的思想。例如，如果用样本均值 $\overline{X}$ 作为 μ 的估计值，$\overline{X}$ 的标准误测度了 $\overline{X}$ 估计 μ 的精确性。

假设从均值为 μ 方差为 σ^2 的正态分布中抽样。因为 $\overline{X}$ 的分布是均值为 μ 方差为 σ^2/n 的正态分布，所以 $\overline{X}$ 的标准误为：

$$\sigma_X = \frac{\sigma}{\sqrt{n}}$$

如果我们不知道 σ，把样本标准差 S 代入等式，$\overline{X}$ 的估计标准误为：

$$\hat{\sigma}_X = \frac{S}{\sqrt{n}}$$

为了说明这些定义，*Journal of Heat Transfer*（*Tans*，ASME，Ses.C，96，1974，p.59）介绍了测量工业纯铁导热性系数的方法。用 $100°F$ 的温度和 550 瓦的输入电源，测出了下面 10 个导热性系数（Btu/hr-ft-°F）：41.60，41.48，42.34，41.95，41.86，42.18，41.72，42.26，41.81，42.04。在 $100°F$ 和 550 瓦时导热系数均值的点估计为样本均值，即

$$\overline{x} = 41.924\text{Btu/hr-ft-}°F$$

样本均值的标准误为 $\sigma_X = \frac{\sigma}{\sqrt{n}}$，因为 σ 未知，可以用样本标准差 $s = 0.284$ 来代替，得到 $\overline{X}$ 的估计标准误为：

$$\hat{\sigma}_X = \frac{s}{\sqrt{n}} = \frac{0.284}{\sqrt{10}} = 0.089\ 8$$

可以看出标准误大约是样本均值的 0.2%，意味着已经得到了相对精确的导热系数的点估计。

练 习

4—1 一个随机样本数据的 Minitab 输出结果如下所示。其中有些量缺失。计算缺失量的数值。

变量	N	均值	均值标准误	标准差	方差	最小值	最大值
X	10	21.96	?	3.12	?	17.94	29.16

4—2 一个随机样本数据的 Minitab 输出结果如下所示。其中有些量缺失。计算缺失量的数值。

变量	N	均值	均值标准误	方差	总和
X	16	?	0.159	?	399.851

4—3 一个随机样本数据的 Minitab 输出结果如下所示。其中有些量缺失。计算缺失量的数值。

变量	N	均值	方差	总和	平方和	最小值	最大值
X	12	?	?	131.869	1 658.928	8.451	15.878

4—4 一个随机样本数据的 Minitab 输出结果如下所示。其中有些量缺失。计算缺失量的数值。

变量	N	均值	均值标准误	方差	总和	平方和	最小值	最大值
X	15	?	?	?	2 977.70	592 589.64	181.90	212.62

4—5 假设从记为 X 的总体中抽取样本量为 $2n$ 的随机样本，且总体的均值和方差为 $E(X) = \mu$ 和 $V(X) = \sigma^2$。令 $\overline{X}_1 = \frac{1}{2n}\sum_{i=1}^{2n}X_i$ 和 $\overline{X}_2 = \frac{1}{n}\sum_{i=1}^{n}X_i$ 为 μ 的两个估计。哪一个是 μ 的更好的估计？解释你的选择。

4—6 令 X_1，X_2，…，X_9 表示从均值为 μ 方差为 σ^2 的总体中抽取的随机样本。考虑下面 μ 的估计：

$$\hat{\Theta}_1 = \frac{X_1 + X_2 + \cdots + X_9}{9}$$

$$\hat{\Theta}_2 = \frac{3X_1 - X_6 + 2X_4}{2}$$

(a) 两个估计都是无偏的吗？

(b) 哪个估计"最好"？在什么意义上最好？

4—7 假设 $\hat{\Theta}_1$ 和 $\hat{\Theta}_2$ 是参数 θ 的无偏估计。已知 $V(\hat{\Theta}_1)=2$ 和 $V(\hat{\Theta}_2)=4$。哪个估计比较好？在什么意义上比较好？

4—8 计算练习 4—6 中两个估计的相对效。

4—9 计算练习 4—7 中两个估计的相对效。

4—10 假设 $\hat{\Theta}_1$ 和 $\hat{\Theta}_2$ 是参数 θ 的无偏估计。已知 $E(\hat{\Theta}_1)=\theta$，$E(\hat{\Theta}_2)=\theta/2$，$V(\hat{\Theta}_1)=10$ 和 $V(\hat{\Theta}_2)=4$。哪一个估计更好？在什么意义上更好？

4—11 假设 $\hat{\Theta}_1$，$\hat{\Theta}_2$ 和 $\hat{\Theta}_3$ 是参数 θ 的无偏估计。已知 $E(\hat{\Theta}_1)=E(\hat{\Theta}_2)=\theta$，$E(\hat{\Theta}_3)\neq\theta$，$V(\hat{\Theta}_1)=16$ 和 $V(\hat{\Theta}_2)=11$，$E(\hat{\Theta}_3-\theta)^2=6$。比较这些估计。你更愿意选择哪一个？说明理由。

4—12 从均值为 μ 方差为 σ^2 的总体中抽取样本量为 $n_1=20$，$n_2=10$，$n_3=8$ 的三个随机样本。令 S_1^2，S_2^2，S_3^2 表示样本方差。证明 $S^2=(20S_1^2+10S_2^2+8S_3^2)/38$ 是 σ^2 的无偏估计。

4—13 (a) 证明 $\sum_{i=1}^{n}(X_i-\overline{X})^2/n$ 是 σ^2 的有偏估计。

(b) 求出估计的偏差。

(c) 当样本量 n 增加时，偏差将如何变化？

4—14 令 X_1，X_2，$\cdots$，X_n 表示样本量为 n 的随机样本。

(a) 证明 $\overline{X}^2$ 是 μ^2 的有偏估计。

(b) 求出估计的偏差。

(c) 当样本量 n 增加时，偏差将如何变化？

▌ 4.3 假设检验

☐ 4.3.1 统计假设

在前一节中，我们说明了怎样用样本数据求出一个参数的估计。但是，工程中的许多问题要求我们决定是接受还是拒绝一个参数的说明。这个说明称为**假设**（hypothesis）。关于假设的决策过程称为**假设检验**（hypothesis testing）。这是统计推断最重要的一个方面，因为工程领域中许多决策问题、检验和实验都能明确表示为假设检验问题。我们喜欢把统计假设检验看作为工程师关心的**比较实验**（comparative experiment）的数据分析阶段，例如，把总体均值和一个具体的值相比较。这些简单的比较实验在实际中会经常碰到，它们为第 7 章讨论更加复杂的实验设计问题提供了良好基础。这一章我们讨论涉及一个总体的比较实验，我们关注的一个方面就是有关总体参数的假设检验。

统计假设可以来自物理定律、理论知识、过去的经验或外界因素，比如工程要求。现在给出统计假设的正式定义。

> **统计假设**
> 统计假设是对一个或多个总体参数的说明。

因为我们用概率分布来表示总体，统计假设也可以看作为对随机变量概率分布的说明。假设通常会涉及分布中的一个或多个参数。

例如，假设我们关心的是为飞机起飞系统提供动力的固体推进物的燃烧速度。燃烧速度是一个可以用概率分布刻画的随机变量。假设我们感兴趣的是平均燃烧速度（分布的一个参数）。具体来说，我们关心的是确定平均燃烧速度是否为 50 厘米/秒。我们可以把它表示为：

$$H_0: \mu=50\text{cm/s}$$
$$H_1: \mu\neq50\text{cm/s} \tag{4—5}$$

式（4—5）中的语句 $H_0: \mu=50\text{cm/s}$ 称为**零假设**（null hypothesis），语句 $H_1:$

$\mu \neq 50\text{cm/s}$ 称为**备择假设**（alternative hypothesis）。因为备择假设表示的 μ 的值可以大于或小于 50 厘米/秒，它就称为**双边备择假设**（two-sided alternative hypothesis）。在有些情况中，我们希望阐明**单边的备择检验**[①]（one-sided alternative hypothesis），比如

$$H_0 : \mu = 50\text{cm/s} \quad H_1 : \mu < 50\text{cm/s} \quad 或$$
$$H_0 : \mu = 50\text{cm/s} \quad H_1 : \mu > 50\text{cm/s} \qquad\qquad (4\text{—}6)$$

假设是对研究总体或分布的说明，而不是对样本的说明，记住这一点非常重要。总体参数在零假设里的值（上面的例子中为 50cm/s）通常有三种确定方法。第一，这个值可以通过过去的经验、对过程的了解确定，甚至可以通过以前的检验或实验确定。这里，假设检验的目标通常是确定参数值是否已经改变。第二，这个值可以通过有关这个过程的一些理论或模型来确定。这里，假设检验的目的是证明理论或模型。第三种情况是，总体参数的值是从设计、工程规格或合同规定这些外部因素中得到的。在这种情况中，假设检验通常的目标是检验遵守程度。

对特定假设做出决定的过程称为**假设检验**（test of a hypothesis）。假设检验过程要使用总体的随机样本信息。如果这个信息是与假设一致的，我们可以得出结论，假设是正确的。但是，如果信息和假设不一致，我们可以得出结论，假设是错误的。必须强调，假设是正确还是错误是不可能知道的，除非检查整个总体。在绝大多数的实际问题中，这是不可能的。因此，建立假设检验过程时必须留意做出错误结论的概率。

假设检验问题的结构在我们考虑的所有应用中都是相同的。零假设是我们希望检验的假设。拒绝零假设通常导致接受备择假设。我们在做假设检验时，通常会把零假设叙述为参数的一个具体值（如式（4—5）中的 $H_0 : \mu = 50\text{cm/s}$）。允许备择假设有取几个值（如式（4—5）中的 $H_1 : \mu \neq 50\text{cm/s}$）。检验这个假设包括：抽取一个随机样本，用样本数据计算**检验统计量**（test statistic），然后用检验统计量对零假设做出判断。

4.3.2　检验统计假设

为了说明一般的概念，考虑前面介绍的推进物燃烧速度问题。零假设是平均燃烧速度为 50cm/s，备择假设是它不等于 50cm/s。也就是，希望检验

$$H_0 : \mu = 50\text{cm/s}$$
$$H_1 : \mu \neq 50\text{cm/s}$$

假设检验了样本量为 $n = 10$ 的一个样本，求出了样本平均燃烧速度 $\bar{x}$。样本均值是总体均值 μ 的一个估计。样本均值 $\bar{x}$ 的值和假设值 $\mu = 50\text{cm/s}$ 离得很近就证明了总体均值 μ 确实是 50cm/s。也就是说，这些证据支持零假设 H_0。另一方面，样本均值如果和 50cm/s 显著不同，就支持了备择假设 H_1。因此，在这个例子里，样本均值就是检验统计量。

---

① 有两种模型可用于单边备择假设。如果 $H_1 : \mu = 50\text{cm/s}$（例如），则我们可以将零假设写成 $H_0 : \mu = 50\text{cm/s}$ 或 $H_0 : \mu \leqslant 50\text{cm/s}$。在第一种情况下，我们限制 $\mu = 50$（零值），而在第二种情况下，允许零假设小于 50。H_0 的两种表达得到相同的检验和决策指定程序，例如，两种表示法都得到建立在 $\mu = 50$ 基础上的程序。当读者熟悉假设检验程序后，就知道当 $H_0 : \mu \leqslant 50$ 时拒绝零假设很明显得当 $H_0 : \mu < 50$ 时也拒绝零假设。因此，我们通常只将零假设简单地写为等号，但都假设它也能充分表示"$\leqslant$"或"$\geqslant$"。

样本均值能表现出许多不同的值。假设如果 $48.5 \leqslant \bar{x} \leqslant 51.5$，我们就不会拒绝零假设 H_0：$\mu = 50\text{cm/s}$。如果要么是 $\bar{x} < 48.5$，要么是 $\bar{x} > 51.5$，我们就拒绝零假设接受备择假设 H_1：$\mu \neq 50\text{cm/s}$。这种情况在图 4—3 中给出了说明。$\bar{x}$ 的值小于 48.5 和大于 51.5 构成了检验的**临界域**（critical region），而所有在区间 $48.5 \leqslant \bar{x} \leqslant 51.5$ 中的值，我们就不能拒绝零假设。定义临界值的边界称为**临界值**（critical values）。在这个例子中，临界值为 48.5 和 51.5。叙述与零假设相关的结论比较常见。因此，如果检验统计量落入临界域，就拒绝零假设接受备择假设，否则就不能拒绝零假设。

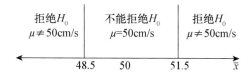

图 4—3　检验 H_0：$\mu = 50\text{cm/s}$ 对 H_1：$\mu \neq 50\text{cm/s}$ 的决策标准

这个决策过程可能导致两个错误的结论。例如，推进物真实的平均燃烧速度可能等于 50cm/s。但是，由于检验的是随机抽取的样本，可能观察到检验统计量 $\bar{x}$ 的值落入临界值。然后我们就会拒绝零假设 H_0 接受备择假设 H_1。而事实上，H_0 确实是正确的。这种类型的错误结论称为**第一类错误**（type Ⅰ error）。

> **第一类错误**
>
> 当零假设 H_0 正确时却拒绝零假设，就定义为第一类错误。

现在假设真实的平均燃烧速度不是 50cm/s，然而样本均值 $\bar{x}$ 没有落到临界值。在这种情况，当它实际是错误的而我们没有拒绝零假设。这种类型的错误结论称为**第二类错误**（type Ⅱ error）。

> **第二类错误**
>
> 当零假设 H_0 是错误的却没有拒绝零假设，就定义为第二类错误。

因此，在检验统计假设时，四种不同的情况决定了最后的决定是对还是错。这些情况见下面的表 4—1。

表 4—1　　　　　　　　　　　　　假设检验中的判断

判断	H_0 为真	H_0 为假
没有拒绝 H_0	没有犯错	第二类错误
拒绝 H_0	第一类错误	没有犯错

因为我们的决定是根据随机变量做出的，在表中，概率就能与表 4—1 中的第一类、第二类错误联系起来。犯第一类错误的概率记为希腊字母 α，也就是，

$$\alpha = P(\text{第一类错误}) = P(\text{当 } H_0 \text{ 为真时拒绝 } H_0) \tag{4—7}$$

有时，犯第一类错误的概率称为检验的**显著性水平**（significance level or size）。在推进物的燃烧速度例子里，当 $\bar{x} < 48.5$ 或者 $\bar{x} > 51.5$ 而真实的平均燃烧速度为 $\mu = 50\text{cm/s}$ 时，就会出现第一类错误。假设燃烧速度的标准差为 $\sigma = 2.5\text{cm/s}$，而且燃烧速度的分布满足中心极限定理的条件，所以如果零假设 H_0：$\mu = 50$ 是正确的，样本均值的分布为渐近正态分布，且均值为 $\mu = 50$ 标准差为 $\sigma/\sqrt{n} = 2.5/\sqrt{10} = 0.79$。犯第一类错误的概率（或检验的显著性水平）等于图 4—4 中正态分布尾部的阴影面积之和。可以求出这个概率为：

$$\alpha = P(\overline{X} < 48.5, \mu = 50) + P(\overline{X} > 51.5, \mu = 50)$$

对应临界值 48.5 和 51.5 的 z-值为：

$$z_1 = \frac{48.5 - 50}{0.79} = -1.90 \quad 和 \quad z_2 = \frac{51.5 - 50}{0.79} = 1.90$$

因此，

$$\alpha = P(Z < -1.90) + P(Z > 1.90) = 0.028\,7 + 0.028\,7 = 0.057\,4$$

这意味着，当真实的平均燃烧速度确实为 50cm/s 时，在所有的随机样本中有 5.74% 会导致拒绝零假设 $H_0: \mu = 50$cm/s，所以我们可以认为 5.74% 的时间会犯第一类错误。

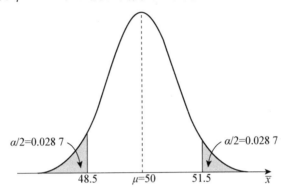

图 4—4　$n = 10$，$H_0: \mu = 50$ 对 $H_1: \mu \neq 50$ 的临界值

从图 4—4 可以看出，只要把临界值往分布的尾部推远，就可以减小 α。例如，如果取临界值为 48 和 52，α 的值为：

$$\alpha = P\left(Z < \frac{48 - 50}{0.79}\right) + P\left(Z > \frac{52 - 50}{0.79}\right) = P(Z < -2.53) + P(Z > 2.53)$$
$$= 0.005\,7 + 0.005\,7 = 0.011\,4$$

假设临界值 48.5 和 51.5 不变，我们也能通过增加样本量来减小 α。如果 $n = 16$，$\sigma / \sqrt{n} = 2.5 / \sqrt{16} = 0.625$，还用图 4—3 中原来的临界域，可以求出：

$$z_1 = \frac{48.5 - 50}{0.625} = -2.40 \quad 和 \quad z_2 = \frac{51.5 - 50}{0.625} = 2.40$$

因此，

$$\alpha = P(Z < -2.40) + P(Z > 2.40) = 0.008\,2 + 0.008\,2 = 0.016\,4$$

在假设检验的求解过程中，检验犯第二类错误的概率同样是重要的，这里把它记作为 β。也就是，

$$\beta = P(第二类错误) = P(当 H_0 为假时没有拒绝 H_0) \tag{4—8}$$

计算 β 时必须有具体的备择假设。也就是说，必须要有具体的 μ 值。例如，假设当 μ 大于 52cm/s 或小于 48cm/s 时拒绝零假设 $H_0: \mu = 50$cm/s 很重要。用值 $\mu = 52$ 和 $\mu = 48$ 可以计算犯第二类错误的概率 β，用这个值可以说明检验过程是怎样进行的。具体来说就是，当希望判断均值为 $\mu = 52$ 或 $\mu = 48$（也就是拒绝 H_0）时检验过程是怎样起作用的？由于对称性，只要其中的一种情况，比如说，求出当均值为 $\mu = 52$ 时接受零假设 $H_0: \mu = 50$cm/s 的概率。

图 4—5 有助于计算犯第二类错误的概率 β。图 4—5 中左边的正态分布是当零假

设 H_0：$\mu=50\text{cm/s}$ 为真时检验统计量 $\overline{X}$ 的分布（这就是表达式"Under H_0：$\mu=50$"的意思）。右边的正态分布是当备择假设为真时 $\overline{X}$ 的分布，这里均值为 52（或者"Under H_1：$\mu=52$"）。当 $\mu=52$ 时如果样本均值 x 落入 48.5 和 51.5（临界值的边界）之间就会犯第二类错误。正如从图 4—5 看出的，这恰好是当真实均值为 $\mu=52$ 时 $48.5 \leqslant \overline{X} \leqslant 51.5$ 的概率，也就是右边正态分布下的阴影部分的面积。因此，参考图 4—5，可以求出：

$$\beta=P(48.5 \leqslant \overline{X} \leqslant 51.5, \mu=52)$$

当 $\mu=52$ 时对应于 48.5 和 51.5 的 z-值为：

$$z_1=\frac{48.5-52}{0.79}=-4.43 \quad 和 \quad z_2=\frac{51.5-52}{0.79}=-0.63$$

因此，

$$\beta=P(-4.43 \leqslant Z \leqslant -0.63)=P(Z \leqslant -0.63)-P(Z \leqslant -4.43)$$
$$=0.264\,3-0.000=0.264\,3$$

因此，如果要检验 H_0：$\mu=50$ 对 H_1：$\mu \neq 50$，且 $n=10$，真实的均值为 $\mu=52$，则没有拒绝错误的零假设的概率为 0.264 3。由于对称性，如果真实的均值为 $\mu=48$ 时，β 的值同样为 0.264 3。

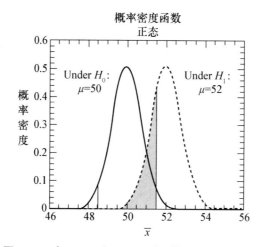

概率密度函数
正态

图 4—5　当 $\mu=52$ 和 $n=10$ 时犯第二类错误的概率

当真实的 μ 值接近假设值时，犯第二类错误的概率迅速增加。例如，见图 4—6，这里均值真实的值为 $\mu=50.5$，假设值为 H_0：$\mu=50$。μ 的真实值和 50 非常接近，β 的值为：

$$\beta=P(48.5 \leqslant \overline{X} \leqslant 51.5, \mu=50.5)$$

当 $\mu=50.5$ 时，与 48.5 和 51.5 相对应的 z-值为：

$$z_1=\frac{48.5-50.5}{0.79}=-2.53 \quad 和 \quad z_2=\frac{51.5-50.5}{0.79}=1.27$$

因此，

$$\beta=P(-2.53 \leqslant Z \leqslant 1.27)=P(Z \leqslant 1.27)-P(Z \leqslant -2.53)$$
$$=0.898\,0-0.005\,7=0.892\,3$$

因此，当真实的均值为 50.5cm/s 时犯第二类错误的概率要比当真实的均值为

52cm/s 时犯第二类错误的概率要高很多。当然，在许多实际情况中，如果均值和假设值很接近时我们不能关心犯第二类错误的概率。我们更关心的是检验真实的均值和零假设中的具体值是否有很大的差别。

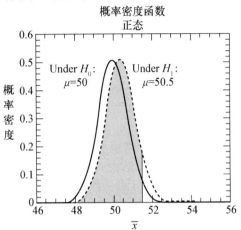

图 4—6　当 $\mu=50.5$ 和 $n=10$ 时犯第二类错误的概率

犯第二类错误的概率同样取决于样本量 n。假设零假设为 H_0：$\mu=50$cm/s，真实的均值为 $\mu=52$。如果样本量从 $n=10$ 增加到 $n=16$，图 4—7 的情况。左边的正态分布是均值为 $\mu=50$ 时的 $\overline{X}$ 的分布，右边的正态分布是均值为 $\mu=52$ 时的 $\overline{X}$ 的分布。正如图 4—7 所示的，第二类错误的概率为：

$$\beta=P(48.5\leqslant\overline{X}\leqslant51.5,\mu=52)$$

当 $n=16$ 时，$\overline{X}$ 的标准差为 $\sigma/\sqrt{n}=2.5/\sqrt{16}=0.625$，当 $\mu=52$ 时与 48.5 和 51.5 对应的 z-值为：

$$z_1=\frac{48.5-52}{0.625}=-5.60 \quad 和 \quad z_2=\frac{51.5-52}{0.625}=-0.80$$

因此，

$$\beta=P(-5.60\leqslant Z\leqslant-0.80)=P(Z\leqslant-0.80)-P(Z\leqslant-5.60)$$
$$=0.211\,9-0.000=0.211\,9$$

回想起当 $n=10$ 和 $\mu=52$ 时，求出了 $\beta=0.264\,3$；因此，增加样本量会减小第二类错误的概率。

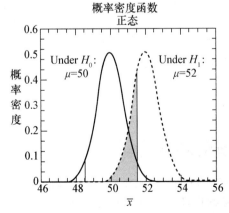

图 4—7　当 $\mu=52$ 和 $n=16$ 时犯第二类错误的概率

这一节的结果和其他类似的计算汇总如下：

不能拒绝 H_0 当	样本量	α	$\mu=52$ 时的 β	$\mu=50.5$ 时的 β
$48.5<\bar{x}<51.5$	10	0.057 6	0.264 3	0.892 3
$48<\bar{x}<52$	10	0.011 4	0.500 0	0.970 5
$48.5<\bar{x}<51.5$	16	0.016 4	0.211 9	0.944 5
$48<\bar{x}<52$	16	0.001 4	0.500 0	0.991 8

方框中的结果在文中没有计算，但是读者很容易就能证明。这张表和前面的讨论揭示了四个要点：

1. 临界值的大小以及第一类错误的概率 α 通常能通过选择合适的临界值而减小。

2. 第一类错误和第二类错误是相关的。如果样本量 n 不变，减小一类错误的概率会增加另一类错误的概率。

3. 假设临界值保持不变，增加样本量一般会同时减小 α 和 β。

4. 当零假设是错误的，当参数的真实值越接近零假设中假设的值，β 就会增加。当真实的均值和假设的值之间的差异增加时，β 的值减小。

一般来说，分析者选择临界值时，他控制的是第一类错误的概率 α。因此，分析者把第一类错误的概率设定在（或附近）某一想要的值通常比较容易。因为分析者能直接控制错误拒绝 H_0 的概率，我们总是认为拒绝零假设 H_0 是**强结论**（strong conclusion）。

因为我们可以控制犯第一类错误的概率（或显著性水平）α，一个合理的问题就是应该使用什么值。第一类错误的概率是风险的测度，具体来说，是当零假设为真时认为零假设错误的风险。因此，α 的值的选择应该要反映错误拒绝 H_0 的后果（经济的，社会的等）。α 的值越小，反映出后果越严重，α 的值越大，和较轻的后果保持一致。这通常是很难决定的，在很多科学和工程实际问题中，在大多数情况下，使用 $\alpha=0.05$，除非有其他信息显示这一选择是不合适的。在 $n=10$ 的火箭推进物问题中，与之对应的临界值为 48.45 和 51.55。

> 在假设检验中广泛使用的步骤是令第一类错误概率，或者说显著性水平 $\alpha=0.05$。这个值是在实际中逐渐演化而来的，并不一定适用于所有情况。

另一方面，第二类错误的概率 β 不是一个常数，它取决于参数的真实值。它也同样取决于选择的样本量。因为第二类错误的概率 β 是样本量和零假设 H_0 为假的一个函数，习惯上就把不能拒绝 H_0 看作为**弱结论**（weak conclusion），除非 β 足够的小。因此，我们情愿说"不能拒绝 H_0"而不是说"接受 H_0"。不能拒绝 H_0 意味着没有找到足够的证据拒绝 H_0，也就是做出强的陈述。不能拒绝 H_0 并不一定意味着 H_0 为真的概率很高。它可能只是意味着得到强结论需要更多的数据。这对假设的明确表达有很重要的含意。

我们会用的一个重要概念就是统计检验的势。

> 统计检验的**势**（power）是当备择假设为真时拒绝零假设 H_0 的概率。

势计算为 $1-\beta$，势能解释成正确拒绝错误零假设的概率。我们在比较统计检验时常常比较它们势的性质。例如，考虑推进物的燃烧速度问题中的检验 H_0：$\mu=50$ 对 H_1：$\mu\neq50$。假设真实的均值为 $\mu=52$。当 $n=10$ 时，求出 $\beta=0.264\,3$，所以当

$\mu = 52$ 时检验的势为 $1 - \beta = 1 - 0.264\,3 = 0.735\,7$。

　　势是对统计检验**敏感性**（sensitivity）的非常精确的描述和测度。这里的敏感性表示检验发现差别的能力。在这里的例子里，发现平均燃烧速度为 50 或 52 的区别的检验敏感性为 0.735\,7。那就是说，如果真实的均值为 52cm/s，检验有 73.57％ 的可能正确拒绝零假设 $H_0: \mu = 50$ 和"发现"这个差别。如果认为势的值太小了，分析者可以增加 α 或者样本量 n。

4.3.3　假设检验中的 *P*-值

　　在前一节我们介绍的假设检验的方法是使用一个固定的显著性水平 α，这个值经常定为 $\alpha = 0.05$。固定显著性水平或固定第一类错误是很好的进行假设检验的方法，因为可以直接导致第二类错误和势的定义，这两者是很有用的概念，并且在选择合适样本量时具有重要的价值。

　　固定显著性水平检验确实有一些优势。例如，在火箭推进物平均燃烧速率问题中，可以看到原假设在 $\alpha = 0.05$ 的显著性水平下被拒绝了。这一叙述可能是不充分的，因为它不能告诉决策者样本平均燃烧速率是刚刚落到拒绝域里还是远远地落到拒绝域里。这涉及 H_0 证据的力度。而且，这样叙述结果把预先定义的显著性水平强加到了信息的其他使用者上。这种方法可能会不能令人满意，因为一些决策者可能会对由 $\alpha = 0.05$ 意味的风险感到不安。

　　为了避免这些困难，在实际中广泛采取了 *P*-值方法。*P*-值是在原假设 H_0 为真时检验统计量表现出来的值至少有统计量的观察值那么极端的概率。换句话说，*P*-值涵盖了 H_0 证据重要性的信息。*P*-值越小，H_0 的证据越有力。当 *P*-值足够小，我们拒绝零假设，支持备择假设。*P*-值方法让决策者可以在任何具体的显著性水平下做出结论。现在给出 *P*-值的正式定义。

> ### *P*-值
> *P*-值是导致原假设 H_0 被拒绝的最小显著性水平。

　　为了说明 *P*-值的概念，让我们考虑推进物的燃烧速度情形，其假设为：

$$H_0: \mu = 50\text{cm/s}$$
$$H_1: \mu \neq 50\text{cm/s}$$

　　这里我们知道 $\sigma = 2.5\text{cm/s}$。假设一个由 $n = 10$ 个推进物样品组成的随机样本得到的样本均值为 $\bar{x} = 51.8\text{cm/s}$。图 4—8 说明了 *P*-值是如何计算的。图中的正态曲线是在零假设下样本均值的分布；正态分布的均值为 $\mu = 50$，标准差为 $\sigma/\sqrt{n} = 2.5/\sqrt{10} = 0.79$。51.8 是样本均值的观测值。观测到样本均值的值大于等于 51.8 的概率可以通过计算 z-值得到：

$$z = \frac{51.8 - 50}{0.79} = 2.28$$

标准正态分布的随机变量大于等于 2.28 的概率为 0.011\,3。因为零假设是双边的，这是 *P*-值的二分之一。我们还必须考虑到 z-值为负的情形，也就是，$z = -2.28$（这和图 4—8 中的 48.2 相对应）。因为正态曲线是对称的，标准正态分布的随机变量小于等于 -2.28 的概率也是 0.0113。因此，这一假设检验问题的 *P*-值为：

$$P = 0.011\,3 + 0.011\,3 = 0.022\,6$$

P-值可以告诉我们，当零假设 H_0 为真时，得到一个随机样本，其平均值大于等于 51.8（或小于等于 48.2）的概率为 0.022 6。因此，如果零假设真的是对的，那么观测到样本均值为 51.8 就是一个稀有事件。和"标准"显著性水平 0.05 相比，我们得到的 P-值更小，所以如果我们使用固定的显著性水平 0.05，零假设就要被拒绝。事实上，在任何大于等于 0.0226 的显著性水平下，H_0 都将被拒绝。这说明了上面方框中的定义：P-值是导致 H_0 被拒绝的最小显著性水平。

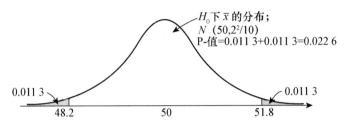

图 4—8　计算推进物燃烧速度问题中的 P-值

在实际操作中，一旦计算得到 P-值，我们通常将其和一个预先选择好的显著性水平进行比较来做决定。一般这个预先选择的显著性水平是 0.05。然而，在现行的结果和结论中，标准惯例是同时报告计算得到的 P-值和考虑零假设的决定。

很明显，P-值提供了零假设**可靠性**的一种测度。它测量了针对 H_0 的证据的权重。具体来说，如果你拒绝了 H_0，P-值是你做出这一错误决定的风险。

> P-值不是零假设为假的概率，$1-P$ 也不是零假设为真的概率。零假设可以是真的，也可以是假的（没有任何概率与此相关），所以 P-值的恰当理解应当是从错误拒绝 H_0 风险的角度来讲。

我们会大量使用 P-值方法。现代统计软件包报告假设检验问题的结果几乎都是以 P-值为依据的。

4.3.4　单边和双边假设

任何对形如

$$H_0 : \mu = \mu_0$$
$$H_1 : \mu \neq \mu_0$$

的假设做的检验称为**双边**（two-sided）检验，因为要检验的差别位于假设的均值 μ_0 的两边。在这样的检验中，临界值被分成两部分，并且通常是等概率的放在检验统计量分布的两个尾部。

许多假设检验问题涉及单边备择假设，比如

$$H_0 : \mu = \mu_0$$
$$H_1 : \mu > \mu_0$$
　　或者　　
$$H_0 : \mu = \mu_0$$
$$H_1 : \mu > \mu_0$$

如果备择假设是 $H_1 : \mu > \mu_0$，则临界值应当位于检验统计量的上尾；而如果备择假设是 $H_1 : \mu < \mu_0$，则临界值应当位于检验统计量的下尾。因此，这些检验有时称为**单尾**（one-tailed）检验。单边检验临界值的位置是很容易确定的。简单想象零假设为真时检验统计量的状态，然后把临界值放在分布的合适尾部。一般来说，备择假设中的不等号指向临界值的方向。

构造假设时，我们总是把零假设叙述为等式，这样第一类错误的概率 α 就能控制在一个具体值上（参考 157 页有关单边备择假设的脚注）。备择假设可以是单边或双边的，这取决于如果 H_0 被拒绝要得出的结论。如果目标是做出像"大于"，"小于"，"优于"，"超过"，"至少"等叙述的声明，单边备择假设就是合适的。如果声明没有暗示方向或做的声明是"不等于"，就应当用双边备择假设。

例 4—2

火箭推进物

考虑推进物燃烧速度问题。假设如果燃烧速度小于 50cm/s，我们希望用强结论来说明这一点。假设就应当叙述为：

$$H_0 : \mu = 50\text{cm/s}$$
$$H_1 : \mu < 50\text{cm/s}$$

这里临界值位于 $\overline{X}$ 的分布的下尾。因为拒绝 H_0 总是强结论。如果 H_0 被拒绝，这样叙述假设会得到想要的结果。尽管零假设是用等号叙述的，可以把它理解为包括没有被备择假设指定的任何 μ 值。因此，不能拒绝零假设并不意味着 $\mu = 50$ 厘米/秒，只是没有足够强的证据来支持 H_1。

在许多实际应用问题中，暗示着使用单边检验过程，只是有时候选择合适的备择假设声明比较难。例如，假设无酒精饮料灌装商从玻璃公司购买了 2 升的瓶子。他希望确定瓶子在平均内部压力或破裂强度方面满足规格，对 2 升的瓶子来说，需要的最小强度为 200psi。灌装商决定把具体一批瓶子的判断过程明确表示为假设问题。对于这个问题有两种可能的表达方法，就是

$$H_0 : \mu = 200\text{psi}$$
$$H_1 : \mu > 200\text{psi}$$
$$\tag{4—9}$$

或者

$$H_0 : \mu = 200\text{psi}$$
$$H_1 : \mu < 200\text{psi}$$
$$\tag{4—10}$$

考虑式（4—9）中的表达式。如果零假设被拒绝，可以判断瓶子是满足要求的，而如果 H_0 没有被拒绝，这暗示了瓶子不符合规格，不能使用。因为拒绝 H_0 是强结论。这种说法强迫瓶子生产商"证明"出瓶子的破裂强度超过规格。现在考虑式（4—10）。在这种情况下，能判断瓶子是满足要求的除非 H_0 被拒绝。也就是说，我们能得出结论瓶子是满足要求的，除非有很强的反面证据。

哪一种表达是正确的，式（4—9）的说法还是式（4—10）的说法？答案是，看情况。对于式（4—9），即使真实值比 200psi 大一点点也有可能 H_0 没有被拒绝（也就是决定瓶子不满足要求）。这种表达方式暗示着我们希望瓶子制造商证明产品是满足或超过规格的。如果制造商过去的产品很难满足要求或者出于产品安全性考虑而严格要求遵守 200psi 的规格，这种表达方式就是合适的。另一方面，对于式（4—10）的说法，即使真实的均值要比 200psi 小一点，也有可能接受 H_0，认为瓶子是满足要求的。只有当有很强的证据证明均值没有超过 200psi，即 H_0：$\mu = 200$psi 被拒绝时，我们才可以得出结论说瓶子不满足要求。这种表达方式是假设我们对瓶子制造商过去

的表现比较满意，也假设稍微偏离 $\mu \geqslant 200\text{psi}$ 这一规格不是非常有害的。

> 在表达单边备择假设时，我们应当记住，拒绝 H_0 总是强结论。因此，必须说明白在备择假设里做出强结论是否重要。在实际应用问题中，这常常取决于我们对该种情况的观点和经验。

4.3.5 假设检验的一般步骤

本章用许多实际例子来说明建立假设检验的步骤。下面给出的假设检验方法的步骤是被提倡的。

1. 感兴趣的参数：从问题的背景里识别出感兴趣的参数。
2. 零假设，H_0：叙述出零假设 H_0。
3. 备择假设，H_1：指定合适的备择假设 H_1。
4. 检验统计量：写出合适的检验统计量。
5. 拒绝 H_0 如果：定义拒绝 H_0 的条件。
6. 计算：计算必需的样本统计量数值，把它们代入检验统计量的等式中，计算检验统计量的值。
7. 结论：决定 H_0 是否应该被拒绝，在问题背景下做出报告。这里包括计算 P-值或者比较检验统计量和一组关键值。

1~4 步应该在检验样本数据之前就完成。步骤的顺序在下一节中将有说明。

练 习

4—15 纺织纤维生产商正在研究一种新的纱线，它的平均线程伸长为 12 千克，标准差为 0.5 千克。公司希望检验假设 H_0：$\mu=12$ 对 H_1：$\mu<12$。用 4 个样品组成的随机样本。

(a) 如果样本均值为 $\bar{x}=11.7\text{kg}$，P-值为多少？

(b) 当真实的平均伸长力量为 11.5kg 时，求出 β，假设 $\alpha=0.05$。

(c) (b) 中检验的势为多少？

4—16 用样本量为 $n=16$ 和相同的临界值重新做练习 4—15。

4—17 在练习 4—15 中，$n=5$。

(a) 如果第一类错误指定为 $\alpha=0.01$，求出临界值的边界。

(b) 当真实的平均伸长力量为 13.5kg 时，求出 β。

(c) 检验的势为多少？

4—18 在练习 4—16 中，$n=16$：

(a) 如果第一类错误指定为 $\alpha=0.05$，求出临界值的边界。

(b) 当真实的平均伸长力量为 14kg 时，求出 β。

(c) (b) 中检验的势为多少？

4—19 每克水泥混合物释放的热量（单位：卡路里）是渐近正态分布的。均值被认为是 80，标准差为 2。我们希望用 $n=9$ 个样品来检验 H_0：$\mu=80$ 对 H_1：$\mu\neq80$。

(a) 如果拒绝域定义为 $\bar{x}<78.5$ 或 $\bar{x}>81.5$，求出第一类错误的概率 α。

(b) 如果释放的热量真实的平均值为 83，求出 β。

(c) 如果释放的热量真实的平均值为 85，求出 β。这个 β 值比 (b) 中求出的要小。为什么？

4—20 用样本量 $n=5$ 和相同的临界值重新做练习 4—19。

4—21 一家消费品生产公司正在研制新的洗发水，他们关心的是泡沫的高度（单位：毫米）。泡沫高度服从渐近正态分布，标准差为 20mm。公司希望检验 H_0：$\mu=175\text{mm}$ 对 H_1：$\mu>175\text{mm}$，用样本量为 $n=10$ 的结果。

(a) 如果临界值为 $\bar{x}>185$，求出第一类错误的概率 α。

(b) 如果泡沫高度的真实均值为 200mm，第二类错误的概率为多少？

（c）（b）中检验的势为多少？

4—22 在练习 4—21 中，假设样本均值得到 $\bar{x}=190$mm。

（a）给定 $\alpha=0.05$，你能得出什么结论？

（b）如果真实的均值为 175mm，样本均值 $\bar{x}=190$mm 怎样"不寻常"？也就是说，如果泡沫高度真实的均值为 175mm，你观察到的样本数有 190mm 那么大（或更大）的概率为多少？

4—23 假设样本量为 $n=16$，临界值的边界是相同的，重新做练习 4—21。

4—24 考虑练习 4—21。假设样本量增加到 $n=16$。

（a）如果第一类错误指定为 $\alpha=0.05$，临界值的边界在哪里？

（b）用 $n=16$ 和（a）中求出的临界值来求出第二类错误的概率 β，这里泡沫高度的真实均值

为 195mm。

（c）把（b）中得出的 β 和练习 4—21（b）中的值相比较。你能得出什么结果？哪一个的势比较高？

4—25 生产商关心的是 PC 机用的电源的输出电压。假设输出电压服从正态分布，标准差为 0.25V，生产商希望检验 $H_0: \mu=5$V 对 $H_1: \mu \neq 5$V，$n=8$。

（a）临界值为 $\bar{x}<4.85$ 或 $\bar{x}>5.15$。求出 α 的值。

（b）真实的平均输出电压为 5.1V，求出检验的势。

4—26 假设 $n=16$，临界域的边界值不变，重新做练习 4—25。

4—27 考虑练习 4—25，假设工程师希望第一类错误的概率为 $\alpha=0.05$。临界值应该放在哪儿？

4.4 总体均值的推断，方差已知

在这一节，我们将考虑对单个总体的均值做出推断，这里总体方差 σ^2 是已知的。

假设

1. X_1，X_2，$\cdots$，X_n 是从总体中抽取的样本量为 n 的随机样本。
2. 总体是正态分布的，如果不是正态分布的，也满足中心极限定理的条件。

根据我们在 4.2 节中的讨论，样本均值 $\bar{X}$ 为 μ 的**无偏点估计量**（unbiased point estimator）。在这些假设下，$\bar{X}$ 的分布服从均值为 μ 方差为 σ^2/n 的渐近正态分布。

在这些假设下，

$$Z=\frac{\bar{X}-\mu}{\sigma/\sqrt{n}} \tag{4—11}$$

服从标准正态分布，$N(0，1)$。

4.4.1 均值的假设检验

假设希望检验假设

$$H_0: \mu=\mu_0$$
$$H_1: \mu \neq \mu_0 \tag{4—12}$$

这里，μ_0 是一个具体的常数。从总体中抽取随机样本 X_1，X_2，$\cdots$，X_n。因为 $\bar{X}$ 服从渐近正态分布（也就是 $\bar{X}$ 的**抽样分布**（sampling distribution）为渐近正态分布），且均值为 μ_0，标准差为 $\sigma/\sqrt{n}$。如果原假设为真，我们可以计算 P-值，或者如果我们

想用固定显著性水平的方法，就能如 4.3.2 和 4.3.3 节那样用样本均值 $\bar{x}$ 来构建临界域。

把样本均值标准化和使用标准正态分布的检验统计量通常就方便很多。这个过程通常称为 **z-检验**（z-test）。也就是说，对 H_0：$\mu = \mu_0$ 的检验过程用**检验统计量**（test statistic）。

---

z-检验的统计量

$$Z_0 = \frac{\overline{X} - \mu_0}{\sigma/\sqrt{n}} \tag{4—13}$$

如果原假设 H_0：$\mu = \mu_0$ 为真，则 $E(\overline{X}) = \mu_0$，Z_0 的分布为标准正态分布（记为 $N(0,1)$）。式（4—13）中的分母 $\sigma/\sqrt{n}$ 是样本均值 $\overline{X}$ 的**标准误**（standard error）。所以检验统计量的一般形式是（样本均值和假设均值的区别）标准误。这个一般形式几乎出现在所有有关均值的统计检验中。

假设我们选择了一个样本量为 n 的随机样本，样本均值的观测值为 $\bar{x}$。为了使用 P-值方法检验零假设，我们需要找到零假设为真的情况下，观测到样本均值至少为 $\bar{x}$ 的概率。和 $\bar{x}$ 对应的标准正态 z-值可以通过式（4—13）中的检验统计量找到：

$$z_0 = \frac{\bar{x} - \mu_0}{\sigma/\sqrt{n}}$$

根据标准正态的累计分布函数（cdf），我们在找的概率是 $1 - \Phi(|z_0|)$。标准正态累计分布函数的参数为 $|z_0|$ 的原因是，根据观测得到的样本均值，z_0 的值可以为正也可以为负。因为这是一个双尾检验，这只是 P-值的二分之一。因此，对双边备择假设，P-值为：

$$P = 2[1 - \Phi(|z_0|)] \tag{4—14}$$

图 4—9（a）展示了这一结果。

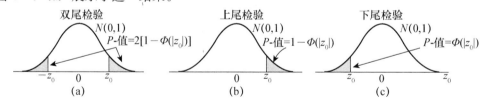

图4—9 z-检验的 P-值

现在我们考虑单边备择假设。假设要检验

$$H_0 : \mu = \mu_0$$
$$H_1 : \mu > \mu_0 \tag{4—15}$$

再次假设我们选择了一个样本量为 n 的随机样本，样本均值的观测值为 $\bar{x}$。我们通过式（4—13）计算检验统计量并得到 z_0。因为检验是上尾检验，只有大于 μ_0 的 $\bar{x}$ 的值和备择假设保持一致。因此，P-值是标准正态随机变量大于检验统计量 z_0 的概率。该 P-值如下计算：

$$P = 1 - \Phi(z_0) \tag{4—16}$$

该 P-值如图 4—9（b）所示。

包含如下假设的下尾检验：

$$H_0 : \mu = \mu_0$$
$$H_1 : \mu < \mu_0 \tag{4—17}$$

假设我们选择了一个样本量为 n 的随机样本，样本均值的观测值为 $\bar{x}$。我们通过式（4—13）计算检验统计量并得到 z_0。因为检验是下尾检验，只有小于 μ_0 的 $\bar{x}$ 的值和备择假设保持一致。因此，P-值是标准正态随机变量小于检验统计量 z_0 的概率。该 P-值如下计算：

$$P = \Phi(z_0) \tag{4—18}$$

如图 4—9（c）所示。

计算检验统计量的确切 P-值并不总是很容易的。但是，绝大多数计算机程序有 P-值的统计分析报告，它们也能在一些小计算器上得到。我们也能证明怎样近似 P-值。

我们也能将固定显著性水平检验和 z-检验一起使用。要做的就是确定双边和单边备择假设的临界域。首先考虑式（4—12）中的双边备择假设。如果 $H_0 : \mu = \mu_0$ 为真，检验统计量 Z_0 落入 $-z_{\alpha/2}$ 和 $z_{\alpha/2}$ 之间的概率为 $1-\alpha$，这里 $z_{\alpha/2}$ 是标准正态分布的 $100\alpha/2$ 百分点。与 $-z_{\alpha/2}$ 和 $z_{\alpha/2}$ 有关的区域在图 4—10（a）中给出了说明。可以看到当 $H_0 : \mu = \mu_0$ 为真时，检验统计量 Z_0 落入区域 $Z_0 < -z_{\alpha/2}$ 或 $Z_0 > z_{\alpha/2}$ 的概率为 α。显然，如果 $H_0 : \mu = \mu_0$ 为真时，样本产生的检验统计量的值落入 Z_0 的尾部是不寻常的，因此，它就是 H_0 为假的暗示。因此，如果

$$z_0 > z_{\alpha/2} \tag{4—19}$$

或者

$$z_0 < -z_{\alpha/2} \tag{4—20}$$

我们就应当拒绝 H_0。如果

$$-z_{\alpha/2} \leqslant z_0 \leqslant z_{\alpha/2} \tag{4—21}$$

就不能拒绝原假设 H_0。

式（4—19）和式（4—20）定义了检验的**临界域**（critical region）或**拒绝域**（rejection region）。这个检验过程的第一类错误为 α。

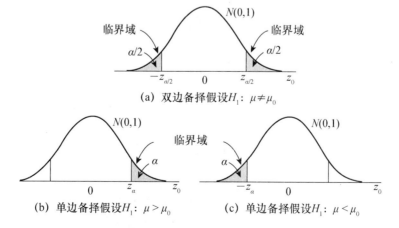

(a) 双边备择假设 $H_1 : \mu \neq \mu_0$

(b) 单边备择假设 $H_1 : \mu > \mu_0$　　(c) 单边备择假设 $H_1 : \mu < \mu_0$

图 4—10　当 $H_0 : \mu = \mu_0$ 为真时 Z_0 的分布

我们可以同样建立单边备择假设的固定显著性水平检验的过程。考虑式（4—15）

中的上尾情形。

在定义该检验中的临界域时，观察到，检验统计量 Z_0 为负值时我们永远不会得到 $H_0: \mu = \mu_0$ 为假的结论。因此，把临界域放在标准正态分布的上尾，如果计算出来的 z_0 太大的话，就拒绝 H_0。参考图 4—10（b）。也就是说，如果

$$z_0 > z_\alpha \tag{4—22}$$

我们就拒绝 H_0。

类似地，检验式（4—17）中的下尾情形，我们将计算检验统计量 Z_0，如果 Z_0 的值太小，就拒绝 H_0。也就是说，如图 4—10（c）所示，临界域在标准正态分布的下尾。如果

$$z_0 < -z_\alpha \tag{4—23}$$

就拒绝 H_0。

总结　均值的假设检验，方差已知（z-检验）

零假设：$H_0: \mu = \mu_0$

检验统计量：$Z_0 = \dfrac{\overline{X} - \mu_0}{\sigma / \sqrt{n}}$

备择假设	P-值	固定水平检验的拒绝域
$H_1: \mu \neq \mu_0$	大于 $\lvert z_0 \rvert$ 和小于 $-\lvert z_0 \rvert$ 的概率，$P = 2[1 - \Phi(\lvert z_0 \rvert)]$	$z_0 < -z_{\alpha/2}$ 或 $z_0 > z_{\alpha/2}$
$H_1: \mu > \mu_0$	大于 $\lvert z_0 \rvert$ 的概率，$P = 1 - \Phi(z_0)$	$z_0 > z_\alpha$
$H_1: \mu < \mu_0$	小于 z_0 的概率，$P = \Phi(z_0)$	$z_0 < -z_\alpha$

这些情况的 P-值和临界域见图 4—9 和 4—10。

例 4—3

推进物燃烧速度

飞机起飞系统是由一种固体推进物提供动力的。推进物的燃烧速度是重要的产品性质。规格要求平均燃烧速度必须为 50cm/s。已知燃烧速度的标准差为 $\sigma = 2$cm/s。实验者决定把第一类错误的概率或显著性水平设在 $\alpha = 0.05$。他选择了样本量为 $n = 25$ 的一个随机样本，得到平均燃烧速度为 $\overline{x} = 51.3$cm/s。他能得到什么结论？

解答： 我们可以按照在 4.3.5 已经总结出来的七步程序来解决这个问题。得到了下面的结果：

1. 感兴趣的参数：感兴趣的参数为 μ，平均燃烧速度。

2. 零假设，$H_0: \mu = 50$cm/s。

3. 备择假设，$H_1: \mu \neq 50$cm/s。

4. 检验统计量：检验统计量为 $z_0 = \dfrac{\overline{x} - \mu_0}{\sigma / \sqrt{n}}$。

5. 拒绝 H_0：如果 P-值小于 0.05 就拒绝 H_0。（注意和固定显著性水平检验相对应的临界域的边界为 $z_{0.025} = 1.96$ 和 $-z_{0.025} = -1.96$。）

6. 计算：因为 $\overline{x} = 51.3$ 和 $\sigma = 2$cm/s，所以

$$z_0 = \frac{51.3 - 50}{2 / \sqrt{25}} = 3.25$$

7. 结论：P-值为 $P = 2[1 - \Phi(3.25)] = 0.0012$。因为 $P = 0.0012 < 0.05$，我们拒绝 $H_0 : \mu = 50\text{cm/s}$。这一结果的**实际工程解释**（practical engineering interpretation）是，根据 25 个观察组成的样本，我们总结出，平均燃烧速度和 50cm/s 不同。事实上，有很强的证据证明平均燃烧速度超过 50cm/s。

Minitab 可以进行 z-检验。针对例 4—3 中的推进物燃烧速度问题使用 Minitab 软件，可以得出如下所示的输出结果。注意到 Minitab 报告均值的**标准误**（$\sigma/\sqrt{n} = 0.4$）。这是 z-检验统计量的分母。检验统计量的 P-值也同样提供了。

单样本 Z-检验

检验均值 $\mu = 50$ 对 $\mu \neq 50$

假设标准差 $= 2$

样本量	均值	均值标准误	95％置信区间	Z	P
25	51.3000	0.4000	(50.5160，52.0840)	3.25	0.001

Minitab 同样报告平均燃烧速度的**置信区间**（confidence interval，CI）估计。在 4.4.5 小节中，我们会描述如何计算得到这一区间以及如何对其进行解释。

4.4.2 第二类错误和样本量的选择

在假设检验里，分析者直接选择第一类错误。但是，第二类错误的概率 β 取决于样本量的大小。在这一节中，我们将说明怎样计算第二类错误的概率 β，也将说明怎样选择样本量来得到指定的 β 值。

求出第二类错误的概率 β

考虑双边假设

$$H_0 : \mu = \mu_0$$
$$H_1 : \mu \neq \mu_0$$

假设原假设为假，均值的真实值为 $\mu = \mu_0 + \delta$，比如说，$\delta > 0$。检验统计量 Z_0 的期望为：

$$E(Z_0) = E\left(\frac{\overline{X} - \mu_0}{\sigma/\sqrt{n}}\right) = \frac{\mu_0 + \delta - \mu_0}{\sigma/\sqrt{n}} = \frac{\delta\sqrt{n}}{\sigma}$$

并且 Z_0 的方差为单位值。因此，当 H_1 为真时，Z_0 的分布为：

$$Z_0 \sim N\left(\frac{\delta\sqrt{n}}{\sigma}, 1\right)$$

这里，符号"$\sim$"的意思是"分布为"。检验统计量在原假设 H_0 和备择假设 H_1 下的分布见图 4—11。检查图可以看出，如果 H_1 为真，犯第二类错误只可能是 $-z_{\alpha/2} \leqslant Z_0 \leqslant z_{\alpha/2}$，这里，$Z_0 \sim N\left(\frac{\delta\sqrt{n}}{\sigma}, 1\right)$。那就是说，第二类错误的概率 β 是在 H_1 为真时 Z_0 落入 $[-z_{\alpha/2}, z_{\alpha/2}]$ 的概率。这个概率见图 4—11 的阴影部分，用数学表达就是下面的等式。

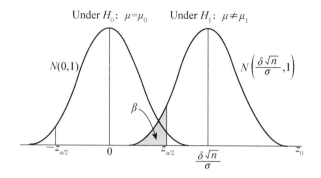

图4—11 在 H_0 和 H_1 下 Z_0 的分布

均值的双边假设检验犯第二类错误的概率，方差已知

$$\beta = \Phi\left(z_{\alpha/2} - \frac{\delta\sqrt{n}}{\sigma}\right) - \Phi\left(-z_{\alpha/2} - \frac{\delta\sqrt{n}}{\sigma}\right) \tag{4—24}$$

这里，$\Phi(z)$ 表示在标准正态分布里落入 z 的左边的概率。可以看到式（4—24）是通过计算当 H_1 为真时 Z_0 落入 $[-z_{\alpha/2}, z_{\alpha/2}]$ 的概率得到的。而且当 $\delta < 0$ 时，由于正态分布的对称性等式仍然成立。对于单边的备择假设，也可能得到类似式（4—24）的等式。

样本量公式

对于给定的 δ 和 α，很容易就可以推出适当的样本量的公式，使得 β 的值等于某一指定的值。对于双边假设检验，从式（4—24）可知，

$$\beta = \Phi\left(z_{\alpha/2} - \frac{\delta\sqrt{n}}{\sigma}\right) - \Phi\left(-z_{\alpha/2} - \frac{\delta\sqrt{n}}{\sigma}\right)$$

或者，如果 $\delta > 0$，

$$\beta \cong \Phi\left(z_{\alpha/2} - \frac{\delta\sqrt{n}}{\sigma}\right) \tag{4—25}$$

因为 $\Phi\left(-z_{\alpha/2} - \frac{\delta\sqrt{n}}{\sigma}\right) \cong 0$，当 $\delta > 0$ 时。令 z_β 为标准正态分布的 100β 的上百分位点。则，$\beta = \Phi(-z_\beta)$。从式（4—25）可得，

$$-z_\beta \cong z_{\alpha/2} - \frac{\delta\sqrt{n}}{\sigma}$$

这推出了下面的等式。

均值的双边假设检验需要的样本量，方差已知

对于方差和显著性水平 α 已知的均值的双边假设检验，在势函数至少为 $1-\beta$ 时，要检查出真实和假设的均值之间的差异需要的样本量为：

$$n \cong \frac{(z_{\alpha/2} + z_\beta)^2 \sigma^2}{\delta^2} \tag{4—26}$$

这里，$\delta = \mu - \mu_0$。

如果 n 不是整数，习惯采用收尾法使样本量等于下一个整数。

当和 β 相比，$\Phi(-z_{\alpha/2} - \delta\sqrt{n}/\sigma)$ 很小时，这种近似很好。对两种单边假设检验，

如果给定了 δ 和 α，产生具体的第二类错误的概率 β 要求的样本量如下。

均值的单边假设检验需要的样本量，方差已知

对于方差和显著性水平 α 已知的均值的单边假设检验，在势函数至少为 $1-\beta$ 时，要检查出真实和假设的均值之间的差异需要的样本量为：

$$n = \frac{(z_\alpha + z_\beta)^2 \sigma^2}{\delta^2} \tag{4—27}$$

这里，$\delta = \mu - \mu_0$。

如果 n 不是整数，习惯采用收尾法使样本量等于下一个整数。

例 4—4

推进物燃烧速度问题的样本量

考虑例 4—3 中的火箭推进物的问题。假设分析者希望这样设计检验：如果真实的平均燃烧速度和 50cm/s 只差 1cm/s，检验就能以很高的概率，如以 0.90，识别出来（也就是说，拒绝 H_0：$\mu = 50$）。

解答： 因为，$\sigma = 2$，$\delta = 51 - 50 = 1$，$\alpha = 0.05$，和 $\beta = 0.10$。又因为 $z_{\alpha/2} = z_{0.025} = 1.96$ 和 $z_\beta = z_{0.10} = 1.28$，检验与 H_0：$\mu = 50$ 的偏离需要的样本量可以根据式 (4—26) 求出：

$$n \cong \frac{(z_{\alpha/2} + z_\beta)^2 \sigma^2}{\delta^2} = \frac{(1.96 + 1.28)^2 2^2}{1^2} \cong 42$$

因为 $\Phi(-z_{\alpha/2} - \delta\sqrt{n}/\sigma) = \Phi(-1.96 - (1)\sqrt{42}/2) = \Phi(-5.20) \cong 0$，相对于 β 很小，所以这个近似值很好。

许多统计软件包可以计算样本量和第二类错误的概率。为了加以说明，表 4—2 给出了用 Minitab 得到的推进物燃烧速度的一些计算结果。

在表 4—2 的第一部分，用 Minitab 处理例 4—4，也就是，求出能在势函数为 0.9 和 $\alpha = 0.05$ 下检查出与 $\mu_0 = 50$cm/s 只有 1cm/s 的偏离需要的样本量。答案为，$n = 43$，与例 4—4 中式（4—26）计算出来的值 $n = 42$ 很接近。这两个值的差异是因为 Minitab 用的 z_β 的值小数点后不止两位。计算机输出结果的第二部分把势函数放宽到 0.75。可以看到它的影响是把需要的样本量减少到 $n = 28$。输出结果的第三部分是例 4—4 的情况，但现在我们希望确定样本量为 $n = 25$ 的第二类错误的概率 β 或势函数 $= 1 - \beta$。

表 4—2　　　　　　　　　　　　　　　　　**Minitab 计算结果**

单样本 Z-检验
检验均值＝原假设（对≠原假设）
计算均值的势函数＝原假设＋差
$\alpha = 0.05$，$\sigma = 2$

差	样本量	目标势函数	真实势函数
1	43	0.900 0	0.906 4

单样本 Z-检验
检验均值＝原假设（对≠原假设）
计算均值的势函数＝原假设＋差
$\alpha = 0.05$，$\sigma = 2$

差	样本量	目标势函数	真实势函数
1	28	0.750 0	0.753 6

单样本 Z-检验

检验均值＝原假设（对≠原假设）

计算均值的势函数＝原假设＋差

$\alpha=0.05$，$\sigma=2$

差	样本量	势函数
1	25	0.705 4

▢ 4.4.3 大样本检验

尽管我们已经在方差 σ^2 已知的假设下建立了原假设 H_0：$\mu=\mu_0$ 的检验过程，但在很多实际情况中方差 σ^2 是未知的。一般来说，如果 $n \geqslant 40$，在绝大多数的例子里样本方差 s^2 和 σ^2 很接近，所以在检验过程中 s 能用来代替 σ 而没有什么有害的影响。因此，根据已经给出的 σ^2 已知的检验，很容易就能转化成 σ^2 未知的大样本检验过程。当 σ^2 未知和 n 比较小时要特别处理，这涉及 t 分布的使用，要推迟到 4.5 节才会再讨论。

▢ 4.4.4 假设检验的一些实际评论

七步程序

在 4.3.5 节中我们描述了统计假设检验的七步程序。这个过程在例 4—3 中已经说明了，在这一章里还会碰到好多次。实际中，这种形式和（看起来）僵化的过程并不总是必要的。大体上，一旦实验者（或决策者）已经确定了关心的问题或已经确定了**实验设计**（design of the experiment）（即怎样搜集数据，怎样测量和需要多少观察值），只有三步是真正需要的：

1. 说明假设（双尾、上尾或下尾）。
2. 说明要使用的检验统计量（比如 z_0）。
3. 说明拒绝的准则（典型地来说，α 的值或者拒绝会发生的 P-值）。

这些步骤在解决实际问题时常常是同时完成的，尽管我们强调仔细想清楚每一步很重要。给出和使用七步过程的原因在于强调方法正确的重要性。虽然你可能不会在每次解决实际问题时都使用它，但是当你初次学习假设检验时，它是一个很有帮助的框架。

统计对实际显著性

我们已经在前面注意到，用 P-值报告假设检验的结果非常有用，因为它比简单的叙述"拒绝 H_0"和"不能拒绝 H_0"覆盖了更多的信息。也就是说，如果检验统计量的值恰好落入临界域，大大超过了 5％ 的临界值，则说在 0.05 的显著性水平下拒绝 H_0 比只是说超过了那个值要有意义得多。

在做决策时，很小的 P-值可能很难用实际的观点解释；小的 P-值暗示着应当拒绝 H_0 支持 H_1 的**统计显著性**（statistical significance），但是检验出来的 H_0 的真实偏离可能只有很小的**实际显著性**（practical significance）（工程师喜欢说是"工程显著性"）。这在样本量 n 很大时特别真实。

例如，考虑例 4—3 中的推进物燃烧速度问题，这里我们检验 H_0：$\mu=50cm/s$ 对 H_1：$\mu \neq 50cm/s$，且 $\sigma=2$。如果假设平均速度实际为 $50.5cm/s$，从某种意义上来说

这对 H_0：$\mu=50\text{cm/s}$ 不是严重的偏离，因为如果均值真的是 50.5cm/s，则对飞行器起飞系统的操作没有实际的观察影响。换句话来说，当实际均值为 50.5cm/s 时说 $\mu=50\text{cm/s}$，这是不重要的误差，没有实际显著性。对相当大的样本量，真实的均值 $\mu=50.5\text{cm/s}$ 会使得样本均值接近 50.5cm/s，我们不希望从样本得到的 $\bar{x}$ 导致拒绝 H_0。从附加的图可以看到不同样本量下的两个值：当 $\bar{x}=50.5\text{cm/s}$ 时检验 H_0：$\mu=50\text{cm/s}$ 的 P-值，和真实均值为 50.5 时在 $\alpha=0.05$ 下的检验的势。

样本量 n	P-值 当 $x=50.5$	势（$\alpha=0.05$） 当 $\mu=50.5$
10	0.429 5	0.124 1
25	0.211 3	0.239 6
50	0.076 7	0.423 9
100	0.012 4	0.705 4
400	5.73×10^{-7}	0.998 8
1 000	2.57×10^{-15}	1.000 0

图中 P-值那列说明，对于大样本情况，观察到的样本均值 $\bar{x}=50.5$ 强烈建议拒绝原假设 H_0：$\mu=50\text{cm/s}$，尽管观察到的样本结果暗示了从实际角度来看真实的均值和假设的 $\mu_0=50$ 并没有相差很大。势所在列说明，如果在固定的显著性水平 α 下检验假设，即使真实的均值和假设的均值之间没有什么实际的差别，当样本量很大几乎总是导致拒绝 H_0。这个实证的寓意是明确的：

> 当样本量很大时，解释假设检验的结果时必须要小心，因为任何与假设值 μ_0 的小的偏差都能被检查出来，即使这种差别几乎不存在或没有实际的显著性。

☐ 4.4.5 均值的置信区间

在许多情况下，点估计没有提供足够多的参数信息。例如，在火箭推进物问题中，我们拒绝了原假设 H_0：$\mu=50\text{cm/s}$，均值的点估计为 $\bar{x}=51.3\text{cm/s}$。但是，工程师情愿有一个他能在其中找出真正均值的**区间**（interval），因为它未必为 $\mu=51.3$。实现这的一种方法就是称为**置信区间**（confidence interval，CI）的区间估计。

未知参数的区间估计是 $l\leqslant\mu\leqslant u$ 这种形式的区间，这里端点 l 和 u 取决于某一特定样本的均值 $\bar{X}$ 的取值。因为不同的样本产生不同的 $\bar{x}$ 值，因此，产生端点 l 和 u 的不同值。这些端点是随机变量的值，比如说，分别为 L 和 U 的值。从样本均值 $\bar{X}$ 的抽样分布，就可以确定 L 和 U 的值使得下面的概率叙述成立：

$$P(L\leqslant\mu\leqslant U)=1-\alpha \tag{4—28}$$

这里 $0<\alpha<1$。因此，我们选择的样本以 $1-\alpha$ 的可能产生包含 μ 真实值的区间。

得到的区间

$$l\leqslant\mu\leqslant u \tag{4—29}$$

称为参数 μ 的 $100(1-\alpha)\%$ 的置信区间。l 和 u 的数量分别称为**下置信限**（lower-confidence limits）和**上置信限**（upper-confidence limits），$1-\alpha$ 称为**置信系数**（confidence coefficient）。置信区间的解释是，如果搜集了无限多的随机样本，根据每个样本计算 μ 的 $100(1-\alpha)\%$ 置信区间，这些区间里有 $100(1-\alpha)\%$ 会包含 μ 的真实值。

这种情况在图 4—12 中给出了说明，它给出了某一分布的均值 μ 的几个 $100(1-\alpha)\%$

置信区间。每个区间中间的点表示 μ 的点估计（也就是 $\overline{x}$）。可以看出 20 个区间中的第一个，没有包含 μ 的真实值。如果这是 95％ 的置信区间，最后将有 5％ 的区间没有包含 μ 的真实值。

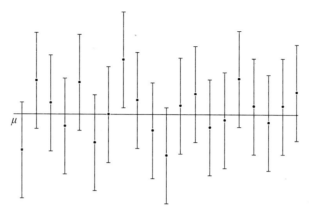

图 4—12　重复构造出 μ 的置信区间

由于在实际中，我们得到的只是一个随机样本，只计算一个置信区间。因为这个区间可能包含也可能不包含 μ 的真实值，把一个概率水平附加到具体事件上是不合理的。妥帖的叙述为：观察到的区间 $[l, u]$ 以 $100(1-\alpha)\%$ 的信心包含 μ 的真实值。这种叙述有一个频率解释，也就是说，我们不知道这种说法对于具体的样本是否正确，但用这种方法求出的区间 $[l, u]$ 是正确的能占总次数的 $100(1-\alpha)\%$。

式（4—29）称为**双边置信区间**（two-sided confidence interval）更加准确，因为它指定了 μ 的下限和上限。有时，用**单边置信界**（con-sided confidence bound）更加合适。μ 的 $100(1-\alpha)\%$ 的单边置信下界为：

$$l \leqslant \mu \tag{4—30}$$

这里的置信下界 l 满足：

$$P(l \leqslant \mu) = 1-\alpha \tag{4—31}$$

类似地，μ 的 $100(1-\alpha)\%$ 的单边置信上界为：

$$\mu \leqslant u \tag{4—32}$$

这里的置信上限 u 满足：

$$P(\mu \leqslant u) = 1-\alpha \tag{4—33}$$

双边置信区间中 $u-l$ 的长度是从样本中得到的信息质量的重要测度。半区间的长度 $\mu-l$ 或 $u-\mu$ 称为估计的**精度**（precision）。置信区间越长，区间包含 μ 的真实值越有可能。另一方面，区间越长，有关 μ 的真实值的信息越少。在理想情况下，得到的区间相对短一点置信度就越高。

很容易就能求出定义 μ 的双边置信区间的 L 和 U 值。如果已知 $\overline{X}$ 的抽样分布服从均值为 μ 方差为 σ^2/n 的正态分布。因为统计量

$$Z = \frac{\overline{X} - \mu}{\sigma/\sqrt{n}}$$

是标准正态分布。

$Z = (\overline{X}-\mu)/(\sigma/\sqrt{n})$ 的分布见图 4—13。查看图形可以看出：

$$P\{-z_{a/2} \leqslant Z \leqslant z_{a/2}\} = 1-\alpha$$

所以，

$$P\left\{-z_{a/2} \leqslant \frac{\overline{X}-\mu}{\sigma/\sqrt{n}} \leqslant z_{a/2}\right\} = 1-\alpha$$

这能重新排列为：

$$P\left\{\overline{X}-\frac{z_{a/2}\sigma}{\sqrt{n}} \leqslant \mu \leqslant \overline{X}+\frac{z_{a/2}\sigma}{\sqrt{n}}\right\} = 1-\alpha \qquad (4\text{—}34)$$

出于式（4—28）的考虑，式（4—34）中的上下极限分别是上下置信限 L 和 U。这推出了下面的定义。

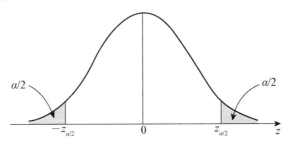

图 4—13 Z 的分布

均值的置信区间，方差已知

如果 $\overline{x}$ 是从方差 σ^2 已知的总体中抽取的样本量为 n 的随机样本的均值，μ 的 $100(1-\alpha)\%$ 的置信区间为：

$$\overline{x}-\frac{z_{a/2}\sigma}{\sqrt{n}} \leqslant \mu \leqslant \overline{x}+\frac{z_{a/2}\sigma}{\sqrt{n}} \qquad (4\text{—}35)$$

这里 $z_{a/2}$ 是附录 A 表 I 中标准正态分布的上 $100\alpha/$二分位点，$-z_{a/2}$ 是下 $100\alpha/$二分位点。

对于从正态总体中抽取的样本，或者对于样本量 $n \geqslant 40$ 的样本（不管总体的形式），式（4—35）中的置信区间都是好的结果。但是，对于从非正态总体中抽取的小样本，我们就不能期望置信水平 $1-\alpha$ 是准确的。

例 4—5

推进物燃烧速度

考虑例 4—3 中火箭推进物的问题。求出平均燃烧速度的 95％的置信区间。

解答： 我们可以用式（4—35）来构造置信区间。95％的置信区间暗示着 $1-\alpha=0.95$，所以 $\alpha=0.05$，从附录 A 表 I 可以查到 $z_{a/2}=z_{0.05/2}=z_{0.025}=1.96$。

置信下限为：

$$l = \overline{x}-z_{a/2}\sigma/\sqrt{n} = 51.3-1.96(2)/\sqrt{25} = 51.3-0.78 = 50.52$$

置信上限为：

$$u = \overline{x}+z_{a/2}\sigma/\sqrt{n} = 51.3+1.96(2)/\sqrt{25} = 51.3+0.78 = 52.08$$

因此，95％的双边置信区间为：

$$50.52 \leqslant \mu \leqslant 52.08$$

记住如何解释置信区间；这个具体的区间可能包含也可能不包含 μ（我们并不知道到底是否包含），但是因为我们用来构造置信区间的过程，在重复的抽样中，这样的区间有 95% 的会包含真实的 μ。在 4.4.1 中，Minitab 的 z-检验输出中也报告了这一置信区间。

假设检验和置信区间的关系

假设检验和置信区间的关系很紧密，比如说，θ 和它的置信区间。如果 $[l, u]$ 是参数 θ 的 $100(1-\alpha)\%$ 的置信区间，则假设检验：

$$H_0 : \theta = \theta_0$$
$$H_1 : \theta \neq \theta_0$$

在 α 的显著性水平下推出拒绝 H_0，当且仅当 θ_0 不在 $100(1-\alpha)\%$ 的置信区间 $[l, u]$ 中。作为说明，考虑上面讨论的起飞系统的推进物问题。原假设 $H_0 : \mu = 50$ 被拒绝，用了 $\alpha = 0.05$。μ 的 95% 的双边置信区间为 $50.52 \leqslant \mu \leqslant 52.08$。那就是说，区间 $[l, u]$ 是 $[50.52, 52.08]$，因为 $\mu_0 = 50$ 不包含在这个区间中，所以原假设 $H_0 : \mu = 50$ 被拒绝。

置信区间和估计的精度

在前面的例子中注意到，选择 95% 的置信水平是任意的。如果选择了更高的置信水平，如 99%，会发生什么呢？事实上，如果希望更高的置信水平看起来不合理吗？在 $\alpha = 0.01$，我们可以查到 $z_{\alpha/2} = z_{0.01/2} = z_{0.005} = 2.58$，而对于 $\alpha = 0.05$，$z_{0.025} = 1.96$。因此，95% 的置信区间的长度为：

$$2(1.96\sigma/\sqrt{n}) = 3.92\sigma/\sqrt{n}$$

而 99% 的置信区间的长度为：

$$2(2.58\sigma/\sqrt{n}) = 5.16\sigma/\sqrt{n}$$

99% 的置信区间比 95% 的置信区间要长，这就是为什么 99% 的置信区间有更高置信水平的原因。一般来说，对于固定的样本量 n 和标准差 σ，置信水平越高，相应置信区间的长度就越长。

因为置信区间的一半长度测量了估计的精度，可以看出精度反过来影响置信水平。正如前面所提到，从决策的目的来看，希望得到足够短和有足够置信水平的置信区间。得到这的一种方法是，通过选择足够大的样本量 n 来给出有指定长度和置信水平的置信区间。

在很多实际问题的解决中，选择的置信水平是 95%。这通常是估计精度和置信度（这是过程的可靠性）的一种合理平衡。很少看到小于 90% 或大于 99.5% 的置信水平。

样本量的选择

式（4—35）中置信区间的精度为 $z_{\alpha/2}\sigma/\sqrt{n}$。这意味着用 $\bar{x}$ 估计 μ，$100(1-\alpha)\%$ 肯定误差 $E = |\bar{x} - \mu|$ 小于等于 $z_{\alpha/2}\sigma/\sqrt{n}$。这在图 4—14 中给出了图形说明。当我们控制样本量时，能选择 n 使得以 $100(1-\alpha)\%$ 相信估计 μ 的误差小于指定的误差 E。选择合适的样本量 n 使得 $z_{\alpha/2}\sigma/\sqrt{n} = E$。求解这个方程可以得到下面 n 的公式。

指定了 E 的均值需要的样本量，方差已知

如果用 $\bar{x}$ 作为 μ 的估计，如果

$$n = \left(\frac{z_{a/2}\sigma}{E} \right)^2 \tag{4—36}$$

我们可以 $100(1-\alpha)\%$ 相信误差 $|\bar{x}-\mu|$ 不会超过指定的 E。

如果式（4—36）右边不是一个整数，它必须去尾进 1，保证置信水平不低于 $100(1-\alpha)\%$。可以看出 $2E$ 是相应置信区间的长度。

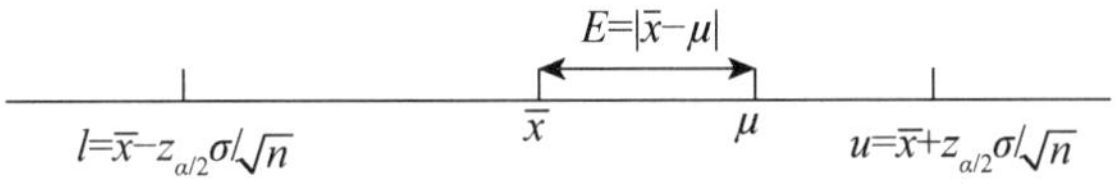

图 4—14　用 x 作为 μ 的估计的误差

例 4—6

推进物燃烧速度

说明这个过程的使用方法。假设我们希望以 95% 的置信水平肯定，估计火箭推进物的平均燃烧速度的误差小于 1.5cm/s。找到要求的样本量。

解答： 因为 $\sigma = 2$，$z_{0.025} = 1.96$，可以根据式（4—36）求出需要的样本量为：

$$n = \left(\frac{z_{a/2}\sigma}{E} \right)^2 = \left[\frac{(1.96)2}{1.5} \right]^2 = 6.83 \cong 7$$

注意样本量、置信区间长度 $2E$、置信水平 $100(1-\alpha)\%$ 和标准差 σ 的一般关系。

● 对固定的 σ 和指定的置信水平，随着置信区间长度 $2E$ 减小，需要的样本量 n 增加。

● 对固定的 $2E$ 和指定的置信水平，随着 σ 增加，需要的样本量 n 增加。

● 对固定的 $2E$ 和标准差 σ，随着置信水平的增加，需要的样本量 n 增加。

单边置信界

也可能求出 μ 的单边置信界，只要令 $l = -\infty$ 或 $u = \infty$ 以及用 z_a 代替 $z_{a/2}$。

均值的单边置信界，方差已知

μ 的 $100(1-\alpha)\%$ 的置信上限为：

$$\mu \leqslant u = \bar{x} + z_a\sigma/\sqrt{n} \tag{4—37}$$

和 μ 的 $100(1-\alpha)\%$ 的置信下限为：

$$\bar{x} - z_a\sigma/\sqrt{n} = l \leqslant \mu \tag{4—38}$$

和上面讨论的双边情况一样，我们同样能用单边置信界进行单边假设检验。具体来说，如果 u 是参数 θ 的 $100(1-\alpha)\%$ 的单边置信界的上限，则假设检验

$$H_0 : \theta = \theta_0$$
$$H_1 : \theta < \theta_0$$

在显著性水平 α 下拒绝原假设当且仅当 $\theta_0 > u$。类似地，如果 l 是参数 θ 的 $100(1-\alpha)\%$ 的单边置信界的下限，则假设检验

$$H_0 : \theta = \theta_0$$
$$H_1 : \theta > \theta_0$$

在显著性水平 α 下拒绝原假设当且仅当 $\theta_0 < l$。因为 z_α 通常比 $z_{\alpha/2}$ 要小，所以 $100(1-\alpha)\%$ 的单边置信界的下限通常要比 $100(1-\alpha)\%$ 的双边置信区间的下限大，$100(1-\alpha)\%$ 的单边置信界的上限通常要比 $100(1-\alpha)\%$ 的双边置信区间的上限小。导致的结果就是，如果拒绝和双边备择假设相对的 $H_0 : \mu = \mu_0$，通常也会拒绝和一个单边备择假设相对的 $H_0 : \mu = \mu_0$。

📥 4.4.6　求出置信区间的一般方法

寻找未知参数 θ 的置信区间的一般方法很容易。令 X_1，X_2，$\cdots$，X_n 是随机样本的 n 个观察值。假设能找到具有下面性质的统计量 $g(X_1, X_2, \cdots, X_n; \theta)$：

1. $g(X_1, X_2, \cdots, X_n; \theta)$ 由样本和 θ 决定。
2. $g(X_1, X_2, \cdots, X_n; \theta)$ 的概率分布不依赖于 θ 和其他未知参数。

在这一节考虑的情况中，参数 $\theta = \mu$。随机变量 $g(X_1, X_2, \cdots, X_n; \mu) = (\overline{X} - \mu)/(\sigma/\sqrt{n})$ 满足两个条件：它由样本和 μ 决定，它服从标准正态分布，因为 σ 已知。现在要找的是满足

$$P[C_L \leqslant g(X_1, X_2, \cdots, X_n; \theta) \leqslant C_U] = 1 - \alpha$$

的常数 C_L 和 C_U。由于性质 2，C_L 和 C_U 不依赖于 θ。在我们的例子里，$C_L = -z_{\alpha/2}$ 和 $C_U = z_{\alpha/2}$。最后，必须巧妙处理不等式，使得它满足

$$P[L(X_1, X_2, \cdots, X_n) \leqslant \theta \leqslant U(X_1, X_2, \cdots, X_n)] = 1 - \alpha$$

这里求出的 $L(X_1, X_2, \cdots, X_n)$ 和 $U(X_1, X_2, \cdots, X_n)$ 就作为 θ 的 $100(1-\alpha)\%$ 的置信区间的置信上限和置信下限。在我们的例子里，求出了 $L(X_1, X_2, \cdots, X_n) = \overline{X} - z_{\alpha/2}\sigma/\sqrt{n}$ 和 $U(X_1, X_2, \cdots, X_n) = \overline{X} + z_{\alpha/2}\sigma/\sqrt{n}$。

练　习

4—28　假设我们在检验 $H_0 : \mu = 7$ 对 $H_1 : \mu \neq 7$。计算下列检验统计量观测值的 P-值：

(a) $z_0 = 2.05$　(b) $z_0 = 1.53$
(c) $z_0 = 0.40$　(d) $z_0 = 1.85$
(e) $z_0 = 1.84$

4—29　假设我们在检验 $H_0 : \mu = \mu_0$ 对 $H_1 : \mu \neq \mu_0$。计算下列检验统计量观测值的 P-值：

(a) $z_0 = 2.45$　(b) $z_0 = -1.53$
(c) $z_0 = 2.15$　(d) $z_0 = 1.95$
(e) $z_0 = -0.25$

4—30　假设我们在检验 $H_0 : \mu = \mu_0$ 对 $H_1 : \mu < \mu_0$。计算下列检验统计量观测值的 P-值：

(a) $z_0 = -2.15$　(b) $z_0 = -1.80$
(c) $z_0 = -2.50$　(d) $z_0 = -1.60$
(e) $z_0 = 0.35$

4—31　考虑如下所示的 Minitab 输出。

单样本 Z-检验

检验均值 $\mu=20$ 对 $\mu \neq 20$

假设标准差 $=1.2$

样本量	均值	均值标准误	95%置信区间	Z	P
16	31.200 0	0.300 0	(30.612 0, 31.788 0)	?	?

(a) 填写输出中缺失的值。你能得出什么结论?

(b) 这是一个单边还是双边检验?

(c) 使用输出结果以及正态分布表找到均值的 99%置信区间。

(d) 如果备择假设为 H_1: $\mu > 20$, P-值是多少?

4—32 考虑如下所示的 Minitab 输出。

单样本 Z-检验

检验 $\mu=100$ 对 $\mu > 100$

假设标准差 $=2.4$

样本量	均值	均值标准误	95%下限	Z	P
25	101.560	?	100.770	3.25	?

(a) 填写输出中缺失的值。在 0.05 水平下零假设是否可以被拒绝? 为什么?

(b) 这是一个单边还是双边检验?

(c) 如果假设为 H_0: $\mu=99$ 对 H_1: $\mu > 99$, 在 0.05 水平下是否拒绝零假设? 为什么?

(d) 使用输出结果以及正态分布表找到均值的 95%双边置信区间。

(e) 如果备择假设为 H_1: $\mu \neq 100$, P-值是多少?

4—33 考虑如下所示的 Minitab 输出。

单样本 Z-检验

检验均值 $\mu=20$ 对 $\mu \neq 20$

假设标准差 $=4$

样本量	均值	均值标准误	95%置信区间	Z	P
25	21.400	?	(19.832, 22.968)	?	?

(a) 填写输出中缺失的值。在 0.05 显著性水平下零假设是否可以被拒绝? 解释你的结果。

(b) 假设备择假设为 H_1: $\mu > 20$。这种情况下 P-值为多少? 在 0.05 显著性水平下零假设是否可以被拒绝?

(c) 使用输出结果以及正态分布表找到均值的 99%置信区间。

4—34 考虑如下所示的 Minitab 输出。

单样本 Z-检验

检验均值 $\mu=100$ 对 $\mu > 100$

假设标准差 $=5$

样本量	均值	均值标准误	95%下限	Z	P
8	105.20	1.77	?	?	?

(a) 填写输出中缺失的值。在 0.05 显著性水平下零假设是否可以被拒绝? 解释你的结果。

(b) 假设备择假设为 H_1: $\mu \neq 100$。这种情况下 P-值为多少? 在 0.05 显著性水平下零假设是否可以被拒绝?

(c) 假设你被要求找到均值的 95%双边置信区间。双边置信区间的下限是否比 (a) 中计算得到的单边置信界的下限要大?

4—35 对一个已知方差为 σ^2 的正态总体, 回答下面的问题:

（a）置信区间 $\bar{x}-2.14\sigma\sqrt{n}\leqslant\mu\leqslant\bar{x}+2.14\sigma\sqrt{n}$ 的置信水平是多少？

（b）置信区间 $\bar{x}-2.49\sigma\sqrt{n}\leqslant\mu\leqslant\bar{x}+2.49\sigma\sqrt{n}$ 的置信水平是多少？

（c）置信区间 $\bar{x}-1.85\sigma\sqrt{n}\leqslant\mu\leqslant\bar{x}+1.85\sigma\sqrt{n}$ 的置信水平是多少？

4—36 从正态总体中得到了一个随机样本，并且使用相同的数据构造了两个置信区间。这两个置信区间为（32.37，67.63）和（41.20，58.80）。

（a）样本均值的值是多少？

（b）两个区间一个是 90% 的置信区间，另一个是 95% 的置信区间。哪一个是 95% 的置信区间，为什么？

4—37 医学研究者发明了一种新型的人造心脏，主要由钛和塑料构成。心脏在植入人体后几乎立即就能开始工作，但电池组需要每 4 小时充一次电。选择了一组由 50 个电池组组成的随机样本进行寿命测验。这些电池的平均寿命是 4.05 小时。假设电池的寿命是正态分布的，标准差为 $\sigma=0.2$ 小时。

（a）是否有证据支持电池平均寿命超过 4 小时的观点？使用 $\alpha=0.05$。

（b）（a）中检验 P-值是多少？

（c）如果电池寿命的真实平均值是 4.5 小时，计算检验的势。

（d）如果想要检验的势至少为 0.9，为了检测出电池寿命的真实平均值是 4.5 小时，需要多大的样本量？

（e）解释通过构造平均寿命的单边置信界如何回答（a）中的问题。

4—38 用于纺织物生产的纱线的平均断裂强度至少为 690kPa。过去的经验表明断裂强度的标准差为 14kPa。检验了 9 个样品组成的随机样本，求出了平均断裂强度为 694kPa。

（a）能接受这种纱线吗？使用 P-值方法。

（b）如果纱线的真正平均断裂强度为 703kPa，在 $\alpha=0.05$ 下不拒绝原假设的概率为多少？

（c）求出真实平均断裂强度的 95% 单边置信下限。

（d）用（c）中的置信限检验假设。

（e）以概率 0.95 检验出真正的平均断裂强度为 696kPa 需要多大的样本量？

4—39 研究了一个化工过程的产量。根据以前的经验可知产量的标准差为 3。最近 5 天的生产操作产生了下面的产量：91.6，88.75，90.8，89.95 和 91.3%。用 $\alpha=0.05$。

（a）有证据证明平均产量不是 90% 吗？使用 P-值方法。

（b）以概率 0.95 检验出真正的平均产量为 85% 需要多大的样本量？

（c）如果真正的平均产量为 92%，第二类错误的概率为多少？

（d）求出真正平均产量的 95% 的双边置信区间。

（e）用（d）中的置信区间检验假设。

4—40 苯是一种化学药品，能用于药品、染色、人造革和油布的生产。一个生产商声称他们脱出的水符合联邦规定，平均小于 7980mg/l 的苯。为了评估脱出的水中苯的含量，搜集了 10 个独立的样本，求出平均有 7906mg/l 的苯。假设已知标准差为 80mg/l，用显著性水平 0.01。

（a）检验生产商的声明。使用 P-值方法。

（b）如果真实均值为 7920，β 值为多少？

（c）以至少为 0.90 的概率检验出真正的均值为 7920 需要多大的样本量？

（d）求出真实均值的 99% 的单边置信上限。

（e）用（d）中的置信区间检验假设。

4—41 生产用于自动安全系统的安全气囊充气机时，公司关心的是保证箔到充气机边缘的距离至少 2.00 厘米。测量了 20 个充气机得到平均值为 2.02 厘米。假设距离测量值的标准差为 0.05，显著性水平为 0.01。

（a）检验公司要求的遵守情况。使用 P-值方法。

（b）如果真实的均值为 2.03，β 值为多少？

（c）以至少为 0.90 的概率检验出真正的均值为 2.03 需要多大的样本量？

（d）求出真实均值的 99% 的单边置信下限。

（e）用（d）中的置信区间检验假设。

4—42 已知用于熔炉的热电偶的使用寿命服从渐近正态分布，标准差为 $\sigma=20$ 小时。15 个热电偶组成的随机样本产生下面的数据：553，552，567，579，550，541，537，553，552，546，538，553，581，539，529。

（a）有证据证明平均使用寿命超过 540 小时吗？用 $\alpha=0.05$。

（b）检验的 P-值为多少？

（c）如果真实的均值为 560 小时，β 值为多少？

（d）如果真实的使用寿命为 560 小时，为了保

证 β 不超过 0.10，需要多大的样本量？

(e) 构造平均使用寿命的 95％ 的置信下限。

(f) 用 (e) 中得到的置信区间检验假设。

4—43 一个工程师在分析水泥的压力强度。压力强度数据是渐近正态分布的，方差为 $\sigma^2 = 1\,000$ kPa^2。12 个样品组成的随机样本的平均压力强度为 $\bar{x} = 3\,255.42$kPa。

(a) 检验平均压力强度为 3 500kPa 的假设。用 $\alpha = 0.01$。

(b) 你会拒绝原假设的最小显著性水平为多少？

(c) 构造平均压力强度的 95％ 的双边置信区间。

(d) 构造平均压力强度的 99％ 的双边置信区间。把这个置信区间的宽度和 (c) 中置信区间的宽度相比较。并给出评论。

4—44 假设在练习 4—42 中，希望以 95％ 的置信水平保证估计平均使用寿命时误差小于 5 小时，需要用多大的样本量？

4—45 假设在练习 4—41 中，希望以 95％ 的置信水平保证估计平均距离时误差小于 0.01 厘米，需要用多大的样本量？

4—46 假设在练习 4—43 中，如果希望以 99％ 的置信水平保证估计平均压力强度时误差小于 15kPa，需要多少样本量？

4.5 总体均值的推断，方差未知

当我们在对 σ^2 未知的总体均值做假设检验或者构造置信区间时，如果样本量很大（比如，$n \geqslant 40$）我们能用 4.4 节的检验过程。不管总体是否是正态分布，这些过程都是近似正确的（因为中心极限定理）。但是，当样本量很小和 σ^2 未知时，必须先对分布的形式做假设。在许多情况中，合理的假设是分布为正态分布的。

实际中碰到的许多总体都服从渐近正态分布，所以这种假设能推导出有广泛应用性的推断过程。事实上，适度的偏离正态分布几乎不会对正确性产生影响，当假设不合理时，一个可以替代的办法是用非参过程，它对于任何分布都是正确的。见 Montgomery and Runger（2011）对这些方法的介绍。

4.5.1 均值的假设检验

假设感兴趣的总体服从正态分布，均值 μ 和方差 σ^2 未知。我们希望检验假设 μ 等于 μ_0。我们注意到这种情况和 4.4 节的类似，除了现在 μ 和 σ^2 都未知。假设可以得到样本量为 n 的随机样本，比如说，X_1，X_2，$\cdots$，X_n，令 $\bar{X}$ 和 S^2 分别表示样本均值和样本方差。

我们希望检验双边备择假设：

$$H_0 : \mu = \mu_0$$
$$H_1 : \mu \neq \mu_0$$

如果方差 σ^2 已知，检验统计量为式（4—13）：

$$Z_0 = \frac{\bar{X} - \mu_0}{\sigma/\sqrt{n}}$$

当 σ^2 未知时，一个合理的方法是用样本标准差 S 代替上面表达式中的 σ。现在**检验统计量**（test statistic）为：

$$T_0 = \frac{\bar{X} - \mu_0}{S/\sqrt{n}} \tag{4—39}$$

一个合乎逻辑的问题是：用 S 代替 σ 会对统计量 T_0 的分布产生什么影响？如果 n 很

大，这个问题的答案是：非常小，我们能继续用 4.4 节中基于正态分布的检验过程。但是，在绝大多数的工程问题中 n 通常很小，在这种情况下必须用不同的分布。

> 令 X_1，X_2，$\cdots$，X_n 是从均值 μ 和方差 σ^2 未知的正态总体中抽取的随机样本。
>
> $$T = \frac{\overline{X} - \mu}{S/\sqrt{n}}$$
>
> 服从自由度为 $n-1$ 的 t 分布。

t 分布的密度函数为：

$$f(x) = \frac{\Gamma[(k+1)/2]}{\sqrt{\pi k}\,\Gamma(k/2)} \cdot \frac{1}{[(x^2/k)+1]^{(k+1)/2}}, \quad -\infty < x < \infty \tag{4—40}$$

式中，k 为自由度的数量。t 分布的均值和方差分别为 0 和 $k/(k-2)(k>2)$。函数 $\Gamma(m) = \int_0^\infty e^{-x} x^{m-1} \mathrm{d}x$ 是伽玛函数。回顾前面 3.5.3 的介绍。尽管它是对于 $m \geqslant 0$ 定义的，特别是当 m 是整数时，$\Gamma(m) = (m-1)!$。同样，$\Gamma(1) = \Gamma(0) = 1$。

图 4—15 给出了几个 t 分布的图形。t 分布的大体形状和标准正态分布很相像，两个分布都是对称和单峰的，最大值在均值 $\mu = 0$ 处到达。但是 t 分布的尾部比正态分布的厚，也就是说它尾部的概率要比正态分布的大。随着自由度 $k \to \infty$，t 分布的极限形式是标准正态分布。看 t 分布的图，可以看出密度函数在均值 $\mu = 0$ 值要比它在第 5 和 95 个百分位点的值要大 4～5 倍，知道这一点有时很有用。例如，对于自由度为 10 的 t 分布，这个比例为 4.8，对于自由度为 20 的 t 分布，这个比例为 4.3，对于自由度为 30 的 t 分布，这个比例为 4.1。相比较而言，如果是正态分布，这个比例就是 3.9。

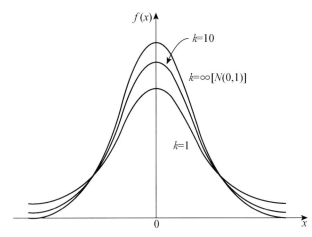

图 4—15　几个 t 分布的概率密度函数

附录 A 表 Ⅱ 给出了 t 分布的**百分点**（percentage point）。令 $t_{a,k}$ 表示自由度为 k 的随机变量 T 的值，在它上面的面积（或概率）为 α。因此，$t_{a,k}$ 是自由度为 k 的 t 分布的上 100α 个百分点。这个百分点见图 4—16。在附录 A 表 Ⅱ 中，α 的值为列标题，自由度列在最左边的一列。为了说明这张表的使用，注意到在自由度为 10 的 t 分布中，从它开始到右边的面积为 0.05 的 t-值为 $t_{0.05,10} = 1.812$，也就是说，

$$P(T_{10} > t_{0.05,10}) = P(T_{10} > 1.812) = 0.05$$

因为 t 分布是关于 0 对称的，就有 $t_{1-a} = -t_a$；那就是说，从它开始到上尾的面积

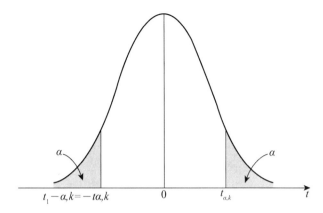

图 4—16　*t* 分布的百分点

为 $1-\alpha$（因此到左边的面积为 α）的 *t*-值等于从它开始到分布上尾的面积为 α 的 *t*-值的相反数。因此，$t_{0.95,10}=-t_{0.05,10}=-1.812$。

如果原假设 H_0：$\mu=\mu_0$ 为真，直接就能看出式（4—39）中的**检验统计量**（test statistic）的分布为自由度为 $n-1$ 的 *t* 分布。这个检验过程称为 ***t*-检验**（*t*-test）。为了检验 H_0：$\mu=\mu_0$ 对双边备择假设 H_1：$\mu\neq\mu_0$，计算式（4—39）中检验统计量 t_0 的值，并且可以从自由度为 $n-1$ 的 *t* 分布中得到 *P*-值。因为检验是双边的，*P*-值是 *t* 分布双尾概率的和。参考图 4—17（a）。如果检验统计量是正的，那么 *P*-值就是大于检验统计量 t_0 的概率加上小于检验统计量负数 $-t_0$ 的概率。相对地，如果检验统计量是负的，那么 *P*-值就是小于检验统计量 t_0 的概率加上大于检验统计量绝对值 $|t_0|=-t_0$ 的概率。因为 *t* 分布是关于零对称的，计算该值的一个简单的方法是：

$$P=2P(T_{n-1}>|t_0|) \tag{4—41}$$

较小的 *P*-值是和 H_0 相反的证据，所以如果 *P* 足够小（通常 <0.05），我们应该拒绝零假设。

对于单边备择假设：

$$\begin{aligned} &H_0:\mu=\mu_0 \\ &H_1:\mu>\mu_0 \end{aligned} \tag{4—42}$$

我们通过式（4—39）计算检验统计量 t_0，并如下计算 *P*-值：

$$P=P(T_{n-1}>t_0) \tag{4—43}$$

对于另一个单边备择假设：

$$\begin{aligned} &H_0:\mu=\mu_0 \\ &H_1:\mu<\mu_0 \end{aligned} \tag{4—44}$$

我们如下计算 *P*-值：

$$P=P(T_{n-1}<t_0) \tag{4—45}$$

图 4—17（b）和图 4—17（c）说明了这些 *P*-值是如何计算的。

统计软件包计算并显示 *P*-值。然而，在手工解决问题时，能够找到 *t*-检验的 *P*-值是很有帮助的。因为附录 A 表 II 中的 *t* 表对每一个 *t* 分布只包含 10 个临界值，直接从表中计算 *P*-值通常是不可能的。幸运的是，很容易从这张表中查出 *P*-值的上界和下界。

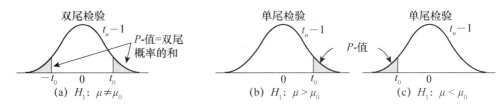

图 4—17　计算 t-检验中的 P-值

为了说明，假设我们正在构造自由度为 14 的上尾 t-检验（所以 $H_1: \mu > \mu_0$）。附录 A 表 II 中的相关临界值如下：

临界值：0.258　0.692　1.345　1.761　2.145　2.624　2.977　3.326　3.787　　4.140

尾部面积：0.40　0.25　0.10　0.05　0.025　0.01　0.005　0.0025　0.001　　0.0005

计算检验统计量之后，我们发现 $t_0 = 2.8$。现在，$t_0 = 2.8$ 在表中的两个值 2.624 和 2.997 之间。因此，P-值一定在 0.01 和 0.005 之间。参考图 4—18。这些是 P-值的有效上界和下界。

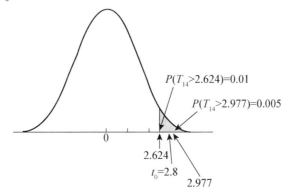

图 4—18　$t_0 = 2.8$ 的 P-值，上尾检验证明 P-值在 0.005 和 0.01 之间

这展示了一个上尾检验的过程。如果检验是下尾的，只要改变 t_0 下限和上限的符号，过程和上面一样。记住，对于双边假设检验，与特定临界值相联系的显著性水平是列标题中相应的尾部面积的两倍。计算 P-值的界时必须把这考虑进去。例如，假设对于自由度为 14 的双边假设检验得到 $t_0 = 2.8$。值 $t_0 > 2.624$（对应于 $\alpha = 2 \times 0.01 = 0.02$）和 $t_0 < 2.977$（对应于 $\alpha = 2 \times 0.005 = 0.01$），所以这个例子中 P-值的下界和上界应为 $0.01 < P < 0.02$。

一些统计软件包能帮助你计算 P-值。例如，Minitab 能够找到很多标准概率分布的累积概率，包括 t 分布。在 Calc 菜单下选择 t 分布，输入检验统计量 t_0 的值以及适合的自由度数值。Minitab 会显示概率 $P(T_\nu \leq t_0)$，这里 ν 是检验统计量 t_0 的自由度。从累积概率就能确定 P-值。

我们刚刚描述的单样本 t-检验同样可以用固定显著性水平来进行。考虑双边备择假设。由 $n-1$ 自由度的 t 分布的 $\alpha/2$ 百分位点可以定义临界域的上下限，如果检验统计量 t_0 的值落在临界域内，则应该拒绝零假设。也就是说，如果

$$t_0 > t_{\alpha/2, n-1} \quad 或者 \quad t_0 < -t_{\alpha/2, n-1}$$

就拒绝 H_0。

对于单边备择假设，临界域的位置由备择假设中不等式的方向决定。所以如果备择假设为 $H_1: \mu > \mu_0$，若

$$t_0 > t_{\alpha, n-1}$$

就拒绝原假设。对于另一个单边备择假设 H_1：$\mu < \mu_0$，如果

$$t_0 < -t_{\alpha, n-1}$$

就拒绝原假设。

图 4—19 表明了这些临界域的位置。

正如我们之前提到的，和正态性假设相比，t-检验是相对**稳健**（robust）的。也就是说，和正态性的中小型偏差对整个过程几乎没有影响。你总是可以用正态概率图来检查正态型假设。

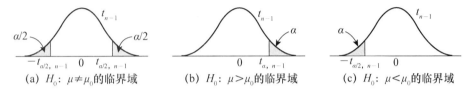

(a) H_0：$\mu \neq \mu_0$ 的临界域　　(b) H_0：$\mu > \mu_0$ 的临界域　　(c) H_0：$\mu < \mu_0$ 的临界域

图 4—19　当 H_0：$\mu = \mu_0$ 为真时 T_0 的分布

总结　正态分布均值的假设检验，方差未知

原假设：H_0：$\mu = \mu_0$

检验统计量：$T_0 = \dfrac{\overline{X} - \mu_0}{S/\sqrt{n}}$

备择假设	P 值	固定水平检验的拒绝域
H_1：$\mu \neq \mu_0$	大于 $|t_0|$ 和小于 $-|t_0|$ 的概率之和，$P = 2P\,(T_{n-1} > |t_0|)$	$t_0 > t_{\alpha/2, n-1}$ 或者 $t_0 < -t_{\alpha/2, n-1}$
H_1：$\mu > \mu_0$	大于 t_0 的概率	$t_0 > t_{\alpha, n-1}$
H_1：$\mu < \mu_0$	小于 t_0 的概率	$t_0 < -t_{\alpha, n-1}$

这些情况中临界域的位置分别见图 4—19 (a)，(b)，(c)。

例 4—7

高尔夫球杆

现在高强度的轻型材料越来越容易找到，这改革了高尔夫球杆的设计和生产，特别是长打棒。头部中空表面很薄的球杆能产生远得多的 T 形击打，特别是对技术一般的球手。这是因为薄的表面传给球的"弹簧效应"。用球杆的头部击打高尔夫球，测量球出去和进入的速度之比就能量化弹簧效应。速度的这个比例称为球杆的恢复系数。在一次实验中，随机抽取了 15 个某一球杆制造厂生产的长打棒，测量了它们的恢复系数。实验中，高尔夫球是从一个空的炮中射击出去的，这样进入速度和旋转速度都能被精确控制。想要确定的是，是否有证据支持他们的声明（$\alpha = 0.05$）：平均恢复系数超过 0.82。观察值如下：

0.841 1	0.819 1	0.818 2	0.812 5	0.875 0
0.858 0	0.853 2	0.848 3	0.827 6	0.798 3
0.804 2	0.873 0	0.828 2	0.835 9	0.866 0

样本均值和样本标准差为 $\bar{x}=0.837\,25$，$s=0.024\,56$。数据的正态概率图见图 4—20，这支持了恢复系数服从正态分布的假定。因为实验者的目标是证明平均恢复系数超过 0.82，单边备择假设比较合适。

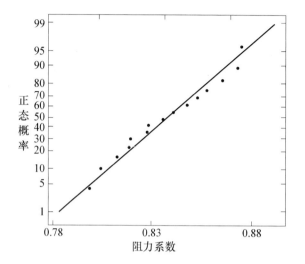

图 4—20　例 4—7 中阻力系数数据的正态概率图

对假设检验使用七步程序，得到如下的解答：

1. 感兴趣的参数：感兴趣的参数为平均恢复系数，μ。

2. 零假设，$H_0：\mu=0.82$。

3. 备择假设，$H_1：\mu>0.82$。如果平均恢复系数超过 0.82，我们希望拒绝 H_0。

4. 检验统计量：检验统计量为：

$$t_0=\frac{\bar{x}-\mu_0}{s/\sqrt{n}}$$

5. 拒绝 H_0 如果：如果 P-值小于 0.05，就拒绝 H_0。

6. 计算：因为 $\bar{x}=0.837\,25$，$s=0.024\,56$，$\mu_0=0.82$ 和 $n=15$，有

$$t_0=\frac{0.837\,25-0.82}{0.024\,56/\sqrt{15}}=2.72$$

7. 结论：从附录 A 表 II 中我们可以看到，对自由度为 14 的 t 分布来说，$t_0=2.72$ 落在两个值之间：$\alpha=0.01$ 时的 2.624 和 $\alpha=0.005$ 时的 2.977。因为这是一个单边检验，我们知道 P-值在这两个值之间。也就是说 $0.005<P<0.01$。因此，因为 $P<0.05$，我们拒绝 H_0，得出结论，平均恢复系数超过 0.82。使用 Minitab 了计算 P-值，使用 Calc 菜单并且选择概率分布选项。然后对于 t 分布，输入自由度 14 以及检验统计量的值 $t_0=2.72$ 作为输入常数。Minitab 返回概率 $P(T_{14}\leqslant2.72)=0.991\,703$。$P$-值为 $P(T_{14}\geqslant2.72)$ 或 $P=1-P(T_{14}\leqslant2.72)=1-0.991\,703=0.008\,297$。

实际工程结论：有很强的证据表明，这款高尔夫球杆平均恢复系数超过 0.82。如果有技术规范或限制值，制造商可能需要改进设计。

Minitab 可以做单样本 t-检验。这个软件包的输出结果如下：

单样本 T：COR
检验 $\mu=0.82$ 对 $\mu>0.82$

变量	N	均值	标准差	均值标准误
COR	15	0.837 25	0.024 56	0.006 34
变量	95.0%	上限	T	P
COR		0.826 08	2.72	0.008

可以看到 Minitab 计算了检验统计量 T_0 和恢复系数的 95% 的置信下限。在 4.5.3 中将给出置信下限的公式。回顾 4.4.5 中有关假设检验和置信区间关系的讨论，我们可以说因为 95% 的置信下限超过了 0.82，所以拒绝原假设 H_0：$\mu=0.82$，得出结论：备择假设 H_1：$\mu>0.82$ 更加合适。Minitab 同时还能计算检验统计量 T_0 的 P-值。报告的值为 $P=0.008$，这个值在我们从 t-表中得到的上下限之间，并且和直接从 Minitab 上的累积 t 分布找到的值很吻合。

☐ 4.5.2 第二类错误和样本量的选择

在方差未知的正态分布均值的检验中，如果原假设 H_0：$\mu=\mu_0$ 为假，第二类错误的概率就取决于式（4—39）中检验统计量的分布。当均值的真实值为 $\mu=\mu_0+\delta$ 时，T_0 的分布称为**非中心 t 分布**（noncentral t distribution），自由度为 $n-1$，非中心参数为 $\delta\sqrt{n}/\sigma$。可以看出，当 $\delta=0$ 时，非中心 t 分布简化为**中心 t 分布**（central t distribution）。因此，双边备择假设的第二类错误的概率（例如）为：

$$\beta=P\{-t_{\alpha/2,n-1}\leqslant T_0\leqslant t_{\alpha/2,n-1}, \delta\neq 0\}$$
$$=P\{-t_{\alpha/2,n-1}\leqslant T_0'\leqslant t_{\alpha/2,n-1}\}$$

这里 T_0' 表示非中心 t 随机变量。求解 t-检验犯第二类错误的概率 β 涉及求非中心 t 分布上两点间的概率。因为非中心 t 随机变量的密度函数很杂乱，这个积分必须用数值积分。

幸运的是，这个讨厌的工作已经做完了，结果汇总在附录 A 的一系列图形 V(a)，V(b)，V(c) 和 V(d) 中，这些图在不同样本量 n 下画出了参数为 d 的 t-检验的 β 值。这些图形称为**运算特征（OC）曲线**（operating characteristic（or OC）curves）。图 V(a) 和 V(b) 是双边备择假设的曲线。图中横坐标上的参数 d 定义为：

$$d=\frac{|\mu-\mu_0|}{\sigma}=\frac{|\delta|}{\sigma} \tag{4—46}$$

对于式（4—42）中的单边备择假设 $\mu>\mu_0$，用图 V(c) 和 V(d)，这时 d 为：

$$d=\frac{\mu-\mu_0}{\sigma}=\frac{\delta}{\sigma} \tag{4—47}$$

而对于式（4—44）中的 $\mu<\mu_0$，

$$d=\frac{\mu_0-\mu}{\sigma}=\frac{\delta}{\sigma} \tag{4—48}$$

我们注意到 d 是依赖未知参数 σ^2 的。可以用一些方法避免这个困难。在一些例子中，可以用过去的实验或信息来对 σ^2 做一个粗略的估计。如果搜集完数据以后关心的是评价检验情况，可以用样本方差 s^2 来代替 σ^2。如果不能借鉴以前的经验估计 σ^2，就定义 d 为均值的差和 σ 的比值。例如，如果希望检验出均值中很小的差异，就

可以用 $d=|\delta|/\sigma\leqslant1$（例如），而如果感兴趣的只是检验出均值中适度大的差，就可以选择 $d=|\delta|/\sigma\leqslant2$（例如）。也就是说，比例 $|\delta|/\sigma$ 的值在决定样本量时是重要的，如果可能指定想要检验的均值差的相对大小，通常就能选择一个正确的 d 值。

例 4—8

高尔夫球杆

考虑例 4—7 中高尔夫球杆的检验问题。如果平均恢复系数与 0.82 的差为 0.02，$n=15$ 的样本量能保证 H_0：$\mu=0.82$ 以至少 0.8 的概率被拒绝吗？

解答： 为了解决这一个问题，用样本标准差 $s=0.024\ 56$ 来估计 σ。则可以得到：$d=|\delta|/\sigma=0.02/0.024\ 56=0.81$。查阅附录 A 图 V（c）（$\alpha=0.05$）用的运行特征曲线，用 $d=0.81$ 和 $n=15$，可以求出大约 $\beta=0.10$。因此，如果真实的平均值比原假设超过 0.02，则拒绝原假设 H_0：$\mu=0.82$ 的概率大约为 $1-\beta=1-0.10=0.90$，我们可以得出结论，样本量为 $n=15$ 已经足够提供想要的灵敏度了。

Minitab 同样能做单样本 t-检验的势函数和样本量计算。下面的图表给出了高尔夫球杆问题的几个计算结果。

单样本 t-检验

检验：均值＝原假设（对立＞原假设）

计算均值＝原假设＋差异的势函数

$\alpha=0.05$，$\sigma=0.024\ 56$

差	样本量	势函数
0.02	15	0.911 7

单样本 t-检验

检验：均值＝原假设（对立＞原假设）

计算均值＝原假设＋差异的势函数

$\alpha=0.05$，$\sigma=0.024\ 56$

差	样本量	势函数
0.01	15	0.442 5

单样本 t-检验

检验：均值＝原假设（对立＞原假设）

计算均值＝原假设＋差异的势函数

$\alpha=0.05$，$\sigma=0.024\ 56$

差	样本量	目标势函数	实际势函数
0.01	39	0.800 0	0.802 9

在图表的第一部分，Minitab 产生了例 4—8 的解答，证明了如果平均恢复系数超过 0.82 至少有 0.02，则样本量 $n=15$ 已经足够给出至少为 0.8 的势函数。输出结果的中间部分，我们要求 Minitab 计算检验出均值的差为 0.01 时的势函数。注意到用 $n=15$，势函数减小到了 0.442 5。输出结果的第三部分是，如果均值的差确实为 0.01，要得出的势函数至少为 0.8 而需要的样本量。如果要检验出更小的差异，则需要更大的样本量（$n=39$）。

□ 4.5.3　均值的置信区间

用 4.4.5 里的操作方法，很容易求出方差未知的正态分布均值的 $100(1-\alpha)\%$ 的置信区间。一般来说，$T=(\bar{X}-\mu)/(S/\sqrt{n})$ 的分布是自由度为 $n-1$ 的 t 分布。令 $t_{\alpha/2,n-1}$ 为自由度为 $n-1$ 的 t 分布的上 $100\alpha/2$ 百分点，我们可以写出：

$$P(-t_{\alpha/2,n-1}\leqslant T\leqslant t_{\alpha/2,n-1})=1-\alpha$$

或者

$$P\left(-t_{\alpha/2,n-1}\leqslant\frac{\bar{X}-\mu}{S/\sqrt{n}}\leqslant t_{\alpha/2,n-1}\right)=1-\alpha$$

把最后一个等式重新排列得到

$$P(\bar{X}-t_{\alpha/2,n-1}S/\sqrt{n}\leqslant\mu\leqslant\bar{X}+t_{\alpha/2,n-1}S/\sqrt{n})=1-\alpha \qquad (4\text{—}49)$$

这推出了下面 μ 的 $100(1-\alpha)\%$ 双边置信区间的定义。

正态分布均值的置信区间，方差未知

如果 $\bar{x}$ 和 s 是方差未知的正态随机变量的均值和标准差，μ 的 $100(1-\alpha)\%$ 的置信区间为

$$\bar{x}-t_{\alpha/2,n-1}s/\sqrt{n}\leqslant\mu\leqslant\bar{x}+t_{\alpha/2,n-1}s/\sqrt{n} \qquad (4\text{—}50)$$

这里，$t_{\alpha/2,n-1}$ 是自由度为 $n-1$ 的 t 分布的上 $100\alpha/2$ 百分点。

单边置信界

当方差未知时，要求出 μ 的 $100(1-\alpha)\%$ 的置信下界，只要用 $-t_{\alpha,n-1}$ 代替式 $(4\text{—}50)$ 下限中的 $-t_{\alpha/2,n-1}$，并令上限为 ∞。类似地，当方差未知时，要求出 μ 的 $100(1-\alpha)\%$ 的置信上界，只要用 $t_{\alpha,n-1}$ 代替式 $(4\text{—}50)$ 上限中的 $t_{\alpha/2,n-1}$，并令下限为 $-\infty$。

例 4—9

高尔夫球杆

再次考虑例 4—7 中高尔夫球杆的恢复系数问题。已知 $n=15$，$\bar{x}=0.837\,25$ 和 $s=0.024\,56$。求出 μ 的 95% 的置信区间。

解答： 根据式 $(4\text{—}50)$ 可以求出 $(t_{\alpha/2,n-1}=t_{0.025,14}=2.145)$：

$$\bar{x}-t_{\alpha/2,n-1}s/\sqrt{n}\leqslant\mu\leqslant\bar{x}+t_{\alpha/2,n-1}s/\sqrt{n}$$

$$0.837\,25-2.145(0.024\,56)/\sqrt{15}\leqslant\mu\leqslant0.837\,25+2.145(0.024\,56)/\sqrt{15}$$

$$0.837\,25-0.013\,60\leqslant\mu\leqslant0.837\,25+0.013\,60$$

$$0.823\,65\leqslant\mu\leqslant0.850\,85$$

在例 4—7 中，我们检验了 μ 的单边备择假设。一些工程师可能对单边置信界感兴趣。回想起 Minitab 的输出结果里确实计算了置信下界。平均恢复系数的 95% 的置信下界为：

$$\bar{x}-t_{0.05,n-1}s/\sqrt{n}\leqslant\mu$$

$$0.837\,25-1.761(0.024\,56)/\sqrt{15}\leqslant\mu$$

$$0.820\ 68 \leqslant \mu$$

因此，我们可以说平均恢复系数以 95% 的置信水平超过 0.826 08。这同样也是 Minitab 的报告结果。

练 习

4—47 假设要检验 $H_0: \mu = 10$ 对 $H_1: \mu > 10$，样本量为 $n = 15$。计算下列检验统计量观测值 P-值的界限：

(a)$t_0 = 2.05$　(b)$t_0 = -1.84$

(c)$t_0 = 2.00$　(d)$t_0 = 0.4$

4—48 假设要检验 $H_0: \mu = \mu_0$ 对 $H_1: \mu \neq \mu_0$，样本量为 $n = 10$。计算下列检验统计量观测值 P-值的界限：

(a)$t_0 = 2.48$　(b)$t_0 = -3.95$

(c)$t_0 = 2.69$　(d)$t_0 = 1.88$

(e)$t_0 = -1.25$

4—49 假设要检验 $H_0: \mu = 5$ 对 $H_1: \mu < 5$，样本量为 $n = 25$。计算下列检验统计量观测值 P-值的界限：

(a)$t_0 = 2.05$　(b)$t_0 = -1.84$

(c)$t_0 = 2.00$　(d)$t_0 = 0.4$

4—50 考虑如下所示的 Minitab 输出结果。

单样本 T: X 检验 $\mu = 91$ 对 $\mu \neq 91$							
变量	N	均值	标准差	均值标准误	95% 置信区间	T	P
X	25	92.580 5	?	0.467 3	(91.616 0,?)	3.38	0.002

(a) 填写输出结果中的缺失值。在 0.05 的水平下可以拒绝零假设吗？为什么？

(b) 这是一个单边还是双边检验？

(c) 如果假设为 $H_0: \mu = 90$ 对 $H_1: \mu \neq 90$，在 0.05 水平下你会拒绝零假设吗？

(d) 利用输出结果和 t 表找到均值的一个 99% 双边置信区间。

(e) 如果备择假设为 $H_1: \mu > 91$，P-值是多少？

4—51 考虑如下所示的 Minitab 输出结果。

单样本 T: X 检验 $\mu = 25$ 对 $\mu > 25$							
变量	N	均值	标准差	均值标准误	95% 下界	T	P
X	12	25.681 8	?	0.336 0	?	?	0.034

(a) t-检验统计量的自由度是多少？

(b) 填写缺失信息。

4—52 考虑如下所示的 Minitab 输出结果。

检验 $\mu = 50$ 对 $\mu \neq 50$							
变量	N	均值	标准差	均值标准误	95% 置信区间	T	P
C1	10	49.30	3.62	?	(46.71, 51.89)	?	?

(a) t-检验统计量的自由度是多少？

(b) 填写缺失信息。可以计算 P-值的界限。

4—53 *Computers in Electrical Engineering* 中的一篇文章 Parallel Simulation of Cellular Neural Networks（1996，Vol. 22，61~84）考虑了一个通用的并行计算机架构其细胞神经网络（CNN）的加速问题。数据如下。

3. 775 302	3. 350 679	4. 217 981	4. 030 324
4. 639 692	4. 139 665	4. 395 575	4. 824 257
4. 268 119	4. 584 193	4. 930 027	4. 315 973
4. 600 101			

(a) 是否有足够的证据拒绝平均加速超过 4.0 这一说法？假设 $\alpha=0.05$。

(b) 数据是否服从近似正态分布？画出图形支持你的答案。

(c) 找到平均加速时间的一个 95% 双边置信区间。

(d) 如果想要检验的势至少为 0.8，为了检测出加速时间的真实平均值是 4.75，需要多大的样本量？使用 (a) 中计算的样本标准差 s 作为 σ 的一个估计。

4—54 美国土木工程师协会刊物 *Journal of Energy Engineering* 中的一篇文章描述了一项研究，其针对的是作为建筑材料的蒸压加气混凝土的热惯性特性。检验了某一建筑所用材料中的五个样本，得到的平均内部温度如下（℃）：23.01，22.22，22.04，22.62 以及 22.59。

(a) 检验假设 $H_0: \mu=22.5$ 对 $H_1: \mu \neq 22.5$，用 $\alpha=0.05$。使用 P-值方法。

(b) 检验内部温度服从正态分布的假设。

(c) 如果内部温度的真实平均值为 22.75，计算检验的势。

(d) 如果想要检验的势至少为 0.9，为了检测出内部温度的真实平均值是 22.75，需要多大的样本量？用样本标准差 s 作为 σ 的一个估计。

4—55 轮胎厂的一个研究工程师调查了用新型橡胶复合物制造的轮胎的使用寿命。她制造了 10 个轮胎，在路上驾驶测试中检验了它们的使用寿命。样本均值和样本标准差分别为 51 492 和 2 035 千米。

(a) 工程师希望证明新型轮胎的平均使用寿命超过 50 000 千米，阐明合适的假设，陈述假设（如果可能的话进行检验），用 P-值方法得出结论。

(b) 假设如果平均使用寿命只有 61 000 千米那么长，工程师想以至少 0.90 的概率检验出这个差异，(a) 中的样本量用 $n=10$ 足够了吗？得出结论时用样本标准差 s 作为 σ 的一个估计。

(c) 求出轮胎平均使用寿命的 95% 的单边置信下限。

(d) 用 (c) 中的结果检验假设。

4—56 对 20 个 PVC 管的样本做了摆式碰撞检验。这种材料的 ASTM 标准要求摆式碰撞强度必须大于 1.0ft-lb/in。样本均值和标准差分别为 $\bar{x}=1.121$ 和 $s=0.328$。用 $\alpha=0.01$ 检验 $H_0: \mu=1.0$ 对 $H_1: \mu>1.0$，并给出结论。说明有关数据分布的必要假设。

4—57 已知实验室正研制的生物医学设备的使用寿命服从渐近正态分布。抽取了 15 个设备组成的随机样本，求出平均使用寿命为 5 625.1 小时，样本标准差为 226.1 小时。

(a) 在 $\alpha=0.05$，检验生物医学设备的真正使用寿命大于 5 500 的假设。

(b) 构造均值的 95% 的置信下限。

(c) 用 (b) 中的置信限检验假设。

4—58 分析了某一种品牌的食用人造黄油，想确定多不饱和脂肪酸的水平（单位:%）。6 包组成的样本产生了下面的数据：16.8，17.2，17.4，16.9，16.5，17.1。

(a) 均值是否为 17.0 是很重要的。用 P-值方法检验一个恰当的假设。你的结论是什么？用正态概率图检验正态性假设。

(b) 假设如果平均多不饱和脂肪酸的含量为 $\mu=17.5$，以至少 0.90 的概率检验出这一点很重要。样本量 $n=6$ 足够了吗？用样本标准差来估计总体标准差 σ。用 $\alpha=0.01$。

(c) 求出均值 μ 的 99% 的双边置信区间。给出这个区间的实际解释。

4—59 在制造电子电路时，二极管的击穿电压是一个重要的质量特征。记录下的 12 个二极管的击穿电压如下：9.099，9.174，9.327，9.377，8.471，9.575，9.514，8.928，8.800，8.920，9.913 和 8.306。

(a) 检验这些数据的正态性假设。

(b) 用 0.05 的显著性水平检验击穿电压均值少于 9 伏这一说法。

(c) 构造击穿电压均值的 95% 单边置信上限。

(d) 用 (c) 中的置信限检验假设。

(e) 假设真实的平均击穿电压是 8.8 伏。以至少 0.95 的概率检验出这一点很重要。用样本标准差估计总体标准差，显著性水平为 0.05，确定必要的样本量。

4—60 某机器生产的金属杆用于汽车刹车系统。抽取了 12 根杆组成的随机样本，测量了它们的直径。以毫米为单位的结果如下。

8.23	8.31	8.42
8.29	8.19	8.24
8.19	8.29	8.30
8.14	8.32	8.40

(a) 检验杆直径的正态性假设。

(b) 有强证据证明杆的平均直径不是 8.20mm 吗？用 $\alpha = 0.05$ 的固定显著性水平检验。

(c) 求出检验的 P-值。

(d) 求出杆直径均值的 95% 的双边置信区间，并给出这个区间的实际解释。

4—61 质量控制工程师测量了 25 个 2 升瓶的瓶壁厚度。样本均值为 $\bar{x} = 4.058$mm，样本标准差为 $s = 0.081$mm。

(a) 假设证明瓶壁的厚度超过 4.0mm 很重要。阐明合适的假设，并用这些数据检验它。在 $\alpha = 0.05$ 得出结论。计算这个检验的 P-值。

(b) 求出瓶壁厚度均值 95% 的置信下限。并解释你得到的区间。

4—62 测量了 12 个用于核反应的燃料棒的百分含量，数据如下：

3.11	2.88	3.08	3.01
2.84	2.86	3.04	3.09
3.08	2.89	3.12	2.98

(a) 用概率正态图检验正态性假设。

(b) 检验假设 $H_0: \mu = 2.95$ 对 $H_1: \mu \neq 2.95$，用 $\alpha = 0.05$，得出适当的结论。用 P-值方法。

(c) 求出平均百分含量的 99% 的双边置信区间。你觉得说平均百分含量是 2.95% 可以吗？为什么？

4—63 调整了快速混合饮料机，让它释放一定量的糖浆到容器里，这里是和碳酸水混合的。抽取了样本量为 25 的一个样本，求出了平均糖浆含量为 $\bar{x} = 32.5$ml，标准差为 $s = 0.47$ml。

(a) 练习中给出的数据支持糖浆含量均值不是 29.6ml 的假设吗？用 $\alpha = 0.05$ 检验这个假设。

(b) 这些数据支持糖浆的平均含量超过 29.6ml 的假设吗？用 $\alpha = 0.05$ 检验这个假设。

(c) 考虑 (a) 中的假设检验。如果糖浆的平均含量和 $\mu = 1.0$ 相差 0.05，以比较高的概率（比如说，至少 0.90）检验出这一点很重要。用 s 估计 σ，实验者用样本量 $n = 25$ 的样本足够吗？

(d) 求出糖浆含量均值的 95% 的双边置信区间。

4—64 *Journal of Composite Materials*（1989，Vol. 23, p. 1200）中的一篇文章描述了分层对光束自然频率的影响。研究了 5 个这样的分层光束，得到了下面的频率（单位：Hz）：

230.66，233.05，232.58，229.48，232.58

求出自然频率均值的 90% 双边置信区间。你计算的这些结果支持平均自然频率超过 235Hz 的假设吗？讨论你的结果，并阐明必要的假设。

4—65 人工降雨作为气象改造过程已经被研究了数十年（该话题的一项很有趣的研究可以参考 *Technometrics* 中的文章 A Bayesian Analysis of a Multiplicative Treatment Effect in Weather Modification（1975，Vol. 17, pp. 161–166）。随机选择了 20 朵云用硝酸银催化，以英亩—英尺为单位的降雨量如下所示：18.0，30.7，19.8，27.1，22.3，18.8，31.8，23.4，21.2，27.9，31.9，27.1，25.0，24.7，26.9，21.8，29.2，34.8，26.7，31.6。

(a) 你能支持催化云中的降雨量均值大于 25 英亩—英尺这一说法吗？用 $\alpha = 0.01$。求出 P-值。

(b) 检验降雨量服从正态分布的假设。

(c) 如果降雨量的真实均值为 27 英亩—英尺，求出检验的势。

(d) 如果想要检验的势至少为 0.9，为了检测出降雨量的真实均值是 27.5 英亩—英尺，需要多大的样本量？

(e) (a) 中的问题可以通过构造降雨量均值的单边置信限来回答，说明如何进行。

4.6 正态总体的方差推断

有时需要对总体的方差或标准差做假设检验和置信区间。如果有随机样本 X_1，X_2，…，X_n，则样本方差 S^2 是 σ^2 的无偏点估计。当总体可以用正态分布建模时，这一节介绍的检验和区间就是适用的。

4.6.1　正态总体方差的假设检验

假如我们希望检验假设：正态总体的方差 σ^2 等于一个具体值，如 σ_0^2。令 X_1，X_2，$\cdots$，X_n 是从总体中抽取了 n 个观察组成的随机样本。要检验

$$H_0 : \sigma^2 = \sigma_0^2$$
$$H_1 : \sigma^2 \neq \sigma_0^2 \tag{4—51}$$

用下面的检验统计量：

$$X_0^2 = \frac{(n-1)S^2}{\sigma_0^2} \tag{4—52}$$

定义检验步骤时，需要知道原假设为真时，式（4—52）中检验统计量 X_0^2 的分布。

令 X_1，X_2，$\cdots$，X_n 是从正态分布中抽取的随机样本，均值 μ 和方差 σ^2 未知。统计量

$$X^2 = \frac{(n-1)S^2}{\sigma^2} \tag{4—53}$$

服从自由度为 $n-1$ 的卡方分布，简写为 χ_{n-1}^2。一般来说，卡方随机变量的概率密度函数为

$$f(x) = \frac{1}{2^{k/2}\Gamma(k/2)} x^{(k/2)-1} e^{-x/2}, \quad x > 0 \tag{4—54}$$

这里，k 是自由度的个数，$\Gamma(k/2)$ 在 4.5.1 中已定义。

卡方分布的均值和方差分别为：

$$\mu = k \quad \text{和} \quad \sigma^2 = 2k \tag{4—55}$$

几个卡方分布见图 4—21。可以看出卡方随机变量是非负的，它的概率分布右偏。但是，随着 k 增加，分布变得越来越对称。当 $k \to \infty$ 时，卡方分布的极限分布是正态分布。

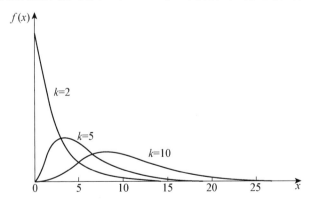

图 4—21　几个 χ^2 分布的概率密度函数

附录 A 表Ⅲ给出了卡方分布的**百分位点**（percentage points）。定义 $\chi_{a,k}^2$ 是自由度为 k 的卡方随机变量的一个百分位点，使得 X^2 超过这一点的概率为 α。也就是

$$P(X^2 > \chi_{a,k}^2) = \int_{\chi_{a,k}^2}^{\infty} f(u)\mathrm{d}u = \alpha$$

这个概率见图 4—22 的阴影部分。为了说明表Ⅲ的用法，注意到面积 α 是列标题，自由度 k 由左边标签为 v 的一栏给出。因此，如果自由度为 10 的卡方分布上的某点右边的面积（概率）为 0.05，这个点就是 $\chi^2_{0.05,10} = 18.31$。这个值常常称为自由度为 10 的卡方分布的上 5% 分位点。用概率的形式可以写为：

$$P(X^2 > \chi^2_{0.05,10}) = P(X^2 > 18.31) = 0.05$$

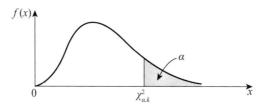

图 4—22 χ^2 分布的百分点 $\chi^2_{\alpha,k}$

构造式（4—51）中的假设检验相对比较容易。我们可以使用式（4—52）中定义的 X^2_0 作为检验统计量。如果原假设 $H_0: \sigma^2 = \sigma^2_0$ 为真，检验统计量 X^2_0 服从自由度为 $n-1$ 的卡方分布。因此，计算检验统计量 χ^2_0 的值，如果

$$\chi^2_0 > \chi^2_{\alpha/2,n-1} \text{ 或 } \chi^2_0 < \chi^2_{1-\alpha/2,n-1} \tag{4—56}$$

就拒绝原假设 $H_0: \sigma^2 = \sigma^2_0$，这里 $\chi^2_{\alpha/2,n-1}$ 和 $\chi^2_{1-\alpha/2,n-1}$ 分别是自由度为 $n-1$ 的卡方分布的上、下 $100\alpha/2$ 百分点。临界域见图 4—23a。

相同的检验统计量也可以用于单边备择假设。对于单边假设检验：

$$H_0: \sigma^2 = \sigma^2_0$$
$$H_1: \sigma^2 > \sigma^2_0 \tag{4—57}$$

如果

$$\chi^2_0 > \chi^2_{\alpha,n-1} \tag{4—58}$$

就拒绝 H_0。对于单边假设检验：

$$H_0: \sigma^2 = \sigma^2_0$$
$$H_1: \sigma^2 < \sigma^2_0 \tag{4—59}$$

如果

$$\chi^2_0 < \chi^2_{1-\alpha,n-1} \tag{4—60}$$

就拒绝 H_0。单边临界域见图 4—23（b）和（c）。

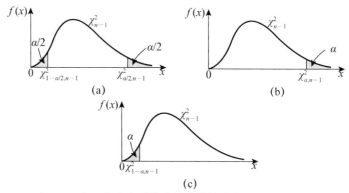

图 4—23 当 $H_0: \sigma^2 = \sigma^2_0$ 为真时检验统计量的分布，以及（a）$H_1: \sigma^2 \neq \sigma^2_0$，（b）$H_1: \sigma^2 > \sigma^2_0$，（c）$H_1: \sigma^2 < \sigma^2_0$ 的临界域

总结　正态分布方差的假设检验

原假设：$H_0: \sigma^2 = \sigma_0^2$

检验统计量：$X_0^2 = \dfrac{(n-1)S^2}{\sigma_0^2}$

备择假设	拒绝域
$H_1: \sigma^2 \neq \sigma_0^2$	$\chi_0^2 > \chi_{\alpha/2,n-1}^2$ 或 $\chi_0^2 < \chi_{1-\alpha/2,n-1}^2$
$H_1: \sigma^2 > \sigma_0^2$	$\chi_0^2 > \chi_{\alpha,n-1}^2$
$H_1: \sigma^2 < \sigma_0^2$	$\chi_0^2 < \chi_{1-\alpha,n-1}^2$

临界域的位置见图 4—23。

例 4—10

灌装

用自动灌装机来灌装液体清洁剂。一个随机样本有 20 瓶，求出了灌装容积的样本方差为 $s^2 = 0.0153$（液盎司）^{2} 盎司的平方。如果灌装容积的方差超过 0.01（液盎司）^{2}，就有一部分装不满或装得太多而不能接受的瓶子。有证据证明瓶子存在装不满或装得太多的问题吗？用 $\alpha = 0.05$，假设灌装容积服从正态分布。

用七步程序得到下面的结果：

1. 感兴趣的参数：感兴趣的参数是总体方差 σ^2。

2. 零假设，$H_0: \sigma^2 = 0.01$。

3. 备择假设，$H_1: \sigma^2 > 0.01$。

4. 检验统计量：检验统计量为 $\chi_0^2 = \dfrac{(n-1)s^2}{\sigma_0^2}$。

5. 拒绝 H_0 如果：如果 $\chi_0^2 > \chi_{0.05,19}^2 = 30.14$ 就拒绝 H_0。

6. 计算：

$$\chi_0^2 = \frac{19(0.015\,3)}{0.01} = 29.07$$

7. 结论：因为 $\chi_0^2 = 29.07 < \chi_{0.05,19}^2 = 30.14$，我们可以得出结论，没有强证据证明灌装容积的方差超过 0.01（液盎司）^{2}。

实际工程结论： 没有很强的理由拒绝 $\sigma^2 = 0.01$。然而，正如我们下面看到的，P-值大约为 0.065，所以通常的不拒绝 H_0 的"弱结论"更弱了。可能需要考虑另外的更大样本量的实验。

P-值也能和卡方检验一起使用。比如，考虑例 4—10，包含了一个右尾的单边检验。P-值是 χ_{n-1}^2 分布中在计算得到的检验统计量右侧的概率。因为附录 A 中的表Ⅲ只包含 11 个尾部区域（列），我们通常需要找到 P 的上下限。这很容易做到。例 4—10 中计算得到的检验统计量值为 $\chi_0^2 = 27.20$。检查表，可以找到 $\chi_{0.10,19}^2 = 27.20$ 和 $\chi_{0.05,19}^2 = 30.14$。因为 $27.20 < 29.07 < 30.14$，可以得出结论，例 4—10 中检验的 P-值在区间 $0.05 < P < 0.10$ 中。实际的 P-值可以通过 Minitab 计算得到。自由度为 19，Minitab 计算得到小于等于检验统计量计算值 $\chi_0^2 = 27.20$ 的累积卡方概率为 0.935 108（使用 Calc 菜单中的累积分布函数），所以 P-值是超过 29.07 的概率（区域），或者说 $P = 1 - 0.935\,108 = 0.064\,892$。

下尾检验的 P-值可以认为是检验统计量计算值 x_0^2 左侧的 χ_{n-1}^2 分布下尾区域（概率）。对于双边检验，找到和检验统计量计算值相关的尾部区域，然后乘以二就可以得到 P-值。

4.6.2 正态总体方差的置信区间

从前一小节可以知道，如果总体是正态分布的，

$$X^2 = \frac{(n-1)S^2}{\sigma^2}$$

的抽样分布为自由度为 $n-1$ 的卡方分布。构造置信区间时，首先写出：

$$P(\chi_{1-a/2,n-1}^2 \leqslant X^2 \leqslant \chi_{a/2,n-1}^2) = 1-\alpha$$

所以，

$$P\left[\chi_{1-a/2,n-1}^2 \leqslant \frac{(n-1)S^2}{\sigma^2} \leqslant \chi_{a/2,n-1}^2\right] = 1-\alpha$$

等式能整理成：

$$P\left[\frac{(n-1)S^2}{\chi_{a/2,n-1}^2} \leqslant \sigma^2 \leqslant \frac{(n-1)S^2}{\chi_{1-a/2,n-1}^2}\right] = 1-\alpha \tag{4—61}$$

这推出了下面 σ^2 的置信区间的定义。

正态分布方差的置信区间

如果 s^2 是从正态总体中抽取的由 n 个观察组成的随机样本的样本方差，总体方差 σ^2 未知，σ^2 的 $100(1-\alpha)\%$ 的置信区间为：

$$\frac{(n-1)s^2}{\chi_{a/2,n-1}^2} \leqslant \sigma^2 \leqslant \frac{(n-1)s^2}{\chi_{1-a/2,n-1}^2} \tag{4—62}$$

这里 $\chi_{a/2,n-1}^2$ 和 $\chi_{1-a/2,n-1}^2$ 分别是自由度为 $n-1$ 的卡方分布的上、下 $100\alpha/2$ 百分点。

单边置信界

求 σ^2 的 $100(1-\alpha)\%$ 的下置信界时，令式（4—62）中的置信上界等于 ∞，用 $\chi_{a,n-1}^2$ 代替 $\chi_{a/2,n-1}^2$。令式（4—62）中的置信下界等于 0，用 $\chi_{1-a,n-1}^2$ 代替 $\chi_{1-a/2,n-1}^2$ 就可以求出 σ^2 的 $100(1-\alpha)\%$ 的上置信界。为了方便起见，在本书前面的封面里列出了这些构造单边上、下置信界的等式。

例 4—11

灌装

再次考虑例 4—10 中的灌装问题。继续假设灌装容积服从渐近正态分布。20 个瓶组成的随机样本产生的样本方差为 $s^2 = 13.47$（毫升）^{2}。我们想要找到 σ^2 95% 置信区间的上界。

解答： 根据式（4—62）可以得到如下 95% 的置信上限：

$$\sigma^2 \leqslant \frac{(n-1)s^2}{\chi_{0.95,19}^2}$$

或者

$$\sigma^2 \leqslant \frac{(19)13.47}{10.12} = 25.29 (毫升)^2$$

在两边求平方根可以把最后一个式子转化成标准差 σ 的置信限，结果为：

$$\sigma \leqslant 5.03 (毫升)$$

因此，在 95％的置信水平，这些数据指出了过程的标准差可能有 5.03 毫升那么大。

实际工程结论： 置信区间表明标准差是 5.03 毫升的机会是可能的。工程师现在需要确定这是否会导致未装满或装得过满的瓶子的不可接受的风险。

练 习

4—66 假设我们在用样本量 $n=15$ 检验 H_0：$\sigma^2 = \sigma_0^2$ 对 H_1：$\sigma^2 > \sigma_0^2$。计算下面检验统计量观测值的 P-值：

(a)$\chi_0^2 = 22.35$ (b)$\chi_0^2 = 23.50$

(c)$\chi_0^2 = 25.00$ (d)$\chi_0^2 = 28.55$

4—67 要把一个铆钉插入一个孔中。如果孔直径的标准差超过 0.04 毫米，铆钉就很有可能不适合。抽取了 15 个样品组成的随机样本，测量了它们的直径。孔直径的样本标准差为 $s=0.032$ 毫米。

(a) 有强证据证明孔直径的标准差超过 0.04 毫米吗？用 $\alpha=0.05$。说明有关数据服从的分布的必要假设。

(b) 构造 σ 的 95％的置信下限。

(c) 用 (b) 中的置信限检验假设。

4—68 桃罐头中糖浆的糖含量服从正态分布，它的方差被认为是 $\sigma^2 = 18mg^2$。

(a) 用 $\alpha=0.05$ 检验假设，如果 10 个罐头组成的随机样本产生的样本标准差为 $s=4mg$，方差就不是 $18mg^2$。说明有关数据服从的分布的必要假设。

(b) 检验的 P-值为多少？

(c) 求出 σ 的 95％的双边置信区间。

(d) 用 (c) 中的置信区间检验假设。

4—69 考虑练习 4—55 中轮胎使用寿命的数据。

(a) 用 $\alpha=0.05$，你能得出结论，轮胎使用寿命的标准差超过 3 000 千米吗？说明有关数据服从的分布的必要假设。

(b) 检验的 P-值为多少？

(c) 求出 σ 的 95％的置信下限。

(d) 用 (c) 中的置信区间检验假设。

4—70 考虑练习 4—56 中的摆式碰撞检验数据。

(a) 用 $\alpha=0.01$ 检验假设 $\sigma^2 = 0.20$ 对指定的备择假设 $\sigma^2 \neq 0.20$，得出结论。说明有关数据服从的分布的必要假设。

(b) 检验的 P-值为多少？

(c) 求出 σ^2 的 99％的双边置信区间。

(d) 用 (c) 中的置信区间检验假设。

4—71 随机抽取了 51 个用于航空制造的零件，测量了合金中钛的百分含量，样本标准差为 $s=0.37$。

(a) 用 $\alpha=0.05$ 检验假设 H_0：$\sigma=0.35$ 对 H_1：$\sigma \neq 0.35$。说明有关数据服从的分布的必要假设。

(b) 检验的 P-值为多少？

(c) 构造 σ 的 95％的双边置信区间。

(d) 用 (c) 中的置信区间检验假设。

4.7 总体比例的推断

通常很有必要对总体比例检验假设和建立置信区间。例如，假设从一个巨大的（可能无穷的）总体抽取样本量为 n 的一个随机样本，其中有 X（$\leqslant n$）个观察值属于感兴趣的一类。从而 $\hat{P}=X/n$ 就是属于该类的总体比例 p 的一个点估计量。另外，由第3章我们知道，如果 p 不是很靠近0或者1，而且 n 相对比较大，$\hat{P}$ 的抽样分布近似服从均值为 p 方差为 $p(1-p)/n$ 的正态分布。典型地，要应用该近似，我们需要 np 和 $n(1-p)$ 大于或者等于5。这节里面将使用正态近似。

4.7.1 二项比例的假设检验

在许多工程问题中，我们关心的是服从二项分布的随机变量。例如，考虑一个生产过程，生产的产品分为可接受或有缺陷。通常，用二项分布对缺陷的发生建模是合理的，而且二项参数 p 代表生产的产品有缺陷的比例。因此，许多工程决策问题包括 p 的假设检验。

考虑假设

$$H_0: p=p_0$$
$$H_1: p\neq p_0 \tag{4—63}$$

下面将给出根据二项的正态近似性做出的近似假设。正如上面提到的，只要 p 不是和0或1离得很近，而且样本量相对比较大，这个近似过程就是正确的。下面的结果将用于假设检验和构造 p 的置信区间。

令 X 表示样本量为 n 的随机样本中与 p 关联的那一类的观察数。则，

$$Z=\frac{X-np}{\sqrt{np(1-p)}} \tag{4—64}$$

服从渐近标准正态分布，$N(0, 1)$。

则，如果原假设 $H_0: p=p_0$ 为真，就有近似的 $X\sim N[np_0, np_0(1-p_0)]$。检验 $H_0: p=p_0$ 时，计算检验统计量

$$Z_0=\frac{X-np_0}{\sqrt{np_0(1-p_0)}}$$

并确定 P-值。因为如果 H_0 为真，检验统计量服从标准正态分布，P-值的计算和4.4节中 z-检验 P-值的计算完全一样。所以对于双边备择假设，P-值是标准正态分布中大于检验统计量正值 $|z_0|$ 和小于负值 $-|z_0|$ 的概率之和，或者说

$$P=2[1-\Phi(|z_0|)]$$

对于单边备择假设 $H_1: p>p_0$，P-值是大于 z_0 的概率，或者说

$$P=1-\Phi(z_0)$$

对于单边备择假设 $H_1: p<p_0$，P-值是小于 z_0 的概率，或者说

$$P=\Phi(z_0)$$

我们同样可以进行固定显著性水平检验。对于双边备择假设，如果

$$z_0>z_{a/2} \quad \text{或者} \quad z_0<-z_{a/2}$$

就拒绝 $H_0: p=p_0$。单边备择假设的临界域能用常规的方法构造。

总结　二项比例的假设检验

零假设：H_0：$p = p_0$

检验统计量：$Z_0 = \dfrac{X - np_0}{\sqrt{np_0(1-p_0)}}$

备择假设	P-值	固定水平检验的拒绝域
H_1：$p \neq p_0$	大于 $|z_0|$ 和小于 $-|z_0|$ 的概率，$P = 2[1 - \Phi(|z_0|)]$	$z_0 < -z_{\alpha/2}$ 或 $z_0 > z_{\alpha/2}$
H_1：$p > p_0$	大于 $|z_0|$ 的概率，$P = 1 - \Phi(z_0)$	$z_0 > z_\alpha$
H_1：$p < p_0$	小于 z_0 的概率，$P = \Phi(z_0)$	$z_0 < -z_\alpha$

例 4—12

发动机控制器

半导体制造厂生产了用于汽车发动机的控制器。顾客要求生产过程的次品率不超过 0.05，制造厂用 $\alpha = 0.05$ 证明了生产过程能达到这个水平。半导体制造厂随机抽取了 200 个设备做样本，发现有 4 个是次品。制造商能证明生产过程能被顾客接受吗？

解答：我们可以用如下的七步假设检验步骤：

1. 感兴趣的参数：感兴趣的参数是次品率 p。

2. 零假设，H_0：$p = 0.05$。

3. 备择假设，H_1：$p < 0.05$。

问题的这种表达能允许制造厂在原假设 H_0：$p = 0.05$ 被拒绝时对生产过程能力做出强的主张。

4. 检验统计量：检验统计量为（根据式（4—64））：

$$z_0 = \frac{x - np_0}{\sqrt{np_0(1-p_0)}}$$

这里，$x = 4$，$n = 200$ 和 $p_0 = 0.05$。

5. 拒绝 H_0 如果：如果 P-值小于 0.05 就拒绝 H_0：$p = 0.05$。

6. 计算：检验统计量为：

$$z_0 = \frac{4 - 200(0.05)}{\sqrt{200(0.05)(0.95)}} = -1.95$$

7. 结论：因为 $z_0 = -1.95$，P-值为 $\Phi(-1.95) = 0.025\,6$；因为该值小于 0.05，我们拒绝 H_0，得出结论：生产过程的次品率小于 0.05。实际工程结论认为生产过程是可以被接受的。

有时，会碰到式（4—64）中检验统计量 Z_0 的另一种形式。注意到，如果 X 是样本量为 n 的随机样本中某一感兴趣类的观察数，$\hat{P} = X/n$ 是那一个类的样本比例。现在把分子和分母都除以 n，得到

$$Z_0 = \frac{X/n - p_0}{\sqrt{p_0(1-p_0)/n}}$$

或者

$$Z_0 = \frac{\hat{P} - p_0}{\sqrt{p_0(1-p_0)/n}} \tag{4—65}$$

这是用样本中感兴趣类的样本比例而不是观察数 X 来表示检验统计量。

可以用 Minitab 来进行二项比例检验。下面的 Minitab 输出表明了例 4—12 的结果。

单个比例检验和置信区间

检验 $p = 0.05$ 对 $p < 0.05$

样本	X	N	样本比例 p	95%上界	Z 值	P 值
1	4	200	0.020 000	0.036 283	−1.95	0.026

注意：对小样本来说，正态近似可能是不准确的。

这个输出结果还显示了 P 的 95% 单边置信上界。在 4.7.3 小节中，我们会说明二项比例的置信区间是如何计算的。这个 Minitab 输出表明了对检验和置信区间中使用正态近似的结果。当样本量比较小时，这可能是不合适的。

二次比例的小样本检验

当样本量 n 比较小时，对比例的检验是基于二项分布，而不是正态近似。为了进行说明，我们检验 $H_1: p < p_0$。令 X 表示样本中成功的次数。该检验的 P-值将从参数为 n 和 p_0 的二项分布的下尾得到。具体来说，P-值是参数为 n 和 p_0 的二项随机变量小于等于 X 的概率。上尾单边检验和双边备择假设的 P-值可以类似计算。

Minitab 会计算二项检验的准确 P-值。下面的输出包含了例 4—12 的准确 P-值结果。

检验 $p = 0.05$ 对 $p < 0.05$

样本	X	N	样本比例 p	95%上界	准确 P 值
1	4	200	0.020 000	0.045 180	0.026

P-值和正态近似中得到的是一样的，因为样本量较大。注意，置信区间和使用正态近似得到的结果不一样。

4.7.2 第二类错误和样本量的选择

4.7.1 中检验的 β 可以用闭式等式近似。假设 p 是总体比例的真实值。

双边备择假设 $H_1: p \neq p_0$ 第二类错误的概率 β 近似为

$$\beta = \Phi\left[\frac{p_0 - p + z_{\alpha/2}\sqrt{p_0(1-p_0)/n}}{\sqrt{p(1-p)/n}}\right] - \Phi\left[\frac{p_0 - p - z_{\alpha/2}\sqrt{p_0(1-p_0)/n}}{\sqrt{p(1-p)/n}}\right] \tag{4—66}$$

如果备择假设为 $H_1: p < p_0$

$$\beta = 1 - \Phi\left[\frac{p_0 - p - z_{\alpha}\sqrt{p_0(1-p_0)/n}}{\sqrt{p(1-p)/n}}\right] \tag{4—67}$$

而如果备择假设为 $H_1: p > p_0$

$$\beta = \Phi\left[\frac{p_0 - p + z_{\alpha}\sqrt{p_0(1-p_0)/n}}{\sqrt{p(1-p)/n}}\right] \tag{4—68}$$

求解这些等式能找出需要的近似样本量，使得检验在 α 的显著性水平下达到特定的 β 值。样本量的等式如下。

二项比例的双边假设检验需要的样本量

$$n=\left[\frac{z_{\alpha/2}\sqrt{p_0(1-p_0)}+z_{\beta}\sqrt{p(1-p)}}{p-p_0}\right]^2 \tag{4—69}$$

如果 n 不是整数，样本量必须去尾进 1 到下一个大的整数。

对于单边备择假设，用 z_{α} 代替式（4—69）中的 $z_{\alpha/2}$。

例 4—13

发动机控制器

考虑例 4—12 中的半导体制造厂。假设生产过程的次品率确实是 $p=0.03$。检验犯第二类错误的概率 β 为多少？用 $n=200$ 和 $\alpha=0.05$。

解答：第二类错误的概率 β 能根据式（4—67）计算，得到：

$$\beta=1-\Phi\left[\frac{0.05-0.03-(1.645)\sqrt{0.05(0.95)/200}}{\sqrt{0.03(1-0.03)/200}}\right]=1-\Phi(-0.44)=0.67$$

因此，如果真实的次品率为 0.03（3%），则半导体制造厂不能得出结论：生产过程可以被接受的概率大约为 0.7。第二类错误的概率 β 看起来很大，但 $p=0.05$ 和 $p=0.03$ 的差相当小，样本量 $n=200$ 并不是特别大。

假设如果真实的次品率为 $p=0.03$ 时，半导体制造厂能接受的 β 可以有 0.10 那么大。如果继续用 $\alpha=0.05$，需要多大的样本量？

需要的样本量可以如下用式（4—69）计算：

$$n=\left[\frac{1.645\sqrt{0.05(0.95)}+1.28\sqrt{0.03(0.97)}}{0.03-0.05}\right]^2\cong832$$

这里，在式（4—69）中用了 $p=0.03$，对于单边备择假设，用 z_{α} 代替 $z_{\alpha/2}$。注意到 $n=832$ 是非常大的样本量。但是，我们是在设法检查出与原假设 $p_0=0.05$ 相当小的偏差。

☐ 4.7.3 二项比例的置信区间

用渐近正态性可以直接求出二项比例的 $100(1-\alpha)\%$ 的渐近置信区间。回想起如果 p 不是离 0 或 1 很近，而且 n 相对比较大，则 $\hat{P}$ 的抽样分布是均值为 p 方差为 $p(1-p)/n$ 的渐近正态分布。即，

$$Z=\frac{X-np}{\sqrt{np(1-p)}}=\frac{\hat{P}-p}{\sqrt{\dfrac{p(1-p)}{n}}} \tag{4—70}$$

的分布是渐近标准正态分布。

构造 p 的置信区间，注意到

$$P(-z_{\alpha/2}\leqslant Z\leqslant z_{\alpha/2})\cong1-\alpha$$

所以

$$P\left(-z_{\alpha/2}\leqslant\frac{\hat{P}-p}{\sqrt{\dfrac{p(1-p)}{n}}}\leqslant z_{\alpha/2}\right)\cong 1-\alpha$$

重新整理可以得到

$$P\left[\hat{P}-z_{\alpha/2}\sqrt{\frac{p(1-p)}{n}}\leqslant p\leqslant \hat{P}+z_{\alpha/2}\sqrt{\frac{p(1-p)}{n}}\right]\cong 1-\alpha \qquad (4\text{—}71)$$

式（4—71）中的 $\sqrt{p(1-p)/n}$ 称为**点估计 $\hat{P}$ 的标准误差**（standard error of the point estimator $\hat{P}$）。遗憾的是，式（4—71）中的置信上限和下限含有未知参数 p。一个令人满意的解决办法就是在标准误差中用 $\hat{P}$ 代替 p，这就得到了

$$P\left[\hat{P}-z_{\alpha/2}\sqrt{\frac{\hat{P}(1-\hat{P})}{n}}\leqslant p\leqslant \hat{P}+z_{\alpha/2}\sqrt{\frac{\hat{P}(1-\hat{P})}{n}}\right]\cong 1-\alpha \qquad (4\text{—}72)$$

式（4—72）推出了 p 的 $100(1-\alpha)\%$ 的近似置信区间。

二项比例的置信区间

　　如果 $\hat{p}$ 是样本量为 n 的随机样本中某一感兴趣类的观察比例，属于这一类的总体比例 p 的 $100(1-\alpha)\%$ 的渐近置信区间为：

$$\hat{p}-z_{\alpha/2}\sqrt{\frac{\hat{p}(1-\hat{p})}{n}}\leqslant p\leqslant \hat{p}+z_{\alpha/2}\sqrt{\frac{\hat{p}(1-\hat{p})}{n}} \qquad (4\text{—}73)$$

这里 $z_{\alpha/2}$ 是标准正态分布的上 $100\alpha/2$ 百分点。

　　这个过程取决于二项的正态近似性是否充分。适度地保守一点，这就要求 np 和 $n(1-p)$ 大于等于 5。当这种渐近性不成立时，特别是当 n 很小时，必须用其他的方法。能用二项分布表求出 p 的置信区间。但是，我们宁愿根据二项概率密度函数在计算机程序上做数值计算。Minitab 使用这一方法，在 202 页的方框中展示了例 4—12 的解答。

例 4—14

曲柄轴承

　　在一个由 85 个汽车发动机机轴组成的随机样本中，有 10 个的表面加工比较粗糙达不到规格要求。求出次品轴承比例的 95% 置信区间。

　　解答： 总体中超过粗糙程度规格的轴承比例的点估计为 $\hat{p}=x/n=10/85=0.117\,6$。用式（4—73）可以计算出 p 的 95% 的双边置信区间为：

$$\hat{p}-z_{0.025}\sqrt{\frac{\hat{p}(1-\hat{p})}{n}}\leqslant p\leqslant \hat{p}+z_{0.025}\sqrt{\frac{\hat{p}(1-\hat{p})}{n}}$$

或者

$$0.117\,6-1.96\sqrt{\frac{0.117\,6(0.882\,4)}{85}}\leqslant p\leqslant 0.12+1.96\sqrt{\frac{0.117\,6(0.882\,4)}{85}}$$

这可以简化为：

$$0.049\,1\leqslant p\leqslant 0.186\,1$$

样本量的选择

因为 $\hat{P}$ 是 p 的点估计,可以定义用 $\hat{P}$ 估计 p 的误差 $E=|\hat{P}-p|$。可以看出我们以 $100(1-\alpha)\%$ 的置信水平肯定,这个误差小于 $z_{\alpha/2}\sqrt{p(1-p)/n}$。例如,在例 4—14 中,我们以 95% 的置信水平肯定样本比例 $\hat{p}=0.12$ 与真实的比例 p 的误差不会超过 0.07。

当样本量可以选择时,可以选择 n 使得我们以 $100(1-\alpha)\%$ 的置信水平肯定误差小于某一指定的 E。如果令 $E=z_{\alpha/2}\sqrt{p(1-p)/n}$,可以解出 n,得到下面的公式。

求出指定 E 的二项比例需要的样本量

如果把 $\hat{P}$ 用作 p 的估计,当样本量为

$$n=\left(\frac{z_{\alpha/2}}{E}\right)^2 p(1-p) \tag{4—74}$$

时,就有 $100(1-\alpha)\%$ 的信度认为误差 $|\hat{P}-p|$ 不会超过指定的 E。

在式(4—74)中要求用 p 的估计。如果可以从以前的样本中得到一个估计 $\hat{p}$,它可以在式(4—74)中代替 p,或者也许能作为主观估计。如果这个替代不令人满意,可以抽取一个初步的样本,计算 $\hat{p}$,然后再用式(4—74)确定用想要的精度估计 p 需要多少额外的观察。另一种选择 n 的方法就是,因为在式(4—74)中用 $p=0.05$ 总能得到最大的样本量(也就是说,$p(1-p)\leqslant0.25$,等号成立当且仅当 $p=0.5$),这能用来求出 n 的上界。换句话说,如果如下选择样本量,至少以 $100(1-\alpha)\%$ 的置信水平肯定,用 $\hat{p}$ 估计 p 的误差小于 E。

对于指定的误差 E,估计 p 需要的样本量的上界为:

$$n=\left(\frac{z_{\alpha/2}}{E}\right)^2\frac{1}{4} \tag{4—75}$$

例 4—15

曲柄轴承

考虑例 4—14 中的情况。如果需要以 95% 的置信水平肯定用 $\hat{p}$ 估计 p 的误差小于 0.05 需要多大的样本?

解答: 用 $\hat{p}=0.1176$ 作为 p 的初始估计,用式(4—74)可以求出需要的样本量为:

$$n=\left(\frac{z_{0.025}}{E}\right)^2\hat{p}(1-\hat{p})=\left(\frac{1.96}{0.05}\right)^2 0.1176(0.8824)\cong160$$

如果不管 p 为多少,希望至少以 95% 的置信水平肯定用 $\hat{p}$ 估计真实比例 p 的误差小于 0.05,用式(4—75)可以求出样本量为:

$$n=\left(\frac{z_{0.025}}{E}\right)^2(0.25)=\left(\frac{1.96}{0.05}\right)^2(0.25)\cong385$$

可以看到,如果有 p 的相关信息,可以来自初始抽样或者过去的经验,我们就可以用一个比较小的样本得到想要的估计精度和置信水平。

单边置信限

要求出 p 的 $100(1-\alpha)\%$ 的渐近置信下限时，只要在式（4—73）的置信下限中用 $-z_\alpha$ 代替 $-z_{\alpha/2}$，再令上限为 1。类似地，要求出 p 的 $100(1-\alpha)\%$ 的渐近置信上限时，只要在式（4—73）的置信上限中用 z_α 代替 $z_{\alpha/2}$，再令下限为 0。这些公式列在了前面的封面里。相似地，当确定单边置信限的样本量时，只要在式（4—74）和式（4—75）中用 z_α 代替 $z_{\alpha/2}$。

二项比例的不同置信区间

不同于式（4—73）的传统方法，有不同的方式来构造二项比例的置信区间。从式（4—71）开始，用等式来替代不等式，并解出由此产生的关于 p 的二次方程，得到

$$p=\frac{\hat{P}+\frac{z_{\alpha/2}^2}{2n}\pm z_{\alpha/2}\sqrt{\frac{\hat{P}(1-\hat{P})}{n}+\frac{z_{\alpha/2}^2}{4n^2}}}{1+z_{\alpha/2}^2/n}$$

这表明，比例 p 的双边置信区间如下所示：

$$UCL=\frac{\hat{P}+\frac{z_{\alpha/2}^2}{2n}+z_{\alpha/2}\sqrt{\frac{\hat{P}(1-\hat{P})}{n}+\frac{z_{\alpha/2}^2}{4n^2}}}{1+z_{\alpha/2}^2/n}$$

$$LCL=\frac{\hat{P}+\frac{z_{\alpha/2}^2}{2n}-z_{\alpha/2}\sqrt{\frac{\hat{P}(1-\hat{P})}{n}+\frac{z_{\alpha/2}^2}{4n^2}}}{1+z_{\alpha/2}^2/n}$$

(4—76)

The American Statistician 中 Agresti 和 Coull 的文章 Approximate Better Than "Exact" for Interval Estimation of a Binomial Proportion（1998，pp. 119 – 126）声明，和式（4—73）的传统置信区间相比，对几乎所有 α 和 p 来说，式（4—76）中置信区间的实际置信水平更接近于名义水平。他们还声称，这个新的区间几乎可以在所有样本量的情况下使用，所以 $n\hat{P}\geqslant 5$ 或 10，或者 $n(1-\hat{P})\geqslant 5$ 或 10 这样的要求不是很重要。如果样本量很大，相对 $\hat{P}$ 来说，$z_{\alpha/2}^2/(2n)$ 就很小，$z_{\alpha/2}^2/(4n^2)$ 相对 $[\hat{P}(1-\hat{P})/n]$ 来说也很小，$z_{\alpha/2}^2/n$ 很小，所以式（4—76）中的 **Agresti-Coull 置信区间**（Agresti-Coull CI）会简化为式（4—73）给出的传统置信区间。

~~~~~~

例 4—16

比例的 Agresti-Coull 置信区间

重新考虑例 4—14 中介绍的曲柄轴承数据。在那个例子中，我们有 $\hat{p}=0.12$，$n=85$。传统的 95% 置信区间为：

$$0.049\ 1\leqslant p\leqslant 0.186\ 1$$

为了构造新的 Agresti-Coull 置信区间，我们使用式（4—76）。

$$UCL=\frac{\hat{P}+\frac{z_{\alpha/2}^2}{2n}+z_{\alpha/2}\sqrt{\frac{\hat{P}(1-\hat{P})}{n}+\frac{z_{\alpha/2}^2}{4n^2}}}{1+z_{\alpha/2}^2/n}$$

$$=\frac{0.12+\frac{1.96^2}{2(85)}+1.96\sqrt{\frac{0.12(0.88)}{85}+\frac{1.96^2}{4(85^2)}}}{1+1.96^2/85}=0.202\ 4$$

$$LCL = \frac{\hat{P} + \frac{z_{\alpha/2}^2}{2n} - z_{\alpha/2}\sqrt{\frac{\hat{P}(1-\hat{P})}{n} + \frac{z_{\alpha/2}^2}{4n^2}}}{1 + z_{\alpha/2}^2/n}$$

$$= \frac{0.12 + \frac{1.96^2}{2(85)} - 1.96\sqrt{\frac{0.12(0.88)}{85} + \frac{1.96^2}{4(85^2)}}}{1 + 1.96^2/85} = 0.0654$$

如果样本量更大，这两种置信区间会更接近。

练　习

4—72　考虑如下所示的 Minitab 输出结果。

单比例检验和置信区间
检验 $p=0.3$ 对 $p\neq0.3$

样本	X	N	样本 p	95％置信区间	Z-值	P-值
1	95	250	0.380000	(0.319832, 0.440168)	2.76	0.006

（a）这是一个单边还是双边检验？

（b）该检验是否使用了二项分布的正态近似来进行？是否合适？

（c）在 0.05 水平下是否能够拒绝零假设？

（d）在 0.05 水平下，是否能拒绝 $H_0: p=0.4$ 对 $H_1: p\neq0.4$ 的零假设？不进行额外的计算如何进行？

（e）构造 p 的近似 90％传统置信区间。

4—73　考虑如下所示的 Minitab 输出结果。

单比例检验和置信区间
检验 $p=0.65$ 对 $p>0.65$

样本	X	N	样本 p	95％下界	Z-值	P-值
1	553	800	?	?	2.45	?

（a）这是一个单边还是双边检验？

（b）该检验是否使用了二项分布的正态近似来进行？是否合适？

（c）填写缺失值。

4—74　随机抽取了 2 000 例肺癌病例，有 1 823 例死亡。

（a）检验假设 $H_0: P=0.85$ 对 $H_1: P\neq0.85$，用 $\alpha=0.05$。

（b）构造肺癌死亡率的 95％传统双边置信区间。

（c）如果要至少以 95％的置信水平肯定估计肺癌死亡率的误差小于 0.03，则需要多大的样本量？

4—75　当满载时，大的客车发生翻车的可能性越高。检查了 30 辆发生事故的车辆，有 11 辆是翻车。

（a）检验翻车比例超过 0.25 的断言，用 $\alpha=0.10$。

（b）假设真实的 $p=0.35$ 和 $\alpha=0.10$。这个检验犯第二类错误的概率 β 为多少？

（c）假设真实的 $p=0.35$ 和 $\alpha=0.10$。如果要得到 $\beta=0.10$，需要多大的样本量？

（d）求出这些车辆翻车率的 90％传统置信下限。

（e）用（d）中的置信限检验假设。

（f）如果要至少以 95％的置信水平肯定 p 的误差小于 0.02，需要多大的样本量？p 的初始估计从该题前面的问题中找。

4—76　随机抽取了 60 个摩托车手和赛车手用的头盔作为样本，对它们做撞击检验，观察到 22 个有损伤。

（a）检验假设 $H_0: P=0.3$ 对 $H_1: P\neq0.3$，用 $\alpha=0.05$。

（b）求出检验的 P-值。

（c）求出检验中头盔真实损伤比例的 95％的传统双边置信区间。说明这个置信区间怎么用于（a）中的假设检验。

（d）用 60 个头盔的初始样本得出 p 的点估计。如果要以 95% 的置信水平肯定估计 p 的真实值的误差小于 0.02，则需要检验多少个头盔？

（e）不管 p 的真实值为多少，如果希望至少以 95% 的置信水平肯定估计 p 的误差小于 0.02，需要多大的样本量？

4—77 亚利桑那州交通部希望调查本州的居民，确定有多少比例的人赞成建造城市轻轨系统。如果希望至少以 99% 的置信水平肯定样本比例与真实比例的差小于 0.05，则需要调查多少居民？

4—78 电子计算器生产厂关心次品率的估计。随机抽取了 1 000 个计算器作为样本，其中包含 20 个次品。

（a）阐明并解释假设，确定在 0.05 的显著性水平下，次品率是否超过 0.01。

（b）假设真实的 $p=0.02$ 和 $\alpha=0.05$。这个检验犯第二类错误的概率 β 为多少？

（c）假设真实的 $p=0.02$ 和 $\alpha=0.05$。如果要得出 $\beta=0.10$，需要得出多大的样本量？

4—79 将要做一项有关住户安装高速网络接口的比例的研究。如果希望以 95% 的置信水平肯定估计这个量的误差小于 0.02，需要多大的样本量？

4—80 研究了一个生产过程中集成电路的次品率。检验了 400 个电路组成的随机样本，检查出 22 个次品。

（a）用这些数据检验次品率不是 0.04 的检验。用 $\alpha=0.05$。

（b）求出检验的 P-值。

（c）求出次品率的 95% 传统双边置信区间。

（d）用（c）中求出的置信区间检验假设。

4—81 考虑练习 4—80 中的次品电路数据和假设。

（a）假设次品率实际为 $p=0.05$。第二类错误的概率 β 为多少？

（b）如果 p 的真实值为 0.05，假设生产厂愿意接受的第二类错误的概率 β 为 0.10。用 $\alpha=0.05$，需要多大的样本量？

4—82 《财富》（Fortune，1992-09-21）中的一篇文章声称，有一半的工程师会在获得学士学位后继续理论学习，最终获得硕士学位或者博士学位。Engineering Horizons（Spring 1990）中有一篇文章的数据说明了，新毕业的 484 名工程师中有 117 名计划研究生学习。

（a）这些来自 Engineering Horizons 的数据和《财富》给出的说法一致吗？用 $\alpha=0.05$ 验证你的结论。

（b）求出检验的 P-值。

4—83 眼镜制造者正在检验新的打磨机是否合格。如果打磨好的眼镜表面有瑕疵的比例不超过 5%，她就认为这台机器是合格的。随机抽取了 400 副眼镜，有 13 个有瑕疵。

（a）阐明并检验假设，确定机器是否能合格。用 $\alpha=0.05$。

（b）求出检验的 P-值。

（c）假设有瑕疵的眼镜的百分比实际上为 2%。第二类错误的概率 β 为多少？

（d）如果真实的百分比为 2%，假设第二类错误的概率 β 为 0.05 能接受，用 $\alpha=0.05$，需要多大的样本量？

4—84 一个研究者声称，至少有 10% 的足球头盔存在生产缺陷，可能会对穿戴者造成潜在的伤害。200 个头盔的样本暴露出有 24 个存在这样的缺陷。

（a）这些发现支持研究者的判断吗？用 $\alpha=0.01$。

（b）求出检验的 P-值。

4—85 在菲尼克斯市随机抽取了 600 名注册选民，问他们是否支持全年使用氧化燃料以减少空气污染。如果有多于 385 个选民的反应是正面的，我们就可以得出结论，至少有 60% 的选民支持用这些燃料。

（a）如果确实有 60% 的选民支持用这些燃料，求出第一类错误的概率？

（b）如果 75% 的选民支持这个行动，第二类错误的概率 β 为多少？

4—86 手机电池的保修期为 400 个使用小时，而且必须在正确使用过程下。对 2 000 块电池做了研究，有 3 块在 400 小时以前停止起作用。这些实验结果支持正常使用下只有小于 0.2% 的电池在保修期内失效吗？用 $\alpha=0.01$ 做假设检验。

4—87 Knee Surgery，Sports Traumatology，Arthroscopy 中的一篇文章 Arthroscopic Meniscal Repair with an Absorbable Screw：Results and Surgical Technique（2005，Vol. 13，pp. 273-279）显示，距离半月板边缘 3～6 毫米的 37 处撕裂中有 25 处被治愈了。

（a）计算这种将被治愈的撕裂比例的传统双边置信区间。

（b）计算这种将被治愈的撕裂比例的 95％传统单边置信界。

4—88　考虑 4—74 中的肺癌数据。根据式（4—76）计算 95％Agresti-Coull 双边置信区间，并且和原练习中的传统置信区间比较。

4—89　考虑 4—76 中的头盔数据。根据式

（4—76）计算 95％Agresti-Coull 双边置信区间，并且和原练习中的传统置信区间比较。

4—90　考虑 4—87 中的膝盖手术数据。根据式（4—76）计算 95％Agresti-Coull 双边置信区间，并且和原练习（a）中的传统置信区间比较。

4.8　单个总体的其他区间估计

4.8.1 预测区间

在一些情况中，我们关心的是**预测**（predicting）随机变量未来的观察值。我们也希望求出与做预测有关的变量可能取值的范围。这是与均值的区间估计不同的问题，所以均值的置信区间并非很恰当。为了说明这一点，考虑例 4—7 中的高尔夫球球棍问题。假设计划购买一根在这个例子中检验的新的球棍。你购买到的球棍的恢复系数预计为多少（它不是研究中检验的一个球棍）？恢复系数可能取值的范围为多少？检验中球棍恢复系数的样本均值 $\overline{X}$ 是新球棍恢复系数的合理点预测，下面会说明怎样得到新观察的 $100(1-\alpha)\%$ 的**预测区间**（prediction interval，PI）。

假设 X_1，X_2，$\cdots$，X_n 是从均值和方差未知的正态总体中抽取的随机样本。我们希望预测单个未来观察值，比如说，X_{n+1}。正如前面提到，原来样本的均值，$\overline{X}$，是 X_{n+1} 的合理点预测。预测误差的期望为 $R(X_{n+1}-\overline{X})=\mu-\mu=0$，预测误差的方差为：

$$V(X_{n+1}-\overline{X})=\sigma^2+\frac{\sigma^2}{n}=\sigma^2\left(1+\frac{1}{n}\right)$$

这是因为未来观察 X_{n+1} 独立于当前样本均值 $\overline{X}$。由于原来的观察是正态分布的，所以预测误差也是正态分布。因此，

$$Z=\frac{X_{n+1}-\overline{X}}{\sigma\sqrt{1+\frac{1}{n}}}$$

服从标准正态分布。用样本标准差 S 代替 σ 得到：

$$T=\frac{X_{n+1}-\overline{X}}{S\sqrt{1+\frac{1}{n}}}$$

这是一个自由度为 $n-1$ 的 t-分布。和前面构造置信区间一样利用 t-比率可以得到未来观察 X_{n+1} 的预测区间。

预测区间

正态分布单个未来观察的 $100(1-\alpha)\%$ 的预测区间为：

$$\overline{x}-t_{\alpha/2,n-1}s\sqrt{1+\frac{1}{n}}\leqslant X_{n+1}\leqslant\overline{x}+t_{\alpha/2,n-1}s\sqrt{1+\frac{1}{n}} \tag{4—77}$$

X_{n+1} 的预测区间总是比 μ 的置信区间要长，因为与 X_{n+1} 的预测误差有关的变动性要比与 μ 的估计误差有关的变动性大。这很容易直观地看出，因为预测误差是两个

随机变量的差 $(X_{n+1}-\overline{X})$，而用于置信区间的估计误差是一个随机变量和常数的差 $(\overline{X}-\mu)$。随着 n 变得很大 $(n\to\infty)$，置信区间的长度趋向于 0，变为均值 μ 的真实值，但是预测区间的长度接近于 $2z_{\alpha/2}\sigma$。所以，随着 n 增加，估计 μ 的不确定性趋于0，但有关未来观察的预测总是存在不确定性，即使在没有必要估计任何分布参数时也存在。

最后，回想起均值的置信区间和假设检验对正态性假设不是很敏感。另一方面，预测区间就没有这么好的性质，它对正态性假设很敏感，因为它与从正态总体中随机抽取的单个未来值有关。

例 4—17

高尔夫球杆

再次考虑例 4—7 中检验的高尔夫球杆。随机抽取了 $n=15$ 根金属球杆，测量了它们的恢复系数。求出了 $\overline{x}=0.837\,25$ 和 $s=0.024\,56$。我们计划买一根这种类型的新球杆。新球杆恢复系数值的可能范围是多少？

解答： 图 4—17 中的正态概率图没有暗示任何与正态性假设有关的问题。恢复系数的点估计为样本均值，0.837 25。根据式（4—77），可以计算出新球杆恢复系数的 95% 的预测区间：

$$\overline{x}-t_{\alpha/2,n-1}s\sqrt{1+\frac{1}{n}}\leqslant X_{n+1}\leqslant \overline{x}+t_{\alpha/2,n-1}s\sqrt{1+\frac{1}{n}}$$

$$0.837\,25-2.145(0.024\,56)\sqrt{1+\frac{1}{15}}\leqslant X_{16}\leqslant 0.837\,25+2.145(0.024\,56)\sqrt{1+\frac{1}{15}}$$

$$0.782\,84\leqslant X_{16}\leqslant 0.891\,66$$

所以，我们可以合理地预计，新的高尔夫球杆的恢复系数在 0.782 84 和 0.891 66 之间。作为比较，平均恢复系数的 95% 的双边置信区间为 $0.823\,65\leqslant\mu\leqslant 0.850\,85$。可以看出预测区间要比置信区间长得多。

☐ 4.8.2　正态分布的容许区间

尽管置信区间和预测区间很有用，还有一个第三类区间也有很多应用。考虑例 4—7 和例 4—16 用到的高尔夫球杆总体，从中抽取样本量 $n=15$ 的样本。假设已经确知球杆总体的平均恢复系数为 $\mu=0.83$，标准差为 $\sigma=0.025$。则从 $0.83-1.96(0.025)=0.781$ 到 $0.83+1.96(0.025)=0.879$ 的这个区间捕获了总体中 95% 的球杆恢复系数，因为从 -1.96 到 1.96 这个区间捕获了正态分布曲线下 95% 的面积（概率）。一般来说，从 $\mu-z_{\alpha/2}\sigma$ 到 $\mu-z_{\alpha/2}\sigma$ 的区间称为 $100(1-\alpha)$% 的**容许区间**（tolerance interval）。

如果正态分布参数 μ 和 σ 未知，我们可以用样本量为 n 的随机样本数据计算 $\overline{x}$ 和 s，然后构成区间 $(\overline{x}-1.96s,\overline{x}+1.96s)$。但是，由于 $\overline{x}$ 和 s 的抽样变动性，这个区间很可能只是包含少于 95% 的总体值。解决办法就是用某一个值代替 1.96，使得以某一置信水平肯定总体有 95% 的比例在这个区间内。幸运的是，很容易做到这一点。

容许区间

以 $100(1-\alpha)\%$ 的置信水平包含至少 $\gamma\%$ 的正态总体数值的容许区间为：

$$\bar{x}-ks,\ \bar{x}+ks$$

这里，k 是附录 A 表Ⅵ中的正态分布容许区间因子。k 的值由 $1-\alpha=0.90,\ 0.95,\ 0.99$ 的置信水平和 $\gamma=90,\ 95,\ 99\%$ 给出。

同样也能计算单边容许限。这些置信限的容许因子同样在附录 A 表Ⅵ中给出。

例 4—18

高尔夫球杆

再次考虑例 4—7 中的高尔夫球杆。回想起检验的 $n=15$ 个球杆恢复系数的样本均值和标准差为 $\bar{x}=0.837\ 25$ 和 $s=0.024\ 56$。我们希望求出恢复系数的容许区间，使得可以 90％的置信水平肯定，总体的恢复系数有 95％的比例在这个区间中。

解答：从附录 A 表Ⅵ中查到容许因子为 $k=2.713$。想求的容许区间为

$$(\bar{x}-ks,\ \bar{x}+ks)\quad 或 \quad [0.837\ 25-(2.713)0.024\ 56,\ 0.837\ 25+(2.713)0.024\ 56]$$

这可以简化为 （0.770 62，0.903 88）。因此，我们可以 90％的置信水平肯定，总体中至少有 95％的高尔夫球杆的恢复系数在 0.770 62 到 0.903 88 之间。

从附录 A 表Ⅵ可以看出随着样本量 $n\rightarrow\infty$，正态分布的容许因子趋于与想要的置信水平相关的正态分布的 z-值。例如，如果希望 95％的总体落入双边容许区间，随着 $n\rightarrow\infty$，k 接近 $z_{0.05}=1.96$。注意到随着 $n\rightarrow\infty$，未来观察 $100(1-\alpha)\%$ 的预测区间接近于包含 $100(1-\alpha)\%$ 分布的容许区间。

练　习

4—91　考虑练习 4—55 中的轮胎使用寿命问题。

（a）构造单个轮胎使用寿命的 95％的预测区间。

（b）求出轮胎使用寿命的容许区间，使得它以 95％的置信水平包括总体中 90％的轮胎。

4—92　考虑练习 4—56 中摆式碰撞强度的问题。

（a）构造单个 PVC 管样品碰撞强度的 90％的预测区间。

（b）求出碰撞强度的容许区间，使得它以 95％的置信水平包括总体中 95％的样品。

4—93　考虑练习 4—57 中生物医学设备的使用寿命。

（a）构造单个设备的 99％的预测区间。

（b）求出设备使用寿命的容许区间，使得它以

90％的置信水平包括总体中 99％的设备。

4—94　考虑练习 4—58 中人造黄油的脂肪酸含量。

（a）构造一包人造黄油中脂肪酸含量的 95％的预测区间。

（b）求出脂肪酸含量的容许区间，使得它以 99％的置信水平包括总体中 95％的袋装黄油。

4—95　考虑练习 4—59 中二极管的击穿电压。

（a）构造单个二极管击穿电压的 99％的预测区间。

（b）求出击穿电压的容许区间，使得它以 99％的置信水平包括总体中 99％的二极管。

4—96　考虑练习 4—60 中的金属杆。

（a）构造单根杆直径的 90％的预测区间。

（b）求出直径的容许区间，使得它以 90％的置信水平包括总体中 90％的金属杆。

4.9　单样本的推断过程汇总表

附录 C 给出了汇总本章所有单样本的假设检验和置信区间的表。这张表包括原假设的叙述、检验统计量、各种备择假设和拒绝 H_0 的准则，以及构造 $100(1-\alpha)\%$ 的置信区间的公式。

4.10　拟合优度检验

前面几节讨论的假设检验过程是为这样一类问题设计的，它们的总体或概率分布已知，要检验的是分布的参数。另一类假设也经常会碰到：我们不知道总体潜在的分布，希望检验某一特定分布适合作为总体模型的假设。例如，可能希望检验总体是正态分布的假设。

在第 3 章，讨论了解决这类问题的非常有用的图形方法，即概率图。也说明了怎么把它应用到正态、对数正态和 Weibull 分布的情况中。在这一节，我们将介绍基于卡方分布的拟合优度检验过程。

检验过程需要从总体中抽取样本量为 n 的随机样本，它的概率分布是未知的。这 n 个观察用 k 个分类区间的直方图排列起来。令 O_i 为第 i 类区间的观察频数。用假设的分布，可以计算第 i 类区间的期望频数，记为 E_i。检验统计量为：

卡方拟合优度检验统计量

$$X_0^2 = \sum_{i=1}^{k} \frac{(O_i - E_i)^2}{E_i} \tag{4—78}$$

可以证明，如果总体服从假设的分布，X_0^2 就服从自由度为 $k-p-1$ 的卡方分布，这里 p 代表假设分布中可用样本统计量估计的参数个数。随着 n 增加，渐近效果会改善。如果检验统计量 X_0^2 的计算值太大，我们就可以拒绝总体分布是假设分布这一假设。因此，P-值是在自由度为 $k-p-1$ 的卡方分布中大于检验统计量 X_0^2 计算值的区域（概率）。也就是说，$P = P(\chi_{k-p-1}^2 > \chi_0^2)$。对于固定水平检验，在显著性水平为 α 时，如果 $\chi_0^2 > \chi_{\alpha, k-p-1}^2$，就拒绝零假设。

应用检验过程中值得注意的一点就是期望频数的大小。如果这些期望频数太小了，检验统计量 X_0^2 就不能反映观察与期望的偏离。关于期望频数的最小值没有共同的意见，但是在实际中 3，4 和 5 被广泛用作为最小。一些作者建议期望频数可以能和 1 或 2 那么小，只要绝大多数的超过 5。如果一个期望频数太小了，它能和相邻类区间的期望频数合并到一起。相应的观察频数也应该合并起来，k 就能减小 1。分类区间不要求是等宽度的。

现在给出检验过程的一个例子。

例 4—19

印制电路板

泊松分布

假设印制电路板的缺陷数服从泊松分布。搜集了 $n=60$ 块印制电路板的随机样本，观察了每一块板的缺陷数。得到的数据如下：

缺陷数	观察频数
0	32
1	15
2	9
3	4

认为缺陷数服从泊松分布是否合理？

解答： 这个例子中的泊松分布的均值未知，必须用样本数据估计。每块板上的平均缺陷数的估计为样本平均数，也就是，$(32 \cdot 0 + 15 \cdot 1 + 9 \cdot 2 + 4 \cdot 3)/60 = 0.75$。根据参数为 0.75 的泊松分布，可以计算 p_i，与第 i 个区间有关的理论假设概率。因为每一个区间对应特定的缺陷数，求出如下的 p_i：

$$p_1 = P(X = 0) = \frac{e^{-0.75}(0.75)^0}{0!} = 0.472$$

$$p_2 = P(X = 1) = \frac{e^{-0.75}(0.75)^1}{1!} = 0.354$$

$$p_3 = P(X = 2) = \frac{e^{-0.75}(0.75)^2}{2!} = 0.133$$

$$p_4 = P(X \geqslant 3) = 1 - (p_1 + p_2 + p_3) = 0.041$$

期望频数可以通过样本量 $n = 60$ 乘以概率 p_i 计算得到，也就是说，$E_i = n p_i$。期望频数如下。

缺陷数	概率	期望频数
0	0.472	28.32
1	0.354	21.24
2	0.133	7.98
3（或更多）	0.041	2.46

因为最后一格的期望频数小于 3，把最后两组结合起来：

缺陷数	观察频数	期望频数
0	32	28.32
1	15	21.24
2（或更多）	13	10.44

式（4—77）中卡方检验量的自由度为 $k - p - 1 = 3 - 1 - 1 = 1$，因为泊松分布的均值已经用数据估计了。

七步假设检验过程仍然能应用，用 $\alpha = 0.05$，如下：

1. 感兴趣的参数：感兴趣的变量是印制电路板中缺陷数的分布形式。

2. 零假设，H_0：缺陷数分布的形式是泊松分布。

3. 备择假设，H_1：缺陷数分布的形式不是泊松分布。

4. 检验统计量：检验统计量为

$$\chi_0^2 = \sum_{i=1}^{k} \frac{(o_i - E_i)^2}{E_i}$$

5. 拒绝 H_0 如果：如果 P-值小于 0.05，拒绝 H_0。

6. 计算：

$$\chi_0^2 = \frac{(32-28.32)^2}{28.32} + \frac{(15-21.24)^2}{21.24} + \frac{(13-10.44)^2}{10.44} = 2.94$$

7. 结论：从附录 A 的表Ⅲ我们发现，$\chi_{0.10,1}^2 = 2.71$ 以及 $\chi_{0.05,1}^2 = 3.84$。因为 $\chi_0^2 = 2.94$ 在两者之间，所以可以得到结论，$0.05 < P < 0.10$。因此，由于 P-值大于 0.05，不能拒绝印制电路板的缺陷数分布是泊松分布这一假设。检验的 P-值为 $P = 0.0864$。（这个值是用 Minitab 计算得到的。）

练 习

4—97 考虑下面随机变量 X 的观察频数表。

值	0	1	2	3	4
观察频数	24	30	31	11	4

(a) 根据这 100 个观察，均值为 1.2 的泊松分布是一个合适的模型吗？用 $\alpha = 0.05$ 做拟合优度检验。

(b) 计算检验的 P-值。

4—98 令 X 表示在一大卷电镀钢板上观察到的瑕疵数。检查了 75 卷这样的钢板，观察到的 X 值如下：

值	1	2	3	4	5	6	7	8
观察频数	1	11	8	13	11	12	10	9

(a) 均值为 6.0 的泊松分布作为这些数据的概率模型合适吗？用 $\alpha = 0.01$。

(b) 计算检验的 p-值。

4—99 在周一到周五这些工作日期间，从中午 12 点到下午 1 点到达总机的电话数被监测了 6 周。令 X 定义为那一个小时到达的电话数。记录下观察频数，如下：

值	5	7	8	9	10	11	12	13	14	15
观察频数	5	4	5	4	3	3	1	3	4	1

(a) 泊松分布的假设是适合这些数据的概率模型吗？用 $\alpha = 0.05$。

(b) 计算检验的 P-值。

4—100 下面表中的数据是土木工程学生记录到的在 Mill 大道和学院大道路口往东的汽车数。他们得到如下数据：

每分钟的车辆数	观察频数	每分钟的车辆数	观察频数
40	14	53	102
41	24	54	96
42	57	55	90
43	111	56	81
44	194	57	73
45	256	58	64
46	296	59	61
47	378	60	59
48	250	61	50
49	185	62	42
50	171	63	29
51	150	64	18
52	110	65	15

(a) 泊松分布的假设是适合这些数据的概率模型吗？用 $\alpha = 0.05$。

(b) 计算检验的 P-值。

4—101 考虑下面随机变量 X 的观察频数表：

值	0	1	2	3	4
观察频数	4	21	10	13	2

(a) 根据这些数据，参数为 $n = 6$ 和 $p = 0.25$ 的贝努里分布是合适的模型吗？用 $\alpha = 0.05$ 做拟合优度检验。

(b) 计算检验的 P-值。

4—102 令 X 表示在灌装操作中，24 瓶一箱的纸盒里没有装满的瓶数。检验了 8 箱，记录到下面的 X 的观察。

值	0	1	2	3
观察频数	39	23	12	1

（a）根据这 80 个数据，贝努里分布是合适的模型吗？用 $\alpha=0.10$ 做拟合优度检验。

（b）计算检验的 P-值。

补充练习

4—103　如果画出不同 μ 值的接受 H_0：$\mu=\mu_0$ 的概率，把这些点用光滑的曲线连接起来，就可以得到检验过程的运算特征曲线（OC 曲线）。这些曲线在假设检验的工业应用中广泛使用，描绘了检验的敏感性和相关性。当真实的均值确实等于 μ_0 时，接受 H_0 的概率为 $1-\alpha$。构造练习 4—21 的运算特征曲线，用真实的 μ 值 178，181，184，187，190，193，196 和 199。

4—104　把前一个问题的运算特征曲线转换成检验的势函数图。

4—105　考虑 σ 未知的 μ 的置信区间：

$$\bar{x}-z_{\alpha_1}\,\sigma/\sqrt{n}\leqslant\mu\leqslant\bar{x}+z_{\alpha_2}\,\sigma/\sqrt{n}$$

这里，$\alpha_1+\alpha_2=\alpha$。令 $\alpha=0.05$ 求出 $\alpha_1=\alpha_2=\alpha/2=0.025$ 的区间。现在求出 $\alpha_1=0.01$ 和 $\alpha_2=0.04$。哪一个区间更短？对称的置信区间有什么优点吗？

4—106　阐明合适的原假设和备择假设检验下面的说法。

（a）塑料生产工程师称，她们公司生产的塑料管有 99.95％的满足长度超过 165 厘米的工程规格。

（b）化工工程队声称树脂液的平均温度高于 45℃。

（c）产品在公司成立三年之内就在市场上获得成功的启动软件公司的比例小于 0.05。

（d）巧克力生产厂声称，顾客购买时，他们的产品平均出厂的时间少于 90 天。

（e）某一主修大学计算机实验室的设计者称，一个学生在网络上的时间的标准差小于 10 分钟。

（f）交通信号灯生产厂做广告说，他们的信号灯平均使用寿命超过 2 160 小时。

4—107　已知正态总体的均值为 $\mu=60$ 和方差 $\sigma^2=5$。样本方差大于等于 7.44 的近似概率为多少？小于等于 2.56 呢？

（a）$n=20$ 的随机样本。

（b）$n=40$ 的随机样本。

（c）$n=75$ 的随机样本。

（d）比较（a）～（c）中样本方差大于等于 7.44 的近似概率。解释为什么随着样本量的增加，尾部概率增加或减少？

（e）比较（a）～（c）中样本方差小于等于 2.56 的近似概率。解释为什么随着样本量的增加，尾部概率增加或减少？

4—108　*Journal of Sports Science*（1987，Vol 5，pp. 261-271）中的一篇文章给出了一项加拿大冰上曲棍球奥运选手血色素水平的研究结果。报告的数据如下（g/dl）：

15.3	16.0	14.4	16.2	16.2
14.9	15.7	15.3	14.6	15.7
16.0	15.0	15.7	16.2	14.7
14.8	14.6	15.6	14.5	15.2

（a）假设图 4—24 是这些数据的概率图，关于这些数据的分布，合理的假设是什么？

（b）如果要构造均值的置信区间，检验这些数据的分布很重要，解释这是为什么。

（c）根据这些样本数据，均值的 95％置信区间为 [15.04，15.62]。推测真实的均值为 14.5 合理吗？解释你的答案。

（d）如果要构造方差的置信区间，检验这些数据的分布很重要，解释这是为什么。

（e）根据这些样本数据，方差的 95％置信区间为 [0.22，0.82]。推测真实的方差为 0.35 合理吗？解释你的答案。

（f）用这些置信区间推断：

（i）加拿大医生的

（ii）年龄为 6～12 岁的加拿大儿童的

血色素水平的均值和方差合理吗？解释你的答案。

（g）构造一个加拿大曲棍球选手的血色素水平的 95％预测区间。

（h）求出血色素水平的容许区间，使得它以 95％的置信水平包括总体中 90％的选手。

正态概率图
均值：15.33
StDev: 0.618 232

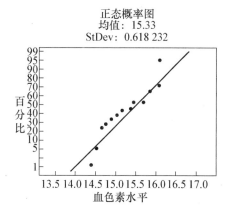

图4—24　练习4—108数据的概率图

正态概率图
均值：25.122 2
StDev: 8.420 33

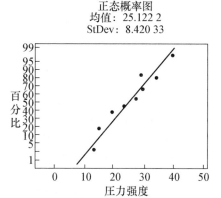

图4—25　练习4—109数据的概率图

4—109　文章 Mix Design for Optimal Strength Development of Fly Ash Concrete Cement and Concrete Research（1989，Vol. 19，No. 4，pp. 634－640）研究了混合着飞尘（硅、氧化铝、铁、氧化镁和其他元素）的混凝土的压力强度数据。9个干燥了28天的样品的压力强度数据如下（单位：Mpa）：

40.2　30.4　28.9　30.5　22.4
25.8　18.4　14.2　15.3

（a）假设图4—25是这些数据的概率图，关于这些数据的分布，合理的假设是什么？

（b）求出平均压力强度的99%的单边置信下限。并给出这个置信限的实际意义解释。

（c）求出平均压力强度的98%的双边置信区间。并给出这个区间的实际意义解释，为什么这个期间的下界点和（b）中的结果一样或不一样？

（d）求出压力强度方差的99%的单边置信上限。并给出这个置信限的实际意义解释。

（e）求出压力强度方差的98%的双边置信区间。并给出这个区间的实际意义解释，为什么这个期间的上界点和（d）中的结果一样或不一样？

（f）假设发现最大的观察40.2是错误记录的，实际上为20.4。现在样本均值为 $\bar{x}=22.9$ 和样本方差为 $s^2=39.83$。用这些新的值重复（c）和（e）。把原来计算出的区间和用正确观察重新计算出的区间相比较。这个错误是如何影响样本均值、样本方差和双边置信区间的宽度的？

（g）假设，改一下，如果发现最大的观察40.2是正确的，但观察25.8是不正确的，实际应为24.8。现在样本均值为 $\bar{x}=25.0$ 和样本方差为 $s^2=70.84$。用这些新的值重复（c）和（e）。把原来计算出的区间和用正确观察新计算出的区间相比较。

这个错误是如何影响样本均值、样本方差和双边置信区间的宽度的？

（h）用（f）和（g）的结果解释错误记录数据对估计的影响。并评论当错误接近样本均值和不接近的影响。

（i）用原来的数据，构造单个样本干燥后压力强度的99%预测区间。

（j）求出压力强度的容许区间，使得它以99%的置信水平包含总体中95%的水泥。

4—110　个人计算机的操作系统已经被广泛研究了，已知理解一个特定要求的反应时间的标准差为 $\sigma=10$ 毫秒。安装了一个新版操作系统，我们希望估计新系统的平均反应时间，保证 μ 的95%的置信区间的长度最多为6毫秒。

（a）如果能假设反映时间是正态分布的，新系统的 $\sigma=10$。需要多少样本量？

（b）假设卖主告诉我们新系统的反应时间的标准差比较小，比如说，$\sigma=8$，给出你推荐的样本量，并评论小的标准差对计算的影响。

（c）假设不能假定新系统的反应时间是正态分布的，但认为它可能是 Weibull 分布的。构造平均反应时间的置信区间至少需要多大的样本量？

4—111　半导体生产厂抽取了样本量为 n 的芯片随机样本，检查它们，并把它们分为有缺陷和无缺陷。令 $X_i=0$，如果芯片无缺陷；$X_i=1$，如果芯片有缺陷。样本缺陷率为：

$$\hat{p}_i=\frac{X_1+X_2+\cdots+X_n}{n}$$

$\hat{p}$ 的抽样分布、样本均值和样本方差为什么？

（a）样本量 $n=60$?

(b) 样本量 $n=70$？

(c) 样本量 $n=100$？

(d) 比较（a）～（c）中的答案，评论样本量对抽样分布方差的影响。

4—112　考虑练习 4—111 中的描写。搜集样本后，我们关心的是计算估计真实 p 值时的误差。对不同的样本量和 p 的估计值，在 95% 的置信水平下计算误差。

(a) $n=70$ 和 $\hat{p}=0.10$。

(b) $n=80$ 和 $\hat{p}=0.10$。

(c) $n=110$ 和 $\hat{p}=0.10$。

(d) 比较（a）～（c）中的结果，评述样本量对估计真实 p 值的误差的影响，这里置信水平为 95%。

(e) 重复（a）～（c），这里，置信水平为 99%。

(f) 检查用置信水平为 95% 和 99% 计算误差的结果，解释当置信水平增加时，误差的大小怎么变？

4—113　质量控制检验员将对用于测量静脉内液体的流量计做假设检验，以确定平均流动速度是否与流动速度的设定值 300ml/h 不同。根据以前的信息，假设流动速度的标准差已知，等于 16ml/h。对下面的样本量和固定的 $\alpha=0.05$，如果真实的均值为 305ml/h，求出第二类错误的概率。

(a) $n=25$。

(b) $n=60$。

(c) $n=100$。

(d) 随着样本量增加，第二类错误的概率增加还是减少？解释你的答案。

4—114　假设在练习 4—113 中，实验者相信 $\sigma=14$。对下面的样本量和固定的 $\alpha=0.05$，如果真实的均值为 305ml/h，求出第二类错误的概率。

(a) $n=20$。

(b) $n=50$。

(c) $n=100$。

(d) 把这里的答案和练习 4—113 中的比较，随着标准差的增加，第二类错误的概率增加还是减少？解释你的答案。

4—115　已知用于熔炉的发热元件的使用寿命服从渐近正态分布。选择了 15 个发热元件组成的随机样本，求出了平均使用寿命为 598.14 小时，样本标准差为 16.93 小时。

(a) 在 $\alpha=0.05$ 的显著性水平，用七步过程检验 H_0：$\mu=550$ 对 H_1：$\mu>550$。完成假设检验后，你相信加热元件的真实使用寿命超过 550 小时吗？

清楚地陈述你的答案。

(b) 求出检验统计量的 P-值。

(c) 构造均值的 95% 置信下限，并解释这个置信限如何用于（a）的假设检验。

(d) 构造方差的 95% 的双边置信区间。

4—116　假设希望检验 H_0：$\mu=85$ 对 H_1：$\mu>85$，这里 $\sigma=16$。假设真实的均值为 $\mu=86$，在问题的实际环境中，这和 $\mu_0=85$ 不是具有实际显著性的偏差。

(a) 对于用 $\alpha=0.01$ 的检验，计算样本量为 $n=25\ 100\ 400$ 和 $2\ 500$ 时的 β 值，假设 $\mu=86$。

(b) 假设样本均值为 $\bar{x}=86$。求出（a）中不同样本量的检验统计量的 P-值。这些数据在 $\alpha=0.01$ 具有统计显著性吗？

(c) 在这个练习中评论大样本的作用。

4—117　一个冷凝系统包括一个焊管组成的装配，冷却液在它中间循环。规格要求焊管强度必须满足或超过 1 034kPa。

(a) 假设设计工程师决定检验假设 H_0：$\mu=1\ 034$ 对 H_1：$\mu>1\ 034$。解释为什么选择这个备择假设比 H_1：$\mu<1\ 034$ 要好。

(b) 20 根焊管组成的随机样本得到 $\bar{x}=1\ 087$ kPa 和 $s=85$kPa。关于（a）中的假设你能得出什么结论？说出对数据分布的必要假设。用 P-值方法。

4—118　假设我们要检验 H_0：$p=0.5$ 对 H_1：$p\neq0.5$。

(a) 用 $\alpha=0.05$。对 $n=100,150$ 和 300 求出检验的势函数，假设真实值为 $p=0.6$。评论样本量对势函数的影响。

(b) 用 $\alpha=0.01$。对 $n=100,150$ 和 300 求出检验的势函数，假设真实值为 $p=0.6$。把这些答案和（a）中的相比较。并评论不同样本量对检验势函数的影响。

(c) 用 $\alpha=0.05$。对 $n=100$ 求出检验的势函数，假设真实值 $p=0.08$。把这答案和（a）中的相比较，评论在相同样本量和 α 水平下，p 的真实值对检验势函数的影响。

(d) 用 $\alpha=0.01$，如果 $p=0.6$ 而希望求出 $\beta=0.05$，需要多大的样本量？如果 $p=0.8$ 而希望求出 $\beta=0.05$，需要多大的样本量？比较两个样本量，并评论当 β 大致保持不变时 p 的真实值对需要的样本量的影响。

4—119　考虑练习 4—57 描述的生物医学设备实验。

（a）对于样本量 $n=15$，这些数据支持使用寿命的标准差小于 280 小时的声明吗？

（b）假设样本量不是 $n=15$，而是 51。用 $n=51$ 重复（a）中的分析操作。

（c）比较（a）和（b）的答案，评论样本量怎样影响你的结论。

4—120 *Food Testing and Analysis* 中的一篇文章 Improving Reproducibility of Refractometry Measurements of Fruit Juices（1999，Vol. 4，No. 4，pp. 13-17）给出了苹果清汁中糖浓度的测量结果（单位：白利糖度）。所有读数都是在 20℃ 时获得的：

11.48	11.45	11.48	11.47	11.48
11.50	11.42	11.49	11.45	11.44
11.45	11.47	11.46	11.47	11.43
11.50	11.49	11.45	11.46	11.47

（a）检验假设 $H_0: \mu=11.5$ 对 $H_1: \mu\neq11.5$，用 $\alpha=0.05$。求出 P-值。

（b）如果真实均值为 11.4，计算检验的势。

（c）如果想要检验的势至少为 0.9，为了检测出糖浓度的真实平均值是 11.45，需要多大的样本量？

（d）（a）中的问题可以通过构造糖浓度均值的双边置信区间来回答，说明如何进行。

（e）是否有证据支持糖浓度服从正态分布的假设？

4—121 *Growth: A Journal Devoted to Problems of Normal and Abnormal Growth* 中的一篇文章 Comparison of Measured and Estimated Fat-Free Weight, Fat, Potassium and Nitrogen of Growing Guinea Pigs（1982，Vol. 46，No. 4，pp. 306-321）给出了刚出生豚鼠的体重结果（单位：克）。

421.0	452.6	456.1	494.6	373.8
90.5	110.7	96.4	81.7	102.4
241.0	296.0	317.0	290.9	256.5
447.8	687.6	705.7	879.0	88.8
296.0	273.0	268.0	227.5	279.3
258.5	296.0			

（a）检验假设：体重均值为 300 克。用 $\alpha=0.05$。

（b）你将拒绝零假设的最小显著性水平是多少？

（c）（a）中的问题可以通过构造体重均值的双边置信区间来回答，说明如何进行。

4—122 *Biological Trace Element Research* 中的一篇文章 Interaction of Dietary Calcium, Manganese, and manganese source（Mn Oxide or Mn methionine complex）on Chick Performance and Manganese Utilization（1991，Vol. 29，No. 3，pp. 217-228）给出了如下所示的喂食高钙食物的小鸡体内肝锰的组织化验结果（单位：ppm）。

6.02	6.08	7.11	5.73	5.32	7.10
5.29	5.84	6.03	5.99	4.53	6.81

（a）检验假设 $H_0: \sigma^2=0.6$ 对 $H_1: \sigma^2\neq0.6$，用 $\alpha=0.01$。

（b）检验的 P-值是多少？

（c）（a）中的问题可以通过构造 σ 的 99% 双边置信区间来回答，讨论应该如何进行。

4—123 *Medicine and Science in Sports and Exercise* 中的一篇文章 Maximal leg-strength training improves cycling economy in previously untrained men（2005，Vol. 37，pp. 131-136）给出了八周腿部力量训练前后循环表现的结果。样本量为 7，样本均值和样本标准差分别为 315 瓦特和 16 瓦特。

（a）是否有证据说明在 0.05 的显著性水平下腿部力量超过 300 瓦特？求出 P-值。

（b）如果真实力量为 305 瓦特，计算检验的势。

（c）如果想要检验的势至少为 0.90，为了检测出真实平均值是 305 瓦特，需要多大的样本量？

（d）说明如何用置信区间来回答（a）中的问题。

4—124 *British Medical Journal* 中的一篇文章 Comparison of Treatment of Renal Calculi by Operative Surgery, Percutaneous Nephrolithotomy, and Extra-corporeal Shock Wave Lithotripsy（1986，Vol. 292，pp. 879-882）发现，经皮肾镜取石术（PN）350 位患者有 289 位成功移除了肾结石。传统方法有效性为 78%。

（a）是否有证据表明 PN 的成功率要大于历史成功率？求出 P-值。

（b）说明如何用置信区间来回答（a）中的问题。

4—125 下面的数据是 1900 年以来每年强度大于等于 7.0 级的地震的数量（数据来源：U. S. Geological Survey，National Earthquake Information Center，Golden，CO）。

1900	13	1928	22	1956	15	1984	8
1901	14	1929	19	1957	34	1985	15
1902	8	1930	13	1958	10	1986	6
1903	10	1931	26	1959	15	1987	11
1904	16	1932	13	1960	22	1988	8
1905	26	1933	14	1961	18	1989	7
1906	32	1934	22	1962	15	1990	18
1907	27	1935	24	1963	20	1991	16
1908	18	1936	21	1964	15	1992	13
1909	32	1937	22	1965	22	1993	12
1910	36	1938	26	1966	19	1994	13
1911	24	1939	21	1967	16	1995	20
1912	22	1940	23	1968	30	1996	15
1913	23	1941	24	1969	27	1997	16
1914	22	1942	27	1970	29	1998	12
1915	18	1943	41	1971	23	1999	18
1916	25	1944	31	1972	20	2000	15
1917	21	1945	27	1973	16	2001	16
1918	21	1946	35	1974	21	2002	13
1919	14	1947	26	1975	21	2003	15
1920	8	1948	28	1976	25	2004	15
1921	11	1949	36	1977	16	2005	11
1922	14	1950	39	1978	18	2006	11
1923	23	1951	21	1979	15	2007	18
1924	18	1952	17	1980	18	2008	12
1925	17	1953	22	1981	14	2009	15
1926	19	1954	17	1982	10		
1927	20	1955	19	1983	15		

（a）用计算机软件把这些数据概括成频数分布。检验假设：每年大于等于 7 级的地震数量服从泊松分布，$\alpha = 0.05$。

（b）计算检验的 P-值。

4—126 考虑练习 4—58 中人工食用黄油的脂肪酸测量。

（a）对于样本量 $n = 6$，用双边备择假设和 $\alpha = 0.01$，检验 $H_0: \sigma^2 = 1.0$。

（b）假设样本量不是 $n = 6$ 而是 $n = 51$，用从原来样本得到的估计 s^2，重复（a）中的分析操作。

（c）比较（a）和（b）的答案，评论样本量怎样影响你的结论。

4—127 精确度量工具生产厂声称，使用他们生产的工具标准差最多为 0.000 02mm。一个不知道这个声称的分析者用这个工具测量了 8 次，得到的样本标准差为 0.000 01mm。

（a）用置信水平为 0.01 的检验过程证明支持工具的标准差最多为 0.000 02mm 的证据是不充足的。说明对数据分布的必要假设。

（b）解释为什么样本标准差 $s = 0.000\ 01$ 小于 0.000 02，但是统计检验过程的结果不支持该说法。

4—128 一家生物工艺公司制造了一种治疗药，它的浓度的标准差为 4g/l。提出了一种新的生产方法，尽管涉及了额外的成本。只要新的生产能使浓度的标准差小于 4g/l，管理者就会认可生产方法的变化。研究者选择了 $n = 10$，得到了下面的数据。做必要的分析确定生产方法的改变是否应该执行。

16.628g/l	16.630g/l
16.622	16.631
16.627	16.624
16.623	16.622
16.618	16.626

4—129 电子计算器生产厂声明，他们的产品有缺陷的小于 1%。随机抽取了 1 000 台计算器，得到了 6 台有缺陷。

（a）用显著性水平为 0.01 的检验过程证明支持缺陷比例小于 1% 的声明的证据不充分。

（b）解释为什么样本比例小于 1%，但是统计检验过程的结果不支持该说法。

4—130 *The Engineer* 中的一篇文章 Redesign for Suspect Wiring（June 1990）报告了一项对商务交通飞机配线错误的调查结果，这种错误可能导致航班的信息有错误。这种配线可能要对英国米兰航空公司在 1989 年 1 月有一架飞机撞机负责任，因为它使得飞行员错误的关闭发动机。在随机抽取的 1 600 架飞机中，有 8 架存在可能给航班错误信息的配线错误。

（a）求出有配线错误的飞机比例的 99% 双边置信区间。

（b）假设用这个例子里的信息给出 p 的初始估计。如果要以 99% 的置信水平肯定 p 的估计值与真实值最多偏差为 0.008，需要多大的样本量？

（c）假设没有 p 的初始估计。如果希望以至少 99% 的置信水平肯定，不管 p 取什么值，样本比例与真实比例的偏差最多为 0.008，需要多大的样本量？

（d）评论初始信息在计算需要的样本量时的用处。

4—131 高中毕业标准考试是按照 80% 的学生能在 40 分钟内完成设计的。随机抽取了 150 个毕业生，有 86 个在 40 分钟内完成考试。

（a）求出在 40 分钟内完成考试的毕业生比例的 90% 传统双边置信区间。

（b）求出在 40 分钟内完成考试的毕业生比例的 95% 传统双边置信区间。

（c）比较（a）和（b）中的答案，解释为什么会相同或不同。

（d）你能用任意一个置信区间来确定比例是否显著区别于 0.80 吗？解释你的答案。

［提示：对二项分布用正态近似性。］

4—132 生活在亚利桑那坦佩的具有大学学历的成年人比例估计为 $p=0.4$。为了检验这个假设，选择了一个 20 个坦佩成年人组成的样本。如果具有大学学历的人数在 4 到 8 人之间，就接受假设。否则，就得出结论 $p \neq 0.4$。

（a）假设 $p=0.4$，求出这个过程第一类错误的概率。

（b）如果真实的比例为 $p=0.2$，求出第二类错误的概率。

4—133 在菲尼克斯，支持修建收费公路来完成高速公路系统的居民比例被认为是 $p=0.3$。如果 20 个居民组成的随机样本表明少于等于 2 个支持这个计划，我们就得出结论 $p<0.3$。

（a）如果真实的比例为 $p=0.3$，求出第一类错误的概率。

（b）如果真实的比例为 $p=0.2$，求出犯第二类

错误的概率。

（c）如果真实的比例为 $p=0.2$，检验的势函数为多少？

4—134 考虑第 2 章练习 2—63 中给出的 40 个观察，它们是 50 个为一批的螺旋弹簧中不合格的数量。

（a）根据随机变量的描述和这 40 个观察，二项分布是合适的模型吗？用 $\alpha=0.05$ 做拟合优度检验。

（b）计算这个检验的 P-值。

4—135 考虑第 2 章练习 2—64 中给出的 20 个观察，它们是通信管道发射出的 1 000 个比特有错误的个数。

（a）根据随机变量的描述和这 20 个观察，二项分布是合适的模型吗？用 $\alpha=0.05$ 做拟合优度检验。

（b）计算这个检验的 P-值。

4—136 阐明下列判断的原假设和备择假设，并指出临界域的类型（双尾、上尾或下尾）。

（a）日光灯厂生产了一种新的日光灯，他们做广告说平均使用寿命超过 5 000 小时。

（b）一家化工公司声称用新型材料制造的汽车轮胎的平均使用寿命超过 60 000 英里。

（c）用于织布的纱线，它的断裂强度的标准差不超过 2psi。

（d）安全工程师声称超过 60% 的汽车司机在小于 2 英里的行程中时系安全带。

（e）生物医学设备到失灵时平均经过的时间超过 42 000 小时。

（f）内径为 1 英寸的塑料管的生产者声称内径的标准差小于 0.02 英寸。

（g）备土木工程师使用的轻型手持激光测距器的方差小于 0.05 平方米。

4—137 考虑如下所示的 Minitab 输出结果。

单样本 T: X

检验 $\mu=44.5$ 对 $\mu>44.5$

变量	N	均值	标准差	均值标准误	95% 下界	T	P
X	16	45.897 1	1.827 3	?	45.096 2	?	0.004

（a）填写缺失值。

（b）在什么显著性水平下可以拒绝零假设？

（c）如果假设为 H_0: $\mu=44$ 对 H_1: $\mu>44$，P-值是更大还是更小？

（d）如果假设为 H_0: $\mu=44.5$ 对 H_1: $\mu \neq 44.5$，在 0.05 的显著性水平下是否拒绝零假设？

4—138 考虑如下所示的 Minitab 输出结果。

单比例检验和置信区间 检验 $p=0.2$ 对 $p<0.2$						
样本	X	N	样本 p	95%上界	Z-值	P-值
1	146	850	0.171 765	0.193 044	−2.60	0.020

（a）这是一个单边还是双边检验？

（b）该检验是否使用了二项分布的正态近似来进行？是否合适？

（c）在 0.05 的显著性水平下能否拒绝零假设？在 0.01 水平下呢？

（d）在 0.05 的显著性水平下能否拒绝 H_0：$p=0.2$ 对 H_1：$p\neq0.2$ 中的零假设？

（e）构造 p 的近似 90%单边置信界。

4—139　重新考虑练习 4—130 中的数据。找到 99%Agresti-Coull 双边置信区间，并且和原练习中的传统置信区间比较。

4—140　重新考虑练习 4—131 中的数据。找到 90%Agresti-Coull 双边置信区间，并且和原练习（a）中的传统置信区间比较。

团队互动

4—141　某种塑料管的管壁厚度的测量值如下（单位：毫米）

1.997 6	2.000 8	2.002 1	1.999 5
2.000 4	1.997 2	1.997 4	1.998 9
2.001 7	2.003 0	1.997 9	2.003 5
1.999 7	2.001 4	2.001 7	2.001 8

（a）评价数据是正态分布的假设。

（b）用 $\alpha=0.05$ 检验假设均值不同于 2.001 毫米。

（c）假设厚度的测量值小于 1.997 5 的在工程规定之外，被认为不合格。用这个数据集，检验假设不合格的比例超过 0.10。用 $\alpha=0.05$。

4—142　下面记录的时间以小时为单位，是到医用线性加速器失灵经过的时间。

953	1 037	1 068	1 032
988	1 014	1 063	1 000
983	942	945	921
915	921	1 090	974
997	993	997	984

（a）评价数据是正态分布的假设。

（b）在 0.05 的显著性水平下评价到失灵时经过的时间小于 1 000 小时的断言。

（c）如果一个医用线性加速器在 925 小时前失灵，它就能按照质量保修退换。在 0.05 的显著性水平，检验退换的比例小于 0.20 的论断。

4—143　一个探测装置用于监测空气中 CO 水平。下面的数据是从单个位置搜集到的（单位：mg/l）：

7.28	6.98
8.50	6.33
5.56	7.34
3.18	5.56
4.03	4.69

（a）评价数据是正态分布的假设。

（b）值得考虑的是装置在记录时有显著性变动。在 $\alpha=0.05$ 的显著性水平，检验标准差是否超过 2.0。

4—144　识别一个对总体指定标准或做出判断的例子。例如，"一加仑汽油能在城市里行驶 30 英里的汽车类型"，标准或判断可以用均值（平均数）、方差、标准差或比例来表示。搜集合适的随机样本数据，做假设检验来评价判断。对你的结果做出报告。在你的报告里务必要包括把判断表达为假设检验、搜集到的数据的描述、分析过程和得到的结论。

4—145　考虑物理学家迈克逊（A. A. Michelson）在 1879 年和 1882 年搜集到的证明光的真实速度为 710.5（299 710.5 千米/秒）的实验数据。阅读与数据有关的故事，相关报告在网页 http://lib.stat.cmu.edu/DASL/Stories/SpeedofLight.html。用数据文件重新分析，写出简短的报告汇总你的发现。

4—146　这是一个设计用来证明正态性假设下 t-检验稳健性的模拟练习。

（a）从标准正态分布（$\mu=0$，$\sigma^2=1$）中生成 100 000 个样本量为 $n=5$ 的样本。对每一个样本，找到均值的 95％双边 t 置信区间。对每一样本，确定置信区间是否包含总体均值的真实值 $\mu=0$。令 X 表示包含真实均值的区间个数。计算比率（$X/100\,000$）并且乘以 100。这是基于你的模拟得到的 t 置信区间的覆盖范围。这个覆盖范围应该接近 95％。

（b）重复（a）部分，但是 100 000 个样本从自由度为 1 的卡方分布中生成。这个分布是右尾很长的偏态分布，和正态分布不是很像。（提示：生成 χ_1^2 随机变量时，记住一个标准正态随机变量的平方就是 χ_1^2 随机变量。）计算覆盖范围时，记住自由度为 1 的卡方分布的均值是单位值。这些置信区间的覆盖范围是多少？接近 95％吗？

4—147　样本量为 $n=10$，15，25 时，重新做练习 4—146。两类置信区间的覆盖范围是如何随着样本量变化的呢？

本章重要术语和概念

备择假设	alternative hypothesis
估计偏差	bias in estimation
卡方分布	chi-squared distribution
比较实验	comparative experiment
置信界	confidence bound
置信系数	confidence coefficient
置信区间	confidence interval
置信水平	confidence level
置信限	confidence limits
收敛	coverage
临界域	critical region
估计标准误	estimated standard error
固定显著性水平假设检验	fixed significance level hypothesis testing
拟合优度	goodness of fit
假设检验	hypothesis testing
最小方差无偏估计	minimum variance unbiased estimator
零假设	null hypothesis
单边备择假设	one-sided alternative hypothesis
单边置信界	one-sided confidence bounds
运算特征曲线	operating characteristic curves
P-值	P-value
参数估计	parameter estimation
点估计	point estimation
检验的势	power of a test
实际显著性对统计显著性	practical significance versus statistical significance
估计精度	precision of estimation
预测区间	prediction interval
第一类错误的概率	probability of a type I error
第二类错误的概率	probability of a type II error
假设检验程序	procedure for hypothesis testing
估计的相对效	relative efficiency of an estimator
样本量确定	sample size determination

显著性水平	significance level
标准误	standard error
统计假设	statistical hypothesis
统计推断	statistical inference
t-分布	t-distribution
检验统计量	test statistic
容许区间	tolerance interval
双边备择假设	two-sided alternative hypothesis
第一类错误	type I error
第二类错误	type II error

第5章

双样本决策

混凝土还是液态花岗岩

一种被称为液态花岗岩的新型建筑材料似乎要比混凝土有明显的优势，它为建筑工程师提供了一种要求双样本决策的新选择，在建筑领域，混凝土一直是墙、柱子、门楣这些结构部件唯一的材料选择。

尽管混凝土不易燃，它很容易受到极热效果的影响，并且在高温下保证强度和完整是有限制的。用湿法保存的混凝土中的水泥通过水分子变成岩石一样的物质。极热导致湿法保存的混凝土脱水，然后恢复成脱水的粉状水泥。通过将混凝土脱水，热量降低了混凝土的强度和弹性系数。并且通过蒸汽释放的水分有时候会导致破坏性的碎裂和其他物理性的结构损坏。混凝土不能燃烧，但由于热量，它会结构性地毁坏。值得注意的是，"9·11"之后，对热量影响混凝土的关注明显增加了。

液态花岗岩并不容易受到极热的影响进而导致结构性的毁坏。由于它在热量中能够支撑得更久，就能提供更多宝贵的时间来处理着火的建筑。

和混凝土相比，液态花岗岩对环境更加友好。首先，它只需要混凝土 30% 的水泥。而水泥制造商产生的人造碳化合物排放占全球的 5%。因此，液态花岗岩的碳足迹要比混凝土小。并且由于液态花岗岩 30～70% 是可循环材料，这使得它的碳足迹更加减少，进一步减少了生产所需的能量。

工程师现在可能需要基于两种材料——混凝土和液态花岗岩的比较来做出决定。

▇ 5.1　介　绍

上一章介绍了单个总体参数的假设检验和置信区间问题（均值 μ，方差 σ^2，或比例 p）。本章将把这些结果拓展到两个独立总体的情形。

一般情形如图 5—1，总体 1 有均值 μ_1 和方差 σ_1^2，总体 2 有均值 μ_2 和方差 σ_2^2。推断将建立在样本量分别为 n_1 和 n_2 的两个独立样本的基础上。亦即 X_{11}，X_{12}，…，X_{1n_1} 是总体 1 中的 n_1 个观察组成的一个随机样本，X_{21}，X_{22}，…，X_{2n_2} 是总体 2 中的 n_2 个观察组成的一个随机样本。

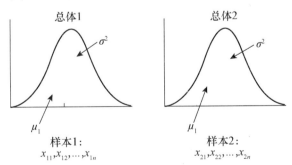

图 5—1　两独立总体

▇ 5.2　两总体均值的推断，方差已知

这一节我们考虑如图 5—1 的总体均值差 $\mu_1 - \mu_2$ 的推断问题，其中方差 σ_1^2 和 σ_2^2

是已知的。用到的假设如下。

1. X_{11}，X_{12}，$\cdots$，X_{1n_1} 是总体 1 中样本量为 n_1 的一个随机样本。
2. X_{21}，X_{22}，$\cdots$，X_{2n_2} 是总体 2 中样本量为 n_2 的一个随机样本。
3. X_1 和 X_2 所代表的总体是独立的。
4. 两个总体都是正态的，如果不是正态的，中心极限定理的条件可运用。

$\mu_1 - \mu_2$ 的一个合理点估计是样本均值差 $\overline{X}_1 - \overline{X}_2$。在第 3 章所述期望值性质的基础之上，我们有

$$E(\overline{X}_1 - \overline{X}_2) = E(\overline{X}_1) - E(\overline{X}_2) = \mu_1 - \mu_2$$

且 $\overline{X}_1 - \overline{X}_2$ 的方差为：

$$V(\overline{X}_1 - \overline{X}_2) = V(\overline{X}_1) + V(\overline{X}_2) = \frac{\sigma_1^2}{n_1} + \frac{\sigma_2^2}{n_2}$$

在以上假设和前面一些结果的基础之上，有如下结果：

在前面假设之下，统计量

$$Z = \frac{\overline{X}_1 - \overline{X}_2 - (\mu_1 - \mu_2)}{\sqrt{\dfrac{\sigma_1^2}{n_1} + \dfrac{\sigma_2^2}{n_2}}} \tag{5—1}$$

服从标准正态分布 $N(0, 1)$。

这一结果将用于构造 $\mu_1 - \mu_2$ 的假设检验和置信区间。事实上，我们可以将 $\mu_1 - \mu_2$ 看作一个参数 θ，它的估计量 $\hat{\Theta} = \overline{X}_1 - \overline{X}_2$，估计量方差为 $\sigma_{\hat{\Theta}}^2 = \frac{\sigma_1^2}{n_1} + \frac{\sigma_2^2}{n_2}$，所以 $\sigma_{\hat{\Theta}}$ 是样本均值差 $\overline{X}_1 - \overline{X}_2$ 的**标准误**（standard error）。如果 θ_0 是 θ 指定的零假设值，则检验统计量为 $(\hat{\Theta} - \theta_0)/\sigma_{\hat{\Theta}}$。这与第 4 章单个总体均值的检验统计量非常相似。

☐ 5.2.1 均值差的假设检验，方差已知

现在考虑图 5—1 所示两个总体的均值差 $\mu_1 - \mu_2$ 的假设检验问题。假设我们所关心的检验是均值差 $\mu_1 - \mu_2$ 等于一个确定的数 Δ_0。从而，零假设表示为 $H_0: \mu_1 - \mu_2 = \Delta_0$。显然，在很多情况下，我们将指定 $\Delta_0 = 0$ 来检验两个均值是相等的（即 $H_0: \mu_1 = \mu_2$）。合适的检验统计量将通过替换式（5—1）中的 $\mu_1 - \mu_2$ 为 Δ_0 而得到，该检验统计量在零假设 H_0 下服从标准正态分布。假定备择假设 $H_1: \mu_1 - \mu_2 \neq \Delta_0$。若样本值 $\overline{x}_1 - \overline{x}_2$ 与 Δ_0 相差比较大，则就可以认为 H_1 为真。因为当 H_0 为真的情况下，Z_0 有分布 $N(0, 1)$，我们就可以计算出 P-值，也就是标准正态分布中在检验统计量值 $|z_0|$ 和 $-|z_0|$ 之外的概率之和。即为 $P = 2[1 - \Phi(|z_0|)]$。这和 4.4.1 中进行的单样本 z-检验是一样的。如果想要进行固定显著性水平检验，和单样本 z-检 验问题相同，以 $-z_{\alpha/2}$ 和 $z_{\alpha/2}$ 作为临界域的界。这就将得到在显著性水平 α 下的检验。单边备择假设的临界域或 P-值可以类似得到。我们将双样本 z-检验的这些结果总结如下：

均值差的假设检验，方差已知

零假设：$H_0: \mu_1 - \mu_2 = \Delta_0$

检验统计量：$Z_0 = \dfrac{\overline{X}_1 - \overline{X}_2 - \Delta_0}{\sqrt{\dfrac{\sigma_1^2}{n_1} + \dfrac{\sigma_2^2}{n_2}}}$

备择假设	P 值	固定水平检验的拒绝域
$H_1: \mu_1 - \mu_2 \neq \Delta_0$	大于 $\|z_0\|$ 和小于 $-\|z_0\|$ 的概率，$P = 2[1 - \Phi(\|z_0\|)]$	$z_0 < -z_{\alpha/2}$ 或 $z_0 > z_{\alpha/2}$
$H_1: \mu_1 - \mu_2 > \Delta_0$	大于 $\|z_0\|$ 的概率，$P = 1 - \Phi(z_0)$	$z_0 > z_\alpha$
$H_1: \mu_1 - \mu_2 < \Delta_0$	小于 z_0 的概率，$P = \Phi(z_0)$	$z_0 < -z_\alpha$

例 5—1

油漆干燥时间

某产品开发商对缩短底漆的烘干时间非常有兴趣。将检验两种配方的底漆；配方 1 是标准的化学产品，配方 2 中含有缩短烘干时间的一种干燥材料。根据经验，烘干时间的标准差是 8 分钟，并且这不会受到新加材料的影响。10 个样品漆上配方 1 的漆，另外 10 个样品漆上配方 2 的漆；这 20 个样品上漆顺序是随机的。两个样本的平均烘干时间分别为 $\overline{x}_1 = 121$ 分钟和 $\overline{x}_2 = 112$ 分钟，在 $\alpha = 0.05$ 之下，对这种新材料的功效，产品开发商将下什么样的结论呢？

解答： 对这一问题，我们使用七步程序如下：

1. 感兴趣的参数：所关心的量参数是平均烘干时间差 $\mu_1 - \mu_2$，$\Delta_0 = 0$。
2. 零假设，$H_0: \mu_1 - \mu_2 = 0$ 或 $H_0: \mu_1 = \mu_2$。
3. 备择假设，$H_1: \mu_1 > \mu_2$。如果新材料能缩短烘干时间，我们希望拒绝 H_0。
4. 检验统计量：检验统计量为：

$$z_0 = \frac{\overline{x}_1 - \overline{x}_2 - 0}{\sqrt{\dfrac{\sigma_1^2}{n_1} + \dfrac{\sigma_2^2}{n_2}}}$$

其中 $\sigma_1^2 = \sigma_2^2 = (8)^2 = 64$，$n_1 = n_2 = 10$。

5. 拒绝 H_0 如果：如果 P-值小于 0.05，则拒绝 $H_0: \mu_1 = \mu_2$。
6. 计算：因为 $\overline{x}_1 = 121$ 分钟，$\overline{x}_2 = 112$ 分钟，所以检验统计量为：

$$z_0 = \frac{121 - 112}{\sqrt{\dfrac{8^2}{10} + \dfrac{8^2}{10}}} = 2.52$$

7. 结论：因为 P-值为 $P = 1 - \Phi(2.52) = 0.005\,9$，我们拒绝零假设。注意到检验的 P-值为 0.005 9，因此，在 $\alpha \geqslant 0.005\,9$ 的任何显著性水平下，零假设都将被拒绝。实际工程结论认为新加材料显著缩短了烘干时间。

5.2.2　第二类错误与样本量的选择

假设零假设 $H_0: \mu_1 - \mu_2 = \Delta_0$ 是错误的，并且均值的真实差异为 $\mu_1 - \mu_2 = \Delta$，这

里 $\Delta > \Delta_0$。对给定均值差 Δ 和显著性水平 α，要得到犯第二类错误概率 β 的一个特定值，我们可以推导出所需样本量的公式。

均值差双边备择假设的样本量，方差已知，$n_1 = n_2$

对于给定显著性水平 α 的双边备择假设问题，要在至少 $1 - \beta$ 的势下检测出真实的均值差异 Δ，需要的样本量 $n_1 = n_2 = n$ 为：

$$n \cong \frac{(z_{\alpha/2} + z_\beta)^2(\sigma_1^2 + \sigma_2^2)}{(\Delta - \Delta_0)^2} \tag{5—2}$$

如果 n 不是整数，取样本量为接近 n 的较大整数。

当 $\Phi(-z_{\alpha/2} - (\Delta - \Delta_0))\sqrt{n}/\sqrt{\sigma_1^2 + \sigma_2^2}$ 比 β 小的时候，这个近似是有效的。

均值差单边备择假设的样本量，方差已知，$n_1 = n_2$

对于给定显著性水平 α 的单边备择假设问题，要在至少 $1 - \beta$ 的势下检测出真实的差异 Δ（$\Delta \neq \Delta_0$），需要的样本量 $n_1 = n_2 = n$ 为：

$$n = \frac{(z_\alpha + z_\beta)^2(\sigma_1^2 + \sigma_2^2)}{(\Delta - \Delta_0)^2} \tag{5—3}$$

式（5—2）和式（5—3）的推导过程与 4.4.2 小节单样本情况类似。例如，要得到式（5—2），我们首先写出双边备择假设的 β 误，即

$$\beta = \Phi\left(z_{\alpha/2} - \frac{\Delta - \Delta_0}{\sqrt{\dfrac{\sigma_1^2}{n_1} + \dfrac{\sigma_2^2}{n_2}}}\right) - \Phi\left(-z_{\alpha/2} - \frac{\Delta - \Delta_0}{\sqrt{\dfrac{\sigma_1^2}{n_1} + \dfrac{\sigma_2^2}{n_2}}}\right)$$

式中，Δ 为真实的均值差异；Δ_0 为零假设中指定的均值差异。然后用得到式（4—24）的类似步骤，就可以得到在 $n_1 = n_2 = n$ 下的 β 的表达式。

例 5—2

油漆干燥时间

为说明样本需求量方程的用途，继续考察例 5—1 的情形，假设真实的烘干时间差异为 10 分钟，我们要在至少 0.9 的概率下检测出这一差异。合适的样本量是多少？

解答：零假设为 $\Delta_0 = 0$。我们得到一个单边备择假设问题：$\Delta = 10$，$\alpha = 0.05$（$z_\alpha = z_{0.05} = 1.645$），因为势为 0.9，$\beta = 0.1$（所以 $z_\beta = z_{0.1} = 1.28$）。所以，由式（5—3）我们可以求出所需的样本量为：

$$n = \frac{(z_\alpha + z_\beta)^2(\sigma_1^2 + \sigma_2^2)}{(\Delta - \Delta_0)^2} = \frac{(1.645 + 1.28)^2[8^2 + 8^2]}{(10 - 0)^2} \approx 11$$

5.2.3 均值差的置信区间，方差已知

在方差已知的情况下，对两均值之差 $\mu_1 - \mu_2$ 的 $100(1 - \alpha)$% 置信区间可以根据本节前面给定的一些结果直接得到。如前所述，X_{11}，X_{12}，$\cdots$，X_{1n_1} 是从第一个总体抽取的 n_1 个观测值的一个随机样本，X_{21}，X_{22}，$\cdots$，X_{2n_2} 是从第二个总体抽取的 n_2 个观测值的一个随机样本。样本均值差 $\overline{X}_1 - \overline{X}_2$ 是 $\mu_1 - \mu_2$ 的一个点估计，且在两个总体

为标准正态分布或者如果中心极限定理条件能适用时的渐近标准正态分布的条件下：

$$Z = \frac{\overline{X}_1 - \overline{X}_2 - (\mu_1 - \mu_2)}{\sqrt{\dfrac{\sigma_1^2}{n_1} + \dfrac{\sigma_2^2}{n_2}}}$$

服从标准正态分布。这就意味着：

$$P(-z_{a/2} \leqslant Z \leqslant z_{a/2}) = 1 - \alpha$$

或者

$$P\left[-z_{a/2} \leqslant \frac{\overline{X}_1 - \overline{X}_2 - (\mu_1 - \mu_2)}{\sqrt{\dfrac{\sigma_1^2}{n_1} + \dfrac{\sigma_2^2}{n_2}}} \leqslant z_{a/2}\right] = 1 - \alpha$$

上式可以整理为：

$$P\left(\overline{X}_1 - \overline{X}_2 - z_{a/2}\sqrt{\frac{\sigma_1^2}{n_1} + \frac{\sigma_2^2}{n_2}} \leqslant \mu_1 - \mu_2 \leqslant \overline{X}_1 - \overline{X}_2 + z_{a/2}\sqrt{\frac{\sigma_1^2}{n_1} + \frac{\sigma_2^2}{n_2}}\right) = 1 - \alpha$$

因此，$\mu_1 - \mu_2$ 的 $100(1-\alpha)\%$ 置信区间定义如下。

均值差的置信区间，方差已知

如果 $\overline{x}_1$ 和 $\overline{x}_2$ 分别表示从已知方差 σ_1^2 和 σ_2^2 的两总体中抽取的样本量为 n_1 和 n_2 的两独立样本的样本均值，则 $\mu_1 - \mu_2$ 的 $100(1-\alpha)\%$ 置信区间为：

$$\overline{x}_1 - \overline{x}_2 - z_{a/2}\sqrt{\frac{\sigma_1^2}{n_1} + \frac{\sigma_2^2}{n_2}} \leqslant \mu_1 - \mu_2 \leqslant \overline{x}_1 - \overline{x}_2 + z_{a/2}\sqrt{\frac{\sigma_1^2}{n_1} + \frac{\sigma_2^2}{n_2}} \qquad (5-4)$$

其中 $z_{a/2}$ 和 $-z_{a/2}$ 分别表示标准正态分布的上 $100\alpha/2$ 分位点和下 $100\alpha/2$ 分位点，见附录 A 表 I 。

当总体为正态时，$1-\alpha$ 的置信水平是精确的。对于非正态总体，当样本量很大的时候，置信水平是渐近有效的。

例 5—3

飞机加强杆

要对用在制造一种商用飞机机翼的两种类型的铝制加强杆进行抗拉强度检验。由过去加强杆生产过程和检验程序的经验，抗拉强度标准差假设是已知的。收集到的数据如表 5—1。找到均值差的 90% 置信区间。

表 5—1　　　　　　　　　　铝制加强杆的抗拉强度检验结果

加强杆类别	样本量	样本平均抗拉强度 (kg/mm^2)	标准差 (kg/mm^2)
1	$n_1 = 10$	$\overline{x}_1 = 87.6$	$\sigma_1 = 1.0$
2	$n_2 = 12$	$\overline{x}_2 = 74.5$	$\sigma_2 = 1.5$

解答： 如果 μ_1 和 μ_2 表示两种加强杆的平均抗拉强度，则我们可以按照如下步骤求强度均值差 $\mu_1 - \mu_2$ 的 90% 置信区间：

$$LCL = \overline{x}_1 - \overline{x}_2 - z_{a/2}\sqrt{\frac{\sigma_1^2}{n_1} + \frac{\sigma_2^2}{n_2}} = 87.6 - 74.5 - 1.645\sqrt{\frac{(1.0)^2}{10} + \frac{(1.5)^2}{12}}$$

$$= 13.1 - 0.88 = 12.22 \text{ kg/mm}^2$$

$$UCL = \bar{x}_1 - \bar{x}_2 + z_{\alpha/2}\sqrt{\frac{\sigma_1^2}{n_1} + \frac{\sigma_2^2}{n_2}} = 87.6 - 74.5 + 1.645\sqrt{\frac{(1.0)^2}{10} + \frac{(1.5)^2}{12}}$$

$$= 13.1 + 0.88 = 13.98 \text{ kg/mm}^2$$

因此，平均抗拉强度差的 90% 置信区间是：

$$12.22 \text{ kg/mm}^2 \leqslant \mu_1 - \mu_2 \leqslant 13.98 \text{ kg/mm}^2$$

实际工程结论： 注意到置信区间不包括零，表示第一种铝的平均强度 (μ_1) 超过第二种铝的平均强度 (μ_2)。事实上，我们有 90% 的把握说第一种铝的平均抗拉强度超过第二种铝的平均抗拉强度在 122.22kg/mm² ～ 13.98kg/mm² 之间。

单边置信界

要得到已知方差 σ^2 下 $\mu_1 - \mu_2$ 的 $100(1-\alpha)$% 下置信界，只需将式（5—4）中下界的 $-z_{\alpha/2}$ 替换为 $-z_\alpha$，令上界趋于 ∞ 即可，同样，要得到已知方差 σ^2 下 μ 的 $100(1-\alpha)$% 上置信界，只需将式（5—4）中上界的 $z_{\alpha/2}$ 替换为 z_α，令下界趋于 $-\infty$ 即可。

样本量的选择

如果标准差 σ_1 和 σ_2 已知（至少知道近似值），且两个样本量 n_1 和 n_2 是相等的（即 $n_1 = n_2 = n$），则我们就可以确定所需的样本量，使得用 $\bar{x}_1 - \bar{x}_2$ 去估计 $\mu_1 - \mu_2$ 的误差在 $100(1-\alpha)$% 的置信水平下低于 E。每个总体需要的样本量如下。

> **对均值差指定 E 所需的样本量，方差已知且 $n_1 = n_2$**
>
> 如果 $\bar{x}_1$ 和 $\bar{x}_2$ 分别表示表示 μ_1 和 μ_2 的估计，我们有 $100(1-\alpha)$% 的把握认为误差 $|(\bar{x}_1 - \bar{x}_2) - (\mu_1 - \mu_2)|$ 将不超过特定数 E，其中所需样本量 $n_1 = n_2 = n$ 为：
>
> $$n = \left(\frac{z_{\alpha/2}}{E}\right)^2 (\sigma_1^2 + \sigma_2^2) \tag{5—5}$$

注意当 n 不为整数时，采用收尾法。这是为了保证置信水平不低于 $100(1-\alpha)$%。

练 习

5—1 计算机程序得到了如下的假设检验问题的输出结果：

样本均值差：2.35

样本均值差的标准误：？

检验统计量：$z_0 = 2.01$

P-值：0.022 2

(a) 缺失的标准误值为多少？

(b) 这是一个双边还是单边检验？

(c) 如果 $\alpha = 0.05$，你的结论是什么？

(d) 找到均值差的 90% 双边置信区间。

5—2 计算机程序得到了如下的假设检验问题的输出结果：

样本均值差：11.5

样本均值差的标准误：？

检验统计量：$z_0 = -1.88$

P-值：0.060 1

(a) 缺失的标准误值为多少？

(b) 这是一个双边还是单边检验？

(c) 如果 $\alpha = 0.05$，你的结论是什么？

(d) 找到均值差的 95% 双边置信区间。

5—3 有两种机器用来填充净体积为 300 毫升的塑料瓶。填充体积假设为正态的，标准差分别为 $\sigma_1 = 3$ 和 $\sigma_2 = 4$ 毫升。某质量工程员认为：不管填充的体积是不是 300 毫升，两种机器填充的平均净体积是相同的。从每个机器的产品中抽取 10 个瓶子。

机器 1		机器 2	
305	302	303	304
306	298	297	305
307	295	295	303
307	303	303	301
303	299	299	300

（a）你认为该工程师正确吗？使用 *P*-值方法。

（b）如果 $\alpha=0.05$，（a）中对真实差异 5 的势是多少？

（c）求均值差 95％的置信区间。并对区间给出实际解释。

（d）假如样本量相同，要使得在真实差异 5 下 $\beta=0.01$，需要的样本量为多少？假设 $\alpha=0.05$。

5—4　两种塑料适合用于某种电子元件的生产。塑料的断裂强度非常重要。已知 $\sigma_1=\sigma_2=7$kPa。从样本量为 $n_1=10$ 和 $n_2=12$ 的样本中我们得到 $\bar{x}_1=1\,121.8$，$\bar{x}_2=1\,071.4$。公司不会采用塑料 1，除非塑料 1 的平均断裂强度超过塑料 2 的平均断裂强度至少 69kPa。根据已知的样本信息，他们会采用塑料 1 么？使用 *P*-值方法做出结论。

5—5　对用于乘务员逃离系统的两种固体燃料推进剂的燃烧率进行研究。已知两种推进剂的燃烧率有近似相同的标准差，$\sigma_1=\sigma_2=3$cm/s。$n_1=20$ 和 $n_2=20$ 的两个样本用于检验；燃烧率的样本均值为 $\bar{x}_1=18.02$cm/s 和 $\bar{x}_2=24.37$cm/s。

（a）检验两种推进剂有相同平均燃烧率的假设。用 $\alpha=0.05$ 的固定水平检验。

（b）求（a）中检验的 *P* 值。

（c）如果真实的平均燃烧率差异为 2.5cm/s，试求（a）中检验的 β 误。

（d）构造均值差 $\mu_1-\mu_2$ 的 95％置信区间。该区间的实际含义是什么？

5—6　两种机器用来填充装洗碗清洁剂的塑料瓶子。两种机器填充体积的标准差已知，分别是 $\sigma_1=3$ 和 $\sigma_2=4$ 毫升。选取机器 1 填充的瓶子 $n_1=12$ 和机器 2 填充的 $n_2=10$ 两个样本，填充体积的样本均值分别是 $\bar{x}_1=905$ 毫升和 $\bar{x}_2=897$ 毫升。假设总体是正态的。

（a）构造填充体积均值差的 90％双边置信区间，并给出解释。

（b）构造填充体积均值差的 95％双边置信区间，并就区间宽度与（a）进行比较和评价。

（c）构造填充体积均值差的 95％上置信限，并

给出解释。

5—7　考虑练习 5—6。

（a）检验两种机器填充平均体积相同的假设。使用 *P*-值方法。

（b）当真实的填充体积为 6 毫升时，要保证检验的 β 误不超过 3，需要多大的样本量？用 $\alpha=0.05$。

5—8　检验两种配方的氧化发动机燃料，以研究它们的行车辛烷值。配方 1 的行车辛烷值方差为 $\sigma_1^2=1.5$，配方 2 的行车辛烷值方差为 $\sigma_2^2=1.2$。样本量分别为 $n_1=15$ 和 $n_2=20$ 的两个样本用于检验，观测的平均行车辛烷值为 $\bar{x}_1=88.85$ 和 $\bar{x}_2=92.54$。假设总体是正态。

（a）构造行车辛烷值均值差的 95％双边置信限。

（b）如果配方 2 产生的行车辛烷值高出配方 1 很多，厂商就将发现这一点。构造一个合理的假设并进行检验，使用 *P*-值方法。

5—9　考虑练习 5—5。如果我们希望对平均燃烧率差异的估计误差在 99％的信度下低于 4cm/s，每个总体需要的样本量是多少？

5—10　考虑练习 5—8 的行车辛烷值检验问题。如果我们希望对平均行车辛烷值差异的估计误差在 95％的信度下低于 1，每个总体需要的样本量是多少？

5—11　一种聚合体的生产要在一组化学过程下完成。对每一组的黏度测量是经常性的，长期经验表明过程间的可变性相当稳定，$\sigma=20$。有 20 组黏度测量数据如下：724，718，776，760，745，759，795，756，742，740，761，749，739，747，742，720，736，740，756，762。一个过程变化引起过程中使用的催化剂发生变化。在变化的过程下，8 组黏度测量数据如下：735，775，729，755，783，760，738，780。假定过程可变性不受催化剂变化的影响。找出过程变化引起的平均黏度测量差异的 90％置信区间。区间的实际含义是什么？

5—12　洗衣液的活性成分的浓度被认为受过程中使用的催化剂影响。不考虑催化剂类型，活性浓度已知为每升 3 克。对每一种催化剂，得到了 10 个观测，数据如下：

催化剂 1：66.1，64.0，64.4，60.0，65.3，66.9，61.5，63.5，61.6，62.3

催化剂 2：66.3，64.7，67.6，68.5，68.3，67.4，66.1，69.9，70.6，68.7

（a）求出两种催化剂下活性浓度差异的95％置信区间。

（b）根据（a）的结果，还有其他方面能够明显反映活性浓度受催化剂影响吗？

5—13　考虑练习5—11的聚合体组黏度数据。如果平均组黏度差异是10或者更低，厂商希望能够在高的概率检测出这一点。

（a）构造合理的假设并进行检验，使用P-值方法。你的结论是什么？

（b）将（a）的结果与练习5—11得到的90％置信区间进行比较。谈谈比较的结果。

5—14　对练习5—11的洗衣液问题，检验两种类型催化剂下的平均活性浓度相同的假设，用$\alpha=0.05$。检验的P值是多少？并将结果与练习5—12（b）进行对比，说明它们为什么相同或不同。

5.3　两个总体均值的推断，方差未知

前面两节我们讨论了如图5—1的两分布均值差的推断问题，现在我们在两个分布的方差σ_1^2和σ_2^2均未知的情况下进一步拓展我们的结论。如果样本量n_1和n_2超过40，5.3节的正态分布方法仍然可以运用。然而，当抽取较小的样本时，我们将假设总体是正态的，且将假设检验和置信区间建立在t分布的基础上。这与方差未知的单样本均值的推断很类似。

5.3.1　均值差的假设检验

下面考察两正态总体的均值差u_1-u_2的假设检验问题，这里方差σ_1^2和σ_2^2均未知。t统计量将用来检验这样的假设。同本章前面以及4.6节介绍的一样，要进行检验程序，正态假设是需要的，但是正态的适度偏离不会影响这一程序。有两种情况必须不同对待，一种情况是假设两个正态分布的方差未知但相等，即$\sigma_1^2=\sigma_2^2=\sigma^2$；另一种情况是假设方差$\sigma_1^2$和$\sigma_2^2$未知且不等。

情况1：$\sigma_1^2=\sigma_2^2=\sigma^2$

假设有两个独立的正态总体，均值u_1和u_2未知，方差未知但相等，$\sigma_1^2=\sigma_2^2=\sigma^2$。我们希望检验

$$H_0: u_1-u_2=\Delta_0$$
$$H_1: u_1-u_2\neq\Delta_0 \tag{5—6}$$

令X_{11}，X_{12}，$\cdots$，X_{1n_1}是从第一个总体抽取的n_1个观测值的一个随机样本，X_{21}，X_{22}，$\cdots$，X_{2n_2}是从第二个总体抽取的n_2个观测值的一个随机样本。令$\overline{X}_1$，$\overline{X}_2$，S_1^2，S_2^2分别表示样本均值和样本方差。因为样本均值差$\overline{X}_1-\overline{X}_2$的期望是$E(\overline{X}_1-\overline{X}_2)=u_1-u_2$，所以$\overline{X}_1-\overline{X}_2$是均值差的一个无偏估计。$\overline{X}_1-\overline{X}_2$的方差是

$$V(\overline{X}_1-\overline{X}_2)=\frac{\sigma^2}{n_1}+\frac{\sigma^2}{n_2}=\sigma^2\left(\frac{1}{n_1}+\frac{1}{n_2}\right)$$

联合样本方差S_1^2和S_2^2形成σ^2的一个估计似乎是合理的。σ^2的合并估计定义如下。

σ^2的合并估计

σ^2的合并估计记为S_p^2，定义如下：

$$S_p^2=\frac{(n_1-1)S_1^2+(n_2-1)S_2^2}{n_1+n_2-2} \tag{5—7}$$

容易看出合并估计 S_p^2 可以写成

$$S_p^2 = \frac{n_1-1}{n_1+n_2-2}S_1^2 + \frac{n_2-1}{n_1+n_2-2}S_2^2 = wS_1^2 + (1-w)S_2^2$$

式中，$0 < w \leqslant 1$。即 S_p^2 是两样本方差 S_1^2 和 S_2^2 的**加权平均**（weighted average），权重 w 和 $1-w$ 依赖于两个样本量 n_1 和 n_2。显然，如果 $n_1 = n_2 = n$，则 $w = 0.5$，S_p^2 正好是 S_1^2 和 S_2^2 的算术平均。如果 $n_1 = 10$，$n_2 = 20$（譬如），则 $w = 0.32$，$1-w = 0.68$。第一个样本对 S_p^2 贡献 $n_1 - 1$ 个自由度，第二个样本对 S_p^2 提供 $n_2 - 1$ 个自由度。因此，S_p^2 自由度为 $n_1 + n_2 - 2$。

现在我们已经知道

$$Z = \frac{\overline{X}_1 - \overline{X}_2 - (u_1 - u_2)}{\sigma\sqrt{\left(\dfrac{1}{n_1} + \dfrac{1}{n_2}\right)}}$$

服从 $N(0，1)$ 分布。用 S_p 替代 σ 得到如下结论。

> 在前述假定的基础上，统计量
>
> $$T = \frac{\overline{X}_1 - \overline{X}_2 - (u_1 - u_2)}{S_p\sqrt{\left(\dfrac{1}{n_1} + \dfrac{1}{n_2}\right)}} \tag{5—8}$$
>
> 服从自由度为 $n_1 + n_2 - 2$ 的 t 分布。

运用这一结论检验方程 5—6 中的假设就变得直接了：用 Δ_0 替代 $u_1 - u_2$，得到的检验统计量在 $H_0：u_1 - u_2 = \Delta_0$ 下服从自由度为 $n_1 + n_2 - 2$ 的 t 分布。双边和单边备择的临界域的求法与单样本情形类似。该程序通常称为**合并 t-检验**（pooled t-test）。

> **情况 1：检验关于两个正态分布均值差的假设，方差未知但相等**[①]
>
> 零假设：$H_0：u_1 - u_2 = \Delta_0$
>
> 检验统计量：$T_0 = \dfrac{\overline{X}_1 - \overline{X}_2 - \Delta_0}{S_p\sqrt{\left(\dfrac{1}{n_1} + \dfrac{1}{n_2}\right)}}$ (5—9)
>
> | 备择假设 | P-值 | 固定水平检验的拒绝域 |
> |---|---|---|
> | $H_1：\mu_1 - \mu_2 \neq \Delta_0$ | 大于 $\lvert t_0 \rvert$ 和小于 $-\lvert t_0 \rvert$ 的概率之和 | $t_0 > t_{\alpha/2, n_1+n_2-2}$ 或 $t_0 < -t_{\alpha/2, n_1+n_2-2}$ |
> | $H_1：\mu_1 - \mu_2 > \Delta_0$ | 大于 t_0 的概率 | $t_0 > t_{\alpha, n_1+n_2-2}$ |
> | $H_1：\mu_1 - \mu_2 < \Delta_0$ | 小于 t_0 的概率 | $t_0 < -t_{\alpha, n_1+n_2-2}$ |

例 5—4

化学过程产出

对两种催化剂进行研究，以决定它们对某一化学过程平均产出的影响。特别地，

---

① 虽然我们已经给出样本量不等情况下的检验方法，但是使用等样本量 $n_1 = n_2 = n$ 有一个好处，当来自两总体的两样本的样本量相等时，t-检验对等方差的假设非常稳健或者说不敏感。

催化剂 1 正在使用中，催化剂 2 是可以接受的。因为催化剂 2 比较便宜，只要它不改变过程的产出，就应当采用。试验工厂要做一个检验，数据如表 5—2 所示。在平均产出间有差异吗？假设是等方差的。

表 5—2　　　　　　　　　　　　例 5—4 催化产出数据（%）

观测数	催化剂 1	催化剂 2
1	91.50	89.19
2	94.18	90.95
3	92.18	90.46
4	95.39	93.21
5	91.79	97.19
6	89.07	97.04
7	94.72	91.07
8	89.21	92.75
	$\bar{x}_1 = 92.255$	$\bar{x}_2 = 92.733$
	$s_1 = 2.39$	$s_2 = 2.98$
	$n_1 = 8$	$n_2 = 8$

解答： 用七步假设检验程序解答如下：

1. 感兴趣的参数：所关心的参数是分别使用催化剂 1 和催化剂 2 的平均过程产出 μ_1 和 μ_2，我们想知道是否有 $\mu_1 - \mu_2 = 0$。

2. 零假设，$H_0：\mu_1 - \mu_2 = 0$ 或 $H_0：\mu_1 = \mu_2$。

3. 备择假设，$H_1：\mu_1 \neq \mu_2$。

4. 检验统计量：检验统计量为：

$$t_0 = \frac{\bar{x}_1 - \bar{x}_2 - 0}{s_p \sqrt{\left(\dfrac{1}{n_1} + \dfrac{1}{n_2}\right)}}$$

5. 拒绝 H_0 如果：如果 P-值小于 0.05，则拒绝 H_0。

6. 计算：据表 5—2 有 $\bar{x}_1 = 92.255$，$s_1 = 2.39$，$n_1 = 8$，$\bar{x}_2 = 92.733$，$s_2 = 2.98$，$n_2 = 8$。因此，$s_p^2 = \dfrac{(n_1 - 1)\, s_1^2 + (n_2 - 1)\, s_2^2}{n_1 + n_2 - 2} = \dfrac{7\,(2.39)^2 + 7\,(2.98)^2}{8 + 8 - 2} = 7.30$

$$s_p = \sqrt{7.30} = 2.70$$

$$t_0 = \frac{\bar{x}_1 - \bar{x}_2 - 0}{2.70 \sqrt{\left(\dfrac{1}{n_1} + \dfrac{1}{n_2}\right)}} = \frac{92.255 - 92.733}{2.70 \sqrt{\dfrac{1}{8} + \dfrac{1}{8}}} = -0.35$$

7. 结论：从自由度为 14 的 t-表中，我们找到 $t_{0.40,14} = 0.258$ 及 $t_{0.25,14} = 0.692$。现有 $|t_0| = 0.35$，以及 $0.258 < 0.35 < 0.692$，所以 P-值的上下界为 $0.5 < P < 0.8$。因此，由于 $P > 0.05$，不能拒绝原假设。实际结论就是说在 0.05 的显著性水平下，我们没有很强的证据证明催化剂 2 带来的平均过程产出与使用催化剂 1 的平均过程产出有差异。P-的准确值为 $P = 0.73$。这个值可以通过 Minitab 软件得到。

例 5—4 的 Minitab 双样本 t-检验和置信区间程序如下：

```
Two-sample T for Cat1 vs Cat2
                    N          Mean         StDev          SE Mean
Cat1                8          92.26        2.39           0.84
Cat2                8          92.73        2.99           1.1
Difference=mu Cat 1—mu Cat 2
Estimate for difference：—0.48
95% CI for difference：（—3.37，2.42）
T-Test of difference=0（vs not=）：T-Value=—0.35，P-Value=0.730，DF=14
Both use Pooled StDev=2.70
```

可以看出数值结果与例 5—4 中的手工计算结果是一样的。给出的 P 值为 $P=0.73$。$\mu_1-\mu_2$ 的 95% 双边置信区间也给出了。在 5.3.3 中，我们将给出置信区间的计算公式。

图 5—2 是两个样本产出数据的正态概率图和对比箱线图。正态概率图显示正态的假设不存在问题。而且，两条直线的斜率相近，为等方差的假设提供了证据。比较箱线图显示虽然催化剂 2 有稍大的变异性，但两种催化剂之间没有明显的差异。

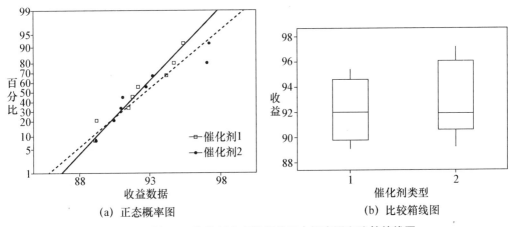

(a) 正态概率图　　　　　　　　　　(b) 比较箱线图

图 5—2　例 5—4 催化剂产出数据的正态概率图和比较箱线图

情况 2：$\sigma_1^2 \neq \sigma_2^2$

在有些情况下，我们不能合理地假设未知方差 σ_1^2 和 σ_2^2 是相等的。这样要检验 H_0：$\mu_1-\mu_2=\Delta_0$，就没有一个准确的 t 统计量。然而，可以运用如下的统计量。

情况 2：两正态分布的均值差的检验统计量，方差未知且不等

$$T_0^* = \frac{\overline{X}_1 - \overline{X}_2 - \Delta_0}{\sqrt{\dfrac{S_1^2}{n_1} + \dfrac{S_2^2}{n_2}}} \qquad (5—10)$$

在零假设 H_0：$\mu_1-\mu_2=\Delta_0$ 为真的情况下近似服从 t 分布，自由度为：

$$\nu = \frac{\left(\dfrac{S_1^2}{n_1} + \dfrac{S_2^2}{n_2}\right)^2}{\dfrac{(S_1^2/n_1)^2}{n_1-1} + \dfrac{(S_2^2/n_2)^2}{n_2-1}} \qquad (5—11)$$

如果 ν 不是整数，使用去尾法得到一整数。

因此，如果 $\sigma_1^2 \neq \sigma_2^2$，对两个正态总体均值之差的假设和方差相等的情况一样假设，除了检验统计量用了 T^*，在确定检验的自由度时用了 ν 代替 $n_1 + n_2 - 2$。

例 5—5

饮用水中的砷

公共饮用水中的砷浓度是一个潜在的风险指标。《亚利桑那共和报》（*Arizona Republic*）的一篇论文（2001-05-27）分别报告了菲尼克斯 10 个城市社区和亚利桑那州 10 个乡村社区的饮用水砷浓度，单位为十亿分之一（ppb）。数据如下：

菲尼克斯城市社区（$\bar{x}_1 = 12.5$，$s_1 = 7.63$）	亚利桑那州乡村社区（$\bar{x}_2 = 27.5$，$s_2 = 15.3$）
Phoenix, 3	Rimrock, 48
Chandler, 7	Goodyear, 44
Gilbert, 25	New River, 40
Glendale, 10	Apachie Junction, 38
Mesa, 15	Buckeye, 33
Paradise Valley, 6	Nogales, 21
Peoria, 12	Black Canyon City, 20
Scottsdale, 25	Sedona, 12
Tempe, 15	Payson, 1
Sun city, 7	Casa Grande 18

我们想确定菲尼克斯城市社区和亚利桑那州乡村社区的平均砷浓度是否存在差异。

解答：为了便于说明，我们假设分别从两类社区随机抽取了两个数据集。图 5—3 是两个砷浓度样本的正态概率图。正态性的假设看来是非常合理的，但是因为两条直线的斜率明显不同，所以两个总体方差相同就靠不住了。

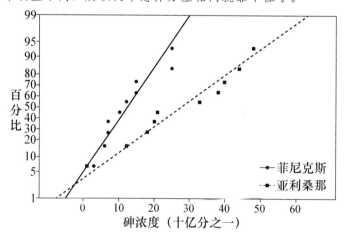

图 5—3　例 5—5 砷浓度数据的正态概率图

应用七步程序如下：

1. 感兴趣的参数：所关心的参数是两个地理区域的平均砷浓度，即 μ_1 和 μ_2，我们希望确定是否有 $\mu_1 - \mu_2 = 0$。

2. 零假设，H_0：$\mu_1 - \mu_2 = 0$ 或 H_0：$\mu_1 = \mu_2$。

3. 备择假设，H_1：$\mu_1 \neq \mu_2$。

4. 检验统计量：检验统计量为：

$$t_0^* = \frac{\overline{x}_1 - \overline{x}_2 - 0}{\sqrt{\dfrac{s_1^2}{n_1} + \dfrac{s_2^2}{n_2}}}$$

5. 拒绝 H_0 如果：如果 P-值小于 0.05，就拒绝 H_0：$\mu_1 = \mu_2$。

6. 计算：由式（5—11）求出 t_0^* 的自由度，如下：

$$\nu = \frac{\left(\dfrac{S_1^2}{n_1} + \dfrac{S_2^2}{n_2}\right)^2}{\dfrac{(S_1^2/n_1)^2}{n_1-1} + \dfrac{(S_2^2/n_2)^2}{n_2-1}} = \frac{\left(\dfrac{(7.63)^2}{10} + \dfrac{(15.3)^2}{10}\right)^2}{\dfrac{[(7.63)^2/10]^2}{9} + \dfrac{[(15.3)^2/10]^2}{9}} = 13.2 \approx 13$$

检验统计量的值为：

$$t_0^* = \frac{\overline{x}_1 - \overline{x}_2}{\sqrt{\dfrac{s_1^2}{n_1} + \dfrac{s_2^2}{n_2}}} = \frac{12.5 - 27.5}{\sqrt{\dfrac{(7.63)^2}{10} + \dfrac{(15.3)^2}{10}}} = -2.77$$

因此，在 $\alpha = 0.05$ 下，如果 $t_0^* > t_{0.025,13} = 2.160$ 或 $t_0^* < -t_{0.025,13} = -2.160$，则拒绝 H_0：$\mu_1 = \mu_2$。

7. 结论：因为 $t_{0.01,13} = 2.650$，$t_{0.005,13} = 3.012$，并且 $|t_0| = 2.77$，所以 P-值的上下界为 $0.01 < P < 0.02$。因此，P-值小于 0.05，拒绝零假设。

实际工程结论： 有理由作出结论：亚利桑那州乡村社区的平均饮用水砷浓度不同于菲尼克斯城市社区的平均饮用水砷浓度。并且，亚利桑那州乡村社区的平均饮用水砷浓度较高。

本例的 Minitab 输出结果如下：

```
Two-sample T for PHX vs RuralAZ
                N        Mean        StDev       SE Mean
PHX            10        12.50        7.63          2.4
RuralAZ        10        27.5         15.3          4.9
Difference=mu PHX-mu RuralAZ
Estimate for difference：—15.00
95％CI for difference：(—26.71，—3.29)
T-Test of difference＝0（vs not＝）：T-Value＝—2.77，P-Value＝0.016，
DF＝13
```

Minitab 的数值结果与例 5—5 的计算一致，而且还给出了 $\mu_1 - \mu_2$ 的 95％双边置信区间。我们将在 5.3.3 节讨论它的计算；然而，注意到置信区间不包括 0。甚至 95％置信上界为十亿分之一3.29，明显低于零，并且观察到的平均差异也是 $\overline{x}_1 - \overline{x}_2 = 12.5 - 27.5 = -15$。

5.3.2　第二类错误与样本量的选取

附录 A 的运算特征曲线 V（a），V（b），V（c），V（d）通常用来估计当 $\sigma_1^2 = \sigma_2^2 = \sigma^2$ 时的第二类错误。遗憾的是，当 $\sigma_1^2 \neq \sigma_2^2$ 时，如果零假设错误，T_0^* 的分布就不知道，也就没有运算特征曲线运用了。

对于双边备择假设 H_1：$\mu_1 - \mu_2 \neq \Delta_0$，当 $\sigma_1^2 = \sigma_2^2 = \sigma^2$，$n_1 = n_2 = n$ 时，使用图

V（a），V（b），并且

$$d=\frac{|\Delta-\Delta_0|}{2\sigma} \tag{5—12}$$

式中，Δ 是我们所关心的量的真实均值差异。要使用这些图，还必须加入样本量 $n^*=2n-1$ 这一条件。对于单边备择假设，我们使用 V（c）和 V（d），并且 d 与 Δ 如式（5—12）所定义。注意到参数 d 是 σ 的一个函数，它是未知的。同单样本 t-检验一样，我们必须依靠 σ 的先验估计或者使用一个主观的估计。我们希望定义一个均值差异，以便我们能够确定它与 σ 的相对量。

例 5—6

化学过程产出

考虑例 5—4 的催化剂实验。假定催化剂 2 生产的平均产出区别于催化剂 1 的平均产出 4.0%，我们希望拒绝零假设的概率至少为 0.85，需要多少样本量？

解答：用 $s_p=2.70$ 作为共同标准差 σ 的一个粗略估计，我们有 $d=|\Delta|/2\sigma=|4.0|/[(2)(2.70)]=0.74$，由附录 A 图 V（a），$d=0.74$，$\beta=0.15$，我们找出近似的 $n^*=20$。因此，由 $n^*=2n-1$，

$$n=\frac{n^*+1}{2}=\frac{20+1}{2}=10.5\approx11$$

所以我们使用样本量 $n_1=n_2=n=11$。

Minitab 也可以进行双样本 t-检验的势和样本量计算（等方差）。例 5—6 的输出结果如下：

```
2-Sample t Test
Testing mean 1＝mean 2（versus not＝）
Calculating power for mean 1＝mean 2＋difference
Alpha＝0.05Sigma＝2.7
Difference    Sample Size    Target Power    Actual Power
   4              10            0.85            0.879 3
```

得到的结果与使用 OC 曲线得到的结果非常接近。

5.3.3 均值差的置信区间

情况 1：$\sigma_1^2=\sigma_2^2=\sigma^2$

要找出方差相等情况下均值差 $\mu_1-\mu_2$ 的置信区间，注意到统计量

$$T=\frac{\overline{X}_1-\overline{X}_2-\mu_1-\mu_2}{S_p\sqrt{\dfrac{1}{n_1}+\dfrac{1}{n_2}}}$$

服从自由度为 n_1+n_2-2 的 t 分布。因此，

$$P(-t_{\alpha/2,\,n_1+n_2-2}\leqslant T\leqslant t_{\alpha/2,\,n_1+n_2-2})=1-\alpha$$

或者

$$P\left[-t_{\alpha/2,n_1+n_2-2}\leqslant\frac{\overline{X}_1-\overline{X}_2-\mu_1-\mu_2}{S_p\sqrt{\dfrac{1}{n_1}+\dfrac{1}{n_2}}}\leqslant t_{\alpha/2,n_1+n_2-2}\right]=1-\alpha$$

对上式进行处理可以得到如下 $\mu_1-\mu_2$ 的 $100(1-\alpha)\%$ 置信区间。

情况 1：两个正态分布均值差的置信区间，方差未知但相等

如果 $\overline{x}_1$，$\overline{x}_2$，s_1^2 和 s_2^2 分别是从两个方差未知但相等的正态总体中抽取的样本量为 n_1 和 n_2 的随机样本的均值和方差，则 $\mu_1-\mu_2$ 的 $100(1-\alpha)\%$ 置信区间是

$$\overline{x}_1-\overline{x}_2-t_{\alpha/2,n_1+n_2-2}\,s_p\sqrt{\frac{1}{n_1}+\frac{1}{n_2}}\leqslant\mu_1-\mu_2\leqslant\overline{x}_1-\overline{x}_2+t_{\alpha/2,n_1+n_2-2}\,s_p\sqrt{\frac{1}{n_1}+\frac{1}{n_2}}$$

$$(5-13)$$

其中 $s_p=\sqrt{\left[(n_1-1)\,s_1^2+(n_2-1)\,s_2^2\right]/(n_1+n_2-2)}$ 是共同总体标准差的合并估计，$t_{\alpha/2,n_1+n_2-2}$ 是自由度为 n_1+n_2-2 的 t 分布的上 $100\alpha/2$ 百分位点。

例 5—7

掺杂混凝土中的钙

Hazardous Waste and Hazardous Materials 上的一篇论文（Vol. 6，1989）报告了标准水泥和掺铅水泥中含钙比重的分析结果。减少钙含量使得水泥的水合功能受到影响，从而导致水侵袭水泥结构的各个部分。有 10 个标准水泥的样本，平均钙比重为 $\overline{x}_1=90.0$，标准差 $s_1=5.0$；有 15 个掺铅水泥的样本，平均钙比重为 $\overline{x}_2=87.0$，标准差 $s_2=4.0$。

假设钙比重是正态分布的，并对两种类型水泥的均值差 $\mu_1-\mu_2$ 求出一个 95% 置信区间。另外，还假设两个正态总体有相同方差。

解答： 使用式（5—7）求出共同标准差的合并估计如下：

$$s_p^2=\frac{(n_1-1)s_1^2+(n_2-1)s_2^2}{(n_1+n_2-2)}=\frac{9\,(5.0)^2+14\,(4.0)^2}{10+15-2}=19.52$$

因此，标准的合并估计为 $s_p=\sqrt{19.52}=4.4$。由式（5—13）得到 95% 置信区间：

$$\overline{x}_1-\overline{x}_2-t_{0.025,23}\,s_p\sqrt{\frac{1}{n_1}+\frac{1}{n_2}}\leqslant\mu_1-\mu_2\leqslant\overline{x}_1-\overline{x}_2+t_{0.025,23}\,s_p\sqrt{\frac{1}{n_1}+\frac{1}{n_2}}$$

或者，带入样本值和 $t_{0.025,23}=2.069$ 得

$$90.0-87.0-2.069(4.4)\sqrt{\frac{1}{10}+\frac{1}{15}}\leqslant\mu_1-\mu_2\leqslant90.0-87.0+2.069(4.4)\sqrt{\frac{1}{10}+\frac{1}{15}}$$

化简得

$$-0.72\leqslant\mu_1-\mu_2\leqslant6.72$$

注意到该 95% 置信区间包括零，在这一置信水平下，我们不能说均值间有差异。换句话说，水泥中掺入铅没有明显影响平均钙比重；因此，在 95% 置信水平下，我们不能认为铅的存在影响了水合机能。

情况 2：$\sigma_1^2 \neq \sigma_2^2$

在很多情况下，假设 $\sigma_1^2 = \sigma_2^2$ 是不合理的。当该假设没有根据时，我们仍然可以找到 $\mu_1 - \mu_2$ 的一个 $100(1-\alpha)\%$ 置信区间，用到如下事实：

$$T^* = \frac{\overline{X}_1 - \overline{X}_2 - (\mu_1 - \mu_2)}{\sqrt{\dfrac{S_1^2}{n_1} + \dfrac{S_2^2}{n_2}}}$$

近似服从 t 分布，自由度是式（5—11）所给出的 ν。因此，

$$P(-t_{\alpha/2,\nu} \leqslant T^* \leqslant t_{\alpha/2,\nu}) \cong 1-\alpha$$

如果带入 T^* 的表达，将 $\mu_1 - \mu_2$ 从不等式中分离出来，就得到如下 $\mu_1 - \mu_2$ 的置信区间。

情况 2：两正态分布均值差的置信区间，方差未知且不等

如果 $\overline{x}_1$，$\overline{x}_2$，s_1^2 和 s_2^2 分别是从两个方差未知且不等的正态总体中抽取的样本量为 n_1 和 n_2 的随机样本的均值和方差，则 $u_1 - u_2$ 的 $100(1-\alpha)\%$ 置信区间是

$$\overline{x}_1 - \overline{x}_2 - t_{\alpha/2,\nu}\sqrt{\frac{s_1^2}{n_1} + \frac{s_2^2}{n_2}} \leqslant \mu_1 - \mu_2 \leqslant \overline{x}_1 - \overline{x}_2 + t_{\alpha/2,\nu}\sqrt{\frac{s_1^2}{n_1} + \frac{s_2^2}{n_2}} \tag{5—14}$$

其中 ν 见式（5—11），$t_{\alpha/2,\nu}$ 是自由度为 ν 的 t 分布的上 $100\alpha/2$ 分位点。

单边置信界

要求出方差未知情况下 $\mu_1 - \mu_2$ 的下 $100(1-\alpha)\%$ 置信界，对情况 1，只需将式（5—13）中的下界 $-t_{\alpha/2,n_1+n_2-2}$ 替换为 $-t_{\alpha,n_1+n_2-2}$，对情况 2，只需将式（5—14）中的 $-t_{\alpha/2,\nu}$ 替换为 $-t_{\alpha,\nu}$；令上界为 ∞。类似地，要找到方差未知情况下 $\mu_1 - \mu_2$ 的上 $100(1-\alpha)\%$ 置信界，对情况 1，只需将式（5—13）中的上界 $t_{\alpha/2,n_1+n_2-2}$ 替换为 t_{α,n_1+n_2-2}，对情况 2，只需将式（5—14）中的 $t_{\alpha/2,\nu}$ 替换为 $t_{\alpha,\nu}$；令下界为 $-\infty$。

练 习

5—15 考虑如下所示的 Minitab 输出结果。

```
Two-sample T-Test and CI：X1, X2
            N        Mean        StDev        SE Mean
X1          20       50. 19      1. 71        0. 38
X2          20       52. 52      2. 48        0. 55
Difference＝mu X 1－mu X 2
Estimate for difference：－2. 33341
95％ CI for difference：（－3. 695 47，－0. 971 35）
T-Test of difference＝0（vs not＝）：T-Value＝－3. 47，P-Value＝0. 001，DF＝38
Both use Pooled StDev＝2. 127 7
```

（a）在 0.05 的水平下能否拒绝零假设？为什么？

（b）这是一个单边还是双边检验？

（c）如果假设为 $H_0：\mu_1 - \mu_2 = 2$ 对 $H_1：\mu_1 - \mu_2 \neq 2$，在 0.05 的水平下是否拒绝零假设？

（d）如果假设为 $H_0：\mu_1 - \mu_2 = 2$ 对 $H_1：\mu_1 - \mu_2 <$

2，在 0.05 的水平下是否拒绝零假设？你能否不进行任何额外的计算就回答这个问题？为什么？

（e）利用输出结果和 t 表找到均值差的 95% 置信上界。

```
Two-sample T-Test and CI：X1，X2
          N        Mean       StDev       SE Mean
X1        15       75.47      1.63        ?
X2        25       76.06      1.99        0.40
Difference=mu X 1-mu X 2
Estimate for difference：-0.590 171
95% upper bound for difference：?
T-Test of difference=0 (vs<)：T-Value=-0.97，P-Value=0.170，DF=?
Both use Pooled StDev=?
```

（a）填写输出结果中的缺失值。在 0.05 的水平下能否拒绝零假设？为什么？

（b）这是一个单边还是双边检验？

（c）利用输出结果和 t 表找到均值差的 99% 单边置信上界。

（d）如果假设为 $H_0：\mu_1-\mu_2=1$ 对 $H_1：\mu_1-\mu_2<1$，则 P-值是多少？

5—17 *Electronic Components and Technology Conference* 中的一篇文章（2001，Vol.52，pp. 1167-1171）介绍了一项比较铜金属化晶片单轴和双轴锯片过程的研究。每一种都均测量了 15 个设备，得到了背后切下宽度的数据，$\bar{x}_{single}=66.385$，$s_{single}=7.895$ 和 $\bar{x}_{double}=45.278$，$s_{double}=8.612$。

（a）样本数据是否支持两种过程有相同的切片结果这一说法？假设两个总体都是正态分布的并且有相同的方差。通过求得检验的 P-值来回答这个问题。

（b）构造两过程均值差的 95% 双边置信区间。将这个区间和（a）中的结果比较。

（c）如果想要检验的势不超过 0.1，当切片结果真实差为 15 时，需要多大的样本量？用 $\alpha=0.05$。

5—18 *International Symposium on Electromagnetic Compatibility* 中的一篇文章（2002，Vol.2，pp.667-670）描述了电磁能吸收的量化以及由此产生的手机的热效应。实验结果来自在老鼠身上进行的体外实验。实验中控制组（8 只老鼠）的动脉血压（单位：mmHg）为 $\bar{x}_1=90$，$s_1=5$，而实验组为 $\bar{x}_2=115$，$s_2=10$。

（a）是否有证据支持实验组血压均值较高这一

（f）如果备择假设为 $H_1：\mu_1-\mu_2\neq 2$，则 P-值是多少？

5—16 考虑如下所示的 Minitab 输出结果。

说法？假设两总体都服从正态分布，但方差不相等。通过求得检验的 P-值来回答这个问题。

（b）构造置信区间来回答（a）中的问题。

5—19 考察两种不同挤压机生产的钢棒的直径。抽取了样本量 $n_1=15$ 和 $n_2=17$ 的两个样本，样本均值和样本方差分别是 $\bar{x}_1=8.73$，$s_1^2=0.35$，$\bar{x}_2=8.68$，$s_2^2=0.40$。假定 $\sigma_1^2=\sigma_2^2$，且数据来源于正态分布。

（a）有证据支持两种机器生产的钢棒平均直径相同的说法吗？用 $\alpha=0.05$ 做出结论。求出 P-值。

（b）构造钢棒直径均值差的 95% 置信区间，并解释该区间。

5—20 *Fire Technology* 中的一篇论文研究了两种能用于作战喷射装置喷嘴的泡沫膨胀剂。对水成膜泡沫液（AFFF）抽取了一个 5 个观测的样本，均值为 4.340，标准差为 0.508。对酒精型泡沫液（ATC）抽取了一个 5 个观测的样本，均值为 7.091，标准差为 0.430。假设两个总体能够用正态分布很好地描述，且标准差是相等的。

（a）有证据支持两种膨胀剂的平均泡沫膨胀没差别的论断吗？用 $\alpha=0.1$。

（b）求检验的 P 值。

（c）构造平均泡沫膨胀差异的 90% 置信区间。解释区间怎样证明（a）中的结论。

5—21 某消费者团体收集两种汽车电池 A 和 B 的数据。对每种类型的 12 个数据汇总统计的结果是 $\bar{x}_A=36.51$，$\bar{x}_B=34.21$，$s_A=1.43$，$s_B=0.93$。假定数据是正态分布的且 $\sigma_A=\sigma_B$。

（a）有证据支持类型 A 电池的平均寿命高于类

型 B 电池的说法吗？使用 P-值来回答该问题。

（b）构造电池寿命均值差的 99% 单边置信界。解释该区间怎样证明（a）的结论。

（c）如果 A 类电池的平均寿命超过 B 类多达两个月，假设当 $\alpha=0.01$ 时在至少 0.95 概率下检测出这一差异是很重要的。按 $n_1=n_2=12$ 选取样本是否足够？

5—22 考察两种塑料管在负荷下的偏离温度。检验了两组各 15 根样品的样本。观察到的偏离温度如下（℃）：

类型 1			类型 2		
96	89	88	80	80	92
86	97	98	91	85	87
95	85	90	97	93	88
85	89	81	94	91	95
90	100	96	82	88	89

（a）作出两个样本的箱线图和正态概率图。图形能否支持正态和等方差的假设？对图形做出实际解释。

（b）所给数据支持在负荷下类型 1 的偏离温度高于 2 吗？用 P-值做出结论。

（c）如果类型 2 的平均偏离温度超过类型 1 多达 2℃，假设当 $\alpha=0.05$ 时在至少 0.90 概率下检测出这一差异是很重要的。在（b）中选取样本量 $n_1=n_2=15$ 是否足够？

5—23 在半导体生产中，湿式化学蚀刻槽通常用来排除硬化之前晶片后面的硅。蚀刻率是该过程的一个重要特性，并且已知服从正态分布。比较两种不同的蚀刻方法，有每一种方法 10 个晶片的两个样本。观测的蚀刻率数据如下（单位：mils/min）：

方法 1		方法 2	
9.9	10.6	10.2	10.0
9.4	10.3	10.6	10.2
9.3	10.0	10.7	10.7
9.6	10.3	10.4	10.4
10.2	10.1	10.5	10.3

（a）作出两个样本的正态概率图。图形支持正态和等方差的假设吗？给出实际解释。

（b）数据支持两种方法平均蚀刻率相同的说法吗？用 $\alpha=0.05$ 做出结论，假设总体方差是相等的。计算（a）中检验的 P-值。

（c）求出平均蚀刻率差异的一个 95% 置信区间。

5—24 两个供应商生产用在激光打印机中的塑料齿轮。用尺磅度量的齿轮冲击强度是一项重要特性。从供应商 1 的产品中抽取 10 个齿轮，$\bar{x}_1=290$，$s_1=12$。从另一个供应商的产品中抽取了 16 个齿轮，$\bar{x}_2=321$，$s_2=22$。

（a）有证据支持供应商 2 提供的齿轮的平均冲击强度高的说法吗？用 P-值方法，假设总体是正态的但不等方差。

（b）数据支持供应商 2 提供的齿轮冲击强度高于供应商 1 的至少 25 焦耳的论断吗？使用与（a）相同的假设。

（c）构造平均冲击强度差异的 95% 近似置信区间。用该区间回答问题（b）提出的问题。

5—25 一种光电导体薄膜以规定的千分之 25 寸的厚度生产。产品工程师希望能够减少薄膜的能量吸收，并且他相信将薄膜厚度减少到千分之 20 寸可以实现这一点。对每一种厚度的薄膜按指引的生产程序生产 8 件产品，测量薄膜吸收的能量（单位：$\mu J/in^2$），千分之 25 寸的薄膜样本数据：$\bar{x}_1=1.15$，$s_1=0.11$；千分之 20 寸的薄膜样本数据：$\bar{x}_2=1.06$，$s_2=0.09$。

（a）数据支持薄膜厚度的减少使得薄膜吸收的能量减少的论断吗？用 $\alpha=0.10$ 的固定水平检验，并假设总体都是正态分布，总体方差相等。

（b）检验的 P-值是多少？

（c）求均值差异的 95% 置信区间。

5—26 研究两种制造焊料的合金的熔点，对每一种材料熔解了 21 个样品。合金 1 的样本均值和方差分别是 $\bar{x}_1=216℃$ 和 $s_1=2.34℃$，合金 2 的样本均值和方差分别是 $\bar{x}_2=218℃$ 和 $s_2=2.5℃$。

（a）数据支持两种合金熔点相同的说法吗？用 $\alpha=0.05$，假设总体是正态的，并有相同的标准差。

（b）求出检验的 P-值。

5—27 见练习 5—26 的熔点实验，假设真实的平均熔点差异是 3℃。要在 $\alpha=0.05$ 的水平下，以至少 0.9 的概率检测出这一点需要多大的样本量？用 $\sigma_1=\sigma_2=4$ 作为共同标准差的一个初始估计。

5—28 两个公司生产一种打算用于汽车涂装的橡胶材料。因为在预涂涂装中这部分将受到磨损，所以我们决定通过检验来比较两个公司的产品。从每个公司抽取了 25 个样品进行磨损检验，1 000 转以后观察磨损数量。对公司 1，磨损的样本均值和

样本方差是 $\bar{x}_1 = 20.12\text{mg}/1\,000$ 转，$s_1 = 1.9\text{mg}/1\,000$ 转，对公司 2 我们得到 $\bar{x}_2 = 11.64\text{mg}/1\,000$ 转和 $s_2 = 7.9\text{mg}/1\,000$ 转。

(a) 数据支持两个公司产品的平均磨损不同的说法吗？用 P-值方法，假设总体都是正态的，但方差不等。

(b) 数据支持公司 1 材料的平均磨损高于公司 2 的平均磨损的论断吗？用与 (a) 相同的假设。

5—29　一种底层材料的塑料薄膜厚度（mils）受涂层的温度影响。实行了一个完全随机的实验。11 个底层在 125℃下涂层，涂层厚度的样本均值是 $\bar{x}_1 = 101.28$，样本标准差是 $s_1 = 5.08$。另外 13 个底层在 150℃下涂层，观测到 $\bar{x}_2 = 101.70$，$s_2 = 20.15$。最初怀疑增加过程的温度将减少涂层的平均厚度。数据支持这一论断吗？用 P-值方法，假设两总体标准不相等。

5—30　再考虑练习 5—28 的磨损检验。构造一个置信区间，并使之能够说明练习中的 (a) 和 (b)。

5—31　再考虑练习 5—29 的涂层厚度实验。用置信区间回答该题提出的温度影响涂层厚度的问题。并解释你的答案。

5—32　一家当地歌剧公司使用了两种方法来从 16 个潜在赞助商那里募捐。这 16 个潜在赞助商是从赞助商总体中随机选择的，并且随机分成了两组，每组 8 位。然后将其中一种方法分别使用于每一组。产生的捐款数量如下所示：

方法 1	$1 000	$1 500	$1 200	$1 800	$1 600	$1 100	$1 000	$1 250
方法 2	$1 500	$1 000	$1 200	$1 500	$1 200	$1 250	$1 100	$1 000

(a) 是否有证据表明对平均捐赠数目来说两种方法是不同的？

(b) 构造均值差的 95% 双边置信区间。

(c) 你对本问题中的正态性假设是否有什么疑问？

5—33　一家制药公司正在调查一种新药的生物活性。使用了两种剂量，随机样本中测得瑟生物活性如下所示：

剂量 = 20mg	24	28	37	30
剂量 = 30mg	37	44	31	35

(a) 是否有证据支持剂量越大活性越强的说法？

(b) 构造均值差的 95% 单边置信下界。

(c) 你对本问题中的正态性假设是否有什么疑问？

5.4　配对 t-检验

当对两个感兴趣总体的观测是**成对**（pairs）收集的时候，5.3 节的双样本 t-检验的一种特殊情况就将发生。每一对观测——比如，（X_{1j}，X_{2j}）——是在齐次条件下得到的。但是每对之间的条件可能是变化的。例如，假设我们要比较一种硬度检验机器的两种不同类型的尖端。这种机器以已知的力量将尖端压入金属样品。通过测量由尖端压入的深度来决定样品的硬度。随机选取几个样品，一半用类型 1 尖端检验，另一半用类型 2 尖端检验，应用 5.3 节的合并或者独立 t-检验，检验的结果可能是错误的。金属样品可能切割于不同温度生产的棒料，或者在其他影响硬度的方面不是齐次的。则我们观测到的两种尖端的平均硬度差异也包括金属样品的硬度差异。

一种更有效的实验程序是成对的收集数据——也就是说，对每一个金属样品收集两个硬度数据，每种尖端一个数据。检验程序就将由每一个金属样品硬度数据的差异分析组成。如果尖端之间没有差异，这些差异的均值将是零。这种检验程序叫做**配对 t-检验**（paired t-test）。

令（X_{11}，X_{21}），（X_{12}，X_{22}），…，（X_{1n}，X_{2n}）表示 n 对观测，我们假设 X_1 所代表的总体的均值和方差是 μ_1 和 σ_1^2，X_2 所代表总体的均值和方差是 μ_2 和 σ_2^2。定义每

对观测的差异，定义每对观测的差异为 $D_j = X_{1j} - X_{2j}$（$j = 1, 2, \cdots, n$）。D_j 假设服从正态分布，均值为

$$\mu_D = E(X_1 - X_2) = E(X_1) - E(X_2) = \mu_1 - \mu_2$$

方差为 σ_D^2，所以检验关于 μ_1 和 μ_2 差异的假设将通过对 μ_D 施行单样本假设来完成。具体来说，检验 H_0：$\mu_1 - \mu_2 = \Delta_0$ 与备择假设 H_1：$\mu_1 - \mu_2 \neq \Delta_0$ 等价于检验

$$H_0 : \mu_D = \Delta_0$$
$$H_1 : \mu_D \neq \Delta_0 \tag{5—15}$$

检验统计量如下：

配对 t-检验

零假设：H_0：$\mu_D = \Delta_0$

检验统计量：$T_0 = \dfrac{\overline{D} - \Delta_0}{S_D / \sqrt{n}}$ $\tag{5—16}$

备择假设	P-值	固定水平检验的拒绝域
H_1：$\mu_D \neq \Delta_0$	大于 $\lvert t_0 \rvert$ 和小于 $-\lvert t_0 \rvert$ 的概率之和	$t_0 > t_{\alpha/2, n-1}$ 或者 $t_0 < -t_{\alpha/2, n-1}$
H_1：$\mu_D > \Delta_0$	大于 t_0 的概率	$t_0 > t_{\alpha, n-1}$
H_1：$\mu_D < \Delta_0$	小于 t_0 的概率	$t_0 < -t_{\alpha, n-1}$

在式（5—16）中，$\overline{D}$ 是 n 个差异 $D_1, D_2, \cdots, D_n$ 的样本均值，S_D 是这些差异的样本标准差或标准误。

例 5—8

钢板梁切变强度

Journal of Strain Analysis 的一篇论文（1983，Vol. 18，No. 2）比较了预测钢板梁切变强度的几种方法。Karlsruhe 方法和 Lehigh 方法，应用于 9 根钢板梁，数据如表 5—3 所示，我们想确定两种方法是否存在差异（平均来讲）。

表 5—3 九根钢板梁的强度预测（预测负荷/观察负荷）

大梁	Karlsruhe 方法	Lehigh 方法	差异 d_j
S1/1	1.186	1.061	0.125
S2/1	1.151	0.992	0.159
S3/1	1.322	1.063	0.259
S4/1	1.339	1.062	0.277
S5/1	1.200	1.065	0.135
S2/1	1.402	1.178	0.224
S2/2	1.365	1.037	0.328
S2/3	1.537	1.086	0.451
S2/4	1.559	1.052	0.507

解答： 七步检验程序应用如下：

1. 感兴趣的参数：所关心的参数是两种方法的平均切变强度差异——即 $\mu_D = \mu_1 - \mu_2 = 0$。

2. 零假设，H_0：$\mu_D = 0$。

3. 备择假设，H_1：$\mu_D \neq 0$。

4. 检验统计量：检验统计量为：

$$t_0 = \frac{\bar{d}}{s_d/\sqrt{n}}$$

5. 拒绝 H_0 如果：如果 P-值小于 0.05，则拒绝 H_0。

6. 计算：差异 d_j 的样本平均和样本标准差是 $\bar{d} = 0.2769$，$s_d = 0.1350$，所以检验统计量是：

$$t_0 = \frac{\bar{d}}{s_d/\sqrt{n}} = \frac{0.2769}{0.1350/\sqrt{9}} = 6.15$$

7. 结论：因为 $t_{0.0005,8} = 5.041$，检验统计量的值 $t_0 = 6.15$ 大于这个值，P-值小于 $2(0.0005) = 0.001$。因此，我们认为预测方法产生了不同的结果。特别地，数据显示在平均意义上 Karlsruhe 方法的强度预测高于 Lehigh 方法。

例 5—8 的 Minitab 配对 t-检验和置信区间输出结果如下所示。

配对 t-检验和置信区间：Karlsruhe 方法，Lehigh 方法

Paired T for Karlsruhe–Lehigh

	N	Mean	StDev	SE Mean
Karlsruhe	9	1.340 11	0.146 03	0.048 68
Lehigh	9	1.063 22	0.050 41	0.016 80
Difference	9	0.276 889	0.135 027	0.045 009

95% CI for difference：（0.173 098，0.380 680）

T-Test ofmean difference＝0（vs not＝0）：T-Value＝6.15，P-Value＝0.000

这些结果和手工计算保持了一致。除了假设检验的结果，Minitab 还给出了均值差的双边置信区间。这个置信区间是通过构造 μ_D 的单样本置信区间来得到的。我们将在下面详细说明。

配对与不配对的比较

当进行比较性实验时，调查者有时选择配对实验，有时选择双样本（或不配对）实验。如果对每个总体有 n 次测量，双样本 t 统计量为：

$$T_0 = \frac{\bar{X}_1 - \bar{X}_2 - \Delta_0}{S_p \sqrt{\frac{1}{n} + \frac{1}{n}}}$$

其值将与 t_{2n-2} 对比，配对 t 统计量为：

$$T_0 = \frac{\bar{D} - \Delta_0}{S_D/\sqrt{n}}$$

其值将与 t_{n-1} 对比。注意到因为：

$$\bar{D} = \sum_{j=1}^n \frac{D_j}{n} = \sum_{j=1}^n \frac{(X_{1j} - X_{2j})}{n} = \sum_{j=1}^n \frac{X_{1j}}{n} - \sum_{j=1}^n \frac{X_{2j}}{n} = \bar{X}_1 - \bar{X}_2$$

两个检验统计量的分子是相同的。但是双样本 t-检验的分母是基于 X_1 与 X_2 是独立的基础上的。在很多配对实验中，在 X_1 与 X_2 之间存在很强的正相关系数 ρ。从而有：

$$V(\overline{D}) = V(\overline{X}_1 - \overline{X}_2 - \Delta_0) = V(\overline{X}_1) + V(\overline{X}_2) - 2\mathrm{cov}(\overline{X}_1, \overline{X}_2) = \frac{2\sigma^2(1-\rho)}{n}$$

假设总体 X_1 与 X_2 有相同方差 σ^2。而且是用 S_D^2/n 估计 $\overline{D}$ 的方差。当两对之间存在正相关时，配对 t-检验的分母要小于双样本 t-检验的分母。如果双样本 t-检验错误地用于成对样本，就将使得双样本 t-检验对数据的显著性水平打很大的折扣。

尽管配对通常使得 $\overline{X}_1 - \overline{X}_2$ 的方差较小，但它也有一个缺点——配对 t-检验与双样本 t 检验相比少了 $n-1$ 个自由度。一般情况下，我们知道增加检验的自由度就增加参数任意给定备择值的势。

所以我们要决定怎样处理这种实验？进行配对观测还是不用配对观测？在这个问题上虽然没有一般的答案，但在前面讨论的基础上，能够给出一些指导：

1. 如果实验单位是相对齐次的（σ 小）并且每对之间相关性小，配对带来的好处将被自由度的减少抵消掉，所以采用独立样本实验。

2. 如果实验单位是非齐次的（σ 大）并且每对之间存在大的正相关，采用配对实验。典型地，当两种处理的实验单位是相同时，这种情况就会发生；如例 5—8 中，相同的大梁用来检验两种方法。

实施这些细则还需要一些判断，因为 σ 和 ρ 都是严格不知道的。另外，如果自由度很大（比如，40 或 50），配对中减少 $n-1$ 也不是很严重。然而，如果自由度比较小（比如，10 或 20），如果通过配对增加的精度没有补偿，失掉它们可能就是很严重的。

μ_D 的置信区间

要构造 μ_D 的置信区间，注意到

$$T = \frac{\overline{D} - \mu_D}{S_D/\sqrt{n}}$$

服从自由度为 $n-1$ 的 t 分布，于是，因为

$$P(-t_{\alpha/2, n-1} \leqslant T \leqslant t_{\alpha/2, n-1}) = 1 - \alpha$$

带入 T 的表达，通过必要的步骤，将 $\mu_D = \mu_1 - \mu_2$ 从不等式中分离出来。就得到如下关于 $\mu_D = \mu_1 - \mu_2$ 的 $100(1-\alpha)\%$ 置信区间。

配对观测 μ_D 的置信区间

如果 $\overline{d}$ 和 s_d 分别是正态差异的 n 对测量的均值和标准差，则均值差 $\mu_D = \mu_1 - \mu_2$ 的 $100(1-\alpha)\%$ 置信区间是：

$$\overline{d} - t_{\alpha/2, n-1} s_d/\sqrt{n} \leqslant \mu_D \leqslant \overline{d} + t_{\alpha/2, n-1} s_d/\sqrt{n} \tag{5—17}$$

式中，$t_{\alpha/2, n-1}$ 是自由度为 $n-1$ 的 t 分布的上 $100\alpha/2$ 分位点。

该置信区间也适用于 $\sigma_1^2 \neq \sigma_2^2$ 的情况，因为 s_d^2 估计 $\sigma_D^2 = V(\overline{X}_1 - \overline{X}_2)$。另外，对于大样本（如，$n \geqslant 40$ 对），因为有中心极限定理，所以正态性的假设也不必要了。在例 5—8 切变强度的实验中，置信区间的计算就是通过式（5—17）进行的。

例 5—9

平行停车

Human Factors 杂志研究 14 位个体对不同轴距和回轮半径的两辆车的平行停车。

记录个体的停车时间，以秒为单位，数据如表 5—4 所示。找到时间均值差的 90% 置信区间。

表 5—4　两种汽车的停车时间

对象	汽车		差异
	1 (x_{1j})	2 (x_{2j})	(d_j)
1	37.0	17.8	19.2
2	25.8	20.2	5.6
3	16.2	16.8	−0.6
4	24.2	41.4	−17.2
5	22.0	21.4	0.6
6	33.4	38.4	−5.0
7	23.8	16.8	7.0
8	58.2	32.2	26.0
9	33.6	27.8	5.8
10	24.4	23.2	1.2
11	23.4	29.6	−6.2
12	21.2	20.6	0.6
13	36.2	32.2	4.0
14	29.8	53.8	−24.0

解答：从差异列计算出 $\bar{d}=1.21$，$s_d=12.68$。由式（5—17）求出 $\mu_D=\mu_1-\mu_2$ 的 90% 置信区间为：

$$\bar{d}-t_{0.05,13}s_d/\sqrt{n}\leqslant\mu_D\leqslant\bar{d}+t_{0.05,13}s_d/\sqrt{n}$$

$$1.21-1.771(12.68)/\sqrt{14}\leqslant\mu_D\leqslant1.21+1.771(12.68)/\sqrt{14}$$

$$-4.79\leqslant\mu_D\leqslant7.21$$

注意到置信区间包括零。这显示在 90% 的置信水平下，数据不支持两种汽车有不同的平均停靠时间 μ_1 和 μ_2 的论断。也就是说，$\mu_D=\mu_1-\mu_2=0$ 与观测数据是不矛盾的。

练 习

5—34　考虑如下所示的 Minitab 输出结果。

配对 t-检验和置信区间：*X1*，*X2*

Paired T for X1-X2

	N	Mean	StDev	SE Mean
X1	12	74.2430	1.8603	0.5370
X2	12	73.4797	1.9040	0.5496
Difference	12	?	2.905560	0.838763

95% CI for difference：（−1.082805，2.609404）

T-Test of mean difference=0（vs not=0）：T-Value=?，P-Value=?

（a）填写输出结果中的缺失值，包括 P-值的界限。在 0.05 的显著性水平下能否拒绝零假设？为什么？

（b）这是一个单边还是双边检验？

（c）利用输出结果和 t 表找到均值差的一个

（d）仅仅观察计算机输出结果，不做任何额外的计算，如何能说没有足够的证据拒绝零假设？

5—35 考虑如下所示的 Minitab 输出结果。

配对 t-检验和置信区间：X1, X2

Paired T for X1-X2

	N	Mean	StDev	SE Mean
X1	10	100.642	?	0.488
X2	10	105.574	2.867	0.907
Difference	10	−4.932 62	3.667 36	?

95％ CI for difference：（−7.556 10，−2.309 15）

T-Test of mean difference＝0（vs not＝0）：T-Value＝?，P-Value＝0.002

（a）填写输出结果中的缺失值，包括 P-值的界限。在 0.05 的显著性水平下能否拒绝零假设？为什么？

（b）这是一个单边还是双边检验？

（c）利用输出结果和 t 表找到均值差的一个 99％双边置信区间。

（d）如果本实验的目的是确定总体 1 的均值比总体 2 的小，则检验统计量的 P-值是多少？

（e）如果本实验的目的是确定均值差为 4，则检验统计量的 P-值是多少？

5—36 考虑如例 5—8 描述的切变强度实验。构造两种方法平均切变强度差异的一个 95％置信区间。你所得到的结果与例 5—8 的结论一致吗？说明理由。

5—37 仍然考虑例 5—8 描述的切变强度实验。要使得配对 t-检验能够适用，每一个切变强度都必须是正态分布吗？还是只需要切变强度的差异是正态分布？使用正态概率图验证正态性假设。

5—38 考虑例 5—9 的停车数据。用配对 t-检验验证两种车有不同的停靠难度水平的论断。使用 $\alpha=0.10$。将你的结果与例 5—9 建立的置信区间作比较，并说明为什么相同或者不同？

5—39 仍然考虑例 5—9 的停车数据。验证停靠时间均值差服从正态分布的假设。

5—40 汽车队经理正检验两种不同牌子的轮胎。她从每种轮胎中随机抽取一个分别作为 8 辆车的前轮，然后让汽车行驶，直到轮胎磨损。数据如下（单位：千米）。求平均寿命差异的一个 99％置信区间，在你计算基础上，将采用哪种轮胎？

汽车	商标 1	商标 2	汽车	商标 1	商标 2
1	33 500	36 240	5	33 215	33 500
2	37 210	36 925	6	47 800	37 210
3	34 318	45 300	7	38 015	48 360
4	42 280	32 100	8	37 810	38 200

5—41 某计算机科学家要调查改进设计任务中两种不同设计语言的有用性。他要求 12 位熟悉两种语言的专业程序员对两种语言进行标准函数编码，记录消耗的时间（单位：分钟）。数据如下：

	时间	
程序员	设计语言 1	设计语言 2
1	17	18
2	16	14
3	21	19
4	14	11
5	18	23
6	24	21
7	16	10
8	14	13
9	21	19
10	23	24
11	13	15
12	18	20

（a）求平均编码时间差的一个 95％置信区间。有迹象表明其中一种设计语言更好吗？

（b）假设编码时间差异是正态分布的合理吗？你的依据是什么？

5—42 16 位 35 岁到 50 岁之间的男性参与一项评价饮食和锻炼对血液胆固醇影响的研究。最初测量出个体的总体胆固醇水平，然后测量通过 3 个月有氧训练和低脂肪饮食后的胆固醇水平。数据如下表。

胆固醇水平					
个体	前	后	个体	前	后
1	265	229	9	260	247
2	240	231	10	279	239
3	258	227	11	283	246
4	295	240	12	240	218
5	251	238	13	238	219
6	245	241	14	225	226
7	287	234	15	247	233
8	314	256	16	242	230

（a）数据支持低脂肪饮食和有氧锻炼对减少血液胆固醇水平有价值的说法吗？用 P-值方法。

（b）找到血液胆固醇水平平均减少的 95% 置信区间。

5—43 *Journal Aircraft* 刊载的一篇文章（1986，Vol. 23，pp. 859-864）描述了一种新的等效板分析理论，能模拟飞机的构件如扭曲的机翼箱，得到与计算密集型有限元方法接近的结果，而有限元的计算量则远远大于该方法。通过这两种方法计算曲柄机翼箱结构的固有振动频率，得到的最初 7 个固有频率如下：

	有限元 Cycle/s	等效平板 Cycle/s		有限元 Cycle/s	等效平板 Cycle/s
1	14.58	14.76	5	174.73	181.22
2	48.52	49.10	6	212.72	220.14
3	97.22	99.99	7	277.38	294.80
4	113.99	117.53			

（a）数据表明两种方法得到相同的固有振动频率均值吗？用 P-值方法。

（b）找到两种方法均值差的 95% 置信区间，用它回答（a）的问题。

5—44 联邦航空局需要一种材料用来保持飞机在寿命期疏散系统的能力。在加速寿命检验中，主要材料——聚合体涂层尼龙织物通过将它在 158℃ 下暴露 168 小时来衰减。材料样品的抗张强度在衰

减过程的前后测出。数据（单位：kPa）记录如下：

样品	起初	衰减后	样品	起初	衰减后
1	215	203	6	231	218
2	226	216	7	234	224
3	226	217	8	219	210
4	219	211	9	209	201
5	222	215	10	216	207

（a）有证据支持尼龙织物抗张强度在衰减过程前后相同的论断吗？用 P-值方法。

（b）求出抗张强度均值差的 95% 置信区间并用它回答（a）的问题。

5—45 两种不同的分析检验可用来确定钢合金中的杂质水平。使用两种方法检验 8 个样品，结果见下表。有足够的理由认为两种检验得到相同的平均杂质水平吗？$\alpha=0.01$。

样品	检验 1	检验 2	样品	检验 1	检验 2
1	1.2	1.4	5	1.7	2.0
2	1.3	1.7	6	1.8	2.1
3	1.5	1.5	7	1.4	1.7
4	1.4	1.3	8	1.3	1.6

5—46 考虑练习 5—44 的抗张强度数据。有证据支持加速寿命检验将导致至少 5kPa 的平均损失的论断吗？使用 $\alpha=0.05$。

5—47 考虑练习 5—45 的杂质水平数据。对两种方法的均值差建立 99% 置信区间，并有它回答练习 5—45 提出的问题。

5—48 *Biometrics* 杂志中的一篇文章（1990，Vol. 46，pp. 673-687）分析了橘子树的周长。测量是在两个不同的时间点进行的。5 棵树的数据如下所示。

树	时间点	
	1	2
A	30	58
B	35	69
C	30	51
D	32	62
E	33	69

（a）检验假设：两个时间点中间的周长增长均值大于 25。

（b）构造周长增长均值的95％单边置信区间。

5—49 一家消费品生产公司用直接邮件营销来推销产品。为了评估两种宣传册的有效性，公司决定将每种设计的5 000份样品发送到美国4个不同区域的随机选择的潜在顾客，以此来检验两种设计。从经验公司知道区域间存在顾客基础的差异。本次研究的数据，回应的数量，如下所示。

设计	区域			
	东北	西北	东南	西南
1	25	33	22	27
2	40	52	39	58

（a）检验假设：两种设计额平均回应相等。
（b）构造回应差的95％双边置信区间。

5.5 两正态总体方差比的推断

现在我们介绍图5—1所示的两总体方差的检验和置信区间。假设两个总体都是正态的。假设检验和置信区间对正态假设都比较敏感。

5.5.1 方差比的假设检验

假设有两个正态总体有待研究，其中总体均值和方差——μ_1，σ_1^2，μ_2 和 σ_2^2——都是未知的。我们要检验两个方差相等的假设——即 $H_0: \sigma_1^2 = \sigma_2^2$。假设有来自总体1样本量为 n_1 和来自总体2样本量为 n_2 的两个随机样本，令 S_1^2 和 S_2^2 表示样本方差。我们要检验假设：

$$H_0: \sigma_1^2 = \sigma_2^2$$
$$H_1: \sigma_1^2 \neq \sigma_2^2$$

这一检验程序的进行需要一个新的概率分布。

F 分布

统计学中一个非常有用的分布就是 F 分布。随机变量 F 定义为两独立卡方随机变量的比，每一个都除以它们的自由度。即，

$$F = \frac{W/u}{Y/\nu}$$

式中，W 和 Y 分别是自由度为 u 和 ν 的两独立卡方随机变量。现在正式叙述 F 抽样分布。

F 分布

令 W 和 Y 分别是自由度为 u 和 ν 的独立卡方随机变量，那么比值

$$F = \frac{W/u}{Y/\nu} \tag{5—18}$$

有概率密度函数

$$f(x) = \frac{\Gamma\left(\dfrac{u+\nu}{2}\right)\left(\dfrac{u}{\nu}\right)^{u/2} x^{(u/2)-1}}{\Gamma\left(\dfrac{u}{2}\right)\Gamma\left(\dfrac{\nu}{2}\right)\left[\left(\dfrac{u}{\nu}\right)x+1\right]^{(u+\nu)/2}}, \quad 0 < x < \infty \tag{5—19}$$

它服从分子自由度为 u 和分母自由度为 ν 的 F 分布，通常简记为 $F_{u,\nu}$。

F 分布的均值和方差分别为 $\mu = \nu/(\nu-2)$，$\nu > 2$，

$$\sigma^2 = \frac{2\nu^2(u+\nu-2)}{u(\nu-2)^2(\nu-4)}, \quad \nu > 4$$

图 5—4 是两个 F 分布。F 随机变量是非负的，分布是右偏的。F 分布与图 4—21 的卡方分布非常类似；两个参数 u 和 ν 决定其形状。

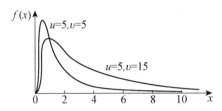

图 5—4 两个 F 分布的概率密度函数

F 分布的分位点见附录 A 表 Ⅳ。令 $f_{\alpha,u,\nu}$ 表示分子自由度为 u 和分母自由度为 ν 的 F 分布的百分位点，则随机变量 F 超过该值的概率为：

$$P(F > f_{\alpha,u,\nu}) = \int_{f_{\alpha,u,\nu}}^{\infty} f(x)\mathrm{d}x = \alpha$$

如图 5—5 所示。例如，$u=5$，$\nu=10$，则由附录 A 表 Ⅳ 得

$$P(F > f_{0.05,5,10}) = P(F_{5,10} > 3.33) = 0.05$$

也就是说，$F_{5,10}$ 的上百分之五分位点是 $f_{0.05,5,10} = 3.33$。

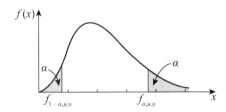

图 5—5 F 分布的上下百分位点

表 Ⅳ 仅仅包含 F 分布的上分位点（对 $\alpha \leqslant 0.25$ 的），下分位点 $f_{1-\alpha,u,\nu}$ 可以按如下求得：

$$f_{1-\alpha,u,\nu} = \frac{1}{f_{\alpha,u,\nu}} \tag{5—20}$$

例如，要求出下分位点 $f_{0.95,5,10}$，注意到：

$$f_{0.95,5,10} = \frac{1}{f_{0.05,5,10}} = \frac{1}{4.74} = 0.211$$

检验程序

两方差相等的假设检验程序建立在如下结果的基础上。

令 X_{11}，X_{12}，$\cdots$，X_{1n_1} 是来自均值为 μ_1 方差为 σ_1^2 的正态总体的一个随机样本，令 X_{21}，X_{22}，$\cdots$，X_{2n_2} 是来自均值为 μ_2 方差为 σ_2^2 的正态总体的一个随机样本，假设两个正态总体是独立的。令 S_1^2 和 S_2^2 表示样本方差。则比值

$$F = \frac{S_1^2/\sigma_1^2}{S_2^2/\sigma_2^2}$$

服从分子自由度为 n_1-1、分母自由度为 n_2-1 的 F 分布。

该结果基于如下事实：$(n_1-1)S_1^2/\sigma_1^2$ 是自由度为 n_1-1 的卡方随机变量，$(n_2-1)S_2^2/\sigma_2^2$ 是自由度为 n_2-1 的卡方随机变量，并且两个正态分布是独立的。很明显在零假设 $H_0: \sigma_1^2=\sigma_2^2$ 之下比值 $F_0=S_1^2/S_2^2$ 服从 F_{n_1-1,n_2-1}。这是下面假设检验程序的基础。

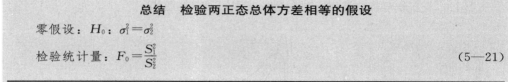

总结　检验两正态总体方差相等的假设

零假设：$H_0: \sigma_1^2=\sigma_2^2$

检验统计量：$F_0=\dfrac{S_1^2}{S_2^2}$　　　　　　　　　　　　　　　　（5—21）

备择假设	拒绝域
$H_1: \sigma_1^2\neq\sigma_2^2$	$f_0>f_{\alpha/2,n_1-1,n_2-1}$ 或者 $f_0<f_{1-\alpha/2,n_1-1,n_2-1}$
$H_1: \sigma_1^2>\sigma_2^2$	$f_0>f_{\alpha,n_1-1,n_2-1}$
$H_1: \sigma_1^2<\sigma_2^2$	$f_0<f_{1-\alpha,n_1-1,n_2-1}$

临界域如图5—6所示。

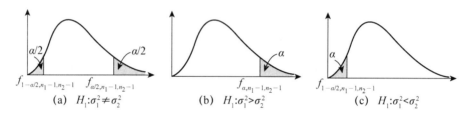

(a) $H_1: \sigma_1^2\neq\sigma_2^2$　　(b) $H_1: \sigma_1^2>\sigma_2^2$　　(c) $H_1: \sigma_1^2<\sigma_2^2$

图5—6　检验 $H_0: \sigma_1^2=\sigma_2^2$ 的 F 分布临界域

例5—10

蚀刻晶片

要得到准确的厚度，半导体晶片的氧化层由一种气体混合物蚀刻。氧化层厚度的可变性是晶片的一个关键特性，对接下来的处理步骤，低的可变性是令人满意的。研究两种不同的混合气体，看是否有一种在减小氧化层厚度的可变性方面更胜一筹。用每种气体蚀刻16张晶片。氧化层厚度的样本标准差分别为 $s_1=1.96$ 埃，$s_2=2.13$ 埃，有证据表明其中一种气体更合理吗？用 $\alpha=0.05$ 的固定水平检验。

解答： 对该问题应用七步假设检验程序如下：

1. 所关心的参数：所关心的参数是氧化层厚度的方差 σ_1^2 和 σ_2^2。假设两种气体混合物下的氧化层厚度是正态随机变量。

2. 零假设，$H_0: \sigma_1^2=\sigma_2^2$。

3. 备择假设，$H_1: \sigma_1^2\neq\sigma_2^2$。

4. 检验统计量：检验统计量由式（5—21）决定：

$$f_0=\frac{s_1^2}{s_2^2}$$

5. 拒绝 H_0 如果：因为 $n_1=n_2=16$，$\alpha=0.05$，如果 $f_0>f_{0.025,15,15}=2.86$ 或 $f_0<f_{0.975,15,15}=1/f_{0.025,15,15}=1/2.86=0.35$，则拒绝 $H_0: \sigma_1^2=\sigma_2^2$，参见图5—6（a）。

6. 计算：因为 $s_1^2=(1.96)^2=3.84$，$s_2^2=(2.13)^2=4.54$，检验统计量为：

$$f_0 = \frac{s_1^2}{s_2^2} = \frac{3.84}{4.54} = 0.85$$

7. 结论：因为 $f_{0.975,15,15} = 0.35 < 0.85 < f_{0.025,15,15} = 2.86$，所以在 0.05 的显著性水平下我们不能拒绝零假设 $H_0: \sigma_1^2 = \sigma_2^2$。

实际工程结论：没有很强的证据表明其中一种气体导致氧化层厚度的方差较小。因此，我们可以选择更便宜或更容易使用的气体。

F-检验的 P-值

F-检验同样可以使用 P-值方法。为了说明应该如何进行，考虑上尾单边检验。P-值是自由度为 $n_1 - 1$ 和 $n_2 - 1$ 的 F 分布中大于检验统计量 f_0 计算值的区域（概率）。使用附录 A 的表 IV 可以得到 P-值的上下界。例如，考虑分子自由度为 9、分母自由度为 14 的 F-检验，其中 $f_0 = 3.05$。从附录 A 的表 IV，我们可以得到 $f_{0.05,9,14} = 2.65$ 及 $f_{0.025,9,14} = 3.21$，所以 $f_0 = 3.05$ 在这两个值之间，P-值在 0.05 和 0.025 之间，也就是说 $0.025 < P < 0.05$。下尾检验的 P-值可以类似得到，尽管附录 A 的表 IV 仅包含 F 分布的上分位点，可以使用式（5—20）来得到需要的下分位点。对双边检验，将单边检验中得到的界限乘以二就可以得到 P-值。

为了说明如何计算双边 F-检验 P-值的界限，重新考虑例 5—10。本例中检验统计量计算得到的值为 $f_0 = 0.85$。该值在 $F_{15,15}$ 分布的下尾。有 0.25 的概率落在其左侧的下分位点为 $f_{0.75,15,15} = 1/f_{0.25,15,15} = 1/1.43 = 0.70$，因为 $0.70 < 0.85$，落在 0.85 左侧的概率大于 0.25。因此，我们可以得到：$f_0 = 0.85$ 的 P-值大于 $2(0.25) = 0.5$，所以没有足够的证据拒绝零假设。这和例 5—10 中的原始结论保持一致。准确的 P-值为 0.7570。这个值可以通过计算器计算，其中可以得到 $P(F_{15,15} \leqslant 0.85) = 0.3785$，$2(0.3785) = 0.7570$。Minitab 同样可以用来计算需要的概率。

5.5.2 方差比的置信区间

为求置信区间，回想抽样分布

$$F = \frac{S_2^2 / \sigma_2^2}{S_1^2 / \sigma_1^2}$$

是自由度为 $n_2 - 1$ 和 $n_1 - 1$ 的 F 分布。注意：将 S_2^2 放在分母，S_1^2 放在分子是为了简化得到 σ_1^2 / σ_2^2 区间的代数运算。因此，

$$P(f_{1-\alpha/2, n_2-1, n_1-1} \leqslant F \leqslant f_{\alpha/2, n_2-1, n_1-1}) = 1 - \alpha$$

带入 F 然后对不等式整理可以得到如下 σ_1^2 / σ_2^2 的 $100(1-\alpha)\%$ 的置信区间。

> **定义　两个正态总体方差比的置信区间**
>
> 如果 s_1^2 和 s_2^2 分别是来自未知方差 σ_1^2 和 σ_2^2 的两独立正态总体的样本量为 n_1 和 n_2 的样本的样本方差，比值 σ_1^2 / σ_2^2 的一个 $100(1-\alpha)\%$ 置信区间是：
>
> $$\frac{s_1^2}{s_2^2} f_{1-\alpha/2, n_2-1, n_1-1} \leqslant \frac{\sigma_1^2}{\sigma_2^2} \leqslant \frac{s_1^2}{s_2^2} f_{\alpha/2, n_2-1, n_1-1} \qquad (5—22)$$
>
> 式中，$f_{\alpha/2, n_2-1, n_1-1}$ 和 $f_{1-\alpha/2, n_2-1, n_1-1}$ 分别是分子自由度为 $n_2 - 1$、分母自由度为 $n_1 - 1$ 的 F 分布的上 $100\alpha/2$ 分位点和下 $100\alpha/2$ 分位点。

例 5—11

表面光洁度

某公司生产一种用于喷射涡轮发电机的叶轮。其中一个操作需要在钛合金组件上研磨出一个特殊的表面光洁度。有两种不同的研磨过程能够使用，两种过程都能以相同的表面粗糙程度生产零件。生产工程师将选择能让表面粗糙程度可变性较小的过程。从第一个过程生产的产品中抽取 $n_1 = 11$ 个零件的一个随机样本，样本标准差为 $s_1 = 5.1$ 微英寸，从第二个过程生产的产品种抽取 $n_2 = 16$ 个零件的一个随机样本，样本标准为 $s_2 = 4.7$ 微英寸。我们要求找到方差比 $\dfrac{\sigma_1^2}{\sigma_2^2}$ 的 90% 置信区间。

解答：假设两种过程是独立的，表面粗糙程度是正态分布，使用式（5—22）如下：

$$\frac{s_1^2}{s_2^2} f_{0.95,15,10} \leqslant \frac{\sigma_1^2}{\sigma_2^2} \leqslant \frac{s_1^2}{s_2^2} f_{0.05,15,10}$$

$$\frac{(5.1)^2}{(4.7)^2} 0.39 \leqslant \frac{\sigma_1^2}{\sigma_2^2} \leqslant \frac{(5.1)^2}{(4.7)^2} 2.85$$

或

$$0.46 \leqslant \frac{\sigma_1^2}{\sigma_2^2} \leqslant 3.36$$

注意到我们由式（5—20）求出了 $f_{0.95,15,10} = 1/f_{0.05,15,10} = 1/2.54 = 0.39$。因为置信区间包括 1，因此我们不能断定在 90% 的显著性水平下两种过程得到的表面粗糙程度的标准差是不同的。

单边置信界

要找到 σ_1^2/σ_2^2 的一个 $100(1-\alpha)$% 下置信界，将式（5—22）的下界 $f_{1-\alpha/2,n_2-1,n_1-1}$ 替换为 $f_{1-\alpha,n_2-1,n_1-1}$；并令上界为 ∞ 即可。同理，要找到 σ_1^2/σ_2^2 的一个 $100(1-\alpha)$% 上置信界，将式（5—22）的上界 $f_{\alpha/2,n_2-1,n_1-1}$ 替换为 f_{α,n_2-1,n_1-1}；并令下界为 0 即可。要求出 σ_1/σ_2 的置信区间或置信界，对最终的置信区间或置信界求平方根即可。

练 习

5—50 对 F 分布，求：

(a) $f_{0.25,5,10}$ (d) $f_{0.75,5,10}$

(b) $f_{0.10,24,9}$ (e) $f_{0.90,24,9}$

(c) $f_{0.05,8,15}$ (f) $f_{0.95,8,15}$

5—51 对 F 分布，求：

(a) $f_{0.25,7,15}$ (d) $f_{0.75,7,15}$

(b) $f_{0.10,10,12}$ (e) $f_{0.90,10,12}$

(c) $f_{0.01,20,10}$ (f) $f_{0.99,20,10}$

5—52 为了比较两个独立正态总体的方差进行了实验。两个总体中得到的样本量都是 10，计算

得到的 F 统计量值为 $f_0 = 4.45$。找到这个检验统计量 P-值的界限。

5—53 为了比较两个独立正态总体的方差，进行了实验。假设为 $H_0: \sigma_1^2 = \sigma_2^2$ 对 $H_1: \sigma_1^2 > \sigma_2^2$。两个总体中得到的样本量均为 16，计算得到的 F-统计量值为 $f_0 = 2.75$。找到这个检验统计量 P-值的界限。

5—54 通过测量 11 件 A 类陶器配料的弹性系数发现样本均值为 127kPa，样本标准差为 19kPa。通过测量 10 件 B 类陶器配料的弹性系数发现样本

均值为 133kPa，样本标准差为 16.6kPa。有充足理由支持调查者认为 A 类陶器的可变性大于 B 类陶器的论断吗？用 $\alpha=0.05$。

5—55　考虑练习 5—23 的蚀刻率数据，检验假设 $H_0:\sigma_1^2=\sigma_2^2$ 对 $H_1:\sigma_1^2\neq\sigma_2^2$，用 $\alpha=0.05$。并得出结论。

5—56　考虑练习 5—19 的直径数据。建立如下区间：

(a) σ_1/σ_2 的 90% 双边置信区间。

(b) σ_1/σ_2 的 95% 双边置信区间。并对与 (a) 所得区间宽度的比较做出评价。

(c) σ_1/σ_2 的 90% 下置信界。

5—57　考虑练习 5—20 的泡沫数据。建立如下区间：

(a) σ_1^2/σ_2^2 的 90% 双边置信区间。

(b) σ_1^2/σ_2^2 的 95% 双边置信区间，并对与 (a) 所得区间宽度的比较做出评价。

(c) σ_1/σ_2 的一个 90% 下置信界。

5—58　考虑练习 5—25 的薄膜数据，检验

$H_0:\sigma_1^2=\sigma_2^2$ 对 $H_1:\sigma_1^2\neq\sigma_2^2$，用 $\alpha=0.02$。

5—59　考虑练习 5—24 的齿轮抗压强度数据。有充足理由得出两个供应商提供的齿轮抗压强度的方差不同的结论吗？用 $\alpha=0.05$。

5—60　考虑练习 5—26 的熔点数据。样本数据支持两种合金熔点的方差相同的论断吗？用 $\alpha=0.05$ 作出结论。

5—61　练习 5—29 介绍了两种不同操作温度下的塑料层厚度的测量。检验 51℃ 下过程厚度的方差比 65℃ 下过程厚度的方差小的假设，用 $\alpha=0.10$。

5—62　为了确定男性和女性在已印好的电路板上组装成分的重复性是否存在区别，进行了一项研究。选取了 25 位男性和 21 位女性的样本，每一位被选对象都组装电路。组装时间的样本标准差是 $s_{men}=0.914$ 分，$s_{women}=1.093$ 分。有证据支持在该组装任务上男性的重复性低于女性的论断吗？用 $\alpha=0.01$，并对数据的未知分布做出必要假设。

5—63　考虑 5—62 描述的组装重复性实验。找出方差比的一个 99% 下界。对区间做出解释。

▇ 5.6　两总体比例的统计推断

现在考虑如下情况，假设有两个感兴趣的二项参数——比如，p_1 和 p_2——希望对这些比例做出推断。我们将介绍基于二项近似正态下的大样本假设检验和置信区间程序。

□ 5.6.1　两二项式比例相等的假设检验

假设从两个总体中得到了样本量为 n_1 和 n_2 的两个独立随机样本，令 X_1 和 X_2 分别表示样本 1 和 2 中感兴趣类的数量。另外，假定对各总体应用二项式正态近似假设，以保证总体比例的估计 $\hat{P}_1=X_1/n_1$ 和 $\hat{P}_2=X_2/n_2$ 服从近似正态分布。我们要检验假设

$$H_0:p_1=p_2$$
$$H_1:p_1\neq p_2$$

统计量

$$Z=\frac{\hat{P}_1-\hat{P}_2-(p_1-p_2)}{\sqrt{\dfrac{p_1(1-p_1)}{n_1}+\dfrac{p_2(1-p_2)}{n_2}}} \tag{5—23}$$

服从近似标准正态分布，$N(0，1)$。

该结果是检验 $H_0:p_1=p_2$ 的基础。特别地，如果零假设 $H_0:p_1=p_2$ 为真，利

用 $p_1 = p_2 = p$ 的事实，随机变量

$$Z = \frac{\hat{P}_1 - \hat{P}_2}{\sqrt{p(1-p)\left(\frac{1}{n_1} + \frac{1}{n_2}\right)}}$$

近似服从 $N(0, 1)$。共同参数 p 的一个估计量为：

$$\hat{P} = \frac{X_1 + X_2}{n_1 + n_2}$$

$H_0: p_1 = p_2$ 的检验统计量为：

$$Z_0 = \frac{\hat{P}_1 - \hat{P}_2}{\sqrt{\hat{P}(1-\hat{P})\left(\frac{1}{n_1} + \frac{1}{n_2}\right)}}$$

于是得到如下检验程序。

检验两二项式比例相等的假设

零假设：$H_0: p_1 = p_2$

检验统计量：$Z_0 = \dfrac{\hat{P}_1 - \hat{P}_2}{\sqrt{\hat{P}(1-\hat{P})\left(\frac{1}{n_1} + \frac{1}{n_2}\right)}}$　　　　　　(5—24)

备择假设	P 值	固定水平检验的拒绝域
$H_1: p_1 \neq p_2$	大于 $\lvert z_0 \rvert$ 和小于 $-\lvert z_0 \rvert$ 的概率 $P = 2[1 - \Phi(\lvert z_0 \rvert)]$	$z_0 > z_{\alpha/2}$ 或 $z_0 < -z_{\alpha/2}$
$H_1: p_1 > p_2$	大于 z_0 的概率，$P = 1 - \Phi(z_0)$	$z_0 > z_\alpha$
$H_1: p_1 < p_2$	小于 z_0 的概率，$P = \Phi(z_0)$	$z_0 < -z_\alpha$

例 5—12

两眼透镜

评价两种不同的打磨方案，它们可能用于生产白内障手术病人使用的两眼透镜滚动打磨操作。用第一种打磨方案打磨的 300 副透镜中，有 253 副透镜没有打磨引起的缺陷。另外由第二种打磨方案打磨的 300 副透镜中，有 196 副没有打磨引起的缺陷。有理由认为这两种方案不同吗？用 $\alpha = 0.01$。

解答： 使用七步检验程序有如下结果：

1. 所关心的参数：所关心的参数是 p_1 和 p_2，使用打磨方案 1 或 2 经滚动打磨得到的令人满意的透镜的比例。

2. 零假设，$H_0: p_1 = p_2$。

3. 备择假设：$H_1: p_1 \neq p_2$。

4. 检验统计量：检验统计量为：

$$z_0 = \frac{\hat{p}_1 - \hat{p}_2}{\sqrt{\hat{p}(1-\hat{p})\left(\frac{1}{n_1} + \frac{1}{n_2}\right)}}$$

其中 $\hat{p}_1 = 253/300 = 0.8433$，$\hat{p}_2 = 196/300 = 0.6533$，$n_1 = n_2 = 300$，且

$$\hat{p} = \frac{x_1 + x_2}{n_1 + n_2} = \frac{253 + 196}{300 + 300} = 0.7483$$

5. 拒绝 H_0：如果 P-值小于 0.05，则拒绝 H_0：$p_1=p_2$。

6. 计算：检验统计量的值为：

$$z_0=\frac{0.843\,3-0.653\,3}{\sqrt{0.748\,3(1-0.748\,3)\left(\frac{1}{300}+\frac{1}{300}\right)}}=5.36$$

7. 结论：因为 $z_0=5.36$，P-值为 $P=2[1-\Phi(5.36)]\approx0$，所以我们拒绝零假设。这是通过附录 A 的表 I 能够得到的和 P-值的精确值最接近的值。使用计算器，可以得到更准确的近似 P-值为 $P\approx8.32\times10^{-8}$。

实际工程结论：有很强的证据支持两种抛光剂不同的论断。打磨方案 1 产生高比例的无缺点透镜。

例 5—12 的 Minitab 两比例检验和置信区间输出结果如下所示。

两比例检验和置信区间

Sample	X	N	Sample p
1	253	300	0.843 333
2	196	300	0.653 333

Difference＝p(1)－p(2)

Estimate for difference：0.19

95％ CI for difference：（0.122 236，0.257 764）

T-Test of mean difference＝0 （vs not＝0）：Z＝5.36，P-Value＝0.000

结果和手动计算保持了一致。除假设检验的结果，Minitab 还给出了两比例差的一个双边置信区间。我们将在 5.6.3 中给出置信区间的公式。

5.6.2　第二类错误与样本量的选择

上述检验的 β 误的计算比单样本情况要复杂一些。问题在于 Z_0 的分母是在假设 $p_1=p_2=p$ 下对 $\hat{P}_1-\hat{P}_2$ 标准差的一个估计。当 H_0：$p_1=p_2$ 错误的时候，$\hat{P}_1-\hat{P}_2$ 的标准差是：

$$\sigma_{\hat{P}_1-\hat{P}_2}=\sqrt{\frac{p_1(1-p_1)}{n_1}+\frac{p_2(1-p_2)}{n_2}} \tag{5—25}$$

β 误：比例差的双边检验

如果备择假设是双边的，则 β 误是：

$$\beta=\Phi\left[\frac{z_{a/2}\sqrt{\bar{p}\bar{q}(1/n_1+1/n_2)}-(p_1-p_2)}{\sigma_{\hat{P}_1-\hat{P}_2}}\right]$$
$$-\Phi\left[\frac{-z_{a/2}\sqrt{\bar{p}\bar{q}(1/n_1+1/n_2)}-(p_1-p_2)}{\sigma_{\hat{P}_1-\hat{P}_2}}\right] \tag{5—26}$$

其中

$$\bar{p}=\frac{n_1p_1+n_2p_2}{n_1+n_2}$$
$$\bar{q}=\frac{n_1(1-p_1)+n_2(1-p_2)}{n_1+n_2}=1-\bar{p}$$

$\sigma_{\hat{P}_1 - \hat{P}_2}$ 见式（5—25）。

β 误：比例差的单边检验

如果备择假设是 $H_1 : p_1 > p_2$，则 β 误是：

$$\beta = \Phi\left[\frac{z_\alpha\sqrt{pq(1/n_1 + 1/n_2)} - (p_1 - p_2)}{\sigma_{\hat{P}_1 - \hat{P}_2}}\right] \qquad (5\text{—}27)$$

如果备择假设是 $H_1 : p_1 < p_2$，则 β 误是：

$$\beta = 1 - \Phi\left[\frac{-z_\alpha\sqrt{pq(1/n_1 + 1/n_2)} - (p_1 - p_2)}{\sigma_{\hat{P}_1 - \hat{P}_2}}\right] \qquad (5\text{—}28)$$

对一组指定的 p_1 和 p_2，在给定显著性水平 α 下对特定的第二类错误 β 我们能够求出所需要的样本量。公式如下：

两个二项式比例差异的双边假设检验的样本量

对双边备择，共同的样本量为：

$$n = \frac{\left(z_{\alpha/2}\sqrt{(p_1 + p_2)(q_1 + q_2)/2} + z_\beta\sqrt{p_1 q_1 + p_2 q_2}\right)^2}{(p_1 - p_2)^2} \qquad (5\text{—}29)$$

其中　　$q_1 = 1 - p_1, \quad q_2 = 1 - p_2$

对单边备择，将式（5—29）中的 $z_{\alpha/2}$ 替换为 z_α 即可。

5.6.3 二项式比例差的置信区间

$p_1 - p_2$ 的置信区间可以直接求出，因为我们知道：

$$Z = \frac{\hat{P}_1 - \hat{P}_2 - (p_1 - p_2)}{\sqrt{\dfrac{p_1(1 - p_1)}{n_1} + \dfrac{p_2(1 - p_2)}{n_2}}}$$

是标准正态随机变量。于是：

$$P(-z_{\alpha/2} \leqslant Z \leqslant z_{\alpha/2}) \cong 1 - \alpha$$

在最后的表达式中带入 Z，并运用与以前相似的办法，得到如下 $p_1 - p_2$ 的近似 $100(1 - \alpha)\%$ 置信区间。

二项式比例差异的置信区间

如果 $\hat{p}_1$ 和 $\hat{p}_2$ 分别表示样本量为 n_1 和 n_2 的两独立样本中所感兴趣类的观测的样本比例，则真实比例差异 $p_1 - p_2$ 的一个近似 $100(1 - \alpha)\%$ 置信区间是：

$$\hat{p}_1 - \hat{p}_2 - z_{\alpha/2}\sqrt{\frac{\hat{p}_1(1 - \hat{p}_1)}{n_1} + \frac{\hat{p}_2(1 - \hat{p}_2)}{n_2}}$$

$$\leqslant p_1 - p_2 \leqslant \hat{p}_1 - \hat{p}_2 + z_{\alpha/2}\sqrt{\frac{\hat{p}_1(1 - \hat{p}_1)}{n_1} + \frac{\hat{p}_2(1 - \hat{p}_2)}{n_2}} \qquad (5\text{—}30)$$

式中，$z_{\alpha/2}$ 为水平正态分布的上 $\alpha/2$ 分位点。

例 5—13

曲柄轴承

考虑例 4—14 描述的曲柄轴承生产过程。假设对表面抛光过程进行了一个修改，随之得到 85 个车轴的又一个样本。在第二个样本中，次品有 8 件。是否有证据支持这样的说法：过程的改变使得轴承的表面抛光有了改进？

解答： 我们将通过建立改变前后次品比例差的置信区间来回答这个问题。因为，$n_1=85$，$\hat{p}_1=0.1176$，$n_2=85$，$\hat{p}_2=8/85=0.0941$，由式（5—30），可以得到这两种程序下，次品比例差异的一个近似 95％ 置信区间如下：

$$\hat{p}_1-\hat{p}_2-z_{0.025}\sqrt{\frac{\hat{p}_1(1-\hat{p}_1)}{n_1}+\frac{\hat{p}_2(1-\hat{p}_2)}{n_2}}$$

$$\leqslant p_1-p_2\leqslant\hat{p}_1-\hat{p}_2+z_{0.025}\sqrt{\frac{\hat{p}_1(1-\hat{p}_1)}{n_1}+\frac{\hat{p}_2(1-\hat{p}_2)}{n_2}}$$

即

$$0.117\,6-0.094\,1-1.96\sqrt{\frac{0.117\,6(0.882\,4)}{85}+\frac{0.094\,1(0.905\,9)}{85}}$$

$$\leqslant p_1-p_2\leqslant 0.117\,6-0.094\,1+1.96\sqrt{\frac{0.117\,6(0.882\,4)}{85}+\frac{0.094\,1(0.905\,9)}{85}}$$

化简得

$$-0.068\,5\leqslant p_1-p_2\leqslant 0.115\,5$$

置信区间包括零，所以，在数据基础上，通过改变表面抛光程序似乎没有能够降低生产的曲柄轴承的次品比例。

式（5—30）是通常给出的两个二项比例差的传统置信区间。然而，这个区间的实际置信水平会大幅偏离名义值。所以当你想要得到一个 95％ 置信区间（举例），在式（5—30）中使用 $z_{0.025}=1.96$，得到的实际置信水平可能和 95％ 相当不同。这种情况可以通过对这一过程的一个很简单的调整得到改进：将每一样本中的数据分别加上一个成功项和一个失败项，然后计算

$$\tilde{p}_1=\frac{X_1+1}{n_1+2}\quad\text{和}\quad\tilde{n}_1=n_1+2$$

$$\tilde{p}_2=\frac{X_2+1}{n_2+2}\quad\text{和}\quad\tilde{n}_2=n_2+2$$

然后将式（5—30）中的 $\hat{p}_1$，$\hat{p}_2$，n_1 和 n_2 用 $\tilde{p}_1$，$\tilde{p}_2$，$\tilde{n}_1$ 和 $\tilde{n}_2$ 代替。

为了说明这个过程是如何作用的，重新考虑例 5—13 中的曲柄轴承数据。使用上述步骤，我们得到：

$$\tilde{p}_1=\frac{X_1+1}{n_1+2}=\frac{10+1}{85+2}=0.126\,4\quad\text{和}\quad\tilde{n}_1=n_1+2=85+2=87$$

$$\tilde{p}_2=\frac{X_2+1}{n_2+2}=\frac{8+1}{85+2}=0.103\,4\quad\text{和}\quad\tilde{n}_2=n_2+2=85+2=87$$

如果我们将式（5—30）中的 $\hat{p}_1$，$\hat{p}_2$，n_1 和 n_2 用上面计算得到的 $\tilde{p}_1$，$\tilde{p}_2$，$\tilde{n}_1$ 和 $\tilde{n}_2$ 代替，可以发现新的改进的置信区间为 $-0.073\,0\leqslant p_1-p_2\leqslant 0.119\,0$，这和例 5—13

中得到的传统置信区间是相似的。传统置信区间的长度为 0.184 0，而新的改进的置信区间的长度为 0.192 0。略微变宽的区间似乎是改进区间的覆盖范围更接近名义水平 95％这一事实的反映。然而，由于这个置信区间同样包含零，不管使用哪个置信区间，结论都是一样的。

练　习

5—64　填写如下所示的 Minitab 输出结果。

两比例检验和置信区间			
Sample	X	N	Sample p
1	285	500	0.570 000
2	521	?	0.651 250
Difference＝p(1)－p(2)			
Estimate for difference：?			
95％ CI for difference：（－0.135 782，			
－0.026 718 5）			
T-Test of mean difference＝0（vs not＝0）：			
Z＝?，P-Value＝0.003			

(e) 这是一个单边还是双边检验？

(f) 在 0.05 的显著性水平下能否拒绝零假设？

(g) 在 0.05 的显著性水平下能否拒绝 H_0：$p_1＝p_2$ 对 H_1：$p_1 < p_2$ 的零假设？不进行额外的计算如何进行？

(h) 在 0.05 的显著性水平下能否拒绝 H_0：$p_1－p_2＝－0.02$ 对 H_1：$p_1－p_2 \neq －0.02$ 的零假设？不进行额外的计算能否进行？

(i) 构造 p 的近似 90％置信区间。

5—65　填写如下所示的 Minitab 输出结果。

两比例检验和置信区间			
Sample	X	N	Sample p
1	190	250	0.760 000
2	240	350	0.685 714
Difference＝p(1)－p(2)			
Estimate for difference：?			
95％ lower bound for difference：0.013 954 3			
T-Test of mean difference＝0（vs not＝0）：Z＝?			
P-Value＝?			

(a) 这是一个单边还是双边检验？

(b) 在 0.05 的显著性水平下能否拒绝零假设？

(c) 在 0.05 的显著性水平下能否拒绝 H_0：$p_1＝p_2$ 对 H_1：$p_1 > p_2$ 的零假设？不进行额外的计算如何进行？

(d) 构造 p 的近似 95％双边置信区间。

5—66　两种不同类型的注射模子机器用于生产塑料零件。如果零件过度收缩或者脱色认为该零件是次品。选取了两个样本，样本量都是 400，在第一种机器生产的样品中有 20 件次品，在第二种机器生产的样品中有 10 件次品。认为两种机器得到的次品率相同合理吗？用 $\alpha＝0.05$。求该检验的 P 值。

5—67　考虑 5—66 描述的情形。假定 $p_1＝0.05$，$p_2＝0.01$。

(a) 在已给的样本量下，双边备择检验的势为多少？

(b) 要在至少 0.9 的概率下肯定差异，需要的样本量是多少？用 $\alpha＝0.05$。

5—68　考虑 5—66 描述的情形。假定 $p_1＝0.05$，$p_2＝0.02$。

(a) 在已给的样本量下，双边备择检验的势为多少？

(b) 要在至少 0.9 的概率下肯定差异，需要的样本量是多少？用 $\alpha＝0.05$。

5—69　运动休旅车的翻转率是一个运输安全问题。安全性主张者认为厂商 A 的车辆比厂商 B 的车辆的翻转率要高。检查每一种车辆的 100 次碰撞，翻转率分别是 $p_A＝0.45$，$p_B＝0.35$。

(a) 厂商 A 的车辆翻转率比厂商 B 的高吗？用 P-值方法。

(b) 检验的势是多少？假定 $\alpha＝0.05$。

(c) 假设厂商 A 车辆翻转率比 B 的高 0.15。要在至少 0.90 的概率下检测出这一差异，需要样本量多少？如果 $\alpha＝0.053$。

5—70　对练习 5—66 的两种次品率差异建立 95％置信区间。

5—71　对练习 5—69 的两种车辆翻转率差异建立 95％下界。并对区间做出实际解释。

5—72　用新方法对练习 5—66 的两种次品率差异建立 95％置信区间。将这个区间和传统区间进行比较。 个区间和传统区间进行比较。

5—73 用新的置信区间重做练习 5—71。将这

5.7 双样本推断程序汇总表

附录 C 的表总结了所有本章提到的两样本统计推断程序。该表包括零假设陈述，检验统计量，各种备择假设的拒绝域，以及构建 $100(1-\alpha)\%$ 置信区间的公式。

5.8 如果不止两个样本怎么办

如本章与第 4 章所述，检验和实验是工程分析和决策制定过程很自然的一部分。例如，假定某土木工程师正研究不同固化方法对混凝土平均耐压强度的影响。该实验包含几个不同固化方法生成的混凝土样品，然后检验每一个样品的耐压强度。实验所得数据将用于决定采取哪一种固化方法来提供最大的平均耐压强度。

如果只关心两种固化方法，就可以用本章介绍的两样本 t-检验程序来设计和分析这个实验。也就是说，实验关心的是**单一因子**（single factor）——固化方法——并且该因子只有两种水平。

有很多单因子实验由不止两种水平组成。例如，土木工程师可能需要研究五种不同的固化方法。在本章我们将指出怎样用**方差分析**（analysis of variance，ANOVA）来分析单因子中多于两个水平的情形。我们还将介绍**随机化**（randomization）实验的进行以及此思想在所有实验方法中的所起的重要作用。在第 7 章，我们将介绍对多因子情形怎样设计和分析实验。

□ 5.8.1 完全随机化实验和方差分析

一个生产食品袋纸的厂商想提高产品的抗张强度。产品工程师认为抗张强度是随纸浆中硬木含量变化的，实际关心的纸浆的硬木含量在 5%～20% 之间。某工程师团队负责研究四种水平的硬木含量：5%，10%，15%，20%。他们决定在实验工厂对每一个含量水平准备 6 个样品。24 个样品在实验室张力实验装置下以随机序进行测试。实验所得数据见表 5—5。

表 5—5 纸张抗张强度（psi）

硬木含量（%）	观察值						总和	平均
	1	2	3	4	5	6		
5	7	8	15	11	9	10	60	10.00
10	12	17	13	18	19	15	94	15.67
15	14	18	19	17	16	18	102	17.00
20	19	25	22	23	18	20	127	21.17
							383	15.96

这是完全随机化四种水平单因子实验的一个例子。因子的水平有时称为**处理**（treatments），每一种处理有六次观测或者**重复实验**（replicates）。该实验中随机化的作用是非常重要的。对 24 个样品按随机顺序进行实验，使得任何可能影响观察的

抗张强度的干扰变量的作用被抵消掉了。例如，假定张力测试机器上有变热的影响，也就是说，当机器运行时间越长，观察到的张力强度越大，如果对 24 个样品按硬木含量递增的顺序进行测量（即首先测量 6 个 5％含量的样品，然后是 6 个 10％含量的样品，等等），在张力强度观察到的差异中就可能包括变热产生的影响。

对设计实验中得到的数据进行图示分析是很重要的。图 5—7（a）是四种硬木含量水平下抗张强度的箱线图。该图表明硬木含量的变化对抗张强度有影响；特别地，高的硬木含量产生较高的观察的抗张强度。另外，在一个特定的硬木水平下，抗张强度的分布是相当均衡的，并且当硬木含量变化的时候抗张强度的可变性不是那么显著。

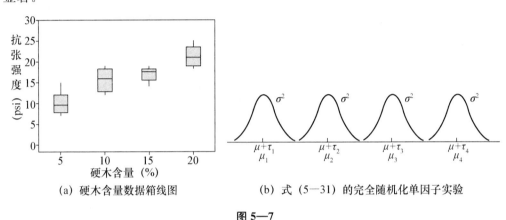

| (a) 硬木含量数据箱线图 | (b) 式（5—31）的完全随机化单因子实验 |

图 5—7

对数据的图示解释也是一个很好的想法。箱线图显示了每一处理（因子水平）内观测的可变性和处理之间的可变性。我们现在讨论怎样对从单因子随机化实验得到的数据进行统计分析。

方差分析

假定对某一单因子要比较 a 种不同的水平。有时每一种因子水平叫做一种处理，该术语可追溯到早期农业科学中实验设计方法的应用。对 a 种处理的应答是一个随机变量。观测数据如表 5—6 所示。表 5—6 的一个记录，比如 y_{ij}，表示在处理 i 下得到的第 j 个观测。首先考虑对每一种处理都有相同数量观测 n 的情况。

表 5—6 单因子实验的典型数据

处理	观察值				总和	平均值
1	y_{11}	y_{12}	$\cdots$	y_{1n}	$y_1 \cdot$	$\bar{y}_1 \cdot$
2	y_{21}	y_{22}	$\cdots$	y_{2n}	$y_2 \cdot$	$\bar{y}_2 \cdot$
$\vdots$	$\vdots$	$\vdots$	$\cdots$	$\vdots$	$\vdots$	$\vdots$
a	y_{a1}	y_{a2}	$\cdots$	y_{an}	$y_a \cdot$	$\bar{y}_a \cdot$
					$y \cdot \cdot$	$\bar{y} \cdot \cdot$

可以用**线性统计模型**（linear statistical model）描述表 5—6 的观测：

$$Y_{ij} = \mu + \tau_i + \varepsilon_{ij} \begin{cases} i = 1, 2, \cdots, a \\ j = 1, 2, \cdots, n \end{cases} \tag{5—31}$$

式中，Y_{ij} 为随机变量，表示第（ij）个观测；μ 为所有处理共同的参数，称为**总平均数**（overall mean）；τ_i 为与第 i 种处理相联系的一个参数，叫做第 i 种**处理结果**（treatment effect），ε_{ij} 是随机误差成分。注意到该模型也可以写作：

$$Y_{ij} = \mu_i + \varepsilon_{ij} \begin{cases} i = 1, 2, \cdots, a \\ j = 1, 2, \cdots, n \end{cases}$$

式中，$\mu_i = \mu + \tau_i$ 为第 i 种处理的均值。由模型的这个形式看出，每一种处理定义一个总体，均值为 μ_i，由总平均值 μ 加上特殊处理的结果 τ_i。我们将假设误差 ε_{ij} 是独立正态分布，均值为零，方差为 σ^2。因此，每一种处理可以认为是一个均值为 μ_i 方差为 σ^2 的正态总体。见图 5—7（b）。

式（5—31）是单因子实验的基本模型。另外，因为我们需要在随机序下进行观测且处理所利用的环境（通常称为实验单位）尽可能均匀的，所以这种设计叫做**完全随机化实验**（completely randomized experiment）。

现在介绍检验 a 种总体均值相等的方差分析。然而，方差分析的作用远不止于此，是很一般的方法；在接下来的两章中将深入运用。在这一部分我们介绍怎样用它来检验处理结果的相等。在我们的运用中，处理结果 τ_i 通常定义为总平均值 μ 的背离，所以

$$\sum_{i=1}^{a} \tau_i = 0 \tag{5—32}$$

令 $y_{i\cdot}$ 表示第 i 种处理下观测的总和，$\bar{y}_{i\cdot}$ 表示第 i 种处理下观测的平均。类似地，令 $y_{\cdot\cdot}$ 表示所有观测的总和，$\bar{y}_{\cdot\cdot}$ 表示所有观测的平均。数学表示如下：

$$y_{i\cdot} = \sum_{j=1}^{n} y_{ij} \quad \bar{y}_{i\cdot} = y_{i\cdot}/n \quad i = 1, 2, \cdots, a$$

$$y_{\cdot\cdot} = \sum_{i=1}^{a} \sum_{j=1}^{n} y_{ij} \quad \bar{y}_{\cdot\cdot} = y_{\cdot\cdot}/N \tag{5—33}$$

式中，$N = an$ 表示总的观测数量，下标"·"表示它所对应的下标总和。

我们关心的是检验 a 种处理均值 μ_1，μ_2，$\cdots$，μ_a 相等。利用式（5—32），这等价于检验假设：

$$H_0 : \tau_1 = \tau_2 = \cdots = \tau_a = 0$$

$$H_1 : \tau_i \neq 0，至少一个 i \tag{5—34}$$

因此，如果零假设为真，每一个观测由总体均值 μ 加上随机成分 ε_{ij} 的一个实现构成。这等价于 N 个观测来源于均值为 μ 方差为 σ^2 的说法。从而，如果零假设为真，改变因子的水平对平均应答没有影响。

方差分析将样本数据总的变异分成两部分。并且，式（5—34）的检验是建立在比较总体方差两独立估计的基础上的。数据总的变异通过**总平方和**（total sum of squares）来描述：

$$SS_T = \sum_{i=1}^{a} \sum_{j=1}^{n} (y_{ij} - \bar{y}_{\cdot\cdot})^2$$

总平方和的分解按如下定义。

> **ANOVA 平方和恒等式是：**
>
> $$\sum_{i=1}^{a} \sum_{j=1}^{n} (y_{ij} - \bar{y}_{\cdot\cdot})^2 = n \sum_{i=1}^{a} (\bar{y}_{i\cdot} - \bar{y}_{\cdot\cdot})^2 + \sum_{i=1}^{a} \sum_{j=1}^{n} (y_{ij} - \bar{y}_{i\cdot})^2 \tag{5—35}$$

恒等式的证明是很简单的，见 Montgomery and Runger（2011）。

式（5—35）显示，数据的总变异，通过总平方和度量，可以分成处理均值与总

的均值的差异的平方和以及处理观测与该处理平均之间的差异的平方和两部分。处理均值与总的均值差异度量了处理间的差异，而处理观测与该处理平均的差异仅仅是由于随机误差。因此，将式（5—35）符号表示为：

$$SS_T = SS_{处理} + SS_E \qquad (5—36)$$

其中

$$SS_T = \sum_{i=1}^{a} \sum_{j=1}^{n} (y_{ij} - \bar{y}..)^2 = 总平方和$$

$$SS_{处理} = n \sum_{i=1}^{a} (\bar{y}_{i.} - \bar{y}..)^2 = 处理平方和$$

$$SS_E = \sum_{i=1}^{a} \sum_{j=1}^{n} (y_{ij} - \bar{y}_{i.})^2 = 误差平方和$$

我们可以通过考察 $SS_{处理}$ 和 SS_E 的期望值对方差分析的原理有更深的理解。这将使得我们得到一个恰当的统计量来检验处理均值无差异（即 $\tau_i = 0$）这一假设。

可以证明

$$E\left(\frac{SS_{处理}}{a-1}\right) = \sigma^2 + \frac{n \sum_{i=1}^{z} \tau_i^2}{a-1} \qquad (5—37)$$

比值

$$MS_{处理} = SS_{处理}/(a-1)$$

称为**处理均方**（mean square for treatments）。如果 H_0 为真，因为在 H_0 下 $\tau_i = 0$，所以 $MS_{处理}$ 是 σ^2 的一个无偏估计。如果 H_1 为真，$MS_{处理}$ 估计了 σ^2 加上一个包括由处理均值系统差异引起的变化的正项。

我们也可以证明误差平方和的均值为 $E(SS_E) = a(n-1)\sigma^2$。因此，**均方误**（error mean square）

$$MS_E = SS_E/[a(n-1)]$$

是 σ^2 的一个无偏估计，不管 H_0 是否为真。

还存在一个与式（5—35）平方和相对应的自由度的分解。也即，共有 $an = N$ 个观测；因此，SS_T 有 $an-1$ 个自由度。因为因子有 a 种水平，所以 $SS_{处理}$ 有 $a-1$ 各自由度。最后，任一处理内有 n 个样品，对其实验误差提供了 $n-1$ 个自由度。因为有 a 种处理，所以误差就有 $a(n-1)$ 个自由度。因此，自由度的分解为

$$an-1 = a-1 + a(n-1)$$

现在假设 a 个总体都能用一个正态分布来模拟。利用该假设，如果零假设 H_0 为真，我们就能证明比值

$$F_0 = \frac{SS_{处理}/(a-1)}{SS_E/[a(n-1)]} = \frac{MS_{处理}}{MS_E} \qquad (5—38)$$

服从自由度为 $a-1$ 和 $a(n-1)$ 的 F 分布。另外，由期望均方知 MS_E 是 σ^2 的一个无偏估计，在零假设下，$MS_{处理}$ 也是 σ^2 的一个无偏估计。然而，如果零假设是错误的，$MS_{处理}$ 的期望值就大于 σ^2。因此，在备择假设下，检验统计量式（5—38）的分子期

望值就大于分母的期望值。从而，如果统计量很大，我们就应当拒绝 H_0。这就暗示了上尾、单尾临界域。所以，P-值是 $F_{a-1,a(n-1)}$ 分布中检验统计量值右侧的概率。对固定水平检验中，如果 $f_0 > f_{a,a-1,a(n-1)}$，我们就拒绝 H_0，其中 f_0 是按式（5—38）计算的值。这些结果总结如下：

总结　检验多于两个均值下的假设（ANOVA）

$$MS_{处理} = SS_{处理}/(a-1) \qquad E(MS_{处理}) = \sigma^2 + \frac{n \sum\limits_{i=1}^{a} \tau_i^2}{a-1}$$

$$MS_E = SS_E/[a(n-1)] \qquad E(MS_E) = \sigma^2$$

零假设：$H_0: \tau_1 = \tau_2 = \cdots = \tau_a = 0$

备择假设：$H_1: \tau_i \neq 0$，至少一个 i

检验统计量：$F_0 = \dfrac{MS_{处理}}{MS_E}$

P-值：在 $F_{a-1,a(n-1)}$ 分布中大于 f_0 的概率

固定水平检验的拒绝域：$f_0 > f_{a,a-1,a(n-1)}$

通过对 $SS_{处理}$ 和 SS_T 的定义展开并化简，可以得到平方和的一个更高效的计算公式。得到如下结果。

等样本量的完全随机化实验

对每种处理等样本量的完全随机化实验，方差分析中的平方和计算公式是：

$$SS_T = \sum_{i=1}^{a} \sum_{j=1}^{n} y_{ij}^2 - \frac{y_{..}^2}{N}$$

$$SS_{处理} = \sum_{i=1}^{a} \frac{y_{i.}^2}{n} - \frac{y_{..}^2}{N}$$

误差平方和通常通过由两式相减而得：

$$SS_E = SS_T - SS_{处理}$$

该检验程序的计算通常总结为如表 5—7 的列表形式。这称为方差分析（ANOVA）表。

表 5—7 　　　　　　　　　　　　单因子实验的方差分析

变差来源	平方和	自由度	均方	F_0
处理	$SS_{处理}$	$a-1$	$MS_{处理}$	$\dfrac{MS_{处理}}{MS_E}$
误差	SS_E	$a(n-1)$	MS_E	
总计	SS_T	$an-1$		

例 5—14

抗张强度

考虑 5.8.1 中描述的包装纸抗张强度实验。使用方差分析检验不同的硬木含量不

影响包装纸平均抗张强度的假设。

解答：使用七步假设检验程序有如下结果：

1. 关心的参数：关心的参数是 τ_1，τ_2，τ_3 和 τ_4，四种硬木含量的纸张的平均抗张强度。

2. 零假设：H_0：$\tau_1 = \tau_2 = \tau_3 = \tau_4 = 0$。

3. 备择假设：H_1：$\tau_i \neq 0$ 至少一个 i。

4. 检验统计量：检验统计量为

$$f_0 = \frac{MS_{处理}}{MS_E}$$

5. 拒绝 H_0 如果：如果 P-值小于 0.05 就拒绝 H_0。

6. 计算：ANOVA 的平方和由式（5—36）计算而得：

$$SS_T = \sum_{i=1}^{4} \sum_{j=1}^{6} y_{ij}^2 - \frac{y_{..}^2}{N} = (7)^2 + (8)^2 + \cdots + (20)^2 - \frac{(383)^2}{24} = 512.96$$

$$SS_{处理} = \sum_{i=1}^{a} \frac{y_{i.}^2}{n} - \frac{y_{..}^2}{N} = \frac{(60)^2 + (94)^2 + (102)^2 + (127)^2}{6} - \frac{(383)^2}{24} = 382.79$$

$$SS_E = SS_T - SS_{处理} = 512.96 - 382.79 = 130.17$$

通常我们不用对此进行手工计算。Minitab 的 ANOVA 计算见表 5—8。

7. 结论：从表 5—8 中我们注意到，检验统计量的计算值为 $f_0 = 19.61$，给出的 P-值为 $P = 0.000$（P-值不可能真的是 0.000，当 P-值小于 0.001 时，Minitab 默认这一输出）。因为 P-值远远小于 $\alpha = 0.05$，我们有很强的证据认为 H_0 不为真。也就是说，纸浆中的硬木含量显著影响纸张的强度。因为这是上尾 F-检验，我们可以通过附录 A 的表Ⅳ得到 P-值的界限。从表中我们看到，$f_{0.01,3,20} = 4.94$，因为 $f_0 = 19.61$ 大于这个值，我们可以知道 P-值小于 0.01。实际的 P 值为 3.59×10^{-6}（通过计算器得到）。注意到 Minitab 也对每一种硬木含量水平提供一些总结信息，包括每一个均值的置信区间。

表 5—8   **纸张抗张强度实验的 Minitab 方差分析输出结果**

```
One-way Analysis of Variance
Source      DF      SS          MS        F          P
Factor      3       382.79      127.60    19.61      0.000
Error       20      130.17      6.51
Total       23      512.96
                              Individual 95% CIs For Mean
                              Based on Pooled StDev
Level   N   Mean    StDev     +-------+-------+-------+-------
5       6   10.000  2.828     (--- * ---)
10      6   15.667  2.805             (--- * ----)
15      6   17.000  1.789               (--- * ----)
20      6   21.167  2.639                         (---- * ---)
                              -----+-----------+-----------+-----------+
                               10.0        15.0        20.0        25.0
Pooled StDev = 2.551
```

在有些单因子实验中，每一种处理下观察值的数量可能是不同的。我们称这种设计是**不对称的**（unbalanced）。前面描述的方差分析仍然有效，但是在平方和公式上要做一些小的修改。令 n_i 表示每一种处理 i（$i=1$，2，$\cdots$，a）的观察值数量，令总的观察值数量 $N = \sum_{i=1}^{a} n_i$。SS_T 和 $SS_{处理}$ 的计算公式按如下定义：

不等样本量完全随机化实验

对每一种处理有不等样本量 n_i 的完全随机化实验，方差分析中的平方和计算公式如下：

$$SS_T = \sum_{i=1}^{a} \sum_{j=1}^{n_i} y_{ij}^2 - \frac{y_{..}^2}{N}$$

$$SS_{处理} = \sum_{i=1}^{a} \frac{y_{i.}^2}{n_i} - \frac{y_{..}^2}{N}$$

$$SS_E = SS_T - SS_{处理}$$

哪些均值不同？

最后，我们注意到方差分析告诉我们均值间是否存在差异，而没有告诉我们是哪些均值不同。如果方差分析显示在均值间存在统计意义上的显著不同，一个简单的图示方法可以用来分离这些特定的差异。假定 $y_{1.}$，$y_{2.}$，$\cdots$，$y_{a.}$ 是因子水平的观察平均值。每一种处理平均的标准差为 $\sigma/\sqrt{n}$，其中 σ 是单个观察的标准差。如果所有处理均值是相同的，观测均值 $y_{i.}$ 应该表现为似乎是从均值为 μ 标准差为 $\sigma/\sqrt{n}$ 的正态分布中随机抽取的一组观测。

设想有这样一个正态分布，它能沿这一条轴滑动，在轴的下方是处理均值 $\bar{y}_{1.}$，$\bar{y}_{2.}$，$\cdots$，$\bar{y}_{a.}$ 的图示。如果处理均值是相等的，对这个移动的分布就有某些位置，使得我们认为 $\bar{y}_{i.}$ 来自于这个相同的分布是十分显然的。如果不是这种情况，$\bar{y}_{i.}$ 的值就不会显示出来源于与处理相联系的这个分布，

这一推理唯一的缺陷就是 σ 是未知的。然而我们可以用源于方差分析的 $\sqrt{MS_E}$ 来估计 σ。这表示我们可以用 t 分布来代替形成该图的正态分布，但是 t 分布图与正态图很相像，绘制宽度近似为 $6\sqrt{MS_E/n}$ 单位的正态曲线将会有很好的效果。

图 5—8 显示了硬木含量实验的这一过程。该正态分布的标准差为

$$\sqrt{MS_E/n} = \sqrt{6.51/6} = 1.04$$

如果假想正态分布图在水平轴上滑动，注意到没有位置能够显示四个观察值（图示均值）明显随机取值于该分布。当然，这也是预料之中的事情，因为方差分析已经表明了均值是不同的，图 5—8 仅仅是方差分析结果的一个图形表示。该图表明处理 4（20％硬木含量）生产的纸的抗张强度比其他处理的要高，而处理 1（5％含量）导致比其他处理都低的抗张强度。处理 2 和处理 3（10％和 15％含量）的均值没有多大差别。

这一简单的过程对比较方差分析的均值来讲，是一种粗略但很有用且高效的方法。有很多数量方法，称为**多重比较程序**（multiple comparison procedures），用来检验方差分析下指定均值间的差异。因为这些程序需要一系列的检验，第一类错误的产生也伴随着**实验导致**（experiment-wise）或**族系误差率**（family error rate）。更多的细节参见 Montgomery（2009）。

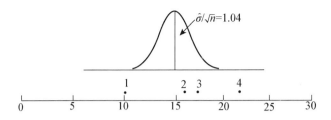

图 5—8　硬木含量数据抗张强度均值与标准差为 $\sqrt{MS_E/n}=\sqrt{6.51/6}=1.04$
的正态分布比较

残差分析与模型检查

　　单因子模型方差分析假设对每种处理或者因子水平的观测都是具有相同方差的独立正态分布。这一假设应通过检验残差来检查。残差是观测 y_{ij} 与由研究的统计模型估计（或模拟）值之间的差异，估计（或模拟）值记为 $\hat{y}_{ij}$。对完全随机化实验，$\hat{y}_{ij}=\bar{y}_{i.}$。残差就是 $e_{ij}=y_{ij}-\bar{y}_{i.}$——也就是观测与相应观测的处理均值之间的差异。硬木含量实验的残差见表5—9。用 $\bar{y}_{i.}$ 去计算残差本质上消除了数据中的硬木含量的影响；因此，残差包含了不能解释的变化的信息。

表 5—9　　　　　　　　　　　　　　　抗张强度实验残差

硬木含量（%）	残差					
5	−3.00	−2.00	5.00	1.00	−1.00	0.00
10	−3.67	1.33	−2.67	2.33	3.33	−0.67
15	−3.00	1.00	2.00	0.00	−1.00	1.00
20	−2.17	3.83	0.83	1.83	−3.17	−1.17

　　正态分布假设的检验可以通过绘制正态概率图来实现。要检验每种因子水平等方差的假设，绘制残差对因子水平的图形，比较残差的散布。绘制残差对 $\bar{y}_{i.}$（有时称拟合值）的图形也是有用的；残差的变化在任何程度上都不依靠 $\bar{y}_{i.}$ 的值。大部分统计软件包都能够根据需要建立这些图。当某种趋势出现在这种图上时，表明需要进行转换——也就是要用一种不同的标准来分析数据。例如，如果残差的变化是随着 $\bar{y}_{i.}$ 递增的，就可以考虑诸如 $\log y$ 或 $\sqrt{y}$ 这样的变换。在某些问题上，残差分散程度与观察均值 $\bar{y}_{i.}$ 的相依性是很重要的信息。可能需要选择最大化应答的因子水平；然而，这样的水平通常使试验之间的应答引起更大的变化。

　　独立性假设的检验可以通过绘制残差对时间或者对进行的实验顺序的图形来检查。图形中的某些趋势比如正的或者负的残差，就表示观察值是不独立的。这表明时间或者实验进行顺序是很重要的，或者某些随时间变化的量很重要且没有包括在实验设计中。

　　纸张抗张强度实验的残差正态概率图如图5—9所示。图5—10和5—11分别是残差与因子水平、拟合值 $\bar{y}_{i.}$ 的图像。这些图表明在这些假设下的模型没有任何不充分或者不合理的地方。

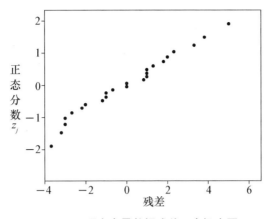

图 5—9　硬木含量数据残差正态概率图

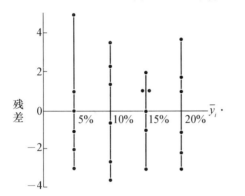

图 5—10　残差—因子水平（硬木含量）图

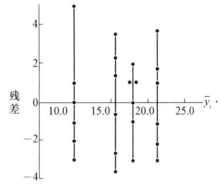

图 5—11　残差—$\bar{y}_i.$ 图

5.8.2　随机化完全区组设计

在很多实验设计问题中，很有必要设计实验以便能够控制由扰动因子引起的变化。例如，考虑例 5—8 的情形，有两种方法用来预测钢板梁的切变强度。因为每根钢板梁（可能）有不同的强度，并且强度的变化不是我们直接关心的问题，我们按照如下方法来设计实验，首先对每一根钢板梁用两种方法进行检验，然后用配对 t-检验将观察到的平均差异与零比较。当所有实验需求不能在齐次条件下获得时，配对 t-检验就是比较两种处理均值的一个过程。换句话说，我们可以认为配对 t-检验是通过封闭**扰动因子**（nuisance factor）影响来减少实验中背景干扰的一种方法。区组就是扰动因子，在本问题中，扰动因子是实际的**实验单位**（experimental unit）——实验中的钢板梁样品。

随机区组设计是配对 t-检验情形的一种延伸，其中关心的因子多于两种水平；也就是说，多于两种处理将被比较。例如，假定有三种方法将用来评价钢板梁的切变强度。我们可以认为有三种处理——比如，t_1，t_2 和 t_3。如果我们使用四根钢板梁作为实验单位，一个随机化完全区组设计如图 5—12 所示。这种设计被称为**随机化完全区组设计**（rondomized complete block design），因为每一个区组足够容下所有的处理，而且在每一个区组里的三种处理是随机安排的。一旦实验进行，数据就记录在一个表格里面，如表 5—10 所示。表中的观测值——比如 y_{ij}——表示方法 i 用于钢板梁 j 时得到的应答。

表 5—10 随机化完全区组设计

处理（方法）	区组			
	1	**2**	**3**	**4**
1	y_{11}	y_{12}	y_{13}	y_{14}
2	y_{21}	y_{22}	y_{23}	y_{24}
3	y_{31}	y_{32}	y_{33}	y_{34}

图 5—12 随机化完全区组设计

随机化完全区组实验的一般过程由选择 b 个区组和在每一个区组内运行一次实验的完全反复两部分组成。使用随机化完全区组实验研究带有 a 种水平 b 个区组的单因子问题，得到的数据如表 5—11 所示。在每一个区组里面将有 a 个观察值（每一种因子水平一个），并且在区组里面观察的顺序是随机的。

表 5—11 a 个处理 b 个区组的随机化完全区组设计

处理	区组				总和	平均
	1	**2**	**⋯**	**b**		
1	y_{11}	y_{12}	⋯	y_{1b}	$y_1 \cdot$	$\bar{y}_1 \cdot$
2	y_{21}	y_{22}	⋯	y_{2b}	$y_2 \cdot$	$\bar{y}_2 \cdot$
⋮	⋮	⋮		⋮	⋮	⋮
a	y_{a1}	y_{a2}	⋯	y_{ab}	$y_a \cdot$	$\bar{y}_a \cdot$
总和	$y \cdot _1$	$y \cdot _2$	⋯	$y \cdot _b$	$y \cdot \cdot$	
平均	$\bar{y} \cdot _1$	$\bar{y} \cdot _2$	⋯	$\bar{y} \cdot _b$		$\bar{y} \cdot \cdot$

下面我们描述随机化完全区组实验的方差分析（ANOVA）。假设关心的是 a 种水平的单因子，并且实验在 b 个区组内进行。观察值可以通过线性统计模型来表示。

$$Y_{ij} = \mu + \tau_i + \beta_j + \varepsilon_{ij} \begin{cases} i=1,2,\cdots,a \\ j=1,2,\cdots,b \end{cases} \tag{5—39}$$

式中，μ 为总体均值；τ_i 为第 i 种处理的影响；β_j 为第 j 个区组的影响；ε_{ij} 为随机误差部分，并假设服从均值为 0 方差为 σ^2 的独立正态分布。为了便于说明，所有处理和区组都认为是固定因子。进一步来说，处理和区组的影响定义为总体均值的偏离，所以有 $\sum_{i=1}^{a} \tau_i = 0$，$\sum_{j=1}^{b} \beta_j = 0$。我们还假设处理和区组之间不相互影响，也就是说，不管处理是在哪一个（或者哪些）区组里面进行检验，它的效应是相同的。我们关心的问题是检验处理的效应是相等的；即

$$H_0: \tau_1 = \tau_2 = \cdots = \tau_a = 0$$
$$H_1: \tau_i \neq 0，至少存在这样一个 \ i \tag{5—40}$$

和完全随机化实验一样，检验所有处理的效应 τ_i 等于零的假设等价于检验所有处理的均值都相等的假设。

方差分析（ANOVA）过程将用于分析随机化弯曲区组设计，该过程利用了将总平方和分解成三部分的一个平方和恒等式。

随机化完全区组设计的平方和恒等式

$$\sum_{i=1}^{a}\sum_{j=1}^{b}(y_{ij}-\bar{y}..)^2 = b\sum_{i=1}^{a}(\bar{y}_{i\cdot}-\bar{y}..)^2 + a\sum_{j=1}^{b}(\bar{y}_{\cdot j}-\bar{y}..)^2$$

$$+ \sum_{i=1}^{a}\sum_{j=1}^{b}(y_{ij}-\bar{y}_{\cdot j}-\bar{y}_{i\cdot}-\bar{y}..)^2 \tag{5—41}$$

上述平方和恒等式可以等价表示为：

$$SS_T = SS_{处理} + SS_{区组} + SS_E$$

其中，

$$SS_T = \sum_{i=1}^{a}\sum_{j=1}^{b}(y_{ij}-\bar{y}..)^2 = 总平方和$$

$$SS_{处理} = b\sum_{i=1}^{a}(\bar{y}_{i\cdot}-\bar{y}..)^2 = 处理平方和$$

$$SS_{区组} = a\sum_{j=1}^{b}(\bar{y}_{\cdot j}-\bar{y}..)^2 = 区组平方和$$

$$SS_E = \sum_{i=1}^{a}\sum_{j=1}^{b}(y_{ij}-\bar{y}_{\cdot j}-\bar{y}_{i\cdot}-\bar{y}..)^2 = 误差平方和$$

进一步地，与平方和相应的自由度的分解为：

$$ab-1 = (a-1) + (b-1) + (a-1)(b-1)$$

对于随机化区组设计，相应的均方为

$$MS_{处理} = \frac{SS_{处理}}{a-1} \quad MS_{区组} = \frac{SS_{区组}}{b-1} \quad MS_E = \frac{SS_E}{(a-1)(b-1)} \tag{5—42}$$

均方的期望值表示如下：

$$E(MS_{处理}) = \sigma^2 + \frac{b\sum_{i=1}^{a}\tau_i^2}{a-1}$$

$$E(MS_{区组}) = \sigma^2 + \frac{a\sum_{j=1}^{b}\beta_j^2}{b-1}$$

$$E(MS_E) = \sigma^2$$

因此，如果零假设 H_0 为真，以满足所有处理的影响 $\tau_i = 0$，$MS_{处理}$ 就是 σ^2 的一个无偏估计，而如果 H_0 是错误的，则 $MS_{处理}$ 对 σ^2 估计得过高。误差的均方始终是 σ^2 的无偏估计。要检验所有处理的效应都是 0 的零假设，我们计算比值

$$F_0 = \frac{MS_{处理}}{MS_E} \tag{5—43}$$

如果零假设为真，该比值服从自由度为 $a-1$ 和 $(a-1)(b-1)$ 的 F 分布。P-值的计算和上尾 F-检验相同。如果 P-值很小，我们就将拒绝零假设。在固定水平检验中，如果根据式（5—43）计算出的检验统计量值：

$$f_0 > f_{\alpha, a-1, (a-1)(b-1)}$$

我们就在显著性水平 α 下拒绝零假设。

实际计算中，我们计算 SS_T，$SS_{处理}$ 和 $SS_{区组}$，然后相减得到误差平方和 SS_E。相应的计算公式如下：

随机化完全区组实验

随机化完全区组实验的方差分析中的平方和计算公式是：

$$SS_T = \sum_{i=1}^{a} \sum_{j=1}^{b} y_{ij}^2 - \frac{\overline{y}_{..}^2}{ab}$$

$$SS_{处理} = \frac{1}{b} \sum_{i=1}^{a} y_{i.}^2 - \frac{\overline{y}_{..}^2}{ab}$$

$$SS_{区组} = \frac{1}{a} \sum_{j=1}^{b} \overline{y}_{.j}^2 - \frac{\overline{y}_{..}^2}{ab}$$

$$SS_E = SS_T - SS_{处理} - SS_{区组}$$

这些计算的结果通常在方差分析表里面，如表 5—12 所示。一般地，计算机软件包可用来进行随机化完全区组设计的方差分析（ANOVA）。这里我们给出计算的细节，而不再对七步程序进行罗列。

表 5—12　　　　　　　　随机化完全区组设计方差分析表

变差来源	平方和	自由度	均方	F_0
处理	$SS_{处理}$	$a-1$	$\dfrac{SS_{处理}}{a-1}$	$\dfrac{MS_{处理}}{MS_E}$
区组	$SS_{区组}$	$b-1$	$\dfrac{SS_{区组}}{b-1}$	
误差	SS_E	$(a-1)(b-1)$	$\dfrac{SS_E}{(a-1)(b-1)}$	
总计	SS_T	$ab-1$		

例 5—15

丝织品强度

进行一项实验来研究四种不同化学药品对丝织品强度的影响。化学药品作为耐久压烫过程的一部分来使用。选取 5 个丝织品样本，通过以随机序的丝织品样本测量每一种化学药品制品的强度进行随机化完全区组实验，数据见表 5—13。使用方差分析检验均值的不同，$\alpha = 0.01$。

表 5—13　　　　　　　丝织品强度数据——随机化完全区组设计

化学品类型	丝织品样本					处理总和 $y_{i.}$	处理平均 $\overline{y}_{i.}$
	1	**2**	**3**	**4**	**5**		
1	1.3	1.6	0.5	1.2	1.1	5.7	1.14
2	2.2	2.4	0.4	2.0	1.8	8.8	1.76

续前表

化学品类型	丝织品样本					处理总和	处理平均
	1	2	3	4	5	$y_i.$	$\bar{y}_i.$
3	1.8	1.7	0.6	1.5	1.3	6.9	1.38
4	3.9	4.4	2.0	4.1	3.4	17.8	3.56
区组总和 $y._j$	9.2	10.1	3.5	8.8	7.6	39.2 ($y..$)	
区组平均 $\bar{y}._j$	2.30	2.53	0.88	2.20	1.90		1.96 ($\bar{y}..$)

方差分析的平方和计算如下：

$$SS_T = \sum_{i=1}^{4}\sum_{j=1}^{5} y_{ij}^2 - \frac{\bar{y}..^2}{ab} = (1.3)^2 + (1.6)^2 + \cdots + (3.4)^2 - \frac{(39.2)^2}{20} = 25.69$$

$$SS_{处理} = \sum_{i=1}^{4} \frac{y_{i.}^2}{b} - \frac{\bar{y}..^2}{ab} = \frac{(5.7)^2 + (8.8)^2 + (6.9)^2 + (17.8)^2}{5} - \frac{(39.2)^2}{20} = 18.04$$

$$SS_{区组} = \frac{1}{a}\sum_{j=1}^{5} \bar{y}._j^2 - \frac{\bar{y}..^2}{ab}$$

$$= \frac{(9.2)^2 + (10.1)^2 + (3.5)^2 + (8.8)^2 + (7.6)^2}{4} - \frac{(39.2)^2}{20} = 6.69$$

$$SS_E = SS_T - SS_{处理} - SS_{区组} = 25.69 - 6.69 - 18.04 = 0.96$$

方差分析（ANOVA）总结于表 5—14。因为 $f_0 = 75.13 > f_{0.01,3,12} = 5.95$，$P$-值小于 0.01，以我们认为在丝织品平均强度范围内，化学药品没有显著性差异。实际 P-值是 4.79×10^{-8}（通过计算器得到）。

表 5—14 随机化完全区组设计方差分析

变差来源	平方和	自由度	均方	f_0	P-值
化学品类型（处理）	18.04	3	6.01	75.13	4.79E-8
丝织品样本（区组）	6.69	4	1.67		
误差	0.96	12	0.08		
总计	25.69	19			

区组什么时候是必要的？

假设一项实验以随机化完全区组设计进行，并且区组不是真正必需的。对于误差来讲，有 ab 个观察值和 $(a-1)(b-1)$ 个自由度。如果进行有 b 个样品的完全随机化单因子设计实验，误差将有 $a(b-1)$ 个自由度。因此，区组就丢掉了 $a(b-1) - (a-1)(b-1) = b-1$ 个自由度。从而，因为误差自由度的减少通常是很小的，所以如果有理由认为区组影响是重要的，就应当以随机化区组设计进行实验。

计算机求解

表 5—15 是该随机化完全区组设计例子的 Minitab 输出结果。我们用平衡设计的方差分析菜单解决这一问题。结果与表 5—14 手工计算结果非常一致。注意到 Minitab 对区组（丝织品样本）计算了一个 F 统计量。该比值作为没有区组影响的零假设之下的一个统计量的有效性是值得怀疑的，因为区组代表**随机化的一种约束**（restriction on randomization）；也即，我们仅仅在区组里面随机化了。如果区组不是随机选择的或者不是以随机序进行的，区组的 F 比可能就不能对区组影响提供可靠的信息。更多的讨论见 Montgomery（2009，Chapter 4）。

表 5—15　　　　　　　例 5—15 随机化完全区组设计的 Minitab 方差分析

```
Analysis of Variance (Balanced Designs)
Factor       Type     Levels    Values
Chemical     fixed    4         1        2        3        4
Fabric S     fixed    5         1        2        3        4        5
Analysis of Variance for strength
Source       DF       SS        MS       F        P
Chemical     3        18.044 0  6.0147   75.89    0.000
Fabric S     4        0.693 0   1.673 3  21.11    0.000
Error        12       0.951 0   0.079 2  Total    19
25.688 0
F-test with denominator：Error
Denominator MS=0.079250 with 12 degrees of freedom
Numerator    DF       MS        F        P
Chemical     3        6.015     75.89    0.000
Fabric S     4        1.673     21.11    0.000
```

哪些均值是不同的？

当方差分析检验出处理均值间存在差别时，我们可能还需要做进一步的检验来分离特定的差别。前面描述的图示法可以用来解决这一点。四种化学药品样品的均值是

$$\bar{y}_{1.}=1.14 \qquad \bar{y}_{2.}=1.76 \qquad \bar{y}_{3.}=1.38 \qquad \bar{y}_{4.}=3.56$$

每一种处理均值用了 $b=5$ 个观察值（每个区组一个观察值）。因此，处理的均值的标准差是 $\sigma/\sqrt{b}$。σ 的估计是 $\sqrt{MS_E}$。因此，正态分布的标准差是

$$\sqrt{MS_E/b}=\sqrt{0.0792/5}=0.126$$

宽度为 $6\sqrt{MS_E/b}=0.755$ 单位的正态分布草图见图 5—13。假想在水平轴上方滑动该正态分布图，可以发现不存在这种位置——能够表明这四个均值是随机从该正态分布中抽取的。这也是预料之中的事情，因为方差分析已经表明均值是不同的。画线的两对均值并不是不同的。化学药品 4 的样品明显与其他三种不同。化学药品 2 与 3 没有区别，1 和 3 也没有区别。在样品 1 和 2 之间强度上可能存在很小的差异。

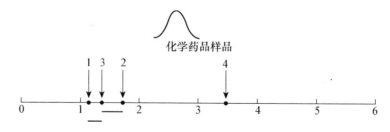

图 5—13　丝织品实验强度平均与标准差为 $\sqrt{MS_E/b}=\sqrt{0.079\,2/5}=0.126$ 的正态分布比较

残差分析和模型检查

在任何实验设计中，检查残差和检查可能使结果无效的假设的干扰都是非常重要的。和通常情况一样，随机化完全区组设计的残差就是观察值和用统计模型估计（或拟合）值的差异，即，

$$e_{ij} = y_{ij} - \hat{y}_{ij}$$

拟合值是

$$\hat{y}_{ij} = \bar{y}_{i\cdot} + \bar{y}_{\cdot j} - \bar{y}_{\cdot\cdot} \tag{5—44}$$

拟合值表示的是当第 i 种处理在第 j 个区组时平均应答的估计值。化学样品实验的残差见表 5—16。

表 5—16　　　　　　　　　　随机化完全区组设计的残差

化学品类型	丝织品样本				
	1	2	3	4	5
1	−0.18	−0.10	0.44	−0.18	0.02
2	0.10	0.08	−0.28	0.00	0.10
3	0.08	−0.24	0.30	−0.12	−0.02
4	0.00	0.28	−0.48	0.30	−0.10

图 5—14，5—15，5—16 和 5—17 是该实验重要的残差图。这些残差图通常通过计算软件包绘制。由这些图表明用四种化学药品处理丝织品（区组）3 产生的强度变化要高于其他丝织品的。化学药品 4 能够提供高的强度，且强度变化也比较大。如果这些结论比较重要，为了验证这些结论，后续实验就很有必要了。

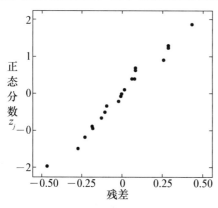

图 5—14　随机化完全区组设计正态概率图　　　图 5—15　残差—$\hat{y}_{ij}$ 图

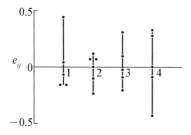

图 5—16　化学品类型引起的残差

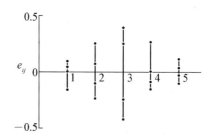

图 5—17　区组引起的残差

练 习

5—74 Minitab 方差分析的输出结果如下所示。填写空白处。可以仅给出 P-值的界限。

One-way ANOVA：

Source	DF	SS	MS	F	P
Factor	3	36.15	?	?	?
Error	?	?	?		
Total	19	196.04			

5—75 Minitab 方差分析的输出结果如下所示。填写空白处。可以仅给出 P-值的界限。

One-way ANOVA：

Source	DF	SS	MS	F	P
Factor	?	?	246.93	?	?
Error	25	186.53	?		
Total	29	1 174.24			

5—76 在 "Orthogonal Design for Process Optimization and Its Application to Plasma Etching" (Solid State Technology，May 1987) 中，G. Z. Yin 和 D. W. Jillie 描述了决定 C_2F_6 流速对用于集成电路生产的硅晶片蚀刻剂均匀程度影响的实验。三种流速用到实验中，六次反复实验的最终均匀性（%）如下：

C_2F_6 流速	观察值					
	1	2	3	4	5	6
125	2.7	4.6	2.6	3.0	3.2	3.8
160	4.9	4.6	5.0	4.2	3.6	4.2
200	4.6	3.4	2.9	3.5	4.1	5.1

(a) C_2F_6 流速影响均匀性吗？建立箱线图来比较因子水平，进行方差分析。近似 P-值是多少？你的结论是什么？

(b) 哪些气体流速产生不同的平均蚀刻剂均匀度？

5—77 在 *Design and Analysis of Experiments*，7th edition (John Wiley& Sons, 2009) 中，D. C. Montgomery 描述了一个实验。实验中人造纤维的抗张强度是厂商所关心的。认为强度与纤维中棉花的百分含量有关。使用五种水平的棉花百分比，五次实验以随机序进行，得到如下数据。

棉花百分比	观察值				
	1	2	3	4	5
15	7	7	15	11	9
20	12	17	12	18	18
25	14	18	18	19	19
30	19	25	22	19	23
35	7	10	11	15	11

(a) 棉花百分比影响断裂强度吗？作出比较的箱线图，进行方差分析，用 P-值方法。

(b) 作出平均抗张强度——棉花百分比图示，并解释结果。

(c) 哪些均值是不同的？

(d) 进行残差分析和模型检查。

5—78 进行一个实验来确定四种特定的烧窑温度是否会影响某一类型砖块的密度。实验得到如下数据。

温度（℃）			
37	51	65	79
密度			
21.8	21.7	21.9	21.9
21.9	21.4	21.8	21.7
21.7	21.5	21.8	21.8
21.6	21.5	21.6	21.7
21.7	—	21.5	21.6
21.5	—	—	21.8
21.8	—	—	—

(a) 烧窑温度影响砖块密度吗？

(b) 求出 (a) 中的 P-值和 F 统计量值。

5—79 进行一项研究来确定硬化温度是否显著影响硅胶的抗张强度。一种轴向控制自动化水压装置用来测量每个样品的抗张强度（单位：百万帕斯卡，Mpa），结果如下：

温度（摄氏）		
25	40	55
2.09	2.22	2.03
2.14	2.09	2.22
2.18	2.1	2.1
2.05	2.02	2.07
2.18	2.05	2.03
2.11	2.01	2.15

（a）检验硬化温度影响硅胶抗张强度的假设，用 P-值方法。

（b）建立数据的箱线图。图形支持你的结论吗？给出解释。

（c）进行残差分析和模型检查。

5—80 电子工程师关心用于长途通信系统显示设备的阴极射线管的五种不同类型涂层对电子管导电性的影响。得到了如下的导电性数据。如果 $\alpha=0.05$，你能分离出由于涂层类型产生的在平均导电性上的差异吗？

涂层类型	导电性			
1	132	144	147	148
2	127	147	143	141
3	142	150	152	149
4	146	137	134	133
5	129	132	129	127

5—81 随机化完全区组实验的方差分析 Minitab 输出结果如下所示。

Two-way ANOVA：Y versus Treatment，Block					
Source	DF	SS	MS	F	P
Treatment	4	1 010.56	？	29.84	？
Block	？	？	64.765	？	？
Error	20	169.33	？		
Total	29	1 503.71			

（a）填写空白处。可以仅给出 P-值的界限。

（b）实验中使用了几个区组？

（c）你能得出什么结论？

5—82 考虑练习 5—75 中来自完全随机化单因素实验的 Minitab 输出结果。假设实验在随机化完全区组设计下进行，并且区组的平方和为 80.00。调整 ANOVA 表使其正确显示随机化完全区组实验的分析。

5—83 在 "The Effect of Nozzle Design on the Stability and Performance of Turbulent Water Jets"（*Fire Safety Journal*，Vol. 4 August）中，C. Theobald 描述了一个实验，实验中对不同水平喷流速度下的几种不同喷嘴类型进行形状测量。实验中主要关心的是喷嘴类型，速度是扰动因子。数据如下。

喷嘴类型	喷流速度（m/s）					
	11.73	14.37	165.9	20.43	23.46	28.74
1	0.78	0.80	0.81	0.75	0.77	0.78
2	0.85	0.85	0.92	0.86	0.81	0.83
3	0.93	0.92	0.95	0.89	0.89	0.83
4	1.14	0.97	0.98	0.88	0.86	0.83
5	0.97	0.86	0.78	0.76	0.76	0.75

（a）喷嘴类型影响形状测量吗？用箱线图比较不同喷嘴类型和方差分析。

（b）使用 5.8.1 的图示方法决定喷嘴之间的不同。形状测量平均值（或标准差）对喷嘴类型的图示能够辅助这一结论吗？

（c）分析实验得到的残差。

5—84 在 *Design and Analysis of Experiments*，7th edition（John Wiley & Sons，2009）中，D. C. Montgomery 描述了一个实验，实验是为了确定硬度检测机上四种不同类型的尖端对金属合金的观察硬度的影响。有四种规格的合金，每一种尖端在每个标本上测量一次，得到如下数据：

尖端类型	样品			
	1	2	3	4
1	9.3	9.4	9.6	10.0
2	9.4	9.3	9.8	9.9
3	9.2	9.4	9.5	9.7
4	9.7	9.6	10.0	10.2

（a）尖端间的硬度测量有不同吗？

（b）使用 5.8.1 的图示方法考查尖端之间的不同。

（c）分析实验的残差。

5—85 *American Industrial Hygiene Association Journal* 中的一篇论文（Vol. 37，1979，pp. 418-422）描述了探测尿样中砷存在的实地实验。建议对林业工人使用这一检验，因为它们行业对有机砷的使用增加。实验将实习生和经验丰富的训练者施行的检验和偏远的实验室分析进行比较。选择四位个体检验，每位个体认为是一个区组。应答变量是个体尿液中的砷含量（ppm）。数据如下：

检验	个体			
	1	2	3	4
实习生	0.05	0.05	0.04	0.15
训练者	0.05	0.05	0.04	0.17
实验室	0.04	0.04	0.03	0.10

（a）在砷检验程序中存在差异吗？

（b）分析实验的残差。

5—86 *Food Technology Journal* 中的一篇论文（Vol. 10，1956，pp. 39-42）描述了一项关于西红柿储藏期原果胶含量的研究。选择四种储藏期，分析了大量西红柿中的九个样本。原果胶含量（以盐酸酸溶性（单位：mg/kg）表示）见下表。

储藏时间（天）	含量								
	1	2	3	4	5	6	7	8	9
0	1 694.0	989.0	917.3	346.1	1 260.0	965.6	1 123.0	1 106.0	1 116.0
7	1 802.0	1 074.0	278.8	1 375.0	544.0	672.2	818.0	406.8	461.6
14	1 568.0	646.2	1820.0	1 150.0	983.7	395.3	422.3	420.0	409.5
21	415.5	845.4	377.6	279.4	447.8	272.1	394.1	356.4	351.2

（a）研究中的研究人员假设不同储藏期的原果胶含量不同。用 $\alpha = 0.05$，你能使用一个统计检验确认这一假设吗？

（b）求出（a）检验的 *P*-值。

（c）哪些特定的储藏期是不同的？你同意原果胶含量随藏期增加而减少的说法吗？

（d）分析实验的残差。

5—87 用实验研究近一微米尺度 SOS 金属场效应管的漏电流，以探讨通道长度如何影响漏电流。选择四种沟道长度，对每一中沟道长度，使用五种不同的宽度，每个宽度认为是一个扰动因子。数据如下：

沟道长度	宽度				
	1	2	3	4	5
1	0.7	0.8	0.8	0.9	1.0
2	0.8	0.8	0.9	0.9	1.0
3	0.9	1.0	1.7	2.0	4.0
4	1.0	1.5	2.0	3.0	20.0

（a）检验平均泄漏电压不依赖沟道长度的假设，使用 $\alpha = 0.05$。

（b）分析实验得到的残差，评价残差图。

5—88 考虑练习 5—87 描述的泄漏电压实验。观察到的沟道长度 4、宽度 5 的泄漏电压被错误记录了。正确的观察值是 4.0。分析实验的正确数据。有证据认为平均泄漏电压随着沟道长度增长吗？

补充练习

5—89 采购专家从卖主 1 处购买了 30 个电阻器，从卖主 2 处购买了 40 个电阻器，各电阻的测量数据如下：

卖主 1						
96.8	100.0	100.3	98.5	98.3	98.2	99.6
99.4	99.9	101.1	103.7	97.7	99.7	101.1
97.7	98.6	101.9	101.0	99.4	99.8	99.1
99.6	101.2	98.2	98.6	98.3	98.2	96.7
97.8	99.2					

卖主 2						
106.8	106.8	104.7	104.7	108.0	102.2	
103.2	103.7	106.8	105.1	104.0	106.2	
102.6	100.3	104.0	107.0	104.3	105.8	
104.0	106.3	102.2	102.8	104.2	103.4	
104.6	103.5	106.3	109.2	107.2	105.4	
106.4	106.8	104.1	107.1	107.7	103.8	
104.6	107.0	108.2	103.5			

（a）要检验卖主 1 的电阻的方差显著不同于卖主 2，需要哪些分布假设？用图示方法检查这些假设。

（b）进行一项合适的统计假设检验程序，决定采购专家是否能够认为卖主 1 电阻的方差显著不同于卖主 2 的。

5—90 *Journal of Materials Engineering* 中的一篇论文（Vol. 11，No. 4，1989，pp. 275 – 282）报告了决定等离子热障外壳的失效机理。在两种不同检验条件下某特殊外壳（NiCrAlZr）的失效应力如下：

9 个 1 小时轮转后的失效应力（$\times 10^{6}$）：19.8，18.5，17.6，16.7，16.7，14.8，15.4，14.1，13.6

6 个 1 小时轮转后的失效应力（$\times 10^{6}$）：14.9，12.7，11.9，11.4，10.1，7.9

（a）要建立两种不同检验条件下平均应力差异

的置信区间，需要哪些假设？使用数据的正态概率图检验这些假设。

（b）进行假设检验，确定在显著性水平 0.05 下两种检验条件下的平均失效应力是否相同。

（c）确认该检验的 P-值是 0.001。

（d）建立差异的 99.9% 置信区间。使用置信区间重新检验两种不同检验条件下平均失效应力相同的假设。并解释你的结论与（a）相比为什么相同或不同？

5—91　制造公司使用一种丝网印刷过程在薄的塑料层上沉积一层墨水。沉积的厚度是一项关键的质量特性。一种新的自动墨水沉积系统用来减少沉积厚度的变差。使用旧的人工方法和新的自动过程，以克为单位度量来刻画厚度的重量。记录的样本标准分别是基于 21 个观察值的 $s_{旧} = 0.072$ 克和基于 16 个观察值的 $s_{新} = 0.058$ 克。

（a）确定新的系统得到的方差是否显著小于旧的，$\alpha = 0.1$。叙述分析所需要的必要假设。

（b）计算检验的 P-值。

（c）对方差比建立 90% 置信区间。

（d）使用（c）得到的置信区间确定新的系统得到的方差是否显著性小于旧的。解释你的答案为什么相同或不同？

5—92　一种液态食物产品在广告中显示，使用这种产品 1 个月，就能使得体重平均至少减少 3 千克。8 个个体使用了这种产品 1 个月，得到的减重数据如下，使用假设检验程序回答以下问题。

个体	初重 (kg)	末重 (kg)	个体	初重 (kg)	末重 (kg)
1	165	161	5	155	150
2	201	195	6	143	141
3	195	192	7	150	146
4	198	193	8	187	183

（a）在第一类错误的概率为 0.05 下，数据支持厂商关于食物产品的说法吗？

（b）在第一类错误的概率为 0.01 下，数据支持厂商关于食物产品的说法吗？

（c）在提高销售的一系列努力中，厂商考虑将"至少 3 千克"的说法改为"至少 5 千克"。重复（a）（b）来检验新的说法。

5—93　要研究两个厂商提供的丝线的断裂强度。从厂商的生产过程经验知道 $\sigma_1 = 34$、$\sigma_2 = 28$ kPa。从每个厂商抽取由 20 个检验标本组成的随机

样本，结果分别是 $\bar{x}_1 = 606$，$\bar{x}_2 = 627$ kPa。

（a）使用平均断裂强度差异的一个 90% 置信区间，评论是否有证据支持厂商 2 生产的丝线平均断裂强度高的论断。

（b）使用平均断裂强度差异的一个 98% 置信区间，评论是否有证据支持厂商 2 生产的丝线平均断裂强度高的论断。

（c）评价为什么（a）（b）的结果相同或不同。你会选择哪一个作为你的结论，为什么？

5—94　考虑上一道练习，假设在收集数据前，希望由 $\bar{x}_1 - \bar{x}_2$ 估计 $\mu_1 - \mu_2$ 的误差小于 10 kPa。对下面的百分比置信度，确定样本量：

（a）90%。

（b）98%。

（c）评价增加百分比置信度对样本量需求的影响。

（d）用误差少于 5 kPa 代替 10 kPa，重复（a）～（c）。

（e）评价减少误差对样本量需求的影响。

5—95　1954 年的 Salk 小儿麻痹症疫苗实验关注疫苗防止瘫痪性小儿麻痹的效果。因为如果没有儿童控制组，就没有评价 Salk 疫苗效果的稳固基础，所以将疫苗使用到一个组，而将一种安慰剂（视觉上与疫苗相同但知道没有效果）使用到另一个组。出于伦理原因，并且因为怀疑知道疫苗使用将影响接下来的诊断，所以实验在双盲的方式下进行。也就是说，个体和施行者都不知道谁接受了疫苗、谁接受了安慰剂。实验的实际数据如下：

安慰剂组：$n = 201,299$：观察到 110 个麻痹症患者

疫苗组：$n = 200,745$：观察到 33 个麻痹症患者

（a）使用假设检验程序确定两组中感染瘫痪性麻痹症的儿童比例是否不同。使用犯第一类错误的概率为 0.05。

（b）使用犯第一类错误的概率为 0.01，重复（a）。

（c）比较（a）（b）的结论，解释它们为什么相同或者不同。

5—96　进行一项研究来确定医疗补助计划中索款额的准确性。在 1 200 份由医师出具的索款单中，有 982 份与患者的医疗记录信息相符，而在 1 100 份由院方出具的索款单中，相应的数目是 900 份。

（a）两种资料的准确度存在差异吗？检验的 P 值是多少？使用 $\alpha=0.05$，你的结论是什么？

（b）假设进行另一个研究。在 550 份由医师出具的索款单中，473 份是准确的，而在 550 份由院方出具的索款单中，451 份是准确的。请问该研究数据的精确度是否具有统计上的显著差异？仍然计算 P-值并使用 $\alpha=0.05$ 作出决定。

（c）注意到第一个研究和第二个研究估计的精确度百分比是几乎相同的；然而，（a）和（b）的假设检验结果却是不同的，这是为什么？

（d）分别建立（a）、（b）的两比例差异的一个 95% 置信区间。解释为什么两个研究估计的精确度百分比是几乎相等的，但置信区间的长度是不同的。

5—97　在驾驶国产汽车的 200 位居民的随机样本中，有 165 位按规定系上了座椅安全带，而驾驶进口汽车的 250 位菲尼克斯市居民的另一个随机样本中，有 198 位按规定系上了座椅安全带。

（a）进行一个假设检验程序，确定在国产汽车司机和进口汽车司机的座椅安全带使用上是否存在统计上的显著差异，令第一类错误的概率为 0.05。

（b）进行一个假设检验程序，确定在国产汽车司机和进口汽车司机的座椅安全带使用上是否存在统计上的显著差异，令第一类错误的概率为 0.1。

（c）比较（a）（b）的答案，并解释它们为什么相同或不同。

（d）假设问题的描述中所有数字都加倍，即在驾驶国产汽车的 400 位菲尼克斯市居民的随机样本中，有 330 位按规定系上了座椅安全带，而驾驶进口汽车的 550 位菲尼克斯市居民的另一个随机样本中，有 396 位按规定系上了座椅安全带。重复（a）和（b），评价增加样本量但不改变比例对结果的影响。

5—98　考虑上一题，总结了从司机处收集的关于座椅安全带的数据。

（a）你认为有理由不相信这些数据吗？解释你的答案。

（b）使用前面问题得到的假设检验进行以下人群关于座椅安全带使用比例不同的推断合理吗？

（i）在国产汽车和进口汽车司机的配偶中，并解释你的答案。

（ii）在国产汽车和进口汽车司机的孩子中，并解释你的答案。

（iii）在所有的国产汽车和进口汽车司机中，并

解释你的答案。

（iv）在所有国产卡车和进口卡车司机中，并解释你的答案。

5—99　考虑书中例 5—12。

（a）重新定义所关心的参数，为使用抛光剂 1 或 2 得到的不满足经滚动打磨操作的镜片的比例。使用 $\alpha=0.01$，检验两种打磨方案得到不同结果的假设。

（b）将（a）的结果与例子进行比较。解释它们为什么相同或不同。

5—100　一家生产新止痛药片的厂商想证明它的产品效力是竞争者产品的两倍。也即它想检验

$$H_0: \mu_1 = 2\mu_2$$
$$H_1: \mu_1 > 2\mu_2$$

其中 μ_1 是竞争产品的平均吸收时间，μ_2 是新产品的平均吸收时间，假设方差 σ_1^2 和 σ_2^2 已知，建立一个过程来检验这一假设。

5—101　假设我们要检验 $H_0: \mu_1 = \mu_2$ 对 $H_1: \mu_1 \neq \mu_2$，计划在两个总体中使用等样本量。假设两总体服从方差相等但未知的正态分布，如果 $\alpha=0.05$，真实均值 $\mu_1 = \mu_2 + \sigma$，如果检验的势至少为 0.90，需要使用多大的样本量？

5—102　对两种德国汽车，梅赛德斯和大众，进行一项节能研究。每种品牌选择 12 辆车，每辆车分别耗 2 箱油的运行英里数如下（mpg）：

梅赛德斯		大众	
24.7	24.9	41.7	42.8
24.8	24.6	42.3	42.4
24.9	23.9	41.6	39.9
24.7	24.9	39.5	40.8
24.5	24.8	41.9	29.6
24.6	24.8	41.8	41.6

（a）构造每个数据集的正态概率图。基于这些图形，假设它们来自于正态总体合理吗？

（b）假设梅赛德斯数据最低的观察值被错误记录了，应该是 24.6。另外，大众数据最低的观察值也被错误记录了，应该是 39.6。再对数据集建立正态概率图，在图形基础上，假设它们来自于一个正态总体合理吗？

（c）比较（a）（b）的结果，评价错误观察值对正态性假设的影响。

（d）使用（b）的正确数据和一个 95% 置信区

间，有证据支持大众英里数的变差大于梅赛德斯吗？

5—103 *Neurology* 中的一篇文章（Vol. 50, 1998，pp. 1246-1252）发现同卵双胞胎共有许多生理、心理和病理特征。调查者测量了 10 对双胞胎的智力分数，数据如下所示：

对数	出生顺序：1	出生顺序：2
1	6.08	5.73
2	6.22	5.80
3	7.99	8.42
4	7.44	6.84
5	6.48	6.43
6	7.99	8.76
7	6.32	6.32
8	7.60	7.62
9	6.03	6.59
10	7.52	7.67

（a）假设分数差服从正态分布是否合理？画图支持你的答案。

（b）找到分数均值差的 95% 置信区间。是否有证据表明平均分数依赖于出生顺序？

（c）以至少 0.90 的概率检测到分数均值存在差异是很重要的。样本量为 10 对是否足够？如果不够，需要使用多少对？

5—104 *Journal of the Environmental Engineering Division* 中的一篇文章（Distribution of Toxic Substance in Rivers，Vol. 108，1982，pp. 639-649）描述了一项针对田纳西州狼河中几种疏水有机物质浓度的研究。在一个废弃垃圾场下游的不同深度以毫微克每升为单位测量了六氯苯（HCB）浓度。两处深度的数据如下所示：

表面：3.74，4.61，4.00，4.67，4.87，5.12，4.52，5.29，5.74，5.48

底部：5.44，6.88，5.37，5.44，5.03，6.48，3.89，5.85，6.85，7.16

（a）要检验两处深度的平均 HCB 浓度相同这一说法，需要什么假设？用已有信息检验这些假设。

（b）用一个合适的过程要确定数据是否支持（a）中的说法。

（c）假设浓度均值的真实差为 2.0 毫微克每升。用 $\alpha=0.05$，假设 $H_0: \mu_1=\mu_2$ 对 $H_1: \mu_1 \neq \mu_2$ 的统计检验的势是多少？

（d）如果想要检验的势至少为 0.9，为了检测出差为 1.0 毫微克每升，用 $\alpha=0.05$，需要多大的样本量？

5—105 考虑例 5—20 研究的泡沫灭火膨胀制剂，例中对每一种制剂记录了 5 个观察值。假设如果制剂 1 得到的平均膨胀与制剂 2 的平均膨胀差别为 1.5 我们就将在至少 0.95 的概率下拒绝零假设。

（a）需要多大的样本量？

（b）你认为例 5—18 中的样本量对确认这一差别恰当吗？解释你的答案。

5—106 心脏起搏器生产厂商研究改变包装材料对设备重量的减少。考虑三种不同的合金。用每种合金材料制造 8 个原件，然后测其重量（单位：克）。数据整理为如下不完全的方差分析表：

变差种类	平方和	自由度	均方	*F*	*P*
因子	4.140 8				
误差		21			
总和	4.859 6				

（a）完成方差分析表。

（b）使用方差分析表检验在合金类型间重量不同这一假设。$\alpha=0.10$。

5—107 材料工程师进行一项实验研究用在地毯下的五种泡沫垫之间是否存在差异。构造一种机械装置来模拟泡沫垫的"行为"，在模拟器上，对每中垫子随机检验四个样本。一段时间后，将泡沫垫从模拟器上移走，检查并记录磨损质量。数据整理为如下不完全的方差分析表：

变差种类	平方和	自由度	均方	F_0
因子	95.129			
误差	86.752			
总和		19		

（a）完成方差分析表。

（b）使用方差分析表检验在泡沫垫类型之间磨损质量不同。$\alpha=0.05$。

5—108 Rockwell 硬度测试机将尖端打入试样，使用得到的凹陷深度来度量硬度。比较两种不同的尖端，确定它们是否提供相同的 Rockwell C-尺度硬度示数。检验 10 个试样，在每个试样上检验两种尖端。数据如下：

试样	尖端 1	尖端 2	试样	尖端 1	尖端 2
1	47	46	6	41	41
2	42	40	7	45	46
3	43	45	8	45	46
4	40	41	9	49	48
5	42	43	10	44	48

（a）要检验两种尖端产生相同的 Rockwell C-尺度硬度示数这一说法，叙述需要的必要假设。用数据检查这些假设。

（b）使用一种适当的统计方法确定数据是否支持两种尖端的 Rockwell C-尺度硬度示数差别显著区别于零的说法。

（c）假设如果两种尖端的平均硬度示数差别为 1，我们希望检验的势至少为 0.9，对于 $\alpha=0.01$，检验中要使用多少的试样？

5—109 两种不同的测量器用来测量熔炼铝霍尔电解槽中的电解槽标准的深度。同一个操作员使用每种测量器度量 15 个电解槽各一次。对 15 个电解槽的两种测量器深度测量数据如下：

电解槽	测量器 1	测量器 2	电解槽	测量器 1	测量器 2
1	46cm	47cm	9	52cm	51cm
2	50	53	10	47	45
3	47	45	11	49	51
4	53	50	12	45	45
5	49	51	13	47	49
6	48	48	14	46	43
7	53	54	15	50	51
8	56	53			

（a）要检验两种测量器得到的平均电解槽深度示数相同这一说法，叙述需要的必要假设。用数据检查这些假设。

（b）使用一种适当的统计方法来确定数据是否支持两种测量器产生不同的电解槽深度示数的说法。

（c）假定如果两种测量器电解槽深度平均示数差异为 1.65 厘米，要使得检验的势至少为 0.8。对于 $\alpha=0.01$，需要使用多少电解槽？

5—110 *Materials Research Bulletin* 中的一篇论文（Vol. 26，1991，No. 11）研究了制备超导体复合物 $PbMo_6S_8$ 的四种不同方法。作者认为在制备过程中氧气的存在影响材料的超导变化温度 T_c。制备方法 1 和 2 使用消除氧气存在的技术，而制备方法 3 和 4 允许氧气存在。每一种方法得到 T_c 的 5 个观察值（单位：开氏温标，K），结果如下：

制备方法	变化温度 T_c				
1	14.8	14.8	14.7	14.8	14.9
2	14.6	15.0	14.9	14.8	14.7
3	12.7	11.6	12.4	12.7	12.1
4	14.2	14.4	14.4	12.2	11.7

（a）是否有证据支持制备过程中氧气的存在影响平均变化温度这一说法吗？$\alpha=0.05$。

（b）（a）中 F 检验的 P-值是多少？

5—111 *Journal of the Association of Asphalt Paving Technologists* 的一篇文章（Vol. 59，1990）描述了一个实验，实验用来确定气孔对沥青百分比残留强度的影响。为了实验的目的，气孔控制在三种水平：低（$2\%\sim4\%$）、中（$4\%\sim6\%$）和高（$6\%\sim8\%$），数据如下表：

气孔	残留强度（%）							
低	106	90	103	90	79	88	92	95
中	80	69	94	91	70	83	87	83
高	78	80	62	69	76	85	69	85

（a）气孔的不同水平显著影响平均残留强度吗？$\alpha=0.01$。

（b）求（a）中 F-检验的 P-值。

5—112 *Environment International* 中的一篇论文（Vol. 18，No. 4，1992）描述了一个实验，实验中研究了淋浴器中氡的释放量。实验中使用含有氡的水，检验六种不同口径的淋浴器头。实验得到的数据见下表。

口径	氡释放量（%）			
0.37	80	83	83	85
0.51	75	75	79	79
0.71	74	73	76	77
1.02	67	72	74	74
1.40	62	62	67	69
1.99	60	61	64	66

（a）口径尺寸影响平均氡释放百分比吗？$\alpha=0.05$。

（b）求（a）中 F-检验的 P-值。

5—113　计算机工程师团队想确定虚拟内存使用的硬盘空间百分比是否显著提高服务器的应答时间。团队度量了单虚拟内存使用的服务器硬盘空间分别为 2％，4％，6％，8％和 10％时的应答时间。时间结果如下：

（a）在 0.05 的显著性水平下，服务器分配内存的百分比改变服务器的应答时间吗？

（b）求（a）中 F-检验的 P-值。

2%	4%	6%	8%	10%
2.2	2.0	1.8	1.9	2.1
2.1	2.0	2.0	2.0	1.8
1.9	1.9	1.7	2.0	2.0
1.9	1.8	1.8	1.9	1.9
2.2	2.0	2.0	1.8	2.1
1.8	2.0	1.9	2.0	2.2

5—114　重新考虑练习 5—89 中的数据。假设任何小于 100 欧姆的电阻器都被认为是次品。

（a）估计每个卖主生产的次品电阻器分数。

（b）构造两个卖主生产的次品电阻器比例差的 95％传统双边置信区间。

（c）构造两个卖主生产的次品电阻器比例差的 95％改进双边置信区间。

（d）比较（b）和（c）中得到的两个置信区间。

5—115　考虑图 2—1 所示的年度全球平均表面气体温度。假设数据分为两部分：1880—1940 年和 1941—2004 年。要求使用双样本 t-检验来验证第二部分的年度平均温度高于第一部分这一说法。

t-检验的这种使用合理吗？满足所有的假设吗？

5—116　5.2 节中的双样本 z-检验可以看作均值差的大样本检验。假设我们要比较两独立泊松分布的均值。令 Y_{11}，Y_{12}，…，Y_{1n_1} 表示来自均值为 λ_1 的泊松分布的随机样本，Y_{21}，Y_{22}，…，Y_{1n_2} 表示来自均值为 λ_2 的泊松分布的随机样本。在使用 z-检验时，我们可以利用泊松分布的均值和方差均为 λ 这一事实。针对上述情形建立 z-检验的恰当变形。建立泊松均值差的大样本置信区间。

5—117　2010 年 4 月 27 日的《华尔街日报》上有一篇题为《吃巧克力有可能导致抑郁》（Eating Chocolate Is Linked to Depression）的文章。文章报道了一项由国家心脏、肺和血液研究所（属于国家卫生研究院）及加州大学发起的研究，该研究检查了 931 个不服用抗抑郁药并且没有心血管疾病或糖尿病的成年人。该组人中有 70％的男性，平均年龄约为 58 岁。参与者被询问了巧克力的消费情况，然后用问卷来筛选抑郁情况。认为问卷得分少于 16 的人是不抑郁的，得分大于 16、小于等于 22 的人可能是抑郁的，得分大于 22 的人很可能是抑郁的。调查发现，不抑郁的人平均每月食用巧克力 5.4 份，可能抑郁的人平均每月食用巧克力 8.4 份，而那些得分大于 22、很可能抑郁的人食用的巧克力最多，平均每月 11.8 份。这里没有区分黑巧克力和牛奶巧克力。其他的食物同样被检测了，但是没有显示出其他食物和抑郁之间有关联。这种研究建立了巧克力消费和抑郁之间的因果联系吗？要得到这样的因果联系应该如何进行研究呢？

团队互动

5—118　建立一个数据集，使其配对 t-检验统计量非常大，表明使用配对 t-检验分析时，两总体均值是不同的；而两样本 t-检验的 t_0 非常小，所以这种不正确的分析表明均值间没有显著差别。

5—119　给定这样一个例子，例中给出关于两独立总体的一个比较标准或论断。例如，车型 A 每升汽油在市内行驶的平均里程比车型 B 多。标准或论断可以表达为均值（平均）、方差、标准差或比例。收集数据的两个恰当的随机样本并进行假设检验。报告你们的结果。在报告中要包括假设检验的对照表达，数据收集的描述，分析的进行和得到的结论。

本章重要术语和概念

备择假设	alternative hypothesis
方差分析	analysis of variance（ANOVA）
区组	blocking

第 6 章

建立经验模型

学习目标

1. 用一元线性和多元线性回归建立基于工程和科学数据的经验模型。
2. 残差分析方法确定回归模型对于数据是否适当或是否违反基本假设。
3. 测试和构建对于回归模型参数的假设检验和置信区间。
4. 用回归模型估计出一个平均值或做出对未来观测的预测。
5. 利用置信区间或者预测区间去描述一个回归模型的估计的误差。
6. 对你的经验模型的优缺点给出评论。

氢产生模型

氢气燃料自从 20 世纪 60 年代开始就为航天器提供动力，它们在地面上的使用也前景广阔。但是我们的大气中只含有微量的氢气，所以必须从其他的资源里提取，例如甲烷。提高甲烷制氢的经验模型的研发是工程研究一个主要领域。提取过程的一个关键方面涉及催化板所需反应发生的地方。

萨勒诺大学的研究者用了二维和三维的计算生成模型来研究反应物的流动和在这些板材上面或者周围的地方加热。他们发现用三维模型比二维模型提供了更多的关于这些流动的信息。然而，三维模型需要庞大的计算时间和强度。他们同时用这两种模型去检验用于这些系统中的催化板的厚度是怎么影响实验的整体表现的。他们的工作可能为提高生产氢气燃料做出贡献。

氢气作为燃料的一大优点在于它产生的排放物只有水。但是，在矿物原料中提取氢的过程会产生一氧化碳并最终转变为大气中的二氧化碳，一种温室气体。好消息是这种提取氢气的方法是单纯燃烧等量的甲烷产生能量的两倍。更好的消息来自于模型是利用农业生物作为氢的来源并把碳变成肥料回馈给作物。模型证明了通过这个系统空气中的二氧化碳含量确实减少了。经验模型是提高能源技术的有价值的工具。

6.1 经验模型介绍

工程师通常使用**模型**（models）来设计与解答问题。在有些场合，实验建立在我们对已有现象的物理、化学或工程科学知识的基础之上，在这种情况下，我们称建立的模型为**机械模型**（mechanistic models）。欧姆定律、气体定律和基尔霍夫定律都是机械模型的例子。然而，在很多情况下，我们所关心的变量有两个或者多个，而且我们并不知道与这些变量相联系的机械模型。这个时候在数据的基础上建立与变量相关系的模型就很必要了，这种类型的模型称为**经验模型**（empirical models）。同机械模型一样，经验模型也能使用并加以分析。

作为一个例证，见表 6—1 的数据。y 是一段特殊流域河流表面水中的食盐含量（毫克/升），x 是这段流域由铺过的路组成的面积所占的百分比。数据可以在 *Journal of Environmental Engineering*（1989，Vol. 115，No. 3）的一篇论文里找到。数据的散点图（各变量值的点图）见图 6—1。没有明显的物理原理能够表明食盐含量与路面面积是相关的，但是散点图显示出了这种相关关系，并且很可能存在线性关系。线性关系不可能通过图 6—1 的每一个点，但是显示出这些点都随机分布在直线周围。因此，假设随机变量 Y（食盐含量）的均值与路面面积 x 有如下直线关系可能是合理的：

$$E(Y|x) = \mu_{Y|x} = \beta_0 + \beta_1 x$$

其中直线的斜率和截距是未知的。记号 $E(Y \mid x)$ 表示**应答变量**（response variable）Y 在指定的**回归变量**（regressor variable）x 值下的期望值，虽然 Y 的均值是 x 的线性函数，但是实际的观察值 y 不一定在一条直线上。将这种情况推广为一种**概率线性模型**（probabilistic linear model）的正确方法就是假设 Y 的期望值是 x 的线性函数，但是对于固定的 x 值，Y 的实际值由均值函数（线性模型）加上随机误差项 ε 来决定。

表 6—1   表面水流食盐含量和路面面积

观察值	食盐含量（y）	路面面积（x）
1	3.8	0.19
2	5.9	0.15
3	14.1	0.57
4	10.4	0.40
5	14.6	0.70
6	14.5	0.67
7	15.1	0.63
8	11.9	0.47
9	15.5	0.75
10	9.3	0.60
11	15.6	0.78
12	20.8	0.81
13	14.6	0.78
14	16.6	0.69
15	25.6	1.30
16	20.9	1.05
17	29.9	1.52
18	19.6	1.06
19	31.3	1.74
20	32.7	1.62

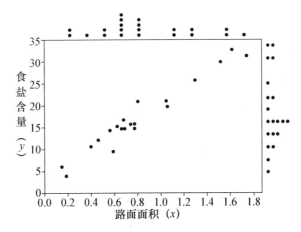

图 6—1   表 6—1 表面水流食盐含量和路面面积数据的散点图

简单线性回归模型

在简单线性回归模型中，因变量或应答与一个自变量或回归变量有如下相关关系

$$Y = \beta_0 + \beta_1 x + \varepsilon \qquad (6—1)$$

式中，ε 是随机误差项；参数 β_0 和 β_1 称为回归系数。

为了对这个模型有更深的理解，假设我们能够固定 x 的值，并观察随机变量 Y 的值。如果 x 固定了，式（6—1）右边的误差部分 ε 就决定了 Y 的性质。假设 ε 的期

望和方差分别是 0 和 σ^2，则

$$E(Y|x)=E(\beta_0+\beta_1 x+\varepsilon)=\beta_0+\beta_1 x+E(\varepsilon)=\beta_0+\beta_1 x$$

注意到这与我们通过观察图 6—1 凭经验写下的关系相同。给定 x 的 Y 的方差是

$$V(Y|x)=V(\beta_0+\beta_1 x+\varepsilon)=V(\beta_0+\beta_1 x)+V(\varepsilon)=0+\sigma^2=\sigma^2$$

因此真正的回归模型 $\mu_{Y|x}=\beta_0+\beta_1 x$ 就是均值的一条直线；也就是说，在任何 x 值下回归直线的高度就是该 x 值下 Y 的期望值。斜率 β_1 可以解释一单位 x 引起的 Y 的均值的变化。另外，在确定的 x 下 Y 的变化由误差的方差 σ^2 决定。这表示在特定的 x 下存在一个 Y 的分布，且分布在每一 x 下的方差是相等的。

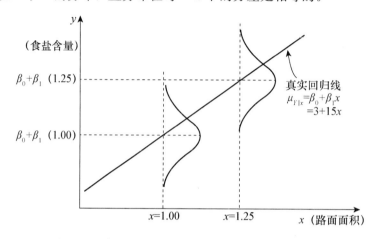

图 6—2　食盐含量—路面面积数据给定 x 下 Y 的分布

例如，假定食盐与路面面积相关关系的真实回归模型是 $\mu_{Y|x}=3+15x$，方差 $\sigma^2=2$。图 6—2 说明了这种情况。注意到我们用一个正态分布来描述 ε 的随机变化。因为 Y 是一个常数 $\beta_0+\beta_1 x$（均值）与一个正态随机变量的和，所以 Y 是一个正态随机变量。方差 σ^2 决定了关于食盐含量的观察值 Y 的变化。因此，当 σ^2 较小的时候，Y 的观察值将与直线非常靠近；而当 σ^2 较大的时候，Y 的观察值将偏离直线。因为 σ^2 是常数，所以 Y 的变化在任意 x 值下是相同的。

回归模型描述的是食盐含量 Y 与路面面积 x 的关系。因此，不论道路面积大小如何，食盐含量总是服从均值为 $3+15x$ 方差为 2 的正态分布。例如，当 $x=1.25$ 时，Y 的均值是 $\mu_{Y|x}=3+15(1.25)=21.75$，方差是 2。

实际建模中，许多经验模型含有多个回归变量。这时，回归模型仍然可以派上用场。含有多个回归变量的回归模型称为**多元回归模型**（multiple regression model）。

下面举一个例子，假设一种切割工具的有效寿命依赖于切割速度和它的棱角。能够描述这一关系的多元回归模型可以表示为：

$$Y=\beta_0+\beta_1 x_1+\beta_2 x_2+\varepsilon \tag{6—2}$$

式中，Y 为工具的寿命；x_1 为切割的速度；x_2 为工具的棱角；ε 为随机误差项。这是一个带有两个回归量的**多元线性回归模型**（multiple linear regression model）。称其为线性是因为式（6—2）是未知参数 β_0，β_1，β_2 的线性函数。

式（6—2）的回归模型描述的是 Y，x_1，x_2 组成的三维空间里的一张平面。图 6—3a 显示了回归模型 $E(Y)=50+10x_1+7x_2$ 的平面，这里我们假设了误差项的期望值为 0，即 $E(\varepsilon)=0$。参数 β_0 是平面的**截距**（intercept）。有时我们也称 β_1 和 β_2 为**偏**

回归系数（partial regression coefficients），因为 β_1 度量的是当 x_2 固定不变时每单位 x_1 变化引起的 Y 的变化；β_2 度量的是当 x_1 固定不变时每单位 x_2 变化引起的 Y 的变化。图 6—3b 是回归模型的**等高线图**（contour plot）——也即常数 $E(Y)$ 作为 x_1 和 x_2 的函数的一组曲线。注意到图中等高线是直线。

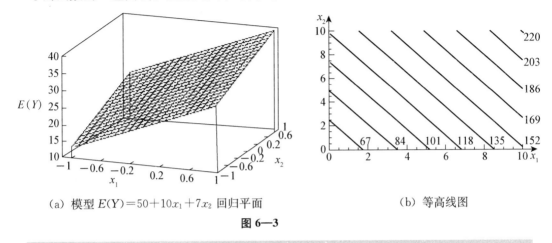

(a) 模型 $E(Y) = 50 + 10x_1 + 7x_2$ 回归平面　　　　(b) 等高线图

图 6—3

多元线性回归模型

　　在多元线性回归模型中，因变量或者应答与 k 个自变量或者回归量相关。模型表示为：

$$Y = \beta_0 + \beta_1 x_1 + \beta_2 x_2 + \cdots + \beta_k x_k + \varepsilon \tag{6—3}$$

参数 β_j（$j = 0, 1, \cdots, k$）称为回归系数。此模型描述了回归量 $\{x_j\}$ 和 Y 组成的空间中的一张超平面。参数 β_j 表示当回归量 x_i（$i \neq j$）固定不变时每单位 x_j 的变化引起的应答 Y 的期望变化。

多元线性回归模型经常作为**经验模型**（empirical models）使用。也就是说，虽然描述 Y 与 x_1，x_2，$\cdots$，x_k 关系的机械模型不知道，但是在自变量的特定范围内，回归模型是一种恰当的近似。

在结构上比式（6—3）复杂的模型也通常用多元回归模型方法进行分析。例如，考虑模型中有一个回归量的三次多项式模型。

$$Y = \beta_0 + \beta_1 x + \beta_2 x^2 + \beta_3 x^3 + \varepsilon \tag{6—4}$$

如果令 $x_1 = x$，$x_2 = x^2$，$x_3 = x^3$，则式（6—4）可以写成

$$Y = \beta_0 + \beta_1 x_1 + \beta_2 x_2 + \beta_3 x_3 + \varepsilon \tag{6—5}$$

这是有三个回归量的一个多元线性回归模型。

包括**交互作用**（interaction）效应的模型也能用多元线性回归模型进行分析。两个自变量的交互作用可以在模型中用叉乘项来表示，比如

$$Y = \beta_0 + \beta_1 x_1 + \beta_2 x_2 + \beta_{12} x_1 x_2 + \varepsilon \tag{6—6}$$

如果令 $x_3 = x_1 x_2$，$\beta_3 = \beta_{12}$，式（6—6）就可以写成

$$Y = \beta_0 + \beta_1 x_1 + \beta_2 x_2 + \beta_3 x_3 + \varepsilon$$

这是一个线性回归模型。

图 6—4（a）和（b）是回归模型 $Y = 50 + 10x_1 + 7x_2 + 5x_1 x_2$ 的三维图和相应的二维等高线图。注意，虽然模型是一个线性回归模型，但是由模型得到的表面的形状

不是线性的。一般来讲，对参数（β）是线性的模型就是线性回归模型，而不管由这个模型得到的表面的形状是什么。

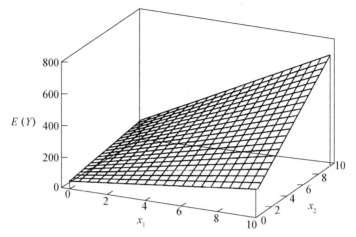

(a) 回归模型 $E(Y)=50+10x_1+7x_2+5x_1x_2$ 三维图

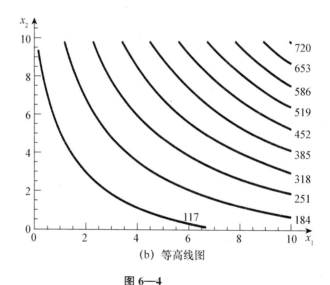

(b) 等高线图

图 6—4

图 6—4 是交互作用很好的一个图示解释。通常，交互作用表示的是在其中一个变量水平下（如 x_2）通过变化另一个变量（如 x_1）产生的影响。例如，图 6—4 表明，当 $x_2=2$ 时，x_1 从 2 到 8 变化引起的 $E(Y)$ 的变化要比当 $x_2=10$ 时 x_1 从 2 到 8 变化引起的 $E(Y)$ 的变化小得多。在产品和过程设计、过程优化以及其他工程行为中，交互作用效应经常发生，回归方法就是能够用来描述这种情况的技巧之一。

再举最后一个例子，考虑带有交互作用的二次模型：

$$Y=\beta_0+\beta_1 x_1+\beta_2 x_2+\beta_{11}x_1^2+\beta_{22}x_2^2+\beta_{12}x_1 x_2+\varepsilon \tag{6—7}$$

如果令 $x_3=x_1^2$，$x_4=x_2^2$，$x_5=x_1 x_2$，$\beta_3=\beta_{11}$，$\beta_4=\beta_{22}$，$\beta_5=\beta_{12}$，则式（6—7）可以写成如下多元线性回归模型：

$$Y=\beta_0+\beta_1 x_1+\beta_2 x_2+\beta_3 x_3+\beta_4 x_4+\beta_5 x_5+\varepsilon$$

图 6—5（a）和（b）是 $E(Y)=800+10x_1+7x_2-8.5x_1^2-5x_2^2+4x_1 x_2$ 的三维图和相应等高线图。

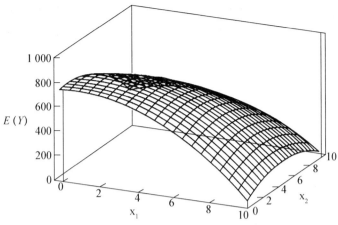

(a) 回归模型 $E(Y)=800+10x_1+7x_2-8.5x_1^2-5x_2^2+4x_1x_2$ 三维图

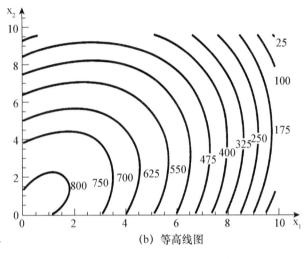

(b) 等高线图

图 6—5

图形显示 x_1 一单位变化引起的 Y 的期望值变化是 x_1 和 x_2 的一个函数。模型中的二次项和交互作用项导致了峰形函数。随着回归系数值的变化，带有交互作用的二次模型可以有很多种形状。因此它是一个很灵活的回归模型。

在很多实际问题中，参数（回归系数 β_j）的值和误差方差 σ^2 都是不知道的，必须通过样本数据来估计。**回归分析**（regression analysis）是估计回归模型参数所使用统计工具的集合。因此，拟合回归方程或模型常用来预测 Y 的将来值，或者对特定 x 下的平均应答做出估计。以简单线性回归模型作为例子，当路面面积百分比为 $x=1.25\%$ 时，环境工程师可能很关心对表面水流的平均食盐含量的估计。本章针对线性回归模型，讨论了这些方面的步骤与应用。

6.2 简单线性回归

6.2.1 最小二乘估计

简单线性回归（simple linear regression）考虑只有单一回归量或预报量 x 与一

个因变量或响应变量 Y 的情况。假设 Y 与 x 之间真实的关系是一条直线，并且观察值 Y 在 x 的每一个水平之下是一个随机变量。如前所述，Y 在每个 x 值下的期望值是：

$$E(Y|x) = \beta_0 + \beta_1 x$$

式中，截距 β_0 和斜率 β_1 都是未知的回归系数。假设每一个观察值 Y 可以通过如下模型来表示：

$$Y = \beta_0 + \beta_1 x + \varepsilon \tag{6—8}$$

式中，ε 是均值为 0 方差为 σ^2 的随机误差项，不同观察值之间的随机误差也假设是不相关的随机变量。

假设我们有 n 对观察值 (x_1, y_1)，(x_2, y_2)，…，(x_n, y_n)。图 6—6 给出了一个典型的数据散点图和回归直线的估计。β_0 和 β_1 的估计应当使得这条直线对数据的拟合达到最好，德国科学家 Karl Gauss（1777—1855）提出了估计式（6—8）中的参数 β_0 和 β_1 使图 6—6 中垂直方向差异平方和最小化的方法。

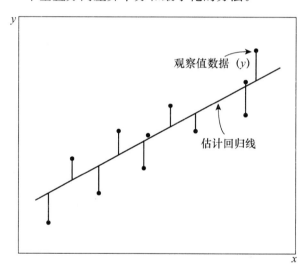

图 6—6　数据与估计回归模型的背离

我们称这种估计回归系数的方法为**最小二乘方法**（method of least squares）。使用式（6—8），我们表示样本中的 n 个观测如下：

$$y_i = \beta_0 + \beta_1 x_i + \varepsilon_i, i = 1, 2, \cdots, n \tag{6—9}$$

观测偏离真实回归直线的平方和为：

$$L = \sum_{i=1}^{n} \varepsilon_i^{\,2} = \sum_{i=1}^{n} (y_i - \beta_0 - \beta_1 x_i)^2 \tag{6—10}$$

β_0 和 β_1 的最小二乘估计，$\hat{\beta}_0$ 和 $\hat{\beta}_1$，必须满足：

$$\left. \frac{\partial L}{\partial \beta_0} \right|_{\hat{\beta}_0, \hat{\beta}_1} = -2 \sum_{i=1}^{n} (y_i - \hat{\beta}_0 - \hat{\beta}_1 x_i) = 0$$

$$\left. \frac{\partial L}{\partial \beta_1} \right|_{\hat{\beta}_0, \hat{\beta}_1} = -2 \sum_{i=1}^{n} (y_i - \hat{\beta}_0 - \hat{\beta}_1 x_i) x_i = 0 \tag{6—11}$$

化简两个方程得：

$$n\hat{\beta}_0 + \hat{\beta}_1 \sum_{i=1}^{n} x_i = \sum_{i=1}^{n} y_i \tag{6—12}$$

$$\hat{\beta}_0 \sum_{i=1}^{n} x_i + \hat{\beta}_1 \sum_{i=1}^{n} x_i^2 = \sum_{i=1}^{n} y_i x_i$$

式（6—12）称为**最小二乘标准方程组**（least squares normal equations）。标准方程组的解就是 $\hat{\beta}_0$ 和 $\hat{\beta}_1$ 的最小二乘估计。

简单线性模型的计算公式

简单线性模型中，截距和斜率的最小二乘估计是：

$$\hat{\beta}_0 = \bar{y} - \hat{\beta}_1 \bar{x} \tag{6—13}$$

$$\hat{\beta}_1 = \frac{\displaystyle\sum_{i=1}^{n} y_i x_i - \frac{\left(\sum_{i=1}^{n} y_i\right)\left(\sum_{i=1}^{n} x_i\right)}{n}}{\displaystyle\sum_{i=1}^{n} x_i^2 - \frac{\left(\sum_{i=1}^{n} x_i\right)^2}{n}} \tag{6—14}$$

$$= \frac{\displaystyle\sum_{i=1}^{n}(x_i - \bar{x})(y_i - \bar{y})}{\displaystyle\sum_{i=1}^{n}(x_i - \bar{x})^2} = \frac{S_{xy}}{S_{xx}}$$

其中

$$\bar{y} = (1/n)\sum_{i=1}^{n} y_i, \bar{x} = (1/n)\sum_{i=1}^{n} x_i$$

因此，**拟合**（fitted）或者**估计的回归直线**（estimated regression line）是：

$$\hat{y} = \hat{\beta}_0 + \hat{\beta}_1 x \tag{6—15}$$

注意到每对观察满足关系式

$$y_i = \hat{\beta}_0 + \hat{\beta}_1 x_i + e_i, i = 1, 2, \cdots, n$$

式中，$e_i = y_i - \hat{y}_i$ 称作**残差**（residual）。残差描述的是第 i 组观察值 y_i 与模型的拟合值之间的误差。因此我们将使用残差来提供拟合模型**充分性**（adequacy）方面的信息。

例 6—1

对表 6—1 提供的食盐含量和路面面积数据拟合一个简单的线性回归模型。计算下面的量：

$$n = 20 \quad \sum_{i=1}^{20} x_i = 16.480 \quad \sum_{i=1}^{20} y_i = 342.70 \quad \bar{x} = 0.824 \quad \bar{y} = 17.135$$

$$\sum_{i=1}^{20} y_i^2 = 7\,060.00 \quad \sum_{i=1}^{20} x_i^2 = 17.250\,2 \quad \sum_{i=1}^{20} x_i y_i = 346.793$$

$$S_{xx} = \sum_{i=1}^{20} x_i^2 - \frac{\left(\sum_{i=1}^{20} x_i\right)^2}{20} = 17.250\,2 - \frac{(16.486)^2}{20} = 3.670\,68$$

$$S_{xy} = \sum_{i=1}^{20} x_i y_i - \frac{\left(\sum_{i=1}^{20} x_i\right)\left(\sum_{i=1}^{20} y_i\right)}{20} = 346.793 - \frac{(16.480)(342.70)}{20} = 64.408\ 2$$

因此，斜率和截距的最小二乘估计为：

$$\hat{\beta}_1 = \frac{S_{xy}}{S_{xx}} = \frac{64.408\ 2}{3.670\ 68} = 17.546\ 7$$

$$\hat{\beta}_0 = \bar{y} - \hat{\beta}_1 \bar{x} = 17.135 - (17.546\ 7)0.842 = 2.676\ 5$$

从而拟合的简单线性模型为：

$$\hat{y} = 2.676\ 5 + 17.546\ 7x$$

$$\underset{\hat{\beta}_0}{\uparrow} \qquad \underset{\hat{\beta}_1}{\uparrow}$$

模型和数据如图 6—7 所示。

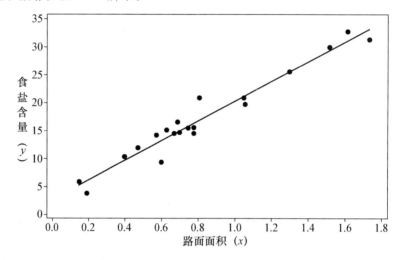

图 6—7　食盐含量 y 对路面面积 x 的散点图和拟合回归直线

　　实践解释：利用例 6—1 得到的线性回归模型，当流域路面面积百分比为 1.25%时，我们就可以预测表面水流的食盐含量 $\hat{y} = 2.676\ 5 + 17.546\ 7(1.25) = 24.61$ 毫克/升。该预测值既可以看成是当路面面积 $x = 1.25\%$ 时平均食盐含量的一个估计，也可以看成是当 $x = 1.25\%$ 时新观测的一个估计。当然这些估计将产生误差，也就是说，当路面面积为 1.25%时，真实的平均食盐含量或者将来的观测都未必一定是 24.61 毫克/升。因此，我们将介绍怎样利用置信区间和预测区间来描述由回归模型估计所产生的误差。

　　计算软件广泛应用于拟合回归模型的计算。有关食盐含量和路面面积回归模型的 Minitab 输出结果如表 6—2 所示。

　　在 Minitab 输出结果中我们已经做了几项标记，包括 $\hat{\beta}_0$ 和 $\hat{\beta}_1$ 的（表 6—2 上部分的 "Coef" 列）。注意到 Minitab 计算了模型的残差；也即，它将样本中的每个 x_i（$i = 1, 2, \cdots, n$）的值相继带入了拟合回归模型，计算出拟合值 $\hat{y}_i = \hat{\beta}_0 + \hat{\beta}_1 x_i$ 并用 $e_i = y_i - \hat{y}_i (i = 1, 2, \cdots, n)$ 求出残差，例如，第九组观察值是 $x_9 = 0.75$，$y_9 = 15.5$，回归模型的预测值 $\hat{y}_9 = 15.837$，所以相应的残差 $e_9 = 15.5 - 15.837 = -0.337$。20 个观察值的残差见输出结果。

表 6—2　　　　　　　　**Minitab 对于食盐含量和道路面积的回归分析输出结果**

Regression Analysis：Salt conc（y）　　versus Roadway area（x）
The regression equation is
Salt conc（y）＝ 2.68 ＋ 17.5 Roadway area（ x ）

Predictor	Coef	SE Coef	T	P
Constant	2.6765 ← $\hat{\beta}_0$	0.8680	3.08	0.006
Roadway area	17.5467 ← $\hat{\beta}_1$	0.9346	18.77	0.000

　　　　　S＝ 1.791 ← $\hat{\sigma}$　　　　　　R−Sq＝95.1%　　　　　　R−Sq(adj) ＝ 94.9%

Analysis of Variance

Source	DF	SS	MS	F	P
Regression	1	1130.1 ← SS_R	1130.1	352.46	0.000
Residual Error	18	57.7 ← SS_E	3.2 ← $\hat{\sigma}^2$		
Total	19	1187.9 ← SS_T			

Obs	Roadway area	Salt conc	Fit	SEFit	Residual
1	0.19	3.800	6.010	0.715	−2.210
2	0.15	5.900	5.309	0.746	0.591
3	0.57	14.100	12.678	0.465	1.422
4	0.40	10.400	9.695	0.563	0.705
5	0.70	14.600	14.959	0.417	−0.359
6	0.67	14.500	14.433	0.425	0.067
7	0.63	15.100	13.731	0.440	1.369
8	0.47	11.900	10.923	0.519	0.977
9	0.75	15.500	15.837	0.406	−0.337
10	0.60	9.300	13.205	0.452	−3.905
11	0.78	15.600	16.363	0.403	−0.763
12	0.81	20.800	16.889	0.401	3.911
13	0.78	14.600	16.363	0.403	−1.763
14	0.69	16.600	14.784	0.420	1.816
15	1.30	25.600	25.487	0.599	0.113
16	1.05	20.900	21.101	0.453	−0.201
17	1.52	29.900	29.347	0.764	0.553
18	1.06	19.600	21.276	0.457	−1.676
19	1.74	31.300	33.208	0.945	−1.908
20	1.62	32.700	31.102	0.845	1.598

Predicted Values for New Observations

New Obs	Fit	SE Fit	95% CI	95% PI
1	24.610	0.565	(23.424，25.796)	(20.665，28.555)

Values of Predictors for New Observations

New Obs	Roadway area
1	1.25

　　拟合回归模型的残差被用来估计模型误差的方差 σ^2。回忆前面的介绍，σ^2 决定了应答变量 y 在给定回归变量 x 下的观察值的变化量。残差平方和用来得到 σ^2 的估计。

误差平方和

残差平方和（有时称误差平方和）定义为：

$$SS_E = \sum_{i=1}^{n}(y_i - \hat{y}_i)^2 = \sum_{i=1}^{n}e_i{}^2 \tag{6—16}$$

σ^2 的估计为：

$$\hat{\sigma}^2 = \frac{SS_E}{n-2} \tag{6—17}$$

虽然有 n 个残差，式（6—11）表示残差满足这两个方程。因此，知道 $n-2$ 个残差可以计算出剩下的两个残差。因此，$n-2$ 作为式（6—17）里的分母。

例 6—1（续）

食盐含量—路面面积回归模型的 $SS_E = 57.7$ 和 $\hat{\sigma}^2 = 3.2$ 都标记在表 6—2 中。量 $S = 1.791$ 即 $\sqrt{\hat{\sigma}^2} = \sqrt{3.2}$，它是模型误差标准差的一个估计。

回归假设和模型性质

在线性回归中，我们通常假设模型误差 ε_i，$i = 1$，2，$\cdots$，n 服从均值为 0、方差为 σ^2 的独立正态分布。因为回归变量 x_i 在数据收集前假设是固定的，所以应答变量 Y_i 服从均值为 $\beta_0 + \beta_1 x_i$ 方差为 σ^2 的正态分布。另外，$\hat{\beta}_0$ 和 $\hat{\beta}_1$ 都可以写成 Y_i 的线性组合。独立正态随机变量线性函数的这些性质可推出如下结果。

1. $\hat{\beta}_0$ 和 $\hat{\beta}_1$ 是分别截距和斜率的无偏估计，也就是说，$\hat{\beta}_1(\hat{\beta}_0)$ 的分布以真实值 $\beta_1(\beta_0)$ 为中心。

2. $\hat{\beta}_0$ 和 $\hat{\beta}_1$ 的方差是

$$V(\hat{\beta}_0) = \sigma^2\left(\frac{1}{n} + \frac{\bar{x}^2}{S_{xx}}\right) \quad \text{和} \quad V(\hat{\beta}_1) = \frac{\sigma^2}{S_{xx}}$$

3. $\hat{\beta}_0$ 和 $\hat{\beta}_1$ 的分布都是正态的。

如果用式（6—17）得到的 $\hat{\sigma}^2$ 替代斜率和截距方差表达式中的 σ^2，然后取平方根，就得到截距和斜率的标准误。

斜率和截距的标准误，简单线性回归

简单线性回归中，斜率和截距的标准误差分别是

$$se(\hat{\beta}_1) = \sqrt{\frac{\hat{\sigma}^2}{S_{xx}}} \tag{6—18}$$

$$se(\hat{\beta}_0) = \sqrt{\hat{\sigma}^2\left(\frac{1}{n} + \frac{\bar{x}^2}{S_{xx}}\right)} \tag{6—19}$$

例 6—1（续）

Minitab 计算斜率和截距的标准误，在电脑输出程序（见表 6—2）中显示在靠近系数估计值 $\hat{\beta}_0$ 和 $\hat{\beta}_1$ 的 "SE Coef" 一列，从 Minitab 输出结果发现 $se(\hat{\beta}_0) = 0.868\,0$，

$se(\hat{\beta}_1)=0.934\ 6$。标准误将用来求置信区间和检验有关斜率和截距的假设。

回归与方差分析

观测的 y 值的总的平方和

$$SS_T = S_{yy} = \sum_{i=1}^{n} (y_i - \bar{y})^2 = \sum_{i=1}^{n} y_i^2 - \frac{\left(\sum_{i=1}^{n} y_i\right)^2}{n} \tag{6—20}$$

是应答中总方差的一个度量。总的平方和（SS_T）可以写为

$$SS_T = \sum_{i=1}^{n} (y_i - \bar{y})^2 = \sum_{i=1}^{n} (\hat{y}_i - \bar{y})^2 + \sum_{i=1}^{n} (y_i - \hat{y}_i)^2 \tag{6—21}$$

这是一个方差分析（ANOVA），与 5.8 节碰到的 ANOVA 很相似。它将应答中的总方差分成两部分。一部分由式（6—16）得到，是误差或残差平方和，它度量了 y 中不能解释的方差，另外一部分

$$SS_R = \sum_{i=1}^{n} (\hat{y}_i - \bar{y})^2$$

度量了由回归模型解释的方差。SS_R 通常被称为回归平方和，或者模型平方和。这些平方和都列在表 6—2 标题为 "Analysis of Variance" 的部分，我们通常将比值 SS_E/SS_T 认为是应答变量的方差中不能被回归模型解释的比例，从而，$1-SS_E/SS_T$ 就是应答变量的方差中能够被模型解释的比例。

决定系数（R^2）

决定系数定义为

$$R^2 = 1 - \frac{SS_E}{SS_T} \tag{6—22}$$

解释为观测应答变量的方差中能够被回归模型解释的比例。有时给出的量为 $100R^2$，它指能够用模型解释的方差的百分比。

Minitab 计算并给出 R^2 统计量。例如，表 6—2 的食盐含量—路面面积回归模型中，Minitab 给出的量 $100R^2$ 为 95.1%，表示回归模型能够解释食盐含量数据的观测变化的 95.1%。

ANOVA 分解使得 $0 \leqslant R^2 \leqslant 1$。大的 R^2 值表示模型能够成功地解释应答的方差。当 R^2 的值很小时，就表示我们需要探索另外一个模型，比如多元回归模型，使得更能解释 y 的变化。

回归的其他方面

回归模型多用于**插值**（interpolation）。也即当预测应答在特殊的回归量 x 下的新观察值时（或估计平均应答），我们只能利用在拟合模型时所用到的 x 范围内的 x 值。例如，在例 6—1 的食盐含量—路面面积问题中，0.15%~1.74% 的路面面积值是合理的，但是 $x=2.5$ 就是不合理的，因为它超出回归量原始范围外很多。基本上，当数据位于原来范围外时，作为真实关系经验模型的线性近似的可靠性将变得很糟糕。

在这一节里面，我们都是假设回归量是可控制的，并且由分析者选择范围，而应答变量 Y 是随机变量。有很多情形下并非是这样的。事实上，在食盐含量—路面面

积数据中，路面面积是不能被控制的。分析者选取 20 段分水岭，食盐含量和路面面积都是随机变量。本章所描述的回归方法对于回归量是预先固定和是随机的情况都是适用的，但是固定回归量的情况比较容易描述，所以我们主要讲述这种情况，当 Y 和 X 都随机时，我们可以用**相关系数**（correlation）度量两变量之间的关系。将在 6.5.6 中进行简单的讨论。

术语回归分析最早由弗朗西斯·高尔顿（Francis Galton）在 19 世纪末使用，当时他研究了父子身高的关系问题。高尔顿拟合了一个模型，由父亲的身高来预测儿子的身高。他发现如果父亲在平均身高以上，则儿子的身高也趋向于平均身高以上。

6.2.2　检验简单线性回归中的假设

检验简单线性回归中关于斜率和截距的假设通常都是很有用处的。我们继续沿用对模型误差以及在 6.2.1 中介绍的应答变量的正态假设。

t-检验的使用

假设我们希望检验斜率等于一个常数 $\beta_{1,0}$ 的假设，相应的假设是

$$H_0 : \beta_1 = \beta_{1,0}$$
$$H_1 : \beta_1 \neq \beta_{1,0} \tag{6—23}$$

因为应答 Y_i 是独立正态随机变量，$\hat{\beta}_1$ 服从 $N(\beta_1, \sigma^2/S_{xx})$。因此，统计量

$$T_0 = \frac{\hat{\beta}_1 - \beta_{1,0}}{\sqrt{\hat{\sigma}^2/S_{xx}}} = \frac{\hat{\beta}_1 - \beta_{1,0}}{se(\hat{\beta}_1)} \tag{6—24}$$

在 $H_0 : \beta_1 = \beta_{1,0}$ 下服从自由度为 $n-2$ 的 t 分布。如果计算出的统计量值

$$|t_0| > t_{\alpha/2, n-2} \tag{6—25}$$

我们就拒绝 $H_0 : \beta_1 = \beta_{1,0}$。

这里 t_0 由式（6—24）计算得来。相似的步骤可用来检验有关截距的假设，检验

$$H_0 : \beta_0 = \beta_{0,0}$$
$$H_1 : \beta_0 \neq \beta_{0,0} \tag{6—26}$$

使用统计量

$$T_0 = \frac{\hat{\beta}_0 - \beta_{0,0}}{\sqrt{\hat{\sigma}^2 \left[\frac{1}{n} + \frac{\bar{x}^2}{S_{xx}} \right]}} = \frac{\hat{\beta}_0 - \beta_{0,0}}{se(\hat{\beta}_0)} \tag{6—27}$$

P 值可以在 t-检验中计算出来，对于一个固定水平的检验来说，如果计算的统计量值 t_0 使得 $|t_0| > t_{\alpha/2, n-2}$，则拒绝零假设。

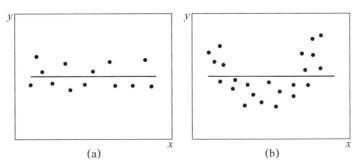

图 6—8　假设 $H_0 : \beta_1 = 0$ 未被拒绝

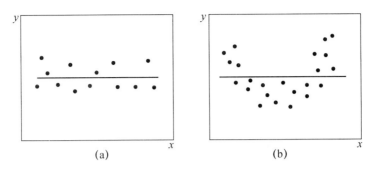

图 6—9 假设 H_0 : $\beta_1 = 0$ 被拒绝

假设式（6—23）的一种特殊的情形是

$$H_0 : \beta_1 = 0$$
$$H_1 : \beta_1 \neq 0 \tag{6—28}$$

该假设涉及**回归显著性**（significance of regression）。接受 H_0 : $\beta_1 = 0$ 等价于 x 和 Y 之间没有线性关系。这种情形见图 6—8。注意到这或者表示在解释 Y 的变化上 x 的价值很小，并且对任何 x 值 Y 的最佳估计量都是 $\hat{y} = \bar{y}$（见图 6—8（a）），或者表示 x 和 Y 之间真实的关系不是线性的（见图 6—8（b））。反过来，如果 H_0 : $\beta_1 = 0$ 被拒绝，就表示在解释 Y 的变化上 x 很有价值（见图 6—9）。拒绝 H_0 : $\beta_1 = 0$ 意味着直线模型是适当的（见图 6—9（a））或者意味着虽然存在线性影响，但是在其中加入 x 的高次多项式项将会得到更好的结果（见图 6—9（b））。

例 6—2

我们用例 6—1 得到的食盐含量—路面面积数据的模型来检验回归的显著性。假设是

$$H_0 : \beta_1 = 0$$
$$H_1 : \beta_1 \neq 0$$

使用显著性水平 $\alpha = 0.01$。由例 6—1 和表 6—2 的 Minitab 输出结果，我们有

$$\hat{\beta}_1 = 17.5467, n = 20, S_{xx} = 3.67068, \hat{\sigma}^2 = 3.2$$

从而式（6—24）的 t 统计量为：

$$t_0 = \frac{\hat{\beta}_0}{\sqrt{\hat{\sigma}^2 / S_{xx}}} = \frac{\hat{\beta}_1}{se(\hat{\beta}_1)} = \frac{17.5467}{\sqrt{3.2 / 3.67068}} = 18.77$$

因为临界值 $t_{0.005, 18} = 2.88$，统计量的值距离临界域很远，表示 H_0 : $\beta_1 = 0$ 应被拒绝。检验的 P-值趋近于零。这由计算器计算得来并且强烈地表明了 β_1 的统计学意义。

该问题的 Minitab 输出结果见表 6—2。注意斜率的 t-统计量值计算为 18.77，给出的 P-值是 $P = 0.000$，Minitab 也给出了检验假设 H_0 : $\beta_0 = 0$ 的 t-统计量值。该统计量值由式（6—27）计算得来，$t_0 = 3.08$，其中 $\beta_{0,0} = 0$。因为 P-值为 0.006，所以截距是零的假设被拒绝。

实践解释：检验 H_0 : $\beta_0 = 0$ 的统计学意义表示了检测到路面面积和盐含量之间是有关系的。

方差分析方法

方差分析也可以用来检验回归的显著性。如果回归的显著性假设 H_0：$\beta_1 = 0$ 为真，SS_R/σ^2 就是自由度为 1 的卡方随机变量。注意到卡方随机变量的自由度等于模型中回归变量的数量。我们也能证明 SS_E/σ^2 是自由度为 $n-2$ 的卡方随机变量，并且 SS_E 和 SS_R 是独立的。

简单线性回归中回归显著性检验

$$MS_R = \frac{SS_R}{1} \quad MS_E = \frac{SS_E}{n-p} \tag{6—29}$$

零假设：H_0：$\beta_1 = 0$

备择假设：H_1：$\beta_1 \neq 0$

检验统计量：$F_0 = \dfrac{MS_R}{MS_E}$ $\tag{6—30}$

拒绝域：$f_0 > f_{a,1,n-2}$

P 值：在 $F_{a,1,n-2}$ 分布下大于 f_0 的概率

回归显著性的方差分析（ANOVA）检验通常总结在一张表里面，如表 6—3 所示。

表 6—3 回归显著性检验的方差分析

变差类	平方和	自由度	均方	F_0
回归	SS_R	1	MS_R	MS_R/MS_E
误差或残差	SS_E	$n-2$	MS_E	
总和	SS_T	$n-1$		

例 6—2（续）

表 6—2 的 Minitab 输出结果包括了回归显著性的方差分析检验。回归显著性的 F 统计量计算结果为 $f_0 = MS_R/MS_E = 1\,130.1/3.2 = 352.46$。Minitab 给出的该检验的 P-值为 0.000（实际的 P-值是 2.87×10^{-13}）。因此，拒绝回归直线斜率为零的假设，认为在食盐含量与路面面积之间存在一种线性关系。

回归显著性的 t-检验与 ANOVA F-检验密切相关。事实上，两个检验程序得到了相同的结果。这并不显得奇怪，因为两个程序都用来检验同一个假设。结果表明统计量 t_0 的计算值的平方等于 ANOVA 统计量 f_0 的计算值（四舍五入可能会影响这一结果）。要验证这一点，参见表 6—2 的 Minitab 输出结果，注意到 $t_0^2 = 18.77^2 = 352.3$，不考虑 Minitab 输出的舍入，它就等于 ANOVA F-统计量。一般地，自由度为 r 的 t 随机变量的平方等于分子自由度为 1、分母自由度为 r 的 F 随机变量。

6.2.3 简单线性回归中的置信区间

斜率和截距的置信区间

除了得到斜率和截距的点估计外，可能还需要获得这些参数的置信区间估计。置信区间的宽度是回归直线总体质量的一个度量。如果回归模型中的误差项 ε_i 服从独

立正态分布，则

$$(\hat{\beta}_1 - \beta_1)/se(\hat{\beta}_1) \text{ 和 } (\hat{\beta}_0 - \beta_0)/se(\hat{\beta}_0)$$

都是自由度为 $n-2$ 的 t 随机变量。这样就有如下关于斜率和截距的 $100(1-\alpha)\%$ 置信区间的定义。

简单线性回归中模型参数的置信区间

在观察值服从独立正态分布的假设之下，简单线性回归中斜率 β_1 的 $100(1-\alpha)\%$ 置信区间是

$$\hat{\beta}_1 - t_{\alpha/2,n-2}se(\hat{\beta}_1) \leqslant \beta_1 \leqslant \hat{\beta}_1 + t_{\alpha/2,n-2}se(\hat{\beta}_1) \tag{6—31}$$

类似地，截距 β_0 的 $100(1-\alpha)\%$ 置信区间是

$$\hat{\beta}_0 - t_{\alpha/2,n-2}se(\hat{\beta}_0) \leqslant \beta_0 \leqslant \hat{\beta}_0 + t_{\alpha/2,n-2}se(\hat{\beta}_0) \tag{6—32}$$

其中，$se(\hat{\beta}_1)$ 和 $se(\hat{\beta}_0)$ 分别如式（6—18）和（6—19）的定义。

例 6—3

我们要求例 6—1 使用数据的回归置信斜率的 95% 置信区间。我们已经知道 $\hat{\beta}_1 = 17.546\,7$，$se(\hat{\beta}_1) = 0.934\,6$（见表 6—2）。从而，由式（6—30）我们求得

$$\hat{\beta}_1 - t_{0.025,18}se(\hat{\beta}_1) \leqslant \beta_1 \leqslant \hat{\beta}_1 + t_{0.025,18}se(\hat{\beta}_1)$$

即

$$14.947 - 2.101(0.934\,6) \leqslant \beta_1 \leqslant 14.947 + 2.101(0.934\,6)$$

化简得

$$15.583\,1 \leqslant \beta_1 \leqslant 19.510\,3$$

实践解释：置信区间表示一个 1% 的路面面积的变化会导致 15.5mg/L ～ 19.5mg/L 的食盐含量增长。

平均应答的置信区间

可以构造在特殊的 x 值 x_0 下平均应答的置信区间。这是关于 $E(Y \mid x_0) = \mu_{Y \mid x_0}$ 的置信区间，通常称为回归直线的置信区间。因为 $E(Y \mid x_0) = \mu_{Y \mid x_0} = \beta_0 + \beta_1 x_0$，所以我们能够找到 Y 在 $x = x_0$ 下均值（$\mu_{Y \mid x_0}$）的一个点估计，根据拟合模型

$$\hat{\mu}_{Y \mid x_0} = \hat{y}_0 = \hat{\beta}_0 + \hat{\beta}_1 x_0$$

因为 $\hat{\beta}_0$ 和 $\hat{\beta}_1$ 分别是 β_0 和 β_1 的无偏估计，所以 $\hat{\mu}_{Y \mid x_0}$ 是 $\mu_{Y \mid x_0}$ 的一个无偏点估计。$\hat{\mu}_{Y \mid x_0}$ 的方差为

$$V(\hat{\mu}_{Y \mid x_0}) = \sigma^2 \left[\frac{1}{n} + \frac{(x_0 - \bar{x})^2}{S_{xx}} \right] \tag{6—33}$$

同样，因为 $\hat{\beta}_0$ 和 $\hat{\beta}_1$ 都服从正态分布，所以 $\hat{\mu}_{Y \mid x_0}$ 服从正态分布，如果 $\hat{\sigma}^2$ 是 σ^2

的一个估计，很容易证明

$$\frac{\hat{\mu}_{Y|x_0}-\mu_{Y|x_0}}{\sqrt{\hat{\sigma}^2\left[\dfrac{1}{n}+\dfrac{(x_0-\bar{x})^2}{S_{xx}}\right]}}=\frac{\hat{\mu}_{Y|x_0}-\mu_{Y|x_0}}{se(\hat{\mu}_{Y|x_0})}$$

服从自由度为 $n-2$ 的 t 分布。数量 $se(\hat{\mu}_{Y|x_0})$ 有时称为拟合值的标准误。从而有下面的置信区间定义。

简单线性回归中平均应答的置信区间

在 $x=x_0$ 下平均应答（$\mu_{Y|x_0}$）的一个 $100(1-\alpha)\%$ 置信区间是

$$\hat{\mu}_{Y|x_0}-t_{\alpha/2,n-2}se(\hat{\mu}_{Y|x_0})\leqslant\mu_{Y|x_0}\leqslant\hat{\mu}_{Y|x_0}+t_{\alpha/2,n-2}se(\hat{\mu}_{Y|x_0}) \tag{6—34}$$

其中，$\hat{\mu}_{Y|x_0}=\hat{\beta}_0+\hat{\beta}_1 x_0$，根据拟合的回归模型计算出。

注意到 $\mu_{Y|x_0}$ 的置信区间的宽度是特定值 x_0 的函数。区间宽度在 $x_0=\bar{x}$ 处最小，并随着 $|x_0-\bar{x}|$ 的增大而增大。

例 6—4

我们对例 6—1 数据的平均应答建立一个 95% 置信区间。拟合模型是 $\hat{\mu}_{Y|x_0}=2.676\,5+17.546\,7x_0$，由式（6—33）求出 $\mu_{Y|x_0}$ 的 95% 置信区间是：

$$\hat{\mu}_{Y|x_0}\pm2.101se(\hat{\mu}_{Y|x_0})\quad se(\hat{\mu}_{Y|x_0})=\sqrt{3.2\left[\frac{1}{20}+\frac{(x_0-0.824)^2}{3.670\,68}\right]}$$

假定我们要预测当 $x_0=1.25\%$ 时的食盐含量。从而有

$$\hat{\mu}_{Y|1.25}=2.676\,5+17.546\,7(1.25)=24.61$$

95% 置信区间是

$$\left\{24.61\pm2.101\sqrt{3.2\left[\frac{1}{20}+\frac{(1.25-0.824)^2}{3.670\,68}\right]}\right\}$$

即

$$24.61\pm2.101(0.564)$$

因此，$\hat{\mu}_{Y|1.25}$ 的 95% 置信区间是

$$23.425\leqslant\hat{\mu}_{Y|1.25}\leqslant24.795$$

Minitab 也能完成这一计算，参见表 6—2。在 $x=1.25$ 下 y 的预测值和 $se(\hat{\mu}_{Y|x_0})$、y 在 x 下的均值的 95% 置信区间一并被给出。Minitab 将标准误 $se(\hat{\mu}_{Y|x_0})$ 记为 "SE Fit"。

通过对不同的 x_0 重复该计算过程，就得到相应 $\mu_{Y|x_0}$ 的置信限。Minitab 计算了样本中每一个 x 下的标准误 $se(\hat{\mu}_{Y|x_0})$。在表 6—2 中，标准误被列在 "SE Fit" 一列。图 6—10 显示了 Minitab 的拟合模型的散点图和相应的 95% 置信上限和下限。95% 置信水平仅适用于在某一个 x 值下得到的置信区间，而不能适用于于整个 x-水平的集合。注意到 $\mu_{Y|x_0}$ 置信区间的宽度随着 $|x_0-\bar{x}|$ 的增大而增大。

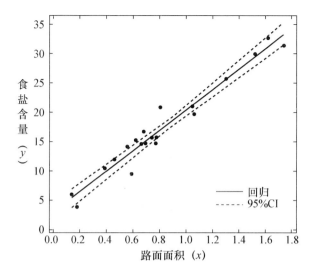

图 6—10　例 6—1 食盐含量和路面面积散点图、拟合回归直线和 $\mu_{Y|x_0}$ 的 95％置信限

☐ 6.2.4　新观察值的预测

回归模型一个重要的应用就是预测指定回归量 x 下的新的或者将来的观察值 Y。如果 x_0 就是所关心的回归量的值，则

$$\hat{Y}_0 = \hat{\mu}_{Y|x_0} = \hat{\beta}_0 + \hat{\beta}_1 x_0 \tag{6—35}$$

就是新的或者将来的观察值 Y_0 的点估计。

现在考虑要得到一个关于将来观察值 Y_0 的区间估计问题。新的观察值与建立模型用到的观察值是独立的。因此，$\mu_{Y|x_0}$ 的置信区间式（6—34）就不再适用了，因为该区间仅仅依赖于用于拟合回归模型的数据。$\mu_{Y|x_0}$ 的置信区间涉及 $x=x_0$（即一个总体参数）下的平均应答，而不是将来观察值。

令 Y_0 表示在 $x=x_0$ 的将来观察值，并令由式（6—35）给出的 $\hat{Y}_0$ 是 Y_0 的估计。注意到预测误差 $Y_0 - \hat{Y}_0$ 是一个正态分布随机变量，均值为 0，又因为 Y_0 与 $\hat{Y}_0$ 是相互独立的，所以方差为

$$V(Y_0 - \hat{Y}_0) = \sigma^2 \left[1 + \frac{1}{n} + \frac{(x_0 - \bar{x})^2}{S_{xx}} \right]$$

如果用 $\hat{\sigma}^2$ 去估计 σ^2，则能够证明

$$\frac{Y_0 - \hat{Y}_0}{\sqrt{\hat{\sigma}^2 \left[1 + \frac{1}{n} + \frac{(x_0 - \bar{x})^2}{S_{xx}} \right]}}$$

服从自由度为 $n-2$ 的 t 分布。由此，引出如下**预测区间**（prediction interval，PI）的定义。

将来观察值的预测区间，简单线性回归

将来观察值 Y_0 在给定 x_0 下的 $100\,(1-\alpha)\%$ 预测区间是

$$\hat{y}_0 - t_{\alpha/2, n-2} \sqrt{\hat{\sigma}^2 \left[1 + \frac{1}{n} + \frac{(x_0 - \bar{x})^2}{S_{xx}} \right]}$$

$$\leqslant Y_0 \leqslant \hat{y}_0 + t_{\alpha/2, n-2} \sqrt{\hat{\sigma}^2 \left[1 + \frac{1}{n} + \frac{(x_0 - \bar{x})^2}{S_{xx}} \right]} \qquad (6\text{—}36)$$

$\hat{y}_0$ 的值根据回归模型 $\hat{y}_0 = \hat{\beta}_0 + \hat{\beta}_1 x_0$ 计算。

注意，预测区间的宽度在 $x_0 = \bar{x}$ 处最小，并随着 $|x_0 - \bar{x}|$ 的增大而增大。比较式（6—36）和式（6—34），发现在点 x_0 的预测区间比在 x_0 的置信区间要宽。这是因为预测区间不仅依赖于拟合模型产生的误差，而且还依赖于跟将来观察值相联系的误差。式（6—36）的预测区间与 4.8.1 中介绍的源于正态分布的未来观察值的预测区间相似。

例 6—5

为了进一步说明预测区间，假设我们使用例 6—1 的数据，求当路面面积 $x_0 = 1.25\%$ 时，食盐含量的未来观察值的一个 95% 预测区间。使用式（6—36），由例 6—4 得知 $\hat{y}_0 = 24.61$，求得该预测区间是

$$24.61 - 2.101 \sqrt{3.2 \left[1 + \frac{1}{20} + \frac{(1.25 - 0.824)^2}{3.670\,68} \right]}$$

$$\leqslant Y_0 \leqslant 24.61 + 2.101 \sqrt{3.2 \left[1 + \frac{1}{20} + \frac{(1.25 - 0.824)^2}{3.670\,68} \right]}$$

化简得

$$20.66 \leqslant Y_0 \leqslant 28.55$$

Minitab 也能计算预测区间。参考表 6—2 的输出结果。未来观察值在 $x_0 = 1.25\%$ 的预测区间列在表中。

不同水平的 x_0 值，重复上述计算过程，就能得到如图 6—11 所示的关于拟合回归模型的 95% 预测上限和预测下限。图中也给出了例 6—3 计算的关于 $\mu_{Y|x_0}$ 的 95% 置信限。说明了预测限比置信限要宽。

6.2.5 模型充分性检查

拟合一个回归模型需要几条假设。估计模型参数时需要假设误差是均值为零方差为常数的不相关随机变量。检验假设和区间估计需要误差是正态分布的。另外，还假设使用的模型的次数是正确的；也即，如果我们拟合的是简单线性回归模型，就假设被观察对象实际就是线性的或一次的。

分析者通常还应该考虑假设的有效性是否值得怀疑，并经过分析来检查暂时获得的模型的充分性。模型产生的残差定义为 $e_i = y_i - \hat{y}_i$（$i = 1, 2, \cdots, n$），通常被用来检查正态性和常数方差的假设，并用来决定是否需要在模型中加入另外的项。

作为正态性的一种近似检查，实验者可以做出残差的频数柱状图或者残差的正态概率图。很多计算程序可以生成残差的正态概率图，并且，因为回归中的样本量对于建立柱状图来说显得太少而没有任何意义，所以正态概率图方法是更好

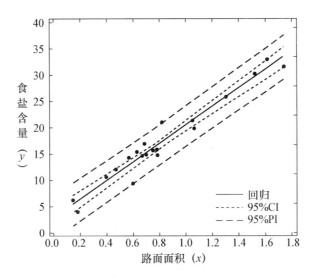

图 6—11 例 6—1 食盐含量—路面面积数据散点图、拟合回归直线、关于 $\mu_{Y\mid x_0}$ 的 95％预测限（靠外的限）和 95％置信限

的选择。需要对这些图的异常性评价做出判断。

我们也可以通过计算 $d_i = e_i / \sqrt{\hat{\sigma}^2}$（$i=1$，$2$，$\cdots$，$n$）来标准化残差。如果误差是服从正态分布的，近似 95％的标准化残差应落在区间（-2，$+2$）内。残差落在区间外很远就表明可能存在离群点；即与其他数据明显不同的一个观察值。有很多方法用来排除离群点。然而，离群点有时也能向实验者提供所关心的环境的一些重要信息，这样就不能将其排除掉。关于离群点的进一步讨论，见 Montgomert，Peck and Vining（2006）。

通常作出有关残差的如下图形是很有帮助的，（1）按时间顺序（如果已知），（2）残差—$\hat{y}_i$ 图，（3）残差—自变量 x 图。这些图通常与图 6—12 中四种图之一相似。图（a）是理想的情形，而图（b），（c），（d）是异常的情形。如果残差如图（b），则观察值的方差可能随着时间的推移或 y_i，x_i 数量的增大而增加，通常对应答 y 进行数据变化来消除这一问题，广泛使用的方差稳定变换包括对应答使用 $\sqrt{y}$，$\ln y$ 或者 $1/y$。更多细节见 Montgomert，Peck and Vining（2006）关于选择一种恰当变换的方法。如果残差—时间图如（b）所示，则观察值的方差是随着时间增大的；如果残差—$\hat{y}_i$ 或 x_i 图像（c），也同样表明方差的不等性；如果残差图像（d）则表明模型是不充分的，也就是说，模型中将使用高次项，或者将考虑 x-变量或者 y-变量（或两者）的变换，或者考虑其他回归量。

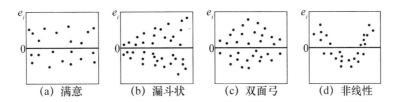

图 6—12 残差图图样。水平轴可为时间，$\hat{y}_i$，x_i

例 6—6

食盐含量—路面面积数据回归模型的残差见表 6—2。分析残差并决定回归模型是否充分地适合于数据或者是否还有隐含的假设被违反了。

残差的正态概率图见图6—13。虽然两个最大的残差不靠近通过其他残差的直线，但在外观上并没有严重的偏离正态性的假设。残差—$\hat{y}_i$ 图6—14。常数方差的假设也不存在任何问题。

离群点可能对回归模型产生很大的影响。如前所述，一个大的残差通常表明存在一个离群点。在食盐含量——路面数据的回归模型中，两个最大的残差是 $e_{10}=-3.905$，$e_{12}=3.911$（见表6—2）。标准化残差是 $d_{10}=e_{10}/\sqrt{\hat{\sigma}^2}=-3.905/\sqrt{3.2}=-2.183$，$d_{12}=e_{12}/\sqrt{\hat{\sigma}^2}=3.911/\sqrt{3.2}=2.186$，并不离规定的—2，+2 范围外很远，—2，+2 范围以外是我们希望有更多的标准化残差落入以引起警界的一个区域。

进一步地评论，我们很容易说明离群点的影响。假设食盐含量的第12个观察值是 $y_{12}=28.8$（而不是20.8）。图6—15最小二乘拟合下修改后数据的散点图。使用 Minitab，很容易求得拟合的第12观察值是 $\hat{y}_{12}=17.29$，对应的残差是 $y_{12}-\hat{y}_{12}=28.8-17.29=11.51$。残差的标准化结果为 $d_{12}=e_{12}/\sqrt{\hat{\sigma}^2}=11.51/\sqrt{10.1}=3.62$（新回归模型中的 MS_E 或 $\hat{\sigma}^2=10.1$），远离规定的—2，+2 范围外，因此我们认为观察值12是一个离群点。然而，离群点对回归直线的实际影响却不是那么严重。比较图6—15和图6—7（原始数据的最小二乘拟合），发现回归模型的斜率并没有被离群点严重影响（17.516 对 17.546 7），但是截距按比例地增加了很多，从2.676 5增加到了3.102。离群点主要提高了拟合直线的平均高度。

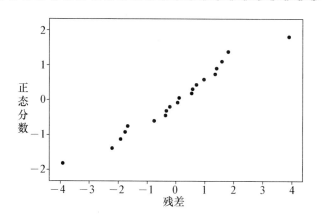

图6—13　食盐含量—路面面积回归模型残差正态概率图

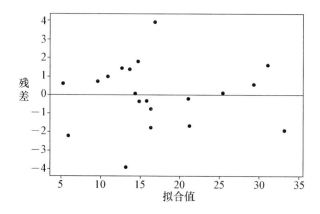

图6—14　食盐含量—路面面积回归模型残差—拟合值 $\hat{y}$ 图示

现在假定第 19 个观察值是 61.3 而不是 31.3。散点图和拟合直线见图 6—16。该离群点对最小二乘拟合的影响就比较严重了，已经使得拟合直线开始离开了其他数据。这与离群点的大小和它沿着 x 轴的位置有关。靠近 x 空间边界的样本点对最小二乘拟合的影响要比在 x 空间中间的样本点对最小二乘的影响可能要大一些。在 x 空间边界附近的点和具有较大残差的点通常称为**强影响观察值**（influential observations）。在简单线性回归中，散点图对辨别这些强影响观察值很有用处。然而，在多元回归中，高维问题将使得要辨别它们变得非常困难。在 6.3.3 中我们将进一步讲述强影响观察值。

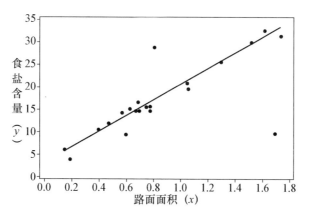

图 6—15　离群点影响

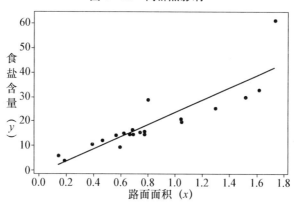

图 6—16　强影响观察值影响

☐ 6.2.6　相关与回归

在 6.2.1 中我们进行了如下解释，在推导回归模型时，通常假设回归变量 x 是固定的或者事先选定的，而应答变量 Y 是随机的。但即使 Y 与 x 都是随机变量的情况下，仍然可以应用在参数估计和模型推断方面得到的结果。在本节里面，将进一步讨论这一问题，并给出回归与相关之间的联系。

假设 Y 与 x 是相关系数为 ρ 的联合正态随机变量（联合分布在 3.11 节有介绍）。我们称 ρ 为**总体相关系数**（population correlation coefficient），它是总体或联合分布中 Y 与 X 线性关系强度的一个度量。我们还有一组配对样本 $(x_i, y_i)(i=1, 2, \cdots, n)$，$Y$ 与 X 的**样本相关系数**（sample correlation coefficient）为：

$$r = \frac{\sum_{i=1}^{n}(y_i - \bar{y})(x_i - \bar{x})}{\sqrt{\sum_{i=1}^{n}(y_i - \bar{y})^2}\sqrt{\sum_{i=1}^{n}(x_i - \bar{x})^2}} \qquad (6\text{—}37)$$

在 2.6 节我们说明了对 r 的计算并讨论了它的意义。食盐含量—路面面积数据的样本相关系数是 $r = 0.975$，存在很强的线性相关。注意到 r 正是决定系数 R^2 的平方根带上与斜率相同的正负号。

样本相关系数也与线性回归模型中的斜率密切相关，事实上，

$$r = \hat{\beta}_1 \left(\frac{S_{xx}}{SS_T}\right)^{1/2} \qquad (6\text{—}38)$$

所以检验斜率等于零的假设（回归显著性）等价于检验总体相关系数 $\rho = 0$。我们可以直接进行这一检验；即检验

$$H_0 : \rho = 0$$
$$H_1 : \rho \neq 0 \qquad (6\text{—}39)$$

检验统计量的计算结果为

$$t_0 = \frac{r\sqrt{n-3}}{\sqrt{1-r^2}} \qquad (6\text{—}40)$$

如果 $|t_0| > t_{\alpha/2, n-2}$，式（6—38）的零假设就被拒绝。

例 6—6（续）

利用食盐含量和路面数据得到 Minitab 结果，

$$r = 17.546\,7 \left(\frac{3.670\,68}{1\,187.9}\right)^{1/2} = 0.975\,4$$

因此，检验统计量为：

$$t_0 = \frac{0.975\,4\sqrt{20-3}}{\sqrt{1-(0.975\,4)^2}} = 18.24$$

由临界值 $t_{-0.005,18} = 2.88$，检验统计量的值 18.24 大于 2.88 并且 p 值为 0。注意这个检验统计量的值与对 β_1 在 18.77 时的检验统计量相同（四舍五入）。两个检验得到相同的结论：Y 与 X 之间的相关性是显著的，或等价地说，回归模型是显著的。

还有其他关于总体相关系数 ρ 的假设检验和置信区间程序。这些程序的细节和例子参考 Montgomery and Runger（2011）。

练 习

对练习 6—1 至 6—5，完成下列问题。

（a）估计截距 β_0 和斜率 β_1 回归系数。写出估计的回归直线。

（b）计算残差。

（c）计算 SS_E 并估计方差。

（d）求出斜率和截距系数的标准误。

（e）验证 $SS_T = SS_R + SS_E$。

（f）计算决定系数 R^2 并评价。

（g）使用 t-检验，检验在 $\alpha = 0.05$ 下截距和斜率系数的显著性。评论你的结果。

（h）建立 ANOVA 表，检验回归的显著性。评论你的结果及与（g）中结论的关系。

（i）对截距和斜率建立 95％置信区间。评价置信区间与（g）和（h）结论的关系。

（j）进行模型充分性检查。你认为模型提供了一个充分的拟合吗？

（k）计算样本相关系数，在显著性水平 $\alpha = 0.05$ 检验，给出评论。

6—1　快餐包装工业确定分解材料的适当的替代品时，确认材料的性质是一个重要的问题。考虑如下在 *Materials Research and Innovation*（1999, pp. 2-8）中关于产品密度（g/cm^3）和热导性 K-因子（W/mK）数据。

热导性	产品密度
0.048 0	0.175 0
0.052 5	0.220 0
0.054 0	0.225 0
0.053 5	0.226 0
0.057 0	0.250 0
0.061 0	0.276 5

6—2　一种化学设备每月使用的蒸汽磅数认为与这个月周围的平均温度（°F）有关，过去一年的使用量和温度见下表：

月	温度	使用/1000	月	温度	使用/1000
1	25	216.56	7	68	621.55
2	28	252.26	8	74	675.06
3	32	288.03	9	62	562.03
4	47	424.84	10	50	452.93
5	50	454.58	11	41	369.95
6	59	539.03	12	30	273.98

6—3　回归分析用来分析源于调查路面表面温度（x）和路面偏斜（y）之间的关系的数据。数据如下：

温度 x	偏斜 y	温度 x	偏斜 y
70.0	0.621	72.7	0.637
77.0	0.657	67.8	0.627
72.1	0.640	76.6	0.652
72.8	0.623	73.4	0.630
78.3	0.661	70.5	0.627
74.5	0.641	72.1	0.631
74.0	0.637	71.2	0.641
72.4	0.630	73.0	0.631
75.2	0.644	72.7	0.634
76.0	0.639	71.4	0.638

6—4　浊度是水浑浊程度的一个度量，用来表示水的质量水平。高的浊度水平通常与病毒、细菌和寄生虫等微生物相关。度量浊度的单位为 FAUs。

为了研究温度和浊度的关系，晚春和夏季在格兰德河收集了数据。数据如下：

温度 x	浊度 y	温度 x	浊度 y
26.6	265	25.8	99
27.0	267	26.2	90
26.2	235	24.0	118
26.1	100	22.9	103
22.9	125	23.0	105
26.9	105	20.5	26
22.8	55	26.1	100

6—5　*Concrete Research* 的一篇论文（Near Surface Characteristics of Concrete: Intrinsic Permeability, Vol. 41, 1989）给出关于耐压强度 x 和各种混凝土混合料和辅料的内部渗透性 y 的数据。下面的数据出自这份报告。

强度 x	渗透性 y	强度 x	渗透性 y
3.1	33.0	2.4	35.7
4.5	31.0	3.5	31.9
3.4	34.9	1.3	37.3
2.5	35.6	3.0	33.8
2.2	36.1	3.3	32.8
1.2	39.0	3.2	31.6
5.3	30.1	1.8	37.7
4.8	31.2		

6—6　*Journal of Sound and Vibration* 的一篇论文（Vol. 151, 1991, pp. 383-394）描述了一项关于调查噪声接触和高血压关系的研究。文章中给出的数据如下。

y	1	0	1	2	5	1	4	6	2	3
x	60	63	65	70	70	70	80	90	80	80

y	5	4	6	8	4	5	7	9	7	6
x	85	89	90	90	90	90	94	100	100	100

（a）作出 y（血压升高，单位：毫米汞柱）对 x（声压水平，单位：分贝）的散点图。在这个问题中，简单线性回归模型合理吗？

（b）用最小二乘拟合简单线性回归模型，求出 σ^2 的估计。

（c）求出声压水平为 85 分贝的血压升高的预测平均。

6—7　考虑练习 6—1 的数据和简单线性回归模型。

（a）求出给定产品密度是 0.325 0 的平均热导性。

（b）计算平均应答的 95% 置信区间。

（c）当产品密度为 0.325 0 时，计算将来观察值的 95% 预测区间。

（d）对于两区间的相对大小，你发现了什么？哪一个较大？为什么较大？

6—8 考虑练习 6—2 的数据和简单线性回归模型。

（a）给定周围温度是 52 度，求出蒸汽平均磅数。

（b）计算平均应答的 99% 置信区间。

（c）当周围温度等于 52 度时，计算将来观测的一个 99% 预测区间。

（d）对于两个区间的相对大小，你注意到什么？哪一个较大？为什么较大？

6—9 考虑练习 6—3 的数据和简单线性回归模型。

（a）当温度为 74 度时，计算平均偏差。

（b）计算平均应答的 95% 置信区间。

（c）当温度等于 74 度时，计算将来观测的 95% 预测区间。

（d）对于两个区间的相对大小，你注意到什么？哪一个较大？为什么？

6—10 考虑练习 6—4 的数据和简单线性回归模型。

（a）当温度为 35 度时，计算平均浑浊度。

（b）计算平均应答的 95% 置信区间。

（c）当温度达到 35 度时，计算将来观测的 95% 预测区间。

（d）对于两个区间的相对大小，你注意到什么？哪一个较大，为什么？

6—11 考虑练习 6—5 的数据和简单线性回归模型。

（a）当强度为 2.1 时，计算平均渗透率。

（b）计算平均相应的 99% 置信区间。

（c）当强度为 2.1 时，计算将来观测的 99% 预测区间。

（d）对于两个区间的相对大小，你注意到什么？哪一个较大，为什么？

6—12 考虑练习 6—6 的数据和简单线性回归模型。

（a）当声压水平为 85 分贝时，计算平均血压上升值。

（b）计算平均相应的 99% 置信区间。

（c）当声压水平为 85 分布时，计算将来观察的 99% 预测区间。

（d）对于两个区间的相对大小，你注意到什么？哪一个较大，为什么？

6—13 在 *Wood Science and Technology* 中有一篇文章，描述了在一定湿度下木板受力挠曲的研究结果。假设两个变量是与这个简单线性回归模型相关的。数据如下：

x＝力度水平（%）：54 54 61 61 68 68 75 75 75

y＝挠曲（mm）：16.473 18.693 14.305 15.121 13.505 11.640 11.168 12.534 11.224

（a）计算斜率和截距的最小二乘估计。σ^2 的估计值为多少？用图像表示出回归模型和数据。

（b）如果压力水平为 75%，得出平均挠曲的估计。

（c）当压力水平增加 5% 时，估计平均挠率的变化范围。

（d）如果想要减少一毫米平均挠率，那么应该增加多少压力水平？

（e）给定压力水平为 78%，给出适合的挠率水平和相应的残差。

6—14 *Journal of the Environmental Engineering Division* 中的一篇文章描述了一个样本的检验结果，样本是来自霍尔斯顿河下游金堡电线有限公司，在 1977 年 8 月的数据。生化需氧量测试在一段时间中进行。数据结果如下：

时间（天）： 1 2 4 6 8 10 12 14 16 18 20

BOD（mg/liter）：0.6 0.7 1.5 1.9 2.1 2.6 2.9 3.7 3.5 3.7 3.8

（a）假设简单线性回归模型成立，BOD(y) 和时间（x）符合回归模型。则 σ^2 的估计值为多少？

（b）当时间为 13 天时，期望的 BOD 水平估计值为多少？

（c）当时间增加 4 天，BOD 的期望变化值为多少？

（d）当时间为 8 天时，计算适合的 y 值和相应的残差。

（e）对于每个 x_i 计算由模型得到的相应 $\hat{y}_i$ 值。然后绘制 $\hat{y}_i$ 和原始观察得到的 y 值的比较图，评论如果 x 和 y 之间的关系是确定性的直线关系，那么得到的图会是什么样子。这个图可以表明时间是预测 BOD 的有效回归变量吗?

6—15　利用下面部分完整的 Minitab 输出结果回答下面问题。

(a) 计算得出所有的缺失值。

(b) 得到 σ^2 的估计值。

(c) 检验回归的显著性。检验 β_1 的显著性。评价这两个结果。其中 $\alpha=0.05$。

(d) 构造 β_1 的一个 95% 置信区间。用这个置信区间来检验回归的显著性。

(e) 评价 (c) 和 (d) 中得到的结论。

(f) 写出回归模型并利用模型计算当 $x=2.18$ 和 $y=2.8$ 时的残差。

(g) 利用回归模型计算当 $x=1.5$ 时未来响应变量的均值和预测值。给定 $\bar{x}=1.76$ 且 $S_{xx}=5.326191$，构造期望响应的 95% 置信区间和 95% 预测区间。哪个区间更宽? 为什么?

Predictor	Coef	SE Coef	T	P
Constant	0.664 9	0.159 4	4.17	0.001
X	0.830 75	0.085 52	?	?
S=?	R−Sq=88.7%	R−Sq(adj)=?		
Analysis of Variance				
Source	DF	SS	MS	F	P
Regression	1	3.663 1	3.663.1	?	?
Residual Error	12	0.465 8	?		
Total	13	?			

6—16　利用下面部分完整的 Minitab 输出结果回答下面问题。

(a) 找到所有的缺失值。

(b) 得到 σ^2 的估计值。

(c) 检验回归的显著性。检验 β_1 的显著性。评价这两个结果。其中 $\alpha=0.05$。

(d) 构造 β_1 的一个 95% 置信区间。用这个置信区间来检验回归的显著性。

(e) 评价 (c) 和 (d) 中得到的结论。

(f) 写出回归模型并利用模型计算当 $x=0.58$ 和 $y=-3.30$ 时的残差。

(g) 利用回归模型计算当 $x=0.6$ 时未来响应变量的均值和预测值。给定 $\bar{x}=0.52$ 且 $S_{xx}=1.218294$，构造期望响应的 95% 置信区间和 95% 预测区间。哪个区间更宽? 为什么?

Predictor	Coef	SE Coef	T	P
Constant	0.979 8	0.336 7	2.91	0.011
X	−8.308 8	0.572 5	?	
S=?	R−Sq=93.8%	R−Sq(adj)=?		
Analysis of Variance				
Source	DF	SS	MS	F	P
Regression	1	84.106	84.106	?	?
Residual Error	14	5.590	?		
Total	15	?			

6.3　多元回归

下面我们考虑 6.1 节介绍的多元线性回归模型。同简单线性模型一样，我们将介绍怎样用最小二乘方法估计模型参数、对模型参数检验假设和建立置信区间、预测未来观察值以及考查模型充分性。

6.3.1　多元回归中的参数估计

式 (6—3) 的最小二乘方法可以用来估计多元回归模型中的回归系数。假设有 $n(n>k)$ 个观察值，令 x_{ij} 表示变量 x_j 的第 i 个观察值或者水平。则观察值表示为：

$$(x_{i1},x_{i2},\cdots,x_{ik},y_i)\quad i=1,2,\cdots,n>k$$

通常将多元回归的数据列在如表 6—4 的表中。

表6—4　　　　　　　　　　　　　　　　**多元线性回归数据**

y	x_1	x_2	$\cdots$	x_k
y_1	x_{11}	x_{12}	$\cdots$	x_{1k}
y_2	x_{21}	x_{22}	$\cdots$	x_{2k}
y_n	x_{n1}	x_{n2}	$\cdots$	x_{nk}

每一组观察值（x_{i1}，x_{i2}，$\cdots$，x_{ik}，y_i），满足式（6—3）的模型，即

$$y_i = \beta_0 + \beta_1 x_{i1} + \beta_2 x_{i2} + \cdots + \beta_k x_{ik} + \varepsilon_i$$
$$= \beta_0 + \sum_{j=1}^{k} \beta_j x_{ij} + \varepsilon_i \quad i = 1,2,\cdots,n \tag{6—41}$$

最小二乘方程是：

$$L = \sum_{i=1}^{n} \varepsilon_i^{2} = \sum_{i=1}^{n} \left(y_i - \beta_0 - \sum_{j=1}^{k} \beta_j x_{ij} \right)^2 \tag{6—42}$$

我们要 L 关于 β_0，β_1，$\cdots$，β_k 最小。β_0，β_1，$\cdots$，β_k 的最小二乘估计必须满足：

$$\left. \frac{\partial L}{\partial \beta_0} \right|_{\hat{\beta}_0, \hat{\beta}_1, \cdots, \hat{\beta}_k} = -2 \sum_{i=1}^{n} \left(y_i - \hat{\beta}_0 - \sum_{j=1}^{k} \hat{\beta}_j x_{ij} \right) = 0 \tag{6—43a}$$

$$\left. \frac{\partial L}{\partial \beta_j} \right|_{\hat{\beta}_0, \hat{\beta}_1, \cdots, \hat{\beta}_k} = -2 \sum_{i=1}^{n} \left(y_i - \hat{\beta}_0 - \sum_{j=1}^{k} \hat{\beta}_j x_{ij} \right) x_{ij} = 0 \quad j = 1,2,\cdots,k$$

$$\tag{6—43b}$$

化简式（6—42），得到最小二乘标准方程组：

$$n\hat{\beta}_0 + \hat{\beta}_1 \sum_{i=1}^{n} x_{i1} + \hat{\beta}_2 \sum_{i=1}^{n} x_{i2} + \cdots + \hat{\beta}_k \sum_{i=1}^{n} x_{ik} = \sum_{i=1}^{n} y_i$$

$$\hat{\beta}_0 \sum_{i=1}^{n} x_{i1} + \hat{\beta}_1 \sum_{i=1}^{n} x_{i1}^{2} + \hat{\beta}_2 \sum_{i=1}^{n} x_{i1} x_{i2} + \cdots + \hat{\beta}_k \sum_{i=1}^{n} x_{i1} x_{ik} = \sum_{i=1}^{n} x_{i1} y_i$$

$$\hat{\beta}_0 \sum_{i=1}^{n} x_{ik} + \hat{\beta}_1 \sum_{i=1}^{n} x_{ik} x_{i1} + \hat{\beta}_2 \sum_{i=1}^{n} x_{ik} x_{i2} + \cdots + \hat{\beta}_k \sum_{i=1}^{n} x_{ik}^{2} = \sum_{i=1}^{n} x_{ik} y_i \tag{6—44}$$

注意一共有 $p = n + 1$ 个标准方程，正好跟未知回归系数个数相同。标准方程的解就是回归系数的最小二乘估计量 $\hat{\beta}_0$，$\hat{\beta}_1$，$\cdots$，$\hat{\beta}_k$。标准方程可以通过解线性方程组的方法求得。

例 6—7

在第1章，我们用到了关于一种半导体生产过程中的电线丝结合剂的拉拔强度数据——电线丝强度和模子闭合高度来说明经验模型的建立。这里使用相同的数据来说明估计模型参数的细节，为了方便将数据再列入表6—5中，数据的散点图见图1—10和1—11。图6—17给出了数据的二维散点图矩阵。这些图示有助于我们观察多元数据集中各变量之间的关系。

拟合线性多元线性回归模型

$$Y = \beta_0 + \beta_1 x_1 + \beta_2 x_2 + \varepsilon$$

式中，Y 为拉拔强度；x_1 为电线丝强度；x_2 为模子闭合高度。

根据表6—5的数据进行如下计算：

$$n = 25, \sum_{i=1}^{25} y_i = 725.82, \sum_{i=1}^{25} x_{i1} = 206, \sum_{i=1}^{25} x_{i2} = 8\ 294$$

$$\sum_{i=1}^{25} x_{i1}{}^2 = 2\,396,\ \sum_{i=1}^{25} x_{i2}{}^2 = 3\,531\,848$$

$$\sum_{i=1}^{25} x_{i1} x_{i2} = 77\,177,\ \sum_{i=1}^{25} x_{i1} y_i = 8\,008.37,\ \sum_{i=1}^{25} x_{i2} y_i = 274\,816.71$$

表 6—5　　　　　　　　　　　　　　例 6—7 电线丝结合剂数据

观察值序号	拉拔强度 y	电线丝长度 x_1	模子闭合高度 x_2	观察值序号	拉拔强度 y	电线丝长度 x_1	模子闭合高度 x_2
1	9.95	2	50	14	11.66	2	360
2	24.45	8	110	15	21.65	4	205
3	31.75	11	120	16	17.89	4	400
4	35.00	10	550	17	69.00	20	600
5	25.02	8	295	18	10.30	1	585
6	16.86	4	200	19	34.93	10	540
7	14.38	2	375	20	46.59	15	250
8	9.60	2	52	21	44.88	15	290
9	24.35	9	100	22	54.12	16	510
10	27.50	8	300	23	56.63	17	590
11	17.08	4	412	24	22.13	6	100
12	37.00	11	400	25	21.15	5	400
13	41.95	12	500				

对于模型 $Y = \beta_0 + \beta_1 x_1 + \beta_2 x_2 + \varepsilon$，标准方程组（6—43）变为：

$$n\hat{\beta}_0 + \hat{\beta}_1 \sum_{i=1}^{n} x_{i1} + \hat{\beta}_2 \sum_{i=1}^{n} x_{i2} = \sum_{i=1}^{n} y_i$$

$$\hat{\beta}_0 \sum_{i=1}^{n} x_{i1} + \hat{\beta}_1 \sum_{i=1}^{n} x_{i1}{}^2 + \hat{\beta}_2 \sum_{i=1}^{n} x_{i1} x_{i2} = \sum_{i=1}^{n} x_{i1} y_i$$

$$\hat{\beta}_0 \sum_{i=1}^{n} x_{i2} + \hat{\beta}_1 \sum_{i=1}^{n} x_{i1} x_{i2} + \hat{\beta}_2 \sum_{i=1}^{n} x_{i2}{}^2 = \sum_{i=1}^{n} x_{i2} y_i$$

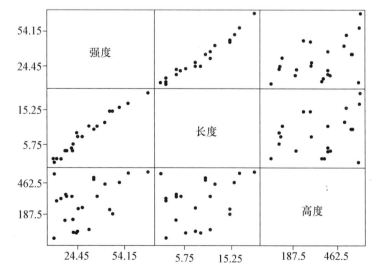

图 6—17　表 6—15 电线丝黏合剂拉拔强度数据散点图矩阵（Minitab）

将计算结果代入标准方程组得：

$$25\,\hat{\beta}_0 + 206\,\hat{\beta}_1 + 8\,294\,\hat{\beta}_2 = 725.82$$

$$206\,\hat{\beta}_0 + 2\,396\,\hat{\beta}_1 + 77\,177\,\hat{\beta}_2 = 8\,008.47$$

$$8\,294\,\hat{\beta}_0 + 77\,177\,\hat{\beta}_1 + 3\,531\,848\,\hat{\beta}_2 = 274\,816.71$$

方程组的解是：

$$\hat{\beta}_0 = 2.263\,79,\ \hat{\beta}_1 = 2.744\,27,\ \hat{\beta}_2 = 0.012\,53$$

因此，拟合回归模型是 $\hat{y} = 2.263\,79 + 2.744\,27x_1 + 0.012\,53x_2$

实践解释： 该方程可以用来预测一对回归变量值——电线丝长度（x_1）和模子闭合高度（x_2）下的拉拔强度。本质上是与 1.3 节式（1—6）相同的回归模型。图 1—13 是由该方程得到预测值 $\hat{y}$ 平面的三维图。

计算机软件包经常被用来拟合多元回归模型。电线丝黏合剂强度数据的 Minitab 输出结果见表 6—6。

在 Minitab 输出结果表 6—6 中，x_1＝电线丝强度，x_2＝模子闭合高度。回归系数的估计值已标记出。每一个观察值的模型拟合值 $\hat{y}_i$ 见 "Fit" 列。由 $e_i = y_i - \hat{y}_i$（i＝1，2，…，25）计算的残差仍旧显示在输出结果的底部。

在简单线性回归里介绍的很多计算方法和分析程序对多元回归情况也适用。例如，残差平方和用来估计误差方差 σ^2。残差（误差）平方和为 $SS_E = \sum_{i=1}^{n}(y_i - \hat{y}_i)^2$，带 p 个参数的多元线性回归模型的 σ^2 的估计为：

$$\hat{\sigma}^2 = \frac{\sum_{i=1}^{n}(y_i - \hat{y}_i)^2}{n-p} = \frac{SS_E}{n-p} \tag{6—45}$$

例 6—7（续）

表 6—6 的 Minitab 数据结果显示，黏合剂回归模型的残差平方和 $SS_E = 115.2$，共有 n＝25 个观察值，有 p＝3 个模型参数（β_0，β_1 和 β_2），所以由式（6—44）计算的误差方差的估计为 $\hat{\sigma}^2 = SS_E/(n-p) = 115.2/(25-3) = 5.2$，同表 6—6 的 Minitab 输出结果一样。

式（6—21）给出的总平方和的方差分析分解对多元回归也有效。表 6—6 的 Minitab 输出结果也包括了方差分析（ANOVA）结果。总的平方和有 $n-1$ 个自由度，模型或回归平方和有 $k = p - 1$ 个自由度（k 是回归变量数），误差或残差平方和有 $n-p$ 个自由度。

多元回归中的决定系数 R^2 的计算与简单线性回归相同，也即 $R^2 = SS_R/SS_T = 1 - (SS_E/SS_T)$。

在多元线性回归模型中，通常称 R^2 为多元决定系数。对于黏合剂强度回归模型，Minitab 计算 $R^2 = 1 - (115.2/6\,105.9) = 0.981$，给出的输出结果为 $R^2 \times 100\% = 98.1\%$。这可以解释为：表明由电线丝长度和模子闭合高度组成的模型能够解释近似为 98.1% 的黏合剂强度变化。

表 6—6　　　　　　　　　　　　**Minitab 回归分析输出结果**

Regression Analysis: Strength versus length，Height
The regression equation is
Strength＝2.26＋2.74 length＋0.012 5 Height

Predictor	Coef	SE Coef	T	P
Constant	$2.264 \leftarrow \hat{\beta}_0$	1.060	2.14	0.044
length	$2.744\,27 \leftarrow \hat{\beta}_1$	0.093 52	29.34	0.000
Height	$0.012\,528 \leftarrow \hat{\beta}_2$	0.002 798	4.48	0.000

S＝2.288 05　　　　　　　R－Sq＝98.1%　　　　　　R－Sq(adj)＝97.9%

Analysis of Variance

Source	DF	SS	MS	F	P
Regression	2	$5\,990.8 \leftarrow SS_R$	2 995.4	572.17	0.000
Residual Error	22	$115.2 \leftarrow SS_E$	$5.2 \leftarrow \hat{\sigma}^2$		
Total	24	$6\,105.9 \leftarrow SS_T$			

Obs	Strength	Fit	SE Fit	Residual	St Resid
1	9.950	8.379	0.907	1.571	0.75
2	24.450	25.596	0.765	−1.146	−0.53
3	31.750	33.954	0.862	−2.204	−1.04
4	35.000	36.597	0.730	−1.597	−0.74
5	25.020	27.914	0.468	−2.894	−1.29
6	16.860	15.746	0.626	1.114	0.51
7	14.380	12.450	0.786	1.930	0.90
8	9.600	8.404	0.904	1.196	0.57
9	24.350	28.215	0.819	−3.865	−1.81
10	27.500	27.976	0.465	−0.476	−0.21
11	17.080	18.402	0.696	−1.322	−0.61
12	37.000	37.462	0.525	−0.462	−0.21
13	41.950	41.459	0.655	0.491	0.22
14	11.660	12.262	0.769	−0.602	−0.28
15	21.650	15.809	0.621	5.841	2.65
16	17.890	18.252	0.679	−0.362	−0.17
17	69.000	64.666	1.165	4.334	2.20
18	10.300	12.337	1.238	−2.037	−1.06
19	34.930	36.472	0.710	−1.542	−0.71
20	46.590	46.560	0.878	0.030	0.01
21	44.880	47.061	0.824	−2.181	−1.02
22	54.120	52.561	0.843	1.559	0.73
23	56.630	56.308	0.977	0.322	0.16
24	22.130	19.982	0.756	2.148	0.99
25	21.150	20.996	0.618	0.154	0.07

　　在模型中增加变量，不会使得 R^2 的值减小。例如，在电线丝黏合剂强度数据中如果只用回归量 x_1＝电线丝长度，则 R^2＝0.964。加入第二个回归量 x_2＝模子闭合

高度使得 R^2 增加到 0.981。要更精确地反映在模型中加入一个回归量的价值，可使用**调整的 R^2**（adjusted R^2）统计量。

> ### 调整的多元决定系数（$R^2_{调整}$）
>
> 含有 k 个回归量的多元回归模型的调整的多元决定系数是
>
> $$R^2_{调整} = 1 - \frac{SS_E/(n-p)}{SS_T/(n-1)} = \frac{(n-1)R^2 - k}{n-p} \tag{6—46}$$

通过在模型中考虑回归量的个数，调整的 R^2 统计量本质上对通常的 R^2 统计量进行了惩罚。一般来讲，在模型中加入一个变量时，调整的 R^2 统计量不是一直递增的。只有当增加的变量产生的残差平方和的减少量能够补偿减少的一个残差自由度时，调整的 R^2 才是递增的。

例 6—7（续）

为说明这一点，考虑只有一个回归量 x_1 = 电线丝长度的电线黏合剂强度数据的回归模型。该模型的残差平方和值为 $SS_E = 220.09$。由式（6—45），调整的 R^2 统计量为：

$$R^2_{调整} = 1 - \frac{SS_E/(n-p)}{SS_T/(n-1)} = 1 - \frac{220.09(25-2)}{6105.9(25-1)} = 0.962$$

当模型中包括两个回归量时，调整的 $R^2_{调整} = 0.979$（见表 6—6）。因为第二个回归量的增加使得调整的 $R^2_{调整}$ 统计量增加了，所以我们认为在模型中增加这个新的变量可能是一个好的想法——因为这使得更能解释应答中的变化。

观察在模型中引入回归量的贡献的另一个方法是检查残差均方的变化。对于只以 x_1 = 电线丝长度为回归量的电线黏合剂强度数据，其残差平方和是 $SS_E = 220.09$，残差均方为 $SS_E/(n-p) = 220.09/(25-2) = 9.57$。当两个回归量都在模型中时，残差均方是 5.2。因为残差均方估计了应答中不能解释变化的方差 σ^2，所以认为带有两个回归量的模型更胜一筹。注意到使用残差均方作为 σ^2 的一个估计引出了**模型相依**（model-dependent）估计。然而，残差均方小的回归模型通常都胜过残差均方大的模型。

6.3.2 多元回归中的推论

同简单线性模型一样，在多元回归中，检验假设和建立置信区间非常重要。本节我们将描述这些程序。在很多情况下，这些程序是简单线性回归中所使用程序的直接修改。

回归显著性检验

在简单线性回归中，回归显著性检验考察了应答 y 与单一回归量 x 是否存在有效的线性关系，在多元回归中，检验的是应答 y 与任何一个回归量 x_1，x_2，$\cdots$，x_k 之间都没有有效的线性关系的假设。假设为：

$$H_0: \beta_1 = \beta_2 = \cdots = \beta_k = 0$$
$$H_1: 至少一个 \beta_j \neq 0$$

因此，如果零假设被拒绝，则在模型中至少有一个回归变量是与应答线性相关的。用应答 y 总变差的 ANOVA 分解（式（6—21））来检验这些假设。

多元回归的回归显著性检验

$$MS_R = \frac{SS_R}{k} \quad MS_E = \frac{SS_E}{n-p}$$

零假设：$H_0 : \beta_1 = \beta_2 = \cdots = \beta_k = 0$

备择假设：$H_1 :$ 至少一个 $\beta_j \neq 0$

检验统计量：$F_0 = \dfrac{MS_R}{MS_E}$ （6—47）

P-值：在 $F_{k,n-p}$ 分布下大于 f_0 的概率

拒绝域：$f_0 > f_{a,k,n-p}$

例 6—7（续）

检验程序常被总结于方差分析表，也包括在多元回归的计算输出结果里面。对于电线黏合强度回归模型，见表 6—6。模型的假设是：

$$H_0 : \beta_1 = \beta_2 = 0$$

$$H_1 :$$ 至少一个 $\beta_j \neq 0$

在 Minitab 输出结果中标题为 "Analysis of Variance" 下面，我们找到回归和残差的均方值，式（6—47）检验统计量的计算结果为 $f_0 = 572.17$。因为 P-值非常小，所以我们认为至少有一个回归量与应答 y 是线性相关的。

进一步：这个检验只是最初的步骤，因为 H_0 被拒绝，所以我们研究的兴趣就集中在单一的回归系数上。

单个回归系数的推断

因为在多元回归模型中，回归系数的估计量 $\hat{\beta}_j (j=0，1，\cdots，k)$ 正好是 y 的线性组合，且假设 y 服从正态分布，所以 $\hat{\beta}_j$ 是正态分布的。另外，$\hat{\beta}_j$ 是真实模型系数的无偏估计，它们的标准差 $se(\hat{\beta}_j)(j=0，1，\cdots，k)$ 通过 $\hat{\sigma}$ 和一项关于 x 函数的乘积来计算。标准误的表达相当复杂，但是所有多元回归计算程序都计算并可以给出其结果。在表 6—6 的 Minitab 输出结果中，模型回归系数的标准误列在标签为 "SE Coef" 一列。单个回归系数的推断建立在如下数量上：

$$T = \frac{\hat{\beta}_j - \beta_j}{se(\beta_j)}$$

它服从自由度为 $n-p$ 的 t 分布。这就得出如下有关单个回归系数 β_j 的假设检验和置信区间结果。

多元回归中模型参数的推断

1. 检验 $H_0 : \beta_j = \beta_{j,0}$ 对 $H_1 : \beta_j \neq \beta_{j,0}$，使用检验统计量

$$T_0 = \frac{\hat{\beta}_j - \beta_{j,0}}{se(\beta_j)}$$ （6—48）

如果 $|t_0| > t_{\alpha/2, n-p}$，则拒绝零假设。$P$-值估计也可以用到此处。单边备择假设也能被检验。

2. 单个回归系数的一个 $100(1-\alpha)\%$ 置信区间是

$$\hat{\beta}_j - t_{\alpha/2, n-p} se(\hat{\beta}_j) \leqslant \beta_j \leqslant \hat{\beta}_j + t_{\alpha/2, n-p} se(\hat{\beta}_j) \tag{6—49}$$

关于单个回归系数检验的一个重要的特殊情况是假设的形式为 H_0：$\beta_j = 0$ 对 H_1：$\beta_j \neq 0$。许多回归包对模型中的每个变量都计算该假设的检验统计量。这是每个回归量对总模型贡献的一个测量。检验统计量是：

$$T_0 = \frac{\hat{\beta}_j}{se(\hat{\beta}_j)} \tag{6—50}$$

该检验通常被称为**偏的**（partial）或者**边际**（marginal）检验，因为它评价的是每一个回归变量在假定其他回归量也包括在内的情况下的贡献。

例 6—7（续）

表 6—6 的 Minitab 结果给出了每一个回归变量电线丝长度和模子闭合高度的检验统计量值，根据式（6—50）计算而得，电线丝长度的 t-值是 $t_0 = 29.34$ 且其 P-值为 0.0，这表明在假定其他回归量模子闭合高度包括在模型中的情况下，回归量电线丝长度对模型贡献显著。同样，模子闭合高度的 t-值是 $t_0 = 4.48$ 且 P-值为 0.0，表明在其他回归量电线丝长度包括在模型中的情况下，回归量模子闭合高度对模型的贡献显著。

一般地，如果某回归系的 t 统计量是不显著的，则假设 H_0：$\beta_j = 0$ 就不能被拒绝，表示回归量 x_j 应当从模型中移出。在一些情况下，t-检验可能表明不止一个回归量是无关紧要的。处理这种情况的正确方法是移出显著性最小的回归量，然后重新拟合模型。然后在新的模型中对回归量进行 t-检验，如果还有不显著的回归量，继续使用这种方式，直到模型中的所有回归量都显著为止。

平均应答的置信区间和预测区间

多元回归模型通常用来得到在特殊的 x 集即 $x_1 = x_{10}$，$x_2 = x_{20}$，$\cdots$，$x_k = x_{k0}$ 下平均应答的一个点估计。在这一点上，真实的平均应答是 $\mu_{Y|x_{10}, x_{20}, \cdots, x_{k0}} = \beta_0 + \beta_1 x_{10} + \beta_2 x_{20} + \cdots + \beta_k x_{k0}$，相应的点估计为：

$$\hat{\mu}_{Y|x_{10}, x_{20}, \cdots, x_{k0}} = \hat{\beta}_0 + \hat{\beta}_1 x_{10} + \hat{\beta}_2 x_{20} + \cdots + \hat{\beta}_k x_{k0} \tag{6—51}$$

点估计的标准误差是一个复杂的函数，它依赖于拟合回归模型所用到的 x 和计算点估计所用的坐标，但是很多回归软件包都提供标准误，并记为 $se(\hat{\mu}_{Y|x_{10}}, x_{20}, \cdots, x_{k0})$。在点 $x_1 = x_{10}$，$x_2 = x_{20}$，$\cdots$，$x_k = x_{k0}$ 下的平均应答的置信区间由如下表达式给出。

多元回归中关于平均应答的置信区间

多元回归中，在点 $x_1 = x_{10}$，$x_2 = x_{20}$，$\cdots$，$x_k = x_{k0}$ 下平均应答的一个 $100(1-\alpha)\%$ 置信区间是：

$$\hat{\mu}_{Y|x_{10}, x_{20}, \cdots, x_{k0}} - t_{\alpha/2, n-p} se(\hat{\mu}_{Y|x_{10}, x_{20}, \cdots, x_{k0}}) \leqslant \mu_{Y|x_{10}, x_{20}, \cdots, x_{k0}} \leqslant \hat{\mu}_{Y|x_{10}, x_{20}, \cdots, x_{k0}}$$

$$+ t_{\alpha/2, n-p} se(\hat{\mu}_{Y|x_{10}, x_{20}, \cdots, x_{k0}}) \tag{6—52}$$

其中，$\hat{\mu}_{Y|x_{10}, x_{20}, \cdots, x_{k0}}$ 由式（6—51）计算得到。

例 6—7（续）

根据式（6—52），Minitab 对所关心的点计算置信区间。例如，假设我们关心在如下两个点求出平均拉拔强度的一个估计：（1）电线强度 $x_1=11$，模子闭合高度 $x_2=35$；（2）电线强度 $x_1=5$，模子闭合高度 $x_2=20$。将第一个点和第二个点代入拟合的回归模型，计算在这两点的应答拟合值，即求得点估计。Minitab 给出了点估计和相联系的 95% 置信区间，见表 6—7。

表 6—7　　　　　　　　　　　　　　**Minitab 输出结果**

Predicted Values for New Observations
New

Obs	Fit	SE Fit	95% CI	95% PI
1	32.889	1.062	(30.687, 35.092)	(27.658, 38.121)
Obs	Fit	SE Fit	95% CI	95% PI
2	16.236	0.929	(14.310, 18.161)	(11.115, 21.357)

Values of Predictors for New Observations

New Obs	Wrie Ln	Die Ht
1	11.0	35.0
New Obs	Wrie Ln	Die Ht
2	5.00	20.0

响应的估计均值 $\mu_{Y\,|\,11.35}=32.899$ 有 95% 的可能落在置信区间（30.687，35.092）中，而响应的估计均值 $\mu_{Y\,|\,5.20}=16.236$ 的 95% 置信区间为（14.310，18.161）。注意到第二个点的置信区间比第一个点的置信区间要窄。这是因为同简单线性回归一样，平均应答置信区间的宽度随着点从 x-变量空间中心离开而增大，且点 1 比点 2 离 x-空间中心要远。

同样也能确定将来观察值在点 $x_1=x_{10}$，$x_2=x_{20}$，…，$x_k=x_{k0}$ 下的一个 $100(1-\alpha)$% 预测区间。在关心的点的应答是：

$$Y_0=\beta_0+\beta_1 x_{10}+\beta_2 x_{20}+\cdots+\beta_k x_{k0}+\varepsilon$$

相应的预测值为：

$$\hat{Y}_0=\hat{\mu}_{Y\,|\,x_{10},x_{20},\cdots,x_{k0}}=\hat{\beta}_0+\hat{\beta}_1 x_{10}+\hat{\beta}_2 x_{20}+\cdots+\hat{\beta}_k x_{k0} \tag{6—53}$$

预测误差是 $Y_0-\hat{Y}_0$，预测误差的标准差是：

$$\sqrt{\hat{\sigma}^2+\left[se(\hat{\mu}_{Y\,|\,x_{10},x_{20},\cdots,x_{k0}})\right]^2}$$

因此，将来观察值的预测区间如下。

将来观察值的预测区间

多元回归模型中，将来观察值在点 $x_1=x_{10}$，$x_2=x_{20}$，…，$x_k=x_{k0}$ 下的一个 $100（1-\alpha）$% 预测区间是

$$\hat{y}_0-t_{\alpha/2,n-p}\sqrt{\hat{\sigma}^2+\left[se(\hat{\mu}_{Y\,|\,x_{10},x_{20},\cdots,x_{k0}})\right]^2}\leqslant Y_0$$

$$\leqslant \hat{y}_0+t_{\alpha/2,n-p}\sqrt{\hat{\sigma}^2+\left[se(\hat{\mu}_{Y\,|\,x_{10},x_{20},\cdots,x_{k0}})\right]^2} \tag{6—54}$$

其中，$\hat{y}_0=\hat{\mu}_{Y\,|\,x_{10},x_{20},\cdots,x_{k0}}$ 由式（6—53）计算得出。

例 6—7（续）

表 6—7 的 Minitab 输出结果给出了拉拔强度在两个点的 95％ 预测区间，电线强度 $x_1＝11$，模子闭合高度 $x_2＝35$ 和电线强度 $x_1＝5$，模子闭合高度 $x_2＝20$。未来观察值 $\hat{y}_0＝\hat{\mu}_{y｜11.35}＝32.899$ 的 95％ 预测区间为（27.658，38.121），而未来观测值 $\hat{y}_0＝\hat{\mu}_{y｜5,20}＝16.236$ 的 95％ 预测区间为（11.115，21.357）。

注意到预测区间都比相应的置信区间要宽，并随着点从 x-空间中心离开而增大。

一组回归量的显著性检验

在回归模型的建立中，有一些情况是关心全模型中回归量的一个子集。例如，假设考虑拟合一个二次模型：

$$Y＝\beta_0＋\beta_1 x_1＋\beta_2 x_2＋\beta_{12} x_1 x_2＋\beta_{11} x_1^2＋\beta_{22} x_2^2＋\varepsilon$$

但是模型中二次项的贡献是不确定的。因此，我们就要检验假设：

$$H_0：\beta_{12}＝\beta_{11}＝\beta_{22}＝0$$
$$H_1：至少一个 \beta \neq 0$$

对于这一假设，我们可以使用 F-检验。

一般地，假设全模型有 k 个回归量，我们关心的是检验最后 $k-r$ 个是否能够从模型中删除。回归量较少的模型称为简化模型。即全模型是：

$$Y＝\beta_0＋\beta_1 x_1＋\beta_2 x_2＋\cdots＋\beta_r x_r＋\beta_{r+1} x_{r+1}＋\cdots＋\beta_k x_k＋\varepsilon$$

对简化模型有 $\beta_{r+1}＝\beta_{r+2}＝\cdots＝\beta_k＝0$，所以简化模型是：

$$Y＝\beta_0＋\beta_1 x_1＋\beta_2 x_2＋\cdots＋\beta_r x_r＋\varepsilon$$

通过拟合全模型和简化模型，然后比较两个模型的残差来进行检验。令 $SS_E(FM)$ 是全模型的残差平方和，$SS_E(RM)$ 是简化模型的残差平方和。从而要检验假设

$$H_0：\beta_{r+1}＝\beta_{r+2}＝\cdots＝\beta_k＝0$$
$$H_1：至少一个 \beta \neq 0 \tag{6—55}$$

使用检验统计量

$$F_0＝\frac{[SS_E(RM)－SS_E(FM)]/(k-r)}{SS_E(FM)/(n-p)} \tag{6—56}$$

如果 $f_0＞f_{\alpha,k-r,n-p}$，则式（6—55）中的零假设被拒绝。p-值方法也可以被使用。

6.3.3 检查模型充分性

残差分析

对残差 $e_i＝y_i-\hat{y}_i$（$i＝1，2，\cdots，n$）进行图示分析来检验多元线性回归模型的充分性。残差的正态概率图用来检验正态性假设，残差对拟合值或者对每一个回归量的图形可以发现其他的模型不充分性，比如方差不等性，可能在模型中还需要其他的回归量。

例 6—7（续）

图 6—18，6—19，6—20 和 6—21 分别给出了电线黏合强度回归模型中残差的正态概率图和残差分别对拟合值 $\hat{y}$ 和回归量 x_1，x_2 的图示。

正态概率图是令人满意的，但是残差对拟合值 $\hat{y}$ 和 x_1 的图形有轻微的弯曲。可能模型中还需要另外一个回归量。但大体来讲，没有图形能够表明模型存在严重的问题。

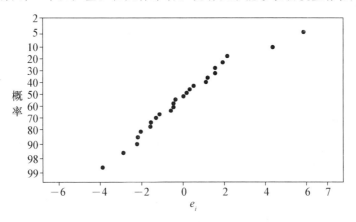

图 6—18　残差正态概率图

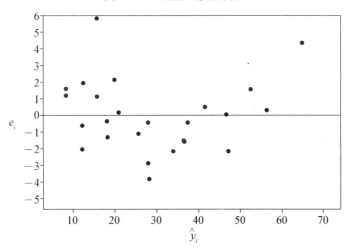

图 6—19　残差—$\hat{y}$ 图

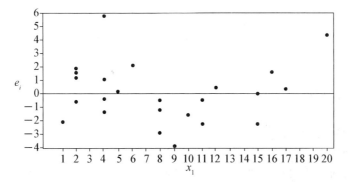

图 6—20　残差—x_1 图

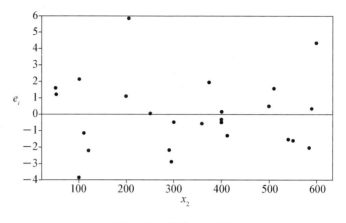

图 6—21　残差—x_2 图

在多元回归中，通常考查调整后的残差。常用的调整残差就是**标准化残差** (standardized residual)，$d_i = e_i / \sqrt{\hat{\sigma}^2}$ $(i=1, 2, \cdots, n)$。在简单线性回归中我们讨论了标准化残差，发现它对找出离群点很有用。另一个调整的残差——**学生化残差** (studentized residual)，在多元回归中非常有用。学生化残差由通常的最小二乘残差除以它准确的标准误得到。下面介绍学生化残差是怎样计算的。回归系数 $\hat{\beta}$ 是观察值 y 的线性组合。因为预测值 $\hat{y}$ 是回归系数的线性组合，所以它也是观察值 y 的线性组合。我们可以将 $\hat{y}_i$ 和 y_i 的关系表示为：

$$\hat{y}_1 = h_{11} y_1 + h_{12} y_2 + \cdots + h_{1n} y_n$$
$$\hat{y}_2 = h_{21} y_1 + h_{22} y_2 + \cdots + h_{2n} y_n$$
$$\vdots$$
$$\hat{y}_n = h_{n1} y_1 + h_{n2} y_2 + \cdots + h_{nn} y_n \tag{6—57}$$

h_{ij} 是用于模型的 x 的函数，并且实际上非常容易计算（更多细节见 Montgomery，Peck and Vining（2001））。另外，我们还可以证明 $h_{ij} = h_{ji}$，方程组系数矩阵对角线元素取值为 $0 < h_{ii} \leqslant 1$。学生化残差定义如下。

学生化残差

学生化残差定义为：

$$r_i = \frac{e_i}{se(e_i)} = \frac{e_i}{\sqrt{\hat{\sigma}^2 (1 - h_{ii})}}, i = 1, 2, \cdots, n \tag{6—58}$$

因为 h_{ii} 总是在 0 与 1 之间，所以学生化残差总是大于相应的标准化残差。因此，它是寻找离群点的一个更敏感的诊断。表 6—6 的 Minitab 输出结果列出了电线黏合剂拉拔强度模型的学生化残差（标签为 "St Resid" 的列）。其中没有学生化残差足以表明离群点的存在。

强影响观察值

使用多元回归时，有时候我们发现观察值的一些子集是强影响的。这些强影响观察值有时候距离其他数据聚集的周围地区很远。图 6—22 描述两个变量的一种假设的情形，其中 x-空间的一个观察值远离其他的数据。x-空间中点的布局在决定模型性质方面非常重要。例如，图 6—22 的点（x_{i1}，x_{i2}）对决定系数、回归系数的估计以及误差均方的大小都有很强的影响。

我们要检查强影响点，以决定是否它们左右了模型的性质。如果这些强影响点是"坏"点，或者存在任何方面的错误，则它就应该被删除。另一方面，或许这些点没有任何错误，但至少我们要决定它们产生的结果是否与剩下的数据产生的结果一致。很多情况下，即使强影响点是有效的，如果它左右了重要的模型性质，我们也应该知道这一点，因为它对模型的使用有重要的影响。

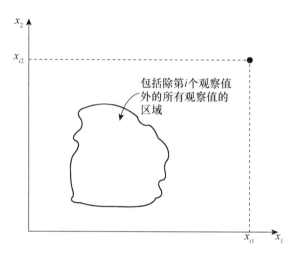

图 6—22 远离 x 空间的点

一种有效的方法是检查式（6—57）定义的 h_{ii}。h_{ii} 的值可以解释为点（x_{i1}，x_{i2}，$\cdots$，x_{ik}）与数据集中所有点平均值之间的距离。h_{ii} 不是通常的距离度量，但它们有相似的性质。因此，大的 h_{ii} 表示 x-空间中的第 i 个点距离数据中心较远（见图 6—22）。拇指规则认为 h_{ii} 大于 $2p/n$ 就应当被调查。超过这个值的 h_{ii} 对应的数据点就认为是杠杆点。因为它离得比较远，所以它有真实的杠杆即可能改变回归分析。任何数据集的 h_{ii} 平均值是 p/n。因此，该规则标记出超过平均值两倍的值。

Montgomery，Peck and Vining（2006）和 Myers（1990）描述了判别强影响观察值的其他几种方法。一个非常好的诊断方法是由 Dennis R. Cook 提出的距离度量。该方法度量的是基于所有观察值上得到的最小二乘估计（$\hat{\beta}$）和当第 i 个点被删除后得到的估计之间的平方距离。

库克距离

$$D_i = \frac{r_i^2}{p} \frac{h_{ii}}{(1-h_{ii})} \qquad i=1,2,\cdots,n \tag{6—59}$$

很明显，如果第 i 个点是强影响的，它的移出将导致一些回归系数值发生很大的变化。因此，较大的 D_i 值就表示第 i 个点是强影响的。D_i 由两部分组成：一部分是学生化残差的平方，它反映了模型拟合第 i 个观察值的好坏情况（见式（6—58），$r_i = e_i / \sqrt{\hat{\sigma}^2 (1-h_{ii})}$），另一部分度量了一点与其余各点的距离远近，$h_{ii}/(1-h_{ii})$ 度量的是 x-空间中的第 i 点偏离其余 $n-1$ 个点中心的距离。$D_i > 1$ 就表示该点是强影响的。D_i 的任何一部分（或两部分）都可能产生很大的数值。

例 6—8

表 6—8 列出了电线黏合剂拉拔强度数据的 h_{ii} 和库克距离 D_i 的值。为说明其计算，考虑第一个观察值：

$$D_1 = \frac{r_1^2}{p} \cdot \frac{h_{11}}{1-h_{11}} = \frac{\left[e_1/\sqrt{\hat{\sigma}^2(1-h_{11})}\right]^2}{p} \cdot \frac{h_{11}}{1-h_{11}}$$

$$= \frac{\left[1.571/\sqrt{5.2(1-0.157\,3)}\right]^2}{3} \frac{0.157\,3}{1-0.157\,3} = 0.035$$

h_{ii} 平均值的两倍是 $2p/n = 2(3)/25 = 0.240\,0$。两个数据点（17 和 18）的 h_{ii} 值超过这一分界点，所以它们可能归于杠杆点。然而，因为 D_{17} 和 D_{18} 都比 1 要小，所以这两个点不是显著强影响的。注意到没有一个 D_i 值足以引起关注。

表 6—8   电线黏合剂拉拔强度数据的影响诊断

观察值 i	h_{ii}	库克距离 D_i	观察值 i	h_{ii}	库克距离 D_i
1	0.157 3	0.035	14	0.112 9	0.003
2	0.111 6	0.012	15	0.073 7	0.187
3	0.141 9	0.060	16	0.087 9	0.001
4	0.101 9	0.021	17	0.259 3	0.565
5	0.041 8	0.024	18	0.292 9	0.155
6	0.074 9	0.007	19	0.096 2	0.018
7	0.118 1	0.036	20	0.147 3	0.000
8	0.156 1	0.020	21	0.129 6	0.052
9	0.128 0	0.160	22	0.135 8	0.028
10	0.041 3	0.001	23	0.182 4	0.002
11	0.092 5	0.013	24	0.109 1	0.040
12	0.052 6	0.001	25	0.072 9	0.000
13	0.082 0	0.001			

多重共线性

在多元回归问题中，我们希望找到回归变量和应答之间的相依关系。然而，在很多回归问题中，我们发现在回归量之间也存在相依关系。如果这种相依性很强，就称**多重共线性**（multicollinearity）存在。多重共线性可能对回归模型的参数估计产生严重的影响，导致参数的低劣的估计（大的方差或标准差），并且由同一个过程或系统抽取的不同的样本可能产生明显不同的 β 估计值，使得参数非常不稳定。带有很强共线性的模型通常都不是可信赖的预测方程。

有几种诊断方法可以用来判断是否有多重共线性存在。最简单的方法是**方差膨胀因子**（variance inflation factor，VIF）。

方差膨胀因子

多元线性回归模型的 VIF 是

$$VIF(\beta_j) = \frac{1}{1-R_j^2}, j = 1, 2, \cdots, k \tag{6—60}$$

其中，R_j^2 是 x_j 对其余 $k-1$ 个回归量的回归的多元决定系数。

很容易看出为什么由式（6—59）定义的 VIF 是多重共线性一个很好的度量。如

果回归量 x_j 和模型中其他回归量的子集存在很强的线性关系，则 R_j^2 将会很大，接近于 1，从而对应的 VIF 就很大。相反，如果 x_j 与其他回归量几乎没有线性关系，则 R_j^2 将会很小，从而对应的 VIF 也很小。通常来讲，如果一个回归量对应的 VIF 大于 10，我们就怀疑多重共线性存在。

例 6—8（续）

很多回归计算程序都能计算 VIF。下表是电线黏合剂拉拔强度回归模型的结果。

预测值	Coef	SE Coef	T	P	VIF
常数	2.264	1.060	2.14	0.044	
电线丝长度	2.744 27	0.093 52	29.34	0.000	1.2
模子高度	0.012 58	0.002 798	4.48	0.000	1.2

因为这里的 VIF 值很小，所以在电线黏合剂拉拔强度数据中不存在多重共线性问题。如果有很强的多重共线性，多数回归分析者建议考查几种可能的补救措施，包括从模型中消除某些回归量或者用除了最小二乘方法以外的其他方法来估计模型参数。多重共线性更全面的讨论见 Montgomery，Peck and Vining（2006）。

练 习

对练习 6—17～6—22，使用 Minitab 回答以下问题。

（a）估计回归系数，写出多元回归模型。评论自变量集合和因变量的关系。

（b）计算残差。

（c）计算 SS_E 并估计方差。

（d）计算决定系数 R^2 和调整的多元决定系数 $R^2_{调整}$。并评价。

（e）建立 ANOVA 表并检验回归显著性。评价你的结果。

（f）求出各系数的标准差。

（g）使用 t-检验，检验在 $\alpha=0.05$ 水平下各系数的显著性。评价你的结果。

（h）建立各系数的 95% 置信区间，将结果与（g）比较并评价。

（i）进行模型充分性检查，包括对每一个观察值计算学生化残差和库克距离。评价你的结果。

（j）计算方差扩大因子并对多重共线性进行评价。

6—17　考虑例 2—53 的轴承磨损数据。

6—18　考虑例 2—54 的 MPG 数据。

6—19　从一家医院的患者满意度调查中得到的数据结果如下表：

观察	年龄	严重程度	外科	焦虑程度	满意度
1	39	42	0	3.5	83
2	70	41	1	7.0	59
3	62	62	0	7.2	46
4	41	30	0	2.1	88
5	24	34	0	3.1	102
6	49	40	1	2.1	75
7	37	31	0	1.9	88
8	50	48	1	4.2	70
9	55	50	0	2.1	68
10	58	61	1	4.6	52
11	42	30	0	3.0	88
12	60	71	1	5.3	43
13	68	38	0	7.8	56
14	79	66	1	6.2	26
15	63	31	1	4.1	52
16	46	24	1	2.8	77
17	30	46	1	3.3	96
18	53	38	1	2.2	56
19	27	42	0	3.1	75
20	61	60	0	5.1	44
21	51	50	1	2.4	57
22	59	58	0	2.0	43
23	63	31	1	4.1	52
24	74	65	1	5.5	26
25	38	42	1	3.2	88

回归变量是患者的年龄，疾病严重度指数（值越大严重度越高），指示变量表示患者是一个内科患者（0）还是一个外科患者（1），一个焦虑指数（值越大代表越焦虑）。

6—20 IEEE仪器和测量学报上有一篇文章描述利用煤炭、石灰石粉末混合物来分析介电常数。密度测量的误差如下表：

密度	介电常数	损失因子
0.749	2.05	0.016
0.798	2.15	0.02
0.849	2.25	0.022
0.877	2.3	0.023
0.929	2.4	0.026
0.963	2.47	0.028
0.997	2.54	0.031
1.046	2.64	0.034
1.133	2.85	0.039
1.17	2.94	0.042
1.215	3.05	0.045

6—21 一台化学设备每月的电功率消耗认为与周围平均温度（x_1）、所在月份的工作天数（x_2）、平均产品纯度（x_3）和生产的产品吨数（x_4）相关。过去一年的历史数据可利用，并列在下表中：

y	x_1	x_2	x_3	x_4
240.0	25	24.0	91	100
236.0	31	21.0	90	95
290.0	45	24.0	88	110
274.0	60	25.0	87	88
301.0	65	25.0	91	94
316.0	72	26.0	94	99
300.0	80	25.0	87	97
296.0	84	25.0	86	96
267.0	75	24.0	88	110
276.0	60	25.0	91	105
288.0	50	25.0	90	100
261.0	38	23.0	89	98

6—22 半导体公司的一个工程师想模拟设备HFE（y）和三个参数的关系，三个参数是：Emitter-RS（x_1），Base-RS（x_2），Emitter-to-Base RS（x_3）。数据见下表。

x_1 Emitter-RS	x_2 Base-RS	x_3 Emitter-to-Base RS	y HFE
14.620	226.00	7.000	128.40
15.630	220.00	3.375	52.62
14.620	217.40	6.375	113.90
15.000	220.00	6.000	98.01
14.500	226.50	7.625	139.90
15.250	224.10	6.000	102.60
16.120	220.50	3.375	48.14
15.130	223.50	6.125	109.60
15.500	217.60	5.000	82.68
15.130	228.50	6.625	112.60
15.500	230.20	5.750	97.52
16.120	226.50	3.750	59.06
15.130	226.60	6.125	111.80
15.630	225.60	5.375	89.09
15.380	229.70	5.875	101.00
14.380	234.00	8.875	171.90
15.500	230.00	4.000	66.80
14.250	224.30	8.000	157.10
14.500	240.50	10.870	208.40
14.620	223.70	7.375	133.40

6—23 考虑练习6—17的轴承磨损数据和多元回归模型。

（a）给定滑油黏度是30.0和负荷是1 200，求出平均轴承磨损。

（b）计算平均应答的99％置信区间

（c）当滑油黏度为30.0和负荷为1 200时，计算将来观察值的99％预测区间。

（d）对于两个区间的相对大小，你注意到什么？哪一个较大，为什么？

6—24 考虑练习6—18的MPG数据和多元回归模型。

（a）给定重量3 000和马力150，求出平均MPG。

（b）计算平均应答的95％置信区间。

（c）当重量为3 000和马力为150时，计算将来观察值的95％预测区间。

（d）对于两个区间的相对大小，你注意到什么？哪一个较大，为什么？

6—25 考虑练习6—19的患者满意度调查数据。

（a）估计满意度均值，给定年龄＝24，严重度＝38，外科＝0，焦虑度＝2.8。

（b）计算这个均值响应的 95％置信区间。

（c）计算在这个水平下未来观测值的 95％预测区间。

（d）这两个区间的相对大小你注意到什么不同？哪个更大，为什么？

6—26　考虑练习 6—20 中的密度数据。

（a）估计密度均值，给定介电常数＝2.5，损失因子＝0.030。

（b）计算这个均值响应的 95％置信区间。

（c）计算在这个水平下未来观测值的 95％预测区间。

（d）这两个区间的相对大小你注意到什么不同？哪个更大，为什么？

6—27　考虑例 6—21 的电功率数据和多元线性回归模型。

（a）给定 $x_1 = 75°F$，$x_2 = 24$ 天，$x_3 = 90％$，$x_4 = 98$ 吨，求出平均电功率消耗。

（b）计算平均应答的 95％置信区间。

（c）当 $x_1 = 75°F$，$x_2 = 24$ 天，$x_3 = 90％$，$x_4 = 98$ 吨时，计算将来观测的 95％预测区间。

（d）对于两个区间的相对大小，你注意到什么？哪一个较大，为什么？

6—28　考虑练习 6—22 的 HFE 数据和多元线性回归模型。

（a）给定 $x_1 = 14.5$，$x_2 = 220$，$x_3 = 5.0$，求平均 HFE。

（b）计算平均应答的 90％置信区间。

（c）当 $x_1 = 14.5$，$x_2 = 220$，$x_3 = 5.0$ 时，求将来观测的 90％预测区间。

（d）对于两个区间的相对大小，你注意到什么？哪一个较大，为什么？

6—29　在光学工程的一篇文章中报告了利用光学相关器通过改变明亮度和对比度来进行一个实验。结果调整是以灰色水平的使用范围为特征的。数据如下：

明亮度（％）：54　61　65　100　100　100　50　57　54

对比度（％）：56　80　70　50　65　80　25　35　26

使用范围（ng）：96　50　50　112　96　80　155　144　255

（a）利用以上数据构造多元线性回归模型。

（b）估计参数 σ^2 和回归参数的标准误差。

（c）检验 β_1 和 β_2 的显著性。

（d）预测明亮度＝70，对比度＝65 时，预测使用范围，并给出 95％预测区间。

（e）计算明亮度＝70，对比度＝65 时，计算使用范围的期望响应，并给出 95％置信区间。

（f）解释（d）和（e）量分布，并评论 95％预测区间和 95％置信区间。

6—30　在生物技术前沿杂志中有一篇文章记录了乳酸链球菌肽在双水相系统提取的调查和优化。乳酸链球菌肽复苏是独立变量（y）。两个回归变量为 PEG4000 的浓度（％）（定义为 x_1）和 Na_2SO_4 的浓度（％）（定义为 x_2）。

x_1	x_2	y
13	11	62.873 9
15	11	76.132 8
13	13	87.466 7
15	13	102.323 6
14	12	76.187 2
14	12	77.528 7
14	12	76.782 4
14	12	77.438 1
14	12	78.741 7

（a）利用以上数据构造多元线性回归模型。

（b）估计参数 σ^2 和回归参数的标准误差。

（c）检验 β_1 和 β_2 的显著性。

（d）预测 $x_1 = 14.5$，$x_2 = 12.5$ 时，预测乳酸链球菌肽复苏数，并给出 95％预测区间。

（e）计算 $x_1 = 14.5$，$x_2 = 12.5$ 时，计算乳酸链球菌肽复苏数的期望响应，并给出 95％置信区间。

（f）解释（d）和（e）量分布，并评论 95％预测区间和 95％置信区间。

6—31　利用下面给出的部分完整的 Minitab 输出来回答下列问题：

（a）给出缺失值。

（b）给出 σ^2 的估计值。

（c）检验回归的显著性，给定 $\alpha = 0.05$。

（d）利用 t-检验，在 $\alpha = 0.05$ 下，检验 β_1 和 β_2 的显著性，对两个结果给出评论。

（e）构造 β_1 的一个 95％置信区间，用这个置信区间来检验 β_1 的显著性。

（f）构造 β_2 的一个 95％置信区间，用这个置信区间来检验 β_2 的显著性。

（g）评价（c）～（f）的结果，这个回归模型是否合适？你推荐的下一步分析是什么？

Predictor	Coef	SE Coef	T	P
Constant	3.318	1.007	3.29	0.003
x1	0.741 7	0.576 8	?	?
x2	9.114 2	0.657 1	?	?
S=?	R－Sq=?	R－Sq(adj)=87.6%		
Analysis of Variance				
Source	DF	SS	MS	F	P
Regression	2	133.366	66.683	?	?
Residual Error	?	17.332	?		
Total	27	150.698			

6—32 利用下面给出的部分完整的 Minitab 输出来回答下列问题。

（a）给出缺失值。

（b）给出 σ^2 的估计值。

（c）检验回归的显著性，给定 $\alpha=0.05$。

（d）利用 t-检验，在 $\alpha=0.05$ 下，检验 β_1 和 β_2，β_3 的显著性，对三个结果给出评论。

（e）构造 β_1 的一个 95% 置信区间，用这个置信区间来检验 β_1 的显著性。

（f）构造 β_2 的一个 95% 置信区间，用这个置信区间来检验 β_2 的显著性。

（g）构造 β_3 的一个 95% 置信区间，用这个置信区间来检验 β_3 的显著性。

（h）评价 (c)～(g) 的结果，这个回归模型是否合适？你推荐的下一步分析是什么？

Predictor	Coef	SE Coef	T	P
Constant	6.188	2.704	2.29	0.027
x1	9.686 4	0.498 9	?	?
x2	−0.379 6	0.233 9	?	?
x3	2.944 7	0.235 4	?	?
S=?	R－Sq=?	R－Sq(adj)=90.2%		
Analysis of Variance				
Source	DF	SS	MS	F	P
Regression	3	363.01	121.000	?	?
Residual Error	44	36.62	?		
Total	47	399.63			

6.4 回归的其他方面

在这一节里面，我们简要介绍使用多元回归的其他三个方面：使用多项式项作为回归量建立模型、使用类别变量或者定性变量建立模型、回归模型的变量选择。这些（或其他）主题的更多讨论请参考 Montgomery and Runger（2011）或 Montgomery，Peck and Vining（2006）。

6.4.1 多项式模型

在 6.1 节里提到了在回归量中带多项式项的模型，比如二次模型：

$$Y=\beta_0+\beta_1 x_1+\beta_{11} x_1^2+\varepsilon$$

实际上就是线性回归模型，可以使用 6.3 节讨论的方法对模型进行拟合和分析。多项式模型经常出现在工程和自然科学里面，这使得线性回归广泛应用于这些领域。

例 6—9

为了进一步说明拟合多项式回归模型，考虑如表 6—9 的乙炔产量和两个过程变量——反应堆温度和 H_2 与庚烷之比的数据（对数据的更多的讨论和分析以及原始数据的参考，见 Montgomery，Peck and Vining（2006））。对这类型化学过程数据工程师通常都考虑拟合一个二次模型。

表 6—9　　　　　　　　　　　　　　　　　乙炔数据

观察值	产量,Y	温度,T	比值,R	观察值	产量,Y	温度,T	比值,R
1	49.0	1 300	7.5	9	34.5	1 200	11.0
2	50.2	1 300	9.0	10	35.0	1 200	13.5
3	50.5	1 300	11.0	11	38.0	1 200	17.0
4	48.5	1 300	13.5	12	38.5	1 200	23.0
5	47.5	1 300	17.0	13	15.0	1 100	5.3
6	44.5	1 300	23.0	14	17.0	1 100	7.5
7	28.0	1 200	5.3	15	20.5	1 100	11.0
8	31.5	1 200	7.5	16	29.5	1 100	17.0

两个回归量的二次模型是:

$$Y = \beta_0 + \beta_1 x_1 + \beta_2 x_2 + \beta_{12} x_1 x_2 + \beta_{11} x_1^2 + \beta_{22} x_2^2 + \varepsilon$$

拟合多项式模型时,一个好的办法就是由每一个观察值**中心化**(center)回归量(减去平均值 $\bar{x}_j$),然后用中心化回归量得到模型中的交叉乘积项和平方项。这减小了数据的**多重共线性**(multicollinearity),并且模型系数能够更精确地估计,在这个意义上,使得回归模型更具有可靠性。对乙炔数据,就需要从观察值 x_1 = 温度减去 1 212.5,从观察值 x_2 = 比值减去 12.444。因此,我们要拟合的回归模型是:

$$Y = \beta_0 + \beta_1(T - 1\,212.5) + \beta_2(R - 12.444) + \beta_{12}(T - 1\,212.5)(R - 12.444)$$
$$+ \beta_{11}(T - 1\,212.5)^2 + \beta_{22}(R - 12.444)^2 + \varepsilon$$

该模型的一部分 Minitab 输出结果如下。

```
The regression equation is
Yield=36.4+0.130Temp+0.480Ratio-0.007 33T×R+0.000 178T^2-0.023 7R^2
```

Predictor	Coef	SE Coef	T	P	VIF
Constant	36.433 9	0.552 9	65.90	0.000	
Temp	0.130 476	0.003 642	35.83	0.000	1.1
Ratio	0.480 05	0.058 60	8.19	0.000	1.5
T×R	−0.007 334 6	0.000 799 3	−9.18	0.000	1.4
T^2	0.000 178 20	0.000 058 54	3.04	0.012	1.2
R^2	−0.023 67	0.010 19	−2.32	0.043	1.7

S=1.066　　R−Sq=99.5%　　　R−Sq(adj)=99.2%

Analysis of Variance

Source	DF	SS	MS	F	P
Regression	5	2 112.34	422.47	371.49	0.000
Residual Error	10	11.37	1.14		
Total	15	2 123.71			

表中的回归系数是如上模型中心化回归量的系数。注意到回归显著性的 ANOVA 检验表明在模型中至少有些变量是重要的,单独变量的 t-检验显示模型中所有的项都是必须的。VIF 值很小,所以不存在明显的多重共线性问题。

假设我们想检验二次项对模型的贡献。换句话说,模型中包括其他项增加的价值

是什么？需要检验的假设是

$$H_0 : \beta_{r+1} = \beta_{r+2} = \cdots = \beta_k = 0$$
$$H_1 : 至少一个 \beta \neq 0$$

例 6—9（续）

在 6.3.2 节我们介绍了怎样进行这一检验。回想那里的介绍，要进行这一检验，需要将二次模型认为是**全模型**（full model），然后拟合一个**简化模型**（reduced model），这里就是一次模型

$$Y = \beta_0 + \beta_1 (T - 1\,212.5) + \beta_2 (R - 12.444) + \varepsilon$$

对该检验模型的 Minitab 输出结果如下。

```
The regression equation is
Y=36.1+0.134T+0.351R
```

Predictor	Coef	SE Coef	T	P	VIF
Constant	36.106 3	0.906 0	39.85	0.000	
T	0.133 96	0.011 91	11.25	0.000	1.1
R	0.351 1	0.169 6	2.07	0.059	1.1

S=3.624   R—Sq=92.0%   R—Sq(adj)=90.7%

Analysis of Variance

Source	DF	SS	MS	F	P
Regression	2	1 952.98	976.49	74.35	0.000
Residual Error	13	170.73	13.13		
Total	15	2 123.71			

上面假设的检验统计量最初由式（6—55）给出，为了方便起见，再重复如下：

$$F_0 = \frac{[SS_E(RM) - SS_E(FM)]/(k-r)}{SS_E(FM)/(n-p)}$$

例 6—9（续）

在检验统计量里面，$SS_E(RM) = 170.73$ 是简化模型的残差平方和，$SS_E(FM) = 11.37$ 是全模型的残差平方和，$n = 16$ 是观察值数量，$p = 6$ 是全模型中参数的数量，$k = 5$ 是全模型中的回归量数量，$r = 2$ 是简化模型中的回归量数量。因此，检验统计量的计算结果为：

$$f_0 = \frac{[SS_E(RM) - SS_E(FM)]/(k-r)}{SS_E(FM)/(n-p)} = \frac{(170.3 - 11.37)/(5-2)}{11.37/(16-10)} = 46.72$$

这一结果将与 $f_{\alpha,3,10}$ 进行比较。换个角度来看，P-值是 3.49×10^{-6}。因为 P-值很小，所以我们拒绝零假设 $H_0 : \beta_{11} = \beta_{12} = \beta_{22} = 0$，认为至少有一个二次项对模型贡献显著。事实上，我们由 Minitab 输出结果中的 t-检验得知，三个二次项都是很重要的。

☐ 6.4.2 类别回归量

在前面所研究的回归模型里面，所有的回归变量都是**定量变量**（quantitative

variable）；也即它们要么是数值变量要么是在明确的尺度下可测量的。但有时候我们遇到在模型中需要包括定性变量或类别变量的情况。例如，假设我们要研究快速行驶的汽车的汽油里程（1 加仑汽油所行驶的里程）。

例 6—10

应答变量是 Y＝汽油里程，关心的两个回归量是 x_1＝发动机气缸容积（in^3）和 x_2＝马力。多数汽车在行进中都有自动变速器，但是有些只有手动变速器。

像如下这样，很容易就能将类别信息合并到模型中，令 x_3＝变速器类型，定义

$$x_3 = \begin{cases} 0, \text{如果汽车有自动变速器} \\ 1, \text{如果汽车有手动变速器} \end{cases}$$

有时取值为 0，1 的变量称为指示变量。从而汽油里程分析的回归模型是：

$$Y = \beta_0 + \beta_1 x_1 + \beta_2 x_2 + \beta_3 x_3 + \varepsilon$$

该模型实际上描述了两个不同的回归模型，当 x_3＝0 时，汽车有自动变速器，汽油里程的模型就是：

$$Y = \beta_0 + \beta_1 x_1 + \beta_2 x_2 + \varepsilon$$

当汽车有手动变速器时（x_3＝1），模型就是：

$$\begin{aligned} Y &= \beta_0 + \beta_1 x_1 + \beta_2 x_2 + \beta_3(1) + \varepsilon \\ &= (\beta_0 + \beta_3) + \beta_1 x_1 + \beta_2 x_2 + \varepsilon \end{aligned}$$

注意到模型有不同的截距，但是传达发动机气缸容积和马力效果的模型参数没有受到汽车变速器类型的影响。这可能是不合理的。事实上，我们可能认为在回归变量发动机气缸容积和变速器类型之间、马力与变速器类型之间存在交互作用。

像这样包括相互作用项是很容易的。正确的模型是：

$$Y = \beta_0 + \beta_1 x_1 + \beta_2 x_2 + \beta_3 x_3 + \beta_{13} x_1 x_3 + \beta_{23} x_2 x_3 + \varepsilon$$

当汽车有自动变速器时（x_3＝0），汽油里程模型是：

$$Y = \beta_0 + \beta_1 x_1 + \beta_2 x_2 + \varepsilon$$

当汽车有手动变速器时（x_3＝1），模型变为：

$$\begin{aligned} Y &= \beta_0 + \beta_1 x_1 + \beta_2 x_2 + \beta_3(1) + \beta_{13} x_1(1) + \beta_{23} x_2(1) + \varepsilon \\ &= (\beta_0 + \beta_3) + (\beta_1 + \beta_{13}) x_1 + (\beta_2 + \beta_{23}) x_2 + \varepsilon \end{aligned}$$

从而这三个模型的系数都受到汽车是否有手动变速器的影响。这可能对回归函数的形状有很大的影响。

例 6—11

作为说明，再考虑表 2—11 的洗发水数据。其中一个变量——地区（东部，西部）是类别变量，同处理汽油里程问题一样，它也能合并到模型中。如果洗发水由东部生产，则令地区＝0，如果由西部生产，则令地区＝1。用泡沫、残留和地区作为回归量的线性回归模型的 Minitab 输出结果如下。

```
The regression equation is
Quality＝89.8＋1.82Foam－3.38Residue－3.41Region
```

Predictor	Coef	SE Coef	T	P
Constant	89.806	2.990	30.03	0.000
Foam	1.819 2	0.326 0	5.58	0.000
Residue	−3.379 5	0.685 8	−4.93	0.000
Region	−3.406 2	0.919 4	−3.70	0.001

S＝2.216 43　　R−Sq＝77.6%　　R−Sq(adj)＝74.2%

Analysis of Variance

Source	DF	SS	MS	F	P
Regression	3	339.75	113.25	23.05	0.000
Residual Error	20	98.25	4.91		
Total	23	438.00			

注意到三个回归量都是很重要的。在这个模型里面，地区回归量的影响是当预测西部生产的洗发水质量时使得截距改变−3.41个单位。可能需要考察数据中的相互作用的影响，需要在模型中包括相互作用项泡沫×地区和残渣×地区。这一模型的Minitab输出结果如下。

```
The regression equation is
Quality＝88.3＋1.98Foam－3.22Residue－1.71Region－0.642F×R＋0.43Res×R
```

Predictor	Coef	SE Coef	T	P
Constant	88.257	4.840	18.24	0.000
Foam	1.982 5	0.429 2	4.62	0.000
Residue	−3.215 3	0.952 5	−3.38	0.003
Region	−1.707	6.572	−0.26	0.798
F×R	−0.641 9	0.943 4	−0.68	0.505
Res×R	0.430	1.894	0.23	0.823

S＝2.304 99　　R−Sq＝78.2%　　R−Sq(adj)＝72.1%

Analysis of Variance

Source	DF	SS	MS	F	P
Regression	5	342.366	68.473	12.89	0.000
Residual Error	18	95.634	5.313		
Total	23	438.000			

很明显，交互作用项在模型中没有必要。

指示变量也能用于不止两种水平的类别变量。例如，假如洗发精由三个地区生产，东部、中西部和西部。两个指示变量（x_1 和 x_2）定义如下：

地区	x_1	x_2
东部	0	0
中西部	1	0
西部	0	1

一般地，如果类别变量有 r 种水平，就需要 $r-1$ 个指示变量来将类别变量合并

到模型中。

6.4.3　变量选择技巧

回归的许多应用都面临有很多回归量的数据集，我们希望用（可能）最少回归变量来建立模型。使用回归量较少的模型更具可操作性，也使得建立的模型更容易解释，得到比包括所有回归量的模型更可靠的预测。

如果回归量数量不是很大，选择模型回归量的子集的一种办法就是拟合所有可能的子集模型，然后根据做出最后选择的合适标准来评价这些供选择的模型。这听起来十分笨拙，但在很多问题中非常实际且容易操作。Minitab 的应用局限是 20 个供选模型；实际局限依赖于使用的特定软件和特殊软件包是怎样执行的。

通常用来评价子集回归模型的两个准则是 R^2 和残差均方 MS_E。目标就是找 R^2 大且 MS_E 小的模型，因为随着模型中变量的加入，R^2 不会减小，所以目标是找 R^2 很接近所有变量都在模型中时的 R^2 的子集模型。最小化 MS_E 的模型是值得考虑的，因为它表明模型尽可能解释了应答中的变化。

第三个准则建立在标准化估计误差平方和的基础上：

$$\Gamma_p = \frac{E\left\{ \sum_{i=1}^{n} \left[\hat{Y}_i - E(Y_i) \right]^2 \right\}}{\sigma^2} = \frac{E\left[SS_E(p) \right]}{\sigma^2} - n + 2p$$

式中，$\hat{Y}_i$ 表示由 p 个参数的子集模型得到的预测应答值，$SS_E(p)$ 是由该模型得到的残差平方和，$E(Y_i)$ 是由"真实"模型得到的期望应答，"真实"模型指由正确的回归量子集得到的模型。数量 $E\left[SS_E(p) \right]$ 和 σ^2 都是未知的，但是可以通过 $SS_E(p)$ 和由包含所有被选回归量的全模型得到的估计值 $\hat{\sigma}^2$ 来估计。

从而该准则变为：

$$C_p = \frac{SS_E(p)}{\hat{\sigma}^2(FM)} - n + 2p$$

C_p 值小的模型认为是满意的。

例 6—12

为说明这种"所有可能回归"方式，我们将这种方法应用于表 2—11 的洗发水数据。Minitab 将对最多 20 个被选回归量提供回归量数为 m（$1 \leqslant m \leqslant 10$）的最优子集回归模型。这里"最优"是 R^2 最大或 MS_E 最小的模型。$m=5$ 的 Minitab 输出结果见表 6—10。

表 6—10	Minitab 最优子集回归：质量对泡沫、香味……

Response is Quality

```
                                                        R
                                                      e R
                                                    S C s e
                                                    F c o i g
                                                    o e l d i
                                                    a n o u o
                   Mallows
```

Vars	R—Sq	R—Sq(adj)	C—p	S	m t r e n
1	26.2	22.9	46.4	3.832 1	X
1	25.7	22.3	46.9	3.845 5	X
1	23.9	20.5	48.5	3.891 5	X
1	6.3	2.1	64.3	4.318 4	X
1	3.8	0.0	66.7	4.377 3	X
2	62.2	58.6	16.1	2.808 8	X X
2	50.3	45.6	26.7	3.218 5	X X
2	42.6	37.2	33.6	3.458 9	X X
2	40.9	35.3	35.2	3.509 8	X X
2	32.6	26.2	42.7	3.748 6	X X
3	77.6	74.2	4.2	2.216 4	X X X
3	63.1	57.6	17.2	2.841 1	X X X
3	62.5	56.9	17.7	2.864 1	X X X
3	52.9	45.9	26.4	3.210 7	X X X
3	51.8	44.6	27.4	3.249 1	X X X
4	79.9	75.7	4.1	2.153 2	X X X X
4	78.6	74.1	5.3	2.220 5	X X X X
4	64.8	57.4	17.7	2.848 7	X X X X
4	53.0	43.1	28.3	3.290 7	X X X X
4	51.4	41.2	29.7	3.346 0	X X X X
5	80.0	74.5	6.0	2.205 6	X X X X X

在 Minitab 输出结果中，"S"表示残差均方的平方根。最小化残差均方的模型是包括泡沫、香水、残渣和区域的四变量模型。该模型也有最小的 C_p 值，所以如果假设残差分析是满意的，它能描述这一数据集关系的最好回归方程的一个很好选择。

选择子集回归模型的另一种方法是**逐步回归**（stepwise regression）。这实际上是设计用来处理大量数据集方法的一个集合。常用的逐步回归方法是**倒向消除法**（backward elimination）。该方法以模型中含有所有回归量开始，然后根据 t-检验统计量 $\hat{\beta}_j/se(\hat{\beta}_j)$ 的值来逐步消除它们。如果绝对值最小的 t-比率小于临界值 $t_{出}$，与该 t-比率相对应的回归量就从模型中移出。然后重新拟合模型，继续倒向消除过程，直到没有回归量能被消除为止。Minitab 使用显著性水平为 0.1 的临界值作为 $t_{出}$。Minitab 对洗发水数据使用倒向消除过程的结果见表 6—11。

表 6—11　　　　　　　　　逐步回归：质量对泡沫、香味……

Backward elimination. Alpha-to-Remove：0.1
Response is Quality on 5 predictors，with N=24

Step	1	2	3
Constant	86.33	86.14	89.81
Foam	1.82	1.87	1.82
T-Value	5.07	5.86	5.58
P-Value	0.000	0.000	0.000
Scent	1.03	1.18	
T-Value	1.12	1.48	
P-Value	0.277	0.155	

Color	0	23	
T-Value	0.33		
P-Value	0.746		
Residue	−4.00	−3.93	−3.38
T-Value	−4.93	−5.15	−4.93
P-Value	0.000	0.000	0.000
Region	−3.86	−3.71	−3.41
T-Value	−3.70	−4.05	−3.70
P-Value	0.002	0.001	0.001
S	2.21	2.15	2.22
R-Sq	80.01	79.89	77.57
R-Sq (adj)	74.45	75.65	74.20
C-p	6.0	4.1	4.2

逐步回归的另一种变体是**向前选择法**（forward selection）。该程序以模型中没有变量开始，然后每次加入一个变量。每一步插入有最大 t 统计量值的变量，只要统计量值超过门限值 $t_进$，变量都被加入。Minitab 使用显著性水平 0.25 来决定门限值 $t_进$。当没有被选变量满足变量进入准则时，程序就终止。洗发水数据的 Minitab 逐步回归输出结果见表 6—12。

最常用的逐步回归变体是使用向前和向后的组合，常称为逐步回归。该程序以向前步骤开始，但是一旦插入了一个新的变量，就使用向后消除法确定是否在上一步的变量中有需要移出的。要选择两个临界值 $t_进$ 和 $t_出$，通常我们令 $t_进 = t_出$。Minitab 对 $t_进$ 和 $t_出$ 都使用显著性水平 0.15。洗发水数据的 Minitab 逐步回归输出结果见表 6—13。

表 6—12 逐步回归：质量对泡沫、香味……

Forward selection. Alpha-to-Enter：0.25
Response is Quality on 5 predictors，with N=24

Step	1	2	3	4
Constant	76.00	89.45	89.81	86.14
Foam	1.54	1.90	1.82	1.87
T-Value	2.80	4.61	5.58	5.86
P-Value	0.010	0.000	0.000	0.000
Residue		−3.82	−3.38	−3.93
T-Value		−4.47	−4.93	−5.15
P-Value		0.000	0.000	0.000
Region			−3.41	−3.71
T-Value			−3.70	−4.05
P-Value			0.001	0.001
Scent				1.18
T-Value				1.48
P-Value				0.155
S	3.83	2.81	2.22	2.15
R-Sq	26.24	62.17	77.57	79.89
R-Sq (adj)	22.89	58.57	74.20	75.65
C-p	46.4	16.1	4.2	4.1

| 表 6—13 | 逐步回归：质量对泡沫、香味…… | | |

Alpha-to-Enter：0.15 Alpha-to-Remove：0.15
Response is Quality on 5 predictors，with N＝24

Step	1	2	3
Constant	76.00	89.45	93.21
Foam	1.54	1.90	1.82
T-Value	2.80	4.61	5.58
P-Value	0.010	0.000	0.000
Residue		−3.82	−3.38
T-Value		−4.47	−4.93
P-Value		0.000	0.000
Region			−3.41
T-Value			−3.70
P-Value			0.001
S	3.83	2.81	2.22
R-Sq	26.24	62.17	77.57
R-Sq（adj）	22.89	58.57	74.20
C-p	46.4	16.1	4.2

很多回归分析家考虑了所有可用的最好的回归方法，因为评价所有被选方程是可能的。因此，可以通过最小化残差均方或最小化 C_p 来找模型。逐步回归是有缺陷的，因为它在每一步仅仅改变一个变量。他不能保证找到的最后的方程能最优化任意准则。然而，很多逐步回归的实际经验表明用它得到的方程通常都是非常满意的。

练 习

对练习 6—33 和 6—34，使用 Minitab 回答以下问题。

（a）计算所有的二次多项式模型。

（b）对每一个多项式模型，检查数据的多重共线性。评价你的结果。

（c）当模型与简化的一次模型作比较时，检验模型中二次项的贡献。评价你的结果。

6—33 考虑练习 6—17 和 6—23 的轴承磨损数据与多元线性回归模型。

6—34 考虑练习 6—18 和练习 6—24 的 MPG数据和多元线性回归模型。

对与练习 6—35 和 6—38，只使用一次项，用如下方法建立回归模型：

（a）所有可能回归。求出 C_p 和 S 的值。

（b）向前选择。

（c）向后消除。

（d）评价得到的模型。哪一个模型是较好的。

6—35 考虑练习 6—19 中的患者满意度模型。

6—36 考虑练习 6—20 中的密度数据。

6—37 考虑练习 6—21 的电功率消耗数据。

6—38 考虑练习 6—22 的 HFE 数据。

6—39 一位机械工程师要研究车床生产的零件的表面抛光和它与车床速度（每分钟转速）的关系。数据见表 6—14。

（a）使用指示变量建立回归模型，评价回归显著性。

（b）对每一个工具类型，建立一个独立的模型，评价每个模型的回归显著性。

表 6—14 练习 6—39 表面抛光数据

观察值 i	表面抛光 y_i	RPM	切割工具类型	观察值 i	表面抛光 y_i	RPM	切割工具类型
1	35.47	251	416	11	44.78	218	302
2	32.29	216	416	12	50.52	259	302
3	33.49	232	416	13	45.58	221	302
4	32.13	224	416	14	52.26	265	302
5	33.50	224	416	15	45.54	225	302
6	31.23	212	416	16	42.03	200	302
7	37.52	248	416	17	50.10	250	302
8	37.13	260	416	18	48.75	245	302
9	34.70	243	416	19	47.92	235	302
10	34.70	243	416	20	52.26	265	302

补充练习

6—40 家具生产车间的工业工程师想调查车间电力消耗是由车间产品怎样决定的。他猜想月度生产的家具产品以百万美元为单位计算的价值（x）和以 kWh（千瓦时）为单位计算的电力消耗（y）之间存在简单的线性关系。收集到了如下数据：

百万美元	kWh	百万美元	kWh
4.46	2.41	4.65	2.32
4.14	2.55	3.95	2.32
4.25	2.34	4.19	2.31
4.01	2.65	4.69	2.51
4.31	2.64	4.00	2.61
4.51	2.38	4.59	2.66
4.55	2.35	4.70	2.58
4.70	2.59		

（a）作出数据的散点图。直线关系合理吗？

（b）对数据拟合简单线性回归模型。

（c）用 $\alpha = 0.05$ 检验模型显著性。检验的 P-值是多少？

（d）求斜率的 95% 置信区间估计。

（e）用 $\alpha = 0.05$ 检验假设 $H_0 : \beta_0 = 0$ 对 $H_1 : \beta_0 \neq 0$。对最优模型你得出什么结论？

6—41 证明如下建立在 R^2 基础上的检验是简单线性回归模型回归显著性检验的一个等价定义：检验 $H_0 : \beta_1 = 0$ 对 $H_1 : \beta_1 \neq 0$，计算

$$F_0 = \frac{R^2(n-2)}{1-R^2}$$

如果计算值 $f_0 > f_{\alpha, 1, n-2}$ 就拒绝 $H_0 : \beta_1 = 0$。

6—42 假设简单线性回归模型对 $n = 25$ 个观察值拟合，$R^2 = 0.90$。

（a）在 $\alpha = 0.05$ 下检验回归显著性。用练习 6—41 的结果。

（b）如果 $\alpha = 0.05$，要得到一个显著回归的结论，R^2 最小值是多少？

6—43 学生化残差。证明简单线性回归模型中，第 i 个残差的方差是：

$$V(e_i) = \sigma^2 \left[1 - \left(\frac{1}{n} + \frac{(x_i - \bar{x})^2}{S_{xx}} \right) \right]$$

提示：

$$\text{cov}(Y_i, \hat{Y}_i) = \sigma^2 \left[\frac{1}{n} + \frac{(x_i - \bar{x})^2}{S_{xx}} \right]$$

模型第 i 个学生化残差定义为：

$$r_i = \frac{e_i}{\sqrt{\hat{\sigma}^2 \left[1 - \left(\frac{1}{n} + \frac{(x_i - \bar{x})^2}{S_{xx}} \right) \right]}}$$

（a）解释为什么 r_i 具有单位标准差（σ 已知）。

（b）学生化残差有单位标准差吗？

（c）讨论当样本值 x_i 靠近 x 范围中心时学生化残差的情况。

（d）讨论当样本值 x_i 在 x 范围的一边附近时，学生化残差的情况。

6—44 下面的是关于风力发电机的直流电输出（y）和风速（x）的数据。

观察值	风速（MPH）x_i	直流电输出 y_i
1	5.00	1.582
2	6.00	1.822
3	3.40	1.057
4	2.70	0.500
5	10.00	2.236
6	9.70	2.386
7	9.55	2.294
8	3.05	0.558
9	8.15	2.166
10	6.20	1.866
11	2.90	0.653
12	6.35	1.930
13	4.60	1.562
14	5.80	1.737
15	7.40	2.088
16	3.60	1.137
17	7.85	2.179
18	8.80	2.112
19	7.00	1.800
20	5.45	1.501
21	9.10	2.303
22	10.20	2.310
23	4.10	1.194
24	3.95	1.144
25	2.45	0.123

（a）作出数据散点图。y 与 x 像哪一种类型的关系？

（b）对数据拟合简单线性回归模型。

（c）使用 $\alpha=0.05$ 检验回归显著性。你的结论是什么？

（d）作出简单线性回归模型的残差—$\hat{y}_i$ 图和残差—风速 x 图。关于模型充分性的结论是什么？

（e）在以上分析的基础上，提出 y 与 x 关系的另外一个模型，判断该模型为什么合理。

（f）拟合你在（e）中提出的回归模型。检验回归显著性（$\alpha=0.05$），对模型的残差进行图示分析。你对模型充分性的结论是什么？

6—45　h_{ii} 通常用来表示杠杆——在 x 空间与众不同的点，可能是影响点。一般来讲，第 i 个点是杠杆点，如果的 h_{ii} 超过 $2p/n$，帽子对角线平均值的两倍。$p=k+1$。

（a）表 6—8 包含了例 6—2 使用的电线结合抗拉强度数据的帽子矩阵对角线。求这些元素的平均。

（b）在给定临界的基础上，数据集中有观察值是杠杆点吗？

6—46　表 6—15 的数据表示喷气式涡轮发动机的推力（y）和六个被选回归量：$x_1=$ 转动的初始速度、$x_2=$ 转动的二级速度、$x_3=$ 燃料流速、$x_4=$ 压力、$x_5=$ 排气装置温度、$x_6=$ 检验时的周围温度。

（a）使用 $x_3=$ 燃料流速、$x_4=$ 压力、$x_5=$ 排气装置温度作为回归量拟合一个多元线性回归模型。

（b）用 $\alpha=0.01$ 检验回归显著性。求出检验的 P 值。你的结论是什么？

（c）求出每一个回归量的检验统计量。使用 $\alpha=0.01$，解释能从这些统计量得出的结论。

（d）求模型的 R^2 和调整的 R^2。评价它们值的意义以及在评估模型时的作用。

（e）建立残差的正态概率图并对图形作出解释。

（f）作出残差—$\hat{y}_i$ 图。有迹象表明方差不等性或者非线性吗？

（g）作出残差—x_3 图。有显示非线性的迹象吗？

（h）对 $x_3=28\,900$，$x_4=170$，$x_5=1\,589$，预测发动机推力。

表 6—15　　　　　　　　　　　　　　练习 6—46 数据

观察值	y	x_1	x_2	x_3	x_4	x_5	x_6
1	4 540	2 140	20 640	30 250	205	1 732	99
2	4 315	27 016	20 280	30 010	195	1 697	100
3	4 095	1 905	19 860	29 780	184	1 662	97
4	3 650	1 675	18 980	29 330	164	1 598	97
5	3 200	1 474	18 100	28 960	144	1 541	97
6	4 833	2 239	20 740	30 083	216	1 709	87

7	4 617	2 120	20 305	29 831	206	1 669	87
8	4 340	1 990	19 961	29 604	196	1 640	87
9	3 820	1 702	18 916	29 088	171	1 572	85
10	3 368	1 487	18 012	28 675	149	1 522	85
11	4 445	2107	20 520	30 120	195	1 740	101
12	4 188	1 973	20 130	29 920	190	1 711	100
13	3 981	1 864	19 780	29 720	180	1 682	100
14	3 622	1 674	19 020	29 370	161	1 630	100
15	3 125	1 440	18 030	28 940	139	1 572	101
16	4 560	2 165	20 680	30 160	208	1 704	98
17	4 340	2 048	20 340	29 960	199	1 679	96
18	4 115	1 916	19 860	29 710	187	1 642	94
19	3 630	1 658	18 950	29 250	164	1 576	94
20	3 210	1 489	18 700	28 890	145	1 528	94
21	4 330	2 062	20 500	30 190	193	1 748	101
22	4 119	1 929	20 050	29 960	183	1 713	100
23	3 891	1 815	19 680	29 770	173	1 684	100
24	3 467	1 595	18 890	29 360	153	1 624	99
25	3 045	1 400	17 870	28 960	134	1 569	100
26	4 411	2 047	20 540	30 160	193	1 746	99
27	4 203	1 935	20 160	29 940	184	1 714	99
28	3 968	1 807	19 750	29 760	173	1 679	99
29	3 531	1 591	18 890	29 350	153	1 621	99
30	3 074	1 388	17 870	28 910	133	1 561	99
31	43 50	2 071	20 460	30 180	198	1 729	102
32	4 128	1 944	20 010	29 940	186	1 692	101
33	3 940	1 831	19 640	29 750	178	1 667	101
34	3 480	1 612	18 710	29 360	156	1 609	101
35	3 064	1 410	17 780	28 900	136	1 552	101
36	4 402	2 066	20 520	30 170	197	1 758	100
37	4 180	1 954	20 150	29 950	188	1 729	99
38	3 973	1 835	19 750	29 740	178	1 690	99
39	3 530	1 616	18 850	29 320	156	1 616	99
40	3 080	1 407	17 910	28 910	137	1 569	100

6—47 考虑练习 6—46 的发动机推力数据。用 $y^* = \ln y$ 作为应答变量，$x_3^* = \ln x_3$（和 x_4，x_5）作为回归量重新拟合模型。

(a) 用 $\alpha = 0.01$ 检验回归显著性。求出检验的 P-值并叙述你的结论。

(b) 使用 t 统计量对模型每个变量检验 H_0：$\beta_j = 0$ 对 H_1：$\beta_j \neq 0$，如果 $\alpha = 0.01$，能得出什么样的结论？

(c) 作出残差—$\hat{y}^*$ 图和残差—x_3^* 图。评价这些图。怎样与练习 6—46（f）和（g）进行比较。

6—48 如下是一台牛皮纸机器的 y = 绿液（g/l）和 x = 造纸机速度（ft/min）。

| y | 16.0 | 15.8 | 15.6 | 15.5 | 14.8 |
| x | 518 | 524 | 527 | 530 | 533 |

| y | 14.0 | 13.5 | 13.0 | 12.0 | 11.0 |
| x | 536 | 539 | 542 | 545 | 548 |

(a) 用最小二乘拟合模型 $Y = \beta_0 + \beta_1 x + \beta_2 x^2 + \varepsilon$。

(b) 使用 $\alpha = 0.05$ 检验回归显著性，你的结论是什么？

(c) 使用 t-检验来检验二次项对模型的贡献，

忽略一次项的贡献。如果 $\alpha=0.05$，能够得出什么结论？

（d）作出（a）的残差—$\hat{y}$ 图。图形显示了任何不充分性吗？

（e）建立残差的正态概率图，评价正态假设性。

6—49 *Journal of Environmental Engineering* 的一篇论文（Vol. 115，No. 3，1989，pp. 608-619）报告了关于 Rhode 岛的表面水流的钠和氯化物含量研究的结果。如下是氯化物含量 y（单位：mg/l）和流域路面面积 x（单位：%）的数据。

y	4.4	6.6	9.7	10.6	10.8
x	0.21	0.16	0.58	0.72	0.65

y	10.9	11.8	12.1	14.3	14.7
x	0.61	0.49	0.69	0.58	0.81

y	15	17.3	19.2	23.1	27.4
x	0.84	0.78	0.71	1.32	1.07

y	27.7		31.8		39.5
x	1.05		1.73		1.65

（a）作出数据的散点图。简单线性回归模型恰当吗？

（b）用最小二乘方法拟合简单线性回归模型。

（c）对于有 1% 路面面积的流域，估计它的平均氯化物含量。

（d）求出 $x=0.57$ 对应的拟合值及相应的残差。

（e）假设我们要拟合真实回归直线通过点（0，0）的回归模型。相应的模型是 $Y=\beta x+\varepsilon$。假设有 n 对观测 (x_1,y_1)，(x_2,y_2)，…，(x_n,y_n)。证明 β 的最小二乘估计是 $\sum y_i x_i / \sum x_i^2$。

（f）使用（e）的结果对练习中的氯化物—路面面积数据拟合模型 $Y=\beta x+\varepsilon$。在数据的散点图上画出拟合模型并评价模型的适当性。

6—50 考虑 ε 服从 NID$(0,\sigma^2)$ 的无截距模型 $Y=\beta x+\varepsilon$，σ^2 的估计是 $s^2=\sum_{i=1}^n(y_i-\hat{\beta}x_i)^2/(n-1)$，$V(\hat{\beta})=\sigma^2/\sum_{i=1}^n x_i^2$。

（a）设计 $H_0:\beta=0$ 对 $H_1:\beta\neq 0$ 的检验统计量。

（b）用（a）的检验来检验习题 6—33（f）的模型。

6—51 火箭发动机通过结合两种推进燃料、一台点火装置和一台主级发动机来制造。结合物的切变强度 y 认为是当发动机制成时的推进燃料的年龄。

20 组观察值如下表所示。

观察值	强度 y（psi）	龄期（周）
1	14 884	15.500
2	11 570	23.750
3	15 968	8.000
4	14 212	17.000
5	15 220	5.000
6	11 778	19.000
7	12 305	24.000
8	17 754	2.500
9	16 257	7.500
10	15 704	11.000
11	14 928	13.000
12	16 544	3.750
13	12 271	25.000
14	16 111	9.750
15	12 171	22.000
16	14 158	18.000
17	16 647	6.000
18	15 172	12.500
19	18 300	2.000
20	12 091	21.500

（a）作出数据的散点图。直线回归模型合理吗？

（b）求出简单线性回归模型中斜率和截距的最小二乘估计。

（c）估计由 20 周的推进燃料制成的发动机的平均切变强度。

（d）求出相应观察值 y_i 的拟合值 $\hat{y}_i$。作出 $\hat{y}_i$—y_i 图，评注如果切变强度和年龄之间是完全确定的直线关系（没有误差），图形将会是什么样的。该图显示年龄是模型中回归变量的合理选择吗？

6—52 考虑简单线性回归模型 $Y=\beta_0+\beta_1 x+\varepsilon$，假设分析者想用 $z=x-\bar{x}$ 作为回归量。

（a）用练习 6—51 的数据，建立 (x_i,y_i) 和 $(x_i-\bar{x},y_i)$ 的散点图。用两个图对模型 $Y=\beta_0+\beta_1 x+\varepsilon$ 和 $Y=\beta_0^*+\beta_1^* z+\varepsilon$ 的关系给出直观解释。

（b）求出模型 $Y=\beta_0^*+\beta_1^* z+\varepsilon$ 中 β_0^* 和 β_1^* 的最小二乘估计。它们与最小二乘估计 β_0 和 β_1 是怎样联系的？

6—53 假设每个 x_i 的值乘以一个正的常数 a，每个 y_i 的值乘以另一个正的常数 b。证明检验 H_0：

$\beta_1=0$ 对 H_1：$\beta_1\neq0$ 的 t 统计量值不变。

6—54 使用新的检验统计量对练习 6—2 的蒸汽消耗数据检验假设 H_0：$\beta_1=10$ 对 H_1：$\beta_1\neq10$（提示：通常的假设检验中 H_0：$\beta_1=0.0$ 对 H_1：$\beta_1\neq0.0$，练习中，假设值是 10.0），并求出检验的 P-值。

6—55 考虑练习 6—47 的发动机数据，仅使用一次项，用如下方法建立回归模型。

(a) 所有可能回归，求出 C_p 和 S 值。

(b) 向前选择。

(c) 向后消除。

(d) 评注得到的模型，你愿意使用哪一个模型。

6—56 考虑练习 6—19 变换的发动机数据，仅使用一次项，用如下方法建立回归模型：

(a) 所有可能回归，求出 C_p 和 S 值。

(b) 向前选择。

(c) 向后消除。

(d) 评注得到的模型，你愿意使用哪一个模型。

6—57 *Electronic Packaging and Production* 中的一篇文章报道了用 X 射线检验集成电路的效果。辐射剂量被认为是电流（单位：毫安）和暴露时间（单位：分钟）的函数。

(a) 以辐射剂量为响应变量利用上面的数据建立多元线性回归模型。

(b) 估计回归系数的 σ^2 和标准差。

(c) 检验 β_1 和 β_2 的显著性。其中 $\alpha=0.05$。

(d) 利用模型，预测当电流＝15 安培，暴露时间＝5 秒钟，辐射剂量的值。构造一个 90% 预测区间。

辐射量	安培	暴露时间
7.4	10	0.25
14.8	10	0.5
29.6	10	1
59.2	10	2
88.8	10	3
296	10	10

续前表

辐射量	安培	暴露时间
444	10	15
592	10	20
11.1	15	0.25
22.2	15	0.2
44.4	15	1
88.8	15	2
133.2	15	3
444	15	10
666	15	15
888	15	20
14.8	20	0.25
29.6	20	0.5
59.2	20	1
118.4	20	2
177.6	20	3
592	20	10
888	20	15
1 184	20	20
22.2	30	0.25
44.4	30	0.5
88.8	30	1
177.6	30	2
266.4	30	3
888	30	10
1 332	30	15
1 776	30	20
29.6	40	0.25
59.2	40	0.5
118.4	40	1
236.8	40	2
355.2	40	3
1 184	40	10
1 776	40	15
2 368	40	20

团队练习

6—58 请确定这样一种情况，其中有两个或多个所关心的变量是相关的，但是与变量相关的机械模型是未知的。对变量收集一组随机样本的数据并进行如下分析。

(a) 建立简单或者多元线性回归模型，试评论你的结论。

(b) 检验回归模型显著性，试评论你的结果。

(c) 检验各回归系数的显著性，试评论你的结果。

（d）对各回归系数建立置信区间，试评论你的结果。

（e）对回归变量选择一个值，建立平均应答的置信区间，评论你的结果。

（f）对回归变量选择两个值，使用模型进行预测。建立预测值的预测区间并评论你的结果。

（g）进行残差分析并计算多元决定系数。评论你的结果。

本章重要术语和概念

调整的 R^2	adjusted R^2
所有子集回归	all possible regressions
方差分析	analysis of variance（ANOVA）
倒向消除	backward elimination
决定系数，R^2	coefficient of determination，R^2
平均应答置信区间	confidence interval on mean response
回归系数置信区间	confidence interval on regression coefficients
等高线图	contour plot
库克距离，D_i	cook's distance measure，D_i
C_p 统计量	C_p statistic
经验模型	empirical model
向前选择	forward selection
指示变量	indicator variables
强影响观察值	influential observations
交互作用	interaction
截距	intercept
最小二乘标准方程	least squares norm equations
机械模型	mechanistic model
最小二乘法	method of least squares
模型	model
模型充分性	model adequacy
多重共线性	multicollinearity
多元回归	multiple regression
离群点	outliers
多项式模型	polynomial regression
总体相关系数，ρ	population correlation coefficient，ρ
预测区间	prediction interval
回归分析	regression analysis
回归系数	regression coefficients
回归模型	regression model
回归平方和	regression sum of squares
回归变量	regressor variable
残差分析	residual analysis
残差平方和	residual sum of squares
残差	residuals
应答变量	response variable
样本相关系数，r	sample correlation coefficient，r

回归显著性	significance of regression
简单线性回归	simple linear regression
模型系数标准误	standard errors of model coefficients
标准化残差	standardized residuals
回归系数 t-检验	t-tests on regression coefficients
无偏估计	unbiased estimators
方差扩大因子	variance inflation factor

第7章

工程实验设计

学习目标

1. 利用析因设计方法设计和管理包含几个因素的工程实验。
2. 知道如何分析和解释主效应及交互效应。
3. 理解怎样利用 ANOVA 分析从实验中得到的数据。
4. 利用残差图评估模型适应性。
5. 知道如何利用两水平序列的析因设计。
6. 理解中心点的作用，了解两水平析因设计如何成区组运行。
7. 设计并分析两水平部分析因设计。

类胡萝卜素生产

　　类胡萝卜素是脂溶性色素，在水果蔬菜中自然产生，并作为一种健康食品广受喜爱。一种被广泛认知的类胡萝卜素叫 β 胡萝卜素。虾青素是另外一种类胡萝卜素，这是一种强抗氧化剂，并有商业生产。本章后面的一个练习描述了一个生物技术发展中的实验，实验目的是促进虾青素生产。7 个变量被认为对于产量是有重要影响的：光子通量密度，氮浓度，磷镁，醋酸，亚铁和氯化钠等。这些因素的单独影响和它们组合在一起之后的影响都是我们要研究的重点。即使我们只对每个变量设定高和低两个水平，但是一个包含所有可能的实验也需要 $2^7 = 128$ 个检验。如此大的一个实验有很多的缺点，所以我们的问题是，是否全部实验集合中的一小部分可以被选择出来，并通过很少的实验次数就能给出关于这些变量的影响的重要信息。例子给出了一个最小集合，即 16 次运行（16/128＝1/8）。这类实验的设计和分析将在本章中被重点关注。类似实验在现在工程发展和科学研究中被广泛用到。

7.1　实验策略

　　回忆第 1 章，工程师将检验或**实验**（experiments）看成他们工作的一部分。基于实验设计的技巧在提高生产过程绩效的工程领域有着特殊的用处。它们在新过程的开发中也有着广泛的应用。很多过程能够通过几个**控制变量**（controllable variables）来描述，比如温度、压力和进给率。通过实验设计，工程师可以确定过程变量的哪一个子集对过程绩效有重要的影响。这样一个实验的结果可以：

　　1. 提高过程收益率；

　　2. 减小过程的可变性，与规定或目标需求保持一致；

　　3. 缩短设计和开发时间；

　　4. 降低操作费用。

　　实验设计方法在**工程设计**（engineering design）活动——新产品的开发和现有产品的改良中也非常有用，在工程设计中统计设计实验的典型应用包括：

　　1. 基本设计结构的评价和比较；

　　2. 不同原料的评价；

　　3. 在现场条件很多变化的情况下使得生产能够很好进行的（或使得设计稳健的）设计参数的选取；

　　4. 影响生产绩效的关键生产设计参数的确定。

　　工程设计过程中实验设计的应用使得产品更容易生产、有更好的现场工作绩效、比其他竞争者更有可靠性以及能在更短的时间内设计、开发和生产。

　　设计实验通常被**序贯**（sequentially）使用，因此称为**序贯实验**（sequential experimentation）。也就是说，最初的实验是具有许多控制变量的一个复杂系统，通常是为了确定哪些变量是非常重要的而设计的**筛选实验**（screening experiment）。接下来的实验就提取这方面的信息，然后确定要改进过程需要对关键变量进行哪些调整。最后，实验者的目标是**最优化**（optimization），即确定关键变量的哪些水平能够使得过程绩效最好。这就是 KISS（keep it small and sequential）原则：保持少而精。当较少的步骤完成后，获得的知识可用来改良接下来的实验。

每一个实验都包括一系列的活动：

1. 假设——进行实验的基本假设。
2. 实验——用来考察这些猜想的检验。
3. 分析——实验获得数据的统计分析。
4. 结论——在实验基本假设上获得的知识将使得假设改变，接着进行新的实验。

统计方法对好的实验是必需的。所有的实验都是设计实验；有一些是低劣的设计，结果导致对有价值资源的使用效率不高。统计设计实验保证在实验过程中的高效和经济，在做出结论时，统计方法在检查数据中的使用促成了**科学的客观性**（scientific objectivity）。

在这一章，我们集中介绍包括两个或多个因子的实验，这些因子都是实验者认为可能很重要的。**因子实验设计**（factorial experimental design）将作为处理这类问题的有力技巧被介绍。一般地，在因子实验设计中，实验在所有因子的组合下进行。例如，如果一个化学工程要研究反应时间和反应温度对一个过程收益率的影响，并假设有两种水平的时间（1 和 1.5 小时）和两种水平的温度（125 和 150°F）被认为是重要的，因子实验将由进行反应时间和反应温度的四种组合的试验构成。

前面介绍的很多统计方法将拓展到本章的因子实验。我们也将介绍几种对分析实验所得数据有用的图示方法。

7.2 因子实验

当一个实验关心几个因子时，将使用因子实验。同前面叙述的一样，在这类实验中，因子是一同变化的。

> 进行因子实验意味着在实验的每一次完全反复中，研究所有可能的因子水平的组合。

因此，如果有两个因子 A 和 B，因子 A 有 a 种水平，因子 B 有 b 种水平，每次反复包括所有 ab 种处理的组合。

因子的效应定义为因子水平变化引起的应答的变化。它被称为**主效应**（main effect），因为它指代研究中主要的因子。例如，考虑表 7—1 的数据。这是一个有两个因子 A 和 B，每一个因子有两种水平（$A_低$，$A_高$，$B_低$，$B_高$）的一个因子实验。A 的主效应是在高水平 A 的平均应答与在低水平 A 的平均应答之差，即

$$A = \frac{30+40}{2} - \frac{10+20}{2} = 20$$

也就是说，将因子 A 从低水平改变到高水平使得平均应答增加 20 个单位。同样，B 的主效应是：

$$B = \frac{20+40}{2} - \frac{10+30}{2} = 10$$

在一些实验中，在其他因子不同水平下一因子水平间的应答差异是不一样。如果存在这种情况，因子就存在交互作用。例如，考虑表 7—2 的数据。

在因子 B 的低水平下，A 的效应是：

$$A = 30 - 10 = 20$$

在因子 B 的高水平下，A 的效应是：

$$A = 0 - 20 = 20$$

因为 A 的效应依赖于因子 B 水平的选择，所以在 A 和 B 之间存在交互作用。

当交互作用很大的时候，对应的主效应几乎没有实际意义。例如，用表 7—2 的数据，求得 A 的主效应是：

$$A = \frac{30 + 0}{2} - \frac{10 + 20}{2} = 0$$

因此我们将认为没有因子 A 效应。然而，当我们考查在因子 B 的不同水平下 A 的效应时，我们发现并不是这种情况。因子 A 的效应依赖于因子 B 的水平。因此，了解 AB 交互作用比了解 A 的主效应更有用。显著的交互作用能够掩盖主效应的显著性。从而，当交互作用存在时，存在交互作用的因子的主效应可能没有多大意义。

表 7—1 无交互作用因子实验

因子 A	因子 B	
	$B_{低}$	$B_{高}$
$A_{低}$	10	20
$A_{高}$	30	40

表 7—2 有交互作用因子实验

因子 A	因子 B	
	$B_{低}$	$B_{高}$
$A_{低}$	10	20
$A_{高}$	30	0

很容易估计如表 7—1 和 7—2 的因子实验的交互作用效应。在这类实验中，当两个因子都只有两种水平时，AB 交互作用效应是两对角线上的元素平均之差。也即在 B 的两种水平下 A 的效应之差的一半。例如，表 7—1 中，我们求得 AB 交互效应为：

$$AB = \frac{20 + 30}{2} - \frac{10 + 40}{2} = 0$$

因此，A 与 B 之间没有交互作用。表 7—2 中，AB 交互效应是：

$$AB = \frac{20 + 30}{2} - \frac{10 + 0}{2} = 20$$

同前面的分析一样，该数据中的交互作用非常大。

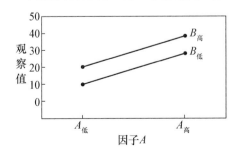

图 7—1 因子实验交互作用图，无交互作用

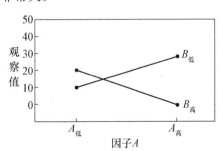

图 7—2 因子实验交互作用图，有交互作用

交互作用的效应通过几种方式来进行图示说明。图 7—1 是表 7—1 数据相对于两种 B 水平下的 A 水平的图形。注意到 $B_{低}$ 和 $C_{高}$ 直线是平行的，表明因子 A 与 B 没有显著的交互作用。图 7—2 是表 7—2 数据类似的图形。在这张图里面，$B_{低}$ 和 $B_{高}$ 直线不是平行的，表明了 A 与 B 之间存在交互作用。这种图形表示称为**两因子交互作用图**（two-factor interaction plots）。它们在表述实验结果时也非常有用，很多用来分析设计实验数据的计算软件程序将自动生成这样的图形。

图 7—3 和 7—4 给出了表 7—1 和表 7—2 数据的另一种图形说明方法。在图 7—3 中，给出了表 7—1 数据的**三维曲面图**（three-dimensional surface plot），其中 A 与 B 的低水平和高水平分别设为 -1 和 1。这类曲面的方程在本章后面将有讨论。该数据不包括交互作用，位于 A-B 平面上的曲面图是一张平面。平面在 A 和 B 方向上的斜率分别正比于因子 A 和 B 的主效应。图 7—4 是表 7—2 数据的曲面图。注意到数据中交互作用的效应使得平面发生了"扭曲"，所以应答函数中有曲率存在。因子分析是能够发现变量间有交互作用的唯一方法。

析因设计的一个变体（不幸地）是一次改变一个因子而不是同时改变所有因子。为说明这种单次单因子方法，假定我们要找出使得化学过程的收益率最大化的温度和时间值。假设我们将温度固定在 $155°F$（当前操作水平），然后在时间的不同水平——0.5，1.0，1.5，2.0，2.5 小时进行五次实验。这一系列实验的结果如图 7—5 所示。图形表示最大化的收益率在大约 1.7 小时的反应时间处获得。

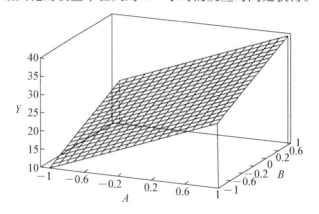

图 7—3　表 7—1 数据三维曲面图，说明因子 A 和 B 的主效果

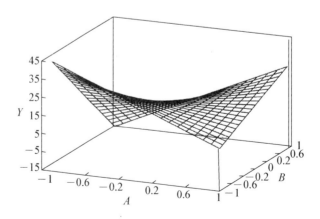

图 7—4　表 7—2 数据三维曲面图，说明因子 A 和 B 的交互作用

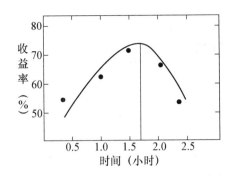

图 7—5　温度为常数 155°F 时收益——反应时间图

为了最优化温度，工程师又将时间固定在 1.7 小时（明显最佳的时间），然后在不同的温度——140°F，150°F，160°F，170°F，180°F 下进行五次实验。这一系列结果如图 7—6 所示。最大化收益率在大约 155°F 处发生。因此，我们认为在 155°F 和1.7 小时下进行过程是最好的操作条件。带来大约 75% 的收益率。

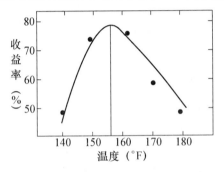

图 7—6　反应时间为常数 1.7 小时下的收益——温度图

图 7—7 显示了收益率作为温度和时间的函数的**等高线图**（contour plot），等高线图上加入了单次单因子实验。很明显，单次单因子方法在这里失败了，因为真正的最优比这个收益率至少要高 20 个点，它发生在很低的反应时间和很高的温度下。不能发现较短反映时间的重要性可能是致命的，因为它可能显著影响生产产量或能力、生产计划、制造成本和总的生产力。

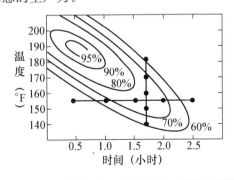

图 7—7　收益函数的等高线图和使用逐一因子法的最优实验

单次单因子方法在这里之所以失败是因为它不能检测出温度和时间的交互作用。因子实验是检测交互作用的唯一办法，另外，单次单因子方法效率不高。它需要比因子多得多的实验，并且同前面我们看见的一样，在得到正确的结果方面，它也没有保证。

7.3 2^k 析因设计

析因设计通常用于有几个因子的实验，其中很有必要研究一个应答上因子的联合效应。然而，通常的析因设计的几种特殊情况非常重要，因为它们广泛应用在研究工作中，并且构成了其他有重要实际价值的设计的基础。

这些特殊情况中最重要的情况是有 k 个因子，每个因子有两种水平。这些因子可能是定量的，比如温度、压力或时间的两个值；也有可能是定性的，比如两种机器、两种操作、一个因子的"高"水平和"低"水平，或者一个因子在与不在。这样的一个设计的一次完全反复需要 $2 \times 2 \times \cdots \times 2 = 2^k$ 个观察值，因此叫做 **2^k 析因设计**（2^k factorial design）。

2^k 设计在实验进行的早期有很多因子要研究时非常有用，它为完全析因设计中有 k 个因子要被研究的情况提供了需要进行的实验数量。因为每个因子只有两种水平，我们必须假设应答在因子水平选择范围内是近似线性的。2^k 设计是开始一个系统研究所用到的基本的区组划分。

7.3.1 2^2 设计

最简单的 2^k 设计是 2^2——也即有两个因子 A 和 B，每一个有两种水平。通常将这样的述评看作因子的高水平和低水平。2^2 设计见表 7—8。注意到这种设计可以集合表示为一个正方形，有 $2^2 = 4$ 次实验的，或处理组合，形成正方形的角（图 7—8（a））。在 2^2 设计中，习惯性地将因子 A 和 B 的低水平和高水平用符号—和＋表示，有时将其称为这种设计的**几何记号**（geometric notation）。图 7—8（b）显示了 2^2 设计的检验或设计矩阵。矩阵的每一行代表设计中的一次运行，每一行的—和＋确定该运行的因子设置。

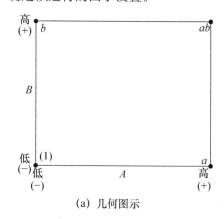

	因子		
试验	A	B	标签
1	—	—	(1)
2	＋	—	a
3	—	＋	b
4	＋	＋	ab

(a) 几何图示　　(b) 2^2 析因设计的设计和检验矩阵

图 7—8　2^2 析因设计

一种特殊的符号用来标注处理的组合。一般地，一个处理组合由一系列小写字母表示。如果出现小写字母，在处理组合中相应的因子进行高的水平；如果不出现小写字母，相应因子进行它的低水平。例如，处理组合 a 表示 A 在高水平而 B 在低水平。两个因子都在低水平的处理组合记为（1）。这种记号在整个 2^k 系统都沿用。例如，2^4 设计中，A 和 C 在高水平 B 和 D 在低水平的处理组合就记为 ac。

2^2 设计中，所关心的效应是主效应 A 和 B 以及两因子交互效应 AB。令符号 (1)，a，b，ab 也表示在每个设计点上 n 个观察值的总和。很容易就能估计这些因子的效应。要估计 A 的主效应，只需将图 7—8 中 A 在高水平即正方形右边的观察值平均减去 A 在低水平即正方形左边的观察值平均即可。也即

A 的主效应

$$A=\bar{y}_{A+}-\bar{y}_{A-}=\frac{a+ab}{2n}-\frac{b+(1)}{2n}=\frac{1}{2n}[a+ab-b-(1)] \tag{7—1}$$

类似的，B 的主效应通过 B 在高水平即正方形顶部的观察值平均减去 B 在低水平即正方形底部的观察值平均求得：

B 的主效应

$$B=\bar{y}_{B+}-\bar{y}_{B-}=\frac{b+ab}{2n}-\frac{a+(1)}{2n}=\frac{1}{2n}[b+ab-a-(1)] \tag{7—2}$$

最后，AB 交互效应通过图 7—8 的对角线平均的差异来估计，即

AB 交互效应

$$AB=\frac{ab+(1)}{2n}-\frac{a+b}{2n}=\frac{1}{2n}[ab+(1)-a-b] \tag{7—3}$$

式（7—1）、式（7—2）、式（7—3）方括号中的量称为**对比**（contrasts）。例如，A 的对比是：

$$对比_A=a+ab-b-(1) \tag{7—4}$$

在这些等式中，差异每项的系数是 +1 或者 -1。如表 7—3 的正负号表可用来决定一个特定差异的每一个处理组合的符号。

表 7—3　　　　　　　　　　　　　2^2 设计中效应的符号

处理组合	因子效应			
	I	A	B	AB
(1)	+	−	−	+
a	+	+	−	−
b	+	−	+	−
ab	+	+	+	+

表 7—3 中的列标题是主效应 A 和 B、交互效应 AB 以及 I，I 表示总和。行标题是处理组合。注意到列 AB 的符号是列 A 和列 B 符号的乘积。由表 7—3 要得到一个对比，可将表中对应列的符号乘以所在行的处理组合，然后求和。例如，

$$对比_{AB}=[(1)]+[-a]+[-b]+[ab]=ab+(1)-a-b$$

例 7—1

电流测量

AT&T Technical Journal 的一篇论文（Vol. 65，March/April 1986，pp. 39-50）描述了两水平析因设计在集成电路制造中的应用。此工业的一个基本处理步骤是在磨

光的硅晶片上生成外延层。晶片固定在一个基座上然后放在一个钟形容器里面。化学气体通过容器顶部附近的喷嘴传入。基座是可以旋转的，并在对它进行加热。保持这些条件直到外延层足够厚为止。

表 7—4 列出了 $n=4$ 次重复实验的 2^2 析因设计的结果，使用了因子 $A=$ 沉积时间和 $B=$ 砷流速。沉积时间的两种水平是——＝短和＋＝长，砷流速的两种水平是—＝55％和＋＝59％。应答变量是外延层厚度。

表 7—4 外延过程实验的 2^2 设计

| 处理组合 | 因子效应 | | | 厚度（µm） | | | | 厚度（µm） | | |
	A	B	AB					总和	平均	方差
(1)	−	−	+	14.037	14.165	13.972	13.907	56.081	14.020	0.012 1
a	+	−	−	14.821	14.757	14.843	14.878	59.299	14.825	0.002 6
b	−	+	−	13.880	13.860	14.032	13.914	55.686	13.922	0.005 9
ab	+	+	+	14.888	14.921	14.415	14.932	59.156	14.789	0.062 5

使用式（7—1）、式（7—2）和式（7—3）可以求出效应的估计如下：

$$A = \frac{1}{2n}[a+ab-b-(1)]$$

$$= \frac{1}{2(4)}[59.299+59.156-55.686-56.081] = 0.836$$

$$B = \frac{1}{2n}[b+ab-a-(1)]$$

$$= \frac{1}{2(4)}[55.686+59.156-59.299-56.081] = -0.067$$

$$AB = \frac{1}{2n}[ab+(1)-a-b]$$

$$= \frac{1}{2(4)}[59.156+56.081-59.299-55.686] = 0.032$$

效应的数值估计结果显示沉积时间的效应很大，并有正向趋势（增加沉积时间就增加厚度），因为将沉积时间从低到高改变就改变了平均外延层厚度 $0.836\mu m$。砷流速（B）和 AB 交互作用效应显得很小。

7.3.2 统计分析

我们介绍两种确定哪些效应与零显著不同的方法。第一种方法，效应的大小与它的估计标准误比较；第二种方法，使用一个回归模型，每一个效应与回归系数相联系。从而第 6 章得出的回归结果可以用来处理这一分析。这两种方法对两水平设计得到相同的结果。我们可以选择最易解释的方法或者可利用的计算机软件使用的方法。第三种方法使用正态概率图在本章后面讨论。

效应的标准误

例 7—1 的效应的大小可以通过比较每个效应和它的标准误来判断。在 n 次重复

实验的 2^k 设计中，总共有 $N=2^k$ 次测量。一个效应的估计是两个均值的差异，每个均值由测量值的一半来计算。因此，效应估计的方差是：

$$V(\text{效应})=\frac{\sigma^2}{N/2}+\frac{\sigma^2}{N/2}=\frac{2\sigma^2}{N/2}=\frac{\sigma^2}{n2^{k-2}} \tag{7—5}$$

要得到效应的估计标准误，用 $\hat{\sigma}^2$ 代替式（7—5）中 σ^2，然后求平方根即可。

如果设计中的 2^k 次试验都分别有 n 次重复实验，并且 y_{i1}，y_{i2}，$\cdots$，y_{in} 是第 i 次试验的观察值，则

$$\hat{\sigma}_i^2=\frac{\sum_{j=1}^{n}(y_{ij}-\bar{y}_i)}{(n-1)} \quad i=1,2\cdots,2^k$$

是第 i 次试验的方差的估计。2^k 个方差的估计可以联合起来（平均）得到一个全方差估计

$$\hat{\sigma}^2=\sum_{i=1}^{2^k}\frac{\hat{\sigma}_i^2}{2^k} \tag{7—6}$$

因为每个 $\hat{\sigma}_i^2$ 有 $n-1$ 个自由度，所以 $\hat{\sigma}^2$ 有 2^k $(n-1)$ 个自由度。

例 7—1（续）

对外延过程实验说明这一方法，我们求得

$$\hat{\sigma}^2=\frac{0.012\ 1+0.002\ 6+0.005\ 9+0.062\ 5}{4}=0.020\ 8$$

每一个效应的估计标准误是

$$se(\text{效应})=\sqrt{[\hat{\sigma}^2/(n2^{k-2})]}=\sqrt{[0.020\ 8/(4 \cdot 2^{2-2})]}=0.072$$

在表 7—5 中，每一个效应除以估计标准误得到的 t 比值与自由度为 $2^2 \cdot 3=12$ 的 t 分布比较。t 比值用来判断效应是否显著不同于零。显著的效应是实验中重要的成分。表 7—5 也给出了效应估计的两个标准误差限。这些区间近似为 95% 置信区间。

效应的大小和趋势前面已经考查了，表 7—5 的分析确认了前面的试验性结论。沉积时间是显著影响外延层厚度的唯一因子，从效应估计的趋势知道更长的沉积时间得到更厚的外延层。

表 7—5 例 7—1 效应的 t-检验

效应	效应估计	估计标准误	t 比值	P-值	效应±两倍标准误
A	0.836	0.072	11.61	0.00	0.836±0.144
B	−0.067	0.072	−0.93	0.38	−0.067±0.144
AB	0.032	0.072	0.44	0.67	0.032±0.144

自由度 $=2^k$ $(n-1)$ $=2^2$ $(4-1)$ $=12$。

回归分析

在很多设计实验中，考查预测应答的模型非常重要。另外，在设计实验分析和

2^k 实验中用来获得预测的回归模型之间存在紧密的联系。对外延过程实验，初步回归模型是：

$$Y = \beta_0 + \beta_1 x_1 + \beta_2 x_2 + \beta_{12} x_1 x_2 + \varepsilon$$

沉积时间和砷流速分别用变量 x_1 和 x_2 表示。沉积的低水平和高水平分别负值为 $x_1 = -1$ 和 $x_1 = +1$，砷流速的低水平和高水平分别负值为 $x_2 = -1$ 和 $x_2 = +1$。交叉乘积项 $x_1 x_2$ 表示变量间的交互作用效应。

最小二乘拟合模型是：

$$\hat{y} = 14.389 + \left(\frac{0.836}{2}\right) x_1 + \left(\frac{-0.067}{2}\right) x_2 + \left(\frac{0.032}{2}\right) x_1 x_2$$

回归方程是：

$$厚度 = 14.4 + 0.418 x_1 - 0.033\,6 x_2 + 0.015\,8 x_1 x_2$$

表 7—6　　　　　　　　　　　　　　　例 7—1 回归分析

方差分析				
自变量	系数估计	系数标准误	H_0 系数为零的 t-值	P-值
截距	14.388 9	0.036 0	399.17	0.000
A 或 X_1	0.418 00	0.036 05	11.60	0.000
B 或 X_2	−0.033 63	0.036 05	−0.93	0.369
AB 或 $X_1 X_2$	0.015 75	0.036 05	0.44	0.670
来源	平方和	自由度	均方	f_0	P-值
模型	2.817 64	3	0.939 21	45.18	0.000
误差	0.249 48	12	0.207 9		
总和	3.067 12	15			

其中截距 $\hat{\beta}_0$ 是 16 个观察值的总平均。x_1 的估计系数是沉积时间效应估计的一般。回归系数是效应估计的一半是因为回归系数度量一单位 x_1 变化对 Y 的平均的效应，而效应的估计建立在从 −1 到 +1 两个单位变化的基础上。类似地，x_2 的估计系数是砷流速效应的一半，交叉项的估计系数是交互作用效应的一半。

回归分析见表 7—6，注意到均方误等于前面计算的 σ^2 估计。因为表中方差分析（ANOVA）部分模型 F 检验的 P-值很小（小于 0.05），所以我们认为有一个或者几个效应是重要的。假设 $H_0 : \beta_i = 0$ 对 $H_1 : \beta_i \neq 0$（回归分析中的回归系数 β_1，β_2，β_3）的 t-检验与由表 7—5 效应标准误计算的相同。因此，表 7—6 的结果可以解释为回归系数的 t-检验。因为每一个回归系数是效应估计的一半，所以表 7—6 的标准误差是对应的表 7—5 标准误的一半。只要两种分析的估计的 $\hat{\sigma}^2$ 是一样的，回归分析的 t-检验与由 2^k 设计中效应的标准误差得到的 t-检验就是相同的。

注意均方误差等于 σ^2 的估计在之前计算。类似地，回归分析中，仅用最重要的效应的简单模型是预测应答的最佳选择。因为 B 的主效应和 AB 交互作用效应不显著，所以把它们对应的项从模型中移出。从而模型变为：

$$\hat{y} = 14.389 + \left(\frac{0.836}{2}\right) x_1$$

也就是说，不管模型是什么样的，对任意效应估计的回归系数都是不变的。虽然对于回归分析来说这一般是不正确的，但是在析因设计中，估计的回归系数不依赖于模型。因此，当数据从这种实验之一收集到时，就很容易评价模型的变化。也可以使用简单模型的 ANOVA 表中的均方误差来修正 σ^2 的估计。

这种分析方法总结如下。

---

k 个因子两水平因子实验的公式，每个因子有两种水平和 N 次总实验

$$系数 = \frac{效应}{2}$$

$$se(效应) = \sqrt{\frac{2\hat{\sigma}^2}{N/2}} = \sqrt{\frac{\hat{\sigma}^2}{n2^{k-2}}}$$

$$se(系数) = \frac{1}{2}\sqrt{\frac{2\hat{\sigma}^2}{N/2}} = \frac{1}{2}\sqrt{\frac{\hat{\sigma}^2}{n2^{k-2}}} \qquad (7\text{—}7)$$

$$t\ 比值 = \frac{效应}{se(效应)} = \frac{系数}{se(系数)}$$

$$\hat{\sigma}^2 = 均方误$$

$$2^k(n-1) = 残差自由度$$

进一步，软件可以在 ANOVA 的输出中提供额外的详细信息。例如，这个例子的 Minitab 输出结果在表 7—7 中。相关系数估计和 t-检验的结果和表 7—5、表 7—6 相同。在方差分析表中，Minitab 提供了往外的平方和。在一个 2^k 设计中，一个效应的平方和定义为：

$$SS = \frac{(对比)^2}{n2^k}$$

每个效应有一个自由度与它相关（因为一个效应与回归模型中的一项相关）。因此，每个效应的均方就是它的平方和。

表 7—7 例 7—1 的 Minitab 输出结果

Factorial Fit：y versus A，B
Estimated Effects and Coefficients for y（coded units）

Term	Effect	Coef	SE Coef	T	P
Constant		14.388 9	0.036 05	399.17	0.000
A	0.836 0	0.418 0	0.036 05	11.60	0.000
B	−0.067 2	−0.033 6	0.036 05	−0.93	0.369
A * B	0.031 5	0.015 7	0.036 05	0.44	0.670

S = 0.144 188   R—Sq = 91.87%   R—Sq(adj) = 89.83%

Analysis of Varance for y（coded units）

Source	DF	Seq SS	Adj SS	Adj MS	F	P
Main Effects	2	2.813 67	2.813 67	1.406 84	67.67	0.000
2-Way Interactions	1	0.003 97	0.003 97	0.003 97	0.19	0.670
Residual Error	12	0.249 48	0.249 48	0.020 79		
Pure Error	12	0.249 48	0.249 48	0.020 79		
Total	15	3.067 12				

在表 7—7Minitab 的输出中，主效应的平方和加两步效应（2.813 67 + 0.003 97 = 2.817 64）等于表 7—6 中模型的平方和。通常，Minitab 按以下思路给出部分模型的平方和：

$$SS(Model) = SS(Main\ Effects) + SS(2\text{-Way Interactions})$$

这给出了模型平方和的部分和总结，可以用来检验一组效应的显著性。详细的过程在下面描述。在设计中具有多个因素时，Minitab 添加额外项，例如 SS（3-Way Interactions）或者是 4-Way。

在这个例子中，只有两因素交互，即 AB，它们的平方和等于 0.004 0（在两方交互效应下平方和为 0.039 7，四舍五入）。F-统计量＝0.19 是交互效应均方被残差均方除的比值。与 F-统计量相关的 P-值是检验交互作用显著性的，P-值等于 0.67 表示接受我们之前的分析。这里的 F-检验的效果与表 7—5，表 7—6 中的 t-检验相同。

然而，Minitab 不能给出单个主效应 A 和 B 的平方和。其他软件可能给出这些细节。相反，Minitab 给出一个"主效应"的平方和为 2.813 67。它等于因子 A 和 B 的平方和的加总，

$$SS(\text{Main Effects}) = 2.813\ 67 = 2.795\ 6 + 0.018\ 1 = SS_A + SS_B$$

因为平方和的加总包含两个效应，所以有两个自由度与其相关。因此，均方等于 2.813 67/2＝1.406 84，同时 F-统计量等于 1.406 84/0.020 79＝67.67。这个统计检验假设是 H_0：$\beta_1 = \beta_2 = 0$（即 A 和 B 在这个模型中都是不需要的。）等于在式（6—56）中描述的一组解释变量的回归检验。随着在一个实验中因子数的增加，用组检验更为方便，minitab 也就成了常用的检验工具。

通常的方法很简单。一组效应的平方和等于单独平方和的加总。

$$SS(\text{Group of } M \text{ Effects}) = SS(\text{Effect}_1) + SS(\text{Effect}_2) + \cdots + SS(\text{Effect}_M)$$

对于自由度来说也是这样。因为每个效应与一个自由度相关，有 M 个效应的组就有 M 个自由度。这些结果用来计算均方和对组做 F-检验。

在表 7—7minitab 的输出中，残差的均方等于 0.020 79，这与我们之前的均方误差结果相同（不考虑最后一位）。标记为"纯误差"的那一行有同样的结果，因为在这个例子中均方误差的估计是由复制测度而来的。即我们有 σ^2 的估计，它的取得是从 12 个自由度复制而来的。在具有更多因子的实验中，我们可能只有很少（或者没有）复制。我们可以用效应的平方和来得到 σ^2 的更好的估计，这些效应并不代表真实效应。在这样的情况下，可忽略的平方和加上复制项取得的平方和（纯误差）等于误差平方和，即：

$$SS(\text{Residual Error}) = SS(\text{Pure Error}) + SS(\text{Negligible Error})$$

同样的相加适用于自由度。这样的相加对于带有多个因素的实验来说是很常见的。在这种情况下，许多自由度与三因素或更多因素相关，这些高阶交互作用有时被考虑是可以被忽视的。那么相关的平方和可以用来提高均方误差的估计精度。

例如，表 7—8 给出了 AB 交互作用加到了残差之外其余数据都相同的 Minitab 结果。虽然"纯误差"行是相同的，但是与 AB 相关的平方和和自由度显示为"缺乏适应"。进一步，"残差"是 AB 交互和纯误差的平方和的相加。自由度也这样相加。残差的均方＝0.019 50 现在被作为 σ^2 的估计。因此，t 和 F-统计量由于这个修订的估计有微小的改变。

表 7—8　　　　　　　　例 7—1 的 **Minitab** 输出结果，包含加到误差中的交互作用

Factorial Fit：y versus A，B
Estimated Effects and Coefficients for y（coded units）

Term	Effect	Coef	SE Coef	T	P
Constant		14.388 9	0.034 91	412.20	0.000

A	0.836 0	0.418 0	0.034 91	11.97	0.000
B	−0.067 2	−0.033 6	0.034 91	−0.96	0.353

S=0.139 628　　　　R−Sq=91.74%　　　　　　R−Sq(adj)=90.47%

Analysis of Variance for y（coded units）

Source	DF	Seq SS	Adj SS	Adj MS	F	P
Main Effects	2	2.813 67	2.813 67	1.406 84	72.16	0.000
Residual Error	13	0.253 45	0.253 45	0.019 50		
Lack of Fit	1	0.003 97	0.003 97	0.003 97	0.19	0.670
Pure Error	12	0.249 48	0.249 48	0.020 79		
Total	15	3.067 12				

通常"缺乏适应"表示所有效应的平方和，误差也包含在内（这本例中只有 AB 的交互作用）。效应形成的误差相对于实验中的噪声来说是可以被忽略的。Minitab 计算缺乏适应和纯误差的均方比（=0.003 97/0.020 79=0.19）。在这个例子中是与 AB 交互作用的检验相同的。但是缺乏适应项可能包含实验其他因素的额外效应。一个除去 F-检验的缺乏适应项是不显著的（大的 P-值），因为加到残差中的效应应该是被忽略的。如果检验是显著的，就要质疑合并已经被使用了。

□ 7.3.3　残差分析与模型检查

2^k 设计的分析假设观察值在每种处理或因子水平下是同方差独立正态分布的。这些假设需要通过考查残差来检验。残差与回归分析中的计算一样。残差是观察值 y 和由研究的统计模型得到的估计（拟合）值之间的差异，记为 $\hat{y}$。残差是

$$e=y-\hat{y}$$

正态性假设可以通过建立残差的正态概率图来检验。要检验每种因子水平下等方差的假设，绘制残差对因子水平的图，然后比较残差的分布。绘制残差对 $\hat{y}$ 也有用；残差中的变化不以任何方式依赖于 $\hat{y}$ 的值。当图形中出现一种趋势时，通常表明需要作一个变化——即在不同的标准下分析数据。例如，如果残差中的变化随着 $\hat{y}$ 增加，就可以考虑像 $\log y$ 或者 $\sqrt{y}$ 这样的变换。在一些问题中，残差散布在拟合值 $\hat{y}$ 上的关系非常重要。它可能需要选取引起最大应答的因子水平；然而，这种水平可能引起运行之间应答更大的变化。

独立性假设可以通过绘制残差对实验进行的时间或试验顺序的图示来检验。图形中的一种趋势，比如正的或负的残差序列，就可能表明观察值是不独立的。这暗示时间或者试验顺序是重要的，或者随时间变化的一些变量是重要的，并且没有包括在实验设计中。这一现象应该在新的实验中进行研究。

例 7—1（续）

通过对数据拟合回归模型，很容易就得到 2^k 设计的残差。对例 7—1 的外延过程实验，回归模型是：

$$\hat{y}=14.389+\left(\frac{0.836}{2}\right)x_1$$

因为仅有的活跃变量是沉积时间。

该模型可用来得到设计中正方形角上的四个点的预测值。例如，考虑低沉积时间

（$x_1 = -1$）和低砷流速的点。预测值是：

$$\hat{y} = 14.389 + \left(\frac{0.836}{2}\right)(-1) = 13.971(\mu m)$$

残差是：

$$e_1 = 14.037 - 13.971 = 0.066 \quad e_3 = 13.972 - 13.971 = 0.001$$
$$e_2 = 14.165 - 13.971 = 0.194 \quad e_4 = 13.907 - 13.971 = -0.064$$

很容易确定剩余的预测值和残差，对于低沉积时间（$x_1 = -1$）和高砷流速：

$$\hat{y} = 14.389 + (0.836/2)(-1) = 13.971(\mu m)$$
$$e_5 = 13.880 - 13.971 = -0.091 \quad e_7 = 14.032 - 13.971 = 0.061$$
$$e_6 = 13.860 - 13.971 = -0.111 \quad e_8 = 13.914 - 13.971 = -0.057$$

对于高沉积时间（$x_1 = +1$）和低砷流速：

$$\hat{y} = 14.389 + (0.836/2)(+1) = 14.807(\mu m)$$
$$e_9 = 14.821 - 14.807 = 0.014 \quad e_{11} = 14.843 - 14.807 = 0.036$$
$$e_{10} = 14.757 - 14.807 = -0.050 \quad e_{12} = 14.878 - 14.807 = 0.071$$

对于高沉积时间（$x_1 = +1$）和高砷流速：

$$\hat{y} = 14.389 + (0.836/2)(+1) = 14.807(\mu m)$$
$$e_{13} = 14.888 - 14.807 = 0.081 \quad e_{15} = 14.415 - 14.807 = -0.392$$
$$e_{14} = 14.921 - 14.807 = 0.114 \quad e_{16} = 14.932 - 14.807 = 0.125$$

　　实践解释： 残差的正态概率图如图7—9所示。图形显示残差 $e_{15} = 14.415 - 14.807 = -0.392$ 是一个离群点。考查高沉积时间和高砷流速的四次试验，观察值 $y_{15} = 14.415$ 明显比该处理组合下的其他三个观察值要小。这为观察值15是离群点的试探性结论增加了另外的证据。另一种可能是一些过程变量影响了外延层厚度的变化。如果能发现是哪些变量产生了这样的影响，我们就可能将这些变量调整到是外延层厚度变差最小的水平。这可能对接下来的生产阶段产生重要的建议。图7—10和图7—11分别是残差对沉积时间和砷流速的图示。除与 y_{15} 相联系的残差较大外，没有很强的证据表明沉积时间或者砷流速影响外延层厚度的变化。

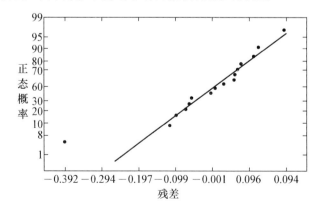

图7—9　外延过程实验残差正态概率图

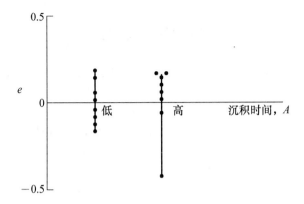

图 7—10　残差—沉积时间图

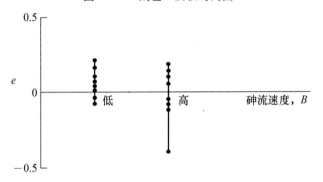

图 7—11　残差—砷流速图

图 7—12 是 2^2 设计中四次试验的外延层厚度的标准差。标准差由表 7—4 的数据计算而得。注意到 A 和 B 在高水平的四个观察值的标准差明显比其他任何三个设计点的标准差要大。这一差异的大部分归因于与 y_{15} 相联系的相当低的厚度测量。A 和 B 在低水平的四个观察值的标准差比起剩余的两次试验的标准差也要稍微大一些。这可能表明存在未包括在实验中的过程变量影响外延层厚度的变差。需要设计和建立包括其他过程变量来研究这种可能性的另一个实验。（*AT&T Technical Journal* 中的论文说明没有包括在本例中的两个额外因子影响了过程变差。）

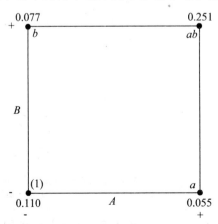

图 7—12　2^2 设计的四次试验外延层厚度标准差

□ 7.3.4　k≥3 个因子的 2ᵏ 设计

上一节介绍的 $k=2$ 个因子，每一个因子有两种水平的析因设计的方法很容易扩展到多于两因子的情形。例如，考虑 $k=3$ 个因子，每一个有两种水平。这种设计是 2^3 析因设计，它有 8 次试验或者处理组合。在几何学上，该设计是如图 7—13（a）所示的立方体，8 次运行形成立方体的角。检验矩阵或者设计矩阵见图 7—13（b）。设计需要估计三个主效应（A，B，C）、三个两因子交互作用（AB，AC，BC）和一个三因子交互作用（ABC）。

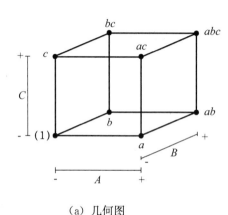

试验	A	B	C	标签
1	−	−	−	(1)
2	+	−	−	a
3	−	+	−	b
4	+	+	−	ab
5	−	−	+	c
6	+	−	+	ac
7	−	+	+	bc
8	+	+	+	abc

（a）几何图　　　　　　　（b）检验矩阵

图 7—13　2³ 设计

主效应很容易估计。回想小写字母 (1)，a，b，ab，c，ac，bc，abc 表示设计中每 8 次运行的 n 次重复实验的总和，如图 7—14（a）所示，注意到 A 的主效应可以这样估计：A 在高水平即立方体右边的四个处理组合的平均减去 A 在低水平即立方体左边四个处理组合的平均。即

$$A = \bar{y}_{A+} - \bar{y}_{A-}$$
$$= \frac{a+ab+ac+abc}{4n} - \frac{(1)+b+c+bc}{4n}$$

相似地，B 的效应是立方体（见图 7—14（a））后面的四个处理组合的平均与立方体前面四个处理组合的平均之间的差异。C 的效应是立方体（见图 7—14（a））顶部和底部四个处理组合的平均应答差异。

该方程可以整理为：

$$A = \bar{y}_{A+} - \bar{y}_{A-} = \frac{1}{4n}[a+ab+ac+abc-(1)-b-c-bc] \qquad (7-8)$$

$$B = \bar{y}_{B+} - \bar{y}_{B-} = \frac{1}{4n}[b+ab+bc+abc-(1)-a-c-ac] \qquad (7-9)$$

$$C = \bar{y}_{C+} - \bar{y}_{C-} = \frac{1}{4n}[c+ac+bc+abc-(1)-a-b-ab] \qquad (7-10)$$

两因子的交互作用效应也容易计算，AB 交互作用的度量是在 B 的两种水平下平均 A 效应的差异。为了方便，这一差异的一半叫做 AB 交互作用，符号表示为：

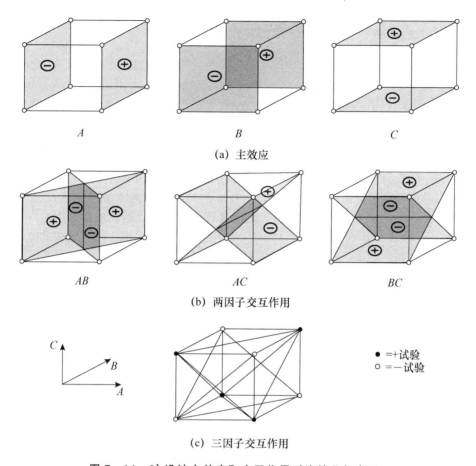

(a) 主效应

(b) 两因子交互作用

● =+试验
○ =－试验

(c) 三因子交互作用

图 7—14　2^3 设计主效应和交互作用对比的几何表示

B	平均 A 效应
高（＋）	$\dfrac{[(abc-bc)+(ab-b)]}{2n}$
低（－）	$\dfrac{\{(ac-c)+[a-(1)]\}}{2n}$
差异	$\dfrac{[abc-bc+ab-b-ac+c-a+(1)]}{2n}$

AB 交互作用是上面差异的一半，所以我们有：

$$AB=\frac{abc+ab+c+(1)}{4n}-\frac{bc+b+ac+a}{4n}$$

由这个形式很容易看出 *AB* 交互作用是图 7—14（b）中立方体对角平面的试验平均之间的差异。相同的道理，参考图 7—14（b），我们求出 *AC* 和 *BC* 交互效应是

$$AB=\frac{1}{4n}\,[abc-bc+ab-b-ac+c-a+（1）] \tag{7—11}$$

$$AC=\frac{1}{4n}\,[（1）-a+b-ab-c+ac-bc+abc] \tag{7—12}$$

$$BC=\frac{1}{4n}[（1）+a-b-ab-c-ac+bc+abc] \tag{7—13}$$

ABC 交互作用是 *C* 的两种不同水平下 *AB* 交互作用差异的平均，因此，

$$ABC = \frac{1}{4n}\{[abc - bc] - [ac - c] - [ab - b] + [a - (1)]\}$$

即

$$ABC = \frac{1}{4n}[abc - bc - ac + c - ab + b + a - (1)] \qquad (7\text{—}14)$$

同前面一样，我们可以认为 ABC 交互作用是两个平均的差异。如果两个平均的运行是独立的，运行就定义了包含在图 7—14（c）立方体中两个四面体的顶点。

从式（7—8）到式（7—14），方括号中的量是处理组合中的对比。图 7—9 所示的正负号表可以形成这些对比。主效应的符号通过高水平是正号低水平是负号来决定。一旦主效应的符号确定了，其他各列的符号可以通过前面对应列符号按行相乘得到。例如，AB 列的符号是 A 和 B 列对应行符号的乘积。任何效应的差异由这张表很容易得到。

表 7—9 2^3 设计计算效应的代数符号

处理组合	因子效应							
	I	A	B	AB	C	AC	BC	ABC
(1)	+	−	−	+	−	+	+	−
a	+	+	−	−	−	−	+	+
b	+	−	+	−	−	+	−	+
ab	+	+	+	+	−	−	−	−
c	+	−	−	+	+	−	−	+
ac	+	+	−	−	+	+	−	−
bc	+	−	+	−	+	−	+	−
abc	+	+	+	+	+	+	+	+

表 7—9 有几个有趣的性质：

1. 除单位列 I 外，其他各列的正负号数量是相同的。

2. 任何两列的符号乘积之和为零；即表中各列是正交的。

3. 任何列乘以列 I 不改变该列；即 I 是单位元。

4. 表中任何两列的乘积得到一列，例如 $A \times B = AB$，$AB \times ABC = A^2 B^2 C = C$，因为任何列自乘是单位列。

2^k 设计中任意主效应或交互作用的估计可以这样得到：表中第一列的处理组合与相应主效应或交互作用列的符号相乘，将结果相加得到一个对比，然后将对比除以实验中所有试验次数的一半。

例 7—2

机械工程师正研究由金属切割操作生产的零件的表面粗糙程度。对因子进料比（A）、切割深度（B）、工具角度（C）进行 $n = 2$ 重复试验的 2^3 析因设计。三个因子的水平分别是：低 $A = 20$in. /min、高 $A = 30$in. /min；低 $B = 0.025$in.、高 $B = 0.040$in.；低 $C = 15°$、高 $C = 25°$。表 7—10 给出了观察到的表面粗糙程度数据。

表 7—10　　　　　　　　　　　　　　例 7—2 表面粗糙程度数据

处理组合	设计因子			表面粗糙程度	总和	平均	方差
	A	B	C				
(1)	−1	−1	−1	9, 7	16	8	2.0
a	1	−1	−1	10, 12	22	11	2.0
b	−1	1	−1	9, 11	20	10	2.0
ab	1	1	−1	12, 15	27	13.5	4.5
c	−1	−1	1	11, 10	21	10.5	0.5
ac	1	−1	1	10, 13	23	11.5	4.5
bc	−1	1	1	10, 8	18	9	2.0
abc	1	1	1	16, 14	30	15	2.0
平均						11.065	2.437 5

利用式（7—8）到式（7—14）可以估计出主效应。例如，A 的效应是：

$$A = \frac{1}{4n}[a + ab + ac + abc - (1) - b - c - bc]$$

$$= \frac{1}{4(2)}[22 + 27 + 23 + 30 - 16 - 20 - 21 - 18]$$

$$= \frac{1}{8}[27] = 3.375$$

很容易确定其他的效应为：

$B = 1.625$ 　　　　　　$C = 0.875$

$AB = 1.375$ 　　　　　　$AC = 0.125$

$BC = -0.625$ 　　　　　　$ABC = 1.125$

考察这些效应的大小，很明显进料比（因子 A）是主要的，紧接着是切割深度（B）和 AB 交互作用，虽然交互作用效应相对较小。

对于表面粗糙程度数据，根据式（7—2），由每 8 个处理的方差联合得到 $\hat{\sigma}^2 = 2.437\ 5$，并且求得每个效应的估计标准误是：

$$se(效应) = \sqrt{\frac{\hat{\sigma}^2}{n2^{k-2}}} = \sqrt{\frac{2.437\ 5}{2 \cdot 2^{3-2}}} = 0.78$$

因此，效应估计的两个标准误界限是：

A：3.375 ± 1.56 　　　　　　B：1.625 ± 1.56

C：0.875 ± 1.56 　　　　　　AB：1.375 ± 1.56

AC：0.125 ± 1.56 　　　　　　BC：-0.625 ± 1.56

ABC：1.125 ± 1.56

这些区间近似为 95% 的置信区间。它们表明只有主效应 A 和 B 是重要的，而其他效应不重要，因为除了 A 和 B 的区间外，其他区间都包括零。

置信区间方法相当于 t-检验和一个简易的分析方法。对它作一点小小的修改，就能应用到只有某些设计点重复试验的情形。正态概率图也能用来判断效应的显著性。在下一节里面我们将说明这一方法。

回归模型与残差分析

我们可以使用前面介绍的 2^2 设计的方法来得到 2^k 设计的残差。举一个例子，考虑表面粗糙程度实验。三个最大的效应是 A，B 和 AB 交互作用。用于获得预测值的回归模型是：

$$Y = \beta_0 + \beta_1 x_1 + \beta_2 x_2 + \beta_{12} x_1 x_2 + \varepsilon$$

式中，x_1 表示因子 A；x_2 表示因子 B；$x_1 x_2$ 表示 AB 交互作用。

例 7—2（续）

回归系数 β_1，β_2，β_{12} 估计为相应效应估计的一半，β_0 是总平均。因此

$$\hat{y} = 11.062\,5 + \left(\frac{3.375}{2}\right)x_1 + \left(\frac{1.625}{2}\right)x_2 + \left(\frac{1.375}{2}\right)x_1 x_2$$

然后将 A，B 的高水平和低水平代入方程就可以得到预测值。为说明这一点，在 A，B，C 都在低水平的处理组合上，预测值是：

$$\hat{y} = 11.062\,5 + \left(\frac{3.375}{2}\right)(-1) + \left(\frac{1.625}{2}\right)(-1) + \left(\frac{1.375}{2}\right)(-1)(-1)$$
$$= 9.25$$

因为这次试验的观察值是 7 和 9，所以残差是 $9 - 9.25 = -0.25$ 和 $7 - 9.25 = -2.25$。其他 14 次试验的残差可类似求得。

残差的正态概率图见图 7—15。因为近似沿着一条直线，所以我们不能怀疑数据正态性的任何问题。也没有离群点出现。作出残差—预测值和残差—因子 A，B，C 的图示也会很有帮助。

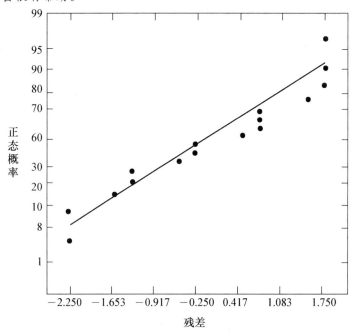

图 7—15　表面粗糙程度实验残差的正态概率图

2^k 设计的投影

如果忽略一个或者多个原始因子，2^k 设计可以对应或者投影到变量较少的另外一个 2^k 设计。有时这能对剩余的变量有更深的理解。例如，考虑表面粗糙程度实验，因为因子 C 和它的交互作用都是可以忽略的，我们从设计中消除因子 C。结果就是将图 7—13 的立方体对应到 $A-B$ 平面的正方形；因此，在新设计里的四次试验都有四次重复。一般来讲，如果消除 h 个因子，则余下 $r=k-h$ 个因子，原来有 n 次重复实验的 2^k 设计就投影到一个有 $n2^h$ 次重复实验的 2^r 设计。

7.3.5　2^k 设计的单一重复

随着因子实验中因子数量的增加，要估计的效应的数量也增加。例如，一个 2^4 实验有 4 个主效应、6 个两因子交互作用、4 个三因子交互作用、1 个四因子交互作用，而一个 2^6 实验有 6 个主效应、15 个两因子交互作用、20 个三因子交互作用、15 个四因子交互作用、6 个五因子交互作用、1 个六因子交互作用。很多情况下，使用**效应稀疏原理**（sparsity of effects principle）；就是说，系统通常被主效应和低阶的交互作用控制。三阶或者更高阶的交互作用通常是可忽略的。因此，当因子数量较大时——比如 $k \geqslant 4$ 或 5——常用的方法是对 2^k 设计只进行单一重复，而高阶交互作用组合起来作为误差的一个估计。有时 2^k 设计的单一重复也叫做**不重复**（unreplicated）2^k 因子设计。

当分析来自不重复因子设计的数据时，有时高阶交互作用会发生。这种情况下，使用由合并高阶交互作用估计的误差均方就不恰当了。有一种叫做**效应正态概率图**（normal probability plot of effects）的简单分析方法可用来克服这一问题。在正态概率尺度下建立效应估计的图示。可忽略的效应服从均值为零的正态分布，在正态概率图上将沿着一条直线，而显著的效应有非零均值，在图上将不会沿着一条直线。在如下的例子里面将说明这一问题。

例 7—3

Solid State Technology 中的一篇论文（Orthogonal Design for Process Optimization and Its Application in Plasma Etching，May 1987，pp. 127−132）描述了用单晶片等离子蚀刻剂开发氮化蚀刻过程的因子设计。过程使用 C_2F_6 作为反应气。过程可能改变气体流动、施加在阴极的电力、反应室的压力以及阳极与阴极的空间（空隙）。该过程通常要关心几个应答变量，在例子里面我们只关心氮化硅的蚀刻率。

使用 2^4 设计的单一重复实验来研究这个过程。因为三或四因子交互作用未必是显著的，所以我们尝试性地将它们结合起来作为误差的一个估计。设计中用到的因子水平如下：

水平	设计因子			
	Gap（cm）	压力（m Torr）	C_2F_6 流速（SCCM）	电力（w）
低（−）	0.80	450	125	275
高（＋）	1.20	550	200	325

表 7—11 给出了检验矩阵和由 2^4 设计的 16 次试验得到的数据。表 7—12 是 2^4 设计的正负号表。表中列的符号可用来估计因子效应。例如，因子 A 的效应是：

$$A = \frac{1}{8}[a + ab + ac + abc + ad + abd + acd + abcd - (1) - b$$
$$- c - bc - d - bd - cd - bcd]$$
$$= \frac{1}{8}(669 + 650 + 642 + 635 + 749 + 868 + 860 + 729$$
$$- 550 - 604 - 633 - 601 - 1037 - 1052 - 1075 - 1063)$$
$$= -101.625$$

从而将阳极与阴极的空隙从 0.80 增加到 1.20cm，将减少平均蚀刻率 101.625Å/min。很容易估计出所有的效应如下：

$A = -101.525$	$B = -1.625$	$AB = -7.875$
$C = 7.375$	$AC = -24.875$	$BC = -43.875$
$ABC = -15.625$	$D = 306.125$	$AD = -153.625$
$BD = -0.625$	$ABD = 4.125$	$CD = -2.125$
$ACD = 5.625$	$BCD = -25.375$	$ABCD = -40.125$

表 7—11　　　　　　　　　　　等离子蚀刻实验因子设计

A（空隙）	B（压力）	C（C_2F_6 流速）	D（电力）	蚀刻率（Å/min）
-1	-1	-1	-1	550
1	-1	-1	-1	669
-1	1	-1	-1	604
1	1	-1	-1	650
-1	-1	1	-1	633
1	-1	1	-1	642
-1	1	1	-1	601
1	1	1	-1	635
-1	-1	-1	1	1 037
1	-1	-1	1	749
-1	1	-1	1	1 052
1	1	-1	1	868
-1	-1	1	1	1 075
1	-1	1	1	860
-1	1	1	1	1 063
1	1	1	1	729

表 7—12　　　　　　　　　　　2^4 设计的对比度常数

							因子效应							
	A	B	AB	C	AC	BC	ABC	D	AD	BD	ABD	CD	ACD	BCD	$ABCD$
(1)	$-$	$-$	$+$	$-$	$+$	$+$	$-$	$-$	$+$	$+$	$-$	$+$	$-$	$-$	$+$
a	$+$	$-$	$-$	$-$	$-$	$+$	$+$	$-$	$-$	$+$	$+$	$+$	$+$	$-$	$-$
b	$-$	$+$	$-$	$-$	$+$	$-$	$+$	$-$	$+$	$-$	$+$	$+$	$-$	$+$	$-$
ab	$+$	$+$	$+$	$-$	$-$	$-$	$-$	$-$	$-$	$-$	$-$	$+$	$+$	$+$	$+$
c	$-$	$-$	$+$	$+$	$-$	$-$	$+$	$-$	$+$	$+$	$-$	$-$	$+$	$+$	$-$
ac	$+$	$-$	$-$	$+$	$+$	$-$	$-$	$-$	$-$	$+$	$+$	$-$	$-$	$+$	$+$
bc	$-$	$+$	$-$	$+$	$-$	$+$	$-$	$-$	$+$	$-$	$+$	$-$	$+$	$-$	$+$
abc	$+$	$+$	$+$	$+$	$+$	$+$	$+$	$-$	$-$	$-$	$-$	$-$	$-$	$-$	$-$
d	$-$		$+$	$-$	$+$	$+$	$-$	$+$	$-$	$-$	$+$	$-$	$+$	$+$	$-$

续前表

							因子效应								
	A	***B***	***AB***	***C***	***AC***	***BC***	***ABC***	***D***	***AD***	***BD***	***ABD***	***CD***	***ACD***	***BCD***	***ABCD***
ad	+	−	−	−	+	+	+	+	+	−	−	−	−	+	+
bd	−	+	−	−	+	−	+	+	−	+	−	−	+	−	+
abd	+	+	+	−	−	−	−	+	+	+	+	−	−	−	+
cd	−	−	+	+	−	−	+	+	−	−	+	+	+	−	+
acd	+	−	−	+	+	−	−	+	+	−	−	+	+	+	−
bcd	−	+	−	+	−	+	−	+	−	+	−	+	−	+	−
abcd	+	+	+	+	+	+	+	+	+	+	+	+	+	+	+

等离子蚀刻实验效应的正态概率图见图 7—16。

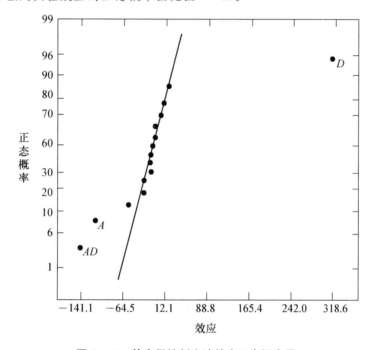

图 7—16　等离子蚀刻实验效应正态概率图

很明显，主效应 *A* 和 *D* 以及 *AD* 交互作用是显著的，因为它们远离经过其他的点的直线。表 7—13 中的方差分析也确认了这一结论。要注意的是方差分析中已经将三或四因子交互作用合并形成误差均方。如果正态概率图还显示其他的交互作用是重要的，我们就不能将它包括在误差项里面。因此有：

$$\hat{\sigma}^2 = 2\,037.4 \quad se(\text{系数}) = \frac{1}{2}\sqrt{\frac{2(2\,037.4)}{16/2}} = 11.28$$

表 7—13　　　　　　　　　　　**例 7—3 分析**

			方差分析		
来源	**平方和**	**自由度**	**均方**	f_0	**P-值**
模型	521 237	10	52 123.4	25.58	0.000
误差	10 187	5	2 037.4		
总和	531 421	15			
截距		776.06	11.28	68.77	0.000
A	−101.63	−50.81	11.28	−4.50	0.006

续前表

自变量	效应估计	系数估计	系数标准误	H_0 系数为零的 t-值	P-值
B	-1.63	-0.81	11.28	-0.07	0.945
C	7.38	3.69	11.28	0.33	0.757
D	306.12	153.06	11.28	13.56	0.000
AB	-7.88	-3.94	11.28	-0.35	0.741
AC	-24.87	-12.44	11.28	-1.10	0.321
AD	-153.62	-76.81	11.28	-6.81	0.001
BC	-43.87	-21.94	11.28	-1.94	0.109
BD	-0.62	-0.31	11.28	-0.03	0.979
CD	-2.12	-1.06	11.28	-0.09	0.929

因为 $A=-101.625$，所以增加阳极和阴极的效应是减少蚀刻率。然而，$D=306.125$；所以使用高的压力水平将增加蚀刻率。图 7—17 是 AD 交互作用的图示。图像显示在低的电力水平上改变空隙的宽度，效应很小，而在高电力水平增加空隙明显减小了蚀刻率。高的蚀刻率在高的电力水平和窄的空隙处获得。

实验的残差可由回归模型得到：

$$\hat{y}=776.0625-\left(\frac{101.625}{2}\right)x_1+\left(\frac{306.125}{2}\right)x_4-\left(\frac{153.625}{2}\right)x_1x_4$$

例如，当 A 和 D 都在低水平时，预测值是：

$$\hat{y}=776.0625-\left(\frac{101.625}{2}\right)(-1)+\left(\frac{306.125}{2}\right)(-1)-\left(\frac{153.625}{2}\right)(-1)(-1)$$
$$=597$$

该处理组合下的四个残差是：

$$e_1=550-597=-47$$
$$e_2=604-597=7$$
$$e_3=633-597=36$$
$$e_4=601-597=4$$

在其他三个处理组合（A 高 D 低、A 低 D 高、A 高 D 高）下的残差可类似求得。残差的正态概率图见图 7—18。图形是令人满意的。作出残差对预测值和残差对每一个因子的图形也是很有帮助的。

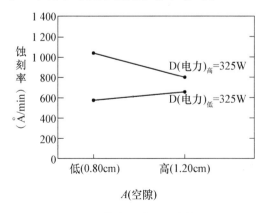

图 7—17　等离子蚀刻实验的 AD
（空隙—电力）交互作用

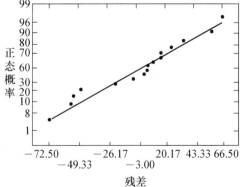

图 7—18　等离子蚀刻实验残差正态概率图

练 习

对练习 7—1～7—8 回答下列问题：

（a）计算效应的估计和设计的标准误。

（b）建立两因子交互作用图并评价因子间的交互作用。

（c）在 $\alpha=0.05$ 下，使用 t 值确定效应的显著性，评价你的结果。

（d）对各效应计算一个近似的 95％置信区间，将结果与（c）进行比较并评价。

（e）对设计进行恰当回归模型的方差分析。包括对各系数的假设检验分析，以及残差分析。叙述关于模型充分性的最后结论。将结果与（c）进行比较并评价。

7—1 一项实验涉及用于肩射地对空导弹的发射装置的蓄电池。两种类型的材料可用来生产蓄电池极板。目的是要设计一种相对不受周围温度影响的蓄电池。蓄电池的输出应答是它以小时计算的有效寿命。选择两种温度水平，进行一项有四次反复的因子实验。结果如下。

材料	温度（℉）			
	低		高	
1	150	188	25	70
	159	126	58	45
2	138	110	96	104
	168	160	82	60

7—2 工程师认为金属零件的表面抛光受使用的油漆类型和烘干时间影响。她选择了两种烘干时间——20 和 30 分钟——和两种类型的油漆。用油漆类型和烘干时间的各组合对三个零件进行检验。数据如下。

油漆	烘干时间（分）	
	20	25
1	74	73
	64	61
	50	44
2	92	66
	86	45
	68	85

7—3 设计一项实验用来确认从发酵药汤中分离蛋白质和肽类药物较好效应的超滤膜。为确定较好的隔膜，研究两种类型的添加剂 PVP（％wt）和时间段（小时）。实验得到的分离值（％）如下。

PVP（% wt）	时间（小时）	
	1	3
2	69.6	80.0
	71.5	81.6
	70.0	83.0
	69.0	84.3
5	91.0	92.3
	93.2	93.4
	93.0	88.5
	87.2	95.6

7—4 建立一项实验来确定焙烧温度和炉子位置是否影响了碳极的焙干密度。数据如下。

位置	温度（℃）	
	800	850
1	570	565
	565	510
	583	590
2	528	526
	547	538
	521	532

7—5 Johnson 和 Leone（Statistics and Experimental Design in Engineering and the Physical Sciences）描述了一项为研究铜板弯曲而建立的实验。研究的两个因子是铜板的温度和铜板含铜量。应答变量是弯曲量。一些数据如下。

温度	含铜量（%）	
	40	100
50	17，20	28，27
100	16，12	30，23

7—6 *Journal of Testing and Evaluation* 中的一篇论文（Vol. 16，No. 6，1988，pp. 508－515）研究了在恒定 22Mpa 压强下一种特殊材料周期负载频率和环境条件对它疲劳裂纹生长的影响。试验中的一些数据如下。应答变量是疲劳裂纹生长率。

环境	
水	盐水

频率		
10	2.06	1.90
	2.05	1.93
	2.23	1.75
	2.03	2.06
1	3.20	3.10
	3.18	3.24
	3.96	3.98
	3.64	3.24

7—7 *IEEE Transactions on Electron Devices* 中的一篇论文（Vol. ED-33，1986，p. 1754）描述两个变量——多晶硅填料和焖火条件（时间和温度）——对双极晶体管基线电流效应的研究。试验中的一些数据如下。

焖火条件（时间/温度）	
900/180	1 000/15

多晶硅填料		
1×10^{20}	8.30	10.29
	8.90	10.30
2×10^{20}	7.81	10.19
	7.75	10.10

7—8 *IEEE Transactions on Electron Devices* 中的一篇论文（Vol. 5，No. 3，1992，pp. 214 - 222）描述了一项研究硅晶片表面电荷的实验。影响感应曲面电荷的因子认为是清洗方法（晶圆旋干即 SRD 和旋干即 SD）和待测量电荷在晶片上的位置。表面电荷（$\times 10^{11}$ q/cm^3）应答数据如下：

检验位置	
L	R

清洗方法		
SD	1.66	1.84
	1.90	1.84
	1.92	1.62
SRD	−4.21	−7.58
	−1.35	−2.20
	−2.08	−5.36

7—9 考虑带有 3 次重复的一个 2^2 实验设计的分析。利用下面部分完整的 Minitab 输出结果来回答下面问题。

（a）给出在方差分析表中所有的缺失值。

（b）利用该表检验效果的显著性。$\alpha = 0.05$。

（c）计算每个效果的标准误。

（d）给出下面效果表的 t-检验的缺失值。指出哪个效果是显著的。$\alpha = 0.05$。

（e）只用显著项写出最小二乘匹配模型。

（f）利用模型预测当 $x_1 = -1$，$x_2 = 1$ 时的响应值。

Source	DF	SS	MS	F	P
A	1	7.840 83	7.840 83	348.48	?
B	1	0.800 83	?	35.59	?
Interaction	1	1.140 83	1.140 83	?	0.000
Residual Error	8	0.180 00	0.022 50		
Total	11	9.962 50			
Term	Effct	Coef	SE Coef	T	P
Constant		7.975 0	0.043 30	184.17	0.000
A	1.616 7	0.808 3	?	18.67	?
B	0.516 7	?	0.043 30	?	0.000
A*B	−0.616 7	−0.308 3	?	−7.12	?

7—10 考虑带有 5 次重复的一个 2^2 实验设计的分析。利用下面部分完整的 Minitab 输出结果来回答下面问题。

（a）给出在方差分析表中所有的缺失值。

（b）利用该表检验效果的显著性。$\alpha = 0.05$。

（c）计算每个效果的标准误。

（d）给出下面效果表的 t-检验的缺失值。指出哪个效果是显著的。$\alpha = 0.05$。

（e）只用显著项写出最小二乘匹配模型。

（f）利用模型预测当 $x_1 = 1$，$x_2 = 1$ 时的响应值。

Analysis of Variance

Source	DF	SS	MS	F	P
Regression	?	3.309 5	1.103 2	183.86	?
Residual Error	16	0.096 0	?		
Total	19	3.405 5			
Predictor	Coef	SE Coef	T	P	
Constant	10.365 0	0.017 3	598.42	0.000	
A	0.405 00	?	23.38	0.000	
B	0.015 00	0.017 32	0.87	?	
A*B	0.035 00	0.017 32	?	0.060	

7—11 考虑练习 7—9 中的 ANOVA 表，（a）计算平方和，均方和主效应（A 和 B 的混合效应）的 F-检验。（b）假设现在的残差是由纯误差估计而来。对交互效应做缺乏适应性检验。你会把这个效应加到残差中吗？为什么？

7—12 考虑练习 7—10 中的 ANOVA 表，（a）计算平方和，均方，对 A，B，AB 进行 F-检验。（b）回归平方和与 A，B，AB 的平方和是什么关系？（c）假设现在的残差是有纯误差估计而来。对于 B 和 AB 的交互效应做缺乏适应性检验。你会把这些效应加到残差中吗? 为什么?

7—13 一个工程师对一种切割工具的切割速度 (A), 金属硬度 (B), 切割角度 (C) 的效果感兴趣。每个因素有两水平, 一个 2^3 析因设计重复两次运行。工具的寿命数据如下 (单位: 小时):

处理组合	重复	
	I	II
(1)	232	326
a	338	442
b	362	360
ab	548	480
c	428	446
ac	408	383
bc	612	506
abc	406	422

(a) 利用 t 值来分析这个试验中的数据。$\alpha = 0.05$。

(b) 利用试验中的变量找到一个合适的回归模型解释工具寿命。

(c) 分析这个实验的残差。

7—14 四种因素被认为会影响碳酸饮料的口感: 甜味剂的类型 (A), 糖浆和水的比例 (B), 碳酸饱和水平 (C), 温度 (D)。每种因素有两水平, 构造一个 2^4 设计。

处理组合	重复	
	I	II
(1)	159	163
a	168	175
b	158	163
ab	166	168
c	175	178
ac	179	183
bc	173	168
abc	179	182
d	164	159
ad	187	189
bd	163	159
abd	185	191
cd	168	174
acd	197	199
bcd	170	174
abcd	194	198

在这个设计中的每次运行, 碳酸饮料的样本都提供给一个包含 20 人的检验组。每个检验者给碳酸饮料打分, 分值为 1~10, 全部分数即为响应变量。目标是找到一个公式来使总分最大化。两次重复运行这些设计, 结果如图。用 t 值分析数据, 并给出结论。$\alpha = 0.05$。

7—15 考虑练习 7—14 中的实验。决定一个适合的模型, 画出因素 A, B, C, D 对应水平的残差。同时构造一个残差的正态概率图。对这些图给出评论, 并指出影响口味的最重要因素。

7—16 下面给出的数据代表一个 2^5 设计运行一次, 它被用于一个实验来研究混凝土的抗压强度。因素为混合度 (A), 时间 (B), 实验室 (C), 温度 (D), 干燥时间 (E)。

(1) = 700	e = 800
a = 900	ae = 1 200
b = 3 400	be = 3 500
ab = 5 500	abc = 6 200
c = 600	ce = 600
ac = 1 000	ace = 1 200
bc = 3 000	bce = 3 000
abc = 5 300	abce = 5 500
d = 1 000	de = 1 900
ad = 1 100	ade = 1 500
bd = 3 000	bde = 4 000
abd = 6 100	abde = 6 500
cd = 800	cde = 1 500
acd = 1 100	acde = 2 000
bcd = 3 300	bcde = 3 400
abcd = 6 000	abcde = 6 800

(a) 估计因素效应。

(b) 哪个效应最重要? 利用正态概率图。

(c) 如果希望最大化强度, 要调整程序变量的哪个方向?

(d) 分析这个实验的残差。

7—17 考虑 O. L. Davies (The Design and Analysis of Industrial Experiments) 的著名实验。下面的数据从无重复实验中收集来, 这个实验的设计者想要决定四因素对用于织物干燥过程的靛红对收益的影响。四个因素每个有两种水平: (A) 酸度为 87% 和 93%。(B) 反应时间为 15 分钟和 30 分钟。(C) 酸量为 35ml 和 45ml。(D) 反应温度为 60℃ 和 70℃。响应变量为每 100 克的基础材料靛红的用量 (克)。

(1) = 6.08	d = 6.79
a = 6.04	ad = 6.68
b = 6.53	be = 6.73
ab = 6.43	abd = 6.08
c = 6.31	cd = 6.77
ac = 6.09	acd = 6.38
bc = 6.12	bcd = 6.49
abc = 6.36	abcd = 6.23

（a）估计效应并给出效应的正态图。那个交互效应项是可忽略的？利用 t 值来证实你的发现。

（b）根据你在（a）中的结论，构造一个模型并分析残差。

7—18　一个对半导体加工设备的实验意在增加产量。有五个因素，每个因素两水平。因素（水平）是 A＝孔径（大，小），B＝暴露时间（20% 在常态之下，20% 在常态之上），C＝研制时间（30秒，45秒），D＝掩模尺寸（小，大），E＝蚀刻时间（14.5min，15.5min），不重复的 2^5 设计有如下运行。

(1) ＝7	e＝8
a＝9	ae＝12
b＝34	be＝35
ab＝55	abc＝52
c＝16	ce＝15
ac＝20	ace＝22
bc＝40	bce＝45
abc＝60	abce＝65
d＝8	de＝6
ad＝10	ade＝10
bd＝32	bde＝30
abd＝50	abde＝53
cd＝18	cde＝15
acd＝21	acde＝20
bcd＝44	bcde＝41
abcd＝61	abcde＝63

（a）构造一个效应估计的正态概率图。哪个效应显示更大？

（b）进行方差分析来证实你在（a）中的发现。

（c）构造一个残差的正态概率图。

（d）画出残差和预计产量和五个因素的图形。评论这些图形。

（e）解释任意一个交互效应。

（f）对于操作程序的条件你会给出什么建议？

（g）把这个问题中的 2^5 设计变成一个 2^r 设计（$r < 5$）。给出设计的概述并给出每次运行的产量的范围和平均值。这个概述有助于数据解释吗？

7—19　*Talanta* 中的一篇文章给出了一个 2^3 析因设计利用火焰原子吸收光谱法得到铅水平。数据如下表：

运行	因素			铅重获（%）	
	ST	pH	RC	R1	R2
1	－	－	－	39.8	42.1
2	＋	－	－	51.3	48
3	－	＋	－	57.9	58.1
4	＋	＋	－	78.9	85.9
5	－	－	＋	78.9	84.2
6	＋	－	＋	84.2	84.2
7	－	＋	＋	94.4	90.9
8	＋	＋	＋	94.7	105.3

因素和水平在下面的表中给出。

因素	低（一）	高（＋）
试剂浓度（RC）	5×10^{-6}	5×10^{-5} （mol^{-1}）
pH	6.0	8.0
摇动时间（min）	10	30

（a）构造一个效应估计的正态概率图。哪个效应显示更大？

（b）进行方差分析来证实你在（a）中的发现。

（c）分析这个实验的残差。模型适应性上有什么问题吗？

7—20　考虑下面一个 2^3 析因实验的 Minitab 输出。

（a）实验中用了多少个重复？

（b）计算系数的标准差。

（c）计算出输出力全部的"?"。

Factorial Fit：y versus A，B，C
Estimated Effects and Coefficients for y（coded units）

Team	Effect	Coef	SE Coef	T	P
Constant	579.33	38.46	15.06	0.000	
A	2.95	1.47	38.46	0.04	0.970
B	15.92	?	38.46	0.21	0.841
C	－37.87	－18.94	38.46	－0.49	0.636
A＊B	20.43	10.21	38.46	?	0.979
A＊C	－17.11	－8.55	38.46	－0.22	0.830
B＊C	4.41	2.21	38.46	0.06	0.956
A＊B＊C	13.35	6.68	38.46	0.17	0.866

S＝153.832　R－Sq＝5.22%　R－Sq(adj)＝0.00%
Analysis of Variance for y（coded units）

Source	DF	Seq SS	Adj SS	Adj MS	F	P
Main Effects	3	6 785	6 785	2 261.8	?	0.960
2-way interaction	3	?	2 918	972.5	0.04	0.988
3-way interaction	1	?	713	713.3	0.03	0.866
Residual error	8	189 314	189 314	23 664.2		
Pure error	8	189 314	189 314	23 664.2		
Total	15	199 730				

7.4　2^k 设计中的中心点和分组

7.4.1　中心点的加入

两析因设计中潜在关心的问题就是因子效应的线性假设的使用。当然，完美的线性是不必要的，当线性假设只在近似意义下满足时，2^k 体系就能很好地进行。然而，有一种在 2^k 设计中重复某些点的方法将针对弯曲做一些保护，同时也允许得到误差的独立估计。该方法由 2^k 设计中加入**中心点**（center points）构成。这些中心点由在点 $x_i = 0$，$i = 1$，2，$\cdots$，k 进行 n_C 次重复实验构成。在设计中心加入重复实验的一个重要理由是中心点不影响 2^k 中通常的效应估计。我们假设这 k 个因子是定量的。如果某些因子是类别变量（比如工具 A 和工具 B），将对该方法进行修正。

为解释上面的方法，考虑在每一个因子点（－，－）、（＋，－）、（－，＋）、（＋，＋）有一个观察值和在中心点（0，0）有 n_C 个观察值的 2^2 设计。图 7—19 说明了这一情况。令 $\bar{y}_F$ 表示在四个因子点四次运行的平均，$\bar{y}_C$ 表示在中心点 n_C 次运行的平均。如果差异 $\bar{y}_F - \bar{y}_C$ 很小，中心点就位于或者靠近通过因子点的平面，没有弯曲。反过来，如果 $\bar{y}_F - \bar{y}_C$ 很大，弯曲就存在。

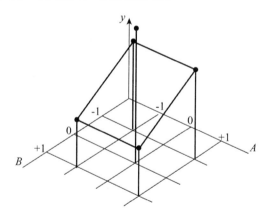

图 7—19　带中心点的 2^2 设计

检验弯曲的 t-检验统计量是：

$$t_{弯曲} = \frac{\bar{y}_F - \bar{y}_C}{\sqrt{\hat{\sigma}^2 \left(\dfrac{1}{n_F} + \dfrac{1}{n_C} \right)}} \qquad (7—15)$$

式中，n_F 为因子点的个数，n_C 为中心点的个数。

特别地，当点加入到 2^k 设计的中心时，模型为：

$$Y = \beta_0 + \sum_{j=1}^{k} \beta_j x_j + \sum_{i<j} \sum \beta_{ij} x_i x_j + \sum_{j=1}^{k} \beta_{jj} x_j^2 + \varepsilon \qquad (7—16)$$

式中，β_{jj} 是纯二次效应。弯曲的检验实际上是检验假设

$$H_0: \sum_{j=1}^{k} \beta_{jj} = 0 \qquad H_1: \sum_{j=1}^{k} \beta_{jj} \neq 0 \tag{7—17}$$

另外，如果设计中的因子点没有重复，我们可以用 n_C 个中心点建立误差的一个估计，自由度为 $n_C - 1$。这被称为**纯误差**（pure error）估计。

例 7—4

化学工程师要研究过程的转化百分比或收益。所关心的变量有两个，反应时间和反应温度。因为不确定在考查范围内的线性假设，她决定进行一个增加了五个中心点的 2^2 设计（每一个因子运行是单一重复的）。设计和产量数据见图 7—20。

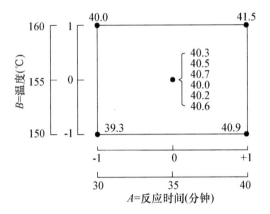

图 7—20　例 7—4 带 5 个中心点的 2^2 设计

表 7—14 给出了实验的分析。纯误差的估计由中心点计算如下：

$$\hat{\sigma}^2 = \frac{\sum_{\text{中心点}} (y_i - \bar{y}_C)^2}{n_C - 1} = \frac{\sum_{i=1}^{5} (y_i - 40.46)^2}{4} = \frac{0.172\,0}{4} = 0.043\,0$$

设计中因子部分的点平均是 $\bar{y}_F = 40.425$，中心点的点平均是 $\bar{y}_C = 40.46$。差异 $\bar{y}_F - \bar{y}_C = 40.425 - 40.46 = -0.035$ 很小。弯曲的 t 比值由式（7—15）计算如下：

$$t_{\text{弯曲}} = \frac{\bar{y}_F - \bar{y}_C}{\sqrt{\hat{\sigma}^2 \left(\frac{1}{n_F} + \frac{1}{n_C} \right)}} = \frac{-0.035}{\sqrt{0.043\,0 \left(\frac{1}{4} + \frac{1}{5} \right)}} = 0.252$$

分析表明在考查范围内应答中没有弯曲；也即零假设 $H_0: \sum_{j=1}^{k} \beta_{jj} = 0$ 不能拒绝。

表 7—14 给出了给出了本例的 Minitab 输出结果。A 的效应是 $(41.5 + 40.9 - 40.0 - 39.3)/2 = 1.55$，其他效应类似求得。纯误差估计（0.043）与前面的结果一致。回想起回归模型中 t 比值的平方就是一个 F 比值。因此，Minitab 使用 $0.252^2 = 0.06$ 作为一个 F 比值得到关于弯曲相同的检验。略去 σ^2 的估计的弯曲平方和是计算与 t 比值平方相等的 F 比值的中间环节。即

$$SS_{\text{弯曲}} = \frac{(\bar{y}_F - \bar{y}_C)^2}{\frac{1}{n_F} + \frac{1}{n_C}} \tag{7—18}$$

表 7—14		例 7—4 Minitab 分析			

Factorial Design
Full Factorial Design

Factors：	2	Base Design：		2，4
Runs：	9	Replicates：		1
Blocks：	none	Center pts（total）：		5

All terms are free from aliasing

Fractional factorial Fit
Estimated Effects and Coefficients for y

Term	Effect	Coef	StDev Coef	T	P
Constant		40. 444 4	0. 062 31	649. 07	0. 000
A	1. 550 0	0. 775 0	0. 093 47	8. 29	0. 000
B	0. 650 0	0. 325 0	0. 093 47	3. 48	0. 018
A * B	−0. 050 0	−0. 025 0	0. 093 47	−0. 27	0. 800

Analysis of Variance for y

Source	DF	Seq SS	Adj SS	Adj MS	F	P
Main Effecs	2	2. 825 00	2. 825 00	1. 412 50	40. 42	0. 001
2-Way Interactions	1	0. 002 50	0. 002 50	0. 002 50	0. 07	0. 800
Residual Error	5	0. 174 72	0. 174 72	0. 034 94		
Curvature	1	0. 002 72	0. 002 72	0. 002 72	0. 06	0. 814
Pure Error	4	0. 172 00	0. 172 00	0. 043 00		
Total	8	3. 002 22				

另外，Minitab 将弯曲平方和与纯误差平方和加总得到残差平方和（0. 174 72），自由度为 5。残差均方（0. 034 94）是 σ^2 的合并估计，它用于计算 A，B 和 AB 效应的 t 比值。在例子里面，合并估计与纯误差估计很接近，因为弯曲特别小。如果弯曲是显著的，合并就不恰当了。截距的估计 β_0（40. 444）是 9 个测量值的平均。

□ 7.4.2 分组与混合

通常不可能在齐次条件下进行 2^k 设计中的所有观察。使用 5.8.2 节介绍的符号，分组是适用于一般情况的设计技巧。然而，很多情形下，区组大小比完全重复实验的运行数量要小，这样，混合就是在 2^p 个区组中进行 2^k 设计的一个有效方法，其中一个区组内运行的次数小于一个完全重复实验中处理组合的数量。这种方法使得不能将某些交互作用效应从区组间或者区组的混合间区别开来。下面将说明在 2^p 个区组中 2^k 析因设计的混合，其中 $p < k$。

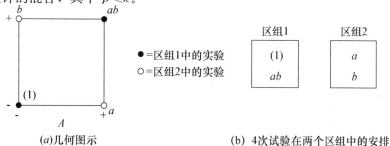

(a)几何图示	(b) 4次试验在两个区组中的安排

图 7—21 两个区组中的 2^2 设计

考虑一个 2^2 设计。假设 $2^2 = 4$ 个处理组合的每一个都需要 4 个小时的实验室分析。从而需要两天来做这个实验。如果将天数看成区组，每天就要指定有四个处理组合的两个区组。这样的设计见图 7—21。

注意到区组 1 包括处理组合 (1) 和 ab，区组 2 包括处理组合 a 和 b。估计因子 A 和 B 的主效应的对比是：

$$对比_A = ab + a - b - (1)$$
$$对比_B = ab + b - a - (1)$$

要注意的是，对比度不受区组的影响，因为在每个对比里面，都有一个正的和一个负的处理组合来自每个区组。也就是说，由附加常数引起的增加一区组观察的区组 1 和区组 2 之间的任何差异被抵消掉。AB 交互作用的对比是：

$$对比_{AB} = ab + (1) - a - b$$

因为带正号的两个处理组合 ab 和 (1) 都在区组 1 里面，带负号的两个处理组合 a 和 b 在区组 2 里面，所以区组效应与 AB 交互作用是相同的。即 AB 交互作用与区组混合了。

其理由明显源于表 7—3 所示的 2^2 设计的正负号表。从这张表上看出，在 AB 上有正号的处理组合都指定在区组 1 中，而在 AB 上有负号的处理组合都指定在区组 2 中。

这一规则可用来混合任意的 2^k 设计到两个区组里面。再举一个例子，考虑在两个区组里面进行一个 2^3 设计。由表 7—8 所示的正负号表，指定在 ABC 列是负号的处理组合到区组 1，而在 ABC 列是正号的处理组合到区组 2。得出的设计如图 7—22 所示。

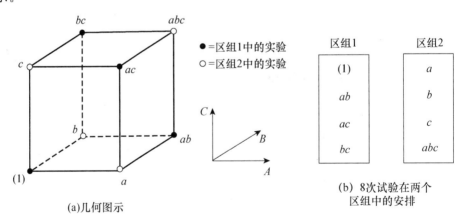

图 7—22 ABC 混合于两区组的 2^3 设计

例 7—5

一项实验用来调查四个因子的对地对空导弹的目标偏离距离的效应。四个因子是目标类型 (A)、弹头类型 (B)、目标高度 (C) 和目标距离 (D)。每个因子都方便地在两种水平下进行，光学跟踪系统使得目标偏离距离以最接近的尺数度量。飞行检验中使用两个不同的操作员或炮手，因为在操作员之间可能存在差别，检验工程师决定在两个区组里建立 $ABCD$ 混合的 2^4 设计。

实验设计和得到的数据见图 7—23。由 Minitab 给出的效应的估计见表 7—15。图 7—24 效应的正态概率图表明 A（目标类型），D（目标距离），AD 和 AC 有大的效应。用来确认这一结果的方差分析，将三因子交互作用合并为误差，见表 7—16。因为 AC 和 AD 交互作用是显著的，所以很自然就认为 A（目标类型）、C（目标高度）和 D（目标距离）对偏离距离都有重要的影响，并且在目标类型与高度、目标类型与距离之间存在交互作用。注意到分析中 $ABCD$ 效应当作区组处理。

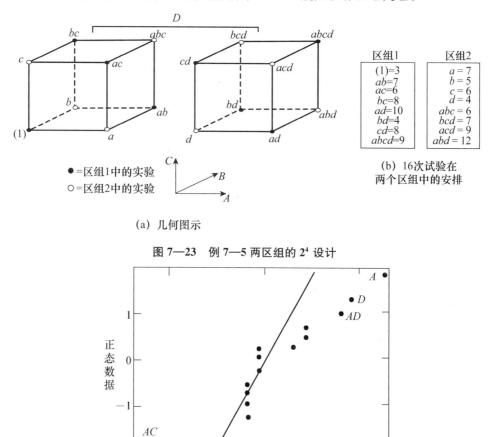

(a) 几何图示

图 7—23 例 7—5 两区组的 2^4 设计

图 7—24 例 7—5 效应正态概率图（Minitab）

表 7—15 　　　　　　　　　　**例 7—5 Minitab 效应估计**

估计对距离的效应和系数		
Term	Effect	Coef
Constant		6.938
Block		0.063
A	2.625	1.312
B	0.625	0.313
C	0.875	0.438
D	1.875	0.938
A * B	−0.125	−0.063

$A * D$	1.625	0.813
$B * C$	−0.375	−0.188
$B * D$	−0.375	−0.187
$C * D$	−0.125	−0.062
$A * B * C$	−0.125	−0.063
$A * B * D$	0.875	0.438
$A * C * D$	−0.375	−0.187
$B * C * D$	−0.375	−0.187

有可能将 2^k 设计混合到每个都有 2^{k-2} 个观察值的 4 个区组中。要形成这样的设计，首先选取两个效应与区组混合。第三种效应——前面选择的两个效应的综合交互作用也与区组混合。通过将两个效应的字母相乘，然后去掉幂数为 2 的就得到它们的综合交互作用。

表 7—16   例 7—5 方差分析

来源	平方和	自由度	均方	f_0	P-值
区组（$ABCD$）	0.062 5	1	0.062 5	0.06	—
A	27.562 5	1	27.562 5	25.94	0.007 0
B	1.562 5	1	1.562 5	1.47	0.292 0
C	3.062 5	1	3.062 5	2.88	0.164 8
D	14.062 5	1	14.062 5	13.24	0.022 0
AB	0.062 5	1	0.062 5	0.06	—
AC	22.562 5	1	22.562 5	21.24	0.010 0
AD	10.562 5	1	10.562 5	9.94	0.034 4
BC	0.562 5	1	0.562 5	0.53	—
BD	0.562 5	1	0.562 5	0.53	—
CD	0.062 5	1	0.062 5	0.06	—
误差（$ABC+ABD+ACD+BCD$）	4.250 0	4	1.062 5		
合计	84.937 5	15			

例如，考虑在四个区组中的 2^4 设计。如果 AC，BD 和区组混合，它们的总和交互作用是（AC）（BD）$=ABCD$。设计由 AC 和 BD 的符号对应的处理组合构成。很容易确定四个区组是：

区组 1 $AC+$, $BD-$	区组 2 $AC-$, $BD+$	区组 3 $AC+$, $BD-$	区组 4 $AC-$, $BD-$
（1）	a	b	ab
ac	c	abc	bc
bd	abd	d	ad
$abcd$	bcd	acd	cd

像这样的程序可扩展到在 2^p 个区组中混合 2^k 设计，其中 $p<k$。首先选择 p 个效应混合，使得没有效应是其他的综合交互作用。从而可以从与这些效应相联系的 p

个明确的对比度 L_1，L_2，…，L_p 来建立区组。除选取用来混合的 p 个效应外，还有 $2^p - p - 1$ 个效应与区组混合；它们是最先选取的 p 个效应的综合交互作用。需要小心的是不要混合了可能关心的效应。

2^k 析因设计中有关混合的更多信息，参考 Montgomery（2009a）。本书包含了选择因子混合到区组的指南，以便主效应和低阶的交互作用不被混合。特别地，本书包括了进行 7 个因子和一定区组大小设计的混合规划，有一些只有两次试验。

练 习

7—21 考虑练习 7—18 的半导体实验。假设对设计加入一个中心点（重复五次），中心的应答分别是 42，46，41，45，40。

(a) 使用中心点估计误差。该估计怎样与例 7—18 的估计进行比较？

(b) 计算弯曲的 t 值并在 $\alpha = 0.05$ 下检验。

7—22 考虑练习 7—13 的数据的重复 I。假设对 8 次试验加入一个中心点（6 次重复）。中心点的工具寿命应答是 425，400，437，432，428，418。

(a) 估计因子效应。

(b) 使用中心点估计纯误差。

(c) 计算弯曲的 t 值并在 $\alpha = 0.05$ 下检验。

(d) 使用 $\alpha = 0.05$ 检验主效应和交互作用效应。

(e) 给出回归模型并分析实验残差。

7—23 考虑练习 7—13 第一次重复的数据。假设观察值不能在相同条件下进行。建立一个设计，建立 ABC 混合，各有四个观察值的两个区组里面进行这些观察值。分析数据。

7—24 考虑练习 7—14 第一次重复的数据。建立 $ABCD$ 混合，各有八个观察值的两个区组的设计。分析数据。

7—25 假设需要四个区组，重复前面的练习。ABD，ABC（因此 CD）和区组混合。

7—26 在两个区组建立 2^5 设计。选择 $ABCDE$ 交互作用和区组混合。

7—27 在四个区组里面建立 2^5 设计。选择恰当的效应混合，以便最大可能的交互作用与区组混合。

7—28 考虑练习 7—17 的数据。建立一个需要在各有八次试验的两个区组里面进行实验而使用的设计。分析数据并得出结论。

7—29 考虑一个带有两次重复和四次重复的 2^3 设计 Minitab 分析结果。

(a) 得出下面两个表中 t-检验和 F-检验的所有缺失值。指出哪个效应是显著的。$\alpha = 0.1$。

(b) 有显著的曲率吗？指出 Minitab 输出中的一行，这一行提供了必要的信息。

(c) 用显著项写出最小二乘适应模型。

(d) 利用模型预测当 $x_1 = -1$，$x_2 = -1$，$x_3 = -1$ 时，响应变量的值。

Team	Coef	SE Coef	T	P
Constant	14.97	0.625 2	23.95	0.000
A	9.93	0.625 2	15.89	?
B	−5.28	0.625 2	−8.45	?
C	0.17	0.625 2	?	0.791
A*B	−14.98	0.625 2	?	?
A*C	0.27	0.625 2	0.43	?
B*C	0.07	0.625 2	?	?
A*B*C	0.34	0.625 2	?	0.597
CtPt	−0.93	1.398 0	−0.66	?

Analysis of Variance for Response

Source	DF	Seq SS	Adj MS	F	P
Main Effects	3	2 025.69	675.23	107.69	?
2-way interaction	3	3 592.66	1 197.55	?	0.000
3-way interaction	1	1.85	1.85	0.30	?
Curvature	1	2.74	2.74	0.44	?
Residual error	11	68.80	6.25		
Pure error	11	68.80	6.25		
Total	19	5 691.74			

7—30 描述中心点怎么可以增加在组中的实验。利用软件生成一个 2^3 设计，其中在两个组中带有六个中心点。

7—31 考虑一个单复制在两个组中带有 $ABCD$ 混淆的 2^4 设计的 Minitab 输出结果。

(a) 评论试验中组中的值。

(b) 哪个效应被用于生成 ANOVA 中的残差？

(c) 计算输出中的"?"

Factorial Fit：y versus Block，A，B，C，D
Estimated Effects and Coefficients for y (coded units)

Team	Effect	Coef	SE Coef	T	P
Constant		579.33	9.928	58.35	0.000
Block		105.68	9.928	10.64	0.000
A	−15.41	−7.70	9.928	−0.78	0.481
B	2.92	1.47	9.928	0.15	0.889
C	15.92	7.96	9.928	0.80	0.468
D	−37.87	−18.94	9.928	−1.91	0.129
A∗B	−8.16	−4.08	9.928	−0.41	0.702
A∗C	5.91	2.95	9.928	0.30	0.781
A∗D	30.28	?	9.928	?	0.202
B∗C	20.43	10.21	9.928	1.03	0.362
B∗D	−17.11	−8.55	9.928	−0.86	0.437
C∗D	4.41	2.21	9.928	0.22	0.835

$S=39.7131$　　$R-Sq=96.84\%$　　$R-Sq(adj)=88.16\%$

Analysis of Variance for y (coded units)

Source	DF	Seq SS	Adj SS	Adj MS	F	P
Blocks	?	178 694	178 694	178 694	113.30	0.000
Main Effects	4	7 735	7 735	1 934	1.23	0.424
2-way interaction	6	6 992	6 992	?	0.74	0.648
Residual error	4	6 309	6 309	1 577		
Total	15	199 730				

7—32 *Advanced Semiconductor Manufacturing Conference*（ASMC）中的一篇文章陈述了调度原则和返工策略是影响半导体加工厂产量的主要操作因素。四个实验因素旨在决定关键的设备程序测度，分别是调度原则时间（5min 或 10min）、返工延迟（0min 或 15min）、设备温度（60℉或 80℉）、返工水平（水平 0 或水平 1）。平均循环时间是测度表现的分析因素。实验的组为设备温度。原始研究的数据修改后在下面给出。

运行	调度原则时间（min）	返工延迟（min）	返工水平	设备温度（℉）	平均循环时间（min）
1	5	0	0	60	218
2	10	0	0	80	256.5
3	5	0	1	80	231
4	10	0	1	60	302.5
5	5	15	0	80	298.5
6	10	15	0	60	314
7	5	15	1	60	249
8	10	15	1	80	241

（a）什么效应是介于组之间的？在这个设计中你发现有哪些混淆吗？如果有，给出评论。

（b）分析数据并给出结论。

7.5　2^k 设计的部分反复

当 2^k 析因设计中的因子数量增加时，需要进行的实验次数迅速增加。例如，一个 2^5 设计需要 32 次试验，该设计中主效应只有 5 个自由度，两因子交互作用只有 10 个自由度。31 个自由度中的 16 个是用来估计高阶交互作用的（三因子或者更高阶的交互作用）。通常对这些高阶交互作用不是很感兴趣，特别是当我们刚开始研究过程或者系统的时候。如果能够假设某些高阶交互作用是可以忽略的，包含比 2^k 次试验的完全集要少的试验次数的**部分析因设计**（fractional factorial design）就可用来获得主效应和低阶交互作用的信息。在本节里面，我们将介绍部分反复的 2^k 设计。

部分因子的主要用途是筛选实验。实验中包括了很多因子，而目的是为了确定那些效应比较大的因子。筛选实验通常应用在一个方案的初期，此时，最初考虑的因子对应答的效应可能很小或者没有。从而在接下来的实验中，会更彻底地调查已经认为重要的因子。

□ 7.5.1　2^k 设计的二分之一部分析因设计

2^k 设计的 $\frac{1}{2}$ 部分析因设计包括了 2^{k-1} 次试验，通常叫做 2^{k-1} 部分析因设计。举例来说，考虑一个 2^{3-1} 设计——即 2^3 设计的 $\frac{1}{2}$ 部分因子实验，与需要 8 次试验的全因子实验相比，该设计只有四次试验。2^3 设计的正负号表见表 7—17。假设选取 a，b，c，abc 四个处理组合作为我们的 $\frac{1}{2}$ 部分因子。选取的处理组合见表 7—17 的上面部分和图 7—25（a）。对处理组合，继续沿用小写字母（a，b，c，…）和几何符号或者正负符号。

表 7—17 2^3 设计的正负号表

处理组合	因子效应							
	I	A	B	AB	C	AC	BC	ABC
a	+	+	−	−	−	−	+	+
b	+	−	+	−	−	+	−	+
c	+	−	−	+	+	−	−	+
abc	+	+	+	+	+	+	+	+
ab	+	+	+	+	−	−	−	−
ac	+	+	−	−	+	+	−	−
bc	+	−	+	−	+	−	+	−
(1)	+	−	−	+	−	+	+	−

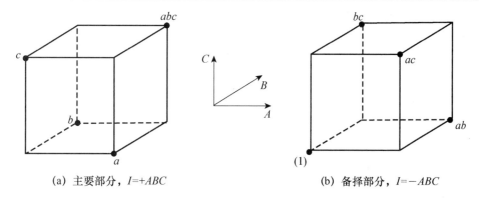

(a) 主要部分，$I=+ABC$ (b) 备择部分，$I=-ABC$

图 7—25 2^3 设计的 $\frac{1}{2}$ 部分析因设计

注意到，我们的 2^{3-1} 设计通过选择了那些在 ABC 效应上为正的处理组合组成。因此，ABC 就是这个部分设计的**生成元**（generator）。另外，单位元素 I 在这四次试验上也是正号，所以称

$$I=ABC$$

为设计的**定义关系式**（defining relation）。

2^{3-1} 设计中的处理组合得到了与主效应相联系的自由度为 3。由表 7—17 的上半部分，我们得到主效应的估计为这些观察值的线性组合，即

$$A=\frac{1}{2}[a-b-c+abc]$$

$$B=\frac{1}{2}[-a+b-c+abc]$$

$$C=\frac{1}{2}[-a-b+c+abc]$$

也容易确定两因子交互作用的估计应该是这些观察值的如下组合：

$$BC=\frac{1}{2}[a-b-c+abc]$$

$$AC=\frac{1}{2}[-a+b-c+abc]$$

$$AB=\frac{1}{2}[-a-b+c+abc]$$

因此，列 A 的观察值的线性组合估计了主效应 A 和 BC 交互作用。也即线性组合估计了两个效应之和 $A+BC$。类似地，B 估计 $B+AC$，C 估计 $C+AB$。具有这种性质的两个或者多个效应叫做**交络**（aliases）。在 2^{3-1} 设计中，A 和 BC 是交络，B 和 AC 是交络，C 和 AB 是交络。交络现象是部分反复的直接结果。在很多特殊的情况下，可能要选择使得所关心的主效应和低阶交互作用只和高阶交互作用交络（这些高阶效应可能是可以忽略的）的部分。

设计的交络结构通过使用定义关系式 $I=ABC$ 找出。任何效应乘以定义关系式就得到该效应的交络。在我们的例子中，A 的交络是：

$$A=A \cdot ABC=A^2BC=BC$$

因为 $A \cdot I=A$，$A^2=I$。B 和 C 的交络分别是：

$$B=B \cdot ABC=AB^2C=AC$$
$$C=C \cdot ABC=ABC^2=AB$$

现在我们假设选择了另外 $\frac{1}{2}$ 部分——即表 7—17 中 ABC 是减号的处理组合。这四次试验见表 7—17 的下半部分和图 7—25（b）。该设计的定义关系式是 $I=-ABC$。交络是 $A=-BC$，$B=-AC$，$C=-AB$。因此，由这部分得到的 A，B 和 C 的估计事实上估计了 $A-BC$，$B-AC$ 和 $C-AB$。实际中，通常不关心我们选择了哪 $\frac{1}{2}$ 部分。在定义关系式中带加号的部分通常叫做**主要部分**（principal fraction），其他部分通常叫做**备择部分**（alternate fraction）。

注意到，如果我们选择 AB 作为部分因子的生成元，则

$$A=A \cdot B=B$$

从而 A 和 B 的主效应有交络。这就典型地失去了重要的信息。

有时我们使用部分析因设计**序列**（sequences）来估计效应。例如，假设对 2^{3-1} 设计以生成元 ABC 对主要部分进行试验，然而，对主要部分进行试验以后，如果重要的效应交络了，就可能通过对备择部分进行试验来估计这些重要的效应，从而，就完成了完全析因设计，使用通常的计算方法就可以估计这些效应了。因为实验被分成了两个时期，就和区组混合了。我们可能还要关心可能引起效应的估计发生偏差的实验条件的变化。然而，可以证明如果实验条件变化的结果是在应答中加入一个常数，则只有 ABC 交互作用是混合引起的偏差；其他的效应没有影响。因此，通过联合两个部分析因设计序列，我们可以分离出主效应和两因子交互作用。这一性质使得部分析因设计在实验问题中得到了广泛的应用，因为我们可以进行小的序列、高效的实验，合并几个实验信息，并利用我们对进行实验的过程所学到的知识。

2^{k-1} 设计可以这样来建立：首先写出有 $k-1$ 个因素的所有因子的处理组合，这称作**基本设计**（basic design），然后加入第 k 个因子，它的正负水平由正负高阶交互作用确定。因此，一个 2^{3-1} 部分析因设计就应该这样来建立：首先写出基本设计即一个完全的 2^2 析因设计，然后使因子 C 等于 $\pm AB$ 交互作用。因此，要建立主要部分，

我们将使用 $C=+AB$ 如下：

基本设计		部分设计		
完全 2^2		2^{3-1}，$I=+ABC$		
A	B	A	B	$C=+AB$
$-$	$-$	$-$	$-$	$+$
$+$	$-$	$+$	$-$	$-$
$-$	$+$	$-$	$+$	$-$
$+$	$+$	$+$	$+$	$+$

要得到备择部分，我们让最后一列为 $C=-AB$。

例 7—6

为说明 $\frac{1}{2}$ 部分设计的用法，考虑例 7—3 描述的等离子蚀刻实验。假设我们要使用 $I=ABCD$ 的 2^{4-1} 设计来研究四个因子空隙（A）、压力（B）、C_2F_6 流速（C）和功率设置（D）。要建立这个设计，先写出因子 A，B，C 的 2^3 基本设计，然后令第四个因子水平为 $D=ABC$。设计和每次实验的蚀刻率见表 7—18。设计如图 7—26 所示。

表 7—18　　　　　　　　　　　**定义关系式为 $I=ABCD$ 的 2^{4-1} 设计**

A	B	C	$D=ABC$	处理组合	蚀刻率
$-$	$-$	$-$	$-$	(1)	550
$+$	$-$	$-$	$+$	ad	749
$-$	$+$	$-$	$+$	bd	1 052
$+$	$+$	$-$	$-$	ab	650
$-$	$-$	$+$	$+$	cd	1 075
$+$	$-$	$+$	$-$	ac	642
$-$	$+$	$+$	$-$	bc	601
$+$	$+$	$+$	$+$	$abcd$	729

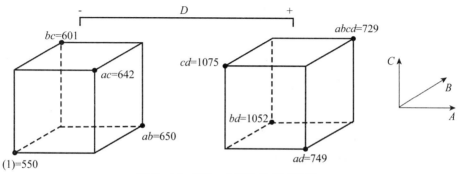

图 7—26　例 7—6 实验的 2^{4-1} 设计

在这个设计中，主效应与三因子交互作用交络；注意到 A 的交络是：

$$A \cdot I = A \cdot ABCD$$
$$A = A^2 BCD = BCD$$

类似地

$$B = ACD \quad C = ABD \quad D = ABC$$

两因子交互作用互相交络。例如，AB 的交络是 CD：

$$AB \cdot I = AB \cdot ABCD$$
$$AB = A^2 B^2 CD = CD$$

其他的交络是：

$$AC = BD \quad AD = BC$$

主效应和它们的交络的估计使用表 7—18 的符号求出。例如，从列 A 得到所估计的效应是四次＋试验的平均与四次—试验的平均的差异。

$$A + BCD = \frac{1}{4}(-550 + 749 - 1\,052 + 650 - 1\,075 + 642 - 601 + 729)$$
$$= -127.00$$

其他的列得到：

$$B + ACD = 4.00$$
$$C + ABD = 11.50$$
$$D + ABC = 290.50$$

很明显，$A + BCD$ 和 $B + ABC$ 很大，如果我们相信三因子交互作用可以忽略的话，主效应 A（空隙）和 D（功率设定）就显著影响蚀刻率。

通过形成 AB，AC 和 AD 列，然后将其添加到表中就能估计这些交互作用了，例如，AB 列的符号是＋，一，一，＋，＋，一，一，＋，由它得到的估计是：

$$AB + CD = \frac{1}{4}(550 - 749 - 1\,052 + 650 + 1\,075 - 642 - 601 + 729)$$
$$= -10.00$$

由 AC 和 AD 列得：

$$AC + BD = -25.50$$
$$AD + BC = -197.50$$

$AD + BC$ 的估计较大；这一结果最直接的解释是因为主效应 A 和 D 较大，它是 AD 交互作用。因此，由 2^{4-1} 设计得到的结果与例 7—3 的完全因子结果一致。

正态概率图和残差

正态概率图对评价部分析因设计效应的显著性很有效，尤其是当有很多效应要估计时，我们强烈推荐这一方法。残差可以通过前面介绍的回归模型由部分因子得到。残差应该用前面讨论的方法进行图示分析，正态概率图和残差都用来评价根本模型假设的有效性以及对实验情况得到更多的理解。

2^{k-1} 设计的投影

如果 2^k 设计的二分之一部分有一个或者多个因子可以忽略，该设计将投影到一个完全析因设计。例如，图 7—27 给出了一个 2^{3-1} 设计。注意到设计投影到三个起始因子的任意两个的一个完全析因设计。因此，如果我们认为三个因子中最多有两个是重要的，该 2^{3-1} 设计就是确认显著性因子的一个相当好的设计。**投影性质**（projection property）在因子筛选中非常有用，因为它允许忽略微不足道的因子，得到在剩下的活泼因子下的更有力的一个实验。

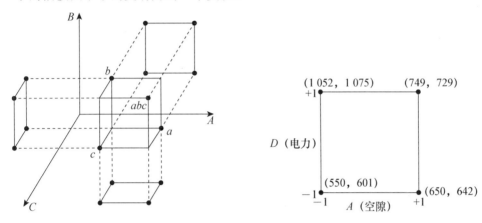

图 7—27　2^{3-1} 设计投影到三个 2^2 设计　　图 7—28　例 7—6 等离子蚀刻实验忽略 *B* 和 *C* 的 2^2 设计

在例 7—6 等离子蚀刻实验使用的 2^{4-1} 设计中，我们发现四个因子中有两个（*B* 和 *C*）可以被忽略。如果消除这两个因子，表 7—17 余下的列形成一个因子 *A* 和 *D* 的两次反复的 2^2 设计，设计见图 7—28。由图可得，主效应 *A* 和 *D* 以及强的两因子 *AD* 交互作用是非常明显的。

设计解析度

因子解析度的思想是为按照产生交络的部分析因设计编目录的有效方法。设计解析度Ⅲ，Ⅳ和Ⅴ是特别重要的。它们的定义和例子如下：

1. 解析度Ⅲ设计：主效应没有交络，但是主效应与两因子交互作用或者两因子交互作用之间存在交络的设计。$I=ABC$ 的 2^{3-1} 设计是解析度Ⅲ设计。通常将罗马数字写在下方表示它的解析度，因此，该 $\frac{1}{2}$ 析因设计是一个 $2^{3-1}_{\text{Ⅲ}}$ 设计。

2. 解析度Ⅳ设计：主效应之间或者主效应与两因子交互作用之间没有交络，但两因子交互作用之间存在交络的设计。例 7—9 所用的 $I=ABCD$ 的 2^{4-1} 设计是一个解析度Ⅳ设计（$2^{4-1}_{\text{Ⅳ}}$）设计。

3. 解析度Ⅴ设计：主效应或者两因子交互作用与其他主效应或者两因子交互作用没有交络，但两因子交互作用与三因子交互作用有交络的设计。$I=ABCDE$ 的 2^{5-1} 设计是一个解析度Ⅴ设计（$2^{5-1}_{\text{Ⅴ}}$）。

解析度Ⅲ和Ⅳ设计在因子筛选实验中特别有用。解析度Ⅳ设计提供关于主效应的好的信息，也提供关于两因子交互作用的一些信息。

7.5.2　更小的部分：2^{k-p} 部分析因设计

虽然 2^{k-1} 设计在减少实验所需的试验次数上非常有用，但我们经常发现更小的部分就会在甚至更加经济的情况下提供几乎相同的信息。一般地，在 $1/2^p$ 分数下进行的 2^k 设计叫做 2^{k-p} 部分析因设计。因此，1/4 部分叫做 2^{k-2} 设计，1/8 部分叫做 2^{k-3} 设计，1/16 部分叫做 2^{k-4} 等。

为说明 1/4 部分，考虑一个 6 个因子的实验，假设工程师首先关心的是主效应，并且也想得到一些关于两因子交互作用的一些信息。2^{6-1} 设计需要 32 次试验，估计效应的自由度为 31。因为有 6 个主效应和 15 个两因子交互作用，$\frac{1}{2}$ 部分效率就很低——它需要太多的试验。假设我们考虑 1/4 部分即 2^{6-2} 设计。该设计包含了 16 次试验，自由度为 15，将估计所有的 6 个主效应，也具备考查两因子交互效应的能力。

要得到这样的设计，首先写出因子 A，B，C，D 的 2^4 设计作为基本设计，然后加入两列 E 和 F。要求出这两列，选择两个设计生成元 $I=ABCE$ 和 $I=BCDF$，从而，列 E 由 $E=ABC$ 求得，列 F 由 $F=BCD$ 求得。这就是说，列 $ABCE$ 和 $BCDF$ 都是单位列。然而，我们知道 2^k 设计的正负号表中任意两列的乘积是表中的另外一列；因此，$ABCE$ 和 $BCDF$ 的乘积 $ABCE$（$BCDF$）$=AB^2C^2DEF=ADEF$ 也是一个单位列。从而得到 2^{6-2} 设计的**完全定义关系式**（complete defining relation）为：

$$I=ABCE=BCDF=ADEF$$

称定义关系式中的每一项（如上面的 $ABCE$）为一个文字。要找出一个效应的交络，只需将效应乘以上述定义关系式的每一个文字。例如，A 的交络是

$$A=BCE=ABCDF=DEF$$

该设计完整的交络关系见表 7—19。一般地，2^{k-p} 设计的解析度等于完全定义关系式中最短文字的字母数量。因此，这就是一个解析度Ⅳ设计，主效应与三因子交互作用和更高阶交互作用交络，两因子交互作用互有交络。设计为主效应提供了良好的信息，同时也为两因子交互效应的强度给出了印象。设计的建立和分析在例 7—7 中得到说明。

表 7—19　　　　　　　　$I=ABCE=BCDF=ADEF$ 的 $2_{\mathrm{Ⅳ}}^{6-2}$ 设计的交络结构

$A=BCE=DEF=ABCDE$	$AB=CE=ACDF=BDEF$
$B=ACE=CDF=ABDEF$	$AC=BE=ABDF=CDEF$
$C=ABE=BDF=ACDEF$	$AD=EF=BCDE=ABCF$
$D=BCF=AEF=ABCDE$	$AE=BC=DF=ABCDEF$
$E=ABC=ADF=BCDEF$	$AF=DE=BCEF=ABCD$
$F=BCD=ADE=ABCEF$	$BD=CF=ACDE=ABEF$
$ABD=CDE=ACF=BEF$	$BF=CD=ACEF=ABDE$
$ACD=BDE=ABF=CEF$	

例 7—7

注塑成型流程生产的零件表现出严重的收缩，从组装操作到注塑成型部分，什么造成了问题呢？在减少收缩的努力中，质量改进团队决定使用一个设计实验来研究注塑成型流程。团队考查了 6 个因子——成型温度（A）、转动速度（B）、吸附时间（C）、周期（D）、闸道大小（E）和吸附压力（F）——每一个有两种水平，目的是了解每一个因子怎样影响收缩，并得到因子怎样相互作用的初步信息。

团队决定对 6 个因子使用一个 16 次试验两水平部分因子实验。我们这样来建立设计：先写出因子 A，B，C，D 的 2^4 设计作为基本设计，然后同前面讨论的一样令 $E = ABC$ 和 $F = BCD$。表 7—20 给出了设计和设计中 16 次试验生产的检验零件观察到的收缩量。

表 7—20　　　　　　　　　　　　例 7—7 注塑成型实验的 2_{IV}^{6-2} 设计

试验	**A**	**B**	**C**	**D**	**E＝ABC**	**F＝BCD**	观察到的收缩（×10）
1	−	−	−	−	−	−	6
2	＋	−	−	−	＋	−	10
3	−	＋	−	−	＋	＋	32
4	＋	＋	−	−	−	＋	60
5	−	−	＋	−	＋	＋	4
6	＋	−	＋	−	−	＋	15
7	−	＋	＋	−	−	−	26
8	＋	＋	＋	−	＋	−	60
9	−	−	−	＋	−	＋	8
10	＋	−	−	＋	＋	＋	12
11	−	＋	−	＋	＋	−	34
12	＋	＋	−	＋	−	−	60
13	−	−	＋	＋	＋	−	16
14	＋	−	＋	＋	−	−	5
15	−	＋	＋	＋	−	＋	37
16	＋	＋	＋	＋	＋	＋	52

Minitab 对于分析部分因子实验是很有用的。表 7—21 给出了例子的 2^{6-2} 部分析因设计的输出结果。在设计开始建立时，给出了设计生成元和交络；当分析设计的时候，给出了效应估计和 ANOVA 表。F-检验在 ANOVA 输出中没有显示，因为不显著的效应没有合并到误差的一个估计里。

表 7—21　　　　　　　　　　例 7—7 2^{6-2} 部分析因设计的 Minitab 分析

```
Factorial Design
Factors：    6   Base Design：      6，16   Resolution：   Ⅳ
Runs：      16   Replicates：          1   Fraction：     1/4
Blocks：     1   Center pts (total)：  0
Design Generators：E ＝ ABC，F ＝ BCD
Alias Structure
I＋ABCE＋ADEF＋BCDF
A＋BCE＋DEF＋ABCDF
B＋ACE＋CDF＋ABDEF
C＋ABE＋BDF＋ACDEF
D＋AEF＋BCF＋ABCDE
E＋ABC＋ADF＋BCDEF
F＋ADE＋BCD＋ABCEF
AB＋CE＋ACDF＋BDEF
AC＋BE＋ABDF＋CDEF
AD＋EF＋ABCF＋BCDE
AE＋BC＋DF＋ABCDEF
AF＋DE＋ABCD＋BCEF
BD＋CF＋ABEF＋ACDE
BF＋CD＋ABDE＋ACEF
```

ABD＋ACF＋BEF＋CDE
ABF＋ACD＋BDE＋CEF
Fractional Factorial Fit
Estimated Effects and Coefficients for y

Term	Effect	Coef
Constant		27. 313
A	13. 875	6. 938
B	35. 625	17. 812
C	−0. 875	−0. 738
D	1. 375	0. 687
E	0. 375	0. 187
F	0. 375	0. 188
A ∗ B	11. 875	5. 938
A ∗ C	−1. 625	−0. 813
A ∗ D	−5. 375	−2. 688
A ∗ E	−1. 87	−0. 937
A ∗ F	0. 625	0. 313
B ∗ D	−0. 125	−0. 062
B ∗ F	−0. 125	0. 062
A ∗ B ∗ D	0. 125	0. 062
A ∗ B ∗ F	−4. 875	−2. 437

Analysis of Variance for y

Source	DF	Seq SS	Adj SS	Adj MS	F	P
Main Effects	6	5 858. 37	5 858. 37	976. 40	**	
2-Way Interactions	7	705. 94	705. 94	100. 85	**	
3-Way Interactions	2	95. 12	95. 12	47. 56	**	
Residual Error	0	0. 00	0. 00	0. 00		
Total	15	6 659. 44				

图 7—29 给出实验的效应估计的正态概率图。较大的效应只有 A（成型温度），B（转动速度）和 AB 交互作用。根据表 7—18 的交络关系，暂时采用这一结论是合理的。图 7—30 AB 交互作用的图形表明如果转动速度在低水平，流程对温度不敏感，如果转动速度在高水平，流程对温度就很敏感。不考虑温度水平的选择，转动速度为低水平的流程得到的平均收缩量为大约 10％。

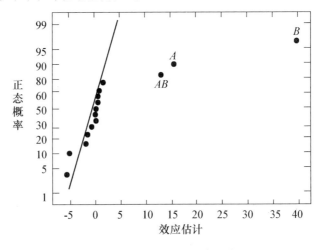

图 7—29 例 7—5 效应正态概率图

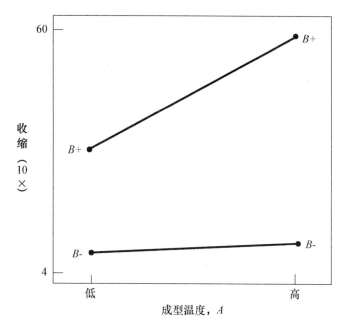

图 7—30 例 7—5AB（成型温度—转动速度）交互作用图

在初步分析的基础上，团队决定将成型温度和旋转温度都设置在低水平。这一设置条件将减少零件的平均收缩量大约 10％。然而，零件之间的收缩的变异也有可能是一个问题，事实上，通过以上的修正，平均收缩可以足够地减少；但是生产流程中零件间的收缩变异也可能引起组装的问题，处理这一问题的办法是看是否有流程因子影响零件收缩的变异。

图 7—31 给出了残差的正态概率图。图形表示是令人满意的。然后可以建立残差对每一个因子的图形，其中残差对因子 C 的图示见图 7—32。图形表示在低吸附时间的分散程度比在高水平吸附时间的分散程度要小。根据预测收缩模型，按常用方法可得到残差：

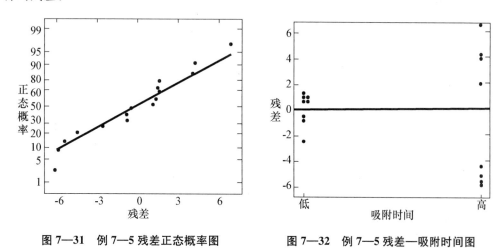

图 7—31 例 7—5 残差正态概率图　　　**图 7—32 例 7—5 残差—吸附时间图**

$$\hat{y} = \hat{\beta}_0 + \hat{\beta}_1 x_1 + \hat{\beta}_2 x_2 + \hat{\beta}_{12} x_1 x_2$$
$$= 27.3125 + 6.9375 x_1 + 17.8125 x_2 + 5.9375 x_1 x_2$$

式中，x_1，x_2，$x_1 x_2$ 为对应因子 A，B 和 AB 交互作用的代码变量。从而残差就是：

$$e = y - \hat{y}$$

用于得到残差的回归模型本质上将 A，B 和 AB 的效应从数据中分离出；因此残差包括了不能解释的变异的信息，图 7—32 表示在变异中存在一种趋势，当吸附时间在低水平时，零件收缩的变异可能会较小。

图 7—33 将实验得到的数据投影到因子 A，B，C 的一个立方体上。观察到的平均收缩和收缩极差见立方体的每一个角。通过观察这个图，我们发现在转动速度 (B) 的低水平进行该流程是减小零件平均收缩的关键。如果 B 是低的，本质上温度 (A) 和吸附时间 (C) 的任意组合都将得到零件平均收缩较低的值。然而，通过检查立方体每个角收缩值的极差，立即发现如果我们希望在生产过程中保持零件间的收缩变异很小，将吸附时间 (C) 设置在低水平是最合适的选择。

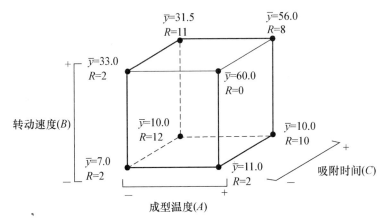

图 7—33　例 7—5 因子 A，B，C 中的平均收缩和极差

例 7—7 建立 2^{6-2} 部分析因设计的思想可以扩展到建立任意一个 2^{k-p} 部分析因设计。一般来讲，包含 2^{k-p} 次试验的 2^k 设计叫做 2^k 设计的 $1/2^p$ 部分设计，或简称为一个 2^{k-p} 部分析因设计。设计需要选择 p 个独立的生成元。设计的定义关系式由最初选择的 p 个生成元和它们的 $2^p - p - 1$ 个交互作用。

交络结构可以通过将每一个效应列乘以定义关系式求得。在选择生成元的时候要谨慎，以便我们所关心的效应不要互相交络。每个效应有 $2^p - 1$ 个交络。对于 k 适度的值，我们通常假设高阶交互作用（比如三阶、四阶或者更高阶）是可以忽略的，这样就很大程度地简化了交络结构。

要得到最好的交络关系，选择 2^{k-p} 部分析因设计的 p 个生成元是非常重要的。选择生成元的一个合理理由就是要使得最终的 2^{k-p} 设计有最高的可能设计解析度。Montgomery（2001a）给出了 $k \leqslant 11$ 个因子和一直到 $n \leqslant 128$ 次试验的 2^{k-p} 部分析因设计的推荐使用的生成元表，表的一部分见表 7—22。在这张表里面，生成元给出了＋或一的选择；选择所有＋的生成元将给出一个主要部分，而如果生成元都是一的选择，设计就是同一族里面备择部分之一。表中推荐的生成元将得到最高可能解析度的设计。Montgomery（2009a）也给出了这种设计的交络关系表。

表 7—22 　　　　　　　　　　选择 2^{k-p} 部分析因设计

因子数 k	部分设计	试验次数	设计生成元
3	2_{III}^{3-1}	4	$C=\pm AB$
4	2_{IV}^{4-1}	8	$D=\pm ABC$
5	2_{V}^{5-1}	16	$E=\pm ABCD$
5	2_{III}^{5-2}	8	$D=\pm AB$ 　　　 $E=\pm AC$
6	2_{VI}^{6-1}	32	$F=\pm ABCDE$
6	2_{IV}^{6-2}	16	$E=\pm ABC$ 　　　 $F=\pm BCD$
6	2_{III}^{6-3}	8	$D=\pm AB$ 　 $E=\pm AC$ 　 $F=\pm BC$
7	2_{VII}^{7-1}	64	$G=\pm ABCDEF$
7	2_{IV}^{7-2}	32	$F=\pm ABCD$ 　　　 $G=\pm ABDE$
7	2_{IV}^{7-3}	16	$E=\pm ABC$ 　 $F=\pm BCD$ 　 $G=\pm ACD$
7	2_{III}^{7-4}	8	$D=\pm AB$ 　　 $E=\pm AC$ $F=\pm BC$ 　　 $G=\pm ABC$
8	2_{V}^{8-2}	64	$G=\pm ABCD$ 　　　 $H=\pm ABEF$
8	2_{IV}^{8-3}	32	$F=\pm ABC$ 　 $G=\pm ABD$ 　 $H=\pm BCDE$
8	2_{IV}^{8-4}	16	$E=\pm BCD$ 　　 $F=\pm ACD$ $G=\pm ABC$ 　　 $H=\pm ABD$
9	2_{VI}^{9-2}	128	$H=\pm ACDFG$ 　　　 $J=\pm BCEFG$
9	2_{IV}^{9-3}	64	$G=\pm ABCD$ 　 $H=\pm ACEF$ 　 $J=\pm CDEF$
9	2_{IV}^{9-4}	32	$F=\pm BCDE$ 　　 $G=\pm ACDE$ $H=\pm ABDE$ 　　 $J=\pm ABCE$
9	2_{III}^{9-5}	16	$E=\pm ABC$ 　 $F=\pm BCD$ 　 $G=\pm ACD$ $H=\pm ABD$ 　 $J=\pm ABCD$
10	2_{V}^{10-3}	128	$H=\pm ABCG$ 　 $J=\pm ACDE$ 　 $K=\pm ACDF$
10	2_{IV}^{10-4}	64	$G=\pm BCDF$ 　　　　 $H=\pm ACDF$ $J=\pm ABDE$ 　　　　 $K=\pm ABCE$
10	2_{IV}^{10-5}	32	$F=\pm ABCD$ 　 $G=\pm ABCE$ 　 $H=\pm ABDE$ $J=\pm ACDE$ 　　　　　 $K=\pm BCDE$
10	2_{III}^{10-6}	16	$E=\pm ABC$ 　 $F=\pm BCD$ 　 $G=\pm ACD$ $H=\pm ABD$ 　 $J=\pm ABCD$ 　 $K=\pm AB$
11	2_{IV}^{11-5}	64	$G=\pm CDE$ 　 $H=\pm ABCD$ 　 $J=\pm ABF$ $K=\pm BDEF$ 　　　　　 $L=\pm ABEF$
11	2_{IV}^{11-6}	32	$F=\pm ABC$ 　 $G=\pm BCD$ 　 $H=\pm CDE$ $J=\pm ACD$ 　 $K=\pm ADE$ 　 $L=\pm BDE$
11	2_{III}^{11-7}	16	$E=\pm ABC$ 　 $F=\pm BCD$ 　 $G=\pm ACD$ $H=\pm ABD$ 　 $J=\pm ABCD$ 　 $K=\pm AB$ $L=\pm AC$

资料来源：Montgomery（2009a）。

例 7—8

为说明这张表的用途，假设有 7 个因子，我们关心的是估计 7 个主效应并得到两因子交互作用的一些理解。我们假设三因子或者更高阶因子的交互作用是可以忽略的。这些信息表明使用一个解析度 Ⅳ 设计是合适的。

表 7—22 给出了两个可利用的解析度 Ⅳ 设计：32 次试验的 2_{IV}^{7-2} 设计和 16 次试验的 2_{IV}^{7-3} 设计。16 次试验设计的主效应与两因子和三因子交互作用的交络见表 7—23。注意到所有的七个主效应都与三因子交互作用交络。所有的两因子交互作用每组三个互相交络。因此，设计能够满足我们的目的；也就是说，可以得到主效应的估计，并能给出两因子交互作用的一些理解。不必要进行 2_{IV}^{7-2} 设计，它需要 32 次试验。2_{IV}^{7-3} 设计的建立如表 7—24 所示。注意到它的建立以 A，B，C，D 的 16 次试验 2^4 设计为基本设计开始，然后如表 7—22 中所建议的加入三列 $E=ABC$，$F=BCD$ 和 $G=ACD$。因此设计的生成元是 $I=ABCE$，$I=BCDF$ 和 $I=ACDG$。完全定义关系式是：

$$I=ABCE=BCDF=ADEF=ACDG=BDEG=CEFG=ABFG$$

定义关系式用来得到表 7—23 的交络。例如，A 的交络关系是：

$$A=BCE=ABCDF=DEF=CDG=ABDEG=ACEFG=BFG$$

如果忽略比三因子要高的交互作用，则它与表 7—23 一致。

表7—23 2_N^{7-3} 部分析因设计的生成元、定义关系式和交络

生成元和定义关系式

$$E=ABC \quad\quad F=BCD \quad\quad G=ACD$$
$$I=ABCE=BCDF=ADEF=ACDG=BDEG=ABFG=CEFG$$

交络

$A=BCE=DEF=CDG=BFG$	$AB=CE=FG$
$B=ACE=CDF=DEG=AFG$	$AC=BE=DG$
$C=ABE=BDF=ADG=EFG$	$AD=EF=CG$
$D=BCF=AEF=ACG=BEG$	$AE=BC=DF$
$E=ABC=ADF=BDG=CFG$	$AF=DE=BG$
$F=BCD=ADE=ABG=CEG$	$AG=CD=BF$
$G=ACD=BDE=ABF=CEF$	$BD=CF=EG$

$$ABD=CDE=ACF=BEF=BCG=AEG=DFG$$

表7—24   例7—8中的 2_N^{7-3} 部分析因设计

试验	A	B	C	D	$E=ABC$	$F=BCD$	$G=ACD$
1	−	−	−	−	−	−	−
2	+	−	−	−	+	−	+
3	−	+	−	−	+	+	−
4	+	+	−	−	−	+	+
5	−	−	+	−	+	+	+
6	+	−	+	−	−	+	−
7	−	+	+	−	−	−	+
8	+	+	+	−	+	−	−
9	−	−	−	+	−	+	+
10	+	−	−	+	+	+	−
11	−	+	−	+	+	−	+
12	+	+	−	+	−	−	−
13	−	−	+	+	+	−	−
14	+	−	+	+	−	−	+
15	−	+	+	+	−	+	−
16	+	+	+	+	+	+	+

例7—9

对于七个因子，我们可以更多地减少试验次数。2^{7-4} 设计是一个容纳8个变量的8次试验实验。这是一个1/16部分设计，可以这样得到：首先写出因子 A，B，C 的 2^3 设计作为基本设计，然后由 $I=ABD$，$I=ACE$，$I=BCF$ 和 $I=ABCG$ 形成四列，如表7—21提出的。该设计如表7—25所示。

将两个、三个或者四个因子的生成元相乘就得到完全定义关系式：

$$I=ABD=ACE=BCF=ABCG=BCDE=ACDF=CDG=ABEF$$
$$=BEG=AFG=DEF=ADEG=CEFG=BDFG=ABCDEFG$$

主效应的交络通过它乘以上面定义关系式的每一项得到，例如，A 的交络是：

$$A = BD = CE = ABCF = BCG = ABCDE = CDF = ACDG$$
$$= BEF = ABEG = FG = ADEF = DEG = ACEFG = ABDFG$$
$$= BCDEFG$$

表 7—25 例 7—9 中的 2_{III}^{7-4} 部分析因设计

A	B	C	D＝AB	E＝AC	F＝BC	G＝ABC
－	－	－	＋	＋	＋	－
＋	－	－	－	－	＋	＋
－	＋	－	－	＋	－	＋
＋	＋	－	＋	－	－	－
－	－	＋	＋	－	－	＋
＋	－	＋	－	＋	－	－
－	＋	＋	－	－	＋	－
＋	＋	＋	＋	＋	＋	＋

该设计的解析度为 Ⅲ，因为主效应与两因子交互作用交络。如果假设所有的三因子和更高阶交互作用是可以忽略的，七个主效应的交络分别是：

$$A＝BD＝CE＝FG$$
$$B＝AD＝CF＝EG$$
$$C＝AE＝BF＝DG$$
$$D＝AB＝CG＝EF$$
$$E＝AC＝BG＝DF$$
$$F＝BC＝AG＝DE$$
$$G＝CD＝BE＝AF$$

2_{III}^{7-4} 设计叫做饱和部分析因设计，因为所有可利用的自由度都用来估计主效应。结合解析度 Ⅲ 部分析因设计的序列，可能能够将主效应从两因子交互作用中分离出来。这一方法在 Montgomery（2009）中有说明。

练 习

7—33 R. D. Snee（"Experimenting with a Large Number of Variables," *in Experiments in Industry: Design, Analysis and Interpretation of Results*, by R. D. Snee, L. D. Hare, J. B. Trout, eds., ASQC, 1985）描述了一个实验，试验中使用 $I＝ABCDE$ 的 2^{5-1} 设计来研究五个因子对于某一化学过程颜色的效应。因子是 $A＝$ 溶剂/反应物，$B＝$ 催化剂/反应物，$C＝$ 温度，$D＝$ 反应物纯度，$E＝$ 反应物 PH 值。得到的结果如下：

$e＝-0.63$	$d＝6.79$
$a＝2.51$	$ade＝6.47$
$b＝-2.68$	$bde＝3.45$
$abe＝1.66$	$abd＝5.68$

$c＝2.06$	$cde＝5.22$
$ace＝1.22$	$acd＝4.38$
$bce＝-2.09$	$bcd＝4.30$
$abc＝1.93$	$abcde＝4.05$

（a）作出效应的正态概率图。哪些效应灵敏？

（b）计算残差。构造一个残差的正态概率图，绘制你的模型中的残差对拟合值的图形。评论这些图形。

（c）如果有因素是可忽略的，缩减 2^{5-1} 设计为一个在活跃因素下的全析因设计。评论最终的设计并解释结果。

7—34 Montgomery（2009a）描述了一个用来研究化学过程四个因子的 2^{4-1} 部分析因设计。因子是 $A＝$ 温度，$B＝$ 压强，$C＝$ 浓度，$D＝$ 搅拌速度，应答是过滤速度。设计与数据见表 7—26。

表 7—26　　　练习 7—34 数据

试验	A	B	C	D=ABC	处理组合	过滤速度
1	−	−	−	−	(1)	45
2	+	−	−	+	ad	100
3	−	+	−	+	bd	45
4	+	+	−	−	ab	65
5	−	−	+	+	cd	75
6	+	−	+	−	ac	60
7	−	+	+	−	bc	80
8	+	+	+	+	abcd	96

（a）根据设计写出完全定义关系式和交络。

（b）估计效应并作出效应的正态概率图。哪些效应灵敏？

（c）解释效应并给出应答恰当的模型。

（d）绘制模型中的残差对拟合值的图形，并对残差建立正态概率图，评价这些结果。

7—35　*Industrial and Engineering Chemistry* 中的一篇论文（More on Planning Experiments to Increase Research Efficiency，1970，pp. 60−64）利用一个 2^{5-2} 设计研究 A=浓缩温度、B=原料 1 数量、C=溶剂体积、D=浓缩时间对过程产量的效应。结果如下：

$$e=23.2 \qquad cd=23.8$$
$$ab=15.5 \qquad ace=23.4$$
$$ad=16.9 \qquad bde=16.8$$
$$bc=16.2 \qquad abcde18.1$$

（a）根据设计写出完全定义关系式和交络。确认使用的设计生成元是 $I=ACE$ 和 $I=BDE$。

（b）估计效应并作出效应的正态概率图。哪些效应灵敏？确认 AB 和 AD 交互作用可看作误差使用。

（c）解释效应并给出应答恰当的模型。

（d）绘制模型中的残差对拟合值的图形，并对残差建立正态概率图，评价这些结果。

7—36　假定练习 7—14 只可能对 2^4 设计的反复 I 进行一个 $\frac{1}{2}$ 部分设计。建立设计并根据你得到的八次试验的数据来进行分析。

7—37　建立检验表 7—22 给出的 2_{IV}^{6-2} 设计的处理组合表。

7—38　假设练习 7—16 只进行一个 2^5 设计的 $\frac{1}{4}$ 部分设计。建立设计并分析通过选择设计中 8 次试验的应答而得到的数据。

7—39　建立 2_{III}^{6-3} 部分析因设计。假设只有主效应和两因子交互作用是所关心的，写出交络。

7—40　考虑一个由 Minitab 生成的 2_{IV}^{7-3} 设计，设计已给出。证明设计的生成为 $E=ABC$，$F=BCD$，$G=ACD$。

A	B	C	D	E	F	G
1	−1	−1	1	1	1	−1
1	−1	1	1	−1	−1	1
−1	1	1	−1	1	1	1
−1	1	1	1	1	−1	−1
1	1	1	1	1	1	1
−1	−1	1	−1	−1	1	−1
1	1	−1	1	−1	1	−1
−1	1	−1	1	1	1	−1
−1	−1	1	1	−1	1	1
1	1	1	−1	1	−1	1
−1	1	−1	−1	1	−1	1
−1	−1	−1	1	1	1	1
1	−1	1	−1	−1	1	−1
−1	−1	−1	−1	−1	−1	−1
1	1	−1	−1	1	−1	−1

7—41　考虑一个由 Minitab 生成的 2_{IV}^{8-4} 设计，设计已给出。证明设计的生成为 $E=BCD$，$F=ACD$，$G=ABC$，$H=ABD$。

A	B	C	D	E	F	G	H
−1	1	1	−1	−1	1	−1	1
−1	−1	−1	−1	−1	−1	−1	−1
−1	1	−1	1	−1	1	1	−1
−1	−1	1	1	1	−1	1	1
1	−1	1	1	1	1	−1	−1
−1	−1	1	−1	1	1	1	1
1	1	−1	1	−1	−1	−1	1
1	1	1	1	1	1	1	1
−1	1	1	1	1	−1	−1	−1
−1	1	−1	−1	1	−1	1	1
1	−1	−1	1	1	−1	1	−1
1	−1	−1	−1	1	1	−1	1
−1	−1	−1	1	−1	1	−1	1
1	1	1	−1	−1	−1	1	−1
1	1	−1	−1	−1	1	−1	−1
1	−1	1	−1	−1	−1	−1	1

7—42　市场调查期刊中有一篇文章给出一个 2^{7-4} 部分析因设计来指导市场调查。

运行	A	B	C	D	E	F	G	6周内销售业绩（千美元）
1	-1	1	1	-1	-1	1	-1	8.7
2	1	-1	-1	-1	-1	1	1	15.1
3	-1	1	-1	-1	1	-1	1	9.7
4	1	1	-1	1	-1	-1	-1	11.3
5	-1	-1	1	1	-1	-1	1	14.7
6	1	-1	1	-1	1	1	-1	22.3
7	-1	1	1	-1	-1	1	-1	16.1
8	1	1	1	1	1	1	1	22.1

因素和水平在下面表中给出。

因素		-1	$+1$
A	电视广告	无广告	有广告
B	广告板	无广告	有广告
C	报纸广告	无广告	有广告
D	糖纸设计	保守设计	闪光设计
E	陈设设计	正常的架子陈设	特殊的通道陈设
F	免费品尝程序	有免费品尝	没有免费品尝
G	糖果棒大小	1oz	$2^{1/2}$oz

(a) 写出别名关系。

(b) 估计主效应。

(c) 给出效应的正态概率图，并解释结果。

7—43 在无线分析和核化学期刊中有一篇文章给出了一个在国家标准与技术研究院进行的 2^{8-4} 部分析因设计通过分析干贝识别来源的 Pu 污染放射性材料。数据如下表。在运行 1，4，9 中没有污染发生。

2^{8-4}	玻璃器皿	试剂	样本预备	示踪物	分解	覆盖	化学	灰化	响应（mBq）
运行	x_1	x_2	x_3	x_4	x_5	x_6	x_7	x_8	y
1	-1	-1	-1	-1	-1	-1	-1	-1	0
2	$+1$	-1	-1	-1	-1	$+1$	$+1$	$+1$	3.31
3	-1	$+1$	-1	-1	$+1$	-1	$+1$	$+1$	0.037 3
4	$+1$	$+1$	-1	-1	$+1$	$+1$	-1	-1	0
5	-1	-1	$+1$	-1	$+1$	$+1$	-1	$+1$	0.064 9
6	$+1$	-1	$+1$	-1	$+1$	-1	$+1$	-1	0.133
7	-1	$+1$	$+1$	-1	-1	$+1$	$+1$	-1	0.046 1
8	$+1$	$+1$	$+1$	-1	-1	-1	-1	$+1$	0.029 7
9	-1	-1	-1	$+1$	$+1$	$+1$	$+1$	-1	0
10	$+1$	-1	-1	$+1$	$+1$	-1	-1	-1	0.287
11	-1	$+1$	-1	$+1$	-1	$+1$	-1	-1	0.133
12	$+1$	$+1$	-1	$+1$	-1	-1	$+1$	$+1$	0.047 6
13	-1	-1	$+1$	$+1$	-1	-1	$+1$	$+1$	0.133
14	$+1$	-1	$+1$	$+1$	-1	$+1$	-1	-1	5.75
15	-1	$+1$	$+1$	$+1$	$+1$	-1	-1	-1	0.015 3
16	$+1$	$+1$	$+1$	$+1$	$+1$	$+1$	$+1$	$+1$	2.47

因素和水平在下表中给出。

因素	-1	$+1$
玻璃器皿	蒸馏水	肥皂，酸，储存
试剂	新	旧
样本预备	有沉淀	电子降解
示踪物	库存	新鲜
分解	无	有
覆盖		

续前表

因素	-1	$+1$
B	A	
化学	无	有
灰化	无	有

(a) 写出别名关系。

(b) 估计主效应

(c) 对于效应给出正态概率图，解释结果。

■ 7.6　应答曲面方法与设计

应答曲面方法即 RSM 是数学和统计方法的集合，在关心的应答受几个变量影响和目标是最优化应答的建模和分析中非常有用。例如，假设化学工程师希望找出最大化过程收益（y）的温度（x_1）和进料浓度（x_2）的水平。过程收益时温度和进料浓度水平的函数即

$$Y = f(x_1, x_2) + \varepsilon \tag{7—19}$$

式中，ε 为应答 Y 中的噪声或误差观察。如果用 $E(Y) = f(x_1, x_2)$ 表示期望应答，则由 $f(x_1, x_2)$ 表示的曲面称为一个**应答曲面**（response surface）。

可以像图 7—34 一样表示出应答曲面，其中 $f(x_1, x_2)$ 对 x_1 和 x_2 的水平作图。注意到在三维空间中表示为一个曲面图。为了使应答曲面的形状更为形象，通常作出如图 7—35 所示的应答曲面的等高线图。在等高线图中，相等的应答线投影到 x_1 和 x_2 平面。每条等高线表示应答曲面的一个特定高度。等高线图有利于研究 x_1 和 x_2 的水平，这些水平使得应答曲面的形状或者高度发生了变化。

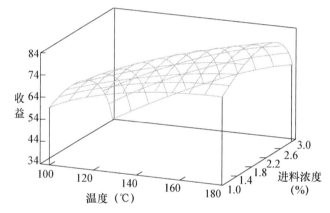

图 7—34　表示期望收益是温度和进料浓度函数的三维应答曲面

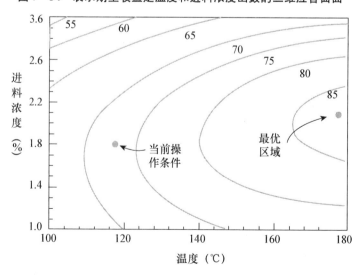

图 7—35　图 7—34 收益应答曲面的等高线图

在很多 RSM 问题中，应答与独立变量间的关系式的形式是未知的。因此 RSM 中的第一步是找出 Y 与独立变量真实关系的适当近似。通常采用在独立变量范围的低阶多项式。如果应答能够通过独立变量的线性函数来模拟，近似函数就是**一阶模型**（first-order model）：

$$Y = \beta_0 + \beta_1 x_1 + \beta_2 x_2 + \cdots + \beta_k x_k + \varepsilon$$

如果系统中存在曲率，就要使用高阶多项式，如**二阶模型**（second-order model）：

$$Y = \beta_0 + \sum_{i=1}^{k} \beta_i x_i + \sum_{i=1}^{k} \beta_{ii} x_{ii}^2 + \sum \sum_{i<j} \beta_{ij} x_i x_j + \varepsilon \tag{7—20}$$

很多 RSM 问题使用上面一个多项式，或者两者都使用。当然，一个多项式模型未必就是独立变量的全空间上真实函数关系的合理近似，但是对于相对较小的范围，通常都拟合得很好。

第 6 章讨论的最小二乘方法用来估计近似多项式中的参数。从而应答曲面分析根据拟合曲面的分析来完成。如果拟合曲面是真实应答曲面充足的近似，对拟合曲面的分析就近似等价于真实系统的分析。

RSM 是一个连续的过程。通常，当我们位于应答曲面上远离最优点的一个点时，比如图 7—35 的当前操作条件，在系统中就几乎没有曲率，从而一阶模型将是恰当的，我们的目的是使得实验者迅速高效地靠近最优条件，一旦最优条件找到了，就能应用更精确的模型，比如二阶模型，并且能够施行一项分析来定位最优条件。由图 7—35 看出，应答曲面的分析可以认为是"爬山"，山的顶点表示最大应答的点。如果真实的最优条件是最小应答的点，我们可以认为是"下降到山谷"。

RSM 的最终目标是决定系统的最优操作条件或者决定一个满足操作规定的因子空间范围。也要注意到 RSM 中使用的"最优（optimum）"有特殊的意义。RSM 爬山的过程仅仅保证收敛到一个局部最优。但是使用这一方法进行的实验称为**最优化实验**（optimization experiments）。

□ 7.6.1 最速上升法

系统最优操作条件的初始估计经常远离实际的最优点。在这样的环境下，实验者的目的就是要迅速靠近最优点。我们希望使用一个简单经济而又高效的实验程序。当我们远离最优点时，通常假设一阶模型在 x 的小的范围内是真实曲面的一个充分近似。

最速上升法（method of steepest ascent）是沿最速上升路径移动的方法——即应答增加最快的方向。当然，如果要求最小化，我们讨论的就是**最速下降法**（method of steepest descent）。拟合的一阶模型是：

$$\hat{y} = \hat{\beta} + \sum_{i=1}^{k} \hat{\beta}_i x_i \tag{7—21}$$

一阶应答曲面——即 $\hat{y}$ 的等高线是如图 7—36 所示的一组平行线。最速上升的方向就是 $\hat{y}$ 增加最迅速的方向。这个方向垂直于拟合应答曲面等高线。通常将通过所关心的范围中心垂直于拟合曲面等高线的直线称为**最速上升路径**（path of steepest ascent）。就如例 7—9 一样，沿着这条路径的步长正比于回归系数 $\{\hat{\beta}_i\}$。实验者决定实际的步长建立在过程知识或其他实际考虑的基础上。

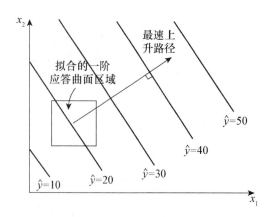

图 7—36　一阶应答曲面和最速上升路径

实验沿着最速上升的路径建立，直到观察中的应答不再增加为止。然后可能要拟合一个新的一阶模型，可能要决定一个新的最速上升方向，并在这个方向上建立更进一步的实验，直到实验者认为过程接近了最优点为止。

例 7—10

在例 7—4 里，我们描述了一个关于化学过程的实验，过程中，有两个因子反应时间（x_1）和反应温度（x_2）影响百分比浓度或收益（Y）。图 7—20 给出了研究中使用的 2^2 设计加上五个中心点。工程师发现两个因子都是重要的，没有交互作用，应答曲面中没有曲率。因此，一阶模型

$$Y = \beta_0 + \beta_1 x_1 + \beta_2 x_2 + \varepsilon$$

是合适的。时间的效应估计是 1.55，温度的效应估计是 0.65，又因为回归系数 $\hat{\beta}_1$ 和 $\hat{\beta}_2$ 是相应效应估计的一半，所以拟合模型是：

$$\hat{y} = 40.44 + 0.775 x_1 + 0.325 x_2$$

图 7—37 给出了等高线图和模型的三维曲面图。图 7—37 也给出了变量 x_1 和 x_2 的关系（定义了因子的高低水平）和原始变量时间（分）和温度（℉）。

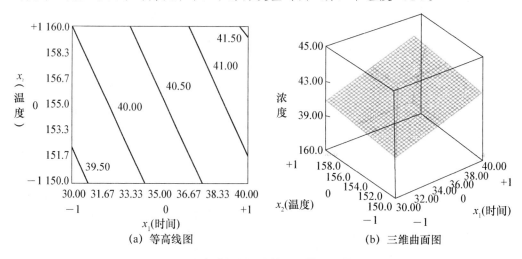

（a）等高线图　　　　　　　　（b）三维曲面图

图 7—37　反应时间和温度的一阶模型应答曲面图

考查这些图形（或者拟合模型），发现从设计点——点（$x_1 = 0$，$x_2 = 0$）——沿着最速上升方向移动，对于 x_2 方向的每 0.325 单位，在 x_1 方向将移动 0.775 单位。因此，路径通过点（$x_1 = 0$，$x_2 = 0$），斜率为 0.325/0.375。工程师决定用 5 分钟的反应时间作为基本步长。从而反映时间的 5 分钟等价于变量 x_1 中的一个步长 $\Delta x_1 = 1$。因此，沿着最速上升路径的步长是：

$$\Delta x_1 = 1$$
$$\Delta x_2 = (\hat{\beta}_2 / \hat{\beta}_1)\Delta x_1 = (0.325/0.775)\Delta x_1 = 0.42 \tag{7—22}$$

变量 x_2 中 $\Delta x_2 = 0.42$ 的变化相当于原始变量温度中大约 2°F。因此，工程师将通过增加反应时间 5 分钟和增加温度 2°F 沿着最速上升路径移动。在每一点上的收益实际观察值将被决定。

图 7—38 给出沿着最速上升路径的几个点和这些点上从过程观察到的实际的收益。在点 A－D 观察的收益平稳增加，而超过点 D 后收益下降。因此，最速上升将在 55 分钟的反应时间和 163°F 的反应温度附近终止，观察到的百分比浓度是 67%。

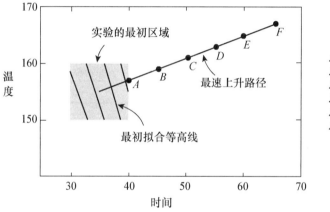

点 A：40分钟，157°F，$y = 40.5$
点 B：45分钟，159°F，$y = 51.3$
点 C：50分钟，161°F，$y = 59.6$
点 D：55分钟，163°F，$y = 67.1$
点 E：60分钟，165°F，$y = 63.6$
点 F：65分钟，167°F，$y = 60.7$

图 7—38 反应时间和温度的一阶模型最速上升试验

□ 7.6.2 二阶应答曲面分析

当实验与最优点相对较近时，通常使用一个二阶模型来近似应答，因为真实的应答曲面中存在曲率。拟合的二阶模型是：

$$\hat{y} = \hat{\beta}_0 + \sum_{i=1}^{k} \hat{\beta}_i x_i + \sum_{i=1}^{k} \hat{\beta}_{ii} x_i^2 + \sum \sum_{i<j} \hat{\beta}_{ij} x_i x_j \tag{7—23}$$

式中，$\hat{\beta}$ 为 β 的最小二乘估计。在这一节里，我们将介绍怎样使用拟合模型来找到对 x 的操作条件的最优集合和刻画应答曲面的特性。

例 7—10（续）

最速上升法终止在反应时间 55 分钟和温度 163°F。在这个范围内实验者决定拟合一个二阶模型。表 7—27 和图 7—39 给出了实验，它由一个中心在 55 分钟和

163℉，5个中心点和沿着轴的四次试验即轴实验组成。这种类型的设计叫做**中心合成设计**（central composite design，CCD），它是拟合二阶反应曲面非常普及的设计。

表 7—27 例 7—10 中心合成设计

观察数	时间（分）	温度（℉）	编码变量		转化（%）应答1	黏性（mPa-sec）应答2
			x_1	x_2		
1	50	160	−1	−1	65.3	35
2	60	160	1	−1	68.2	39
3	50	170	−1	1	66	36
4	60	170	1	1	69.8	43
5	48	165	−1.414	0	64.5	30
6	62	165	1.414	0	69	44
7	55	158	0	−1.414	64	31
8	55	172	0	1.414	68.5	45
9	55	165	0	0	68.9	37
10	55	165	0	0	69.7	34
11	55	165	0	0	68.5	35
12	55	165	0	0	69.4	36
13	55	165	0	0	69	37

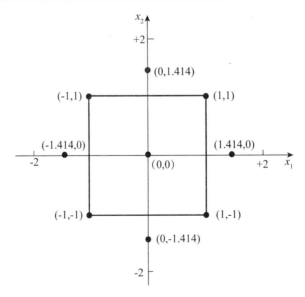

图 7—39 例 7—10 中心合成设计

在这一实验阶段测量两个应答变量：百分比浓度（收益）和黏性。收益的最小二乘二阶模型是：

$$\hat{y}_1 = 69.1 + 1.633x_1 + 1.083x_2 - 0.969x_1^2 - 1.219x_2^2 + 0.225x_1x_2$$

模型的方差分析见表 7—28。因为 x_1x_2 项的系数是不显著的，所以可能选择从模型中移出这一项。

表 7—28   例 7—10 的二阶模型的方差分析，效益应答

来源	平方和	自由度	均方	f_0	P-值
模型	45.89	5	9.718	14.93	0.001 3
误差	4.30	7	0.615		
总和	50.19	12			

自变量	系数估计	系数标准误	H_0：系数为零的 t-值	P-值
截距	69.100	0.351	197.1	0.000 0
x_1	1.633	0.277	5.891	0.000 6
x_2	1.083	0.277	3.907	0.005 8
x_1^2	−0.969	0.297	−3.259	0.013 9
x_2^2	−1.219	0.297	−4.100	0.004 6
$x_1 x_2$	0.225	0.392	0.574 0	0.583 9

图 7—40 给出了模型的应答曲面等高线图和三维曲面图。通过考查这些图形，最大收益约为 70%，在近似 60 分钟的反应时间和 167°F 处获得。

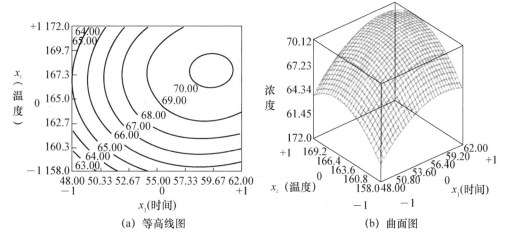

(a) 等高线图   (b) 曲面图

图 7—40   收益应答的二阶应答曲面图

黏性应答用如下一阶模型就能充分地描述了：

$$\hat{y}_2 = 37.08 + 3.85x_1 + 3.10x_2$$

表 7—29 总结了该模型的方差分析。应答曲面如图 7—41 所示。注意到黏性随着时间和温度的增加而增加。

表 7—29   例 7—10 的一阶模型的方差分析，黏性应答

来源	平方和	自由度	均方	f_0	P-值
模型	195.4	2	97.72	15.89	0.000 8
误差	61.5	10	6.15		
总和	256.9	12			

自变量	系数估计	自由度	系数标准误	H_0：系数为零的 t-值	P-值
截距	37.08	1	0.69	53.91	
x_1	3.85	1	0.88	4.391	0.001 4
x_2	3.10	1	0.88	3.536	0.005 4

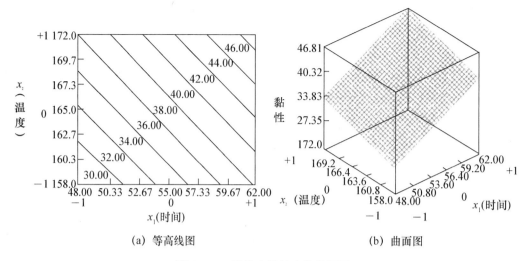

(a) 等高线图　　　　　　　　(b) 曲面图

图 7—41　黏性应答的应答曲面图

同很多应答曲面问题一样，本例中实验者在两个应答上目标冲突。目标是最大化收益，但是黏性可接受的范围是 $38 \leqslant y_2 \leqslant 42$。当只有几个独立变量时，解决这一问题的一个容易的办法就是覆盖应答曲面来找最优点。图 7—42 给出了两个应答的覆盖图，标出了等高线 $y_1 = 69\%$ 浓度和 $y_2 = 38$，$y_2 = 42$。图中的阴影表明了时间和温度不可实行的组合。图形显示，时间和温度的几个组合是令人满意的。

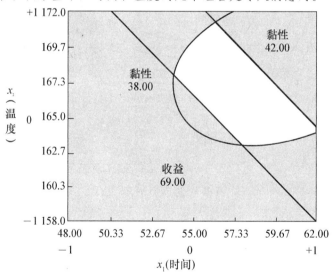

图 7—42　例 7—10 收益和黏度应答曲面覆盖图

例 7—10 说明用来拟合二阶应答曲面模型的中心合成设计的用法。设计广泛应用到实践中，因为关于实验需求的数量来说它们相对比较有效。一般地，k 个因子的 CCD 需要 2^k 次因子试验，$2k$ 次轴试验和至少一个中心点（经常使用 3 到 5 个中心点）。$k = 2$ 和 $k = 3$ 个因子的设计见图 7—43。

中心合成设计可以通过图 7—43 的轴间距 α 的适当选择来**旋转**（rotatable）。如果设计可以旋转，到设计中心距离相同的所有点上的预测应答 $\hat{y}$ 的标准差是一个常数。对旋转性，选择 $\alpha = (F)^{1/4}$，其中 F 是设计中因子部分点的数量（通常 $F = 2^k$）。对于 $k = 2$ 个因子的情况，$\alpha = (2^2)^{1/4} = 1.414$，同例 7—10 设计中用到的一样。图 7—44 给出了用于收益应答的二阶模型的预测标准差等高线图和曲面图。注意到等高线是同心圆，表示对到设计中心距离相等的点的收益预测的精确度是相同的。也同我们期望的一样，随着离中心点距离的增加，精确度减少降低。

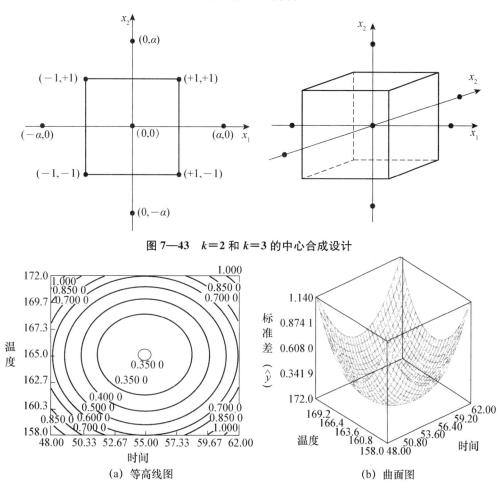

图 7—43 $k=2$ 和 $k=3$ 的中心合成设计

图 7—44 旋转中心合成设计的 $\hat{y}$ 标准差图

练 习

7—44 *Rubber Age* 的一篇论文（Vol. 89，1961，pp. 453-458）描述了在产品生产上的一个实验，实验中有两个因子变化：反应时间（hr）和温度（℃）。因子标记为 $x_1=$（时间-12）$/8$，$x_2=$（温度-250）$/30$。下表是观察到的数据，其中 y 是收益（%）。

试验数	x_1	x_2	y
1	-1	0	83.8
2	1	0	81.7
3	0	0	82.4
4	0	0	82.9

续前表

试验数	x_1	x_2	y
5	0	-1	84.7
6	0	1	75.9
7	0	0	81.2
8	-1.414	-1.414	81.3
9	-1.414	1.414	83.1
10	1.414	-1.414	85.3
11	1.414	1.414	72.7
12	0	0	82.0

（a）作出实验进行所在的点。

（b）对数据拟合二阶模型。二阶模型合适吗？

（c）绘出收益应答曲面图。对于过程的操作条件，你有什么建议？

7—45 考虑下表的析因设计。该实验在一个化学过程中进行。

x_1	x_2	x_3	y_1	y_2
−1	−1	−1	520	86
0	−1	−1	490	105
1	−1	−1	470	98
−1	0	−1	490	184
0	0	−1	580	220
1	0	−1	660	230
−1	1	−1	520	230
0	1	−1	600	280
1	1	−1	680	290
−1	−1	0	410	134
0	−1	0	450	189
1	−1	0	560	240
−1	0	0	400	230
0	0	0	510	300
1	0	0	590	330
−1	1	0	420	270
0	1	0	540	340
1	1	0	640	380
−1	−1	1	340	164
0	−1	1	390	250
1	−1	1	450	300
−1	0	1	340	250
0	0	1	420	340
1	0	1	520	400
−1	1	1	360	250
0	1	1	470	370
1	1	1	560	440

（a）应答 y_1 是产品的黏性。拟合恰当的应答曲面。

（b）应答 y_2 是转换，单位克。拟合恰当的应答曲面。

（c）如果我们的目的是保持黏性在 $450 < y_1 < 500$ 范围内时最大化转换，你建议将 x_1、x_2、x_3 设置在什么位置？

7—46 一种切割工具的生产厂商已经得出了工具寿命（y_1）和工具成本（y_2）的两个经验方程。两个模型都是工具硬度（x_1）和生产时间（x_2）的函数，方程是：

$$\hat{y}_1 = 20 + 10x_1 + 4x_2$$
$$\hat{y}_2 = 46 + 6x_1 + 8x_2$$

方程有效范围是 $-3 \leqslant x_i \leqslant 3$。假定工具寿命要超过 12 小时而成本要低于 \$55。

（a）存在操作条件的可能集合吗？

（b）将在什么设置下进行该过程？

7—47 *Tappi* 上的一篇文章（Vol. 43, 1960, pp. 38-44）描述了研究纸浆中灰值（无机杂物的测量）的实验。研究了两个变量：温度 T（摄氏度）和时间 t（小时），一些结果见下表。标记的预报变量为：

$$x_1 = \frac{(T-775)}{115} \quad x_2 = \frac{(t-3)}{1.5}$$

应答 y（干灰值，%）$\times 10^3$。

x_1	x_2	y
−1	−1	211
1	−1	92
−1	1	216
1	1	99
−1.5	0	222
1.5	0	48
0	−1.5	168
0	1.5	179
0	0	122
0	0	175
0	0	157
0	0	146

（a）研究中使用了哪一种设计？设计可以旋转吗？

（b）对数据拟合二阶模型。模型满意吗？

（c）如果最小化灰值是很重要的，将在什么设置下进行该过程？

7—48 在 *Empirical Model Building and Response Surfaces*（John Wiley, 1987）一书中，G. E. P. Box 和 N. R. Draper 描述了一个有三个因子的实验。如下表格的数据从这本书 247 页的原始实验变

化而来。假设数据在一个半导体生产过程中收集。

x_1	x_2	x_3	y_1	y_2
-1	-1	-1	24.00	12.49
0	-1	-1	120.33	8.39
1	-1	-1	213.68	42.83
-1	0	-1	136.00	3.46
0	0	-1	63.00	80.41
1	0	-1	340.67	16.17
-1	1	-1	112.33	27.57
0	1	-1	256.33	4.62
1	1	-1	271.67	23.63
-1	-1	0	81.00	0.00
0	-1	0	101.67	17.67
1	-1	0	357.00	32.91
-1	0	0	171.33	15.01
0	0	0	372.00	0.00
1	0	0	501.67	92.50
-1	1	0	264.00	63.50

续前表

x_1	x_2	x_3	y_1	y_2
0	1	0	427.00	88.61
1	1	0	730.67	21.08
-1	-1	1	220.67	133.82
0	-1	1	239.67	23.46
1	-1	1	422.00	18.52
-1	0	1	199.00	29.44
0	0	1	485.33	44.67
1	0	1	673.67	158.21
-1	1	1	176.67	55.51
0	1	1	501.00	138.94
1	1	1	1 010.00	142.45

(a) 应答 y_1 是对晶片三次电阻读数的平均。对该应答拟合二阶模型。

(b) 应答 y_2 是三次电阻测量的标准差。对该应答拟合线性模型。

如果目标是保持平均电阻值为 500 并最小化标准差，你建议将 x_1，x_2，x_3 设置在什么位置？

7.7 多于两个水平的因子实验

2^k 完全和部分析因设计通常用在实验的初始阶段。最重要的效应被确认以后，就可能需要进行多于两个因子的因子实验，以便得到应答和因子之间关系的一些细节。基本的方差分析（ANOVA）可以通过修改来分析这类实验的结果。

ANOVA 分解数据总的变异为几部分，然后比较分解中的不同元素。对于一个两个因子的实验（因子 A 有 a 个水平，因子 B 有 b 个水平），总的变异由观察值总的平方和来度量：

$$SS_T = \sum_{i=1}^{a} \sum_{j=1}^{b} \sum_{k=1}^{n} (y_{ijk} - \bar{y}_{...})^2 \tag{7—24}$$

接下来得到平方和的分解。符号定义在表 7—30 中。

两因子方差分析平方和恒等式

$$SS_T = \sum_{i=1}^{a} \sum_{j=1}^{b} \sum_{k=1}^{n} (y_{ijk} - \bar{y}_{...})^2 = bn \sum_{i=1}^{a} (\bar{y}_{i..} - \bar{y}_{...})^2 + an \sum_{j=1}^{b} (\bar{y}kk_{.j.} - \bar{y}_{...})^2$$

$$+ n \sum_{i=1}^{a} \sum_{j=1}^{b} (\bar{y}_{ij.} - \bar{y}_{i..} - \bar{y}_{.j.} + \bar{y}_{...})^2 + \sum_{i=1}^{a} \sum_{j=1}^{b} \sum_{k=1}^{n} (y_{ijk} - \bar{y}_{ij.})^2 \tag{7—25}$$

平方和可以符号表示为：

$$SS_T = SS_A + SS_B + SS_{AB} + SS_E$$

表 7—30　　　　　　　　　　　　两因子析因设计的数据排列

		因子 B			总和	平均
		1	**2**	**⋯**	**b**	
因子 A	1	y_{111}，y_{112} ⋯，y_{11n}	y_{121}，y_{122} ⋯，y_{12n}		y_{1b1}，y_{1b2} ⋯，y_{1bn}	$y_{1..}$	$\bar{y}_{1..}$
	2	y_{211}，y_{212} ⋯，y_{21n}	y_{211}，y_{212} ⋯，y_{21n}		y_{2b1}，y_{2b2} ⋯，y_{2bn}	$y_{2..}$	$\bar{y}_{2..}$
	⋯						
	a	y_{a11}，y_{a12} ⋯，y_{a1n}	y_{a21}，y_{a22} ⋯，y_{a2n}		y_{ab1}，y_{ab2} ⋯，y_{abm}	$y_{a..}$	$\bar{y}_{a..}$
总和		$y_{.1.}$	$y_{.2.}$		$y_{.b.}$	$y_{...}$	
平均		$\bar{y}_{.1.}$	$\bar{y}_{.2.}$		$\bar{y}_{.b.}$		$\bar{y}_{...}$

分别对应式（7—25）的每一项。总的自由度是 $abn-1$。主效应 A 和 B 分别有 $a-1$ 和 $b-1$ 个自由度，交互作用 AB 由 $(a-1)(b-1)$ 个自由度。在表 7—30 的 ab 个单元格的每一个中，对 n 次重复实验由 $n-1$ 个自由度，同一单元格的观察值仅仅因为随机误差而不同。因此，误差有 $ab(n-1)$ 个自由度。从而，相应的自由度分解是：

$$abn-1=(a-1)+(b-1)+(a-1)(b-1)+ab(n-1)$$

如果将每一个平方和除以它的自由度，就得到 A，B，AB 和误差的均方：

$$MS_A=\frac{SS_A}{a-1} \qquad MS_B=\frac{SS_B}{b-1}$$

$$MS_{AB}=\frac{SS_{AB}}{(a-1)(b-1)} \qquad MS_E=\frac{SS_E}{ab(n-1)} \qquad (7—26)$$

要检验行、列和交互作用效应为零，分别使用比值：

$$F_0=\frac{MS_A}{MS_E} \qquad F_0=\frac{MS_B}{MS_E} \text{ 和 } F_0=\frac{MS_{AB}}{MS_E}$$

每个检验统计量分别与分子自由度为 $a-1$，$b-1$，$(a-1)\times(b-1)$ 和分母自由度为 $ab(n-1)$ 的 F 分布比较。分析总结在表 7—31 中。

表 7—31　　　　　　　　　　　　两因子析因设计方差分析表

变异类型	平方和	自由度	均方	F_0
A 处理	SS_A	$(a-1)$	$MS_A=\dfrac{SS_A}{a-1}$	$\dfrac{MS_A}{MS_E}$
B 处理	SS_B	$(b-1)$	$MS_B=\dfrac{SS_B}{b-1}$	$\dfrac{MS_B}{MS_E}$
交互作用	SS_{AB}	$(a-1)(b-1)$	$MS_{AB}=\dfrac{SS_{AB}}{(a-1)(b-1)}$	$\dfrac{MS_{AB}}{MS_E}$
误差	SS_E	$ab(n-1)$	$MS_E=\dfrac{SS_E}{ab(n-1)}$	
总和	SS_T	$abn-1$		

首先建立交互作用的检验然后评价主效应，这通常是最好的。如果交互作用不显著，对主效应检验的解释就很直接了。然而，当交互作用显著时，包括交互作用的主效应可能没有实际的解释价值。对交互作用的了解通常比对主效应的了解重要。

例 7—11

飞机底漆涂料通过两种方法——浸渍法和喷射法——漆在铝表面上，底漆的目的是提高油漆的黏性，一些零件可以用任何一种方法涂漆。负责该操作的过程工程师组关心的是三种底漆在黏性性质上是否不同。因子实验用来研究底漆类型的效应和对油漆黏性的使用方法。使用每种方法对三种标本漆上每种底漆，最后应用了一种磨光漆，测量了黏性力度。实验数据见表 7—32。

表 7—32　例 7—11 $n=3$ 次反复，底漆类型 $(i=1, 2, 3)$ 和应用方法 $(j=1, 2)$ 黏性数据

底漆类型		浸渍法	喷射法	总和 $y_{i..}$
	1	4.0, 4.5, 4.3	5.4, 4.9, 5.6	28.7
	2	5.6, 4.9, 5.4	5.8, 6.1, 6.3	34.1
	3	3.8, 3.7, 4.0	5.5, 5.0, 5.0	27.0
总和	$y_{.j.}$	40.2	49.6	$y_{...}=89.8$

进行 ANOVA 需要的平方和由 Minitab 计算出来总结在表 7—33 中。

表 7—33　　　　　　　　　　例 7—11 方差分析

变异类型	平方和	自由度	均方	f_0	P-值
底漆类型	4.58	2	2.29	28.63	$2.7 \times E-5$
使用方法	4.91	1	4.91	61.38	$5.0 \times E-7$
交互作用	0.24	2	0.12	1.50	0.2621
误差	0.99	12	0.08		
总和	10.72	17			

实验者决定使用 $\alpha=0.05$。因为 $f_{0.05, 2, 12}=3.89$，$f_{0.05, 1, 12}=4.75$，所以我们认为油漆类型的主效应和使用方法影响了黏性力度。另外，因为 $1.5 < f_{0.05, 2, 12}$，所以因子间没有交互作用的迹象。表 7—33 的最后一列给出每个 F 比值的 P-值。注意到主效应的两个检验统计量的 P-值明显小于 0.05，而交互作用检验统计量的 P-值大于 0.05。

每一种使用方法的单元格黏性力度平均 $\{\bar{y}_{ij.}\}$ 对底漆类型水平的图示见图 7—45。这些平均值在表 7—35 的 Minitab 计算输出结果中利用到了。图中无交互作用的结论是显然的，因为两条曲线近似平行。另外，因为大的应答表示大的黏性力度，我们认为喷雾法是最好的使用方法，底漆类型 2 是最有效的。

模型充分性检查

同本章讨论的其他实验一样，因子实验的残差在评价模型充分性中扮演了重要的角色。一般来讲，两因子的因子实验残差是

$$e_{ijk} = y_{ijk} - \bar{y}_{ij.}$$

也就是说，残差就是观察值与对应单元格平均的差异。如果交互作用可以忽略，单元格平均就可用一个较好的预测值代替，但是我们只考虑较简单的情况。

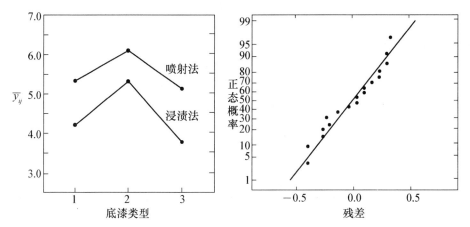

图 7—45　两种使用方法的平均黏性　　图 7—46　例 7—11 残差正态概率图
力度—底漆类型图

表 7—34 给出了例 7—11 飞机底漆涂料数据的残差。残差的正态概率图如图 7—46 所示。图形具有没沿着通过图中心直线的尾部，表明正态性假设可能存在一些问题，但是与正态性的背离不严重。图 7—47 和 7—48 分别是残差对底漆类型水平和使用方法的图示。有一些迹象表明底漆类型 3 得到的黏性力度的变异比其他两种底漆要小。图 7—49 残差图拟合值的图示没有显示任何不寻常或者诊断图样。

表 7—34　　　　　　　　　　例 7—11 飞机底漆试验残差

底漆类型	使用方法	
	浸渍法	喷射法
1	$-0.27,\ 0.23,\ 0.03$	$0.10,\ -0.40,\ 0.30$
2	$0.30,\ -0.40,\ 0.10$	$-0.27,\ 0.03,\ 0.23$
3	$-0.03,\ -0.13,\ 0.17$	$0.33,\ -0.17,\ -0.17$

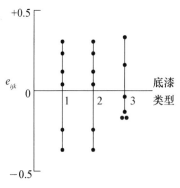

图 7—47　残差—底漆类型图

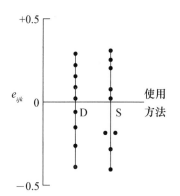

图 7—48　残差—使用方法图

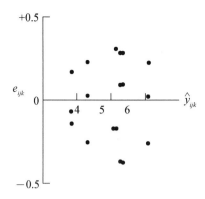

图 7—49　残差—拟合值 $\hat{y}_{ijk}$ 图

计算机输出

表 7—35 给出例 7—11 的飞机底漆涂料实验的 Minitab 方差分析程序输出结果的一部分。

均值表给出了按底漆类型、使用方法和单元格（AB）的样本平均。每一种均值的标准误根据 $\sqrt{MS_E/m}$ 计算，其中 m 是每一种样本均值的观察值数量。例如，每个单元格有 $m=3$ 个观察值，所以单元格均值的标准误是 $\sqrt{MS_E/3}=\sqrt{0.082\,2/3}=0.165\,5$。均值加上或减去标准误乘以倍数 $t_{0.025,12}=2.179$ 就可以决定一个 95％ 置信区间。Minitab（以及许多其他程序）也能生成如前面所示的残差图和交互作用图。

表 7—35　　　　　　　　　　　　　　例 7—11 的 Minitab 方差分析

Analysis of Variance（Balanced Designs）					
Factor	Type	Levels	Value		
Primer	fixed	3	1	2	3
Method	fixed	2	1	2	
Analysis of Variance for y					

Source	DF	SS	MS	F	P
primer	2	4.581 1	2.290 6	27.86	0.000 0
method	1	4.908 9	4.908 9	59.70	0.000 0
primer * method	2	0.241 1	0.120 6	1.47	0.269
Error	12	0.986 7	0.082 2		
Total	17	10.717 8			

Means

primer	N	y
1	6	4.783 3
2	6	4.683 3
3	6	4.500 0

method	N	y
1	9	4.466 7
2	9	5.511 1

primer	method	N	y
1	1	3	4.266 7
1	2	3	5.300 0
2	1	3	5.300 0
2	2	3	6.066 7
3	1	3	3.833 3
3	2	3	5.166 7

练 习

7—49 考虑练习 7—2 的实验。假设实验实际是在三类烘干时间和两类油漆下进行。数据如下：

油漆	烘干时间		
	20	**25**	**30**
1	74	73	78
	64	61	85
	50	44	92
2	99	98	66
	86	73	45
	68	88	85

(a) 使用 $\alpha=0.05$ 进行方差分析。

(b) 通过分析残差评价模型的充分性。你的结论是什么？

(c) 如果最小值是所希望的，要得到必要的表面抛光，你建议因子应在什么水平？

7—50 考虑练习 7—4 的实验。假设实验实际是在三种水平的温度和两类位置下进行。数据是：

位置	温度（℃）		
	800	**825**	**850**
1	570	1 063	565
	565	1 080	510
	583	1 043	590
2	528	988	526
	547	1 026	538
	521	1 004	532

(a) 使用 $\alpha=0.05$ 进行方差分析，关于交互作用效应的显著性，结论是什么？

(b) 通过分析残差评价模型的充分性。结论是什么？

(c) 如果高的密度是所期望的，你建议因子应在什么水平？

7—51 研究生纸浆中的硬木百分含量，纸浆滤水度，烧煮时间对纸张强度的影响。三因子实验的数据见表 7—36。

表 7—36   练习 7—51 数据

硬木含量百分比	烘干时间 1.5 小时			烘干时间 2.0 小时		
	滤水度			滤水度		
	350	**500**	**650**	**350**	**500**	**650**
10	96.6	97.7	99.4	98.4	99.6	100.6
	96.0	96.0	99.8	98.6	100.4	100.9

续前表

硬木含量百分比	烘干时间 1.5 小时			烘干时间 2.0 小时		
	滤水度			滤水度		
	350	**500**	**650**	**350**	**500**	**650**
15	98.5	96.0	98.4	97.5	98.7	99.6
	97.2	96.9	97.6	98.1	96.0	99.0
20	97.5	95.6	97.4	97.6	97.0	98.5
	96.6	96.2	98.1	98.4	97.8	99.8

(a) 使用统计软件包进行方差分析，$\alpha=0.05$。

(b) 求（a）中 F 比的 P-值并解释你的结果。

(c) 残差按 $e_{ijkl}=y_{ijkl}-\bar{y}_{ijk}$. 求得。对实验残差进行图示分析。

7—52 布料修整车间的质量控制部门要研究几个因子对一种用来生产衬衫的混合棉花/合成布料染色的效应。选择三个操作员，三个周期时间和两种温度，布料的三个小标本在条件的各集合下进行染色。最后的布料与标准进行对比，给出一个数字分数。结果见表 7—37。

表 7—37   练习 7—52 数据

周期时间	温度					
	300°			350°		
	操作员			操作员		
	1	2	3	1	2	3
40	23	27	31	24	38	34
	24	28	32	23	36	36
	25	26	28	28	35	39
50	36	34	33	37	34	34
	35	38	34	39	38	36
	36	39	35	35	36	31
60	28	35	26	26	36	28
	24	35	27	29	37	26
	27	34	25	25	34	34

(a) 使用 $\alpha=0.05$ 进行方差分析并解释你的结果。

(b) 残差由 $e_{ijkl}=y_{ijkl}-\bar{y}_{ijk}$. 求得，对实验残差进行图示分析。

7—53 考虑两因素 A 和 B 实验的 Minitab 分析结果。因素 A 有两水平，因素 B 有三水平。重复两次。求出下面 AVONA 表中的缺失值，概述你的结论。

Source	DF	SS	MS	*F*	*P*
A	1	61.675	61.674 8	?	0.005

B	2	82.644	?	12.84	?
A * B	2	7.959	3.979 5	?	?
Error	6	19.305	3.217 4		
Total	11	?			

7—54 考虑带有三因素 A, B, C 实验的 Minitab 分析结果。给出下面 ANVOA 表中所有缺失值并概述你的发现。

因素	类型	水平	值
A	固定	2	−1, 1
B	固定	2	−1, 1
C	固定	3	−1, 0, 1

Analysis of Variance for y					
Source	DF	Seq SS	Adj MS	F	P
A	1	362.551	362.551	90.84	0.000
B	1	15.415	15.415	3.86	?
C	2	240.613	120.306	?	0.000
A * B	1	0.522	0.522	0.13	?
A * C	2	62.322	31.161	?	?
B * C	2	3.553	1.777	0.45	?
A * B * C	2	15.724	7.862	?	?
Error	12	47.891	3.991		
Total	23	748.591			

补充练习

7—55 *Process Engineering* 的一篇论文（No. 71，1992，pp. 46-47）给出了研究 pH 值和催化剂含量对产品黏性（cSt）影响的两因子实验。数据如下。

		催化剂含量	
		2.5	**2.7**
pH	5.6	192, 199, 189, 198	178, 186, 179, 188
	5.9	185, 193, 185, 192	197, 196, 204, 204

（a）使用 $\alpha=0.05$ 检验主效应和交互作用，你的结论是什么？

（b）图示交互作用并讨论由图提供的信息。

（c）分析实验残差。

7—56 金属零件的热处理是广泛使用的生产过程。*Journal of Metals* 的一篇论文（Vol. 41，1989）描述了一个实验来研究三种类型的齿轮和两种处理时间的热处理的平面变形情况。一些数据如下。

齿轮类型	时间（分）	
	90	**120**
20-齿	0.026 5	0.056 0
	0.034 0	0.065 0
24-齿	0.043 0	0.072 0
	0.051 0	0.088 0

（a）有证据表明不同齿轮间的平面变形不同吗？有迹象显示热处理时间影响平面变形吗？因子相互交互吗？$\alpha=0.05$。

（b）建立有助于从实验得出结论的因子效应图。

（c）分析实验残差，评价根本假设的有效性。

7—57 *Textile Research Institute Journal* 的一篇论文（Vol. 54，1984，pp. 171-179）报告了这样一个实验的结果，实验研究精选无机盐处理布料在材料易燃性上的效应。每种实验使用两种应用水平，对每个样本使用垂直燃烧检验（这能够找出样本燃烧的温度）。燃烧检验数据见表 7—38。

表 7—38　　　　练习 7—57 数据

水平	食盐					
	不处理	**MgCl₂**	**NaCl**	**CaCO₃**	**CaCl₂**	**Na₂CO₃**
1	812	752	739	733	725	751
	827	728	731	728	727	761
	876	764	726	720	719	755
2	945	794	741	786	756	910
	881	760	744	771	781	854
	919	757	727	779	814	848

（a）对食盐之间，饮用水平之间和交互作用之间的差别进行检验。$\alpha=0.01$。

（b）绘出食盐与应用水平交互作用的图示。根据图形你能得出什么结论。

（c）分析实验的残差。

7—58 *IEEE Transactions on Components，Hybrids，and Manufacturing Technology* 的一篇论文（Vol. 15，1992）描述了一项研究矫正电路板光学芯片方法的实验。实验需要将焊接突起置于芯片底部之上。实验使用了两种焊接突起尺寸和两种矫正方法。应答变量是矫正精度（μm）。数据如下。

焊接突起尺寸 （直径 μm）	矫正方法	
	1	2
75	4.60	1.05
	4.53	1.00
150	2.33	0.82
	2.44	0.95

（a）有迹象表明焊接突起尺寸或者矫正方法影响矫正精度吗？有证据支持因子间存在交互吗？$\alpha = 0.05$。

（b）你对过程有什么建议？

（c）分析实验残差并评价模型充分性。

7—59 *Solid State Technology* 的一篇论文（Vol. 29，1984，pp. 281-284）描述了因子实验在影印平版印刷中的用途，影印平版印刷是集成电路生产过程的重要一环。实验中的变量（都为两种水平）是预焙温度（A）、预焙时间（B）、曝光能量（C），应答变量是 delta 线的宽度、模板上直线与设备上的印刷线之间的差异。数据如下：

（1）= -2.30，$a = -9.87$，$b = -18.20$，$ab = -30.20$，$c = -23.80$，$ac = -4.30$，$bc = -3.80$，$abc = -14.70$。

（a）估计因子效应。

（b）用正态概率图的效应估计鉴别因素是否重要。

（c）加入在设计中加入中心点，得到四次反复：-10.50，-5.30，-11.60，-7.30，计算实验误差的一个估计。

（d）检验主效应、交互作用和曲率的显著性，在 $\alpha = 0.05$ 下，能得出什么结论？

（e）在实验结果的基础上，你建议使用什么样的模型来预测 delta 线的宽度应答？

（f）分析实验残差并评价模型充分性。

7—60 *Journal of Coatings Technology* 的一篇论文（Vol. 60，1988，pp. 27-32）描述了研究镀银汽车底层的 2^4 设计。应答变量是图像清晰度（DOI）实验中使用的变量是：

$A =$ 聚酯的百分含量，按聚酯/三聚氰胺与重量之比计算（低 $= 50\%$，高 $= 70\%$）

$B =$ 羧酸乙酸丁酸纤维素百分含量（低 $= 15\%$，高 $= 30\%$）

$C =$ 硬脂酸铝含量（低 $= 1\%$，高 $= 3\%$）

$D =$ 酸性催化剂含量（低 $= 0.25\%$，高 $= 0.50\%$）

应答是（1）$= 63.8$，$a = 77.6$，$b = 68.8$，$ab = 76.5$，$c = 72.5$，$ac = 77.2$，$bc = 77.7$，$abc = 84.5$，$d = 60.6$，$ad = 64.9$，$bd = 72.7$，$abd = 73.3$，$cd = 68.0$，$acd = 76.3$，$bcd = 76.0$，$abcd = 75.9$。

（a）估计因子效应。

（b）根据效应的正态概率图，确定实验数据的试探性模型。

（c）使用明显可忽略的因子作为误差的一个估计，检验（b）中确定的因子的显著性，$\alpha = 0.05$。

（d）在实验基础上，你将使用什么样的模型来描述该过程？给出模型的解释。

（e）分析由（d）的模型得到的残差并评价你的结论。

7—61 *Journal of Manufacturing Systems* 的一篇论文（Vol. 10，1991，pp. 32-40）描述了研究四个因子对水力切割机的表面粗糙程度的效应的实验，因子是 $P =$ 水压，$F =$ 研磨流速，$G =$ 研磨颗粒大小，$V =$ 喷射速度。带 7 个中心点的 2^4 设计见表 7—39。

表 7—39　　　　　　　　　　　　　　　　　　练习 7—61 数据

试验	因子				表面粗糙程度（μm）
	V(in/min)	F(lb/min)	P(kpsi)	G(mesh no.)	
1	6	2.0	38	80	104
2	2	2.0	38	80	98
3	6	2.0	30	80	103
4	2	2.0	30	80	96
5	6	1.0	38	80	137
6	2	1.0	38	80	112
7	6	1.0	30	80	143

续前表

试验	因子				表面粗糙程度（μm）
	V(in/min)	F(lb/min)	P(kpsi)	G(mesh no.)	
8	2	1.0	30	80	129
9	6	2.0	38	170	88
10	2	2.0	38	170	70
11	6	2.0	30	170	11
12	2	2.0	30	170	110
13	6	1.0	38	170	102
14	2	1.0	38	170	76
15	6	1.0	30	170	98
16	2	1.0	30	170	68
17	4	1.5	34	115	95
18	4	1.5	34	115	98
19	4	1.5	34	115	100
20	4	1.5	34	115	97
21	4	1.5	34	115	94
22	4	1.5	34	115	93
23	4	1.5	34	115	91

7—62　对练习 7—60 的问题建立 2_{IV}^{4-1} 设计。选择设计所需要的 8 次试验的数据。分析这些试验并与练习 7—60 全析因设计结论进行对比。

7—63　对练习 7—61 的问题建立 2_{IV}^{4-1} 设计。选择设计所需要的 8 次试验的数据，并加入中心点。分析数据并与练习 7—61 的全析因设计结论进行对比。

7—64　建立 16 次试验的 2_{IV}^{8-4} 设计，设计中的交络关系是怎样的？

7—65　建立 8 次试验的 2_{III}^{5-2} 设计，设计中的交络关系是怎样的？

7—66　在对产量的过程开发研究中，研究了四个因子，每个因子都有两种水平：时间（A），浓度（B），压强（C），温度（D）。进行单一反复的 2^4 设计，得到的数据见表 7—40。

表 7—40　　　　　　　　　　　　　　练习 7—66 数据

试验数	实际试验顺序	A	B	C	D	产量（lbs）	因子水平	
							低（—）	高（+）
1	5	—	—	—	—	12	A(h)	2.5	3
2	9	+	—	—	—	18	B(%)	14	18
3	8	—	+	—	—	13	C(psi)	60	80
4	13	+	+	—	—	16	D(℃)	225	250
5	3	—	—	+	—	17		
6	7	+	—	+	—	15		
7	14	—	+	+	—	20		
8	1	+	+	+	—	15		
9	6	—	—	—	+	10		
10	11	+	—	—	+	25		
11	2	—	+	—	+	13		
12	15	+	+	—	+	24		
13	4	—	—	+	+	19		
14	16	+	—	+	+	21		
15	10	—	+	+	+	17		
16	12	+	+	+	+	23		

（a）在正态概率尺度下绘出效应估计的图示。哪些因子有较大的效应？

（b）使用（a）的正态概率图指引形成一个误差项，进行方差分析，你的结论是什么？

（c）分析试验残差。分析表明可能存在问题吗？

（d）该设计能退化到有两次反复的 2^3 设计吗？如果可以，绘出设计的立方体草图，并在立方体的每个点上标明产量均值和极差。试解释结果。

7—67 *Journal of Quality* 的一篇论文（Vol. 17，1985，pp. 198-206）描述反复部分因子实验的用法，文中实验用来研究 5 个因子对用于汽车设计的弹簧自由高度的影响。因子是 $A=$ 熔炉温度、$B=$ 加热时间、$C=$ 传递时间、$D=$ 压制时间、$E=$ 淬火油温度。数据见下表。

A	B	C	D	E	自由高度		
−	−	−	−	−	7.78	7.78	7.81
+	−	−	+	−	8.15	8.18	7.88
−	+	−	+	−	7.5	7.56	7.5
+	+	−	−	−	7.59	7.56	7.75
−	−	+	+	−	7.54	8	7.88
+	−	+	−	−	7.69	8.09	8.06
−	+	+	−	−	7.56	7.52	7.44
+	+	+	+	−	7.56	7.81	7.69
−	−	−	−	+	7.5	7.56	7.5
+	−	−	+	+	7.88	7.88	7.44
−	+	−	+	+	7.5	7.56	7.5
+	+	−	−	+	7.6	7.8	7.56
−	−	+	+	+	7.3	7.4	7.44
+	−	+	−	+	7.6	7.7	7.62
−	+	+	−	+	7.2	7.2	7.25
+	+	+	+	+	7.8	7.5	7.59

（a）该部分分析因设计的生成元是什么？写出交络结构。

（b）分析数据。哪些因子影响平均自由高度？

（c）计算每次试验的自由高度极差。有迹象表明因子影响了自由高度的变异吗？

（d）分析实验残差并评价你的结论。

7—68 考虑练习 7—66 描述的实验。对重要的因子效应求出 95% 置信区间，使用正态概率图对能够合并为误差估计的效应提供指引。

7—69 *Rubber Chemistry and Technology* 中的一篇论文（Vol. 47，1974，pp. 825-836）描述了研究具有几个变量的橡胶的门尼黏度，变量包括二氧化硅填充剂（百分率）和油料填充剂（百分率）。实验的一些数据如下，其中

$$x_1 = \frac{二氧化硅-60}{15} \qquad x_2 = \frac{油料-21}{15}$$

编码变量水平		y
x_1	x_2	
−1	−1	13.71
1	−1	14.15
−1	1	12.87
1	1	13.53
−1.4	0	12.99
1.4	0	13.89
0	−1.4	14.16
0	1.4	12.90
0	0	13.75
0	0	13.66
0	0	13.86
0	0	13.63
0	0	13.74

对数据拟合二次模型。x_1，x_2 为何值时将最大化门尼黏度？

7—70 *A Journal of Ecology* 中的一篇文章 "Regulation of Root Vole Population Dynamics by Food Supply and Predation：A Two-Factor Experiment"，调查食物供应和捕食对根田鼠种群动态的影响。一个有重复的两因素实验在食物供应和捕食两方面考虑。四组方法被使用：−P，+F（无捕食者，食物充足）；+P，+F（有捕食者，食物充足）；−P，−F（无捕食者，无食物补给）；+P，−F（有捕食者，无食物供给）。对应每种方法根田鼠的种群密度如下表。

食物供给 (F)	捕食者 (P)	重复		
+1	−1	88.589	114.059	200.979
+1	+1	56.949	97.079	78.759
−1	−1	65.439	89.089	172.339
−1	+1	40.799	47.959	74.439

（a）适合这个实验的统计模型是什么？

（b）分析数据并给出结论。

（c）分析这个实验的残差。模型适应性有什么问题吗？

7—71　考虑一个两次重复的 2^3 设计实验的 Minitab 输出结果。

（a）给出 t-检验完整效应图中所有缺失值的值。指出哪些效应是显著的。$\alpha=0.1$。

（b）只用显著项写出最小平方适应模型。

（c）利用模型预测当 $x_1=-1$，$x_2=1$，$x_3=1$，时，响应变量的值。

Term	Coef	SE Coef	T	P
Constant	6.062 5	0.390 3	15.53	0.000
A	1.687 5	0.390 3	4.32	?
B	0.812 5	0.390 3	2.08	?
C	0.437 5	0.390 3	?	0.295
AB	0.687 5	?	?	?
AC	0.062 5	0.390 3	0.16	?
BC	−0.312 5	0.390 3	?	0.446
ABC	0.562 5	0.390 3	1.44	?

7—72　在生物科技工程中有一篇文章研究和优化乳酸链球菌肽在双水相系统提取的操作条件。一个 2^2 带有中心点的全析因设计被用于验证影响乳酸链球菌肽回收的最重要显著因素。因素 x_1 是 PEG4000 的浓度，x_2 是 Na_2SO_4 的浓度。在这个研究中变量的范围和水平在下面给出。乳酸链球菌肽提取是一个代表乳酸链球菌肽浓度的比率。即响应 y。

实验	x_1	x_2	y
1	13	11	62.874
2	15	11	76.133
3	13	13	87.467
4	15	13	102.324
5	14	12	76.187
6	14	12	77.523
7	14	12	76.782
8	14	12	77.438
9	14	12	78.742

（a）计算效应的 ANOVA 表，并对曲率经行检验，$\alpha=0.05$。在这个因素区域中曲率重要吗？

（b）计算线性模型的残差并检验模型的适应性。

（c）在一个新因素区域中，一个中央混合设计被用来完成两阶优化。结果在下表中给出。给出适合的二阶模型并给出结论。

实验	编码 x_1	编码 x_2	非编码 x_1	非编码 x_2	y
1	−1	−1	15	14	102.015
2	1	−1	16	14	106.868
3	−1	1	15	16	108.13
4	1	1	16	16	110.176
5	−1.414	0	14.793	15	105.236
6	1.414	0	16.207	15	110.289
7	0	−1.414	15.5	13.586	103.999
8	0	1.414	15.5	16.414	110.171
9	0	0	15.5	15	108.044
10	0	0	15.5	15	109.098
11	0	0	15.5	15	107.824
12	0	0	15.5	15	108.978
13	0	0	15.5	15	109.169

7—73　在应用电子化学期刊中的一篇文章给出了一个 2^{7-3} 部分析因设计，来优化带聚苯并咪唑膜电极组件的基础的 H_2/O_2 燃料电池。设计和数据在下表中。

运行	A	B	C	D	E	F	G	电流密度
1	−1	−1	−1	−1	−1	−1	−1	160
2	+1	−1	−1	−1	+1	+1	+1	20
3	−1	+1	−1	−1	+1	+1	−1	80
4	+1	+1	−1	−1	−1	−1	+1	317
5	−1	−1	+1	−1	+1	−1	+1	19
6	+1	−1	+1	−1	−1	+1	−1	4
7	−1	+1	+1	−1	−1	+1	+1	20
8	+1	+1	+1	−1	+1	−1	−1	87.7
9	−1	−1	−1	+1	−1	+1	+1	1 100
10	+1	−1	−1	+1	+1	−1	−1	12
11	−1	+1	−1	+1	+1	−1	+1	552
12	+1	+1	−1	+1	−1	+1	−1	880
13	−1	−1	+1	+1	+1	+1	−1	16
14	+1	−1	+1	+1	−1	−1	+1	20
15	−1	+1	+1	+1	−1	−1	−1	8
16	+1	+1	+1	+1	+1	+1	+1	15

因素和水平如下表。

因素	−1	+1
A 在催化剂层黏合剂的数量	$0.2mg\ cm^2$	$1mg\ cm^2$
B 电子催化剂装载	$0.1mg\ cm^2$	$1mg\ cm^2$
C 在气体发散层的二氧化碳量	$2mg\ cm^2$	$4.5mg\ cm^2$
D 热凝结时间	$1min$	$10min$
E 凝结温度	$100℃$	$150℃$
F 热凝结装载	$0.04\ ton\ cm^2$	$0.2ton\ cm^2$

续前表

因素	−1	+1
G 在气体发散层的 PTFE 含量	$0.1mg\ cm^2$	$1mg\ cm^2$

（a）写出交络关系。

（b）估计主效应。

（c）给出效应的正态概率图。并解释结果。

（d）计算交络集的平方和，包括从相应效应估计的 ABG 交互。

团队互动

7—74 利用恰当的试验设计原则，项目包括计划、设计、处理和分析试验。项目实验的背景仅限于你的想象。学生可直接从自己的研究兴趣、工作中遇到的项目（考虑工业参与或者在某行业的兼职工作所经历的一些项目）建立实验，如果这些都行不通的话，可建立一个家庭实验（比如怎样变化诸如油料类型、油料用量、烹调温度、平底锅类型、爆米花品牌等来影响爆米花的产量和口味）。

主要要求是实验不得少于三个因子。关于问题、因子和应答信息的中间环节都能观察到，要使用设计指定的细节。最终报告包括目标清晰的陈述、使用的方法和技巧、恰当的分析和由实验获得的特殊的结论。

本章重要术语和概念

2^k 析因设计	2^k factorial design
2^{k-p} 部分析因设计	2^{k-p} fractional factorial design
交络	aliases
分组与混合	blocking and confounding
2^k 析因设计中的中心点	center points in a 2^k factorial design
中心合成设计	central composite design
等高线图	contour plot
析因设计	factorial design
一阶模型	first-order model
交互作用	interaction
交互作用图	interaction plot
因子主效应	main effect of a factor
最速上升法	method of steepest ascent
效应正态概率图	normal probability plot of effects
最优化实验	optimization experiments
回归模型	regression model
残差分析	residual analysis
残差	residual
应答曲面	response surface
筛选实验	screening experiment
二阶模型	second-order model
序贯实验	sequential experimentation

第 8 章

统计过程控制

学习目标

1. 理解质量改进中的统计工具。

2. 理解不同类型的变量和合理子集，以及控制图如何用于检测非机遇因素。

3. 理解休哈特控制图的一般形式，以及如何应用零规则（如 Western Electric 规则）检测非机遇因素。

4. 针对变量 $\overline{X}$，R，S 构造并解释控制表。

5. 针对属性，例如 P，U，构造并解释控制表。

6. 计算并解释过程能力比率。

7. 针对休哈特控制表计算 ARL 绩效。

8. 使用 ANOVA 研究测量系统绩效。

卫生保健中的控制图表

International Journal for Quality in Health Care 中的一篇文章描述了利用控制图表来监测医院的护理质量，这些医院在澳大利亚的昆士兰。分析关注于在医院内的急性心肌梗塞的死亡率。患者从几个方面被筛选（例如年龄，长于三天的住院时间长度）。进一步，结果被调整，使得高危病人不会不公平地"惩罚"医院的表现。风险调整后的每个医院的表现通过控制图表进行分析，在两年时间内有多于 4 000 名的被调查者应用这些控制图表。有些医院的控制图表给出了信号，指示了反常表现的时间段。作者指出这些控制图表给出了全部表现的解释，即可以鉴别非正常时间段并指导调查和改进过程。本章中的例子讨论了控制图表于其在制造中的原始角色之外的工业中的许多应用。这里阐述的分析变量和改进过程的原则和方法在所有类型的现代组织中被广泛使用。

8.1 质量改进与统计过程控制

当今社会，产品的质量和服务已成为很多商业的主要决策因素。不管顾客是个人、公司、军事防御体系或者零售商店，一旦顾客做出购买的决定，他就可能认为质量与成本和时间表同等重要。因此，**质量改进**（quality improvement）已成为许多美国公司关注的热点。本章介绍的**统计过程控制**（statistical process control，SPC），本质上是质量改进活动中的工具的集合。

质量即**合用性**（fitness for use）。例如，购买汽车时，我们希望汽车没有生产缺陷，并且能够提供可靠且经济的运送；零售商购买制成品时希望产品易于包装，并且容易储藏和展示；生产商购买原材料时希望无重复加工和废料。换句话说，所有顾客都希望购买的产品或服务将满足他们的要求。这种要求定义为合用性。

质量或者合用性通过**设计的质量**（quality of design）和**符合的质量**（quality of conformance）的相互作用决定。设计的质量表示不同的级别或者绩效水平、可靠性、适用性以及功能——这些都是周密计划的工程或者生产决策的结果。符合的质量指的是系统**变异的减小**（reduction of variability）和**次品的消除**（elimination of defects），直到生产的产品都是相同的并且没有次品。

在我们生活中关于质量改进存在很多误解，一些人认为它表示给产品镀金或者花大量的钱来开发产品或者过程。这种观点是错误的。质量改进意味着系统**浪费的消除**（elimination of waste）。浪费的例子包括生产中的废料与重复加工、检查与检验、文件（比如工程制图、账单、采购订单和计划）的错误、客户抱怨热线、担保费用、也许一次就能做对的事情却重复做所需要的时间。成功的质量改进效果能够消除这当中的许多浪费，从而得到低成本、高生产力、高的顾客满意度、良好的商业信誉、高的市场份额，最后为公司带来高额利润。

统计方法在质量改进充当了重要的角色。一些应用列举如下：

1. 在生产设计和开发中，统计方法（包括实验）可以用来比较不同的材料、成分或配料，有助于决定系统和成分容许量。这一应用能够显著降低开发成本，减少开发时间。

2. 统计方法可以用来决定生产过程的能力。统计过程控制通过减小变异性可以用来系统地改进一个过程。

3. 实验设计方法可用来研究过程的改进。这些改进能够带来高额收益，降低生产成本。

4. 寿命检验提供关于产品的可靠性或者其他绩效的数据。这能催生具有更长有效寿命、更低运行与维护费用的新的或者改进的设计和产品。

其中一些应用在本书的前面几章已有说明。在任何工业或商业中，对于想成为高质量、低成本生产者的工程师、科学家和管理者来说，更深入地理解这些统计工具是至关重要的。本章以成功的质量改进努力为基础，介绍统计质量控制的基本方法和实验设计。

统计过程控制（SPC）起源于 20 世纪 20 年代，贝尔电话实验室的沃尔特·A·休哈特（Walter A. Shewhart）博士是这一领域的先驱。1924 年他写了一个备忘录来说明控制图——基本的 SPC 工具之一。第二次世界大战期间这些方法广泛传播到美国工厂。第二次世界大战后，爱德华·戴明（W. Edwards Deming）和约瑟夫·朱兰（Joseph M. Juran）博士推广了这一方法。

SPC 是适用于任何过程的一系列解决问题的工具。SPC① 的主要工具有：

1. 柱状图
2. 排列图
3. 因果图
4. 次品含量图
5. 控制图
6. 散点图
7. 核查表

虽然这些工具是 SPC 的一个重要部分，但它们仅仅是这一主题的技术层面。SPC 的一个同等重要的方面是态度——组织中的每个人对通过减少系统变异持续改进质量和生产力的愿望。控制图是 SPC 工具中最强大的。这些方法的全面讨论见 Montgomery（2002b）。

8.2 控制图介绍

8.2.1 基本原则

在任何一个生产过程中，不管设计多么好，维护多么细心，一定程度的内在的或者自然的变异总是存在的。自然变异或"背景噪声"是那些小的、根本无法避免的原因的累积。当过程中的背景噪声相对比较小时，我们通常将它看成过程绩效的一个可接受水平。在统计过程控制的框架中，自然变异通常被称为机遇因素的稳定系统。仅仅面临变异的**机遇因素**（chance causes）的过程称为在统计控制中，也就是说，机遇因素是过程的内在成分。

其他类型的变异有时候也存在于过程的输出中。关键质量特性中的这些变异通常有三种来源：错误地调试机器、操作错误，以及有缺陷的原材料。这种变异同背景噪声相比通常是比较大的，它通常表示过程绩效不能接受的水平。我们称这些导致不属

---

① 有人认为第 7 章讨论的实验设计方法也是 SPC 工具之一，我们没有包括它是因为我们认为 SPC 是一种使用建立对系统被动观察之上的技术来改进质量的在线工具，而实验设计是一种非常活跃的方法，其中对过程变量要做谨慎的变化，因为如此，所以设计实验通常被称为线下质量控制。

于机遇因素变异的来源为**非机遇因素**（assignable causes）。在非机遇因素下运行的过程称为失控。术语机遇因素和非机遇因素由沃尔特·A·哈休特博士发展而来；如今，一些学者使用一般因素代替机遇因素，特殊因素代替非机遇因素。

生产过程经常在控制的状态下运行，在相对较长时间内生产可接受的产品。然而，有些时候非机遇因素将发生，这看起来似乎是随机的，导致过程"改变"到产出中有很大一部分不能满足要求的失控状态。统计过程控制的主要目标是尽快发觉非机遇因素的出现或者过程的改变，使得在很多不一致产品产出之前可以对过程进行研究并采取补救措施。控制图是为了达到这一目的而广泛使用的在线过程监控方法。

回想第1章所介绍的：图1—17说明了对变异的一般因素的调整增加了过程的变异性，而图1—18说明了要对变异的非机遇因素采取措施。控制图也用来估计生产过程的参数，并通过这些信息来决定满足规定的过程的能力。控制图也提供对过程改进有用的信息。最后，记住 SPC 最终目标是消除过程中的变异。虽然可能无法彻底消除变异，但控制图有助于尽可能地减小它。

典型的控制图如图8—1所示，它是质量特性的图形表示，该特性可以通过样本量或者时间来测量或计算。通常，样本以一定周期选取，比如每一个小时。控制图包含一条中心线（CL），表示控制状态下（也即只有机遇因素存在）质量特性的平均值。图中还有另外两条水平线，称为上控制限（UCL）和下控制限（LCL）。选取控制限要使得如果过程处于控制状态，则几乎所有的样本点都将落在控制限之间。一般来讲，只要点在控制限之间，就假定过程处于控制状态，没必要采取措施。然而，如果一个点落在控制限之外，就认为是过程处于失控状态的证据，需要进行调查和采取补救措施，以此来找出和消除非机遇因素或者引起某些行为的原因。控制图上的样本点通常用线段连接起来，以便显示点序列是怎样随时间变化的。

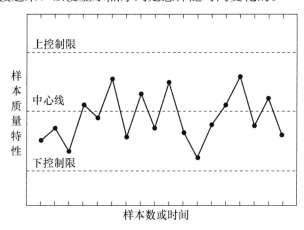

图8—1　典型的控制图

即使所有的点都落在控制限内，如果它们表现为一种系统的或者非随机的图样，也表明过程处在失控状态。例如，如果最后20个点中的18个点处在中心线以上，上控制限以下，而仅仅有两个点处在中心线以下，下控制限以上，我们就会怀疑什么地方出错了。如果过程处在控制状态，所有的点应该大体上是一种随机图样。为找到次序或者非随机图样而设计的方法可用于控制图，为检测失控状况提供帮助。一种特别的非随机图样经常由某种原因出现在控制图中，如果这一原因能够找到并且消除，过程绩效就会得到提高。

控制图和假设检验之间存在紧密的联系。本质上，控制图就是对过程处于统计控制状态的假设的检验。点落于控制限之间等价于不能拒绝统计控制的假设，点位于控制限外就等价于拒绝统计控制的假设。

我们可以给出控制图的一个一般模型。

控制图一般模型

令 W 是一样本统计量，度量了某些所关心的质量特性，假设 W 的均值是 μ_w，标准差是 σ_w，[1] 则中心线（CL）、上控制限（UCL）、下控制限（LCL）就是

$$UCL = \mu_w + k\sigma_w$$
$$CL = \mu_w$$
$$LCL = \mu_w - k\sigma_w$$

(8—1)

式中，k 为控制限距离中心线的"距离"，用标准差单位表示。

通常的选择是 $k = 3$。控制图的一般理论首先由休哈特博士提出，依照这些原则发展的控制图通常称为**休哈特控制图**（Shewhart control charts）。

控制图是准确描述通过统计控制的意义何在的工具；同样，它可以通过多种方法使用。在很多应用中，它用于在线过程监控。也就是说，收集样本数据然后用来建立控制图，如果 $\bar{x}$ 的样本值落在控制限以内，并且不显示任何系统的图样，就称由图形显示的水平下的过程处于控制状态。注意到我们可能既要决定源于一个过程的过去的数据是否处在控制状态，也要决定从这个过程抽取的将来的样本是否显示统计控制。

统计图最重要的运用是改进过程。我们已经发现：

1. 很多过程都不在统计控制状态下工作。

2. 因此，统计图常规且周全的应用将鉴别出非机遇因素。如果这些原因能够从过程中消除，过程的变异就会减小，从而过程就得到改进。

图 8—2 说明使用控制图的过程改进活动。注意：

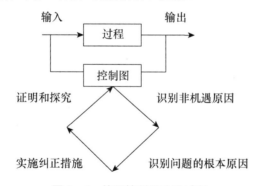

图 8—2　使用控制图改进过程

3. 控制图只能确认非机遇因素。管理者、操作员和工程师的行为对于消除非机遇因素是很必要的，应对控制图信号的行为计划非常重要。

在鉴别和消除非机遇因素中，找出潜在的**根本原因**（root cause）以及处理这些根本原因是非常重要的。敷衍的方案不能取得实在的、长期的过程的提高。开发补救措施的有效系统对有效的 SPC 执行至关重要。

我们也可以将控制图作为一个估计工具使用。也即，由一个显示统计控制的控制图，我们可能估计某些过程参数，比如均值、标准差、不合格率。这些估计可用来决

---

① 注意，西格玛是指图中统计量的标准差（也就是 σ_w），不是质量特性的标准差。

定生产可接受产品的过程的能力。这种过程能力研究已经对发生在生产周期里的很多管理决策问题产生了相当大的影响。管理决策问题包括自制或外购策略，减小过程变异的车间与过程改进，与客户或者供应商关于产品质量的合同协议。

控制图可分为两种一般的类型。很多质量特性都能用连续的度量尺度以数量来度量和描述。在这种情况下，可以用中心趋势和变异的度量方便地描述质量特性。中心趋势和变异的控制图统称为**变量控制图**（variables control charts）。$\overline{X}$ 图是最常用的监控中心趋势的图，而建立在样本范围或者样本标准差基础上的图常用来控制过程的变异。也有很多质量特性不能用连续的尺度，甚至是定性尺度来度量。在这种情况下，我们可以基于产品是否拥有某些属性来判断其是正品还是次品，或者我们可以计算产品中出现的次品（不合格品）数量。这种质量特性的控制图称为**计数型控制图**（attributes control charts）。

控制图在工厂中的使用已有相当长的历史。它的流行至少有以下五方面的原因。控制图：

1. 是改进生产力的成功方法。成功的控制图程序将减少废料和重复加工，它们是任何一个操作中的主要的生产力杀手。如果减小了废料和重复加工，就会使得生产力提高、成本降低、生产能力（以每小时的正品数量来度量）增强。

2. 在失误防止中是高效率的。控制图有助于保持过程处于同"一次就成功"（do it right the first time）的观点相一致的控制状态，从出现"坏的"以后来找出"好的"从来都不比最初就生产正确的来得方便。如果没有高效的过程控制，就是在让一些人生产次品。

3. 可以防止不必要的过程调整。控制图能够辨别背景噪声和异常变异；没有其他任何工具，包括人工操作，能够高效地做出这一辨别。如果过程操作员在与控制图不相干的周期检验的基础上来调整过程，他们通常就会对背景噪声反应过度，做出一些不必要的调整。这种不必要的调整通常导致过程绩效变差。换句话说，控制图与"无故障就别修理"的观点一致。

4. 可以提供诊断信息。通常，控制图上点的趋势能够对有经验的操作员或工程师提供有价值的诊断信息。这些信息使得操作员在过程中进行变化，从而提高过程的绩效。

5. 可以提供关于过程能力的信息。控制图可以提供关于重要过程参数值和它们随时间变化的平稳性的信息，这就使得我们能够对过程能力做出估计。这些信息对于生产和过程设计者有很大的用处。

控制图是高效管理控制工具之一，它们与成本控制和材料控制同等重要。现代计算机技术使得控制图在任何形式的过程中实施变得更加容易了，因为可以通过计算机或者局域网终端在工作中心进行实时在线数据的收集和分析。

8.2.2 控制图设计

要说明这些思想，我们给出控制图的一个简单的例子。在生产汽车引擎活塞环过程中，环的内径是一项关键的质量特性。过程平均环内径为 74mm，已知环内径的标准差是 0.01mm。平均环内径的控制图如图 8—3 所示。每小时抽取 5 个样本，计算样本的平均环内径（$\bar{x}$），然后将 $\bar{x}$ 绘制在图上。因为控制图利用样本均值 $\overline{X}$ 来测试过程均值，它常称为 $\overline{X}$ 控制图。注意到所有的点都落在控制限以内，所以控制图表明过程处在统计控制下。

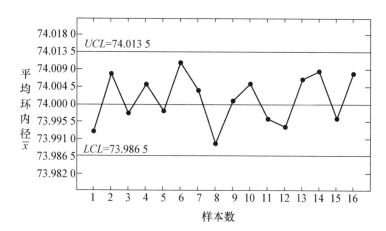

图 8—3　活塞环直径的 $\overline{X}$ 控制图

再考虑控制限是怎样来确定的。过程均值是 74mm，过程标准差是 $\sigma = 0.01$mm。如果抽取样本量 $n = 5$ 的样本，样本均值 $\overline{X}$ 的标准差就是：

$$\sigma_X = \frac{\sigma}{\sqrt{n}} = \frac{0.01}{\sqrt{5}} = 0.004\,5$$

因此，如果过程以平均直径 74mm 处在控制状态，使用中心极限定理，假设 $\overline{X}$ 服从近似正态分布，我们就希望 $100(1-\alpha)\%$ 的样本均值 $\overline{X}$ 落在 $74 + z_{\alpha/2}(0.004\,5)$ 和 $74 - z_{\alpha/2}(0.004\,5)$ 之间。同前面讨论的一样，我们一般选择常数 $z_{\alpha/2}$ 为 3，所以上下控制限就是：

$$UCL = 74 + 3(0.004\,5) = 74.013\,5$$
$$LCL = 74 - 3(0.004\,5) = 73.986\,5$$

如控制图所示。上面提到的是 3-西格玛控制限。注意到使用 3-西格玛控制限表明 $\alpha = 0.002\,7$；也即当过程处在控制状态时，点落在控制限外的概率为 0.002 7。给定一个西格玛的倍数，控制限的宽度与样本量 n 就反向相关。选择控制限等价于建立检验如下假设的临界域

$$H_0 : \mu = 74$$
$$H_1 : \mu \neq 74$$

这里 $\sigma = 0.01$ 是已知的。本质上，控制图在每个不同的点上及时地检验了这一假设。

在设计控制图的过程中，我们必须指定使用的样本量大小和抽样的频率。一般来讲，大的样本更容易检测过程中小的改变。选择样本量的时候，一定要记住我们试图检测的改变的大小。如果我们关心的是检测一个相对较大的过程改变，与关心的改变相对较小时相比，所需的样本量较小。

我们还要确定抽样的频率。最理想的情况是：检测出改变需要频繁地抽取大量样本；然而，这不是一个经济可行的办法。一个普遍的问题就是分配抽样效果。也即，在短的区间内抽取小样本还是在较长的区间内抽取大样本。现在的工业实践倾向于较小的、更频繁的样本，特别是在高额生产过程或者许多种类的非机遇因素发生的过程中。另外，随着自动感测器和测量技术的发展，大幅度地提高频率变得更加可能了。以至于最终每一个产品一生产出就能够测量。但这种能力不能消除对控制图的需求，因为该检验系统不能防止次品的出现。增加数据将提高过程控制的效率，并提高质量。

☐ 8.2.3　合理子集

控制图应用的一个基本思想是根据休哈特称为**合理子集**（rational subgroup）的概念收集样本数据。一般来讲，这意味着子集或样本的选取要使得子集内观察值的变异要尽量包括所有的机遇或者自然变异而排除非机遇变异。从而，控制限就界定所有的机遇变异且没有非机遇变异，因此，非机遇因素就倾向于产生控制限以外的点，而机遇变异倾向于产生在控制限以内的点。

当控制图应用于生产过程中时，生产的时间顺序是合理子集的逻辑基础。即使时间顺序被保护起来，它仍然有可能形成一个错误的子集。如果子集中的某些观测从一个8小时班次的最后抽取，而剩下的观测从下一个班次的开始抽取，则班次之间的差异就不能被检测出来。时间顺序是形成一个好的子集的基础，因为它使得我们检测随着时间而发生的非机遇因素。有两种常用的方法用来建立合理子集。在第一种方式下，每一个子集由相同时间生产的（或者尽可能靠近的）单位组成。这种方法适用于主要目的是检测过程的改变的控制图。如果非机遇因素存在，它最小化样本内由非机遇因素引起的变异，最大化样本间的变异。它也为变量控制图下的过程的标准差提供较好的估计。这种方法本质上即是给出了样本被收集的每一个点上过程的一个"快照"。

在第二种方式下，每一个样本包括的单位代表自上一个样本抽取以来生产的所有单位，本质上，每一个子集是抽样区间里过程产出的随机样本。这种建立合理子集的方法通常用于控制图用来对自上一个样本抽取后所生产的所有产品的可接受程度进行决策的情况。事实上，如果在样本间过程改变到失控状态，又回到控制状态，对于这种改变，按第一种方法定义的合理子集效率就不是那么高了，所以必须采用第二种方法。

当合理子集是抽样区间内所有生产的产品的随机样本时，解释控制图的时候就要小心一些。如果过程在样本区间内的几种水平间漂移，样本内的观察值极差可能就会相对较大。这就是决定 $\bar{X}$ 图控制限宽度的样本间变异。所以这种行为就导致 $\bar{X}$ 图上较宽的上下限。这使得很难在平均意义下检测出改变。事实上，我们通过延展到样本内观察值区间之外，可以让任何过程显现出在统计控制中。即使过程变异中没有改变发生，它也有可能使得在控制图范围内的过程均值或者标准差转移到控制之外。

也有其他基础形成合理子集。例如，假设一个过程由几台机器组成，这几台机器的产出合并成一个总体。如果我们从产出的总体中抽样，就很难确定是否有一些机器处于失控状态。建立合理子集的一个恰当的方法就是对每一个机器的产出应用控制图。有时这一概念应用于同一机器的不同重要部位、不同的工作岗位、不同的操作员等。

合理子集的概念非常重要。样本的正确选择需要对过程仔细考虑，目的是要从控制图分析中得到尽可能多的有用信息。

☐ 8.2.4　控制图图样分析

不管是当一个或者多个点落在控制限外时，还是当图中的点存在一些非随机图样时，控制图都可能显示出失控状态。例如，考虑图8—4所示的 $\bar{X}$ 图。虽然所有的25个点都落在控制限以内，但这些点并不显示统计控制，因为它们的趋势看起来是非常非随机的。特别地，我们看到25个点中的19个点落在中心线以下，而只有6个点在中心线以上。如果这些点是真正随机的，我们将看到这些点在中心线上下是均匀分布的。我们也看到从第四个点后，有五个点在数量上呈上升趋势。这些点的排列叫做一个**游程**（run）。因为观察值是递增的，我们称为上升游程；类似地，下降的点序列就称为下降游程。该控制图有一段很长的上升游程（从第 4 个点开始）和一段很长的下降游程（从第 18 个点开始）。

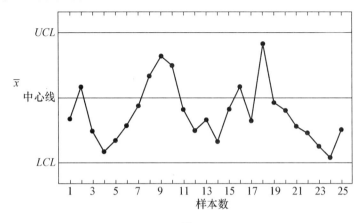

图 8—4　$\bar{X}$ 控制图

一般地，定义游程为同一类型的一个观察值序列。除上升游程和下降游程外，我们还可以定义观察值类型分别为中心线上的观察值和中心线下的观察值，所以如果有两个在一起的点在中心线以上，游程长度就为 2。

在点的随机样本中，游程长度为 8 或者更多的概率是非常低的。因此，长度为 8 或者更多的一种类型通常认为是一个失控条件的信号。例如，中心线一边连续出现 8 个点就表示过程处在失控状态。

虽然游程是控制图中非随机行为的重要度量，但其他类型的图样也可能显示失控状态。例如，考虑图 8—5 的 $\bar{X}$ 图。注意到所有的样本平均点都落在控制限以内，但图像显示出一种循环趋势。这种图样就表明过程可能存在问题，比如操作员的疲劳、原材料的交付，以及热力或者压力的累积。通过消除或减小引起循环变异的根源就可以提高收益（见图 8—6）。在图 8—6 中，LCL 和 UCL 表示过程规格的下限和上限。该界限表示可接受产品必须落入的范围，通常建立在客户需求的基础之上。

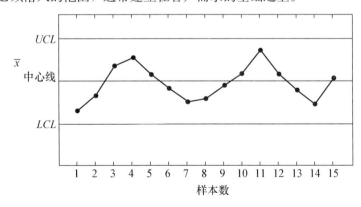

图 8—5　循环图样 $\bar{X}$ 图

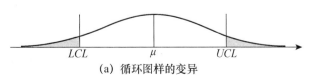

（a）循环图样的变异

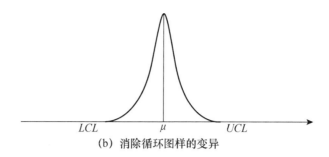

(b) 消除循环图样的变异

图 8—6

该问题就是**图样识别**（pattern recognition）之一——即识别控制图上系统的或者非随机图样，然后确定引起这一行为的原因。根据非机遇因素来解释特殊图样的能力需要关于过程的经验和知识。也就是说我们不仅要知道控制图的统计原则，还必须对过程有很好的理解。

经典的 Western Electric Handbook（1956）提出了一系列发现控制图中的非随机图样的规则，这些规则如下所示：

> 根据 Western Electric 规则以下信号表明过程失控，如果
> 1. 单点在 3 倍标准差以外。
> 2. 连续 3 点中的 2 点超过两个标准差。
> 3. 连续 5 点中的 4 点超过一个标准差或者远离中心线。
> 4. 8 个连续的点在中心线的一边。

在实践中，我们已经发觉这些规则对于提高控制图的灵敏度非常有效。规则 2 和 3 适用于中心线的同一边。也即如果一个点在上 2-西格玛界限以上，紧接着另一个点在下 2-西格玛界限以下并不是失控预警信号。

图 8—7 是活塞环过程的 $\overline{X}$ 控制图，标有使用在 Western Electric 方法中的一倍、两倍、三倍西格玛界限。注意这些内部的界限有时叫做**警戒限**（warning limits），在中心线的每一边将控制图分为区域 A，B 和 C。因此，Western Electric 规则有时也叫做控制图的**区域规则**（zone rules）。注意到最后四个点落在区域 B 内或者超出区域 B。因为连续 5 点中的 4 点超过一倍标准差界限，Western Electric 方法就认为图样是非随机的，所以该过程是失控的。

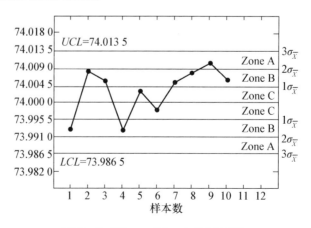

图 8—7　Western Electric 区域规则

8.3 $\overline{X}$ 和 R 控制图

在处理可以用数量表示的质量特性时，通常既要监控质量特性的均值也要监控质量特性的波动。平均质量的控制通过平均值的控制图来执行，通常称为 $\overline{X}$ 图。过程的波动可以通过极差图（R 图）来控制，也可以通过标准差图（S 图）来控制，取决于总体标准差是怎样估计的。这里我们仅仅讨论 R 图。

假定过程均值 μ 和标准差 σ 是已知的，并假设质量特性服从正态分布。考虑前面讨论的 $\overline{X}$ 图，我们可以使用 μ 作为控制图的中心线，上下三倍标准差界限分别是 $UCL = \mu + 3\sigma/\sqrt{n}$ 和 $LCL = \mu - 3\sigma/\sqrt{n}$。

当参数 μ 和 σ 都未知时，我们通常在预备样本的基础上对它们进行估计，这些样本被认为在过程处在控制状态时抽取。建议使用至少 20 到 25 个预备样本。假定有 m 个预备样本可以使用，每一个的样本量是 n，通常 n 为 4，5 或者 6；这种相对较小的样本量被广泛使用，通常源于合理子集的构建。

总平均

令第 i 个样本的样本均值为 $\overline{X}_i$。则我们用总平均来估计总体均值 μ

$$\overline{\overline{X}} = \frac{1}{m}\sum_{i=1}^{m}\overline{X}_i \tag{8—2}$$

从而，使用 $\overline{\overline{X}}$ 作为 $\overline{X}$ 控制图的中心线。

可以用每一个样本内的观察值标准差或者极差来估计 σ。因为极差方法在实践中使用频繁，所以我们只讨论极差方法。样本量相对较小，所以从样本极差来估计 σ 损失的效率很小。

需要知道从一个已知参数正态总体抽取的样本的极差 R 和总体的标准差之间的关系。因为 R 是随机变量，所以数量 $W = R/\sigma$，即相对极差也是一个随机变量。对于任意的样本量，W 分布的参数都是已经确定的。

W 分布的均值称作 d_2，附录 A 表 Ⅷ 给出了不同 n 的 d_2 值。W 的标准差称作 d_3，因为 $R = \sigma W$，故

$$\mu_R = d_2\sigma$$
$$\sigma_R = d_3\sigma \tag{8—3}$$

平均极差和 σ 的估计

令 r_i 表示第 i 个样本的极差，

$$\bar{r} = \frac{1}{m}\sum_{i=1}^{m}r_i$$

表示平均极差。则 $\bar{r}$ 是 μ_R 的一个估计，并且 σ 的一个估计为：

$$\hat{\sigma} = \frac{\bar{r}}{d_2} \tag{8—4}$$

因此，我们可以使用如下作为 $\overline{X}$ 图的上下控制限：

$$UCL = \overline{\overline{X}} + \frac{3}{d_2\sqrt{n}}\bar{r}$$

$$LCL = \overline{X} - \frac{3}{d_2 \sqrt{n}} \bar{r} \qquad\qquad (8\text{—}5)$$

定义常数：

$$A_2 = \frac{3}{d_2 \sqrt{n}} \qquad\qquad (8\text{—}6)$$

从而一旦计算出样本值 $\bar{x}$ 和 $\bar{r}$，$\overline{X}$ 控制图的参数可以定义如下。

$\overline{X}$ 控制图

$\overline{X}$ 控制图的中心线和上下控制限为：

$$
\begin{aligned}
UCL &= \bar{\bar{x}} + A_2 \bar{r} \\
CL &= \bar{\bar{x}} \\
LCL &= \bar{\bar{x}} - A_2 \bar{r}
\end{aligned}
\qquad (8\text{—}7)
$$

其中不同样本量的常数 A_2 见附录 A 表 Ⅶ。

R 图的参数也容易决定。中心线显然就是 $\bar{r}$。要决定控制限，需要估计 R 的标准差 σ_R。再一次假设过程处于控制状态，将使用相对极差 W 的分布。因为 σ 是未知的，所以按如下估计 σ_R：

$$\hat{\sigma}_R = d_3 \frac{\bar{r}}{d_2}$$

R 图中的上下控制限为：

$$UCL = \bar{r} + \frac{3d_3}{d_2}\bar{r} = (1 + \frac{3d_3}{d_2})\bar{r}$$

$$LCL = \bar{r} - \frac{3d_3}{d_2}\bar{r} = (1 - \frac{3d_3}{d_2})\bar{r}$$

令 $D_3 = 1 - 3d_3/d_2$，$D_4 = 1 + 3d_3/d_2$，得到如下定义。

R 控制图

R 控制图的中心线和上下控制限为

$$
\begin{aligned}
UCL &= D_4 \bar{r} \\
CL &= \bar{r} \\
LCL &= D_3 \bar{r}
\end{aligned}
\qquad (8\text{—}8)
$$

式中，$\bar{r}$ 为样本平均极差，不同样本量的 D_3，D_4 在附录 A 表 Ⅶ 中给出。

当预备样本用来构建控制图的界限时，这些界限通常被看成试用值。因此，m 个样本均值和极差应当表示在恰当的图上，超出控制限的点就要对其考查。如果发现了这些点的非机遇因素，就要消除这些非机遇因素，然后决定控制图新的控制限。这样，过程最终落入统计控制中，并能评估它的内在能力。从而可以预料到过程集中或者分散的其他变化。如果过程变异随着时间变化不是固定不变的，计算的 $\overline{X}$ 图的控制限容易产生误导，所以我们经常首先就研究 R 图。

例 8—1

一种喷气式飞机发动机的零件由一个熔模铸造过程制造。铸件上的叶片槽是该零件的一个重要功能参数。我们将说明用 $\overline{X}$ 图和 R 图来评价过程的统计平稳性。表 8—1 列出了的 20 个样本，每个样本 5 个观察值。表中的数据表示小数点的最后三位；例如，31.6 应该是 0.5316 英寸。

数量 $\overline{\overline{x}}=33.32$ 和 $\overline{r}=5.8$ 列在表 8—1 的底部。样本量为 5 的 A_2 值为 $A_2=0.577$。从而 $\overline{X}$ 图试用的控制界限为：

$$\overline{\overline{x}} \pm A_2 \overline{r} = 33.32 \pm (0.577)(5.8) = 33.32 \pm 3.35$$

即

$$UCL = 36.67$$
$$LCL = 29.97$$

对于 R 图，试用的控制限为：

$$UCL = D_4 \overline{r} = (2.115)(5.8) = 12.27$$
$$LCL = D_3 \overline{r} = (0)(5.8) = 0$$

表 8—1   叶片槽测量

样本	x_1	x_2	x_3	x_4	x_5	x	r
1	33	29	31	32	33	31.6	4
2	33	31	35	37	31	33.4	6
3	35	37	33	34	36	35.0	4
4	30	31	33	34	33	32.2	4
5	33	34	35	33	34	33.8	2
6	38	37	39	40	38	38.4	3
7	30	31	32	34	31	31.6	4
8	29	39	38	39	39	36.8	10
9	28	33	35	36	43	35.0	15
10	38	33	32	35	32	34.0	6
11	28	30	28	32	31	29.8	4
12	31	35	35	35	34	34.0	4
13	27	32	34	35	37	33.0	10
14	33	33	35	37	36	34.4	4
15	35	37	32	35	39	35.6	7
16	33	33	27	31	30	30.8	6
17	35	34	34	30	32	33.0	5
18	32	33	30	30	33	31.6	3
19	25	27	34	27	28	28.2	9
20	35	35	36	33	30	33.8	6
						$\overline{\overline{x}}=33.32$	$\overline{r}=5.8$

试用控制限的 $\overline{X}$ 图和 R 图见表 8—8。注意到 $\overline{X}$ 图中样本 6，8，11，19 在控制之外，R 图中样本 9 在控制之外（这些点都标记为 1，因为它们违反了 Western Electric 规则第 1 条）。假设在蜡模区域，所有这些非机遇因素都可以由失效工具来反映。我们应该忽略这五个样本，然后重新计算 $\overline{X}$ 图和 R 图的限。对于 $\overline{X}$ 图，修正的限是：

$$UCL = \overline{\overline{x}} + A_2 \overline{r} = 33.21 + (0.577)(5.0) = 36.10$$
$$LCL = \overline{\overline{x}} - A_2 \overline{r} = 33.21 - (0.577)(5.0) = 30.33$$

对于 R 图，修正的限是：

$$UCL = D_4 \overline{r} = (2.115)(5.0) = 10.57$$

$$LCL = D_3\bar{r} = (0)(5.0) = 0$$

修正的控制图见图 8—9。注意到我们将 20 个预备样本看成是估计数据，用它来建立了控制限。

实践解释： 该控制限可用来判断将来产品的统计控制状态。当得到每一个新的样本时，计算出 $\bar{x}$ 和 r 的值，并标注在控制图上。即使过程仍旧平稳，周期性地修正控制限是必需的，当过程得到改进时，控制限应一直被修正。

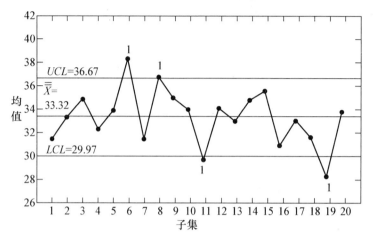

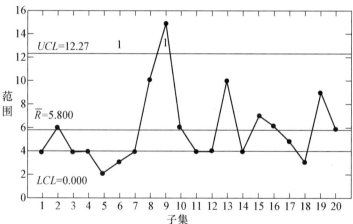

图 8—8 叶片槽的 $\bar{X}$ 和 R 图

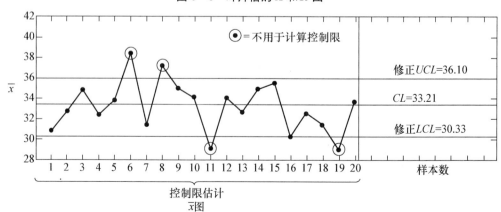

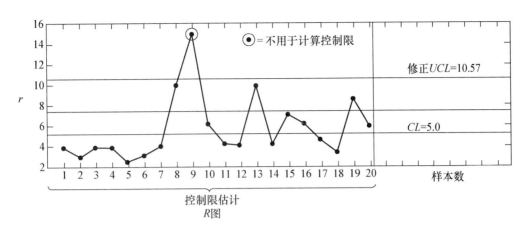

图 8—9 叶片槽的 $\overline{X}$ 和 R 图，修正限

计算机建立 $\overline{X}$ 和 R 控制图

许多计算程序可建立 $\overline{X}$ 和 R 控制图。图 8—8 和 8—9 给出了例 8—1 叶片槽数据类似于 Minitab 生成的图形。该程序允许用户选取西格玛的任意倍数作为控制限的宽度，并利用 Western Electric 规则检测失控的点。程序也提供如表 8—2 的总结报表，将子集从控制限计算中排除。

表 8—2 例 8—1 叶片槽数据的 Minitab 总结报表

Test Results for Xbar Chart
TEST 1. One point more than 3.00 sigmas from center line.
Test Faild at points：6 8 11 19

Test Results for R chart
TEST 1. One point more than 3.00 sigmas from center line.
Test Failed at points：9

练 习

8—1 使用一种挤压模生产铝棒。棒的直径是重要的质量特性。下表是三种铝棒各 20 个样本的样本值。棒的规格是 0.403 0±0.001 0 英寸。所给的值为测量值的最后两位数字，如 36 对应读数 0.403 6。

样本	观察值			样本	观察值		
	1	2	3		1	2	3
1	36	33	34	11	20	30	33
2	30	34	31	12	30	32	38
3	33	32	29	13	34	35	30
4	35	30	34	14	36	39	37
5	33	31	33	15	38	33	34
6	32	34	33	16	33	43	35
7	27	36	35	17	36	39	37
8	32	36	41	18	35	34	31
9	32	33	39	19	36	33	37
10	36	40	37	20	34	33	31

（a）使用所有数据，求出 $\overline{X}$ 和 R 图的试验控制限，绘制图形并标出数据。

（b）利用（a）的试验控制限确定超出控制的点，如有必要，对控制限进行修正，假如在控制限以外的点能够删除。

8—2 以 1 小时的间隔从某过程中抽取样本量为 5 的 25 个样本，得到如下数据：

$$\sum_{i=1}^{25} \overline{x}_i = 362.75 \qquad \sum_{i=1}^{25} r_i = 8.60$$

（a）求 $\overline{X}$ 和 R 图的试验控制限。

（b）假设过程在控制状态，估计过程均值和标准差。

8—3 用 $\overline{X}$ 和 R 图来监测膝关节置换手术设备的歪轮的总长度。下表给出了样本量为 4 的 20 个样本数据。（观测值是 2.00mm 的小数部分，如 15 即 2.15mm。）

样本	观察值				样本	观察值			
	1	2	3	4		1	2	3	4
1	16	18	15	13	11	14	14	15	13
2	16	15	17	16	12	15	13	15	16
3	15	16	20	16	13	13	17	16	15
4	14	16	14	12	14	11	14	14	21
5	14	15	13	14	15	14	15	14	13
6	16	14	16	14	16	15	16	16	14
7	16	16	14	14	17	14	16	19	16
8	17	13	17	16	18	14	13	14	19
9	15	11	13	16	19	17	19	17	13
10	15	18	14	13	20	12	15	12	17

（a）使用所有数据，求出 $\bar{X}$ 和 R 图的试验控制限，绘制图形并标出数据。

（b）使用（a）的试验控制限确定超出控制的点。如有必要，对控制限进行修正，假设在控制限之外的点都能删除。

8—4 每小时从某过程收集样本量 $n=6$ 的样本。当收集到 20 个样本后，计算得 $\bar{\bar{x}}=20.0$，$\bar{r}/d_2=1.4$。求 $\bar{X}$ 和 R 图的试验控制限。

8—5 对某重要的质量特性建立 $\bar{X}$ 和 R 控制图。样本量 $n=5$，对 35 个预备样本分别计算 $\bar{x}$ 和 r 值。总计数据为

$$\sum_{i=1}^{35} \bar{x}_i = 7\,805 \qquad \sum_{i=1}^{35} r_i = 1\,200$$

（a）求 $\bar{X}$ 和 R 控制图的试验控制限。

（b）假设过程在控制中，估计过程均值和标准差。

8—6 金属零件的厚度是一个重要的质量特性。每个样本 5 个零件的 25 个样本厚度（英寸）数据如下。

样本	x_1	x_2	x_3	x_4	x_5
1	0.0629	0.0636	0.0640	0.0635	0.0640
2	0.0630	0.0631	0.0622	0.0625	0.0627
3	0.0628	0.0631	0.0633	0.0633	0.0630
4	0.0634	0.0630	0.0631	0.0632	0.0633
5	0.0619	0.0628	0.0630	0.0619	0.0625
6	0.0613	0.0629	0.0634	0.0625	0.0628
7	0.0630	0.0639	0.0625	0.0629	0.0627
8	0.0628	0.0627	0.0622	0.0625	0.0627
9	0.0623	0.0626	0.0633	0.0630	0.0624
10	0.0631	0.0631	0.0633	0.0631	0.0630
11	0.0635	0.0630	0.0638	0.0635	0.0633
12	0.0623	0.0630	0.0630	0.0627	0.0629
13	0.0635	0.0631	0.0630	0.0630	0.0630
14	0.0645	0.0640	0.0631	0.0640	0.0642
15	0.0619	0.0644	0.0632	0.0622	0.0635
16	0.0631	0.0627	0.0630	0.0628	0.0629
17	0.0616	0.0623	0.0631	0.0630	0.0625
18	0.0630	0.0630	0.0626	0.0629	0.0628
19	0.0636	0.0631	0.0629	0.0635	0.0634
20	0.0640	0.0635	0.0629	0.0635	0.0634
21	0.0628	0.0625	0.0616	0.0620	0.0623
22	0.0615	0.0625	0.0619	0.0619	0.0622
23	0.0630	0.0632	0.0630	0.0631	0.0630
24	0.0635	0.0629	0.0635	0.0631	0.0633
25	0.0623	0.0629	0.0630	0.0626	0.0628

（a）使用所有的数据，求出 $\bar{X}$ 和 R 控制图的试验控制限，绘出图形并标明数据。过程处于统计控制中吗？

（b）使用（a）的试验控制限确认超出控制的点。列出超出控制的点的样本序号。删除这些点并修正控制限，直到最后的图形只建立在控制状态的观察值基础上为止。

8—7 电镀槽的含铜量每天测量三次，数据报告的单位为 ppm。25 天的测量值见下表。

样本	观察值		样本	观察值	
	$\bar{x}$	r		$\bar{x}$	r
1	5.45	1.21	14	7.01	1.45
2	5.39	0.95	15	5.83	1.37
3	6.85	1.43	16	6.35	1.04
4	6.74	1.29	17	6.05	0.83
5	5.83	1.35	18	7.11	1.35
6	7.22	0.88	19	7.32	1.09
7	6.39	0.92	20	5.90	1.22
8	6.50	1.13	21	5.50	0.98
9	7.15	1.25	22	6.32	1.21
10	5.92	1.05	23	6.55	0.76
11	6.45	0.98	24	5.90	1.20
12	5.38	1.36	25	5.95	1.19
13	6.03	0.83			

（a）使用所有数据，求出 $\bar{X}$ 和 R 控制图的试验控制限，绘制图形并标明数据。过程处于统计控制中吗？

（b）如有必要，假设控制限外的所有点都能删除，对（a）的控制限进行修正。继续删除控制限

外的点并修正直到所有的点都位于控制限内为止。

8—8 将 Western Electric 规则应用于以下 $\overline{X}$ 控制图。警戒限如图所示。描述违反规则的情况。

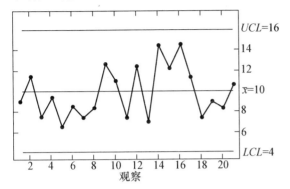

8—9 一个 $\overline{X}$ 控制图带有 3-西格玛控制极限且子集数 $n=5$ 有控制极限 $UCL=58.75$，$LCL=50.55$。

（a）估计过程的标准差。

（b）（a）中的答案是否依赖于 $\bar{r}$ 或者 $\bar{s}$ 用于构造 $\overline{X}$ 控制图。

8—10 网络流量合一帮助加强安全性问题的测度或者指出潜在的带宽缺失。网络流量数据在 http://en.wikipedia.org/wiki/Web_traffic 下收集了 25 个样本，每个样本有 4 个数据。

样本	x_1	x_2	x_3	x_4
1	163.95	164.54	163.87	165.10
2	163.30	162.85	163.18	165.10
3	163.13	165.14	162.80	163.81
4	164.08	163.43	164.03	163.77
5	165.44	163.63	163.95	164.78

续前表

样本	x_1	x_2	x_3	x_4
6	163.83	164.14	165.22	164.91
7	162.94	163.64	162.30	163.78
8	164.97	163.68	164.73	162.32
9	165.04	164.06	164.40	163.69
10	164.74	163.74	165.10	164.32
11	164.72	165.75	163.07	163.84
12	164.25	162.72	163.25	164.14
13	164.71	162.63	165.07	162.59
14	166.61	167.07	167.41	166.10
15	165.23	163.40	164.94	163.74
16	164.27	163.42	164.73	164.88
17	163.59	164.84	164.45	164.12
18	164.90	164.20	164.32	162.98
19	163.98	163.53	163.34	163.82
20	164.08	164.33	162.38	164.08
21	165.71	162.63	164.42	165.27
22	164.03	163.36	164.55	165.77
23	160.52	161.68	161.18	161.33
24	164.22	164.27	161.35	165.12
25	163.93	163.96	165.05	164.52

（a）利用所有的数据确定 $\overline{X}$ 的试验控制极限和 R 图，构造图表并绘制数据。

（b）利用（a）中的试验控制极限识别失控点。如果必要，修正你的控制极限，假设任意样本绘制出控制极限的都可以被排除。

8—11 考虑练习 8—3 中的数据。计算所有 80 个测度的样本标准差，比较这个结果和你从修正的 $\overline{X}$ 和 R 图中得到的 σ 的估计。解释不同之处。

8.4 个体度量的控制图

在很多情况下，过程控制使用的样本量为 $n=1$；也即样本由一个单位组成。这种情况的一些例子如下：

1. 使用自动检测和测量方法，并且生产出的每一个单位都要被分析。

2. 生产率非常低，分析之前不便积累 $n>1$ 的样本。

3. 过程重复测量的差异仅仅因为实验室或者分析误差，比如在很多化学过程中。

4. 在制造过程中，比如纸张制造，对某些参数如转轴纵向的底漆厚度的测量区别很小，并且如果目标是控制沿着转轴横向方向的底漆厚度，则得到的标准差非常小。

在这些情况下，个体控制图就非常有用。个体控制图使用两个连续观测的移动极差来估计过程的波动。移动极差定义为 $MR_i = |X_i - X_{i-1}|$。也可以对移动极差建立控制图。这类控制图的参数定义如下：

个体控制图

个体控制图的中心线、上下控制界限分别是：

$$UCL = \bar{x} + 3\,\frac{\overline{mr}}{d_2}$$
$$CL = \bar{x}$$
$$LCL = \bar{x} - 3\,\frac{\overline{mr}}{d_2}$$

(8—9)

移动极差控制图的中心线、上下控制界限分别是：

$$UCL = D_4\,\overline{mr}$$
$$CL = \overline{mr}$$
$$LCL = D_3\,\overline{mr}$$

因子 d_2，D_3 和 D_4 见附录表 Ⅶ。

下例说明了这一程序。

例 8—2

表 8—3 是一个化学过程产出浓度的 20 个观察值。观察值以每小时间隔抽取。如果有几个观察值在同一时间抽取，观察浓度数据差异仅仅是因为测量误差。因为测量误差很小，所以每小时只抽取一个观察值。

表 8—3 化学过程浓度测量

观察值	浓度 x	移动极差 mr
1	102	
2	94.8	7.2
3	98.3	3.5
4	98.4	0.1
5	102	3.6
6	98.5	3.5
7	99	0.5
8	97.7	1.3
9	100	2.3
10	98.1	1.9
11	101.3	3.2
12	98.7	2.6
13	101.1	2.4
14	98.4	2.7
15	97	1.4
16	96.7	0.3
17	100.3	3.6
18	101.4	1.1
19	97.2	4.2
20	101	3.8

要建立个体控制图，注意到 20 个观察浓度的样本平均是 $\bar{x}=99.1$，两个观察值的移动极差见表 8—3 的最后一列。19 个移动极差的平均是 $\overline{mr}=2.59$。要建立移动极差图，我们注意到 $n=2$ 时，$D_3=0$，$D_4=3.267$。因此，移动极差图有中心线 $\overline{mr}=2.59$，$LCL=0$，$UCL=D_4\overline{mr}=(3.267)(2.59)=8.46$。见图 8—10 靠下的控制图。该控制图由 Minitab 建立。因为没有点超出上控制限，所以就可以建立个体浓度测量的控制图。如果使用 $n=2$ 的移动极差，则 $d_2=1.128$。由表 8—3 的数据，得到：

$$UCL=\bar{x}+3\,\frac{\overline{mr}}{d_2}=99.1+3\,\frac{2.59}{1.128}=105.99$$

$$CL=\bar{x}=99.1$$

$$LCL=\bar{x}-3\,\frac{\overline{mr}}{d_2}=99.1-3\,\frac{2.59}{1.128}=92.21$$

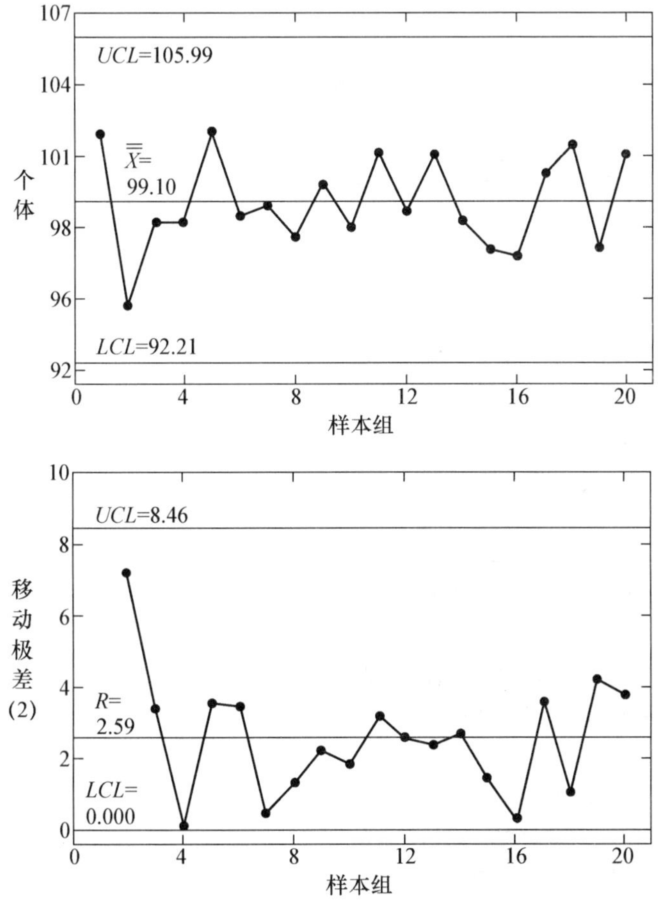

图 8—10 例 8—2 化学过程浓度数据个体控制图和移动极差控制图（Minitab)

个体浓度测量的控制图见图 8—10 靠上的控制图。没有点显示超出控制条件。

实践解释： 这里没有失控的显示。可以使用这些控制限监控未来生产。

个体控制图解释同 $\bar{X}$ 图解释很类似，过程平均的改变将导致一个点（或几个点）超出控制限或者中心线的一边出现游程的图样。

在解释移动极差图的图样的时候，有一些地方需要注意。移动极差间是相关的，这种相关经常引起图形上产生一个游程或者循环的图样。虽然个体测量假设是不相关的，但是个体控制图上任何形式的图样都要进行仔细研究。

个体控制图对于过程均值很小的改变非常敏感。例如，如果均值改变的大小是一个标准差，检测出这一改变的点的平均数量是 43.9。该结果见本章后面的内容。虽然个体控制图的绩效对于大的改变比较好，但在很多情况下，所关心的改变并不大，这就需要更迅速地改变检测。在这种情况下，**推荐使用积累总和控制图或指数加权移动平均图**（Montgomery，2001b）。

有人建议在个体图上使用比 3 倍标准差更窄的界限来提高它检测小的过程改变的能力。这种建议是非常危险的，因为更窄的界限将大幅度增加错误警告，使得控制图被忽略而变得无效。如果关心的是小的改变，可使用上面提到的积累总和或者指数加权移动平均控制图。

练 习

8—12 对某合金进行 20 次连续的测量，数据见下表。

观察值	硬度	观察值	硬度
1	51	11	51
2	57	12	57
3	53	13	58
4	55	14	50
5	55	15	53
6	51	16	52
7	52	17	54
8	50	18	50
9	51	19	56
10	56	20	53

（a）使用所有数据，计算个体观测图和移动极差 $n=2$ 图的试用控制限。绘出图形并在图上标明数据。确定过程是否在统计控制中。如果不在，假设非机遇因素能够查出从而消除这些样本，试对控制限进行修正。

（b）对控制中过程估计过程均值和标准差。

8—13 在半导体生产过程中，对将近两周的 30 个晶片测量 CVD 金属厚度。数据见下表。

晶片	x	晶片	x
1	16.8	9	15.0
2	14.9	10	15.7
3	18.3	11	17.1
4	16.5	12	15.9
5	17.1	13	16.4
6	17.4	14	15.8
7	15.9	15	15.4
8	14.4	16	15.4

续前表

晶片	x	晶片	x
17	14.3	24	14.7
18	16.1	25	17.9
19	15.8	26	14.8
20	15.9	27	17.0
21	15.2	28	16.2
22	16.7	29	15.6
23	15.2	30	16.3

（a）使用所有数据，计算个体观测图和移动极差图的试用控制限。绘出图形并在图上标明数据。确定过程是否在统计控制中。如果不在，假设非机遇因素能够查出从而消除这些样本，试对控制限进行修正。

（b）对控制中过程估计过程均值和标准差。

8—14 使用一种自动化传感器以连续序测量孔的直径。25 个孔的测量数据如下。

样本	直径	样本	直径
1	9.94	14	9.99
2	9.93	15	10.12
3	10.09	16	9.81
4	9.98	17	9.73
5	10.11	18	10.14
6	9.99	19	9.96
7	10.11	20	10.06
8	9.84	21	10.11
9	9.82	22	9.95
10	10.38	23	9.92
11	9.78	24	10.12
12	10.41	25	9.85
13	10.36		

（a）使用所有数据，计算个体观测图和移动极差 $n=2$ 图的试用控制限。绘出图形并在图上标明数据。确定过程是否在统计控制中。如果不在，假设非机遇因素能够查出从而消除这些样本，试对控制限进行修正。

（b）对控制中过程估计过程均值和标准差。

8—15　每小时测量化学媒介的黏性。各有一个观测的 20 个样本如下：

样本	黏性	样本	黏性
1	378	11	462
2	438	12	502
3	487	13	449
4	515	14	470
5	485	15	501
6	474	16	470
7	486	17	512
8	548	18	530
9	502	19	462
10	440	20	491

（a）使用所有数据，计算个体观测图和移动极差 $n=2$ 图的试用控制限。绘出图形并在图上标明数据。确定过程是否在统计控制中。如果不在，假设非机遇因素能够查出从而消除这些样本，试对控制限进行修正。

（b）对控制中过程估计过程均值和标准差。

8—16　*Quality Engineering*（1991—1992，Vol.4（1））分析了下表中的数据。原料的平均部分尺寸从 25 个连续的样本中取得。

观察值	大小	观察值	大小
1	96.1	5	95.0
2	94.4	6	120.3
3	116.2	7	104.8
4	98.8	8	88.4
9	106.8	18	72.4
10	96.8	19	87.4
11	100.9	20	96.1

续前表

观察值	大小	观察值	大小
12	117.7	21	97.1
13	115.6	22	95.7
14	100.5	23	94.2
15	103.1	24	102.4
16	93.1	25	131.9
17	93.7		

（a）利用所有的数据，计算对于单独观测值和移动范围图表的实验控制极限。构造图表，并绘制数据。判断过程是否是统计可控的。如果不是，假设非随机原因可以被发现来消除这些样本试对控制限进行修正。

（b）估计过程均值和控制过程中的标准差。

8—17　脉冲激光器分解技术是一项带有高轻度激光发送的薄膜分解技术。25 个薄膜通过这个技术被分解。薄膜的厚度在下面表中给出。

薄膜	厚度	薄膜	厚度
1	28	14	40
2	45	15	46
3	34	16	59
4	29	17	20
5	37	18	33
6	52	19	56
7	29	20	49
8	51	21	21
9	23	22	62
10	35	23	34
11	47	24	31
12	50	25	98
13	32		

（a）利用所有的数据，计算独立观察值和移动范围图表的实验控制限。确定过程是否在统计控制中。如果不在，假设非机遇因素能够查出从而消除这些样本，试对控制限进行修正。

（b）对控制中过程估计过程均值和标准差。

8.5　过程能力

知道一些关于过程**能力**（capability）的信息——即当过程在控制状态下工作时的绩效——是很有必要的。有两种图形工具，**公差图**（tolerance chart）（或列图）和

　　柱状图（histogram），对评估过程能力很有帮助。叶片槽生产过程的 20 个数据的公差图见图 8—11。叶片槽的规格是 0.5030±0.0010 英寸。根据编码数据，上规格界限是 USL＝40，下规格界限是 LSL＝20，界限见图 8—11。各测量都表示在图上。源于同一子集的测量用一条直线连接起来。公差图对显示个体测量中随时间变化的图样很有效，或者它可以显示由一个或者两个异常观察值引起的 $\bar{x}$ 或者 r 的特殊值。例如，注意样本 9 的两个异常观察值和样本 8 的一个异常观察值。也注意到在公差图上标出规格限是很恰当的，因为该图是个体测量的控制图。在控制图上标出规格控制限或者使用规格来决定控制限都是不恰当的。规格限和控制限是不相干的。最后，注意到图 8—11 的过程在偏离规格尺度 30（或 0.5030 英寸）的地方进行。

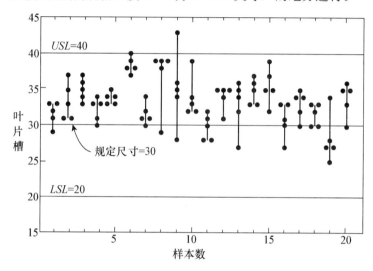

图 8—11　叶片槽数据公差图

　　叶片槽数据的柱状图见图 8—12，样本观察值 6，8，9，11，19（$\bar{X}$ 或 R 图中相应的超出控制的点）已经从柱状图上删除。观察柱状图可得，虽然过程能够满足规格需求，但在偏离中心的地方进行。

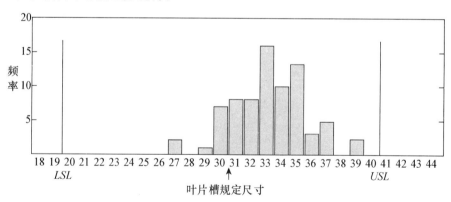

图 8—12　叶片槽柱状图

　　表示过程能力的另一个办法是根据如下定义的指数。

　　过程能力比 C_p 为：

$$C_p = \frac{USL - LSL}{6\sigma} \tag{8—10}$$

C_p 的分子是规格宽度。过程两边的 3-西格玛限有时称为 **自然公差限**（natural tolerance limits），因为这代表控制中的过程能够满足多数产品的一个界限。因此，六西格玛通常认为是过程的宽度。对叶片槽数据，样本量是 5，σ 的估计为：

$$\hat{\sigma} = \frac{\bar{r}}{d_2} = \frac{5.0}{2.326} = 2.15$$

因此，C_p 的估计为：

$$\hat{C}_p = \frac{USL - LSL}{6\hat{\sigma}} = \frac{40 - 20}{6(2.15)} = 1.55$$

过程能力比（C_p）一个很自然的解释是：（$1/C_p$）100 表示过程所用的规格宽度的百分比。因此，叶片槽过程用了近似（$1/1.55$）100=64.5% 的规格宽度。

图 8—13（a）给出了 C_p 超过 1 的过程图示。因为过程的自然容忍限位于规格内，所以生产的次品很少。如果 $C_p = 1$，如图 8—13（b），有更多的次品出现。事实上，对于一个正态分布过程，如果 $C_p = 1$，次品率是 0.27%，或每一百万个产品中有 2 700 件次品。最后，当 C_p 比 1 小时，如图 8—13（c），过程就非常敏感，将生产大量的次品。

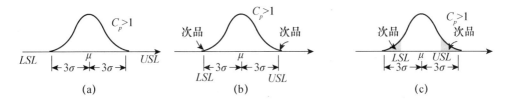

图 8—13 过程次品与过程能力 C_p

式（8—10）给出的 C_p 的定义暗含了假设过程集中在规格尺度。如果过程在中心外进行，它的 **实际能力**（potential capability）要比由 C_p 显示的能力小。将 C_p 看作是 **潜在能力**（actual capability）的测量是很方便的，潜在能力也就是中心过程的能力。如果过程不在中心，则通常使用实际能力的度量。比值 C_{pk} 定义如下：

过程能力比 C_{pk} 为

$$C_{pk} = \min\left[\frac{USL - \mu}{3\sigma}, \frac{\mu - LSL}{3\sigma}\right] \tag{8—11}$$

实际上，C_{pk} 是一个单边过程能力比，由离过程均值最近的规格限计算而得。对于叶片槽过程，求出过程能力比 C_{pk} 的估计为：

$$\hat{C}_{pk} = \min\left[\frac{USL - \bar{x}}{3\hat{\sigma}}, \frac{\bar{x} - LSL}{3\hat{\sigma}}\right] = \min\left[\frac{40 - 33.21}{3(2.15)} = 1.06, \frac{33.21 - 20}{3(2.15)} = 2.04\right]$$
$$= 1.06$$

注意到如果 $C_p = C_{pk}$，过程就集中在规格尺度。对叶片槽过程，因为 $\hat{C}_{pk} = 1.06$ 而 $C_p = 1.55$，所以过程显然偏离中心，正如图 8—11 和图 8—12 中所提到的一样。偏离中心操作最终由大型蜡状机跟踪。改变这些加工就会促使过程固有的改进（Montgomery，2001b）。

位于下规格限下方和上规格限上方的次品率（或不合格品率）通常都是我们所关心的。假设一个统计控制下的正态分布过程的次品产出记为 X。次品率由以下决定：

$$P(X<LSL)=P(Z<(LSL-\mu)/\sigma)$$
$$P(X>USL)=P(Z>(USL-\mu)/\sigma)$$

例 8—3

一个电子生产过程，当前规格是 100 ± 10 千安培。过程均值 μ 和标准差 σ 分别是 107.0 和 1.5。因此，

$$\hat{C}_p=(110-90)/(6\cdot1.5)=2.22$$
$$\hat{C}_{pk}=(110-107)/(3\cdot1.5)=0.67$$

小的 C_{pk} 表示过程可能在规格限以外进行。由附录 A 表 I 的正态分布得：

$$P(X<LSL)=P(Z<(90-107)/1.5)=P(Z<-11.33)=0$$
$$P(X>USL)=P(Z>(110-107)/1.5)=P(Z<2)=0.023$$

实践解释：对于这个例子，超过 USL 相对较大的概率是该临界下潜在问题的一个警示，即使在预备样本中没有观察值超过这一界限。

要强调的是，次品率的计算假设了观察值是正态分布的且过程处于控制状态。脱离正态性将严重影响其结果。该计算可当作过程绩效的一个近似参考。μ 和 σ 需要由数据来估计，小的样本导致低劣的进一步恶化计算的估计。

Montgomery（2009b）提供了 C_p 以及与 C_p 相关的统计控制中的正态分布过程的不合格品率。对于强大、安全或者关键的特性，很多美国公司采用 $C_p=1.33$ 作为最小的可接受目标和 $C_p=1.66$ 作为最大的可接受目标。一些公司需要内部过程和在供应商的内部过程实现 $C_p=2.0$。图 8—14 说明了 $C_p=C_{pk}$ 的过程，假设是正态分布，计算出来的过程的不合格品率为每 100 万 0.0018 个。$C_p=2.0$ 的过程被认为是**六西格玛过程**（six-sigma process），因为过程均值与最近的规格间的距离是六个标准差。需要如此大过程能力的理由是因为很难长时期保持过程均值在规格中心。证明六西格玛过程重要性的一个通用模型在图 8—14 中有所说明，如果过程均值离开中心 1.5 倍标准差，C_{pk} 降到 $4.5\sigma/3\sigma=1.5$。假设是一个正态分布过程，改变后的过程的不合格品率是**每一百万 3.4 件**（3.4 parts per million）。因此，六西格玛过程的均值可以从规格中心改变 1.5 倍标准差并能保持每一百万 3.4 件的不合格品率。

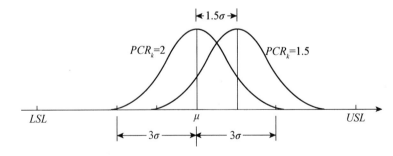

图 8—14　六西格玛过程均值改变 1.5 倍标准差

再次强调过程能力的计算只对平稳过程有意义；也即在控制中的过程。过程能力比显示了过程中的自然或者机遇波动相对于规格来讲是否可接受。

练 习

8—18 正态分布过程的六倍标准差使用规格界的 85%。它的中心在规定的尺度，位于上下规格限之间。

（a）估计比值 C_p 和 C_{pk} 并给出解释。

（b）得到什么样的不合格品率（废品率）水平。

8—19 再考虑练习 8—1。使用修正的控制限和过程估计。

（a）估计比值 C_p 和 C_{pk} 并给出解释。

（b）由该过程得到的废品率百分比是多少？

8—20 再考虑练习 8—2，其中规格限是 18.50± 0.50。

（a）关于在界限内操作过程的能力你能得出什么结论？估计产生的废品率百分比。

（b）估计比值 C_p 和 C_{pk} 并给出解释。

8—21 再考虑练习 8—3。利用过程估计值，如果规格小数部分为 15±3mm，次品率水平为多少？估计 C_p 并解释。

8—22 正态分布过程的六倍标准差使用规格界的 66.7%。它的中心在规定的尺度，位于上下规格限之间一半的位置。

（a）估计比值 C_p 和 C_{pk} 并给出解释。

（b）得到的废品率水平为多少？

8—23 再考虑练习 8—5。假设质量特性服从正态分布，规格为 300±40，废品率水平是多少？估计 C_p 和 C_{pk} 并给出解释。

8—24 再考虑练习 8—4。假设两图都显示统计控制，且过程规格为 20±5，估计比值 C_p 和 C_{pk} 并给出解释。

8—25 再考虑练习 8—7。假设规格为 6.0± 0.5，估计控制过程的比值 C_p 和 C_{pk} 并解释。

8—26 再考虑练习 8—6。过程的自然公差限是多少？

8—27 再考虑练习 8—15。过程的自然公差限是多少？

■ 8.6 计数控制图

□ 8.6.1 *P* 图（比例控制图）和 *nP* 图

通常有必要在与标准差比较的基础上将产品分为次品或合格品。这种分类经常在检修操作中为实现经济简便的目的而做出。例如，滚球轴承直径的检查是通过它是否能通过在金属模板上切下的圆孔来确定。这种测量比使用工具——比如千分尺——直接测量它的直径来得简单。计数控制图将用于这种情况。计数控制图需要的样本量通常比它所对应的度量次数大得多。在这一节里面，我们将讨论**次品率控制图**（fraction-defective control chart），即 **P 图**（P chart）。有时 P 图也叫做**不合格品率控制图**（control chart for fraction nonconforming）。

假定 D 是样本量为 n 的随机样本中的次品数量。假设 D 是带未知参数 p 的二项随机变量。将每一个样本的次品率

$$\hat{p} = \frac{D}{n}$$

标注在图上。另外，统计量 $\hat{p}$ 的方差是：

$$\sigma_{\hat{p}}^2 = \frac{p(1-p)}{p}$$

因此，次品率的 P 图将以 p 作为中心线，控制限为：

$$UCL = p + 3\sqrt{\frac{p(1-p)}{p}}$$

$$LCL = p - 3\sqrt{\frac{p(1-p)}{p}} \tag{8—12}$$

然而，真实的过程次品率通常是未知的，我们必须使用预备样本数据进行估计。

假设有 m 个样本，每个的样本量为 n，令 D_i 表示第 i 个样本的次品数量。$\hat{P}_i = D_i/n$ 就是第 i 个样本的次品率。平均次品率是：

$$\bar{P} = \frac{1}{m}\sum_{i=1}^{m}\hat{P}_i = \frac{1}{mn}\sum_{i=1}^{m}D_i \tag{8—13}$$

$\bar{P}$ 就可作为中心线和控制限计算中的 p 的一个估计。

P 图

P 图的中心线和上下控制限为：

$$UCL = \bar{p} + 3\sqrt{\frac{\bar{p}(1-\bar{p})}{\bar{p}}}$$

$$CL = \bar{p}$$

$$LCL = \bar{p} - 3\sqrt{\frac{\bar{p}(1-\bar{p})}{\bar{p}}} \tag{8—14}$$

式中，$\bar{p}$ 为平均次品率的观察值。

控制限建立在对二项分布正态近似的基础之上。当 p 很小时，正态近似就不一定正确。在这种情况下，我们使用从二项概率表直接得到的控制限。如果 $\bar{p}$ 很小，下控制限可能是一个负数。如果这种情况发生，通常将零作为下控制限。

例 8—4

假如我们想建立一个陶瓷基片生产线的次品率控制图。有 20 个预备样本，样本量都为 100；各样本的次品数量见表 8—4。假设样本以产品序号编号。注意到 $\bar{p} = (800/2\,000) = 0.40$；因此，控制图的试用参数为：

$$UCL = 0.40 + 3\sqrt{\frac{(0.40)(1-0.40)}{0.40}} = 0.55$$

$$CL = 0.40$$

$$LCL = 0.40 - 3\sqrt{\frac{(0.40)(1-0.40)}{0.40}} = 0.25$$

显示各样本次品率的控制图见图 8—15。所有样本都在控制中。如果失控，我们就要找出引起变化的非机遇原因，并据此修正界限。该图可用来控制将来的产品。

虽然过程显示在统计控制中，但其次品率（$\bar{p} = 0.40$）非常大。我们应该采取合适的步骤对过程进行调查，找出是什么原因生产了如此多的次品。要对次品进行分析以决定已有缺陷的特殊类型。一旦缺陷的类型已知了，就要调查过程的变化，从而决定它们对缺陷水平的影响。设计实验在这一方面非常有用。

表 8—4　　　　　　　　　　　样本量为 100 的集成电路样本次品数

样本	次品数	样本	次品数
1	44	11	36
2	48	12	52

续前表

样本	次品数	样本	次品数
3	32	13	35
4	50	14	41
5	29	15	42
6	31	16	30
7	46	17	46
8	52	18	38
9	44	19	26
10	48	20	30

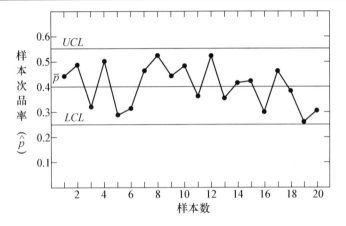

图 8—15　陶瓷基片的 P 图

计算机软件也生成 nP 图。它是次品数量 $n\hat{P}=D$ 的控制图。图中的点、中心线、控制限是相应 P 图中元素的 n 倍。nP 图的使用避免了 P 图中的分数。

---

nP 图

nP 图的中心线和上下控制限分别：

$$UCL = n\bar{p} + 3\sqrt{n\bar{p}(1-\bar{p})}$$
$$CL = n\bar{p}$$
$$UCL = n\bar{p} - 3\sqrt{n\bar{p}(1-\bar{p})}$$

式中，$\bar{p}$ 为平均次品率的观察值。

对于例 8—4 的数据，中心线是 $n\bar{p}=100(0.4)=40$，nP 图上下控制限分别是 $UCL=100(0.4)+3\sqrt{100(0.4)(0.6)}=54.70$，$LCL=100(0.4)-\sqrt{100(0.4)(0.6)}=25.30$。表 8—4 的次品数量将标在这样一张图上。

8.6.2　U 图（每单位平均缺陷数量的控制图）和 C 图

有时需要监控单位产品中的缺陷数量而不是次品率。假定针对一种布料的生产过程，有必要控制每码的缺陷数，或者在一个机翼的组装过程中，必须控制铆钉缺省的数量。很多单位缺陷情况可以通过泊松分布来模拟。

如果每个样本由 n 个单位组成，样本中总的缺陷数量有 C 个，则

$$U = \frac{C}{n}$$

就是每单位的平均缺陷数量。对于这样的数据可以建立一个 U 图。如果有 m 个样本，每个样本的缺陷数量分别为 C_1，C_2，$\cdots$，C_m，单位平均缺陷数量的估计为：

$$\overline{U} = \frac{1}{m}\sum_{i=1}^{m}U_i = \frac{1}{mn}\sum_{i=1}^{m}C_i \tag{8—15}$$

U 图的参数定义如下。

U 图

U 图的中心线和上下控制限分别是：

$$UCL = \overline{u} + 3\sqrt{\frac{\overline{u}}{n}}$$

$$CL = \overline{u}$$

$$UCL = \overline{u} - 3\sqrt{\frac{\overline{u}}{n}} \tag{8—16}$$

式中，$\overline{u}$ 是平均单位缺陷数。

如果单位缺陷数是参数为 λ 的泊松随机变量，则该分布的均值和方差均为 λ，图上的每个点都是平均缺陷数 U。因此，U 的均值是 λ，方差是 λ/n。通常 λ 是未知的，$\overline{U}$ 是 λ 的估计，用来构造控制限。

控制限建立在对泊松分布正态假设的基础上，当 λ 很小时，正态假设就不再充分了，在这种情况下，我们可以使用从泊松概率表直接得到的控制限。如果 $\overline{u}$ 很小，下限可能是一个负数，如果这种情况出现，通常将零作为下限。

例 8—5

印制电路板组装由人工组装和自动组装组成。流体焊接机器用来做导线与电路板的机械和电子连接。电路板通过流体焊接过程几乎连续地运行，为了过程控制的目的，每小时选取 5 个电路板进行检查。记录下每 5 个电路板样本中缺陷的数量。表8—5 给出了 20 个样本的数据。

表 8—5　　　　　　　　　　样本量为 5 的印制电路板样本缺陷数

样本	缺陷数	单位缺陷数	样本	缺陷数	单位缺陷数
1	6	1.2	11	9	1.8
2	4	0.8	12	15	3.0
3	8	1.6	13	8	1.6
4	10	2.0	14	10	2.0
5	9	1.8	15	8	1.6
6	12	2.4	16	2	0.4
7	16	3.2	17	7	1.4
8	2	0.4	18	1	0.2
9	3	0.6	19	7	1.4
10	10	2.0	20	13	2.6

U 图的中心线是：

$$\bar{u} = \frac{1}{20}\sum_{i=1}^{20} u_i = \frac{32}{20} = 1.6$$

上下控制限为：

$$UCL = \bar{u} + 3\sqrt{\frac{\bar{u}}{n}} = 1.6 + 3\sqrt{\frac{1.6}{5}} = 3.3$$

$$LCL = \bar{u} - 3\sqrt{\frac{\bar{u}}{n}} = 1.6 - 3\sqrt{\frac{1.6}{5}} = 0$$

控制图见图 8—16。因为 LCL 是负数，所以令其为零。

　　实践解释： 由图 8—16 可以看出过程处在控制中。然而，每 5 个电路板有 8 个缺陷太多了（8/5＝1.6 缺陷/电路板），过程还需要改进。需要对印制电路板缺陷的特殊类型进行研究。这通常是过程改进潜在的方法。

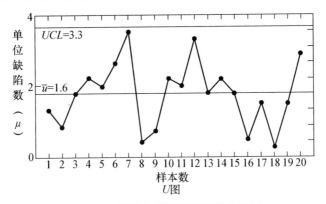

图 8—16　印制电路板单位缺陷数 U 图

　　计算机软件也提供 **C 图**（C chart）。它是样本中总的缺陷 C 的控制图。C 图的使用避免了发生在 U 图中的分数。

C 图

　　C 图的中心线和上下控制限为：

$$UCL = \bar{c} + 3\sqrt{\bar{c}}$$
$$CL = \bar{c}$$
$$LCL = \bar{c} - 3\sqrt{\bar{c}}$$

（8—17）

式中，$\bar{c}$ 表示样本中缺陷的平均数。

对于例 8—5 的数据，有

$$\bar{c} = \frac{1}{20}\sum_{i=1}^{20} c_i = \left(\frac{1}{20}\right)160 = 8$$

　　C 图的上下控制限为 $UCL = 8 + 3\sqrt{8} = 16.5$，$LCL = 8 - 3\sqrt{8} = -0.5$，令下限为 0。表 8—5 的缺陷数据将绘制在这样的一张图上。

练　习

　　8—28　假如在样本量为 100 的连续样本中查出其次品个数依次为为 6，7，3，9，6，9，4，14，3，5，6，9，6，10，6，2，8，4，8，10，10，8，7，7，7，6，14，18，13，6。

（a）使用所有数据，计算次品率控制图的试用控制限，绘出图形并标明数据。

（b）确定过程是否在统计控制中。如果不是，假设非机遇因素能够查出从而消除失控点，试对控制限进行修正。

8—29 利用注塑成型过程，某塑料公式生产可更换手机盖。成形后，手机盖送入复杂的油漆加工过程。质量控制工程师检查盖子并记录下有油漆污点的。在各含5个盖子的20个样本中，污点数量依次如下：2，1，5，5，3，3，1，3，4，5，4，4，1，5，2，2，3，1，4，4，2，1，5，3。

（a）使用所有数据，计算 U 图的试用控制限，绘出图形并标明数据。

（b）利用 U 图我们能得出过程在控制中的结论吗？如果不能，假设能够查出非机遇因素，列出这些点并修正控制限。

8—30 如下数据表示每1 000尺胶皮电线丝中的缺陷数：1，1，3，7，8，10，5，13，0，19，24，6，9，11，15，8，3，6，7，4，9，20，11，7，18，10，6，4，0，9，7，3，1，8，12。数据源

于在控制中的过程吗？

8—31 考虑练习8—23的数据，对过程建立 C 图，并与练习8—23的 U 对比，评论你的结果。

8—32 如下数据是500个焊接接缝的连续样本中有缺陷的接缝数量。

天	次品数	天	次品数	天	次品数
1	106	8	36	15	101
2	116	9	69	16	64
3	164	10	74	17	51
4	89	11	42	18	74
5	99	12	37	19	71
6	40	13	25	20	43
7	112	14	88	21	80

（a）使用所有数据，计算 P 图和 nP 图的控制限，绘出图形并标明数据。

（b）确定过程是否在统计控制中，如果不是，假设能够查出非机遇因素并删除超出控制的点，对控制限进行修正。

8.7 控制图绩效

在设计控制图时，指定控制限是需要做出的一个关键决策。通过将控制限远离中心线，我们可以减少第一类错误的风险——当没有非机遇原因存在时，一个点落在控制限外显示超出控制条件的风险。然而，增加控制限宽度将增加第二类错误的风险——过程确实超出控制而一个点落在控制限之间的风险。如果将控制限向中心线移动，就会得到相反的效应：第一类错误的风险增加，而第二类错误的风险减小。

休哈特控制图中控制限通常是在距离中心线正3倍或负3倍变量标准差的地方；即式（8—1）中常数 k 为3。这种界限叫做**3-西格玛控制限**（three-sigma control limits）。

对于样本量和抽样频率决策评价的一个方法是利用控制图的**平均游程长度**（average run length，ARL）。实际上，ARL 是不能显示超出控制条件的点的平均数。对任意的休哈特控制图，ARL 可以通过几何随机变量的均值来计算（Montgomery，2001b），即

$$ARL = \frac{1}{p} \tag{8—18}$$

式中，p 为任意点超出控制限的概率。因此，对于一个带3-西格玛界限的 $\bar{X}$ 图，$p=0.002\,7$ 是过程在控制状态下单点落在界限外的概率，所以

$$ARL = \frac{1}{p} = \frac{1}{0.002\,7} \cong 370$$

是过程在控制状态时 $\bar{X}$ 图的平均游程长度。也就是说，即使过程在控制中，在平均意义下，每370个点将产生一个超出控制的信号。

考虑前面讨论的活塞环过程，假设每小时抽样。因此，在平均意义下，每大约

370 个小时就会有一次**错误警报**（false alarm）。假设使用样本量 $n=5$，并且当过程超出控制时，均值改变到 74.013 5mm。则图 8—3 中 $\overline{X}$ 落在控制限之间的概率是

$$P[73.986\,5 \leqslant 74.013\,5, \mu = 74.0135]$$
$$= P\left[\frac{73.986\,5 - 74.013\,5}{0.004\,5} \leqslant Z \leqslant \frac{74.013\,5 - 74.013\,5}{0.004\,5}\right]$$
$$= P[-6 \leqslant Z \leqslant 0] = 0.5$$

因此，式（8—17）的 p 为 0.50，超出控制的 ARL 为：

$$ARL = \frac{1}{p} = \frac{1}{0.5} = 2$$

也就是说，在平均意义下，控制图需要两个样本来检测过程改变。所以在发生改变和检测出改变之间需要两个小时（仍为平均意义下）。假设这种方法不能接受，因为平均直径为 74.013 5mm 的活塞环生产导致过多的废料成本，延误了最后的发动机组装，我们怎样来缩短检测出超出控制条件所需要的时间呢？一个方法是抽样更加频繁一些。例如，假设每半个小时抽样，平均来讲，在发生改变与检测出改变之间只需要一个小时。第二种可行的办法是增加样本量。例如，如果使用 $n=10$，图 8—3 的控制限缩小为 73.990 5 和 74.009 5。当过程均值是 74.013 5mm 时，$\overline{X}$ 落入控制限之间的概率近似为 0.1，所以 $p=0.9$，超出控制的 ARL 为：

$$ARL = \frac{1}{p} = \frac{1}{0.9} = 1.11$$

因此，大的样本允许改变的检测速度为原来的两倍。如果在改变发生一小时内检测改变非常重要，就有如下两种控制图设计：

设计 1	设计 2
样本量：$n=5$	样本量：$n=10$
抽样频率：半小时	抽样频率：一小时

表 8—6 提供了 3 倍标准差限 $\overline{X}$ 图的平均游程长度。使用 $1/p$，对样本量分别为 $n=1$ 和 $n=4$，计算了过程均值改变从 0 到 3.0σ 的平均游程长度，其中 p 是单点落在控制限外的概率。图 8—17 说明了过程均值 2σ 的改变。

表 8—6　　　　　　　　　3-西格玛限 $\overline{X}$ 图的平均游程长度（ARL）

过程改变大小	ARL $n=1$	ARL $n=4$
0	370.4	370.4
0.5σ	155.2	43.9
1.0σ	43.9	6.3
1.5σ	15.0	2.0
2.0σ	6.3	1.2
3.0σ	2.0	1.0

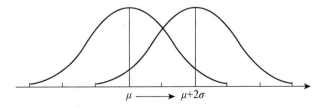

图 8—17　过程均值改变 2-西格玛

练 习

8—33 考察图 8—3 的 $\bar{X}$ 控制图。假设均值改变为 74.010mm。

(a) 在下一个样本中，检测出该改变的概率为多少？

(b) 改变后的 ARL 是多少？

8—34 一个 $\bar{X}$ 图使用样本量为 6。中心线在 100，上下 3-西格玛控制限分别为 106 和 94。

(a) 过程 σ 是多少？

(b) 假设过程均值改变为 105。求在下一个样本中，检测出该改变的概率。

(c) 求（b）检测出该改变的 ARL。

8—35 考虑 $\bar{X}$ 控制图，$\hat{\sigma} = 2.922$，$UCL = 39.34$，$LCL = 29.22$，$n = 3$。假设过程均值改变为 39.0。

(a) 在下一个样本中，检测出该改变的概率为多少？

(b) 改变后的 ARL 是多少？

8—36 考虑 $\bar{X}$ 控制图，$\bar{r} = 0.344$，$UCL = 14.708$，$LCL = 14.312$，$n = 5$。假设均值改变为 14.6。

(a) 在下一个样本中，检测出该改变的概率为多少？

(b) 改变后的 ARL 是多少？

8—37 考虑 $\bar{X}$ 控制图，$\bar{r} = 3.895$，$UCL = 17.98$，$LCL = 12.31$，$n = 4$。假设均值改变为 12.8。

(a) 在下一个样本中，检测出该改变的概率为多少？

(b) 改变后的 ARL 是多少？

8—38 考虑 $\bar{X}$ 控制图，$\hat{\sigma} = 1.40$，$UCL = 21.71$，$LCL = 18.29$，$n = 6$。假设过程均值改变为 18.5。

(a) 在下一个样本中，检测出该改变的概率为多少？

(b) 改变后的 ARL 是多少？

8—39 考虑 $\bar{X}$ 控制图，$\bar{r} = 34.286$，$UCL = 242.780$，$LCL = 203.220$，$n = 5$。假设均值改变为 210。

(a) 在下一个样本中，检测出该改变的概率为多少？

(b) 改变后的 ARL 是多少？

8—40 考虑 $\bar{X}$ 控制图，$\hat{\sigma} = 0.00024$，$UCL = 0.06331$，$LCL = 0.06266$，$n = 5$。假设过程均值改变为 0.0630。

(a) 在下一个样本中，检测出该改变的概率为多少？

(b) 改变后的 ARL 是多少？

8—41 考虑 $\bar{X}$ 控制图，$\hat{\sigma} = 0.669$，$UCL = 7.443$，$LCL = 5.125$，$n = 3$。假设过程均值改变为 6.80。

(a) 在下一个样本中，检测出该改变的概率为多少？

(b) 改变后的 ARL 是多少？

▌ 8.8 测量系统能力

工程研究的一个重要成分就是计量或检验工具在所关心系统度量中的绩效。在有测量的问题中，一部分观测变异源于被测量的实验单位，一部分由测量误差引起。有两种类型的误差与计量或测量工具相联系：**精度**（precision）和**准度**（accuracy）。两种类型的度量误差见图 8—18。目标靶心被认为是所度量特性的真实值。准度指的是平均意义下准确度量特性真实值的能力，精度反映测量内在的变异。本节描述评估度量工具或系统的一些方法。决定准度通常需要一个标准，度量特性的真实值是已知的。通常，度量系统或工具的准度特征可以通过对工具进行调整或者使用一个适当的标准曲线来调整。第 6 章的回归方法可以用来建立标准曲线。

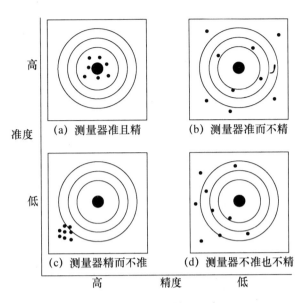

图 8—18　准度和精度概念

半导体行业某测量系统研究的数据见表 8—7。某电子工具用来测量从晶片表面沉淀涂层的过程中随机抽取的 20 张硅晶片的电阻。负责装备和操作测量工具的技师测量每张晶片两次。对 20 张晶片按照随机序测量。

一个非常简单的模型可以用来描述表 8—7 的测量值：

$$\sigma^2_{总和} = \sigma^2_{晶片} + \sigma^2_{测量器} \tag{8—19}$$

式中，$\sigma^2_{总和}$ 为观察的测量方差；$\sigma^2_{晶片}$ 为由晶片引起的总方差部分；$\sigma^2_{测量器}$ 为由计量器或者测量工具引起的总方差部分。

表 8—7　　　　　　　　　　　　**20 个硅晶片的电阻度量值**（Ohms/cm²）

晶片	度量 1	度量 2	晶片	度量 1	度量 2
1	3 712	3 710	11	3 711	3 709
2	3 680	3 683	12	3 712	3 715
3	3 697	3 700	13	3 728	3 721
4	3 671	3 668	14	3 694	3 698
5	3 692	3 689	15	3 704	3 702
6	3 688	3 690	16	3 686	3 685
7	3 691	3 694	17	3 705	3 706
8	3 696	3 710	18	3 678	3 680
9	3 705	3 709	19	3 723	3 724
10	3 678	3 681	20	3 672	3 669

图 8—19 给出了表 8—7 数据的 $\overline{X}$ 图和 R 图（来自 Minitab）。$\overline{X}$ 图显示出有很多失控的点，因为它展示的是测量工具的区别能力，即工具区别不同产品的能力。注意到这也是对一个 $\overline{X}$ 控制图稍微不同的解释。R 图直接反映测量误差的大小，因为极差就是用同一度量工具对同一晶片测量的差别。R 图在控制中，表示在得到一致测量上操作没有遇到任何困难。也没有显示出测量的变异随着时间增长。R 图上的失控点或图样可以表示操作/测量工具组合在得出一致测量上遇到了一些困难。

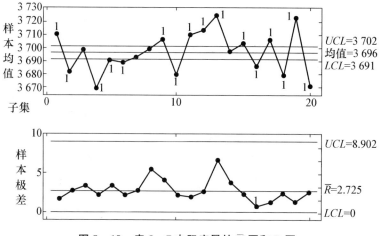

图 8—19　表 8—7 电阻度量的 $\bar{X}$ 图和 R 图

　　我们也可以将表 8—7 研究的测量系统看作一个把零件当作处理的**单因素完全随机化实验**（single-factor completely randomized experiment）。回想 5.8 节所述，方差分析（ANOVA）可以用来分析这类实验的数据。单因子实验的 ANOVA 模型是：

$$Y_{ij}=\mu+\tau_i+\varepsilon_{ij}\begin{cases}i=1,2,\cdots,a\\j=1,2,\cdots,n\end{cases} \tag{8—20}$$

这里我们有 $a=20$ 张晶片，$n=2$ 次重复实验。在式（8—20）中，τ_i 是处理的效应；这里是第 i 个零件的效应，随机误差成分 ε_{ij} 表示测量工具的变异。因此 ε_{ij} 的方差是 $\sigma_{测量器}^2$。因为该研究中使用的晶片是随机选取，所以处理的效应 τ_i 是随机变量，且它们的方差是 $\sigma_{晶片}^2$。表 8—7 数据的 Minitab 方差分析（ANOVA）总结在表 8—8 中。注意到晶片的 F 统计量是显著的，表明该研究中使用的零件没有差别。

表 8—8　　　　　　　　　　　　　　　　　　ANOVA 结果

方差分析

来源	DF	SS	MS	F	P
晶片	19	9 781.28	514.80	102.45	0.000
误差	20	100.50	5.02		
总和	39	9 881.77			

　　因为实验中处理的效应是随机的，所以可以用 ANOVA 结果来估计 $\sigma_{测量器}^2$ 和 $\sigma_{晶片}^2$。即（更多细节参见 Montgomery（2001a））。

$$E(MS_{晶片})=\sigma_{计量器}^2+n\sigma_{晶片}^2$$
$$E(MS_{误差})=\sigma_{计量器}^2 \tag{8—21}$$

我们可以用均方的计算值代替式（8—21）中的期望值，然后求解两方差 $\sigma_{测量器}^2$ 和 $\sigma_{晶片}^2$ 的估计的方程组。得到：

$$514.80=\hat{\sigma}_{测量器}^2+2\hat{\sigma}_{晶片}^2$$
$$5.02=\hat{\sigma}_{测量器}^2$$

求解结果为：

$$\hat{\sigma}_{测量器}^2=5.02$$
$$\hat{\sigma}_{晶片}^2=\frac{514.80-\hat{\sigma}_{测量器}^2}{2}=\frac{514.80-5.02}{2}=254.89$$

注意到测量系统的变异 $\sigma^2_{测量器}$ 比起晶片变异来说相当小。这是很令人满意的情形。

ANOVA 方法是评价测量系统非常有用的方法。它能够延伸到更加复杂类型的实验。表 8—9 给出了度量硅晶片电阻的拓展研究。在原来研究中，20 个晶片在第一个班次测量，这个班次的操作员负责测量工具的设置和操作。在拓展研究中，20 个晶片在另外两个班次里测量，每个班次的操作员负责测量工具的设置和操作。

表 8—9 　　　　　　　　　　**20 个硅晶片的电阻测量**（ohms/cm^2），**拓展研究**

晶片	班次 1		班次 2		班次 3	
	测量 1	测量 2	测量 1	测量 2	测量 1	测量 2
1	3 712	3 710	3 710	3 708	3 713	3 710
2	3 680	3 683	3 775	3 679	3 681	3 682
3	3 697	3 700	3 692	3 695	3 697	3 700
4	3 671	3 668	3 666	3 664	3 671	3 669
5	3 692	3 689	3 691	3 683	3 694	3 687
6	3 688	3 690	3 683	3 687	3 687	3 689
7	3 691	3 694	3 685	3 690	3 692	3 694
8	3 696	3 710	3 688	3 695	3 695	3 701
9	3 705	3 709	3 697	3 704	3 704	3 709
10	3 678	3 681	3 677	3 676	3 679	3 680
11	3 711	3 709	3 700	3 704	3 710	3 709
12	3 712	3 715	3 702	3 709	3 712	3 714
13	3 728	3 721	3 722	3 716	3 729	3 722
14	3 694	3 698	3 689	3 695	3 694	3 698
15	3 704	3 702	3 696	3 697	3 704	3 703
16	3 686	3 685	3 681	3 683	3 687	3 684
17	3 705	3 706	3 699	3 701	3 704	3 707
18	3 678	3 680	3 676	3 676	3 677	3 679
19	3 723	3 724	3 721	3 720	3 723	3 724
20	3 672	3 669	3 666	3 665	3 672	3 668

新的实验是两因素因子实验，零件和班次是两个设计因子。零件和班次都认为是随机因素。该实验的 ANOVA 模型是：

$$Y_{ijk} = \mu + \tau_i + \beta_j + (\tau\beta)_{ij} + \varepsilon_{ij} \quad \begin{cases} i=1,2,\cdots,20 \\ j=1,2,3 \\ k=1,2 \end{cases} \qquad (8\text{—}22)$$

式中，τ_i 为晶片的效应，方差成分是 $\sigma^2_{晶片}$；β_j 为班次效应，方差成分是 $\sigma^2_{班次}$；$(\tau\beta)_{ij}$ 为晶片和班次的交互效应，方差成分是 $\sigma^2_{S\times W}$；ε_{ijk} 为反映当一个测量工具用在同一班次同一零件上观测变异的项。与 ε_{ijk} 相联系的方差成分记为 $\sigma^2_{重复性}$，**重复性**（repeatability）是与测量工具相联系的总的变异的一个成分。测量变异的另一个成分叫做**再生性**（reproducibility），它反映了与班次相联系的变异（由工具不同的设置程序、工具随时间的改变和不同的操作员引起）。再生性方差成分是：

$$\sigma^2_{再生性} = \sigma^2_{班次} + \sigma^2_{S\times W}$$

注意到 ANOVA 模型（式（8—22））的交互作用方差包括在再生性方差中，再生性方差也包括班次间的变异。这样，用来估计测量系统重复性（R）和再生性（R）的 ANOVA 有时也叫做**重复性和再生性研究**（gauge R&R study）。

表 8—10   ANOVA：电阻对改变、晶片

Factor	Type	Levels	Value						
Shift	random	3	1	2	3				
Wafer	random	20	1	2	3	4	5	6	7
			8	9	10	11	12	13	14
			15	16	17	18	19	20	

Analysis of Variance for Resistivity

Source	DF	SS	MS	F	P
Shift	2	139.67	69.83	0.81	0.452
Wafer	19	27 526.40	1 448.76	16.84	0.000
Shift * Wafer	38	3 268.95	86.03	1.04	0.444
Error	60	4 985.84	83.10		
Total	119	35 920.87			

Source	Variance Component	Error term	Expected Mean Square for Each Term (using unrestricted model)
1 Shift	−0.405	1	(4) +2 (3) +40 (1)
2 Wafer	227.122	2	(4) +2 (3) +6 (2)
3 Shift * Wafer	1.464	3	(4) +2 (3)
4 Error	83.097	4	(4)

    7.9 节的两因子 ANOVA 程序可以用于表 8—9 的数据。Minitab 输出结果（产生于平衡的 ANOVA）见表 8—10。

    在 Minitab 分析中，我们已经指定了两个因子——晶片和班次是随机因子。Minitab 提供了与式（8—22）相联系的方差成分 $\sigma^2_{班次}$（表 8—10 中记为 1），$\sigma^2_{晶片}$（表中记为 2），$\sigma^2_{S \times W}$（表中记为 3）以及 $\sigma^2_{重复性}$（表中记为 4）的估计。方差成分的估计通过求解由均方组成的方程组得到，本质上同单因子实验做法一样。Minitab 输出结果也包括符号 1，2，3，4 所代替的方差成分的期望均方。

    现在我们估计测量器变异的两个部分，

$$\sigma^2_{测量器} = \sigma^2_{重复性} + \sigma^2_{再生性}$$

结果是 $\sigma^2_{重复性} = 83.097$，$\sigma^2_{再生性}$ 的两个成分是 $\sigma^2_{班次} = -0.405$ 和 $\sigma^2_{S \times W} = 1.464$。注意到其中一个成分的估计是负值。方差成分估计的 ANOVA 方法有时得到一个或者多个方差成分的负的估计。这通常认为是方差成分为零的证据。另外，两个因子的 F-检验显示它们不显著，这也是与 $\sigma^2_{再生性}$ 相联系的两个方差成分为零的证据。因此，所有测量器变异中唯一的显著性方差成分是产生重复性的成分，操作员在工具设置和不同班次的工作方式上是保持一致的。

练　习

    8—42　考虑表 8—7 给出的用两种测量对 20 个不同的晶片的测量数据。假设第三种测量方法 也分别测量 25 个晶片。测量数据如下：3 703，3 694，3 691，3 689，3 696，3 692，3 693，3 698，

3 694，3 697，3 693，3 698，3 694，3 694，3 700，
3 693，3 690，3 699，3 695，3 686，3 672，3 686，
3 690，3 701，3 694。

（a）在测量值的基础上，进行方差分析以确定研究中用到的零件是否存在显著差异。

（b）求 $\hat{\sigma}^2_{总和}$，$\hat{\sigma}^2_{测量器}$，$\hat{\sigma}^2_{晶片}$。

（c）测量引起的变异占总变异的百分比为多少？关于测量器的变异，有比较合意的情形吗？

8—43 过程工程师关心测量钢合金纯度的工具。为评价工具的可变性，他用同一工具对 12 个样品分别测量两次。得到的测量结果如下：

测量 1	测量 2
2.0	2.3
2.1	2.4
2.0	2.0
2.2	2.0
1.6	2.4
2.0	2.2
1.9	2.0
2.1	1.6
1.9	2.6
2.0	2.0
2.1	2.2
1.8	1.7

（a）在两次测量的基础上，进行方差分析以确定研究中使用的样品是否存在显著差异。

（b）求 $\hat{\sigma}^2_{总和}$，$\hat{\sigma}^2_{测量器}$，$\hat{\sigma}^2_{样片}$。

（c）测量因子的变异占总变异的百分比为多少？关于测量器的变异，有比较合意的情形吗？

8—44 可植入的自动除颤器是能够感知心脏不稳定信号的小装置。如果信号在几秒内不正常，装置自动调整到 650V，对病人心脏释放很强的振动，使得心跳恢复正常。厂家的质量控制部门负责检查这种组合工具的输出电压。为检查电压表的可变性，对 8 个装置分别测量两次。收集到的数据如下：

测量 1	测量 2
640.9	650.6
644.2	647.1
659.9	654.4
656.2	648.3
646.6	652.1
656.3	647.0
659.6	655.8
657.8	651.8

（a）在测量值的基础上，进行方差分析以确定研究中用到的零件是否存在显著差异。

（b）求 $\hat{\sigma}^2_{总和}$，$\hat{\sigma}^2_{测量器}$，$\hat{\sigma}^2_{装置}$。

（c）测量因子的变异占总变异的百分比为多少？评论你的结果。

8—45 考虑下面用于分析每十个部分的多测度的 Minitab ANOVA 表。

Source	DF	SS	MS	F	P
Part	9	143 186	15 910	27.72	0.000
Error	10	5 740	574		
Total	19	148 925			

（a）这十个部分有多少重复测量？

（b）估计 $\hat{\sigma}^2_{总和}$，$\hat{\sigma}^2_{测量器}$，$\hat{\sigma}^2_{装置}$

（c）测量因子的变异占总变异的百分比为多少？对于测量器的变异，有比较合意的情形吗？

8—46 考虑下面用于分析每十个部分的多测度的 Minitab ANOVA 表。

Source	DF	SS	MS	F	P
Part	9	708 642	78 738	15.71	0.000
Error	20	100 263	5 013		
Total	29	808 905			

（d）这十个部分有多少重复测量？

（e）估计 $\hat{\sigma}^2_{总和}$，$\hat{\sigma}^2_{测量器}$，$\hat{\sigma}^2_{装置}$。

（f）测量因子的变异占总变异的百分比为多少？对于测量器的变异，有比较合意的情形吗？

8—47 沥青耐压强度以 psi 为单位测量。为检验强度测量的重复性和再生性，主管质量系统的两位工程师对 8 个样品分别进行了两次测量。数据如下：

操作员 1		操作员 2	
测量 1	测量 2	测量 1	测量 2
1 501.22	1 510.00	1 505.66	1 504.74
1 498.06	1 512.40	1 504.64	1 501.82
1 506.44	1 513.54	1 499.84	1 492.95
1 496.35	1 541.54	1 502.19	1 507.04
1 502.03	1 499.46	1 503.08	1 498.43
1 499.90	1 521.83	1 515.57	1 512.84
1 500.38	1 508.20	1 510.60	1 499.60
1 498.65	1 514.64	1 503.68	1 499.60

(a) 对数据进行 ANOVA。

(b) 求 $\sigma^2_{重复性}$，$\sigma^2_{再生性}$。

(c) 评论全部度量能力的显著性。

8—48　一种手状游标卡尺用来测飞机引擎保

险丝插脚的直径。为确定测量和操作的可变性，进行重复性和再生性研究。三位操作员对 5 个活塞分别测量三次。数据如下（1—1 即操作员 1，测量 1；1—2 即操作员 1，测量 2，以此类推）：

1—1	1—2	1—3	2—1	2—2	2—3	3—1	3—2	3—3
65.03	64.42	59.89	63.59	63.41	59.10	63.45	59.99	65.13
64.09	60.60	64.98	64.70	63.11	64.33	63.73	61.69	64.43
64.53	59.65	67.57	63.87	63.99	64.27	64.27	63.98	66.00
65.57	61.68	67.03	65.89	62.41	63.71	63.71	62.74	64.11
63.98	63.84	64.08	63.90	67.38	63.41	63.41	60.59	63.35

(a) 对数据进行 ANOVA。

(b) 求 $\sigma^2_{重复性}$，$\sigma^2_{再生性}$。

(c) 评论全部度量能力的显著性。

8—49　考虑一个计量器研究，两个操作者测量 15 个部分 6 次。他们的分析结果在下面的 Minitab 中给出。

Factor	Type	Levels
Part	random	15
Operator	random	2

Factor	Values
Part	1，2，3，4，5，6，7，8，9，10，11，12，13，14，15
Operator	1，2

Analysis of Variance for Response

Source	DF	SS	MS	F	P
Part	14	2 025 337	144 667	1.61	0.193
Operator	1	661 715	661 715	7.35	0.017
Part * Operator	14	1 260 346	90 025	25.98	0.000
Error	150	519 690	3 465		
Total	179	4 467 088			

S＝58.860 9　　R—Sq＝88.37%　　R—Sq(adj)＝86.12%

	Source	Variance component	Error term	Excepted Mean Square for Each Term (using unrestricted model)
1	part	4 554	3	(4) ＋6 (3) ＋12 (1)
2	operator	6 352	3	(4) ＋6 (3) ＋90 (2)
3	part * operator	14 427	4	(4) ＋6 (3)
4	error	3 465		(4)

(a) 求 $\sigma^2_{重复性}$，$\sigma^2_{再生性}$。

(b) 评论全部度量能力的显著性。

8—50　考虑一个计量器研究，两个操作者测

量 15 个部分 5 次。他们的分析结果在下面的 Minitab 中给出。

Factor	Type	Levels			
Part	random	15			
Operator	random	2			
Factor	Values				
Part	1，2，3，4，5，6，7，8，9，10，11，12，13，14，15				
Operator	1，2				

Analysis of Variance for Response

Source	DF	SS	MS	F	P
Part	14	2 773 567	198 112	2.45	0.053
Operator	1	518 930	518 930	6.41	0.024
Part * Operator	14	1 133 722	80 980	7.80	0.000
Error	120	1 245 396	10 378		
Total	149	5 671 615			

	Source	Variance component	Error term	Excepted Mean Square for Each Term (using unrestricted model)
1	part	11 713	3	(4) ＋5 (3) ＋10 (1)
2	operator	5 839	3	(4) ＋5 (3) ＋75 (2)
3	part * operator	14 120	4	(4) ＋5 (3)
4	error	10 378		(4)

（a）求 $\sigma^2_{重复性}$，$\sigma^2_{再生性}$。

（b）评论全部度量能力的显著性.

补充练习

8—51 用于飞起引擎的保险丝插脚的直径是一个重要的质量特性。各含 3 个插脚的 25 个样本数据如下（单位：mm）。

样本	直径			样本	直径		
1	64.030	64.002	64.019	14	64.006	63.967	63.994
2	63.995	63.992	64.001	15	64.012	64.014	63.998
3	63.988	64.024	64.021	16	64.000	63.984	64.005
4	64.002	63.996	63.993	17	63.994	64.012	63.986
5	63.992	64.007	64.015	18	64.006	64.010	64.018
6	64.009	63.994	63.997	19	63.984	64.002	64.003
7	63.995	64.006	63.994	20	64.000	64.010	64.013
8	63.985	64.003	93.993	21	93.988	64.001	64.009
9	64.008	63.995	94.009	22	64.004	63.999	63.990
10	63.998	74.000	63.990	23	64.010	63.989	63.990
11	63.994	63.998	63.994	24	64.015	64.008	63.993
12	64.004	64.000	64.007	25	63.982	63.984	63.995
13	63.983	64.002	63.998				

（a）对过程建立 $\overline{X}$ 图和 R 图。如有必要，修正控制限保证没有观察值超出控制。

（b）估计过程均值和标准差。

（c）假定过程规格为 64 ± 0.02。求 C_p 的一个估计。过程满足 $C_p\geqslant1.33$ 的最小能力吗？

（d）求 C_{pk} 的一个估计。使用该比值对过程能力做出结论。

（e）要使得过程是一个六西格玛过程，方差

应该减少使得 $p_{ck}=2.0$。新的方差应为多少?

(f) 假设均值改变到 64.005。在下一个样本中将检测出这一改变的概率为多大? 改变后的 ARL 是多少?

8—52 盛装洗衣液的玻璃瓶由吹塑成形机制造。按产品时间顺序检查 $n=100$ 的 20 个样本,记录每个样本中的次品数量。数据如下:0.12, 0.15, 0.16, 0.10, 0.12, 0.11, 0.05, 0.09, 0.13, 0.13, 0.10, 0.07, 0.12, 0.08, 0.09, 0.15, 0.10, 0.06, 0.12, 0.13。

(a) 对过程建立 P 图。过程在统计控制中吗?

(b) 假设用 $n=200$ 代替 $n=100$。使用所给数据对过程建立 P 图。过程在统计控制中吗?

(c) 比较 (a) (b) 中 P 图的控制限。解释它们为什么不同,并解释你对两种样本量 n 的统计控制状态的评价为什么不同。

8—53 个人电脑的皮罩由注塑成型机制造。定期从过程抽取 5 个皮罩的样本,记下缺陷数量。25 个样本的结果如下:3, 2, 0, 1, 4, 3, 2, 4, 1, 0, 2, 3, 2, 8, 0, 2, 4, 3, 5, 0, 2, 1, 9, 3, 2。

(a) 使用所有数据,求过程 U 图的试用控制限。

(b) 利用 (a) 的试用控制限确定超出控制的点。如有必要,修正控制限。

(c) 假设样本量不为 5 而是 10。重复 (a) (b)。解释这一变化是怎样改变 (a) (b) 的答案的?

8—54 考虑练习 8—53 的数据。

(a) 使用所有数据,求过程 C 图的试用控制限。

(b) 利用 (a) 的试用控制限确定超出控制的点。如有必要,修正控制限。

(c) 假设样本量不为 5 而是 10。重复 (a) (b)。解释这一变化是怎样改变 (a) (b) 的答案的?

8—55 假设过程在控制中并使用样本量为 8 的 $\bar{X}$ 图来监控过程。意外地有 3 的均值改变。

(a) 如果对 X 图使用 3-西格玛控制限,对于连续的 3 个样本,仍不能检测出这一改变的概率为多大?

(b) 如果对 $\bar{X}$ 图使用 2-西格玛控制限,对于连续的 3 个样本,仍不能检测出这一改变的概率为多大?

(c) 比较 (a) (b) 的答案并解释为什么不同。你建议使用哪一个控制限,为什么?

8—56 考虑 3-西格玛的个体控制图。

(a) 假如过程均值发生大小为 σ 的改变。证明要检测出此改变的 ARL 是 ARL=43.9。

(b) 求要检测出过程均值发生 2-西格玛大小改变的 ARL。

(c) 求要检测过程均值 3-西格玛大小改变的 ARL。

(d) 比较 (a) (b) (c) 的答案并解释为什么检测的 ARL 随着改变大小的增加而减小。

8—57 考虑一个个体控制图,该图应用于连续 24 小时的化学过程,其观察值每隔一小时抽取。

(a) 如果控制图有 3-西格玛限,证明控制状态的 ARL=370。利用该图,平均每个月 (按 30 天计算) 有多少错误警示发生?

(b) 假设控制图是 2-西格玛限,这减小了要检测均值改变大小为 σ 的 ARL 吗 (在 3-西格玛下检测这一改变的 ARL 是 43.9)?

(c) 如果对该图使用 3-西格玛限,试求控制状态的 ARL。使用该图每月有多少错误警示发生?

8—58 键槽的深度是一项重要的零件质量特性。从生产过程每隔 4 个小时抽取样本量为 $n=5$ 的样本,得到 20 个样本如下。

样本	观测				
	1	2	3	4	5
1	139.9	138.8	139.85	141.1	139.8
2	140.7	139.3	140.55	141.6	140.1
3	140.8	139.8	140.15	141.9	139.9
4	140.6	141.1	141.05	141.2	139.6
5	139.8	138.9	140.55	141.7	139.6
6	139.8	139.2	140.55	141.2	139.4
7	140.1	138.8	139.75	141.2	138.8
8	140.3	140.6	140.65	142.5	139.9
9	140.1	139.1	139.05	140.5	139.1
10	140.3	141.1	141.25	142.6	140.9
11	138.4	138.1	139.25	140.2	138.6
12	139.4	139.1	139.15	140.3	137.8
13	138.0	137.5	138.25	141.0	140.0
14	138.0	138.1	138.65	139.5	137.8
15	141.2	140.5	141.45	142.5	141.0
16	141.2	141.0	141.95	141.9	140.1
17	140.2	140.3	141.45	142.3	139.6
18	139.6	140.3	139.55	141.7	139.4
19	136.2	137.2	137.75	138.3	137.7
20	138.8	137.7	140.05	140.8	138.9

（a）使用所有数据，求 $\overline{X}$ 图和 R 图的试用控制限。该过程在控制中吗？

（b）使用（a）的试用控制限确定超出控制的点。如有必要，修正控制限，进而估计过程标准差。

（c）假设规格为 140 ± 2。使用（b）的结果，关于过程能力你能得出什么结论？计算恰当过程能力比的估计。

（d）要使得过程为六西格玛过程，方差应该减少使得 $C_{pk}=2.0$。新的方差应为多少？

（e）假设均值改变到 139.7。在下一个样本中，将检测出这一改变的概率为多大？改变后的 ARL 是多少？

8—59　某过程由样本量为 100 的 P 图控制。图形中心线为 0.05。

（a）在改变后的第一个样本，控制图能检测出改变到 0.06 的概率为多少？

（b）在改变后的第二个样本，控制图不能检测出改变到 0.06 的概率为多少？

（c）假设均值改变到 0.08 而不是 0.06，重复（a）（b）。

（d）比较改变到 0.06 和 0.08 的答案，解释它们为何不同。并解释为什么改变到 0.08 更容易检测出来。

8—60　假设某部件的平均次品数已知为 10。如果部件的平均次品数改变到 18，在改变后的第一个样本，通过 U 图将检测出这一改变的概率是多少？

（a）如果样本量 $n=8$。

（b）如果样本量 $n=12$。

8—61　假设某部件的平均缺陷数已知为 10。如果部件的平均缺陷数改变到 14，在改变后的第一个样本，通过 U 图将检测出这一改变的概率是多少？

（a）如果样本量 $n=3$。

（b）如果样本量 $n=6$。

8—62　假如 2-西格玛限的 $\overline{X}$ 控制图用来控制某过程。求在下一个样本中将产生错误的超出控制的信号的概率。与 3-西格玛限的相应概率进行对

比并讨论。评论何时你愿意使用 2-西格玛限代替 3-西格玛限。

8—63　考虑 k-西格玛控制限的 $\overline{X}$ 控制图。当过程均值从中心改变 δ 单位时，推导一点将落入控制限外的概率的通式。

8—64　考虑练习 8—62 的 2-西格玛限 $\overline{X}$ 控制图。

（a）试求第一个样本无信号但第二个样本有信号的概率。

（b）在第三个样本中无信号的概率为多少？

8—65　假设过程 $C_p=2$，但是均值实际在上规格限以上三倍标准差。产品落在规格限外的概率为多少？

8—66　考虑第 2 章中的每年的太阳黑子数量。

（a）构造一个这些数据的样本大小为 1 的 U 图。

（b）数据是由一个可控程序生成的吗？解释原因。

8—67　下面的数据是网络上 20 个星期 1 000 个单词的拼写错误的检查。

星期	拼写错误数量	星期	拼写错误数量
1	3	11	1
2	6	12	6
3	0	13	9
4	5	14	8
5	9	15	6
6	5	16	4
7	2	17	13
8	2	18	3
9	3	19	0
10	2	20	7

（a）什么控制表最适用于这些数据？

（b）利用所有的数据，计算（a）中表的试验控制限，构造表格，绘制数据。

（c）判断过程是否统计可控的。一个不可控，假设非随机因素可以被找到并消除不可控点。调整控制极限。

团队互动

8—68　从你所感兴趣的过程获取时序数据。使用数据建立恰当的控制图并对过程的控制进行评

论。你能为改进过程提出一些建议吗？如果合适，计算过程能力的恰当度量。

本章重要术语和概念

非机遇因素	assignable cause
计数型控制图	attributes control charts
平均游程长度	average run length
C 图	C chart
机遇因素	chance cause
$\bar{X}$ 控制图	$\bar{X}$ control chart
个体控制图	control chart for individuals
控制限	control limits
次品率	fraction defective
重复性和再生性研究	gauge R&R study
测量系统能力	measurement systems capability
移动极差控制图	moving rage control chart
nP 图	nP chart
P 图	P chart
控制图图样	patterns on control charts
过程能力	process capability
过程能力 C_p	process capability ratio C_p
过程能力 C_{pk}	process capability ratio C_{pk}
R 控制图	R control chart
合理子集	rational subgroups
重复性	repeatability
再生性	reproducibility
休哈特控制图	Shewhart control charts
统计过程控制	SPC
3-西格玛控制限	three-sigma control limits
U 图	U chart
变量控制图	variables control charts
Western electric 规则	Western electric rules

附录 A　统计表与图

表 I　累积标准正态分布

$$\Phi(z) = P(Z \leqslant z) = \int_{-\infty}^{z} \frac{1}{\sqrt{2\pi}} e^{\frac{-u^2}{2}} du$$

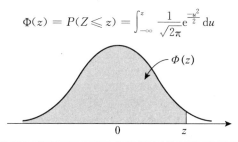

z	−0.09	−0.08	−0.07	−0.06	−0.05	−0.04	−0.03	−0.02	−0.01	−0.00	z
−3.9	0.000 033	0.000 034	0.000 036	0.000 037	0.000 039	0.000 041	0.000 042	0.000 044	0.000 046	0.000 048	−3.9
−3.8	0.000 050	0.000 052	0.000 054	0.000 057	0.000 059	0.000 062	0.000 064	0.000 067	0.000 069	0.000 072	−3.8
−3.7	0.000 075	0.000 078	0.000 082	0.000 085	0.000 088	0.000 092	0.000 096	0.000 100	0.000 104	0.000108	−3.7
−3.6	0.000 112	0.000 117	0.000 121	0.000 126	0.000 131	0.000 136	0.000 142	0.000 147	0.000 153	0.000 159	−3.6
−3.5	0.000 165	0.000 172	0.000 179	0.000 185	0.000 193	0.000 200	0.000 208	0.000 216	0.000 224	0.000 233	−3.5
−3.4	0.000 242	0.000 251	0.000 260	0.000 270	0.000 280	0.000 291	0.000 302	0.000 313	0.000 325	0.000 337	−3.4
−3.3	0.000 350	0.000 362	0.000 376	0.000 390	0.000 404	0.000 419	0.000 434	0.000 450	0.000 467	0.000 483	−3.3
−3.2	0.000 501	0.000 519	0.000 538	0.000 557	0.000 577	0.000 598	0.000 619	0.000 641	0.000 664	0.000 687	−3.2
−3.1	0.000 711	0.000 736	0.000 762	0.000 789	0.000 816	0.000 845	0.000 874	0.000 904	0.000 935	0.000 968	−3.1
−3.0	0.001 001	0.001 035	0.001 070	0.001 107	0.001 144	0.001 183	0.001 223	0.001 264	0.001 306	0.001 350	−3.0
−2.9	0.001 395	0.001 441	0.001 489	0.001 538	0.001 589	0.001 641	0.001 695	0.001 750	0.001 807	0.001 866	−2.9
−2.8	0.001 926	0.001 988	0.002 052	0.002 118	0.002 186	0.002 256	0.002 327	0.002 401	0.002 477	0.002 555	−2.8
−2.7	0.002 635	0.002 718	0.002 803	0.002 890	0.002 980	0.003 072	0.003 167	0.003 264	0.003 364	0.003 467	−2.7
−2.6	0.003 573	0.003 681	0.003 793	0.003 907	0.004 025	0.004 145	0.004 269	0.004 396	0.004 527	0.004 661	−2.6
−2.5	0.004 799	0.004 940	0.005 085	0.005 234	0.005 386	0.005 543	0.005 703	0.005 868	0.006 037	0.006 210	−2.5
−2.4	0.006 387	0.006 569	0.006 756	0.006 947	0.007 143	0.007 344	0.007 549	0.007 760	0.007 976	0.008 198	−2.4
−2.3	0.008 424	0.008 656	0.008 894	0.009 137	0.009 387	0.009 642	0.009 903	0.010 170	0.010 444	0.010 724	−2.3
−2.2	0.011 011	0.011 304	0.011 604	0.011 911	0.012 224	0.012 545	0.012 874	0.013 209	0.013 553	0.013 903	−2.2
−2.1	0.014 262	0.014 629	0.015 003	0.015 386	0.015 778	0.016 177	0.016 586	0.017 003	0.017 429	0.017 864	−2.1
−2.0	0.018 309	0.018 763	0.019 226	0.019 699	0.020 182	0.020 675	0.021 178	0.021 692	0.022 216	0.022 750	−2.0
−1.9	0.023 295	0.023 852	0.024 419	0.024 998	0.025 588	0.026 190	0.026 803	0.027 429	0.028 067	0.028 717	−1.9
−1.8	0.029 379	0.030 054	0.030 742	0.031 443	0.032 157	0.032 884	0.033 625	0.034 379	0.035 148	0.035 930	−1.8
−1.7	0.036 727	0.037 538	0.038 364	0.039 204	0.040 059	0.040 929	0.041 815	0.042 716	0.043 633	0.044 565	−1.7
−1.6	0.045 514	0.046 479	0.047 460	0.048 457	0.049 471	0.050 503	0.051 551	0.052 616	0.053 699	0.054 799	−1.6
−1.5	0.055 917	0.057 053	0.058 208	0.059 380	0.060 571	0.061 780	0.063 008	0.064 256	0.065 522	0.066 807	−1.5
−1.4	0.068 112	0.069 437	0.070 781	0.072 145	0.073 529	0.074 934	0.076 359	0.077 804	0.079 270	0.080 757	−1.4
−1.3	0.082 264	0.083 793	0.085 343	0.086 915	0.088 508	0.090 123	0.091 759	0.093 418	0.095 098	0.096 801	−1.3
−1.2	0.098 525	0.100 273	0.102 042	0.103 835	0.105 650	0.107 488	0.109 349	0.111 233	0.113 140	0.115 070	−1.2
−1.1	0.117 023	0.119 000	0.121 001	0.123 024	0.125 072	0.127 143	0.129 238	0.131 357	0.133 500	0.135 666	−1.1
−1.0	0.137 857	0.140 071	0.142 310	0.144 572	0.146 859	0.149 170	0.151 505	0.153 864	0.156 248	0.158 655	−1.0
−0.9	0.161 087	0.163 543	0.166 023	0.168 528	0.171 056	0.173 609	0.176 185	0.178 786	0.181 411	0.184 060	−0.9
−0.8	0.186 733	0.189 430	0.192 150	0.194 894	0.197 662	0.200 454	0.203 269	0.206 108	0.208 970	0.211 855	−0.8
−0.7	0.214 764	0.217 695	0.220 650	0.223 627	0.226 627	0.229 650	0.232 695	0.235 762	0.238 852	0.241 964	−0.7
−0.6	0.245 097	0.248 252	0.251 429	0.254 627	0.257 846	0.261 086	0.264 347	0.267 629	0.270 931	0.274 253	−0.6
−0.5	0.277 595	0.280 957	0.284 339	0.287 740	0.291 160	0.294 599	0.298 056	0.301 532	0.305 026	0.308 538	−0.5
−0.4	0.312 067	0.315 614	0.319 178	0.322 758	0.326 355	0.329 969	0.333 598	0.337 243	0.340 903	0.344 578	−0.4
−0.3	0.348 268	0.351 973	0.355 691	0.359 424	0.363 169	0.366 928	0.370 700	0.374 484	0.378 281	0.382 089	−0.3
−0.2	0.385 908	0.389 739	0.393 580	0.397 432	0.401 294	0.405 165	0.409 046	0.412 936	0.416 834	0.420 740	−0.2
−0.1	0.424 655	0.428 576	0.432 505	0.436 441	0.440 382	0.444 330	0.448 283	0.452 242	0.456 205	0.460 172	−0.1
0.0	0.464 144	0.468 119	0.472 097	0.476 078	0.480 061	0.484 047	0.488 033	0.492 022	0.496 011	0.500 000	0.0

表 I　累积标准正态分布（续）

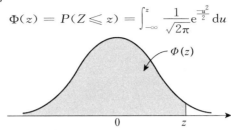

$$\Phi(z) = P(Z \leqslant z) = \int_{-\infty}^{z} \frac{1}{\sqrt{2\pi}} e^{\frac{-u^2}{2}} \, du$$

z	0.00	0.01	0.02	0.03	0.04	0.05	0.06	0.07	0.08	0.09	z
0.0	0.500 000	0.503 989	0.507 978	0.511 967	0.515 953	0.519 939	0.523 922	0.527 903	0.531 881	0.535 856	0.0
0.1	0.539 828	0.543 795	0.547 758	0.551 717	0.555 760	0.559 618	0.563 559	0.567 495	0.571 424	0.575 345	0.1
0.2	0.579 260	0.583 166	0.587 064	0.590 954	0.594 835	0.598 706	0.602 568	0.606 420	0.610 261	0.614 092	0.2
0.3	0.617 911	0.621 719	0.625 516	0.629 300	0.633 072	0.636 831	0.640 576	0.644 309	0.648 027	0.651 732	0.3
0.4	0.655 422	0.659 097	0.662 757	0.666 402	0.670 031	0.673 645	0.677 242	0.680 822	0.684 386	0.687 933	0.4
0.5	0.691 462	0.694 974	0.698 468	0.701 944	0.705 401	0.708 840	0.712 260	0.715 661	0.719 043	0.722 405	0.5
0.6	0.725 747	0.729 069	0.732 371	0.735 653	0.738 914	0.742 154	0.745 373	0.748 571	0.751 748	0.754 903	0.6
0.7	0.758 036	0.761 148	0.764 238	0.767 305	0.770 350	0.773 373	0.776 373	0.779 350	0.782 305	0.785 236	0.7
0.8	0.788 145	0.791 030	0.793 892	0.796 731	0.799 546	0.802 338	0.805 106	0.807 850	0.810 570	0.813 267	0.8
0.9	0.815 940	0.818 589	0.821 214	0.823 815	0.826 391	0.828 944	0.831 472	0.833 977	0.836 457	0.838 913	0.9
1.0	0.841 345	0.843 752	0.846 136	0.848 495	0.850 830	0.853 141	0.855 428	0.857 690	0.859 929	0.862 143	1.0
1.1	0.864 334	0.866 500	0.868 643	0.870 762	0.872 857	0.874 928	0.876 976	0.878 999	0.881 000	0.882 977	1.1
1.2	0.884 930	0.886 860	0.888 767	0.890 651	0.892 512	0.894 350	0.896 165	0.897 958	0.899 727	0.901 475	1.2
1.3	0.903 199	0.904 902	0.906 582	0.908 241	0.909 877	0.911 492	0.913 085	0.914 657	0.916 207	0.917 736	1.3
1.4	0.919 243	0.920 730	0.922 196	0.923 641	0.925 066	0.926 471	0.927 855	0.929 219	0.930 563	0.931 888	1.4
1.5	0.933 193	0.934 478	0.935 744	0.936 992	0.938 220	0.939 429	0.940 620	0.941 792	0.942 947	0.944 083	1.5
1.6	0.945 201	0.946 301	0.947 384	0.948 449	0.949 497	0.950 529	0.951 543	0.952 540	0.953 521	0.954 486	1.6
1.7	0.955 435	0.956 367	0.957 284	0.958 185	0.959 071	0.959 941	0.960 796	0.961 636	0.962 462	0.963 273	1.7
1.8	0.964 070	0.964 852	0.965 621	0.966 375	0.967 116	0.967 843	0.968 557	0.969 258	0.969 946	0.970 621	1.8
1.9	0.971 283	0.971 933	0.972 571	0.973 197	0.973 810	0.974 412	0.975 002	0.975 581	0.976 148	0.976 705	1.9
2.0	0.977 250	0.977 784	0.978 308	0.978 822	0.979 325	0.979 818	0.980 301	0.980 774	0.981 237	0.981 691	2.0
2.1	0.982 136	0.982 571	0.982 997	0.983 414	0.983 823	0.984 222	0.984 614	0.984 997	0.985 371	0.985 738	2.1
2.2	0.986 097	0.986 447	0.986 791	0.987 126	0.987 455	0.987 776	0.988 089	0.988 396	0.988 696	0.988 989	2.2
2.3	0.989 276	0.989 556	0.989 830	0.990 097	0.990 358	0.990 613	0.990 863	0.991 106	0.991 344	0.991 576	2.3
2.4	0.991 802	0.992 024	0.992 240	0.992 451	0.992 656	0.992 857	0.993 053	0.993 244	0.993 431	0.993 613	2.4
2.5	0.993 790	0.993 963	0.994 132	0.994 297	0.994 457	0.994 614	0.994 766	0.994 915	0.995 060	0.995 201	2.5
2.6	0.995 339	0.995 473	0.995 604	0.995 731	0.995 855	0.995 975	0.996 093	0.996 207	0.996 319	0.996 427	2.6
2.7	0.996 533	0.996 636	0.996 736	0.996 833	0.996 928	0.997 020	0.997 110	0.997 197	0.997 282	0.997 365	2.7
2.8	0.997 445	0.997 523	0.997 599	0.997 673	0.997 744	0.997 814	0.997 882	0.997 948	0.998 012	0.998 074	2.8
2.9	0.998 134	0.998 193	0.998 250	0.998 305	0.998 359	0.998 411	0.998 462	0.998 511	0.998 559	0.998 605	2.9
3.0	0.998 650	0.998 694	0.998 736	0.998 777	0.998 817	0.998 856	0.998 893	0.998 930	0.998 965	0.998 999	3.0
3.1	0.999 032	0.999 065	0.999 096	0.999 126	0.999 155	0.999 184	0.999 211	0.999 238	0.999 264	0.999 289	3.1
3.2	0.999 313	0.999 336	0.999 359	0.999 381	0.999 402	0.999 423	0.999 443	0.999 462	0.999 481	0.999 499	3.2
3.3	0.999 517	0.999 533	0.999 550	0.999 566	0.999 581	0.999 596	0.999 610	0.999 624	0.999 638	0.999 650	3.3
3.4	0.999 663	0.999 675	0.999 687	0.999 698	0.999 709	0.999 720	0.999 730	0.999 740	0.999 749	0.999 758	3.4
3.5	0.999 767	0.999 776	0.999 784	0.999 792	0.999 800	0.999 807	0.999 815	0.999 821	0.999 828	0.999 835	3.5
3.6	0.999 841	0.999 847	0.999 853	0.999 858	0.999 864	0.999 869	0.999 874	0.999 879	0.999 883	0.999 888	3.6
3.7	0.999 892	0.999 896	0.999 900	0.999 904	0.999 908	0.999 912	0.999 915	0.999 918	0.999 922	0.999 925	3.7
3.8	0.999 928	0.999 931	0.999 933	0.999 936	0.999 938	0.999 941	0.999 943	0.999 946	0.999 948	0.999 950	3.8
3.9	0.999 952	0.999 954	0.999 956	0.999 958	0.999 959	0.999 961	0.999 963	0.999 964	0.999 966	0.999 967	3.9

表 II　t 分布百分位点 $t_{\alpha,\nu}$

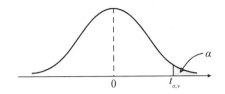

ν \ α	0.4	0.25	0.10	0.05	0.025	0.01	0.005	0.0025	0.001	0.0005
1	0.325	1.000	3.078	6.314	12.706	31.821	63.656	127.321	318.289	636.578
2	0.289	0.816	1.886	2.920	4.303	6.965	9.925	14.089	22.328	31.600
3	0.277	0.765	1.638	2.353	3.182	4.541	5.841	7.453	10.214	12.924
4	0.271	0.741	1.533	2.132	2.776	3.747	4.604	5.598	7.173	8.610
5	0.267	0.727	1.476	2.015	2.571	3.365	4.032	4.773	5.894	6.869
6	0.265	0.718	1.440	1.943	2.447	3.143	3.707	4.317	5.208	5.959
7	0.263	0.711	1.415	1.895	2.365	2.998	3.499	4.029	4.785	5.408
8	0.262	0.706	1.397	1.860	2.306	2.896	3.355	3.833	4.501	5.041
9	0.261	0.703	1.383	1.833	2.262	2.821	3.250	3.690	4.297	4.781
10	0.260	0.700	1.372	1.812	2.228	2.764	3.169	3.581	4.144	4.587
11	0.260	0.697	1.363	1.796	2.201	2.718	3.106	3.497	4.025	4.437
12	0.259	0.695	1.356	1.782	2.179	2.681	3.055	3.428	3.930	4.318
13	0.259	0.694	1.350	1.771	2.160	2.650	3.012	3.372	3.852	4.221
14	0.258	0.692	1.345	1.761	2.145	2.624	2.977	3.326	3.787	4.140
15	0.258	0.691	1.341	1.753	2.131	2.602	2.947	3.286	3.733	4.073
16	0.258	0.690	1.337	1.746	2.120	2.583	2.921	3.252	3.686	4.015
17	0.257	0.689	1.333	1.740	2.110	2.567	2.898	3.222	3.646	3.965
18	0.257	0.688	1.330	1.734	2.101	2.552	2.878	3.197	3.610	3.922
19	0.257	0.688	1.328	1.729	2.093	2.539	2.861	3.174	3.579	3.883
20	0.257	0.687	1.325	1.725	2.086	2.528	2.845	3.153	3.552	3.850
21	0.257	0.686	1.323	1.721	2.080	2.518	2.831	3.135	3.527	3.819
22	0.256	0.686	1.321	1.717	2.074	2.508	2.819	3.119	3.505	3.792
23	0.256	0.685	1.319	1.714	2.069	2.500	2.807	3.104	3.485	3.768
24	0.256	0.685	1.318	1.711	2.064	2.492	2.797	3.091	3.467	3.745
25	0.256	0.684	1.316	1.708	2.060	2.485	2.787	3.078	3.450	3.725
26	0.256	0.684	1.315	1.706	2.056	2.479	2.779	3.067	3.435	3.707
27	0.256	0.684	1.314	1.703	2.052	2.473	2.771	3.057	3.421	3.689
28	0.256	0.683	1.313	1.701	2.048	2.467	2.763	3.047	3.408	3.674
29	0.256	0.683	1.311	1.699	2.045	2.462	2.756	3.038	3.396	3.660
30	0.256	0.683	1.310	1.697	2.042	2.457	2.750	3.030	3.385	3.646
40	0.255	0.681	1.303	1.684	2.021	2.423	2.704	2.971	3.307	3.551
60	0.254	0.679	1.296	1.671	2.000	2.390	2.660	2.915	3.232	3.460
120	0.254	0.677	1.289	1.658	1.980	2.358	2.617	2.860	3.160	3.373
∞	0.253	0.674	1.282	1.645	1.96	2.326	2.576	2.807	3.09	3.291

$\nu=$ 自由度

表Ⅲ 卡方分布百分位点 $\chi^2_{a,v}$

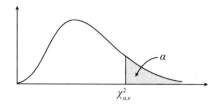

v \ α	0.995	0.99	0.975	0.95	0.9	0.5	0.1	0.05	0.25	0.01	0.005
1	0.00+	0.00+	0.00+	0.00+	0.02	0.45	2.71	3.84	1.32	6.63	7.88
2	0.01	0.02	0.05	0.10	0.21	1.39	4.61	5.99	2.77	9.21	10.60
3	0.07	0.11	0.22	0.35	0.58	2.37	6.25	7.81	4.11	11.34	12.84
4	0.21	0.30	0.48	0.71	1.06	3.36	7.78	9.49	5.39	13.28	14.86
5	0.41	0.55	0.83	1.15	1.61	4.35	9.24	11.07	6.63	15.09	16.75
6	0.68	0.87	1.24	1.64	2.20	5.35	10.64	12.59	7.84	16.81	18.55
7	0.99	1.24	1.69	2.17	2.83	6.35	12.02	14.07	9.04	18.48	20.28
8	1.34	1.65	2.18	2.73	3.49	7.34	13.36	15.51	10.22	20.09	21.95
9	1.73	2.09	2.70	3.33	4.17	8.34	14.68	16.92	11.39	21.67	23.59
10	2.16	2.56	3.25	3.94	4.87	9.34	15.99	18.31	12.55	23.21	25.19
11	2.60	3.05	3.82	4.57	5.58	10.34	17.28	19.68	13.70	24.73	26.76
12	3.07	3.57	4.40	5.23	6.30	11.34	18.55	21.03	14.85	26.22	28.30
13	3.57	4.11	5.01	5.89	7.04	12.34	19.81	22.36	15.98	27.69	29.82
14	4.07	4.66	5.63	6.57	7.79	13.34	21.06	23.68	17.12	29.14	31.32
15	4.60	5.23	6.26	7.26	8.55	14.34	22.31	25.00	18.25	30.58	32.80
16	5.14	5.81	6.91	7.96	9.31	15.34	23.54	26.30	19.37	32.00	34.27
17	5.70	6.41	7.56	8.67	10.09	16.34	24.77	27.59	20.49	33.41	35.72
18	6.26	7.01	8.23	9.39	10.86	17.34	25.99	28.87	21.60	34.81	37.16
19	6.84	7.63	8.91	10.12	11.65	18.34	27.20	30.14	22.72	36.19	38.58
20	7.43	8.26	9.59	10.85	12.44	19.34	28.41	31.41	23.83	37.57	40.00
21	8.03	8.90	10.28	11.59	13.24	20.34	29.62	32.67	24.93	38.93	41.40
22	8.64	9.54	10.98	12.34	14.04	21.34	30.81	33.92	26.04	40.29	42.80
23	9.26	10.20	11.69	13.09	14.85	22.34	32.01	35.17	27.14	41.64	44.18
24	9.89	10.86	12.40	13.85	15.66	23.34	33.20	36.42	28.24	42.98	45.56
25	10.52	11.52	13.12	14.61	16.47	24.34	34.38	37.65	29.34	44.31	46.93
26	11.16	12.20	13.84	15.38	17.29	25.34	35.56	38.89	30.43	45.64	48.29
27	11.81	12.88	14.57	16.15	18.11	26.34	36.74	40.11	31.53	46.96	49.65
28	12.46	13.56	15.31	16.93	18.94	27.34	37.92	41.34	32.62	48.28	50.99
29	13.12	14.26	16.05	17.71	19.77	28.34	39.09	42.56	33.71	49.59	52.34
30	13.79	14.95	16.79	18.49	20.60	29.34	40.26	43.77	34.80	50.89	53.67
40	20.71	22.16	24.43	26.51	29.05	39.34	51.81	55.76	45.62	63.69	66.77
50	27.99	29.71	32.36	34.76	37.69	49.33	63.17	67.50	56.33	76.15	79.49
60	35.53	37.48	40.48	43.19	46.46	59.33	74.40	79.08	66.98	88.38	91.95
70	43.28	45.44	48.76	51.74	55.33	69.33	85.53	90.53	77.58	100.43	104.21
80	51.17	53.54	57.15	60.39	64.28	79.33	96.58	101.88	88.13	112.33	116.32
90	59.20	61.75	65.65	69.13	73.29	89.33	107.57	113.15	98.65	124.12	128.30
100	67.33	70.06	74.22	77.93	82.36	99.33	118.50	124.34	109.14	135.81	140.17

$v=$自由度

表IV **F 分布百分位点** $f_{a,u,v}$

$f_{0.25,u,v}$ ， α ， $f_{a,u,v}$

分子自由度 (u)

v	1	2	3	4	5	6	7	8	9	10	12	15	20	24	30	40	60	120	∞
1	5.83	7.50	8.20	8.58	8.82	8.98	9.10	9.19	9.26	9.32	9.41	9.49	9.58	9.63	9.67	9.71	9.76	9.80	9.85
2	2.57	3.00	3.15	3.23	3.28	3.31	3.34	3.35	3.37	3.38	3.39	3.41	3.43	3.43	3.44	3.45	3.46	3.47	3.48
3	2.02	2.28	2.36	2.39	2.41	2.42	2.43	2.44	2.44	2.44	2.45	2.46	2.46	2.46	2.47	2.47	2.47	2.47	2.47
4	1.81	2.00	2.05	2.06	2.07	2.08	2.08	2.08	2.08	2.08	2.08	2.08	2.08	2.08	2.08	2.08	2.08	2.08	2.08
5	1.69	1.85	1.88	1.89	1.89	1.89	1.89	1.89	1.89	1.89	1.89	1.89	1.88	1.88	1.88	1.88	1.87	1.87	1.87
6	1.62	1.76	1.78	1.79	1.79	1.78	1.78	1.78	1.77	1.77	1.77	1.76	1.76	1.75	1.75	1.75	1.74	1.74	1.74
7	1.57	1.70	1.72	1.72	1.71	1.71	1.70	1.70	1.69	1.69	1.68	1.68	1.67	1.67	1.66	1.66	1.65	1.65	1.65
8	1.54	1.66	1.67	1.66	1.66	1.65	1.64	1.64	1.63	1.63	1.62	1.62	1.61	1.60	1.60	1.59	1.59	1.58	1.58
9	1.51	1.62	1.63	1.63	1.62	1.61	1.60	1.60	1.59	1.59	1.58	1.57	1.56	1.56	1.55	1.54	1.54	1.53	1.53
10	1.49	1.60	1.60	1.59	1.59	1.58	1.57	1.56	1.56	1.55	1.54	1.53	1.52	1.52	1.51	1.51	1.50	1.49	1.48
11	1.47	1.58	1.58	1.57	1.56	1.55	1.54	1.53	1.53	1.52	1.51	1.50	1.49	1.49	1.48	1.47	1.47	1.46	1.45
12	1.46	1.56	1.56	1.55	1.54	1.53	1.52	1.51	1.51	1.50	1.49	1.48	1.47	1.46	1.45	1.45	1.44	1.43	1.42
13	1.45	1.55	1.55	1.53	1.52	1.51	1.50	1.49	1.49	1.48	1.47	1.46	1.45	1.44	1.43	1.42	1.42	1.41	1.40
14	1.44	1.53	1.53	1.52	1.51	1.50	1.49	1.48	1.47	1.46	1.45	1.44	1.43	1.42	1.41	1.41	1.40	1.39	1.38
15	1.43	1.52	1.52	1.51	1.49	1.48	1.47	1.46	1.46	1.45	1.44	1.43	1.41	1.41	1.40	1.39	1.38	1.37	1.36
16	1.42	1.51	1.51	1.50	1.48	1.47	1.46	1.45	1.44	1.44	1.43	1.41	1.40	1.39	1.38	1.37	1.36	1.35	1.34
17	1.42	1.51	1.50	1.49	1.47	1.46	1.45	1.44	1.43	1.43	1.41	1.40	1.39	1.38	1.37	1.36	1.35	1.34	1.33
18	1.41	1.50	1.49	1.48	1.46	1.45	1.44	1.43	1.42	1.42	1.40	1.39	1.38	1.37	1.36	1.35	1.34	1.33	1.32
19	1.41	1.49	1.49	1.47	1.46	1.44	1.43	1.42	1.41	1.41	1.40	1.38	1.37	1.36	1.35	1.34	1.33	1.32	1.30
20	1.40	1.49	1.48	1.47	1.45	1.44	1.43	1.42	1.41	1.40	1.39	1.37	1.36	1.35	1.34	1.33	1.32	1.31	1.29
21	1.40	1.48	1.48	1.46	1.44	1.43	1.42	1.41	1.40	1.39	1.38	1.37	1.35	1.34	1.33	1.32	1.31	1.30	1.28
22	1.40	1.48	1.47	1.45	1.44	1.42	1.41	1.40	1.39	1.39	1.37	1.36	1.34	1.33	1.32	1.31	1.30	1.29	1.28
23	1.39	1.47	1.47	1.45	1.43	1.42	1.41	1.40	1.39	1.38	1.37	1.35	1.34	1.33	1.32	1.31	1.30	1.28	1.27
24	1.39	1.47	1.46	1.44	1.43	1.41	1.40	1.39	1.38	1.38	1.36	1.35	1.33	1.32	1.31	1.30	1.29	1.28	1.26
25	1.39	1.47	1.46	1.44	1.42	1.41	1.40	1.39	1.38	1.37	1.36	1.34	1.33	1.32	1.31	1.29	1.28	1.27	1.25
26	1.38	1.46	1.45	1.44	1.42	1.41	1.39	1.38	1.37	1.37	1.35	1.34	1.32	1.31	1.30	1.29	1.28	1.26	1.25
27	1.38	1.46	1.45	1.43	1.42	1.40	1.39	1.38	1.37	1.36	1.35	1.33	1.32	1.31	1.30	1.28	1.27	1.26	1.24
28	1.38	1.46	1.45	1.43	1.41	1.40	1.39	1.38	1.37	1.36	1.34	1.33	1.31	1.30	1.29	1.28	1.27	1.25	1.24
29	1.38	1.45	1.45	1.43	1.41	1.40	1.38	1.37	1.36	1.35	1.34	1.32	1.31	1.30	1.29	1.27	1.26	1.25	1.23
30	1.38	1.45	1.44	1.42	1.41	1.39	1.38	1.37	1.36	1.35	1.34	1.32	1.30	1.29	1.28	1.27	1.26	1.24	1.23
40	1.36	1.44	1.42	1.40	1.39	1.37	1.36	1.35	1.34	1.33	1.31	1.30	1.28	1.26	1.25	1.24	1.22	1.21	1.19
60	1.35	1.42	1.41	1.38	1.37	1.35	1.33	1.32	1.31	1.30	1.29	1.27	1.25	1.24	1.22	1.21	1.19	1.17	1.15
120	1.34	1.40	1.39	1.37	1.35	1.33	1.31	1.30	1.29	1.28	1.26	1.24	1.22	1.21	1.19	1.18	1.16	1.13	1.10
∞	1.32	1.39	1.37	1.35	1.33	1.31	1.29	1.28	1.27	1.25	1.24	1.22	1.19	1.18	1.16	1.14	1.12	1.08	1.00

分母自由度 (v)

表Ⅳ　F 分布百分位点 $f_{\alpha,u,v}$（续）

$$f_{0.10,u,v}$$

v（分母自由度）	\ u 分子自由度 (u)：1	2	3	4	5	6	7	8	9	10	12	15	20	24	30	40	60	120	∞
1	39.86	49.50	53.59	55.83	57.24	58.20	58.91	59.44	59.86	60.19	60.71	61.22	61.74	62.00	62.26	62.53	62.79	63.06	63.33
2	8.53	9.00	9.16	9.24	9.29	9.33	9.35	9.37	9.38	9.39	9.41	9.42	9.44	9.45	9.46	9.47	9.47	9.48	9.49
3	5.54	5.46	5.39	5.34	5.31	5.28	5.27	5.25	5.24	5.23	5.22	5.20	5.18	5.18	5.17	5.16	5.15	5.14	5.13
4	4.54	4.32	4.19	4.11	4.05	4.01	3.98	3.95	3.94	3.92	3.90	3.87	3.84	3.83	3.82	3.80	3.79	3.78	3.76
5	4.06	3.78	3.62	3.52	3.45	3.40	3.37	3.34	3.32	3.30	3.27	3.24	3.21	3.19	3.17	3.16	3.14	3.12	3.10
6	3.78	3.46	3.29	3.18	3.11	3.05	3.01	2.98	2.96	2.94	2.90	2.87	2.84	2.82	2.80	2.78	2.76	2.74	2.72
7	3.59	3.26	3.07	2.96	2.88	2.83	2.78	2.75	2.72	2.70	2.67	2.63	2.59	2.58	2.56	2.54	2.51	2.49	2.47
8	3.46	3.11	2.92	2.81	2.73	2.67	2.62	2.59	2.56	2.54	2.50	2.46	2.42	2.40	2.38	2.36	2.34	2.32	2.29
9	3.36	3.01	2.81	2.69	2.61	2.55	2.51	2.47	2.44	2.42	2.38	2.34	2.30	2.28	2.25	2.23	2.21	2.18	2.16
10	3.29	2.92	2.73	2.61	2.52	2.46	2.41	2.38	2.35	2.32	2.28	2.24	2.20	2.18	2.16	2.13	2.11	2.08	2.06
11	3.23	2.86	2.66	2.54	2.45	2.39	2.34	2.30	2.27	2.25	2.21	2.17	2.12	2.10	2.08	2.05	2.03	2.00	1.97
12	3.18	2.81	2.61	2.48	2.39	2.33	2.28	2.24	2.21	2.19	2.15	2.10	2.06	2.04	2.01	1.99	1.96	1.93	1.90
13	3.14	2.76	2.56	2.43	2.35	2.28	2.23	2.20	2.16	2.14	2.10	2.05	2.01	1.98	1.96	1.93	1.90	1.88	1.85
14	3.10	2.73	2.52	2.39	2.31	2.24	2.19	2.15	2.12	2.10	2.05	2.01	1.96	1.94	1.91	1.89	1.86	1.83	1.80
15	3.07	2.70	2.49	2.36	2.27	2.21	2.16	2.12	2.09	2.06	2.02	1.97	1.92	1.90	1.87	1.85	1.82	1.79	1.76
16	3.05	2.67	2.46	2.33	2.24	2.18	2.13	2.09	2.06	2.03	1.99	1.94	1.89	1.87	1.84	1.81	1.78	1.75	1.72
17	3.03	2.64	2.44	2.31	2.22	2.15	2.10	2.06	2.03	2.00	1.96	1.91	1.86	1.84	1.81	1.78	1.75	1.72	1.69
18	3.01	2.62	2.42	2.29	2.20	2.13	2.08	2.04	2.00	1.98	1.93	1.89	1.84	1.81	1.78	1.75	1.72	1.69	1.66
19	2.99	2.61	2.40	2.27	2.18	2.11	2.06	2.02	1.98	1.96	1.91	1.86	1.81	1.79	1.76	1.73	1.70	1.67	1.63
20	2.97	2.59	2.38	2.25	2.16	2.09	2.04	2.00	1.96	1.94	1.89	1.84	1.79	1.77	1.74	1.71	1.68	1.64	1.61
21	2.96	2.57	2.36	2.23	2.14	2.08	2.02	1.98	1.95	1.92	1.87	1.83	1.78	1.75	1.72	1.69	1.66	1.62	1.59
22	2.95	2.56	2.35	2.22	2.13	2.06	2.01	1.97	1.93	1.90	1.86	1.81	1.76	1.73	1.70	1.67	1.64	1.60	1.57
23	2.94	2.55	2.34	2.21	2.11	2.05	1.99	1.95	1.92	1.89	1.84	1.80	1.74	1.72	1.69	1.66	1.62	1.59	1.55
24	2.93	2.54	2.33	2.19	2.10	2.04	1.98	1.94	1.91	1.88	1.83	1.78	1.73	1.70	1.67	1.64	1.61	1.57	1.53
25	2.92	2.53	2.32	2.18	2.09	2.02	1.97	1.93	1.89	1.87	1.82	1.77	1.72	1.69	1.66	1.63	1.59	1.56	1.52
26	2.91	2.52	2.31	2.17	2.08	2.01	1.96	1.92	1.88	1.86	1.81	1.76	1.71	1.68	1.65	1.61	1.58	1.54	1.50
27	2.90	2.51	2.30	2.17	2.07	2.00	1.95	1.91	1.87	1.85	1.80	1.75	1.70	1.67	1.64	1.60	1.57	1.53	1.49
28	2.89	2.50	2.29	2.16	2.06	2.00	1.94	1.90	1.87	1.84	1.79	1.74	1.69	1.66	1.63	1.59	1.56	1.52	1.48
29	2.89	2.50	2.28	2.15	2.06	1.99	1.93	1.89	1.86	1.83	1.78	1.73	1.68	1.65	1.62	1.58	1.55	1.51	1.47
30	2.88	2.49	2.28	2.14	2.05	1.98	1.93	1.88	1.85	1.82	1.77	1.72	1.67	1.64	1.61	1.57	1.54	1.50	1.46
40	2.84	2.44	2.23	2.09	2.00	1.93	1.87	1.83	1.79	1.76	1.71	1.66	1.61	1.57	1.54	1.51	1.47	1.42	1.38
60	2.79	2.39	2.18	2.04	1.95	1.87	1.82	1.77	1.74	1.71	1.66	1.60	1.54	1.51	1.48	1.44	1.40	1.32	1.29
120	2.75	2.35	2.13	1.99	1.90	1.82	1.77	1.72	1.68	1.65	1.60	1.55	1.48	1.45	1.41	1.37	1.32	1.26	1.19
∞	2.71	2.30	2.08	1.94	1.85	1.77	1.72	1.67	1.63	1.60	1.55	1.49	1.42	1.38	1.34	1.30	1.24	1.17	1.00

分母自由度(v)

表IV **F 分布百分位点** $f_{a,u,v}$（续）

$$f_{0.05,u,v}$$

v	分子自由度 (u)																		
	1	2	3	4	5	6	7	8	9	10	12	15	20	24	30	40	60	120	∞
1	161.4	199.5	215.7	224.6	230.2	234.0	236.8	238.9	240.5	241.9	243.9	245.9	248.0	249.1	250.1	251.1	252.2	253.3	254.3
2	18.51	19.00	19.16	19.25	19.30	19.33	19.35	19.37	19.38	19.40	19.41	19.43	19.45	19.45	19.46	19.47	19.48	19.49	19.50
3	10.13	9.55	9.28	9.12	9.01	8.94	8.89	8.85	8.81	8.79	8.74	8.70	8.66	8.64	8.62	8.59	8.57	8.55	8.53
4	7.71	6.94	6.59	6.39	6.26	6.16	6.09	6.04	6.00	5.96	5.91	5.86	5.80	5.77	5.75	5.72	5.69	5.66	5.63
5	6.61	5.79	5.41	5.19	5.05	4.95	4.88	4.82	4.77	4.74	4.68	4.62	4.56	4.53	4.50	4.46	4.43	4.40	4.36
6	5.99	5.14	4.76	4.53	4.39	4.28	4.21	4.15	4.10	4.06	4.00	3.94	3.87	3.84	3.81	3.77	3.74	3.70	3.67
7	5.59	4.74	4.35	4.12	3.97	3.87	3.79	3.73	3.68	3.64	3.57	3.51	3.44	3.41	3.38	3.34	3.30	3.27	3.23
8	5.32	4.46	4.07	3.84	3.69	3.58	3.50	3.44	3.39	3.35	3.28	3.22	3.15	3.12	3.08	3.04	3.01	2.97	2.93
9	5.12	4.26	3.86	3.63	3.48	3.37	3.29	3.23	3.18	3.14	3.07	3.01	2.94	2.90	2.86	2.83	2.79	2.75	2.71
10	4.96	4.10	3.71	3.48	3.33	3.22	3.14	3.07	3.02	2.98	2.91	2.85	2.77	2.74	2.70	2.66	2.62	2.58	2.54
11	4.84	3.98	3.59	3.36	3.20	3.09	3.01	2.95	2.90	2.85	2.79	2.72	2.65	2.61	2.57	2.53	2.49	2.45	2.40
12	4.75	3.89	3.49	3.26	3.11	3.00	2.91	2.85	2.80	2.75	2.69	2.62	2.54	2.51	2.47	2.43	2.38	2.34	2.30
13	4.67	3.81	3.41	3.18	3.03	2.92	2.83	2.77	2.71	2.67	2.60	2.53	2.46	2.42	2.38	2.34	2.30	2.25	2.21
14	4.60	3.74	3.34	3.11	2.96	2.85	2.76	2.70	2.65	2.60	2.53	2.46	2.39	2.35	2.31	2.27	2.22	2.18	2.13
15	4.54	3.68	3.29	3.06	2.90	2.79	2.71	2.64	2.59	2.54	2.48	2.40	2.33	2.29	2.25	2.20	2.16	2.11	2.07
16	4.49	3.63	3.24	3.01	2.85	2.74	2.66	2.59	2.54	2.49	2.42	2.35	2.28	2.24	2.19	2.15	2.11	2.06	2.01
17	4.45	3.59	3.20	2.96	2.81	2.70	2.61	2.55	2.49	2.45	2.38	2.31	2.23	2.19	2.15	2.10	2.06	2.01	1.96
18	4.41	3.55	3.16	2.93	2.77	2.66	2.58	2.51	2.46	2.41	2.34	2.27	2.19	2.15	2.11	2.06	2.02	1.97	1.92
19	4.38	3.52	3.13	2.90	2.74	2.63	2.54	2.48	2.42	2.38	2.31	2.23	2.16	2.11	2.07	2.03	1.98	1.93	1.88
20	4.35	3.49	3.10	2.87	2.71	2.60	2.51	2.45	2.39	2.35	2.28	2.20	2.12	2.08	2.04	1.99	1.95	1.90	1.84
21	4.32	3.47	3.07	2.84	2.68	2.57	2.49	2.42	2.37	2.32	2.25	2.18	2.10	2.05	2.01	1.96	1.92	1.87	1.81
22	4.30	3.44	3.05	2.82	2.66	2.55	2.46	2.40	2.34	2.30	2.23	2.15	2.07	2.03	1.98	1.94	1.89	1.84	1.78
23	4.28	3.42	3.03	2.80	2.64	2.53	2.44	2.37	2.32	2.27	2.20	2.13	2.05	2.01	1.96	1.91	1.86	1.81	1.76
24	4.26	3.40	3.01	2.78	2.62	2.51	2.42	2.36	2.30	2.25	2.18	2.11	2.03	1.98	1.94	1.89	1.84	1.79	1.73
25	4.24	3.39	2.99	2.76	2.60	2.49	2.40	2.34	2.28	2.24	2.16	2.09	2.01	1.96	1.92	1.87	1.82	1.77	1.71
26	4.23	3.37	2.98	2.74	2.59	2.47	2.39	2.32	2.27	2.22	2.15	2.07	1.99	1.95	1.90	1.85	1.80	1.75	1.69
27	4.21	3.35	2.96	2.73	2.57	2.46	2.37	2.31	2.25	2.20	2.13	2.06	1.97	1.93	1.88	1.84	1.79	1.73	1.67
28	4.20	3.34	2.95	2.71	2.56	2.45	2.36	2.29	2.24	2.19	2.12	2.04	1.96	1.91	1.87	1.82	1.77	1.71	1.65
29	4.18	3.33	2.93	2.70	2.55	2.43	2.35	2.28	2.22	2.18	2.10	2.03	1.94	1.90	1.85	1.81	1.75	1.70	1.64
30	4.17	3.32	2.92	2.69	2.53	2.42	2.33	2.27	2.21	2.16	2.09	2.01	1.93	1.89	1.84	1.79	1.74	1.68	1.62
40	4.08	3.23	2.84	2.61	2.45	2.34	2.25	2.18	2.12	2.08	2.00	1.92	1.84	1.79	1.74	1.69	1.64	1.58	1.51
60	4.00	3.15	2.76	2.53	2.37	2.25	2.17	2.10	2.04	1.99	1.92	1.84	1.75	1.70	1.65	1.59	1.53	1.47	1.39
120	3.92	3.07	2.68	2.45	2.29	2.17	2.09	2.02	1.96	1.91	1.83	1.75	1.66	1.61	1.55	1.55	1.43	1.35	1.25
∞	3.84	3.00	2.60	2.37	2.21	2.10	2.01	1.94	1.88	1.83	1.75	1.67	1.57	1.52	1.46	1.39	1.32	1.22	1.00

分母自由度 (v)

表Ⅳ　F 分布百分位点 $f_{\alpha,u,v}$（续）

$$f_{0.025,u,v}$$

v \ u	1	2	3	4	5	6	7	8	9	10	12	15	20	24	30	40	60	120	∞
1	647.8	799.5	864.2	899.6	921.8	937.1	948.2	956.7	963.3	968.6	976.7	984.9	993.1	997.2	1 001	1 006	1 010	1 014	1 018
2	38.51	39.00	39.17	39.25	39.30	39.33	39.36	39.37	39.39	39.40	39.41	39.43	39.45	39.46	39.46	39.47	39.48	39.49	39.50
3	17.44	16.04	15.44	15.10	14.88	14.73	14.62	14.54	14.47	14.42	14.34	14.25	14.17	14.12	14.08	14.04	13.99	13.95	13.90
4	12.22	10.65	9.98	9.60	9.36	9.20	9.07	8.98	8.90	8.84	8.75	8.66	8.56	8.51	8.46	8.41	8.36	8.31	8.26
5	10.01	8.43	7.76	7.39	7.15	6.98	6.85	6.76	6.68	6.62	6.52	6.43	6.33	6.28	6.23	6.18	6.12	6.07	6.02
6	8.81	7.26	6.60	6.23	5.99	5.82	5.70	5.60	5.52	5.46	5.37	5.27	5.17	5.12	5.07	5.01	4.96	4.90	4.85
7	8.07	6.54	5.89	5.52	5.29	5.12	4.99	4.90	4.82	4.76	4.67	4.57	4.47	4.42	4.36	4.31	4.25	4.20	4.14
8	7.57	6.06	5.42	5.05	4.82	4.65	4.53	4.43	4.36	4.30	4.20	4.10	4.00	3.95	3.89	3.84	3.78	3.73	3.67
9	7.21	5.71	5.08	4.72	4.48	4.32	4.20	4.10	4.03	3.96	3.87	3.77	3.67	3.61	3.56	3.51	3.45	3.39	3.33
10	6.94	5.46	4.83	4.47	4.24	4.07	3.95	3.85	3.78	3.72	3.62	3.52	3.42	3.37	3.31	3.26	3.20	3.14	3.08
11	6.72	5.26	4.63	4.28	4.04	3.88	3.76	3.66	3.59	3.53	3.43	3.33	3.23	3.17	3.12	3.06	3.00	2.94	2.88
12	6.55	5.10	4.47	4.12	3.89	3.73	3.61	3.51	3.44	3.37	3.28	3.18	3.07	3.02	2.96	2.91	2.85	2.79	2.72
13	6.41	4.97	4.35	4.00	3.77	3.60	3.48	3.39	3.31	3.25	3.15	3.05	2.95	2.89	2.84	2.78	2.72	2.66	2.60
14	6.30	4.86	4.24	3.89	3.66	3.50	3.38	3.29	3.21	3.15	3.05	2.95	2.84	2.79	2.73	2.67	2.61	2.55	2.49
15	6.20	4.77	4.15	3.80	3.58	3.41	3.29	3.20	3.12	3.06	2.96	2.86	2.76	2.70	2.64	2.59	2.52	2.46	2.40
16	6.12	4.69	4.08	3.73	3.50	3.34	3.22	3.12	3.05	2.99	2.89	2.79	2.68	2.63	2.57	2.51	2.45	2.38	2.32
17	6.04	4.62	4.01	3.66	3.44	3.28	3.16	3.06	2.98	2.92	2.82	2.72	2.62	2.56	2.50	2.44	2.38	2.32	2.25
18	5.98	4.56	3.95	3.61	3.38	3.22	3.10	3.01	2.93	2.87	2.77	2.67	2.56	2.50	2.44	2.38	2.32	2.26	2.19
19	5.92	4.51	3.90	3.56	3.33	3.17	3.05	2.96	2.88	2.82	2.72	2.62	2.51	2.45	2.39	2.33	2.27	2.20	2.13
20	5.87	4.46	3.86	3.51	3.29	3.13	3.01	2.91	2.84	2.77	2.68	2.57	2.46	2.41	2.35	2.29	2.22	2.16	2.09
21	5.83	4.42	3.82	3.48	3.25	3.09	2.97	2.87	2.80	2.73	2.64	2.53	2.42	2.37	2.31	2.25	2.18	2.11	2.04
22	5.79	4.38	3.78	3.44	3.22	3.05	2.93	2.84	2.76	2.70	2.60	2.50	2.39	2.33	2.27	2.21	2.14	2.08	2.00
23	5.75	4.35	3.75	3.41	3.18	3.02	2.90	2.81	2.73	2.67	2.57	2.47	2.36	2.30	2.24	2.18	2.11	2.04	1.97
24	5.72	4.32	3.72	3.38	3.15	2.99	2.87	2.78	2.70	2.64	2.54	2.44	2.33	2.27	2.21	2.15	2.08	2.01	1.94
25	5.69	4.29	3.69	3.35	3.13	2.97	2.85	2.75	2.68	2.61	2.51	2.41	2.30	2.24	2.18	2.12	2.05	1.98	1.91
26	5.66	4.27	3.67	3.33	3.10	2.94	2.82	2.73	2.65	2.59	2.49	2.39	2.28	2.22	2.16	2.09	2.03	1.95	1.88
27	5.63	4.24	3.65	3.31	3.08	2.92	2.80	2.71	2.63	2.57	2.47	2.36	2.25	2.19	2.13	2.07	2.00	1.93	1.85
28	5.61	4.22	3.63	3.29	3.06	2.90	2.78	2.69	2.61	2.55	2.45	2.34	2.23	2.17	2.11	2.05	1.98	1.91	1.83
29	5.59	4.20	3.61	3.27	3.04	2.88	2.76	2.67	2.59	2.53	2.43	2.32	2.21	2.15	2.09	2.03	1.96	1.89	1.81
30	5.57	4.18	3.59	3.25	3.03	2.87	2.75	2.65	2.57	2.51	2.41	2.31	2.20	2.14	2.07	2.01	1.94	1.87	1.79
40	5.42	4.05	3.46	3.13	2.90	2.74	2.62	2.53	2.45	2.39	2.29	2.18	2.07	2.01	1.94	1.88	1.80	1.72	1.64
60	5.29	3.93	3.34	3.01	2.79	2.63	2.51	2.41	2.33	2.27	2.17	2.06	1.94	1.88	1.82	1.74	1.67	1.58	1.48
120	5.15	3.80	3.23	2.89	2.67	2.52	2.39	2.30	2.22	2.16	2.05	1.94	1.82	1.76	1.69	1.61	1.53	1.43	1.31
∞	5.02	3.69	3.12	2.79	2.57	2.41	2.29	2.19	2.11	2.05	1.94	1.83	1.71	1.64	1.57	1.48	1.39	1.27	1.00

分子自由度（u）

分母自由度（v）

表Ⅳ F 分布百分位点 $f_{\alpha,u,v}$ （续）

$$f_{0.01,u,v}$$

v \ u	1	2	3	4	5	6	7	8	9	10	12	15	20	24	30	40	60	120	∞
1	4 052	4 999.5	5 403	5 625	5 764	5 859	5 928	5 982	6 022	6 056	6 106	6 157	6 209	6 235	6 261	6 287	6 313	6 339	6 366
2	98.50	99.00	99.17	99.25	99.30	99.33	99.36	99.37	99.39	99.40	99.42	99.43	99.45	99.46	99.47	99.47	99.48	99.49	99.50
3	34.12	30.82	29.46	28.71	28.24	27.91	27.67	27.49	27.35	27.23	27.05	26.87	26.69	26.60	26.50	26.41	26.32	26.22	26.13
4	21.20	18.00	16.69	15.98	15.52	15.21	14.98	14.80	14.66	14.55	14.37	14.20	14.02	13.93	13.84	13.75	13.65	13.56	13.46
5	16.26	13.27	12.06	11.39	10.97	10.67	10.46	10.29	10.16	10.05	9.89	9.72	9.55	9.47	9.38	9.29	9.20	9.11	9.02
6	13.75	10.92	9.78	9.15	8.75	8.47	8.26	8.10	7.98	7.87	7.72	7.56	7.40	7.31	7.23	7.14	7.06	6.97	6.88
7	12.25	9.55	8.45	7.85	7.46	7.19	6.99	6.84	6.72	6.62	6.47	6.31	6.16	6.07	5.99	5.91	5.82	5.74	5.65
8	11.26	8.65	7.59	7.01	6.63	6.37	6.18	6.03	5.91	5.81	5.67	5.52	5.36	5.28	5.20	5.12	5.03	4.95	4.86
9	10.56	8.02	6.99	6.42	6.06	5.80	5.61	5.47	5.35	5.26	5.11	4.96	4.81	4.73	4.65	4.57	4.48	4.40	4.31
10	10.04	7.56	6.55	5.99	5.64	5.39	5.20	5.06	4.94	4.85	4.71	4.56	4.41	4.33	4.25	4.17	4.08	4.00	3.91
11	9.65	7.21	6.22	5.67	5.32	5.07	4.89	4.74	4.63	4.54	4.40	4.25	4.10	4.02	3.94	3.86	3.78	3.69	3.60
12	9.33	6.93	5.95	5.41	5.06	4.82	4.64	4.50	4.39	4.30	4.16	4.01	3.86	3.78	3.70	3.62	3.54	3.45	3.36
13	9.07	6.70	5.74	5.21	4.86	4.62	4.44	4.30	4.19	4.10	3.96	3.82	3.66	3.59	3.51	3.43	3.34	3.25	3.17
14	8.86	6.51	5.56	5.04	4.69	4.46	4.28	4.14	4.03	3.94	3.80	3.66	3.51	3.43	3.35	3.27	3.18	3.09	3.00
15	8.68	6.36	5.42	4.89	4.56	4.32	4.14	4.00	3.89	3.80	3.67	3.52	3.37	3.29	3.21	3.13	3.05	2.96	2.87
16	8.53	6.23	5.29	4.77	4.44	4.20	4.03	3.89	3.78	3.69	3.55	3.41	3.26	3.18	3.10	3.02	2.93	2.84	2.75
17	8.40	6.11	5.18	4.67	4.34	4.10	3.93	3.79	3.68	3.59	3.46	3.31	3.16	3.08	3.00	2.92	2.83	2.75	2.65
18	8.29	6.01	5.09	4.58	4.25	4.01	3.84	3.71	3.60	3.51	3.37	3.23	3.08	3.00	2.92	2.84	2.75	2.66	2.57
19	8.18	5.93	5.01	4.50	4.17	3.94	3.77	3.63	3.52	3.43	3.30	3.15	3.00	2.92	2.84	2.76	2.67	2.58	2.49
20	8.10	5.85	4.94	4.43	4.10	3.87	3.70	3.56	3.46	3.37	3.23	3.09	2.94	2.86	2.78	2.69	2.61	2.52	2.42
21	8.02	5.78	4.87	4.37	4.04	3.81	3.64	3.51	3.40	3.31	3.17	3.03	2.88	2.80	2.72	2.64	2.55	2.46	2.36
22	7.95	5.72	4.82	4.31	3.99	3.76	3.59	3.45	3.35	3.26	3.12	2.98	2.83	2.75	2.67	2.58	2.50	2.40	2.31
23	7.88	5.66	4.76	4.26	3.94	3.71	3.54	3.41	3.30	3.21	3.07	2.93	2.78	2.70	2.62	2.54	2.45	2.35	2.26
24	7.82	5.61	4.72	4.22	3.90	3.67	3.50	3.36	3.26	3.17	3.03	2.89	2.74	2.66	2.58	2.49	2.40	2.31	2.21
25	7.77	5.57	4.68	4.18	3.85	3.63	3.46	3.32	3.22	3.13	2.99	2.85	2.70	2.62	2.54	2.45	2.36	2.27	2.17
26	7.72	5.53	4.64	4.14	3.82	3.59	3.42	3.29	3.18	3.09	2.96	2.81	2.66	2.58	2.50	2.42	2.33	2.23	2.13
27	7.68	5.49	4.60	4.11	3.78	3.56	3.39	3.26	3.15	3.06	2.93	2.78	2.63	2.55	2.47	2.38	2.29	2.20	2.10
28	7.64	5.45	4.57	4.07	3.75	3.53	3.36	3.23	3.12	3.03	2.90	2.75	2.60	2.52	2.44	2.35	2.26	2.17	2.06
29	7.60	5.42	4.54	4.04	3.73	3.50	3.33	3.20	3.09	3.00	2.87	2.73	2.57	2.49	2.41	2.33	2.23	2.14	2.03
30	7.56	5.39	4.51	4.02	3.70	3.47	3.30	3.17	3.07	2.98	2.84	2.70	2.55	2.47	2.39	2.30	2.21	2.11	2.01
40	7.31	5.18	4.31	3.83	3.51	3.29	3.12	2.99	2.89	2.80	2.66	2.52	2.37	2.29	2.20	2.11	2.02	1.92	1.80
60	7.08	4.98	4.13	3.65	3.34	3.12	2.95	2.82	2.72	2.63	2.50	2.35	2.20	2.12	2.03	1.94	1.84	1.73	1.60
120	6.85	4.79	3.95	3.48	3.17	2.96	2.79	2.66	2.56	2.47	2.34	2.19	2.03	1.95	1.86	1.76	1.66	1.53	1.38
∞	6.63	4.61	3.78	3.32	3.02	2.80	2.64	2.51	2.41	2.32	2.18	2.04	1.88	1.79	1.70	1.59	1.47	1.32	1.00

分子自由度 (u)

分母自由度 (v)

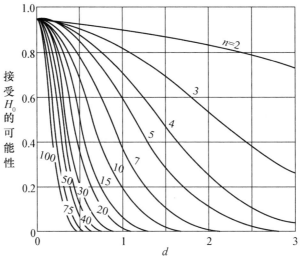

(a) 显著性水平 $\alpha=0.05$ 下，不同 n 值的双边 t-检验的运算特征曲线

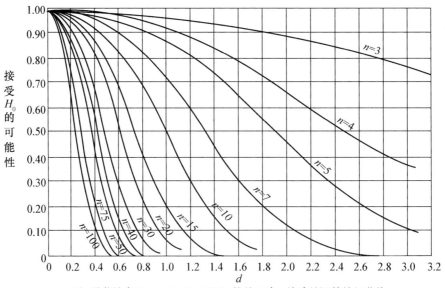

(b) 显著性水平 $\alpha=0.01$ 下，不同 n 值的双边 t-检验的运算特征曲线

图 V　t-检验的运算特征曲线

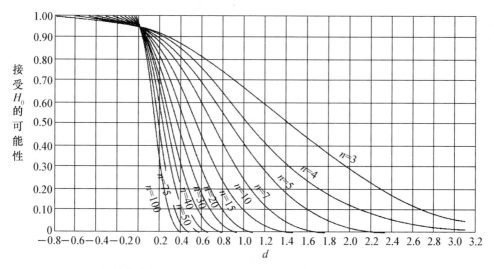

(c) 显著性水平 α=0.05下，对不同n值的双边 t-检验的运算特征曲线

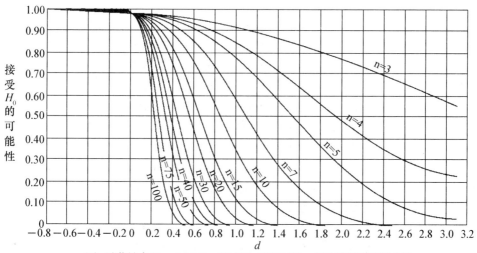

(d) 显著性水平 α=0.01下，对不同n值的双边 t-检验的运算特征曲线

图 V　t-检验的运算特征曲线（续）

资料来源：经许可，图片翻印于 "Operating Charateristics for the Common Statistical Tests of Significance"，C. L. Ferris，F. E. Grubbs and C. L. Weaver. *Annals of Mathematical Statistical*. June 1946 以及 Engineering Statistics，2nd Edition. A. H. Bowker and G. J. Lieberman Prentice-Hall，1972。

表Ⅵ 公差限额因子

	双边区间的 k 值								
置信水平	0.90			0.95			0.99		
包含 百分比 γ	90	95	99	90	95	99	90	95	99
样本量									
2	15.978	18.800	24.167	32.019	37.674	48.430	160.193	188.491	242.300
3	5.847	6.919	8.974	8.380	9.916	12.861	18.930	22.401	29.055
4	4.166	4.943	6.440	5.369	6.370	8.299	9.398	11.150	14.527
5	3.949	4.152	5.423	4.275	5.079	6.634	6.612	7.855	10.260
6	3.131	3.723	4.870	3.712	4.414	5.775	5.337	6.345	8.301
7	2.902	3.452	4.521	3.369	4.007	5.248	4.613	5.488	7.187
8	2.743	3.264	4.278	3.136	3.732	4.891	4.147	4.936	6.468
9	2.626	3.125	4.098	2.967	3.532	4.631	3.822	4.550	5.966
10	2.535	3.018	3.959	2.839	3.379	4.433	3.582	4.265	5.594
11	2.463	2.933	3.849	2.737	3.259	4.277	3.397	4.045	5.308
12	2.404	2.863	3.758	2.655	3.162	4.150	3.250	3.870	5.079
13	2.355	2.805	3.682	2.587	3.081	4.044	3.130	3.727	4.893
14	2.314	2.756	3.618	2.529	3.012	3.955	3.029	3.608	4.737
15	2.278	2.713	3.562	2.480	2.954	3.878	2.945	3.507	4.605
16	2.246	2.676	3.514	2.437	2.903	3.812	2.872	3.421	4.492
17	2.219	2.643	3.471	2.400	2.858	3.754	2.808	3.345	4.393
18	2.194	2.614	3.433	2.366	2.819	3.702	2.753	3.279	4.307
19	2.172	2.588	3.399	2.337	2.784	3.656	2.703	3.221	4.230
20	2.152	2.564	3.368	2.310	2.752	3.615	2.659	3.168	4.161
21	2.135	2.543	3.340	2.286	2.723	3.577	2.620	3.121	4.100
22	2.118	2.524	3.315	2.264	2.697	3.543	2.584	3.078	4.044
23	2.103	2.506	3.292	2.244	2.673	3.512	2.551	3.040	3.993
24	2.089	2.489	3.270	2.225	2.651	3.483	2.522	3.004	3.947
25	2.077	2.474	3.251	2.208	2.631	3.457	2.494	2.972	3.904
30	2.025	2.413	3.170	2.140	2.529	3.350	2.385	2.841	3.733
40	1.959	2.334	3.066	2.052	2.445	3.213	2.247	2.677	3.518
50	1.916	2.284	3.001	1.996	2.379	3.126	2.162	2.576	3.385
60	1.887	2.248	2.955	1.958	2.333	3.066	2.103	2.506	3.293
70	1.865	2.222	2.920	1.929	2.299	3.021	2.060	2.454	3.225
80	1.848	2.202	2.894	1.907	2.272	2.986	2.026	2.414	3.173
90	1.834	2.185	2.872	1.889	2.251	2.958	1.999	2.382	3.130
100	1.822	2.172	2.854	1.874	2.233	2.934	1.977	2.355	3.096
∞	1.645	1.960	2.576	1.645	1.960	2.576	1.645	1.960	2.576

表 Ⅵ 公差限额因子（续）

置信水平	单边区间的 k 值								
	0.90			**0.95**			**0.99**		
包含 百分比 γ	90	95	99	90	95	99	90	95	99
样本量									
2	10.253	13.090	18.500	20.581	26.260	37.094	103.029	131.426	185.617
3	4.258	5.311	7.340	6.155	7.656	10.553	13.995	17.370	23.896
4	3.188	3.957	5.438	4.162	5.144	7.042	7.380	9.083	12.387
5	2.742	3.400	4.666	3.407	4.203	5.741	5.362	6.578	8.939
6	2.494	3.092	4.243	3.006	3.708	5.062	4.411	5.406	7.335
7	2.333	2.894	3.972	2.755	3.399	4.642	3.859	4.728	6.412
8	2.219	2.754	3.783	2.582	3.187	4.354	3.497	4.285	5.812
9	2.133	2.650	3.641	2.454	3.031	4.143	3.240	3.972	5.389
10	2.066	2.568	3.532	2.355	2.911	3.981	3.048	3.738	5.074
11	2.011	2.053	3.443	2.275	2.815	3.852	2.898	3.556	4.829
12	1.966	2.448	3.371	2.210	2.736	3.747	2.777	3.410	4.633
13	1.928	2.402	3.309	2.155	2.671	3.659	2.677	3.290	4.472
14	1.895	2.363	3.257	2.109	2.614	3.585	2.593	3.189	4.337
15	1.867	2.329	3.212	2.068	2.566	3.520	2.521	3.102	4.222
16	1.842	2.299	3.172	2.033	2.524	3.464	2.459	3.028	4.123
17	1.819	2.272	3.137	2.002	2.486	3.414	2.405	2.963	4.037
18	1.800	2.249	3.105	1.974	2.453	3.370	2.357	2.905	3.960
19	1.782	2.227	3.077	1.949	2.423	3.331	2.314	2.854	3.892
20	1.765	2.028	3.052	1.926	2.396	3.295	2.276	2.808	3.832
21	1.750	2.190	3.028	1.905	2.371	3.263	2.241	2.766	3.777
22	1.737	2.174	3.007	1.886	2.349	3.233	2.209	2.729	3.727
23	1.724	2.159	2.987	1.869	2.328	3.206	2.180	2.694	3.681
24	1.712	2.145	2.969	1.853	2.309	3.181	2.154	2.662	3.640
25	1.702	2.132	2.952	1.838	2.292	3.158	2.129	2.633	3.601
30	1.657	2.080	2.884	1.777	2.220	3.064	2.030	2.515	3.447
40	1.598	2.010	2.793	1.697	2.125	2.941	1.902	2.364	3.249
50	1.559	1.965	2.735	1.646	2.065	2.862	1.821	2.269	3.125
60	1.532	1.933	2.694	1.609	2.022	2.807	1.764	2.202	3.038
70	1.511	1.909	2.662	1.581	1.990	2.765	1.722	2.153	2.974
80	1.495	1.890	2.638	1.559	1.964	2.733	1.688	2.114	2.924
90	1.481	1.874	2.618	1.542	1.944	2.706	1.661	2.082	2.883
100	1.470	1.861	2.601	1.527	1.927	2.684	1.639	2.056	2.850
∞	1.28	1.645	1.960	1.28	1.645	1.960	1.28	1.645	1.960

表 Ⅶ 建立变量控制图的因子

n^a	$\overline{X}$ 图 控制限因子			R 图 控制限因子		n
	A_1	A_2	d_2	D_3	D_4	
2	3.760	1.880	1.128	0	3.267	2
3	2.394	1.023	1.693	0	2.575	3
4	1.880	0.729	2.059	0	2.282	4
5	1.596	0.577	2.326	0	2.115	5
6	1.410	0.483	2.534	0	2.004	6
7	1.277	0.419	2.704	0.076	1.924	7
8	1.175	0.373	2.847	0.136	1.864	8
9	1.094	0.337	2.970	0.184	1.816	9
10	1.028	0.308	3.078	0.223	1.777	10
11	0.973	0.285	3.173	0.256	1.744	11
12	0.925	0.266	3.258	0.284	1.716	12
13	0.884	0.249	3.336	0.308	1.692	13
14	0.848	0.235	3.407	0.329	1.671	14
15	0.816	0.223	3.472	0.348	1.652	15
16	0.788	0.212	3.532	0.364	1.636	16
17	0.762	0.203	3.588	0.379	1.621	17
18	0.738	0.194	3.640	0.392	1.608	18
19	0.717	0.187	3.689	0.404	1.596	19
20	0.697	0.180	3.735	0.414	1.586	20
21	0.679	0.173	3.778	0.425	1.575	21
22	0.662	0.167	3.819	0.434	1.566	22
23	0.647	0.162	3.858	0.443	1.557	23
24	0.632	0.157	3.895	0.452	1.548	24
25	0.619	0.153	3.931	0.459	1.541	25

$n^a > 25$：$A_1 = 3/\sqrt{n}$，其中 n＝样本中观察数。

附录 B　参考书目

☐ 介绍性工作和绘图方法

Chambers, J., Cleveland, W., Kleiner, B., and Tukey, P. (1983), *Graphical Methods for Data Analysis*, Wadsworth & Brooks/Cole, Pacific Grove, CA. A very well-written presentation of graphical methods in statistics.

Freedman, D., Pisani, R., and Adbikari, A. (1991), *Statistics*, 2nd ed., Norton, New York. An excellent introduction to statistical thinking, requiring minimal mathematical background.

Hoaglin, D., Mosterller, F., and Tukey, J. (1983), *Understanding Robust and Exploratory Data Analysis*, John Wiley & Sons. New York. Good discussion and illustration of techniques such as stem-and-leaf displays and box plots.

Tanur, j., et al. (eds.) (1989), *Statistics: A Guide to the Unknown*, 3rd ed., Wadsworth & Brooks/Cole, Pacific Grove, CA. Contains a collection of short nonmathematical articles describing different applications of statistics.

☐ 概率

Derman, C., lkin, I., and Gleser, L. (1980), *Probability Models and Applications*, 2nd ed., Macmillan, New York. A comprehensive treatment of probability at a higher mathematical level than this book.

Hoel, P. G., Port, S. C., and Stone, C. J. (1971), *Introduction to Probability Theory*, Houghton Mifflin, Boston, A well-written and comprehensive treatment of probability theory and the standard discrete and continuous distributions.

Mosteller, F., Rourke, R., and Thomas, G. (1970), *Probability with Statistical Applications*, 2nd ed., Addison-Wesley, Reading, MA. A precalculus introduction to probability with many excellent examples.

Ross, S. (1998), *A First Course in Probability*, 5th ed., Macmillan, New York. More mathematically sophisticated than this book, but has many excellent examples and exercises.

☐ 工程统计

Montgomery, D. C., and Runger, G. C. (2011), *Applied Statistics and Probability for Engineers*, 5th ed., John Wiley & Sons, Hoboken, NJ. A more comprehensive book on engineering statistics at about the same level as this one.

Ross, S. (1987), *Introduction to Probability and Statistics for Engineers and Scientists*, John Wiley & Sons, New York. More tightly written and mathematically oriented than this book, but contains some good examples.

经验模型建立

Daniel, C., and Wood, F. (1980), *Fitting Equations to Data*, 2nd ed., John Wiley & Sons, New York, An excellent reference containing many insights on data analysis.

Draper, N., and Smith, H. (1998), *Applied Regression Analysis*, 3rd ed., John Wiley & Sons, New York. A comprehensive book on regression written for statistically oriented readers.

Kunter, Nachtsheim, Neter, Li (2005), *Applied Linear Statistical Models*, 4th ed., McGraw-Hill/Irwin, Columbus, OH. The first part of the book is an introduction to simple and multiple linear regression. The orientation is to business and economics.

Montgomery, D. C., Peck, E. A., and Vining, G. G. (2006), *Introduction to Linear Regression Analysis*, 4th ed., John Wiley & Sons. Hoboken, NJ. A comprehensive book on regression written for engineers and physical scientists.

Myers, R. H. (1990), *Classical and Modern Regression with Applications*, 2nd ed., PWS-Kent, Boston, Contains many examples with annotated SAS output. Very well written.

实验设计

Box, G. E. P., Hunter, W. G., and Hunter, J. S. (1978), *Statistics for Experimenters*, John Wiley & Sons, New York. An excellent introduction to the subject for those readers desiring a statistically oriented treatment. Contains many useful suggestions for data analysis.

Montgomery, D. C. (2009a), *Design and Analysis of Experiments*, 7th ed., John Wiley & Sons, Hoboken, NJ. Written at the same level as the Box, Hunter, and Hunter book, but focused on applications in engineering and science.

统计质量控制和相关方法

Duncan, A. J. (1974), *Quality Control and Industrial Statistics*, 4th ed., Richard D. Irwin, Homewood, Illinois, A classic book on the subject.

Grant, E. L., and Leavenworth, R. S. (1996), *Statistical Quality Control*, 7th ed., McGraw-Hill, New York. One of the first books on the subject; contains many good examples.

John, P. W. M. (1990), *Statistical Methods in Engineering and Quality Improvement*, John Wiley & Sons, New York. Not a methods book, but a well-written presentation of statistical methodology for quality improvement.

Montgomery, D. C. (2009b), *Introduction to Statistical Quality Control*, 6th ed., John Wiley & Sons, Hoboken, NJ. A modern comprehensive treatment of the subject written at the same level as this book.

Western Electric Company (1956), *Statistical Quality Control Handbook*, Western Electric Company, Inc., Indianapolis, Indiana. An oldie but a goodie.

附录 C 假设检验程序汇总

单样本假设检验程序汇总

情况	原假设	备择假设	检验统计量	拒绝准则	运算特征曲线数	运算特征曲线 附录 A 图 V
1	$H_0: \mu = \mu_0$ σ^2 已知	$H_1: \mu \neq \mu_0$	$z_0 = \dfrac{\bar{x}_1 - \mu_0}{\sigma/\sqrt{n}}$	$|z_0| > z_{\alpha/2}$	$d = |\mu - \mu_0|/\sigma$	a,b
		$H_1: \mu > \mu_0$		$z_0 > z_\alpha$	$d = (\mu - \mu_0)/\sigma$	c,d
		$H_1: \mu < \mu_0$		$z_0 < -z_\alpha$	$d = (\mu_0 - \mu)/\sigma$	c,d
2	$H_0: \mu = \mu_0$ σ^2 未知	$H_1: \mu \neq \mu_0$	$t_0 = \dfrac{\bar{x} - \mu_0}{s/\sqrt{n}}$	$|t_0| > t_{\alpha/2, n-1}$	—	—
		$H_1: \mu > \mu_0$		$t_0 > t_{\alpha, n-1}$		—
		$H_1: \mu < \mu_0$		$t_0 < -t_{\alpha, n-1}$		—
3	$H_0: \sigma^2 = \sigma_0^2$	$H_1: \sigma^2 \neq \sigma_0^2$	$\chi_0^2 = \dfrac{(n-1)s^2}{\sigma_0^2}$	$\chi_0^2 > \chi_{\alpha/2, n-1}^2$ 或 $\chi_0^2 < \chi_{1-\alpha/2, n-1}^2$	—	—
		$H_1: \sigma^2 > \sigma_0^2$		$\chi_0^2 > \chi_{\alpha, n-1}^2$		—
		$H_1: \sigma^2 < \sigma_0^2$		$\chi_0^2 < \chi_{1-\alpha, n-1}^2$		—
4	$H_0: p = p_0$	$H_1: p \neq p_0$	$z_0 = \dfrac{x - np_0}{\sqrt{np_0(1 - p_0)}}$	$|z_0| > z_{\alpha/2}$	—	—
		$H_1: p > p_0$		$z_0 > z_\alpha$		—
		$H_1: p < p_0$		$z_0 < -z_\alpha$		—

单样本区间估计程序汇总

情况	问题类型	点估计	区间类型	$100(1-\alpha)\%$ 的置信区间
1	均值 μ 的置信区间，σ^2 已知	$\bar{x}$	双边	$\bar{x} - z_{\alpha/2}\sigma/\sqrt{n} \le \mu \le \bar{x} + z_{\alpha/2}\sigma/\sqrt{n}$
			单边下侧	$\bar{x} - z_{\alpha}\sigma/\sqrt{n} \le \mu$
			单边上侧	$\mu \le \bar{x} + z_{\alpha}\sigma/\sqrt{n}$
2	正态分布均值 μ 的置信区间，σ^2 未知	$\bar{x}$	双边	$\bar{x} - t_{\alpha/2,n-1}s/\sqrt{n} \le \mu \le \bar{x} + t_{\alpha/2,n-1}s/\sqrt{n}$
			单边下侧	$\bar{x} - t_{\alpha,n-1}s/\sqrt{n} \le \mu$
			单边上侧	$\mu \le \bar{x} + t_{\alpha,n-1}s/\sqrt{n}$
3	正态分布方差 σ^2 的置信区间	s^2	双边	$\dfrac{(n-1)s^2}{\chi^2_{\alpha/2,n-1}} \le \sigma^2 \le \dfrac{(n-1)s^2}{\chi^2_{1-\alpha/2,n-1}}$
			单边下侧	$\dfrac{(n-1)s^2}{\chi^2_{\alpha,n-1}} \le \sigma^2$
			单边上侧	$\sigma^2 \le \dfrac{(n-1)s^2}{\chi^2_{1-\alpha,n-1}}$
4	二项分布比例或参数 p 的置信区间	$\hat{p}$	双边	$\hat{p} - z_{\alpha/2}\sqrt{\dfrac{\hat{p}(1-\hat{p})}{n}} \le p \le \hat{p} + z_{\alpha/2}\sqrt{\dfrac{\hat{p}(1-\hat{p})}{n}}$
			单边下侧	$\hat{p} - z_{\alpha}\sqrt{\dfrac{\hat{p}(1-\hat{p})}{n}} \le p$
			单边上侧	$p \le \hat{p} + z_{\alpha}\sqrt{\dfrac{\hat{p}(1-\hat{p})}{n}}$
5	正态分布未来观察值的预测区间，方差未知	$\bar{x}$	双边	$\bar{x} - t_{\alpha/2,n-1}s\sqrt{1+\dfrac{1}{n}} \le X_{n+1} \le \bar{x} + t_{\alpha/2,n-1}s\sqrt{1+\dfrac{1}{n}}$
6	以 $100(1-\alpha)\%$ 的置信水平获得正态总体中至少 $\gamma\%$ 的值的容许区间		双边	$(\bar{x} - ks, \bar{x} + ks)$

两样本假设检验程序汇总

情况	零假设	检验统计量	备择假设	拒绝域	运算特征曲线参数	运算特征曲线 附录 A 图 IV
1	$H_0: \mu_1 = \mu_2$ σ_1^2 和 σ_2^2 已知	$z_0 = \dfrac{\bar{x}_1 - \bar{x}_2}{\sqrt{\dfrac{\sigma_1^2}{n_1} + \dfrac{\sigma_2^2}{n_2}}}$	$H_1: \mu_1 \neq \mu_2$ $H_1: \mu_1 > \mu_2$ $H_1: \mu_1 < \mu_2$	$\lvert z_0 \rvert > z_{\alpha/2}$ $z_0 > z_\alpha$ $z_0 < -z_\alpha$	— —	— —
2	$H_0: \mu_1 = \mu_2$ $\sigma_1^2 = \sigma_2^2$ 未知	$t_0 = \dfrac{\bar{x}_1 - \bar{x}_2}{s_p \sqrt{\dfrac{1}{n_1} + \dfrac{1}{n_2}}}$	$H_1: \mu_1 \neq \mu_2$ $H_1: \mu_1 > \mu_2$ $H_1: \mu_1 < \mu_2$	$\lvert t_0 \rvert > t_{\alpha/2, n_1+n_2-2}$ $t_0 > t_{\alpha, n_1+n_2-2}$ $t_0 < -t_{\alpha, n_1+n_2-2}$	$d = \lvert \mu - \mu_0 \rvert / 2\sigma$ $d = (\mu - \mu_0)/2\sigma$ $d = (\mu_0 - \mu)/2\sigma$	a, b c, d c, d
3	$H_0: \mu_1 = \mu_2$ $\sigma_1^2 \neq \sigma_2^2$ 未知	$t_0 = \dfrac{\bar{x}_1 - \bar{x}_2}{\sqrt{\dfrac{s_1^2}{n_1} + \dfrac{s_2^2}{n_2}}}$ $v = \dfrac{\left(\dfrac{s_1^2}{n_1} + \dfrac{s_2^2}{n_2}\right)^2}{\dfrac{(s_1^2/n_1)^2}{n_1 - 1} + \dfrac{(s_2^2/n_2)^2}{n_2 - 1}}$	$H_1: \mu_1 \neq \mu_2$ $H_1: \mu_1 > \mu_2$ $H_1: \mu_1 < \mu_2$	$\lvert t_0 \rvert > t_{\alpha/2, v}$ $t_0 > t_{\alpha, v}$ $t_0 < -t_{\alpha, v}$		
4	配对数据 $H_0: \mu_D = 0$	$t_0 = \dfrac{\bar{d}}{s_d/\sqrt{n}}$	$H_1: \mu_d \neq 0$ $H_1: \mu_d > 0$ $H_1: \mu_d < 0$	$\lvert t_0 \rvert > t_{\alpha/2, n-1}$ $t_0 > t_{\alpha, n-1}$ $t_0 < -t_{\alpha, n-1}$	— —	— —
5	$H_0: \sigma_1^2 = \sigma_2^2$	$f_0 = s_1^2/s_2^2$	$H_1: \sigma_1^2 \neq \sigma_2^2$ $H_1: \sigma_1^2 > \sigma_2^2$	$f_0 > f_{\alpha/2, n_1-1, n_2-1}$ 或 $f_0 < f_{1-\alpha/2, n_1-1, n_2-1}$ $f_0 > f_{\alpha, n_1-1, n_2-1}$	— —	— —
6	$H_0: p_1 = p_2$	$z_0 = \dfrac{\hat{p}_1 - \hat{p}_2}{\sqrt{\hat{p}(1-\hat{p})\left[\dfrac{1}{n_1} + \dfrac{1}{n_2}\right]}}$	$H_1: p_1 \neq p_2$ $H_1: p_1 > p_2$ $H_1: p_1 < p_2$	$\lvert z_0 \rvert > z_{\alpha/2}$ $z_0 > z_\alpha$ $z_0 < -z_\alpha$	— —	— —

两样本区间估计程序汇总

情况	问题类型	点估计	$100(1-\alpha)\%$ 的双边置信区间
1	均值 μ_1 和 μ_2 的差，方差 σ_1^2 和 σ_2^2 已知	$\bar{x}_1 - \bar{x}_2$	$\bar{x}_1 - \bar{x}_2 - z_{\alpha/2}\sqrt{\dfrac{\sigma_1^2}{n_1} + \dfrac{\sigma_2^2}{n_2}} \leq \mu_1 - \mu_2 \leq \bar{x}_1 - \bar{x}_2 + z_{\alpha/2}\sqrt{\dfrac{\sigma_1^2}{n_1} + \dfrac{\sigma_2^2}{n_2}}$
2	两个正态分布均值的差 $\mu_1 - \mu_2$，方差 σ_1^2 和 σ_2^2 未知	$\bar{x}_1 - \bar{x}_2$	$\bar{x}_1 - \bar{x}_2 - t_{\alpha/2,n_1+n_2-2}\,s_p\sqrt{\dfrac{1}{n_1}+\dfrac{1}{n_2}} \leq \mu_1 - \mu_2 \leq \bar{x}_1 - \bar{x}_2 + t_{\alpha/2,n_1+n_2-2}\,s_p\sqrt{\dfrac{1}{n_1}+\dfrac{1}{n_2}}$ 其中 $s_p = \sqrt{\dfrac{(n_1-1)s_1^2+(n_2-1)s_2^2}{n_1+n_2-2}}$
3	两个正态分布均值的差 $\mu_1 - \mu_2$，方差 $\sigma_1^2 \neq \sigma_2^2$	$\bar{x}_1 - \bar{x}_2$	$\bar{x}_1 - \bar{x}_2 - t_{\alpha/2,v}\sqrt{\dfrac{s_1^2}{n_1}+\dfrac{s_2^2}{n_2}} \leq \mu_1 - \mu_2 \leq \bar{x}_1 - \bar{x}_2 + t_{\alpha/2,v}\sqrt{\dfrac{s_1^2}{n_1}+\dfrac{s_2^2}{n_2}}$ 其中 $v = \dfrac{\left(\dfrac{s_1^2}{n_1}+\dfrac{s_2^2}{n_2}\right)^2}{\dfrac{(s_1^2/n_1)^2}{n_1+1}+\dfrac{(s_2^2/n_2)^2}{n_2+1}} - 2$
4	两个配对样本均值的差 $\mu_D = \mu_1 - \mu_2$	$\bar{d}$	$\bar{d} - t_{\alpha/2,n-1}\,s_d/\sqrt{n} \leq \mu_D \leq \bar{d} + t_{\alpha/2,n-1}\,s_d/\sqrt{n}$
5	两个正态总体方差的比例 σ_1^2/σ_2^2	$\dfrac{s_1^2}{s_2^2}$	$\dfrac{s_1^2}{s_2^2}\,f_{1-\alpha/2,n_2-1,n_1-1} \leq \dfrac{\sigma_1^2}{\sigma_2^2} \leq \dfrac{s_1^2}{s_2^2}\,f_{\alpha/2,n_2-1,n_1-1}$，其中 $f_{1-\alpha/2,n_2-1,n_1-1} = \dfrac{1}{f_{\alpha/2,n_1-1,n_2-1}}$
6	两个二项比例或参数的差 $p_1 - p_2$	$\hat{p}_1 - \hat{p}_2$	$\hat{p}_1 - \hat{p}_2 - z_{\alpha/2}\sqrt{\dfrac{\hat{p}_1(1-\hat{p}_1)}{n_1}+\dfrac{\hat{p}_2(1-\hat{p}_2)}{n_2}}$ $\leq p_1 - p_2 \leq \hat{p}_1 - \hat{p}_2 + z_{\alpha/2}\sqrt{\dfrac{\hat{p}_1(1-\hat{p}_1)}{n_1}+\dfrac{\hat{p}_2(1-\hat{p}_2)}{n_2}}$

图书在版编目（CIP）数据

工程统计学/蒙哥马利等著；张波等译. —北京：中国人民大学出版社，2014.10
（统计学经典译丛）
ISBN 978-7-300-19951-1

Ⅰ．①工… Ⅱ．①蒙…②张… Ⅲ．①工业统计学 Ⅳ．①F402.4

中国版本图书馆 CIP 数据核字（2014）第 228426 号

统计学经典译丛
工程统计学（第 5 版）
道格拉斯·C·蒙哥马利
乔治·C·朗格尔 　　　　著
诺尔马·法里斯·于贝尔
张 波 金婷婷 李 玥 译
Gongcheng Tongjixue

出版发行	中国人民大学出版社		
社　　址	北京中关村大街 31 号	邮政编码	100080
电　　话	010 – 62511242（总编室）	010 – 62511770（质管部）	
	010 – 82501766（邮购部）	010 – 62514148（门市部）	
	010 – 62515195（发行公司）	010 – 62515275（盗版举报）	
网　　址	http://www.crup.com.cn		
	http://www.ttrnet.com（人大教研网）		
经　　销	新华书店		
印　　刷	三河市汇鑫印务有限公司		
规　　格	185 mm×260 mm　16 开本	版　　次	2014 年 11 月第 1 版
印　　张	30.75 插页 1	印　　次	2014 年 11 月第 1 次印刷
字　　数	780 000	定　　价	65.00 元

老师您好，若您需要与 **John Wiley** 教材配套的教辅（免费），烦请填写本表并传真给我们。也可联络 **John Wiley** 北京代表处索取本表的电子文件，填好后 **e-mail** 给我们。

原书信息

原版 ISBN：
英文书名（Title）：
版次（Edition）：
作者（Author）：

配套教辅可能包含下列一项或多项

教师用书（或指导手册）	习题解答	习题库	PPT 讲义	学生指导手册（非免费）	其他

教师信息

学校名称：

院 / 系名称：

课程名称（Course Name）：

年级 / 程度（Year / Level）：□大专 □本科 Grade: 1 2 3 4　□硕士 □博士 □MBA □EMBA

课程性质（多选项）：□必修课　　□选修课　　□国外合作办学项目　　□指定的双语课程

学年（学期）：□春季　　□秋季　　□整学年使用　　□其他（起止月份＿＿＿＿＿＿）

使用的教材版本：□中文版　□英文影印（改编）版　□进口英文原版（购买价格为＿＿元）

学生：＿＿＿＿个班共＿＿＿＿人

授课教师姓名：

电话：

传真：

E-mail：

联系地址：

邮编：

WILEY - 约翰威立商务服务（北京）有限公司

John Wiley & Sons Commercial Service (Beijing) Co Ltd

北京市朝阳区太阳宫中路12A号,太阳宫大厦8层 805-808室, 邮政编码100028

Direct +86 10 8418 7815　　Fax +86 10 8418 7810

Email: iwang@wiley.com

教师教学服务说明

中国人民大学出版社工商管理分社以出版经典、高品质的工商管理、财务会计、统计、市场营销、人力资源管理、运营管理、物流管理、旅游管理等领域的各层次教材为宗旨。

为了更好地为一线教师服务，近年来工商管理分社着力建设了一批数字化、立体化的网络教学资源。教师可以通过以下方式获得免费下载教学资源的权限：

在"人大经管图书在线"（www.rdjg.com.cn）注册，下载"教师服务登记表"，或直接填写下面的"教师服务登记表"，加盖院系公章，然后邮寄或传真给我们。我们收到表格后将在一个工作日内为您开通相关资源的下载权限。

如您需要帮助，请随时与我们联络：

中国人民大学出版社工商管理分社

联系电话：010－62515735，62515749，82501704

传　　真：010－62515732，62514775　　　　电子邮箱：rdcbsjg@crup.com.cn

通讯地址：北京市海淀区中关村大街甲 59 号文化大厦 1501 室（100872）

教师服务登记表

姓　名		□先生　□女士	职　　称		
座机/手机			电子邮箱		
通讯地址			邮　　编		
任教学校			所在院系		
所授课程	课程名称	现用教材名称	出版社	对象（本科生/研究生/MBA/其他）	学生人数
需要哪本教材的配套资源					
人大经管图书在线用户名					

院/系领导（签字）：

院/系办公室盖章